DROIT(S) CONSTITUTIONNEL(S) COMPARÉ(S)

CORPUS**DROIT**PUBLIC

DROIT(S) CONSTITUTIONNEL(S) COMPARÉ(S)

Marie-Claire Ponthoreau

Seconde édition

ECONOMICA
49 rue Héricart, 75015 Paris

AVANT-PROPOS À LA PREMIÈRE ÉDITION

Le « droit constitutionnel comparé » est une matière difficile à appréhender. Une telle affirmation peut surprendre, voire dérouter les lecteurs, tout particulièrement les étudiants. Il convient donc de s'en expliquer. On peut procéder en examinant les choix faits par les auteurs français des trois grands manuels dans ce domaine. Ainsi, Constance Grewe et Hélène Ruiz-Fabri ont-elles fait le choix d'une comparaison intégrée visant à dégager un droit constitutionnel commun dans un cadre géographique délimité, celui de l'Europe occidentale (18 pays sont pris en compte)[1]. Quant à Philippe Lauvaux, il propose des monographies juxtaposées et approfondies des grandes démocraties (États-Unis, Suisse, Grande-Bretagne, Suède, Japon, Allemagne, Italie et Espagne) accompagnées d'une introduction générale sur la notion de démocratie[2]. Enfin, Yves Mény et Yves Surel offrent une comparaison intégrée de cinq démocraties occidentales (Allemagne, États-Unis, France, Grande-Bretagne et Italie) en privilégiant une analyse politiste[3]. Dans chaque ouvrage, les auteurs se sont fixé des limites : soit dans le choix des pays, soit dans le type d'analyse proposé. Un autre filon est en revanche très présent chez nos voisins italiens[4] et espagnols[5] : le droit constitutionnel comparé comme théorie générale. Chez nous, ce sont les manuels de « droit constitutionnel » qui font ce dernier choix bien qu'il ne conduise pas à une étude aussi systématique des concepts et des méthodes que celle offerte par Giuseppe De Vergottini. Il semble en effet inenvisageable pour un constitutionnaliste français d'étudier les institutions de la Ve République sans l'examen préalable des formes de gouvernement

1. C. Grewe, H. Ruiz-Fabri, *Droits constitutionnels européens*, Paris, PUF, « Droit fondamental », 1995.

2. P. Lauvaux, *Les grandes démocraties contemporaines*, Paris, PUF, « Droit fondamental », 3e éd., 2004.

3. Y. Mény, Y. Surel, *Politique comparée*, Paris, Montchrestien, 9e éd., 2009.

4. G. De Vergottini, *Diritto costituzionale comparato*, Padoue, CEDAM, vol. I, 7e, 2007 et vol. II, 6e éd., 2004.

5. M. Garcia-Pelayo, *Derecho constitucional comparado*, Madrid, Alianza Editorial, 1984.

et des systèmes institutionnels et politiques britannique et américain ; ou bien l'étude de l'État français sans l'État fédéral allemand ou l'État régional italien ; ou encore la justice constitutionnelle en France sans une confrontation des modèles américain et européen.

Pourquoi une telle variété dans les choix des uns et des autres ? Parce que le « droit constitutionnel » ne désigne pas seulement le corpus de règles de droit positif dotées d'une puissance particulière au sein de l'ordre juridique, mais aussi la discipline qui s'attache à l'étude de ces règles. Or, les problèmes que pose l'étude du droit constitutionnel positif ne sont pas forcément abordés de la même manière et les réponses ne sont pas non plus identiques. Pour le « droit constitutionnel comparé », la confusion n'est pas tout à fait du même ordre. On s'accorde sans mal à reconnaître que le « droit constitutionnel comparé » ne correspond pas à un corpus de règles de droit positif. De manière traditionnelle, le « droit constitutionnel comparé » propose, selon une méthodologie spécifique, de confronter des expériences constitutionnelles diverses. Le droit comparé est en effet le plus souvent présenté comme une méthode et, sans doute, la question méthodologique est-elle centrale. Mais cette interrogation est au service d'un autre questionnement : comment pense-t-on le droit ? Et, plus spécifiquement, comment pense-t-on le droit constitutionnel ? La comparaison suppose la pluralité et la diversité des droits alors que la recherche d'un droit commun constitutionnel suppose de transcender diversité et pluralité pour exposer ses fondements.

Probablement, tout nouveau manuel a-t-il pour ambition de poser un autre regard sur sa discipline. L'objectif est double : regarder autrement son propre droit et concevoir autrement l'étude du droit constitutionnel. Consciente des obstacles, ces objectifs sont affichés pour mieux se garder d'y renoncer.

Bien que l'étude des pays européens soit privilégiée, non pas en tant qu'entité géographique mais à cause du lien entre études comparatives et intégration européenne, cet ouvrage s'appuie sur une gamme de pays beaucoup plus large. Surtout, d'un point de vue méthodologique, on ne propose pas de suivre une méthode comparative. Il n'y a pas de bonne méthode. Il n'y a que des démarches comparatives argumentées qui justifient les choix opérés. C'est pourquoi on se prononce *pour un comparatisme pluraliste*. Si on opte pour une pluralité des approches, le comparatisme ne sert plus un discours, mais il est un instrument, parmi d'autres, pour une compréhension critique du droit. C'est donc avant tout comme outil épistémologique que la comparaison des droits constitutionnels est envisagée pour une meilleure compréhension des mutations liées à l'intégration européenne et à la globalisation juridique et de leurs effets sur la matière constitutionnelle. Le propos ne se limite pas à une réflexion purement théorique sur la comparaison puisque des cas d'étude sont aussi traités. Outre les constitutionnalistes, premiers destinataires de cet ouvrage, l'ambition est également de susciter l'intérêt des européanistes.

Les références bibliographiques ne prétendent pas à l'exhaustivité – ce qui est au demeurant impossible –, mais les travaux les plus importants sont cités, aussi bien que ceux moins connus, car plus difficilement accessibles, de la communauté scientifique francophone. L'appareil scientifique se doit aussi de répondre aux exigences d'une démarche plurielle et ne peut donc se contenter de citer des sources doctrinales nationales ou bien dans une seule langue. Le but a donc été d'offrir une bibliographie diversifiée privilégiant les principaux courants du comparatisme des pays occidentaux (anglo-américain, français, italien et, dans une moindre mesure, allemand et espagnol). En outre, des références aux sites Internet sont inclues à la fin de chaque chapitre.

Pour se repérer dans cette matière vivante, j'entends montrer le(s) chemin(s) qui permet(tent) d'y accéder. C'est en quelque sorte un guide. Aussi, l'ouvrage s'organise autour de questions simples et récurrentes des études juridiques comparatives. Pourquoi comparer ? Comment comparer ? Que comparer ? Ces questions classiques seront précédées d'un chapitre liminaire concernant la comparaison et le ou/et les droit(s) constitutionnel(s) comparé(s). J'espère ainsi donner envie de comparer en montrant ce qui est étrange dans ce qui nous est familier.

Ce manuel n'aurait probablement jamais vu le jour sans la sollicitation de Denys de Béchillon qui m'a permis de mettre de l'ordre dans mes lectures et mes idées. Qu'il en soit remercié.

L'écriture de cet ouvrage a supposé la fréquentation assidue de nombreuses bibliothèques. Parmi celles-ci, ce sont avant tout celles de Florence que je souhaite évoquer puisque je les fréquente depuis de nombreuses années. En particulier, la bibliothèque des sciences sociales au *Polo universitario* (Novoli – Florence) possède une très belle collection en droits étrangers et droit comparé. Je n'oublie pas la non moins belle bibliothèque de l'Institut Universitaire Européen (*Badia Fiesolana* – San Domenico di Fiesole). Même si la bibliothèque du GRECCAP-CERCCLE (centre de recherche auquel je suis rattachée) de l'Université Montesquieu-Bordeaux ne bénéficie pas d'une aussi longue tradition, elle n'en a pas moins constitué un appui solide pour des besoins spécifiques. Le Plan Pluri-Formation Droit comparé y a largement contribué en apportant son soutien financier à une politique d'acquisition d'ouvrages et en m'accordant le financement d'une mission pour me rendre à Oxford (*All Souls College*) de manière à consulter un manuscrit inédit de Dicey. Le Gouvernement canadien m'a aussi apporté son soutien financier et je remercie la faculté de droit de l'Université de Toronto pour m'avoir accueillie comme *Visiting Fellow* au printemps 2009.

Mes remerciements s'adressent également aux amis et collègues qui ont bien voulu discuter à un moment donné un ou des aspects de cet ouvrage à Bordeaux ou ailleurs. Un remerciement spécial pour Tania Groppi avec qui j'ai initié, en même temps que l'écriture de cet ouvrage, la codirection d'une recherche, dans le cadre de l'Association internationale de droit constitutionnel, sur le recours aux précédents étrangers par les juges constitutionnels : cette activité collective de recherche a été non seulement une source d'enrichissement mais aussi un excellent moyen pour éviter de m'isoler dans un exercice solitaire. Mes remerciements vont également à mes étudiants bordelais de M1 et de M2 (2007-2008-2009) qui m'ont suivie pas à pas dans mon cheminement avec mes hésitations et mes découvertes. J'y associe aussi les étudiants en provenance des quatre coins de l'Europe qui ont suivi le cours que j'ai donné à l'Académie de droit public européen (EPLO-Groupe européen de droit public, Athènes) en septembre 2007.

Enfin, je remercie tout particulièrement deux lecteurs vigilants : d'abord, Christian Marchaud qui a fait un effort considérable pour s'intéresser à des questions dont il était éloigné et ainsi porté un regard à la fois extérieur et encore plus attentionné à la manière dont elles étaient formulées, ensuite Nicolas Blanc qui a notamment apporté son aide à l'élaboration des index thématique et onomastique.

Lieu de rencontres intellectuelles, l'Institut Universitaire Européen est, plus que tout autre endroit de recherche, un lieu où le parcours individuel et le parcours professionnel ont tendance à se confondre. Depuis ces années heureuses, je partage avec Sandro Landi la passion de la recherche. Droit et histoire sont des disciplines qui se sont rapprochées dans nos travaux respectifs. De mon côté, je ne saurais trop le remercier pour avoir attiré mon attention sur l'historicité des mots et des choses.

« *Tutto il mondo è paese non vuol dire che tutto è eguale: vuol dire che tutti siamo spaesati rispetto a qualcosa e a qualcuno* »
C. Ginzburg, *Occhiacci di legno. Nove riflessioni sulla distanza* (1988)

Bordeaux-Toronto-Sillano, le 4 mai 2010

NOTE INTRODUCTIVE À LA SECONDE ÉDITION

J'ai attendu longtemps avant d'offrir une nouvelle édition à cet ouvrage. Il n'y a que les bonnes raisons qui méritent d'être mentionnées ici. Cet ouvrage, comme indiqué dans l'avant-propos de la première édition, a été conçu comme un guide de réflexion et, donc, il insiste sur la question méthodologique. Cet aspect ne mérite pas des éditions à répétition. Néanmoins en dix ans, les ouvrages sur la méthodologie et l'épistémologie en droit constitutionnel comparé se sont multipliés, en particulier dans la littérature anglo-américaine. Une mise à jour de la bibliographie s'imposait donc. Il convient aussi d'intégrer de nouvelles approches notamment la perspective postcoloniale.

Parmi les grands bouleversements de cette dernière décennie, ce qui frappe le plus est en effet la fin d'une vision monolithique de la globalisation juridique et de la convergence des droits constitutionnels. Le constitutionnalisme est désormais accompagné de multiples adjectifs qui montrent les difficultés à le cerner dans un contexte qui inclut des expériences bien au-delà de l'horizon occidental et atlantique. Les expériences constitutionnelles atlantiques connaissent elles-mêmes de profondes modifications qui appellent de nouvelles interprétations. En Europe, viennent d'emblée à l'esprit les cas hongrois et polonais et, dans une moindre mesure, l'exemple britannique. Les démocraties illibérales mais aussi le constitutionnalisme de transformation conduisent à des analyses renouvelées et à s'intéresser de plus près aux expériences sud-américaines.

Cette nouvelle édition ne recherche toujours pas la « bonne méthode comparative ». Elle s'inscrit dans une pluralité d'approches, tout en insistant sur la démarche contextuelle et culturelle adoptée initialement, et dans la production d'un discours comparatif et argumentatif raisonnable. Le pluralisme méthodologique ne signifie pas que tout soit comparable et de n'importe quelle façon, mais on ne peut le savoir qu'une fois la question d'une démarche comparative posée. Toutes les évolutions du droit positif ne pouvaient être intégrées. Cela est d'ailleurs impossible pour un seul auteur. Les ouvrages collectifs sont déjà nombreux justement pour y faire face sans parler des indispensables ressources électroniques. Il ne s'agit pas, non plus, de prendre en compte l'ensemble des analyses doctrinales. Le but recherché est de proposer à nouveau une lecture critique de la manière dont est pensé le droit constitutionnel à travers différentes expériences constitutionnelles, en particulier pour éclairer le droit constitutionnel français. Loin de la figure de la science auxiliaire dans laquelle elle a été enfermée, la comparaison des droits est aujourd'hui indispensable : elle offre concepts et outils pour comprendre le constitutionnalisme tout en évitant d'aplatir la réalité constitutionnelle ; elle donne à la théorie constitutionnelle une base empirique. L'expansion de la littérature anglo-américaine est sans doute une des preuves les plus évidentes de cet intérêt qui s'étend au-delà du monde du *Commonwealth*. L'anglais est la langue qui offre une performance académique la plus rentable dans un monde universitaire internationalisé. Avec le temps, les champs d'investigation se sont étendus notamment en offrant des études sur l'Amérique latine, l'Asie et l'Afrique.

Je laisse aux lecteurs découvrir les changements qui sont principalement les suivants : des paragraphes sur les constitutionnalismes contemporains, le territoire de l'État, les différentes approches interdisciplinaires en droit constitutionnel. J'ai aussi considéré pertinent d'introduire un développement sur les blogs désormais essentiels pour suivre une actualité constitutionnelle foisonnante dès lors que le comparatiste adopte un grand angle. Enfin, certains passages ont été réécrits en particulier à propos des emprunts constitutionnels.

À un moment où l'université française leur offre trop peu de perspectives, je souhaite remercier mes doctorants et, plus particulièrement, ceux qui ont bien voulu relire certains passages : Camille Bordere, Lise Brun, Lucien Carrier et Antonin Vergnes. J'adresse aussi mes sincères remerciements à Carlos Miguel Herrera, Laurent Pech et Stéphane Schott pour nos échanges.

D'un point de vue personnel, ma vie aurait été différente sans mon fils, Ruslans. Peu attiré par la comparaison des droits, il est pourtant bien malgré lui (peut-être moins que je ne le pense) une heureuse hybridation. Que cette nouvelle édition soit la promesse d'un monde nouveau.

Bordeaux, le 5 février 2021

CHAPITRE I

COMPARAISON ET DROIT(S) CONSTITUTIONNEL(S)

Ce chapitre se propose d'exposer le débat méthodologique au sein de la communauté des comparatistes à partir de trois questions :

Faut-il penser le droit constitutionnel au singulier ou/et au pluriel ? (Leçon 1)

Qu'est-ce qui distingue le droit constitutionnel comparé du droit comparé ? (Leçon 2)

Quelle position méthodologique adopter ? (Leçon 3)

Ce chapitre ne se limite pas à présenter les questions de méthodes, mais prend aussi position sur une démarche à suivre (Leçon 3) qui détermine, d'ailleurs, les chapitres suivants.

On ne saurait réduire le droit comparé (constitutionnel) à une méthode ou, de manière plus générale, à des questions méthodologiques. La discipline (comme matière enseignée dans les universités) renvoie à deux autres domaines : d'une part, l'épistémologie juridique et, d'autre part, la théorie du droit. Les liens entre elles peuvent être envisagés de la façon suivante.

L'épistémologie du droit correspond à une critique des principes, des postulats, des méthodes et des résultats de la connaissance du droit. Elle prend comme objet le savoir juridique de manière à répondre à la question suivante « que signifie avoir une connaissance du droit ? »[1]. Le comparatiste est confronté plus précisément à la connaissance de l'« autre » droit.

---

1. C. Atias, *Épistémologie juridique*, Paris, PUF, 1994 ; Id., *Epistémologie juridique*, Paris, Dalloz, 2002.

Le droit comparé a aussi à voir avec la théorie du droit[1]. Il y a différentes théories qui permettent d'analyser le droit positif. Le comparatiste ne peut pas ignorer ces différentes manières de concevoir le droit qui déterminent, consciemment ou inconsciemment, ses choix qui regardent aussi bien les buts, les objets que les instruments de la comparaison.

1. Sur les rapports entre droit comparé et théorie du droit : R. Tur, « The Dialectic of General Jurisprudence and Comparative Law », *Juridical Review*, 1977, p. 249. O. Pfersmann, « Le droit comparé comme interprétation et comme théorie du droit », *R.I.D.C.*, 2-2001, p. 275 ; G. Samuel, « Droit comparé et théorie du droit », *Rev. Interdisciplinaire d'Études Juridiques*, 57-2006, p. 1. *Add.* C. Valcke, *Comparing Law. Comparative Law as Reconstruction of Collective Commitments*, Cambridge, Cambridge University Press, 2018.

LEÇON 1

FAUT-IL PENSER LE DROIT CONSTITUTIONNEL AU SINGULIER OU/ET AU PLURIEL ?

L'expression « droit constitutionnel » renvoie aussi bien au « droit constitutionnel positif », c'est-à-dire l'ensemble des règles de droit constitutionnel en vigueur, qu'à la discipline qui a pour objet l'étude de ces mêmes règles. Le questionnement regarde donc la manière d'aborder l'ensemble des règles de droit constitutionnel par la discipline. Pour y répondre, il faut préalablement envisager le droit constitutionnel comme discipline (nationale) et comme matière.

§ 1. Le droit constitutionnel comme discipline nationale

Si l'intérêt témoigné à l'égard des expériences étrangères de gouvernement n'est pas nouveau dans la seconde moitié du XVIIIe siècle, le développement du constitutionnalisme volontariste va encore en accroître l'intensité. Les constitutions du XVIIIe siècle sont nées d'un échange sur la base d'un héritage commun trouvant ses racines dans la Grèce et la Rome antiques. Le dialogue s'est toutefois tari avec l'avènement du principe des nationalités. Plus on avance dans le XIXe siècle, plus le droit devient national, conforté par une méthodologie de type exégétique et une théorie de type positiviste. À partir de ce moment-là, chaque science juridique nationale emprunte sa propre voie et se forge sa propre terminologie. La reconstruction proposée ici n'est qu'un bref aperçu des grandes lignes de la doctrine constitutionnelle développée en Europe continentale et aux

États-Unis. Cette reconstruction est donc imparfaite, car trop simplifiée, mais elle offre quelques points de repères utiles et introductifs.

La doctrine du droit dit « positif », c'est-à-dire le droit qui est en vigueur selon les règles prévues par les organes de l'État, s'affirme à partir du XIXe siècle. Le positivisme juridique ne correspond pas à une théorie sur la nature du droit. Il s'agit au contraire d'un courant de pensée qui couvre plus de deux siècles et qui comprend plusieurs conceptions, parfois en contradiction sur des questions essentielles. Néanmoins, les positivistes semblent partager certains points : la séparation entre droit et morale, le formalisme, les sources formelles de droit. Il faut y ajouter une conception limitant le rôle du juriste à une description du droit positif et donc excluant toute dimension prescriptive ou normative[1]. Plusieurs signes de cette évolution peuvent être dégagés à partir de plusieurs doctrines nationales.

Tout d'abord, on peut envisager la codification comme affirmation de la souveraineté nationale. Sous l'action conjuguée des idées développées lors de la Révolution française et de l'expansion napoléonienne, le processus de codification aboutira et réussira à renouveler les données du système juridique. L'une des conditions de fait qui a énormément contribué à engager ce processus est ce que les juristes positivistes du XIXe siècle ont appelé « le particularisme juridique », c'est-à-dire le manque de cohérence et d'unité dans l'ensemble des lois en vigueur dans une société donnée[2]. Ainsi en est-il de la France au XVIIIe siècle : elle était partagée entre la coutume d'origine germanique en vigueur dans le nord et le droit écrit dans le sud. Les philosophes des Lumières exigent la simplicité et la clarté des lois. Ils expriment, en d'autres termes, le besoin d'un droit ordonné, connu et prévisible afin de satisfaire à l'exigence de sécurité juridique. Face à un droit jugé complexe, obtenir la protection de ses droits s'avérait difficile et ceci, tout simplement, parce qu'il était malaisé de connaître la juridiction compétente.

En France, la codification constitutionnelle est la première étape suivie en 1804 par le Code civil. Ces codifications sont étroitement liées d'un point de vue historique et idéologique. François Gény (1861-1959), pourfendeur de l'École de l'exégèse, affirme que « [l]*e Code civil surtout s'est présenté, dès sa naissance comme une des œuvres capitales de la Révolution* »[3]. Toutefois les artisans du Code Napoléon vont combattre l'idée véhiculée dans toute la législation

1. Le positivisme est à la fois une méthode, théorie et idéologie du droit : N. Bobbio, *Giusnaturalismo e positivismo giuridico*, Milan, Giuffrè, 2e éd., 1972 ; M. Troper, « Positivisme juridique », *in* A.-J. Arnaud (dir.), *Dictionnaire encyclopédique de théorie et de sociologie juridique*, Paris, LGDJ, 2e éd., 1993, p. 461 et s.

2. G. Tarello, *Storia della cultura giuridica moderna*, Vol. I : *Assolutismo e codificazione del diritto*, Bologne, Il Mulino, 1976, p. 28.

3. F. Gény, *Méthodes d'interprétation et sources en droit privé positif*, T. I, Paris, LGDJ, 2e éd., 1919, p. 74.

révolutionnaire, à savoir que la loi peut et doit se suffire. Portalis, l'un des auteurs du Code civil, rendu célèbre par son « Discours préliminaire » dans lequel il fustige l'illusion de la plénitude de l'œuvre législative, déclarait en 1804 : « *Tout prévoir est un but qu'il est impossible d'atteindre* ». C'est pourquoi il avance que la loi ne doit fixer que les maximes générales du droit, établir des principes féconds et il préconise, dans l'hypothèse où un texte précis ferait défaut, qu'un usage ancien tiendra lieu de loi. Dit en d'autres termes, Portalis est favorable et incite à la formation d'une doctrine et d'une jurisprudence autonomes et créatrices. C'est toutefois la méfiance à l'égard du juge que la doctrine va défendre.

L'École de l'exégèse qui s'est développée au cours du XIXe siècle prétendait réaliser l'objectif, que s'étaient proposé les hommes de la Révolution, de réduire le droit à la loi, et plus particulièrement le droit civil au Code Napoléon. Elle tient son nom (donné par Julien Bonnecase) de la méthode professée : le commentaire article par article du Code. Ses membres pensaient découvrir plus facilement la pensée du législateur « *en suivant le texte pas à pas* »[1]. Dans cette optique, l'interprétation juridique doit être essentiellement grammaticale ou littérale. L'interprétation n'est admise que dans la mesure où elle se borne uniquement au texte ou à l'esprit qui l'a inspiré sans qu'il soit possible de n'introduire aucune autre source.

L'idéologie juridique de l'École de l'exégèse est la croyance dans la complétude du système juridique. Le législateur a tout prévu. Les lois en vigueur permettent de résoudre tous les problèmes juridiques. Pourtant, l'article 4 du Code civil impose au juge de prononcer une décision même dans les cas où la loi n'offre pas une règle appropriée. On pourrait penser, de prime abord, que cette disposition autorise le juge à faire œuvre créatrice. Il n'en est rien car l'article 4 en considérant comme coupable de déni de justice le juge qui refuse de juger sous prétexte du silence de la loi l'oblige, selon les tenants de l'École, à traiter le système juridique comme complet (sans lacune) et cohérent (sans contradiction). Cela explique que le juge ne puisse interpréter la loi que pour y découvrir la pensée du législateur. L'École de l'exégèse a laissé des marques profondes dans la tradition juridique française : une conception niant le rôle interprétatif du juge (celui-ci ne pouvant interpréter que lorsque la loi est obscure) et la motivation sous la forme syllogistique des décisions de justice[2].

Au même moment se développe en Allemagne l'École historique du droit. Ce mouvement souvent présenté comme une réaction à la codification du droit allemand sur le modèle napoléonien a été initié et conduit par Savigny (1779-1861). Il ne s'agit pas d'une simple

---

1. J.C.F. Demolombre cité par F. Gény, *op. cit.*, p. 29.
2. G. Tarello, *Cultura giuridica e politica del diritto*, Bologne, Il Mulino, 1988, p. 69 et s.

histoire du droit ; l'objectif est en effet de fonder une nouvelle science juridique : c'est le génie spécifique de chaque peuple qui détermine, à travers un long processus de maturation, toutes ses manifestations spirituelles, notamment la langue, la culture, la poésie et le droit, qui ne sont que des parties d'un même ensemble culturel. L'idée centrale est que l'évolution du droit se réalise de façon organique indépendamment de la volonté des hommes. En d'autres termes, le droit est défini par le passé de la nation. L'étude de l'histoire est donc indispensable alors que la codification est inutile. Le droit est élaboré de façon organique par la conscience du peuple (*Volksgeist*) et s'exprime par le droit coutumier, par la science et par la pratique juridique. Au sein de cette École, se sont opposés deux courants : les partisans de la tradition germanique et ceux favorables à la tradition du droit romain et ignorant les autres éléments constitutifs du droit allemand[1]. Ce dernier courant donnera naissance à l'École Pandectiste principalement par l'élève de Savigny, Georg Friedrich Puchta (1798-1846). Cette École, quel que soit le courant pris en compte, a abouti de façon explicite et surtout implicite à nier l'utilité des études comparatives : « *Le droit est si spécifique et si inhérent à chaque peuple qu'il ne saurait convenir à un autre. Tout emprunt juridique fait à un autre peuple ne ferait que contredire son Volksgeist. Cela a éloigné l'école historique des recherches de droit comparé et l'a amenée à consacrer ses efforts à la découverte des règles originaires de droit romain et de droit germanique* »[2].

Quant à l'École publiciste italienne, elle a été fondée dans les années 80 du XIXe siècle par Vittorio Emanuele Orlando (1860-1952) sur les bases de l'exemple allemand. Les juristes italiens sont plutôt influencés par les Pandectistes. Le droit constitutionnel est conçu comme un ensemble de principes juridiques cohérents, objectifs et organisés ; cette « construction juridique » s'établit selon une méthode dite « juridique » qui est d'ordre logique et qui exclut les méthodes historique et comparative. Jusqu'alors les constitutionnalistes italiens recherchaient le bon gouvernement en se situant par rapport aux modèles anglais et français et au mouvement libéral. Le succès de la position défendue par Orlando malgré ses oscillations a pour conséquence un désintérêt pour les expériences constitutionnelles étrangères et « *en contrepartie un intérêt peut-être excessif pour la théorie – en tant que telle – : l'intérêt pour "la* doctrine *allemande" prend alors la place de l'intérêt pour les* institutions *anglo-saxonnes et françaises* »[3].

1. O. Jouanjan, *Une histoire de la pensée juridique en Allemagne (1800-1918)*, Paris, PUF, 2005.

2. L.-J. Constantinesco, « Les débuts du droit comparé en Allemagne », *in Miscellanea W.J. Ganshof Van Der Meersch*, Bruxelles, Bruylant, T. II, 1972, p. 744.

3. G. Zagrebelsky, « Considerazioni sull'uso della comparazione negli studi di diritto costituzionale italiano », *in* R. Sacco (dir.), *L'apporto della comparazione alla scienza giuridica*, Milan, Giuffrè, 1980, p. 101 (souligné par l'auteur).

L'influence allemande sera plus tardive en France[1] où entre-temps le droit constitutionnel est né comme discipline. Pour expliquer cette naissance, Olivier Beaud avance plusieurs éléments[2]. D'abord des éléments institutionnels : en 1895, un terme est mis au concours d'agrégation unique avec le sectionnement entre droit privé et droit public. Viennent ensuite des éléments doctrinaux. Du côté du droit privé, les juristes expriment, et tout particulièrement François Gény avec sa doctrine de la libre recherche scientifique, leur volonté de rompre avec l'École de l'exégèse. On assiste également à « *un renouveau* » en droit public grâce aux œuvres doctrinales de Hauriou (1856-1929) et Duguit (1859-1928) : dans un premier temps en droit administratif, puis en droit constitutionnel. Olivier Beaud voit dans le traité rédigé par Adhémar Esmein (1848-1913), *Éléments de droit constitutionnel français et étranger* (dont la première édition date de 1896), une contribution importante à ce « *tournant publiciste* ». Ce manuel est toutefois marqué par un double mépris : envers les institutions allemandes jugées autoritaires et, sans doute par excès de patriotisme, envers la méthode allemande elle-même. Esmein sera suivi par Barthélemy (sur ce point, voir la Leçon 2). En revanche, les penseurs de l'École du positivisme allemand tels que Gerber, Laband et Jellinek[3] vont marquer la doctrine française qui se développera notamment en réaction à l'œuvre d'Esmein. On pense tout particulièrement aux travaux de Raymond Carré de Malberg (1861-1935) et à son ouvrage majeur écrit avant la première guerre mondiale, mais publié en 1920, *Contribution à une théorie générale de l'État*. L'effort de sa réflexion porte sur la notion de volonté de l'État en tant qu'auteur du droit. Au même moment, se manifeste parmi les constitutionalistes de Weimar une réaction à l'École du positivisme : Heller, Schmitt, Smend, Kaufman et Triepel, profondément divisés entre eux, sont toutefois unis par leur anti-formalisme et leur adhésion à une conception « concrète » ou « réelle » de la constitution[4]. Ils

1. P. M. Gaudemet, « Paul Laband et la doctrine française de droit public », *R.D.P.*, 1989, p. 957 et s.

2. O. Beaud, « Carré de Malberg, juriste alsacien. La biographie comme élément d'explication d'une doctrine constitutionnelle », *in* O. Beaud, P. Wachsmann (dir.), *La science juridique française et la science juridique allemande de 1870 à 1918*, Strasbourg, PUS, 1997, p. 227 et s.

3. Georg Jellinek (1851-1911) est, selon Olivier Jouanjan, « *trop souvent et trop rapidement* » rattaché à l'École Gerber-Laband. C'est précisément à cause de la place qu'il accorde aux questions de méthode qu'il se démarque des juristes de droit public de son temps : voir la préface d'O. Jouanjan, « Georg Jellinek ou le juriste philosophe », *in* G. Jellinek, *L'État moderne et son droit* (1911), rééd. Paris, Éd. Panthéon-Assas, 2005, T. I, p. 43. Pour son apport méthodologique, voir Leçon 8 § 1.

4. Sur « la querelle de méthodes » et l'apport de ces différents auteurs, en particulier de Carl Schmitt (1888-1985) : voir la préface d'O. Beaud, « Carl Schmitt ou le juriste engagé », *in* C. Schmitt, *Théorie de la Constitution* (1928), Paris, PUF, 1993, p. 21 et s. et p. 71 et s.

contestent en particulier le « purisme » méthodologique et la constitution normative de Hans Kelsen (1881-1973) et prônent un droit constitutionnel établi sur des bases historiques et matérielles.

Pour terminer ce bref panorama des doctrines nationales, il faut évoquer le cas américain sans qu'il soit possible de tracer un lien immédiat et direct avec la doctrine développée en Europe. À partir de la guerre de Sécession (1861-1864) et ce jusqu'à la première guerre mondiale s'ouvre la période connue sous l'appellation de positivisme formaliste. Après la période faste des emprunts juridiques, le système juridique américain se replie en effet sur lui-même. Grâce à la règle *stare decisis* solidement affirmée et ayant suffisamment de jurisprudence pour pouvoir s'exercer avec régularité, le système juridique se suffit à lui-même. Les juges et l'élite politique ne sont plus favorables à une jurisprudence créatrice. Au contraire, les données normatives doivent être reproduites de manière mécanique. Les professeurs de droit se chargent donc de déterminer et de systématiser les règles contenues dans les précédents judiciaires. C'est aussi à cette époque (1870) qu'une nouvelle méthode d'enseignement est introduite à Harvard par le doyen Landgell. Elle se fonde sur les cas judiciaires : la « *case method* » repose sur l'analyse des arrêts pertinents de manière à identifier les principes de *common law* en vigueur. Ces derniers identifiés, le droit positif est conçu comme un « donné » rationnel et neutre qui constitue le cadre formel de la pensée des juristes. Il faut attendre l'après-guerre pour voir prendre forme un mouvement critique. La critique anti-formaliste se développe de manière endogène sans apport extérieur. La critique du mouvement formaliste prend au cours des années 1920-1930 des formulations variées généralement regroupées sous l'appellation de « réalisme juridique », dont Karl Llewellyn (1893-1962) est considéré comme l'un des chefs de file avec Roscoe Pound (1870-1964)[1]. Ce dernier est l'un des pourfendeurs les plus connus de la « *mechanical jurisprudence* ». Il a construit sa théorie de la « *sociological jurisprudence* » sans que rien ne prouve qu'il ait utilisé son excellente connaissance du droit continental et sa vaste culture juridique. Le droit comparé connaîtra toutefois une expansion grâce à l'arrivée des nombreux universitaires européens fuyant le nazisme et le fascisme. À partir de 1952, l'association des comparatistes se retrouve dans le cadre de la revue *American Journal of Comparative Law*. Mais la pensée constitutionnelle reste impénétrable à l'apport du droit comparé et du droit étranger à l'image de la jurisprudence de la Cour suprême des États-Unis. Un grand manuel de droit constitutionnel,

1. S.M. Feldman, *American Legal Thought from Premodernism to Postmodernism*, New York, Oxford University Press, 2000, p. 105 et s.

celui de Tribe[1], en est un bon exemple. Il semble construit sur un présupposé tacite : « *le présupposé qu'il n'y a au monde d'autre droit constitutionnel que celui américain, ou, du moins que celui-ci peut être étudié et compris comme une monade fermée sur toute autre expérience juridique* »[2]. Cette idée est très largement partagée au sein de la communauté juridique ainsi que le confirme un des grands noms de la théorie constitutionnelle américaine, Bruce Ackerman : « *Si nous voulons découvrir la Constitution, nous devons l'approcher sans l'assistance de guides importés d'autres temps ou d'autres lieux. Ni Aristote, ni Cicéron, ni Montesquieu, ni Locke, ni Harrington, ni Hume, ni Kant, ni Weber ne peuvent en fournir la clé. Les Américains ont beaucoup emprunté à de tels penseurs, mais ils ont aussi construit un authentique mode de pensée et de pratique constitutionnelles singulier* »[3]. Un intérêt pour l'enseignement du droit constitutionnel comparé ne s'est manifesté que très récemment. En témoigne notamment la publication de deux manuels : V. Jackson, M. Tushnet, *Comparative Constitutional Law*, New York, Foundation Press, 1999 (2e édition, 2005) ; N. Dorsen, M. Rosenfeld, A. Sajò, S. Baer, *Comparative Constitutionalism. Cases and Materials*, St Paul, Thomson West, 2003 (voir Leçon 2, § 3).

Pour conclure, on remarquera avec Jean-Louis Halpérin[4] et, avant lui, Léontin-Jean Constantinesco[5], que le durcissement des particularismes nationaux et la fermeture des systèmes juridiques n'ont pas empêché le développement du droit comparé (et du droit international). Dans les pays qui avaient réalisé la codification, la comparaison interne, ayant perdu sa raison d'être, elle a été remplacée par la comparaison externe. Le premier congrès international de droit comparé réuni à Paris en 1900 est l'un de ces signes qui laisse penser qu'il n'y a jamais d'évolution irréversible dans la manière de penser le droit et qu'il faut au contraire être attentif aux flux et aux reflux. Une récente analogie peut être soulignée. Encore aujourd'hui, le développement de l'internationalisation du droit est parfois perçu comme une menace et provoque des réactions de repli national.

---

1. L.H. Tribe, *American Constitutional Law*, New York, Foundation Press, 3e éd., 2000 (1re éd., 1978).
2. G. Bognetti, « L'apporto della comparazione alla scienza del diritto americano », *in L'apporto della comparazione alla scienza giuridica, cit.*, p. 29.
3. B. Ackerman, *We, the people: Foundations*, Harvard, Harvard University Press, 1991, p. 3 (trad. *Au nom du peuple. Les fondements de la démocratie américaine*, Préface de P. Weil, Paris, Calmann-Lévy, 1998).
4. J.-L. Halpérin, « L'approche historique et la problématique du jus commune », *R.I.D.C.*, 4-2000, p. 731.
5. L.-J. Constantinesco, *Traité de droit comparé*, T. I, *Introduction au droit comparé*, Paris, LGDJ, 1972, p. 21 et s.

§ 2. La matière constitutionnelle

À quoi correspond la matière constitutionnelle[1] ? De manière plus restrictive, la question peut être : quel est l'objet de la constitution ? Cette interrogation est en effet plus étroite car la matière constitutionnelle dépasse le texte constitutionnel, c'est-à-dire la constitution entendue dans un sens formel. Plus encore, la matière existe en dehors du texte constitutionnel et de la jurisprudence constitutionnelle (règles écrites interprétées par le juge)[2]. Certes, la constitution formelle contient de la matière constitutionnelle mais pas toute la matière constitutionnelle. C'est donc également la constitution réelle, c'est-à-dire la constitution appliquée, qui doit être prise en considération. La matière constitutionnelle renvoie aussi bien à la question du contenu qu'à celle des sources du droit constitutionnel.

A. Le contenu du droit constitutionnel

Au moment de l'élaboration d'une constitution, la question de l'objet et donc du contenu de la constitution se pose forcément. Quelle organisation pour l'État ? Quels rapports entre les organes publics ? Quelles attributions pour les nouvelles institutions ? Quelles libertés reconnaître aux citoyens ? Quelles garanties pour assurer la protection des droits et libertés ? Ces questions sont toutefois identiques même dans l'hypothèse où il n'existe pas de constitution formelle. Aussi bien comme corpus de règles que comme discipline scientifique portant sur ce corpus de règles, le problème se pose ainsi que le confirme la définition proposée par le constitutionaliste anglais Dicey (1835-1922) : « *Le droit constitutionnel, tel que le terme est utilisé en Angleterre, semble inclure toutes les règles qui affectent directement ou indirectement la distribution ou l'exercice du pouvoir souverain dans l'État* »[3].

---

1. L. Gélin-Racinoux, *Recherches sur le rapport de la constitution au temps*, Thèse Nantes, 2005. Par ailleurs, on remarquera que les constitutionnalistes américains, pour lesquels le droit constitutionnel s'identifie à la constitution et à l'interprétation qu'en donne la Cour suprême, engagent désormais la recherche dans cette direction : E. Young, « The Constitution Outside the Constitution » 117, *Yale Law Journal*, 2007, p. 408 et s. En revanche, les auteurs britanniques sont amenés à réévaluer la définition du droit constitutionnel en raison de plusieurs réformes constitutionnelles écrites : N. Johnson, « Law, Convention, and Precedent », *in The Law, Politics, and the Constitution. Essays in Honnour of Geoffrey Marshall*, (eds.) D. Butler, V. Bogdanor, R. Summers, Oxford, Oxford University Press, 1999, p. 131 et s. ; D. Oliver, « Vers une constitution britannique fondée sur des principes normatifs », *R.I.D.C.*, 4-2008, p. 807 et s.

2. R. Capitant, « Le droit constitutionnel non écrit », *in Recueil d'études sur les sources du droit en l'honneur de F. Gény*, 1934 : reproduit *in Ecrits d'entre-deux-guerres*, Paris, Éd. Panthéon-Assas, 2004, p. 297 et s. ; ID., « La coutume constitutionnelle », *Gaz. Pal.*, 20 déc. 1929 : reproduit *in Ecrits,* cit., p. 283 et s.

3. A. V. Dicey, *Introduction to the Study of the Law of the Constitution*, Londres, Macmillan, 10e éd., 1959, p. 23.

De manière générale, le problème central est : existe-t-il par nature des questions d'ordre constitutionnel ? En suivant Georges Burdeau (1905-1988), la réponse peut mettre l'accent sur le processus politique que représente la confection de la constitution : « *L'établissement d'une constitution n'est pas une œuvre de déduction logique et abstraite, mais une opération politique* ». Dans ces conditions, il est « *inévitable que le législateur constituant étende le prestige de la forme constitutionnelle à des dispositions qui, par leur objet, n'en sont pas dignes, ou encore qu'il cherche à faire bénéficier certaines règles de la stabilité relative que leur vaudra l'obligation, pour les modifier, de recourir à une procédure de révision lente et compliquée* »[1]. Il semblerait toutefois que l'objet de certaines dispositions constitutionnelles ne soit pas « digne » de figurer dans le texte fondamental. Dans l'édition de 1984, l'auteur précise : « *Les constitutions, au sens formel, ne contiennent pas toutes les règles matériellement constitutionnelles et il arrive, au contraire, qu'elles touchent à des questions qui n'ont, au fond, aucune signification constitutionnelle* » (p. 26). L'exemple de la Constitution helvétique est souvent cité. En ayant recours à l'initiative constitutionnelle, les citoyens suisses peuvent introduire des règles comme l'interdiction de l'absinthe. On peut aussi penser à la Constitution américaine révisée de manière à instituer la prohibition de l'alcool et à nouveau amendée pour supprimer cette interdiction. Ces dispositions sont en effet sans lien avec l'organisation politique de l'État.

La question peut être reformulée de la manière suivante : y a-t-il des questions plus « fondamentales » ou « essentielles » que d'autres ? C'est ce que le juriste allemand Carl Schmitt (1888-1985) avance en soulignant que l'on ne peut croire que l'article premier de la Constitution de Weimar de 1919 (« Le Reich allemand est une République ») soit juridiquement la même chose que l'article 129 de cette même Constitution (« Tout employé public a le droit de connaître son dossier »). La notion matérielle de la constitution chez Schmitt correspond à l'importance et à la signification du contenu constitutionnel. Sa conception s'oppose à celle de Hans Kelsen pour qui le contenu de la constitution n'acquiert sa signification particulière qu'en vertu de la procédure spéciale à suivre pour l'établir ou pour la réviser. La définition retenue est en effet lourde de conséquences juridiques – et l'on en débat encore aujourd'hui – sur les limites à la révision[2] ou encore sur la question du changement

1. G. Burdeau, *Traité de science politique. Le statut du pouvoir dans l'État*, T. IV, Paris, LGDJ, 2e éd., 1969, p. 21.

2. Peut-on en effet considérer comme clos le débat en France parce que le Conseil constitutionnel (décision n° 03-469 DC du 26 mars 2003) a refusé d'assurer un contrôle de constitutionnalité sur les lois de révision ? Certainement pas : l'étude des expériences étrangères permet justement de montrer l'intérêt de cette question. Voir le dossier consacré à cette question par les *Cahiers du Conseil constitutionnel*, 2009, n° 27 et Leçon 10 § 1.

constitutionnel, c'est-à-dire la question de la modification de la constitution en dehors de l'hypothèse de la révision.

Cette notion de « constitution matérielle » reste controversée car elle est, d'une part, polysémique et, d'autre part, polyvalente. Les définitions varient selon les auteurs. Ainsi, Georges Vedel (1910-2002) offre une définition très large et en définitive laconique : « *l'ensemble des règles de droit les plus importantes de l'État* »[1]. En Italie, la notion de « constitution matérielle » est attachée au nom de Costantino Mortati (1891-1985) qui lui a consacré un ouvrage dans lequel il envisage la constitution au sens matériel comme un ensemble de pratiques regardant les rapports politiques différents des rapports politiques tels que réglés par la constitution au sens formel : les partis politiques dominants sont en mesure de déterminer le régime[2]. Cette notion sert dès lors avant tout à saisir le décalage entre le texte et la pratique.

Il apparaît que cette notion n'appelle pas un contenu précis mais, en dépit de la variété des définitions, on peut proposer une définition minimale : la matière constitutionnelle comporte à la fois des règles écrites ou non relatives à l'organisation des pouvoirs publics, leur fonctionnement, leurs rapports mutuels et, dans certains systèmes juridiques, la détermination et la garantie des droits fondamentaux[3]. On pense ici au célèbre article 16 de la Déclaration des droits de l'homme et du citoyen de 1789 : « *Toute société dans laquelle la garantie des droits n'est pas assurée, ni la séparation des pouvoirs déterminée, n'a point de constitution* ». Les propos tenus par Édouard Laboulaye (1811-1883), le fondateur de la Société de législation comparée, peuvent être aussi rappelés :

« *En fait, la constitution établissant en général des procédures particulières sacramentelles, quand il s'agit de l'amender ou de la réformer, il n'y a de constitutionnel que ce que l'acte même de la constitution ou les lois organiques déclarent constitutionnel, comme il n'y a de criminel que ce que la loi punit comme crime. En théorie, on a eu longtemps la manie de mettre dans la constitution, comme dans une arche sainte ce qu'on voulait enlever à l'action du futur législateur. [...] Aujourd'hui on est revenu à des idées plus saines et désormais, il n'y a de constitutionnel que deux choses : ce qui touche à l'organisation des pouvoirs publics et leurs rapports entre eux ; ce qui touche à la garantie des libertés publiques. Prenez une constitution américaine, vous y trouverez ces deux points, conditions d'existence des gouvernements*

1. G. Vedel, *Droit constitutionnel*, Paris, Sirey, 1949 (rééd. 1984), p. 112.
2. C. Mortati, *La costituzione in senso materiale*, Milan, Giuffrè, 1940.
3. Pour l'instant, les notions de « droits de l'homme » et de « droits fondamentaux » sont employées de manière indifférente, mais sur ce point voir Leçon 12 § 1 car il s'agit d'une terminologie conditionnée par les contextes aussi bien juridique que culturel.

libres. […] Ainsi l'organisation des pouvoirs publics ; garanties des libertés publiques, c'est là ce qui compose le droit constitutionnel[1]. »

L'objectif poursuivi au XVIIIe siècle est de garantir la liberté et la constitution est conçue comme l'instrument de garantie de cette liberté par la limitation du pouvoir d'État. Comme il a été rappelé précédemment, la constitution fonde et limite l'ordre juridique de la communauté étatique et, par conséquent, elle porte forcément sur l'organisation des pouvoirs publics. En revanche, les constitutions se sont munies de catalogue des droits fondamentaux surtout après la seconde guerre mondiale. Malgré la Déclaration de 1789, les droits de l'individu ont en effet été écartés de bon nombre des constitutions du XIXe siècle (sauf de la Constitution belge de 1831 qui introduit pour la première fois dans le corps même du texte constitutionnel les droits et devoirs fondamentaux pour lever toute hésitation sur leur valeur normative et de la Constitution helvétique de 1874 qui les introduit par souci de limitation du pouvoir fédéral et en raison de l'existence d'une initiative populaire en matière constitutionnelle). La question des droits n'est réapparue dans la matière constitutionnelle qu'après l'effondrement des régimes nazi et fasciste. Les constitutions allemande (1949) et italienne (1947) constituent sans aucun doute un modèle de référence qui a été suivi dans les années 1970 par l'Espagne, la Grèce et le Portugal sortant d'expériences autoritaires, mais aussi par la Suède et les Pays-Bas dans les années 1980. Pour les pays d'Europe centrale et orientale sortis du système socialiste après la chute du mur de Berlin en 1989, la question des droits et libertés ne se pose pas en termes de rédaction d'une déclaration des droits : ils avaient déjà opté pour un catalogue constitutionnel, mais sans garantie réelle en pratique. Le véritable problème était l'effectivité de ces droits en l'absence d'un système judiciaire indépendant.

Certaines constitutions européennes ne comportent toujours pas de catalogue des droits : celles de la Norvège et de la Finlande. En revanche, plusieurs pays à la tradition démocratique consolidée se sont récemment dotés d'un catalogue. En dehors de l'espace européen, on pense au Canada qui a adopté en 1982 la Charte des droits et des libertés. Le 18 avril 2000, est entrée en vigueur la nouvelle Constitution fédérale de la Confédération suisse du 18 avril 1999 dotée d'un catalogue des droits fondamentaux tel qu'il avait été développé dans la jurisprudence du Tribunal fédéral. Le cas anglais se révèle un peu plus complexe. Par le *Human Rights Act* de 1998, la Convention européenne des droits de l'homme a été introduite en droit anglais : ni définition, ni catalogue des droits, mais la loi rend invocable la Convention européenne devant le juge national. Le juge européen n'est plus le seul à pouvoir déclarer qu'une loi anglaise

---

1. É. Laboulaye, *Trente ans d'enseignement au Collège de France (1849-1882)*, Paris, Larose et Forcel, 1888, p. 305-306.

viole la Convention européenne puisque le juge national est désormais habilité à le faire. Toutefois, les juges nationaux ne se voient pas accorder le pouvoir de refuser d'appliquer une loi incompatible avec les droits reconnus par la Convention. Dit en d'autres termes, la loi une fois promulguée doit être comprise et appliquée dans la mesure du possible dans un sens compatible avec les droits reconnus par la Convention. S'il n'est pas possible d'agir ainsi, la législation reste valide mais le juge peut faire une déclaration d'incompatibilité. Il appartient alors au législateur (c'est-à-dire au gouvernement et à sa majorité) d'amender le droit national pour se mettre en conformité avec la Convention ou bien de s'exposer à un recours devant la Cour de Strasbourg et probablement à être condamné.

De ce dernier exemple, on peut tirer deux enseignements. D'abord, la matière est vivante. Plus encore, le droit constitutionnel est en pleine évolution en Europe en raison du processus d'intégration européenne et de l'action du Conseil de l'Europe en faveur des droits de l'homme. Dès lors que l'on veut comprendre et penser le droit constitutionnel aujourd'hui, il convient de commencer par son objet et non pas par son sujet, l'État. Puisqu'en effet « *[l]'intégration européenne pose un défi aux constitutions nationales [...] comme au droit constitutionnel. Elle présume l'existence d'une constitution sans définir de communauté politique qui lui corresponde [...]. L'intégration européenne remet ainsi en question le monopole juridique des États et l'organisation hiérarchique du droit qui place le droit constitutionnel au sommet de la hiérarchie des normes* »[1]. L'intégration européenne est sans doute un moteur du renouveau des études comparatives (pour de plus amples développements sur cette question, voir la Leçon 2 § 3). L'une des raisons tient à l'influence du droit communautaire et du droit européen sur les catégories du droit public national.

Ensuite, la matière constitutionnelle n'est pas forcément identique d'un ordre juridique à un autre, même si un fonds commun existe. Dans une formule concise, Maurice Hauriou résume ce point : « [l]*es constitutions nationales sont un produit de l'histoire du Droit ; il y a déjà, à leur égard, une tradition : de même que du rapprochement des constitutions des différents pays résulte un droit comparé et une sorte de droit commun constitutionnel* »[2]. Les objets constitutionnels sont très hétérogènes à travers le temps et l'espace. Depuis l'après-seconde guerre mondiale, la notion de constitution s'est précisément transformée en raison d'une extension de son objet. La fonction idéologique s'exprime en particulier dans les constitutions transformatrices (voir Leçon 10 § 3 B).

1. M. Poiares Maduro, cité par J. H. H. Weiler, « Fédéralisme et constitutionnalisme : le *sonderweg* de l'Europe », *in* R. Dehousse (dir.), *Une constitution pour l'Europe ?*, Paris, Presses de Sciences Po, 2002, p. 165-166.

2. M. Hauriou, *Précis de droit constitutionnel*, Paris, Sirey, 2e éd., 1929, p. 263.

B. Les sources du droit constitutionnel

Des dispositions constitutionnelles par nature peuvent être présentes dans des documents complémentaires de la constitution formelle. Il y a une autre hypothèse plus controversée, même si pour Hauriou « *[i]l est tout à fait naturel que le droit constitutionnel soit au-dessus de la constitution nationale…* »[1] : la pratique est aussi une source du droit constitutionnel. Avant de prendre ces deux directions, on s'attachera à décrire les qualités formelles du texte constitutionnel.

1) Le texte constitutionnel

Les premières constitutions écrites (la Constitution suédoise de 1720, puis surtout la Constitution américaine de 1787 et la Constitution française de 1791) sont à l'origine d'une conception volontariste : « *L'âge révolutionnaire tourne le dos aux conceptions anciennes. Il ne conçoit plus le régime de l'État comme reposant sur la tradition et la coutume […], mais comme le libre produit des volontés humaines éclairées par la raison* »[2]. En fixant l'attribution et les modalités du pouvoir politique, la constitution assume une fonction de garantie. La constitution est donc un acte de fondation de l'ordre social et politique qui détruit toutes les institutions précédentes, les nouvelles étant soumises aux droits de l'homme. Désormais, les droits appartiennent aux individus et non plus aux groupes. En outre, cela signifie que le pacte constitutionnel est un contrat politique et non pas social : les équilibres du corps social n'ont plus rien à voir avec ceux du corps politique.

Par l'écrit s'exprime la volonté de lutter contre le risque de l'oubli. C'est le souhait que l'écriture rende pérenne l'œuvre constituante. L'idée de la forme écrite de la constitution se consolide pendant la période révolutionnaire française. Cette idée se maintient même si la qualification disparaît au profit de « Charte » (France, 1814) ou de « Statut » (Espagne, 1834) pour des raisons idéologiques. Cette qualification peut d'ailleurs être abandonnée pour d'autres raisons : un document sans prétention et se contentant de régler les rapports entre organes publics (les lois constitutionnelles de 1875) ou un document initialement conçu comme transitoire (la Loi fondamentale allemande de 1949 dans l'attente de la réunification).

Plusieurs constitutions sont formées de textes ajoutés les uns après les autres. La Constitution finlandaise est composée de deux lois fondamentales : l'une sur « la forme du gouvernement » (1919) et l'autre sur « l'organisation de la Chambre des représentants »[3]

1. *Ibid.*
2. P. Bastid, *L'idée de Constitution*, Paris, Economica, 1985, p. 14.
3. Et non pas la loi « organique » de la Chambre des représentants comme le terme finnois « *Valtiopäiväjärjestys* » est traditionnellement traduit par les constitutionnalistes français : erreur signalée par Lucio Pegoraro, *Le leggi organiche. Profili comparatistici*, Padoue, CEDAM, 1990, p. 7.

(1928) auxquelles il faut ajouter deux autres lois de rang constitutionnel, celle sur le droit de la Chambre des représentants de contrôler la légalité des actes des membres du Conseil des ministres et celle sur la Haute cour (toutes les deux de 1922). La Constitution fédérale autrichienne de 1920 dans sa version de 1929 constitue le texte principal accompagné d'autres actes internes ou internationaux qui ont le statut de loi ou de disposition constitutionnelle : parmi ceux-ci, il convient de mentionner la loi fondamentale d'État de 1867 relative aux droits fondamentaux, la loi sur la protection de la liberté personnelle de 1862 ou encore la Convention européenne des droits de l'homme de 1950. Cette liste est loin d'être exhaustive puisque, selon le comptage effectué en 1993 par Otto Pfersmann[1], ce sont au moins 268 textes qui structurent de manière tout à fait hétérogène le droit constitutionnel autrichien.

La Constitution israélienne présente également une structure éclatée et composée de plusieurs lois dites « fondamentales », toutefois moins nombreuses. Ce cas est un peu à part : « *l'affirmation selon laquelle Israël est dépourvu de constitution n'est plus tout à fait exacte, sans pour autant être tout à fait fausse* »[2]. En application de la résolution Harari (1950) adoptée par l'assemblée constituante (dénommée la « première Knesset »), ont été approuvées plusieurs lois dites « fondamentales ». La première Knesset trouva un compromis : plutôt que de rédiger immédiatement une constitution complète, elle chargea son « comité de la constitution des lois et du droit » d'adopter le document chapitre par chapitre. Chacun entrerait en vigueur avec le caractère de loi fondamentale et, après l'adoption du dernier, tous les chapitres seraient assemblés en une constitution. En fait, c'est sous la 3e législature (1958) que la Knesset (à qui la première Knesset avait transmis son pouvoir constituant) entama le processus d'adoption des lois fondamentales : sur la Knesset (1958), sur les territoires d'Israël (1960), sur le Président de l'État (1964), sur le gouvernement (1968 révisée en 1992 notamment en introduisant l'élection au suffrage universel direct du Premier ministre, puis en 2001), sur le budget de l'État (1975), sur les forces armées (1975), sur Jérusalem, capitale d'Israël (1980), sur le pouvoir judiciaire (1984), sur le contrôleur de l'État (1986), sur la liberté professionnelle (1992 révisée en 1994) et sur la dignité et la liberté de l'individu (1992 révisée en 1994). L'article 5 de la loi sur la liberté professionnelle consacre le principe de la supériorité de la loi fondamentale, au-delà du simple principe de majorité tel qu'il avait été conçu précédemment. En prévoyant expressément que la loi fondamentale ne peut être révisée que par une autre loi fondamentale, adoptée à la

1. Dans « La révision constitutionnelle en Autriche et en Allemagne », *in La révision de la Constitution*, Paris-Aix, Economica-PUAM, 1993, p. 31.

2. C. Klein, *La démocratie d'Israël*, Paris, Seuil, 1997, p. 118.

majorité absolue des membres de la Knesset, il en résulte que cette dernière est « *une loi supérieure, voire de nature juridique différente* »[1]. En revanche, la loi sur la dignité et la liberté de l'individu ne comporte pas de clause de « rigidité ». Néanmoins, elle comporte une clause dite « limitative » selon laquelle « *il ne peut être porté atteinte aux droits qui découlent de la présente loi fondamentale dans un but valable et dans la stricte mesure du nécessaire* ». Une telle clause a permis l'examen de la constitutionnalité d'une loi : cette interprétation a été consacrée par la Cour suprême dans l'affaire *Bank Hamizrahi c. Village coopératif Migdal et autres* (1995).

La Constitution française du 4 octobre 1958 présente désormais une structure éclatée sans toutefois être composée de plusieurs lois fondamentales. Le préambule, initialement considéré comme extérieur à la constitution formelle, puis intégré dans celle-ci par la célèbre décision constitutionnelle du 16 juillet 1971, a été consacré formellement par la loi constitutionnelle du 1er mars 2005 comme faisant partie intégrante de la Constitution puisque cette loi constitutionnelle modifie pour la première fois expressément le préambule en ajoutant la mention de la « Charte de l'environnement ». En l'absence d'un catalogue des droits et libertés, le préambule est composé à la manière de tables gigognes : le préambule de 1958, la Déclaration des droits de l'homme et du citoyen de 1789, le préambule de la Constitution de 1946 et enfin la Charte de l'environnement de 2004. Cette solution n'a rien de surprenant. En revanche, le renvoi par l'article 76 à l'Accord de Nouméa du 5 mai 1998, par lequel celui-ci obtient valeur constitutionnelle, l'est beaucoup plus puisque certains principes constitutionnels sont malmenés (les articles 1 et 3 de la Constitution sur l'universalité du suffrage). Enfin, le légiconstituant a introduit, par la révision, des dispositions qui renvoient à des traités internationaux : le traité de Lisbonne modifiant le traité sur l'Union européenne et le traité instituant la Communauté européenne (articles 88-1 et suivants) et le traité international portant création de la Cour pénale internationale (article 53-2 et aussi articles 68 et 68-1). Ainsi, certains auteurs parlent-ils pour décrire ces dernières strates de « constitutionnalité par renvoi », c'est-à-dire « *des normes dépourvues de valeur constitutionnelle à l'origine, mais qui servent de fondement au contrôle de constitutionnalité parce que la Constitution l'impose* »[2].

La structure d'une constitution peut donc prendre des formes complexes qui en rendent la lecture difficile. L'exemple italien le

1. *Op. cit.*, p. 133.

2. A. Roblot-Troizier, *Contrôle de constitutionnalité et normes visées par la Constitution française. Recherches sur la constitutionnalité par renvoi*, Paris, Dalloz, 2007. Pour une version synthétique de sa thèse, ID., « Réflexions sur la constitutionnalité par renvoi », *Les Cahiers du Conseil constitutionnel*, 2007, n° 22, p. 198 et s.

confirme d'une autre manière. En droit constitutionnel italien, on ne connaît pas la catégorie des lois organiques. Toutefois, la Constitution de 1947 renvoie à plusieurs lois *constitutionnelles*. L'article 138 portant sur la révision se réfère, outre aux lois de révision, aux « autres lois constitutionnelles ». Les premières modifient la constitution. En revanche, les secondes sans la modifier sont de rang constitutionnel. Elles sont prévues par la constitution elle-même. Ainsi, l'article 71 alinéa 1er prévoit-il : « *L'initiative des lois revient au gouvernement, à chaque membre des Chambres, ainsi qu'aux organismes et institutions auxquels elle est attribuée par la loi constitutionnelle* ». Il n'y a donc pas de différence de nature entre ces deux catégories de lois, de même pour les « projets de loi en matière constitutionnelle et électorale » prévus par l'article 72 alinéa 4.

De manière générale, les constitutions se sont allongées après la première guerre mondiale à cause de l'extension des fonctions de l'État (en particulier, en raison de l'interventionnisme économique et l'introduction des droits économiques et sociaux comme par exemple dans la Constitution mexicaine de 1917 et celle de l'Allemagne de 1919) et des nouveaux mécanismes de rationalisation du parlementarisme (attachés au nom de Boris Mirkine-Guetzévitch (1892-1955) et à son ouvrage, *Les constitutions de l'Europe nouvelle*, 1929). Par ailleurs, les constitutions de type fédéral sont généralement plus longues puisqu'elles doivent régler les rapports entre les États fédérés et la fédération. Ainsi la Constitution de l'Inde (1950) contient-elle près de quatre cents dispositions. D'autres raisons peuvent entrer en ligne de compte. En particulier, la longueur du texte constitutionnel tient au nombre des forces politiques participant à son élaboration et, par conséquent, la recherche du compromis peut conduire à multiplier les dispositions de manière à donner satisfaction à toutes les forces présentes. C'est ce qui ressort des nombreuses constitutions adoptées après la chute du mur de Berlin en 1989 en Europe centrale et orientale. Le continent africain dans les années 1990 a lui aussi connu une intense production constitutionnelle.

En définitive, la longueur des constitutions est fort inégale[1] même si la tendance à introduire dans le corps de la constitution le catalogue des droits a produit dans le temps un allongement des textes constitutionnels. De même, les sources formelles complémentaires varient d'un pays à l'autre en fonction des qualifications accordées par les constituants.

1. Pour un examen des constitutions actuellement en vigueur (voire même de versions provisoires en attendant l'achèvement d'un processus constituant en cours), consulter le site : www.constituteproject.org. ; la page https://comparativeconstitutionsproject.org/ccp-rankings/ offre une analyse statistique notamment de la longueur des constitutions en vigueur. Sur l'approche quantitative en droit constitutionnel, voir Leçon 9 § 2.

2) Les sources formelles complémentaires

Quelle que soit la longueur du texte, la plupart des constitutions renvoie pour les détails soit à des lois organiques soit à des lois ordinaires. Ce sont deux hypothèses différentes qui méritent quelques explications. Dans le premier cas, le constituant a créé une catégorie de loi, en quelque sorte, intermédiaire entre la constitution et la loi ordinaire : ce sont des lois précisément prévues par la constitution dans le but de détailler des aspects relatifs au statut des gouvernants ou bien aux rapports entre organes et elles sont adoptées selon une procédure renforcée de manière à les distinguer des lois ordinaires (contrôle de constitutionnalité préventif obligatoire prévu par l'article 46 alinéa 5 de la Constitution française de 1958) et à obtenir un plus large consensus (majorité qualifiée requise par l'article 81 alinéa 2 de la Constitution espagnole de 1978). Il convient de souligner que dans le cas espagnol l'objet des lois organiques se situe au-delà de l'organisation des pouvoirs publics puisque l'alinéa 1er de l'article 81 prévoit : « *Les lois organiques sont celles qui se réfèrent au développement des droits fondamentaux et des libertés publiques, celles qui approuvent les statuts d'autonomie et le régime électoral général, ainsi que les autres lois prévues dans la Constitution* ». Bien que les constituants espagnols aient pris pour modèle les lois organiques de la Constitution de 1958, leur choix d'étendre le champ de compétences aux droits et libertés indique la volonté de faire jouer à ces lois un rôle de protection qui n'existe pas dans le cas français où il s'agit avant tout de « prolonger » la Constitution (en particulier, les ordonnances portant loi organique de l'article 92 de la Constitution). Les lois organiques, introduites pour la première fois dans leur version moderne dans la Constitution française, se sont diffusées dans des contextes institutionnels différents (constitutions sud-américaines telles que les constitutions du Venezuela ou du Brésil ou encore du Pérou) ou plus proches du modèle français (les constitutions roumaine et portugaise).

Il apparaît que, selon la qualification donnée par le constituant, les sources formelles complémentaires sont très variables. Des questions considérées par le constituant comme étant moins fondamentales bien que matériellement constitutionnelles sont laissées au soin du législateur ordinaire comme, par exemple, les règles relatives à l'élection des députés en droit constitutionnel français. Les règlements d'assemblées intéressent aussi la matière constitutionnelle. Essentiellement consacrés au fonctionnement des assemblées instituées par le constituant (organisation interne des chambres et travail parlementaire), ces règlements ont pour vocation de préciser, parfois sur renvoi exprès, les principes généraux énoncés dans la constitution. Formellement, la valeur constitutionnelle des règlements est pourtant rarement reconnue. En Suède, la loi sur la succession au Trône et la loi sur la liberté de la presse ont expressément valeur constitutionnelle alors que le règlement du *Riksdag* n'a pas formellement valeur constitutionnelle. En Italie comme en Espagne, les décrets d'application des statuts des régions font parti du bloc de constitutionnalité. En revanche, les règlements des assemblées en sont exclus. Enfin, on remarquera que le droit électoral en Espagne relève des lois organiques alors qu'en France ce n'est que partiellement le cas (pour l'élection du Président de la République).

3) La pratique constitutionnelle

« *Quand on dit :* la Constitution*! L'on a raison.* Toute la Constitution*! L'on a raison encore, mais lorsque l'on ajoute* : rien que la Constitution*! L'on ajoute une ineptie.* La Constitution, toute la Constitution, et tout *ce qui est nécessaire pour faire marcher la Constitution, cela seul est sensé*[1]. » La pratique du droit est une source matérielle essentielle dans la mesure où elle peut prétendre refléter le droit tel qu'il est. Charles Eisenmann invite à l'étude « *non seulement [de] la naissance et [de] la mort des systèmes et des règles, mais encore – c'est ce point qui nous importe surtout – leur vie, c'est-à-dire la façon dont ils sont appliqués… ou dont ils ont été éliminés en fait par une pratique contraire* »[2].

La difficulté qui apparaît – et pas seulement au sein de la doctrine française[3] – c'est l'absence de frontières précises entre les différentes catégories qui sont censées refléter la pratique constitutionnelle : coutumes, conventions et règles de courtoisie. Un point semble toutefois acquis : « *il n'est pas du pouvoir des constitutions écrites, rigides, d'empêcher qu'il se développe, à côté d'elles ou contre elles, un droit constitutionnel non écrit : en sorte que, dans les États de cette sorte, à côté de la constitution formelle s'établissent des règles constitutionnelles de nature purement matérielle* »[4]. La constitution est un instrument de gouvernement autant qu'une charte des droits et elle est à ce titre inséparable du jeu des forces qui en conditionnent l'application : les prérogatives que le droit attache à l'exercice des compétences sont, par nature, discrétionnaires et leur mise en œuvre dépend de l'usage qu'il est politiquement possible d'en faire. Il s'agit

---

1. B. Constant cité par P. Bastid, *Benjamin Constant et sa doctrine*, Paris, A. Colin, T. II, 1966, p. 721 (souligné par l'auteur).

2. C. Eisenmann, « Droit constitutionnel et science politique », *in Ecrits de théorie du droit, de droit constitutionnel et idées politiques*, Textes réunis par Ch. Leben, Paris, Éd. Panthéon-Assas, 2002, p. 518 (initialement publié dans la *Revue internationale politique et constitutionnelle*, 1957, p. 72 et s.).

3. A. Mannino, « Prime considerazioni in tema di convenzioni costituzionali », *in* G. Mor (dir.), *Norme di correttezza costituzionale, convenzioni ed indirizzo politico*, Milan, Giuffrè, 1999, p. 83 et s.

4. G. Jellinek, *L'État moderne et son droit. Deuxième partie. Théorie juridique de l'État* (1911), rééd. Paris, Éd. Panthéon-Assas, 2005, p. 214.

donc de s'intéresser à la « *constitution réelle* »[1], c'est-à-dire non pas aux interprétations données par le juge de la constitution, mais aux accords politiques dont elle a pu faire l'objet entre les acteurs politiques.

Les règles de courtoisie peuvent être écartées de l'analyse : « *elles relèvent des mœurs et concernent des usages dont la méconnaissance entraîne une réprobation exclusive de tout sentiment d'obligation. Ces règles de conduites, qui varient d'ailleurs avec les assemblées et les législatures, sont comparées à celles d'un club par Marcel Prélot qui ajoute que le juriste ne doit pas les négliger* »[2]. En dehors de la vie parlementaire, on retrouve des règles de type protocolaire ou symboliques qui apparaissent comme des règles de courtoisie : par exemple, le chef de l'État doit être accueilli par le maire de la ville où il se rend.

Parmi les conventions ou coutumes constitutionnelles reconnues en droit français, on peut prendre comme exemple les questions au gouvernement qui sont désormais introduites dans la Constitution avec l'article 48 alinéa 2 tel que réformé en 1995 : « *une séance par semaine au moins est réservée par priorité aux questions des membres du Parlement et aux réponses du gouvernement* ». « Au moins » signifie que la loi constitutionnelle de 1995 a consacré les pratiques conventionnelles développées en marge des textes et destinées à assouplir l'interprétation constitutionnelle très stricte imposée aux règlements des assemblées par le Conseil constitutionnel (décisions de juin 1959 interdisant les résolutions politiques). Les questions au gouvernement ont été mises en place à l'initiative du président Valéry Giscard d'Estaing qui souhaitait décrisper les rapports entre majorité et opposition. Elles existent donc à l'Assemblée nationale depuis le 12 juin 1974 ainsi qu'au Sénat, depuis le 29 avril 1982. Ce dernier initialement réticent a adopté la réforme devant le succès de cette procédure de contrôle remporté à l'Assemblée.

Les règles non écrites naissent d'un accord entre les acteurs politiques, c'est la raison pour laquelle Pierre Avril les a rapprochées des conventions de la Constitution britannique : « *En transposant librement la formule dans l'univers conceptuel du constitutionnalisme français, on définira les conventions comme des règles non écrites portant sur la manière dont les pouvoirs juridiques attribués par la Constitution doivent être exercés, conformément aux principes et convictions politiques actuellement reconnus* »[3]. En raison de leur nature politique, les conventions ne sont pas sanctionnables par un juge. On ne peut donc avancer qu'elles ne sont pas obligatoires

1. P. Avril, *Les conventions de la constitution*, Paris, PUF, coll. Léviathan, 1997, p. 118.

2. P. Avril et J. Gicquel, *Droit parlementaire*, Paris, Montchrestien, 2004, p. 17.

3. P. Avril, « Les conventions de la constitution », *R.F.D.C.*, 1993, p. 333.

juridiquement, mais elles font quand même partie des sources du droit constitutionnel puisque leur non respect est illégitime. Elles permettent « *le fonctionnement effectif du système de responsabilité politique* »[1] et elles visent plus précisément à restreindre le pouvoir discrétionnaire dont dispose obligatoirement tout ministre. Elles assument donc une fonction de limitation du pouvoir qui en fait un élément important du constitutionnalisme anglais. Comme le remarque justement Olivier Beaud, la transposition en droit constitutionnel français s'avère par conséquent délicate puisque, à part les questions au gouvernement, les règles non écrites ont permis de donner une orientation présidentialiste aux institutions de la Cinquième République ou bien d'organiser le système de la cohabitation[2].

Santi Romano faisait observer que la responsabilité politique ne peut être complètement encadrée par le droit écrit. En particulier, les règles juridiques ne parviennent pas à déterminer les comportements conduisant à l'obligation de démissionner. Parmi les agissements devant conduire à la démission, l'éminent juriste identifie le « *comportement constitutionnellement incorrect* » et invite le droit constitutionnel à accueillir une figure comparable au « *bon père de famille* », c'est-à-dire un idéal type de l'homme politique dont « *l'action ne peut pas être paralysée par de légères transgressions des règles mais ne devant pas non plus violer impunément, outre le droit, aussi les autres normes que constituent les mœurs ou la morale politique dès lors que ces violations revêtent une certaine importance* »[3]. Les conventions dans le monde de *common law* relève de la moralité (ou légitimité) constitutionnelle. En ce sens, elles correspondent aux valeurs constitutionnelles dominantes à un moment historique donné ainsi que le souligne la Cour suprême du Canada dans un avis du 28 octobre 1981 : leur objet principal « *est d'assurer que le cadre juridique de la Constitution fonctionnera selon les principes ou valeurs constitutionnelles dominantes de l'époque* ». Autrement dit, le principe démocratique commande que les pouvoirs de l'État soient exercés conformément aux résultats des élections politiques.

Là est certainement le point de rencontre, voire de confusion avec les coutumes. Ces dernières se définissent de manière classique par la réunion de deux éléments : une pratique récurrente et l'*opinio*

1. G. Marshall, *Constitutional Conventions. The Rules and Forms of Political Accountability*, Oxford, Clarendon Press, 1984.

2. O. Beaud, « Le droit constitutionnel par-delà le texte constitutionnel et la jurisprudence constitutionnelle. À propos d'un ouvrage récent », *Cahiers du Conseil constitutionnel*, 1998, n° 6, p. 77.

3. S. Romano, « Diritto e correttezza costituzionale », *in Prolusioni e discorsi accademici*, Modène, 1931, p. 54 (publié initialement par la *Rivista di diritto pubblico* en 1909).

iuris[1]. Le premier est l'élément matériel et objectif : la répétition claire et constante de précédents. Le second est l'élément psychologique et subjectif, c'est-à-dire la croyance dans le caractère obligatoire de cette pratique. On retrouve traditionnellement trois types de coutumes dans les ordres constitutionnels : les coutumes supplétives (qui remplacent la constitution écrite), les coutumes interprétatives (qui complètent la constitution écrite) et les coutumes modificatives (qui correspondent à des précédents contraires à la constitution écrite). La difficulté est née, comme le souligne à juste titre Giuseppe De Vergottini, des désaccords doctrinaux sur l'existence des conditions requises pour établir la coutume. C'est pourquoi il estime le rôle du juge (notamment constitutionnel) déterminant pour reconnaître si les conditions sont remplies[2] ; mais du coup la coutume disparaît petit à petit et fait place aux seules dispositions écrites qui fondent le contrôle de constitutionnalité.

§ 3. Pluralité des droits constitutionnels et droit commun constitutionnel[3]

Les deux options sont possibles. L'une n'est pas plus juste que l'autre. Ce sont toutefois des choix différents qui conduisent sans surprise à des résultats différents.

A. La comparaison des droits constitutionnels

Jean Rivero (1910-2001), à propos du droit administratif comparé, n'avouait-il pas : « *Je n'aime pas le singulier qui donne son nom à notre discipline. Comparaison implique pluralisme : le droit comparé, c'est la comparaison de plusieurs droits* »[4]. L'expression « droit constitutionnel comparé » comme celle de « droit administratif comparé » présente l'inconvénient de ne pas mettre en relief la confrontation entre plusieurs droits. Mais il y a plus : cette expression peut être aussi critiquée car il n'existe pas de « droit constitutionnel comparé » au sens où on parle de « droit constitutionnel » comme un ensemble de règles de droit positif. C'est pourquoi il peut être souhaitable d'introduire le pluriel pour rendre compte de la diversité et donc des

---

1. S. Rials, « Réflexions sur la notion de coutume constitutionnelle », *Revue administrative*, 1979, p. 265 et s.

2. G. De Vergottini, *Diritto costituzionale comparato*, Padova, CEDAM, 2007, 7e éd., vol. I, p. 250.

3. M.-C. Ponthoreau, « Penser le(s) droit(s) constitutionnel(s) comparé(s) », *in* B. Mathieu (dir.), *1958-2008 Cinquantième anniversaire de la Constitution française*, Paris, Dalloz, 2008, p. 649 et s.

4. J. Rivero, « Le droit administratif en droit comparé : rapport final », *R.I.D.C.*, 4-1989, p. 925. On remarquera de ce point de vue que la formule allemande « *Rechtsvergleichung* » est nettement plus explicite.

différences entre les ordres constitutionnels. Néanmoins, l'introduction du pluriel appelle une observation.

La recherche comparative est d'une diversité qui se manifeste dès les questions préalables que soulève toute science du droit qui entend se placer en position d'extériorité par rapport au droit, en adoptant sur lui un point de vue réflexif et critique. Quels droits observer ? Quels concepts utiliser ? Quelles cultures juridiques intégrer ? Il faut donc s'entendre sur la reconnaissance de la pluralité des ordres juridiques comme objet d'étude. Or, la science du droit renvoie elle-même à différentes conceptions du droit[1] : soit celui-ci est réduit à une structure formelle composée de normes posées par une volonté souveraine, soit il est compris de manière plus complexe et intègre sa dimension dynamique – la vie du droit. Seule cette dernière option ouvre la comparaison au contenu des règles et aux méthodes de raisonnement. En revanche, la conception formelle du droit réduit considérablement la comparaison car « *les différences entre les droits ne peuvent s'expliquer, juridiquement, que par la souveraineté des volontés qui posent les normes formant ces droits : [...] la* lex *est condamnée à demeurer* multiplex *[...]* »[2].

L'intérêt de la démarche comparative est d'apprendre des autres par les différences et donc limiter la comparaison aux structures normatives formelles est franchement réducteur. L'attention aux particularités des situations concrètes risque, toutefois, si on la pousse trop loin, de rendre impossible toute comparaison puisque chaque situation est perçue comme le fruit de facteurs historiques et exclusivement endogènes.

La question culturelle est aujourd'hui centrale dans les études comparatives. Plus précisément, depuis les années 1990, l'enracinement culturel et les traditions juridiques occupent une place importante dans les réflexions méthodologiques des comparatistes. Avec le courant « *Law as Culture* », les comparatistes sont en effet nettement plus attentifs à « *la manière particulière par laquelle les valeurs, la pratique et les concepts sont intégrés dans l'activité des institutions juridiques et dans l'interprétation des textes juridiques* »[3]. Cette nouvelle approche utilise des concepts clés comme « tradition », « mentalité » « culture » (pour un approfondissement, voir Leçon 5 § 2) et elle s'est développée notamment à partir d'une critique du fonctionnalisme considéré comme la méthode prépondérante des études comparatives (surtout dans le monde anglo-saxon et pour le droit privé : voir Leçon 2 § 2). Les « nouveaux comparatistes » ou « comparatistes

1. M. Troper, « Science du droit », *in* D. Alland, S. Rials (dir.), *Dictionnaire de la culture juridique*, Paris, Lamy-PUF, 2003, p. 1393-1394.

2. É. Picard, « L'état du droit comparé en France », *R.I.D.C.*, 4-1999, p. 905.

3. J. Bell cité par M. Van Hoecke, M. Warrington, « Legal Cultures, Legal Paradigms, Legal Doctrine: Towards a New Model for Comparative Law » 47, *International Comparative Law Quarterly*, 1998, p. 498.

postmodernistes »[1] ne constituent pas un bloc monolithique. Les « comparatistes postmodernistes », en mettant l'accent sur la structure cognitive typique de chaque culture juridique, proposent de s'interroger sur le cadre des perceptions et des catégories de chaque communauté juridique de manière à expliquer comment cette communauté comprend le droit. Dans sa version la plus radicale, la nouvelle doctrine oppose aux objectifs d'universalisme et de neutralité un scepticisme qui ne laisse place qu'à l'impossibilité de comparer à cause de l'incommensurabilité des traditions juridiques. Dit en d'autres termes, l'expérience autre doit avant tout valoir pour elle-même, c'est-à-dire pour son altérité.

Le reproche qui pointe à l'encontre de la démarche culturelle est celui formulé par Constance Grewe : « *D'une certaine manière, cette conception conservatrice non seulement se rapproche de celle de l'École historique du droit mais préfère en définitive l'étude du droit étranger à la comparaison. Pour ses partisans, le recours à un langage spécifique tend à s'apparenter à un moyen de gommer les différences pour établir de fausses convergences, bref à une subversion des buts mêmes de la comparaison* »[2]. Le piège est donc bien de s'enfermer dans une dimension nationale, voire passéiste du droit.

Pour résumer, la conception formelle du droit conduit à une comparaison superficielle des règles de droit positif alors que l'approche culturelle risque de supprimer toutes formes de comparaison. Une voie moyenne peut cependant être proposée : l'intérêt pour les cultures ou/et traditions juridiques permet de s'interroger sur les obstacles épistémologiques (autrement dit, les voies d'accès et de compréhension de l'« autre » droit) sans abandonner l'étude des règles de droit positif ; c'est une complémentarité des démarches qui peut se révéler profitable pour les études comparatives (sur le comparatisme pluraliste, voir la Leçon 8 § 1) et qui suppose, loin de toute réification et rigidification, d'appréhender les cultures juridiques, en général, et constitutionnelles, en particulier, comme des pratiques et de les comprendre dans leurs contextes d'action (sur l'approche culturelle, voir Leçon 9 § 2).

En définitive, l'expression « droit comparé » n'est pas si mauvaise que cela. Elle est en effet la source d'une double interrogation fondamentale qui permet de la définir comme une discipline. Comment

1. A. Peters, H. Schwenke, « Comparative Law Beyond Post-Modernism » 49, *International Comparative Law Quarterly*, 2000, p. 801: ces auteurs précisent que l'appellation « postmoderniste » renvoie à ceux qui prennent en considération l'expérience de la pluralité et de la différence, mais les nombreux membres de ce nouveau courant du comparatisme ne tirent pas tous les mêmes conclusions de cette prise en compte. Leur article porte sur la version la plus radicale du postmodernisme.

2. C. Grewe, « Entre la tour de Babel et l'espéranto : les problèmes du (des) langage(s) du droit comparé », *Liber Amicorum Jean-Claude Escarras*, Bruxelles, Bruylant, 2005, p. 118-119.

pense-t-on la comparaison constitutionnelle ? Comment pense-t-on le droit constitutionnel ? Le droit constitutionnel comparé n'est pas qu'une question de curiosité intellectuelle ou, en quelque sorte, un devoir culturel de savoir comment cela se passe ailleurs. La pluralité des droits permet non seulement d'apprendre de l'autre par les différences, mais peut aussi aider à penser la communauté de droit.

B. Le droit commun constitutionnel

Que faut-il entendre par « droit commun constitutionnel » ? Plusieurs expressions employées par la doctrine ou par le juge s'entremêlent et nécessitent un éclaircissement.

L'idée d'un droit constitutionnel commun « européen » s'est développée avec le processus d'intégration européenne tel qu'il se réalise au sein des Communautés (traités de Rome 1957) et de l'Union européenne (traité de Maastricht 1992). La tradition du *ius commune* d'empreinte romaine et canonique a été mobilisée pour donner une assise à l'entreprise communautaire[1]. Cette tradition est prédominante dans la pensée des juristes européens médiévaux qui reçoivent une formation juridique commune jusqu'au XVIe siècle environ. Coexistent un *ius proprium*, particulier à chaque ordre juridique, et un *ius commune* (ou droit savant) enseigné dans presque toutes les facultés européennes, de Montpellier à Uppsala, de Bologne à Cambridge. L'importance de ce droit savant est faible en ce qui concerne le droit positif : c'est avant tout un droit supplétif susceptible de féconder les solutions coutumières et législatives en comblant leurs inévitables lacunes ou en tranchant leurs antinomies. Son influence se fait avant tout sentir au niveau de l'enseignement et de l'étude du droit car il permet l'émergence d'un mode commun de penser le droit. Carl Schmitt a mis en relief cette contribution du *ius commune* : « *Grâce au travail des juristes de tous les peuples européens, le droit romain est devenu un vocabulaire commun à tous, la langue de la communauté scientifique, un modèle reconnu de la pensée juridique et, par là même, une Common Law spirituelle et intellectuelle de l'Europe sans laquelle, pas même sur le plan théorique, une entente entre les juristes des diverses nations ne serait possible* »[2]. La science juridique européenne qui se développe sur ces bases trouve son apogée dans les œuvres des jurisconsultes appartenant à l'École du droit naturel et des gens. Leurs théories ont contribué à forger les concepts juridiques permettant ensuite de comprendre l'avènement de l'État-nation et du droit international. La rupture de l'unité

1. M. Cappelletti (dir.), *New perspectives for a common law of Europe / Nouvelles perspectives d'un droit commun de l'Europe*, Leiden-Stuttgart-Bruxelles-Florence, Sijthoff, Klett-Cotta, Bruylant, Le Monnier, 1978.

2. C. Schmitt, « La situation de la science européenne du droit » (1950), *Droits*, 14-1991, p. 121.

religieuse de l'Occident à partir du XVIe siècle puis l'avènement du phénomène étatique ont mis progressivement un terme à la tradition du *ius commune*. La codification a accompagné les progrès de la nationalisation du droit et l'idéologie nationaliste a renforcé le cloisonnement des ordres juridiques nationaux (voir le premier paragraphe). Toutefois, ni la fermeture des systèmes nationaux, ni le positivisme n'ont empêché la circulation entre les codes et les échanges entre les juristes. Le durcissement des particularismes nationaux n'a pas empêché non plus le développement du droit comparé, du droit international et du droit communautaire.

Ainsi, la Cour de justice des Communautés européennes a-t-elle eu recours à cette fonction légitimante de l'héritage commun. Dès 1969, elle qualifie les droits fondamentaux de « patrimoine commun aux États membres » (arrêt *Stauder* du 12 novembre 1969). Surtout elle reconnaît dans l'arrêt *Internationale Handelsgesellschaft* que « *le respect des droits fondamentaux fait partie des principes généraux du droit dont elle assure le respect* » et que « *la sauvegarde de ces droits, que tout en s'inspirant des traditions constitutionnelles communes aux États membres, doit être assurée dans le cadre de la structure et des objectifs de la Communauté* » (arrêt du 17 décembre 1970). Les droits fondamentaux avaient été oubliés des traités institutifs des Communautés. La Cour de justice voulait assurer le respect des droits pour éviter de voir les juridictions nationales écarter le droit communautaire jugé incompatible avec les libertés au mépris de la primauté du droit communautaire. La Cour constitutionnelle allemande n'avait-elle pas indiqué en 1967 qu'elle pourrait être amenée à examiner la compatibilité du droit communautaire avec la Loi fondamentale ? Mais sur quelle base la Cour de justice pouvait-elle assurer une telle protection ? C'est pourquoi elle a fait appel aux « traditions constitutionnelles communes ». Dans l'arrêt *Nold* du 14 mai 1974, elle a apporté des précisions sur le mécanisme de détermination du contenu concret des droits fondamentaux : le recours à la Convention européenne des droits de l'homme a été privilégié et, en outre, elle a indiqué qu'elle est « *tenue de s'inspirer des traditions constitutionnelles communes des États membres* ». La protection des droits fondamentaux est certes impérative, mais il n'est pas impératif pour la Cour de se conformer aux constitutions nationales auxquelles elle fait rarement appel de manière explicite. Les constitutions nationales ne sont qu'une source d'inspiration et les traditions constitutionnelles communes sont élaborées en fonction des exigences communautaires. C'est la notion de « traditions constitutionnelles communes » aux États membres posée par la Cour de justice qui a été reproduite dans le traité sur l'Union européenne (art. 6 al. 2) et non pas celle de « droits fondamentaux reconnus et garantis par les constitutions des États membres ». Cette référence aux traditions constitutionnelles communes est moins précise et surtout elle permet à la Cour de transcender les classifications des droits opérés par les différents systèmes constitutionnels européens et donc d'échapper à certains clivages tenant à la distinction entre droits fondamentaux intangibles et droits susceptibles de révision ou bien entre droits directement invocables devant les juges de l'ordre juridique interne et droits qui appellent une mise en œuvre législative (sur les différentes catégories de droits, voir Leçon 12 § 1).

Selon le préambule de la Convention européenne des droits de l'homme, signée à Rome le 4 novembre 1950, les États membres du Conseil de l'Europe sont solidairement en charge d'un « *patrimoine commun idéal et de traditions politiques, de respect de la liberté et de prééminence du droit* ». La Convention exprime ce patrimoine commun des démocraties occidentales et la Cour européenne des droits de l'homme en assure la protection. Ce patrimoine commun se compose des droits de l'homme et de la prééminence du droit qui renvoie à une autre notion, plus courante, celle d'« État de droit ». Tout le monde adhère à cette dernière notion bien que ne sachant pas exactement à quoi elle correspond[1]. Sa polysémie est certainement à la source de l'adhésion dont elle bénéficie. Les États européens s'accordent néanmoins sur deux principes directeurs : d'une part, les pouvoirs publics doivent agir selon la loi et non de manière arbitraire et, d'autre part, tout abus peut être sanctionné par un recours devant un juge. L'harmonisation européenne serait donc plutôt forte quand il s'agit de protéger et l'autorité et l'impartialité de la justice, mais elle est plutôt faible dans les affaires concernant la morale, la religion ou les droits sociaux.

Sur la base de l'action conjuguée des cours européennes de Strasbourg et de Luxembourg, la doctrine (en particulier, française et italienne) parle de « patrimoine constitutionnel commun » et sa reconstruction repose sur deux piliers déjà identifiés : les droits fondamentaux et les principes organisationnels des pouvoirs publics[2]. La distinction à opérer est donc celle entre droit constitutionnel commun européen et matière constitutionnelle. Cette dernière est porteuse de spécificités nationales alors que la notion de « droit constitutionnel commun européen » renvoie à l'idée d'un patrimoine en commun, voire d'une convergence entre les droits constitutionnels européens. Si on prend appui sur la définition de la « constitution matérielle » proposée par Olivier Beaud, dans le sillage de Schmitt, on comprend mieux la dimension nationale de la recherche de la matière constitutionnelle : « *ensemble de décisions fondamentales qui*

1. Toutefois, voir l'excellent éclairage donné par une analyse historico-sémantique des concepts : L. Heuschling, *État de droit, Rechsstaat, Rule of Law*, Paris, Dalloz, 2002.

2. Actes du colloque tenu à Montpellier les 22 et 23 novembre 1996, *Le patrimoine constitutionnel européen*, Strasbourg, Éditions du Conseil de l'Europe, 1997 ; Alessandro Pizzorusso, *Il patrimonio costituzionale europeo*, Bologne, Il Mulino, 2002, p. 29 et s.

fondent "l'identité de la constitution" c'est-à-dire qui structurent ou configurent le régime politique et social d'un pays donné »[1].

Dans les deux cas, la question centrale est la même : comment pense-t-on le droit constitutionnel ? L'objectif est donc partagé ; néanmoins les deux projets peuvent entrer en concurrence, voire en conflit dès lors qu'on quitte la recherche scientifique pour s'intéresser aux évolutions de l'intégration européenne et donc aux rapports dans les ordres juridiques nationaux et le droit communautaire (sur la confrontation entre l'ordre juridique communautaire et les identités constitutionnelles nationales, voir Leçon 11 § 2). Pour conclure, la thèse d'un droit constitutionnel commun européen qui a été pour la première fois formulée par le constitutionnaliste allemand, Peter Häberle[2], signifie qu'il « *n'y a pas encore (?) de droit constitutionnel européen, parce que l'Europe en tant que telle n'est pas encore un État constitutionnel, mais il y a bien un ensemble croissant de principes constitutionnels distincts qui sont communs aux différents États constitutionnels européens, qu'ils soient écrits ou non écrits* »[3]. Par-delà les particularités propres à chaque État, un patrimoine collectif se dégage du rapprochement des droits des différents États : il regroupe des principes fondamentaux à partir desquels les droits nationaux brodent leurs variations.

En vérité, ces principes constitutionnels communs ne sont pas spécifiquement européens car ils sont l'héritage d'une longue tradition juridique et politique partagée avec les Américains. On aborde ainsi une autre dimension du droit constitutionnel commun, à savoir sa dimension universelle. Pour comprendre cette dimension universelle, la métaphore de l'autobus formulée par Guy Carcassonne semble tout à fait appropriée :

« *À mes interlocuteurs qui réclament, par exemple, "une constitution spécifiquement afghane", je réponds qu'une constitution, c'est comme un autobus. Il doit vous emmener là où vous voulez aller. Ce n'est pas l'autobus qui fixe votre destination, mais c'est lui qui doit pouvoir vous emmener où vous voulez. Pour cela, il faut qu'il y ait tout un moteur, il faut qu'il y ait un accélérateur, il faut qu'il y ait un frein. Il faut qu'il y ait un tas de choses qui sont indispensables car si vous ne les avez pas, même si vous avez le meilleur conducteur du monde, vous irez dans le fossé. Or il y a une manière afghane de conduire les voitures, mais il n'y a pas de voitures afghanes. L'automobile constitutionnelle est le fruit d'une histoire universelle. Il existe quelques grands modèles de base, qui sont à peu près connus. On peut y ajouter*

1. O. Beaud, *La puissance de l'État*, Paris, PUF, 1994, p. 365.
2. Dans « Gemeineuropäisches Verfassungsrecht » (1991), *in* P. Häberle, *Europäische Rechtskultur*, Baden-Baden, Nomos, 1994, p. 33 et s. Voir aussi la traduction de l'ouvrage de Peter Häberle, *L'État constitutionnel*, (trad. revue par C. Grewe), Paris, Economica, 2004.
3. Peter Häberle cité par J. Gerkrath, *op. cit.*, p. 52.

des couchettes, six sièges, des petites fleurs autour, mais ça ne permet pas de faire l'économie d'un moteur, d'un accélérateur, d'un frein et d'un volant[1]. »

Les constitutionnalistes américains, qui ne sont pas confrontés au défi que lance le projet européen aux droits constitutionnels nationaux, raisonnent plus volontiers que les Européens sur une double option : d'un côté, l'universalisme du constitutionnalisme et, de l'autre, les identités constitutionnelles nationales. Leur propre cheminement est plutôt lié à l'impact des textes internationaux relatifs aux droits de l'homme et à leur conception du *Constitutional Law* qui s'intéresse avant tout à la protection des droits fondamentaux, les questions institutionnelles étant traitées à part par les études sur le *Government*. Le débat est défini en des termes plus radicaux par Ruti Teitel dans son compte rendu de l'un des premiers manuels de droit constitutionnel comparé[2]. Le débat aux États-Unis opposerait, en effet, ceux qui refusent l'ethnocentrisme et ceux qui ont une vision universaliste fondée sur le modèle américain (voir Leçon 2 § 3). Ce débat est le prélude à une confrontation, toujours plus dense, dans le cadre d'un savoir constitutionnel qui se veut à présent « global ». Le constitutionnalisme global, dont une définition consensuelle manque, est en effet l'expression de nombreux discours doctrinaux (voir Leçon 10 § 3). Il est (presque) inévitable que se produise dans les différents discours qui cherchent à en donner une représentation une oscillation entre les caractères prescriptif et descriptif. Du débat, résulte parfois un durcissement des positions car est en jeu la diffusion des droits de l'homme : dénoncer le caractère homogénéisant de cette doctrine ou la constitutionnalisation du droit international reviendrait « *à être contre les droits de l'homme* »[3].

Cette démarche conduit, en outre, à une assimilation de « commun » à « universel » à tel point que, pour certains, il est plutôt question de jusnaturalisme. Quelles que soient les variations infinies des droits nationaux, il ne saurait, par exemple, y avoir de juge au sens propre, sans indépendance et impartialité réelles de l'organe qui revendique cette qualité. Étienne Picard soutient que le droit comparé permet d'identifier « *ces principes, règles ou normes que les droits nationaux ne peuvent pas méconnaître sans cesser d'être réellement des droits* »[4]. D'autres, sans se rattacher à ce courant

1. G. Carcassonne, « Militant de la démocratie », *Critique internationale*, 2004, n° 24, p. 183.

2. R. Teitel, « Comparative Constitutional Law in a Global Age » 117, *Harvard Law Review*, 2004, p. 2570 et s.

3. J.-M. Sorel parle plus précisément de « *prise en otage émotionnelle* » : « Le paradigme de la constitutionnalisation vu du droit international (2) : le côté obscur de la force », *in* S. Hennette-Vauchez *et al.* (dir.), *Les droits de l'homme ont-ils constitutionnalisé le monde ?*, Bruxelles, Bruylant, 2011, p. 218.

4. *Op. cit.*, p. 911.

philosophique, cherchent dans la pratique juridique des organisations internationales l'identification de standards constitutionnels mondiaux[1] (sur la standardisation internationale dans le cadre de l'hybridation constitutionnelle, voir Leçon 6 § 2). La défense des droits de l'homme est louable et aisément compréhensible, mais les comparatistes constitutionnalistes, instruits par la réalité constitutionnelle[2], ne peuvent échapper à l'approche différenciée des formes de constitutionnalisme (voir Leçon 10 § 3).

Pour terminer cette première Leçon, le titre de l'ouvrage *Droit(s) constitutionnel(s) comparé(s)* peut être plus longuement explicité et justifié. Une pratique raisonnée de la comparaison (constitutionnelle) ne peut se fonder que sur une position médiane, l'entre-deux par où transite la connaissance. L'idée d'une voie moyenne conduit à ne pas exclure, mais au contraire à combiner pluralité des droits constitutionnels et droit constitutionnel commun. Le comparatisme suppose l'adhésion à l'idée que l'expérience de l'autre n'est pas déterminée uniquement par une logique nationale et des facteurs historiques. Ce vécu peut donc être (en partie) compris et se révéler riche d'enseignements. Bien qu'il y ait différents droits constitutionnels, leur source d'inspiration est commune et l'on peut dégager des principes communs. D'un côté, le comparatisme doit donc s'opposer à un relativisme culturel radical. De l'autre, il doit s'opposer tout autant à une rationalité excessive : les modèles constitutionnels présentent des risques de détachement (car coupés du contexte politico-social dans lequel s'insère le droit) que la comparaison permet précisément d'identifier. Les modèles de même que les classifications sont des points de repères utiles, mais une représentation simplifiée de la réalité juridique qu'ils veulent traduire. L'objectif poursuivi est donc de rendre le constitutionnaliste conscient des enjeux et des obstacles épistémologiques et, ainsi, de lui donner les moyens de lever les résistances à la comparaison, c'est-à-dire de chercher les voies d'accès et de compréhension de l'« autre » droit, et de les assumer en tant que telles de sorte qu'il accepte ne pas pouvoir tout comprendre et, à partir de là, faire des choix qui devront être justifiés.

---

1. M. Disant *et al.* (dir.), *Les standards constitutionnels mondiaux*, Bruxelles, Bruylant, 2017.

2. D'un point de vue théorique, voir M. Adams *et al.* (dir.), *Constitutionalism and the Rule of Law: Bridging Idealism and Realism*, Cambridge, Cambridge University Press, 2017 ; G. Jacobsohn, M. Schor (eds.), *Comparative Constitutional Theory*, Cheltenham, E. Elgar, 2018. D'un point de vue pratique, voir la retranscription de la table ronde animée par X. Philippe sur « Les constitutions de transition entre universalisme et particularisme : rôle et limites de l'ingénierie constitutionnelle comparée et internationale », *A.I.J.C.*, vol. 30-2014 (2015), p. 623 et s.

Bibliographie générale récente

Adams M. *et al.* (dir.), *Constitutionalism and the Rule of Law: Bridging Idealism and Realism*, Cambridge, Cambridge University Press, 2017.

Bonnet B. (dir.), *Traité des rapports entre ordres juridiques*, Paris, LGDJ, 2016.

Disant M. *et al.* (dir.), *Les standards constitutionnels mondiaux*, Bruxelles, Bruylant, 2017.

Jacobsohn G., M. Schor (eds.), *Comparative Constitutional Theory*, Cheltenham, E. Elgar, 2018.

Jouanjan O., Zoller E. (dir.), *Le « moment 1900 » : critique sociale et critique sociologique du droit en Europe et aux États-Unis*, Paris, Éd. Panthéon-Assas, 2015.

Troper M., Chagnollaud D. (dir.), *Traité international de droit constitutionnel*, T.1 *Théorie de la constitution*, Paris, Dalloz, 2012.

LEÇON 2

EN QUOI LE DROIT CONSTITUTIONNEL COMPARÉ SE DISTINGUE-T-IL DU DROIT COMPARÉ ?

En quoi le droit constitutionnel comparé se distingue-t-il du droit comparé ? Cette question mérite d'être posée de manière à résoudre un paradoxe. Bien que les constitutionnalistes comparent depuis toujours, le droit comparé est le plus souvent identifié au droit privé (comparé). Cette identification soulève des difficultés supplémentaires car le droit public présente des spécificités qui font douter, pour son étude, de la pertinence des instruments de comparaison employés par les privatistes. Cette question en amène une autre qui concerne la place à réserver, dans le futur, à la comparaison au sein des études constitutionnelles.

§ 1. Les constitutionnalistes, des comparatistes depuis toujours

La tradition comparative remonte aux Grecs qui ont été les premiers à penser le gouvernement des hommes et ses modalités. Ils ont laissé en héritage un vocabulaire spécifique avec des termes tels que « démocratie » et une recherche visant à la classification des régimes et des constitutions. Cette recherche reste attachée aux noms de plusieurs penseurs, Hérodote, Platon et Aristote, qui ont posé une question récurrente de la philosophie politique : celle du bon gouvernement. C'est précisément une tradition dans laquelle se retrouvent les philosophes, les politistes et les constitutionnalistes. On propose ici de ne pas insister sur cette tradition commune[1], mais de mettre

1. Sur cette tradition, voir la bonne introduction de D.-L. Seiler, *La méthode comparative en science politique*, Paris, A. Colin, 2004, p. 7 et s.

en évidence les liens et interférences avec les comparatistes de droit privé de manière à répondre à la question posée. La réponse doit être cherchée en partant du rôle fondateur joué par Montesquieu.

A. Le rôle fondateur de Montesquieu

Sans aucun doute, Montesquieu (1689-1755) est-il le père de tous les constitutionnalistes comparatistes, mais il est aussi le père de tous les comparatistes français qui n'hésitent pas à se l'approprier[1]. Personne ne songe à lui contester sa qualité de « *maître du droit comparé* »[2]. Mais quel est l'apport de Montesquieu à la comparaison des droits ?

Afin d'offrir une réponse à cette question, on peut partir de l'objectif poursuivi par Montesquieu dans son ouvrage de référence, *De l'esprit des lois* (1748). Il se propose d'observer l'infinie diversité des lois et se demande quelle en est la raison. Il dégage trois facteurs qui agissent sur la production des lois : le droit naturel, la nature du gouvernement et les causes physiques et morales (comme le climat, les formes du commerce…). Ce sont à la fois des facteurs universels et particuliers (données de fait) qui exercent une incidence sur cette production. Il est sans doute le premier à chercher à rendre compte de ces données dans leur ensemble et dans leur complexité. Montesquieu affirme qu'elles forment une structure cohérente désignée comme « l'esprit général » d'une nation. Son étude préfigure à la fois la sociologie et le droit comparé. Ainsi, dans une publication posthume, Émile Durkheim (1858-1917), un des pères fondateurs de la sociologie, écrivait-il à propos de Montesquieu et de sa méthode : « *Il* (Montesquieu) *n'a eu qu'un but en réunissant tant de faits empruntés à l'histoire des nations : les comparer et par là découvrir leurs lois. En réalité l'ouvrage entier consiste dans la comparaison des lois que les peuples les plus différents observent et l'on peut dire en toute vérité, qu'il a créé le* droit comparé »[3].

Montesquieu a formulé une interrogation et proposé une démarche tout à fait importante pour les comparatistes. Dans quel contexte s'inscrivent les lois ? La règle de droit s'inscrit, d'une part, dans le système juridique compris globalement et, d'autre part, dans l'évolution du droit. Entre elles, les lois « *forment un système très*

---

1. R. Legeais, *Grands systèmes de droit contemporains. Une approche comparative*, Paris, Litec, 2e, 2008, p. 437.

2. Montesquieu est présenté comme un des pères fondateurs de la discipline dans un ouvrage consacré aux maîtres du droit comparé : R. Launay, « Montesquieu: The Specter of Despotism and the Origins of Comparative law », *in* A. Riles (ed.), *Rethinking the Masters of Comparative Law*, Oxford, Hart, 2001.

3. É. Durkheim, « Montesquieu : sa part dans la fondation des sciences politiques et de la science des sociétés », *Revue d'histoire politique et constitutionnelle*, 1937, p. 453 (souligné par l'auteur).

lié et très suivi », et « *pour juger lesquelles de ces lois sont les plus conformes à la raison, il ne faut pas comparer chacune de ces lois à chacune ; il faut les prendre toutes ensemble, et les comparer toutes ensembles* » (Livre XXIX, Chap. 11). Montesquieu pose les premiers jalons d'une position médiane évoquée précédemment à la fin de la première Leçon. Bien qu'il y ait différents droits (ou lois), leur source d'inspiration est commune et l'on peut dégager des principes communs. « *Les lois qui paraissent contraires dérivent quelquefois du même esprit* » (Livre XXIX, Chap. 10). Cependant, puisqu'il ne nie pas la diversité des environnements, « *les lois qui paraissent les mêmes n'ont pas toujours le même effet* » (Livre XXIX, Chap. 6).

Son travail a certes mal vieilli et on peut lui reprocher de céder facilement à « *l'exotisme juridique si en vogue au XVIIIe siècle* »[1] ou encore de s'appuyer sur des sources secondaires. Les comparatistes qui se sont intéressés à la question des emprunts juridiques dans le cadre des réformes et de l'exportation des modèles juridiques occidentaux, ont cependant fait démarrer leur réflexion sur les bases posées par Montesquieu. Otto Kahn-Freund[2], l'un des premiers avec Alan Watson à s'intéresser à cette question, a présenté son analyse comme un développement de l'idée de Montesquieu qui décrit le succès de la greffe juridique comme « *un très grand hasard* »[3] car le droit doit se conformer à un certain nombre de facteurs (institutionnels, sociaux et environnementaux) : « *Comme les lois civiles dépendant des lois politiques, parce que c'est toujours pour une société qu'elles sont faites, il serait bon que quand on veut porter une loi civile d'une nation chez une autre, on examinât si elles ont toutes les mêmes institutions, et le même droit politique* » (Livre XXIX, Chap. 13).

Ce débat, sur lequel des développements plus denses sont proposés dans le prochain chapitre (voir Leçon 6 § 1), a été initié dans les années 1970. Dès lors, on peut se demander pourquoi le travail de Montesquieu a été délaissé entre-temps par les comparatistes. L'apport de Montesquieu a été probablement gommé par les principaux organisateurs du Congrès international de droit comparé tenu en 1900 à Paris. Édouard Laboulaye a rédigé un article sur *l'Esprit des lois*, publié en 1869, dans lequel il reconnaît que Montesquieu a

1. M. Ancel, *Utilité et méthodes du droit comparé*, Neuchâtel, éditions Ides et Calendes, 1971, p. 12. Voir aussi, R. Hirschl, « Montesquieu and the Renaissance of Comparative Public Law », *in* R.E. Kingston (ed.), *Montesquieu and His Legacy*, New York, SUNY Press, 2009, p. 202.

2. O. Kahn-Freund, « On uses and Misuses of Comparative Law » 37, *Modern Law Review*, 1974, p. 1 et s.

3. « *Elles* [les lois politiques et civiles] *doivent être tellement propres au peuple pour lequel elles sont faites, que c'est un très grand hasard si celles d'une nation peuvent convenir à une autre* » (Livre I, Chap. 3).

créé du même coup « *l'histoire du droit et la législation comparée* »[1] ; il doute en revanche de sa méthode qu'il trouve vieillie et peu en phase avec une idée nouvelle, le progrès. L'inventeur du droit comparé semble n'être d'aucun secours pour le programme que les organisateurs du Congrès de 1900 se proposent d'exposer : leur objectif est l'unification du droit alors que Montesquieu affiche dès sa préface son ambition de « *ne pas regarder comme semblables des cas réellement différents ; et ne pas manquer les différences de ceux qui paraissent semblables* ». Il est donc porteur d'une position modérée qui a été rejetée car il fallait avant tout proclamer l'utilité du droit comparé.

B. Petite histoire du droit comparé[2]

En 1831, est créée au Collège de France une chaire « d'histoire générale et philosophique des législations comparées » à laquelle son premier titulaire, Lerminier, donne pour objet « la comparaison réfléchie des institutions sociales ». Son successeur, Laboulaye, fondateur de la Société de législation comparée, déclare dans la séance constitutive de 1869 que désormais chacun ressent le « *besoin de connaître la législation et les manières de vivre de ses voisins* ». La même année, sont également créées une chaire de droit comparé à Oxford et la *Revue de droit international et de législation comparée* en Belgique.

Le droit comparé moderne est donc né au XIXe siècle comme « législation comparée » destinée à favoriser l'unification des droits nationaux et opposée à « l'histoire comparée » visant à clarifier scientifiquement les origines des droits, d'où « *la tendance à circonscrire la comparaison au droit écrit* »[3]. Lors du premier congrès international de droit comparé en 1900, Raymond Saleilles (1855-1912) dresse le rapport de synthèse : il parle d'une « *science du droit comparé, au sens juridique du terme* », discipline nouvelle « *indépendante et autonome* » ayant pour objet de « *dégager de l'ensemble des institutions particulières un fonds commun ou tout au moins des points de rapprochement susceptibles de faire apparaître, sous la diversité apparente des formes, l'unité foncière de la vie juridique universelle* »[4]. Les constitutionnalistes qui comparent se reconnaissent sans mal dans ce programme : dans le sillage d'Aristote, la constitution et ses aménagements constituent des réalités en soi pouvant être étudiées

1. É. Laboulaye, « Sur l'*Esprit des loix*, de Montesquieu », *Revue de droit international et de législation comparée*, 1869, vol. 1, p. 169.

2. Pour une histoire du droit comparé avant 1831 : W. Hug, « The History of Comparative Law » 45, *Harvard Law Review*, 1932, p. 1027 et s.

3. G. De Vergottini, *op. cit.*, vol. I, p. 38.

4. Cité par M. Ancel, *Utilité et méthodes du droit comparé*, Neuchâtel, éditions Ides et Calendes, 1971, p. 17.

indépendamment de leur contexte politique et culturel ; et dans le sillage de Montesquieu, il leur appartient de dégager « l'esprit des lois » *i.e.* les principes directeurs du système constitutionnel (et on balaye donc son intérêt pour les différences et les spécificités nationales). Édouard Lambert (1866-1947), resté célèbre pour son ouvrage *Le gouvernement des juges aux États-Unis* (1921) et la création de l'Institut de droit comparé à Lyon (1920), est ainsi le promoteur d'un droit constitutionnel international composé de règles communes à la majorité des peuples. Afin d'atteindre cet objectif, il propose de faire disparaître les spécificités nationales, même s'il semble reconnaître que le *common law* puisse être difficilement absorbé[1]. Adhémar Esmein ne poursuit pas le même but. Il insiste en effet sur les différences dans son rapport « Le droit comparé et l'enseignement du droit » présenté au Congrès : « *On a pris l'habitude, chez nous, de traduire dans le langage du droit français et de revêtir des formes françaises les données fournies par le droit anglais. On ne saurait trop s'interdire ces traductions toujours infidèles, ces transpositions nécessairement inadéquates. Le droit comparé, ainsi pratiqué, dénature les institutions au lieu d'en faire apparaître le véritable caractère* »[2]. Cependant, Esmein s'inscrit lui aussi dans un droit (constitutionnel) comparé militant puisque son manuel, *Éléments de droit constitutionnel français et comparé*, dont la première édition date de 1896, est au service de la défense du régime parlementaire et de la République et écarte l'étude des institutions allemandes car considérées comme autoritaires[3].

La justification que propose Esmein du plan de son ouvrage mérite d'être citée amplement car elle façonne encore aujourd'hui la structure binaire des manuels de première année de droit (théorie générale du droit constitutionnel et étude de la constitution en vigueur) sans pour autant que les auteurs adhèrent à sa conception téléologique.

« […] *il semble qu'il n'y ait point de principes généraux de droit constitutionnel : il y aurait seulement les principes particuliers de chaque Constitution, État et Gouvernement. En réalité, il en fut ainsi en Occident jusqu'au XVIII*e *siècle. Les différents États reposaient sur la longue possession et sur l'esprit de tradition ; ils trouvaient leur consécration dans l'histoire nationale, et ils n'en cherchaient point d'autre, leur légitimité n'étant point contestée. Leurs règles et leurs gouvernements étaient pour la plupart fixés par la coutume seule. Mais la philosophie du XVIII*e *siècle introduisit en Occident un*

1. C. Jamin, « Le vieux rêve de Saleilles et Lambert revisité », *R.I.D.C.*, 4-2000, p. 750.

2. Rapport publié *in Nouvelle revue historique de droit français et étranger*, 1900, T. 35, p. 439 et s.

3. S. Pinon, P.-H. Prélot (dir.), *Le droit constitutionnel d'Adhémar Esmein*, Paris, Montchrestien, 2009 : voir en particulier la contribution de J. Boudon (p. 89-94).

courant nouveau d'idées. Dans la mesure où elle s'appliqua aux spéculations politiques, elle fut un immense effort pour reconstituer les sociétés modernes d'après les règles de la raison et de la justice naturelle. [...] Ces principes théoriques conquérant les esprits, furent mis en pratique par la Révolution d'Amérique et par la Révolution française. De là, par une contagion irrésistible et féconde, ils ont gagné la plus grande partie des nations en Europe et en Amérique, modelant leurs constitutions dans le même sens et selon des formules semblables. Ainsi s'est constitué un fonds commun de principes et d'institutions qui représentent véritablement la liberté moderne. [...] Les principes nouveaux [...] ont dû se combiner dans les divers pays avec les éléments produits par l'évolution historique antérieure ; leur acclimatation n'était possible qu'à cette condition. D'autre part, en dehors même des divergences résultant de l'histoire diverse des États auxquels on appliquait ces principes rénovateurs, ceux-ci, surtout en ce qui concerne le gouvernement, étaient susceptibles, par des combinaisons diverses des mêmes éléments, de former un certain nombre de systèmes divergents. C'est en effet ce qui s'est produit : de là un certain nombre de types distincts et pourtant sortis du même fonds. Les nations libres d'Occident présentent ainsi, dans leurs institutions politiques, à la fois un air de famille et des traits individuels [...] »[1].

On remarquera deux choses. D'abord, l'étude comparative s'inscrit dans une double direction : à la fois la pluralité des droits et « *un fonds commun de principes et d'institutions* ». La pluralité des droits renvoie aux expériences étrangères qui partagent ce fonds commun. Ce dernier détermine le choix des expériences retenues, celles de la Grande-Bretagne et des États-Unis, car ils sont à l'origine d'un droit constitutionnel qui a pour objet la liberté politique. Ensuite, bien que ce choix soit discutable en raison de ses effets sur la détermination de la matière constitutionnelle (notamment sur la compréhension de la séparation des pouvoirs), il est difficile de nier à Esmein la qualité de premier constitutionnaliste français à promouvoir le droit comparé « *comme élément indispensable à la compréhension de nos institutions* »[2] en raison de l'impact de son manuel considéré comme « *un classique* »[3]. Néanmoins, on émettra une réserve. C'est avant tout la dimension instrumentale du comparatisme qui a été exploitée. C'est pourquoi le droit comparé (notamment dans le champ du droit constitutionnel) est mis en cause car, le plus souvent, il est perçu comme un argument rhétorique, voire idéologique (dans le cas précis du manuel d'Esmein). Le *Traité élémentaire de*

1. A. Esmein, *Éléments de droit constitutionnel français et comparé*, T. I, Paris, Sirey, 7e éd., 1921, p. 65-66.

2. S. Pinon, « Regard critique sur les leçons d'un "maître" du droit constitutionnel. Le cas Adhémar Esmein (1848-1913) », *R.D.P.*, 2007, p. 229.

3. J.-L. Halpérin, « Adhémar Esmein et les ambitions de l'histoire du droit », *Revue d'histoire du droit*, 1997, p. 416.

droit constitutionnel[1] de Joseph Barthélemy et Paul Duez renforcera cette vision en cherchant à fonder une nouvelle science du droit sur l'observation des faits politiques. « *Loin d'être neutre et sans effets sur le contenu même de la science constitutionnelle, cette méthode empirique conduit immanquablement à privilégier la description des institutions politiques – essentiellement des organes majeurs que sont le Parlement, le gouvernement – et à minorer les mécanismes constitutionnels et les théories constitutionnelles*[2]. » Cette entreprise a été menée selon Olivier Beaud avec l'appui de la méthode historique. Or, celle-ci est étroitement liée à la méthode comparative.

Après la seconde guerre mondiale, les constitutionnalistes comparatistes se sont dégagés du formalisme juridique lorsqu'ils se sont rendu compte de l'influence du politique dans l'application des constitutions ainsi que de l'importance des idéologies avec la dichotomie entre les constitutions libérales et les constitutions socialistes. Grâce à l'apport de la science politique et de la sociologie juridique[3], Boris Mirkine-Guetzévitch relève que « *les études de droit constitutionnel comparé apprennent la relativité des textes, des formules et des dogmes. Les textes ne créent pas les démocraties ; les hommes et les idées, les partis et les principes, les mystiques et les affirmations, les mœurs et les traditions sont les facteurs déterminants d'un régime* »[4]. En Italie, le lien très étroit avec la science politique a d'ailleurs conduit à enseigner le droit constitutionnel comparé comme matière fondamentale dès la création des facultés de science politique (1924, premier cours enseigné par le professeur Luigi Rossi à l'Université de Rome), alors que ce n'est que récemment qu'elle est devenue un enseignement autonome dans les facultés de droit[5].

Alors que les privatistes ont développé des instruments pour mener à bien la comparaison des droits, les constitutionnalistes comparatistes n'ont pas su initialement se doter d'une méthodologie spécifique. Le constitutionnaliste ne devient pas, il « naît » comparatiste. Autrement dit, les constitutionnalistes sont depuis toujours comparatistes par vocation. Sans doute, partagent-ils avec les privatistes des interrogations communes sur le droit. Ils ont en revanche

---

1. Paris, Dalloz, 1re éd. : 1926, 2e éd. : 1933 ; rééd., Paris, Economica, 1983.
2. O. Beaud, « Joseph Barthélemy ou la fin de la doctrine constitutionnelle classique », *Droits*, 32-2000, p. 102.
3. Dans son article « Les méthodes d'études du droit constitutionnel comparé », B. Mirkine-Guetzévitch insiste surtout sur les liens avec la science politique et l'histoire constitutionnelle. Ce n'est qu'à la marge qu'il évoque l'apport de la sociologie et les travaux de Durkheim (*in R.I.D.C.*, 4-1949, p. 407). Voir les explications de S. Pinon sur l'impact tardif de ses travaux : « Boris Mirkine-Guetzévitch et la diffusion du droit constitutionnel », *Droits*, 46-2007, p. 183 et s.
4. *Les constitutions européennes*, Paris, PUF, 1951, p. 13.
5. M.-C. Ponthoreau, « Questions à Alessandro Pizzorusso », *R.I.D.C.*, 4-2005, p. 975.

sous-estimé l'autre versant de l'expression « droit comparé » en s'interrogeant peu sur la comparaison.

C. L'éclipse des constitutionnalistes au profit des privatistes

Le droit comparé est identifié à l'œuvre des privatistes alors qu'il existe une longue tradition de comparaison en droit constitutionnel. Malgré d'illustres comparatistes en droit public, la prépondérance des privatistes est donc incontestée. À quoi tient cette prépondérance ? La pratique comparative s'est développée bien avant que le droit comparé ne devienne un objet de réflexion et que ne soit élaborée une méthode comparative. Or, comme le souligne le comparatiste anglais, John Bell,[1] la plupart des grands théoriciens du droit comparé sont des privatistes : il cite les Allemands Zweigert et Kötz, l'Américain Von Mehren et les Français David, Esmein (aussi professeur de droit public), Ripert, Tallon et Tunc, et plus récemment Pierre Legrand (ce dernier est Canadien et enseigne désormais à l'Université Sorbonne Paris I). Pourtant, il n'y a là rien de surprenant : il suffit de penser à la fréquence des rapports commerciaux ou civils entre les particuliers des divers États. Comparer les droits qui, dans chaque pays, régissent les relations privées répondait à un besoin pratique plus évident que la comparaison des droits publics.

La réussite des privatistes repose sur deux grandes contributions : d'une part, celle des privatistes allemands Ernst Rabel (1874-1955), puis Konrad Zweigert et Hein Kötz pour avoir développé la méthode fonctionnelle et, d'autre part, celle de René David (1906-1990) pour sa classification en familles de droit.

Zweigert et Kötz ont en quelque sorte popularisé la méthode formulée initialement par Rabel en la qualifiant de « *principe méthodologique de base du droit comparé* ». Leur manuel a été traduit en anglais, ce qui a permis d'en assurer la diffusion et le succès. *An Introduction to Comparative Law*[2] contient les principaux traits de la méthode fonctionnelle déjà exposée dans des travaux précédents par Zweigert[3]. Elle consiste en la recherche, dans les systèmes juridiques que le comparatiste étudie, d'un équivalent fonctionnel, c'est-à-dire d'un concept ou d'une règle de droit, qui même différent, remplisse les mêmes fonctions ou aboutisse au même résultat. Selon ces

1. J. Bell, « La comparaison en droit public », *Mélanges en l'honneur de Denis Tallon*, Société de législation comparée, 1999, p. 34.

2. Trad. A. Weir, Oxford, Oxford University Press, 1998, p. 21-40. K. Zweigert, H. Kötz, *Einführung in die Rechtsvergleichung*, Tübingen, Mohr, 3e éd., 1996 (1re éd., 1971).

3. K. Zweigert, « Méthodologie du droit comparé », *Mélanges offerts à Jacques Maury*, vol. I, Paris, Dalloz, 1960, p. 579 et s. ; K. Zweigert, « Des solutions identiques par des voies différentes (quelques observations en matière de droit comparé) », *R.I.D.C.*, 1-1966, p. 7 et s.

auteurs, les fonctions sociales et les solutions adoptées sont souvent les mêmes bien que les moyens juridiques (les normes, concepts et institutions) soient différents. Ils présument que le contexte est assez identique dans les systèmes comparés et ils admettent que les comparatistes peuvent partir de cette présomption de similitude : les résultats pratiques sont similaires puisque les pays développés répondent aux besoins du commerce dans les mêmes termes ou bien dans des termes très proches.

Le mérite de la méthode dégagée par Rabel est sa simplicité : « *regarder comment le problème est résolu dans deux ou plus systèmes juridiques et examiner les différences et les similitudes dans les respectifs traitements du problème* »[1]. Son perfectionnement par Zweigert et Kötz conduit à découper en trois étapes la démarche suivie par le comparatiste : d'abord, formuler la question « comment est résolu le problème socio-juridique X ? », ensuite présenter les systèmes et la manière de résoudre le problème X et de faire la liste des différences et des similitudes dans les traitements respectifs du problème, enfin « *faire immédiatement suivre son étude comparative d'une appréciation critique* » sinon le droit comparé risquerait de devenir « *un 'amas de matériaux avec lesquels on n'a rien bâti'* »[2].

Le manuel de David, *Grands systèmes de droit contemporains*, publié pour la première fois en 1964, connaît rapidement un grand succès et de nombreuses traductions. Cet ouvrage fondamental a exercé son influence aussi bien sur la recherche que sur l'enseignement du droit comparé. Il a donné naissance à la macro comparaison dont l'objectif est de systématiser les solutions juridiques des différents ordres juridiques. Cette systématisation passe par une classification des familles de droit fondée initialement sur cinq familles (droit occidental, droit socialiste, droit islamique, droit hindou et droit chinois), puis transformée en trois groupes (la famille romano-germanique, les pays de *common law* et les droits socialistes ; cette dernière catégorie a disparu pour être remplacée par la famille russe). Plus tard, David ajouta une autre famille regroupant les droits religieux et traditionnels.

La portée de la macro comparaison est horizontale : elle vise le plus grand nombre possible de pays et elle constitue une voie de communication pour le second type de comparaison car elle ne se limite pas à une étude purement juridique. La classification se fonde essentiellement sur les techniques juridiques, mais aussi sur l'idéologie (des considérations générales sur l'histoire, la philosophie, la théorie du droit et l'étude des phénomènes sociaux sont prises en compte). La micro comparaison se concentre, au contraire, soit sur une

---

1. D.J. Gerber, « Sculpting the Agenda of Comparative Law: Ernst Rabel and the Façade of Language », *in Rethinking the Masters of Comparative Law*, *op. cit.*, p. 199.
2. K. Zweigert, « Méthodologie du droit comparé », *op. cit.*, p. 596.

branche du droit, soit sur une aire géographique et l'objet d'étude est limité (règles de droit, institutions spécifiques ou cultures juridiques), mais son traitement est plus approfondi.

Bertrand Ancel a clairement exposé l'intérêt de la classification en familles de droit pour le comparatiste débutant et son fort potentiel pédagogique :

« *Confrontant les ordres les plus divers, la classification favorise ainsi une délimitation du champ du juridique plus précise et moins eurocentrique et suggère une définition plus exacte du phénomène juridique [...]. [C]omme toute classification, celle qui engendre les familles de droits induit par ses réductions synoptiques une sérieuse économie dans l'exposition des donnés et surtout une rationalisation de la recherche du comparatiste. Spécialement elle assure, en premier lieu, des facilités d'accès à qui se propose d'aborder un ordre juridique déterminé qui lui est inconnu. Le compartimentage met alors à sa disposition une table d'orientation. Surtout, parce qu'elle s'appuie sur les traits fondamentaux et les caractères permanents, la classification offre avec ses catégories une série de représentations synthétiques des divers ordres juridiques. Repérer un ordre dans le compartiment qui l'accueille, c'est déjà cueillir à un niveau macroscopique une information sur ses rouages essentiels, sur son économie générale, ses modes de constitution et de fonctionnement, de sorte qu'une partie de son mystère est dissipée et qu'il n'est pas nécessaire d'entamer les investigations* ab initio *sur les différents éléments susceptibles d'en révéler les structures principales. Cette fonction didactique arme d'une précompréhension qui préserve le comparatiste des méprises les plus grossières et le détourne des impasses*[1]. »

Le développement du droit comparé a été largement lié à des exigences pratiques tenant à l'application des règles de droit international privé pour résoudre des conflits juridiques. Les règles de droit étranger sont donc un instrument pour régler des conflits comme les règles de droit national. Aussi bien la classification en familles de droit que la méthode fonctionnelle répondent à ces exigences pratiques. En revanche, l'intérêt pour le droit public comparé se situe à un autre niveau, certainement moins concret, qui est celui de la réforme et donc de l'éventuel emprunt juridique. Ce sont donc des intérêts différents pour le droit étranger. La méthode fonctionnelle et la classification en familles de droits peuvent sans doute être utiles également à l'étude comparative des droits publics, mais telles qu'elles ont été élaborées par les privatistes, elles ne répondent pas à sa spécificité.

---

1. B. Ancel, « Familles de droits (classification) », *in Dictionnaire de la culture juridique*, *op. cit.*, p. 702.

§ 2. La spécificité du droit public comparé

John Bell pose le problème de la spécificité du droit public comparé dans les termes suivants : si l'on s'en tient à une analyse très générale, on peut sans doute dire que, dans une démocratie libérale, tout système juridique aborde les mêmes problèmes notamment la participation du peuple à l'exercice du pouvoir ou bien encore la question de l'abus de pouvoir ; mais, si l'analyse se fait plus précise et « *si l'on descend dans les détails* »[1], on perçoit dès lors les particularismes de chaque système et il paraît que certaines notions, telles que l'État de droit, sont conçues différemment. En partant de cette réflexion, deux remarques s'imposent : d'une part, les instruments de comparaison élaborés par les privatistes ne sont pas forcément les plus adaptés pour les études de droit public et, d'autre part, le droit public est, plus que le droit privé, l'expression de l'identité nationale[2].

A. *Critique des instruments de comparaison développés par les privatistes*

À présent, la classification des familles de droit et la méthode fonctionnelle méritent d'être examinées de manière critique.

1) Critique de la classification des familles de droit

D'un point de vue méthodologique, toute taxinomie présente un défi : transcender la diversité des réalités juridiques embrassées afin de trouver le niveau de généralité adéquat. D'un côté il y a une multiplicité d'éléments à considérer et de l'autre il faut dégager des lois générales. Autrement dit, « *il y a là un problème d'équilibre d'autant plus difficile à résoudre que les ordres juridiques, par leur complexité, ajoutent l'instabilité à la variété* »[3]. Mais ce qui est surtout intéressant ici, ce sont les choix qui ont été opérés par David pour élaborer sa classification. Il convient donc d'examiner les critères retenus comme déterminants pour classer les différentes familles de droit.

Selon le comparatiste italien de droit public, Alessandro Pizzorusso, la taxinomie proposée par David se fonde essentiellement sur une approche des ordres juridiques selon la production et l'application des règles de droit sans toutefois tenir compte des règles qui régissent la formation et le fonctionnement des organes compétents pour adopter ces règles et trancher les conflits. Dit en d'autres

---

1. J. Bell, *op. cit.*, p. 35.
2. X. Bioy (dir.) *L'identité du droit public*, Presses de l'Université de Toulouse 1 Capitole, LGDJ, 2011.
3. B. Ancel, *op. cit.*, p. 703.

termes, la classification de David repose sur une analyse traditionnelle des sources du droit conduite en droit privé[1].

Si on s'intéresse aux questions de droit public, il ne semble pas très pertinent de se demander s'il existe, par exemple, un modèle constitutionnel de *common law* ou bien un modèle de droit continental. On s'accordera pour reconnaître que le nombre de modèles institutionnels est limité : ces modèles renvoient à des expériences historiques (États-Unis, Grande-Bretagne et France) et ils ne recoupent pas cette distinction. D'abord, bien qu'il y ait différents droits constitutionnels, leur source d'inspiration est commune. Ensuite, la distinction se fera plutôt au sein de chaque tradition de manière à distinguer les expériences américaine et anglaise, d'une part, et à identifier les droits romano-germaniques, d'autre part. Il est en effet classique de souligner qu'il n'y a ni constitution écrite, ni contrôle de constitutionnalité, Outre-manche alors que ces éléments sont les fondements du constitutionnalisme américain (sur les modèles historiques en droit constitutionnel, voir Leçon 7 § 2). De manière plus générale, les sources du droit présentent un faible intérêt lorsqu'il s'agit de distinguer les différents pays, la plupart ayant une constitution écrite (même si, comme examiné précédemment dans la Leçon 1 § 2, les institutions politiques ne sont pas organisées exclusivement par la constitution, mais dépendent aussi de la coutume et des pratiques, notamment parlementaires).

Il est désormais admis que les classifications en familles de droit sont grossières et idéologiquement orientées. David arrive à placer la France au même niveau que les deux grandes puissances américaine et soviétique alors que Zweigert et Kötz émancipent l'Allemagne de la tutelle française[2]. La discussion sur les familles de droit s'est donc concentrée soit sur la contestation radicale des taxinomies en droit[3], soit sur la constitution de classifications alternatives en tentant de mieux prendre en compte les traditions et les cultures juridiques[4] de manière, en particulier, à intégrer les cultures non occidentales. Ce débat[5] reste en grande partie ignoré par les constitutionnalistes qui se préoccupent avant tout d'apporter leur contribution à une théorie générale de droit *constitutionnel.*

---

1. A. Pizzorusso, « La comparazione giuridica e il diritto pubblico », *in L'apporto della comparazione alla scienza giuridica*, Milan, Giuffrè, 1980, p. 78.

2. P.-G. Monateri, « Critique et différence : le droit comparé en Italie », *R.I.D.C.*, 4-1999, p. 998.

3. Par exemple, V. Curran, « Cultural Immersion, Difference and Categories in U.S. Comparative Law » 46, *American Journal of Comparative Law*, 1998, p. 43 et s.

4. Par exemple, E. Örücü, « Family Trees for Legal Systems: Towards a Contemporary Approach », *in Epistemology and Methodology of Comparative Law*, *op. cit.*, p. 359 et s.

5. J. Husa, « Classification of Legal Families Today is it the Time for a Memorial Hymn? », *R.I.D.C.*, 1-2004, p. 11 et s.

2) Critique de la méthode fonctionnelle

La principale critique adressée au fonctionnalisme développé par Zweigert et Kötz est la décontextualisation de la fonction. En effet, les auteurs présument que le contexte est plutôt assez identique dans les systèmes comparés. Bien que légèrement différents, les problèmes donnent généralement lieu à la même solution juridique. Les différences entre les systèmes juridiques ont pour causes principales des éléments liés à l'histoire, l'usage des sources de droit, le mode de pensée juridique ou encore l'idéologie. Pour deux branches du droit, le droit de la famille et le droit des successions, les auteurs reconnaissent toutefois des différences plus importantes en raison du poids de la morale et des valeurs.

Selon John Bell, la présomption de similitude peut être admise, dans certaines limites, pour le droit privé, « [...] *mais la divergence des institutions (et parfois des valeurs) en droit public ne permet pas une telle simple présomption. La similitude doit être prouvée pour donner lieu à une comparaison satisfaisante* ». Or, le contexte institutionnel est très largement sous-estimé par les privatistes. Même en Europe, l'idée de la similitude des fonctions dans les structures gouvernementales ne peut pas être soutenue. Même si des éléments de similitude existent comme « *les libertés fondamentales protégées par la Convention européenne des droits de l'homme, on n'a pas forcément les mêmes valeurs concernant les fonctions et l'organisation des pouvoirs étatiques* ». C'est pourquoi John Bell propose de concevoir les fonctions comme « *des activités situées dans une ambiance juridique et aussi dans une ambiance sociale et politique. L'activité de fournir des transports en commun se situe dans un système historique et actuel de régulation, et aussi dans un contexte social d'attentes des citoyens et un contexte politique concernant le rôle du secteur public* »[1].

Attentif au substrat culturel avec les notions de « formant » et de « cryptotype », le comparatiste italien de droit privé, Rodolfo Sacco a posé les premières bases critiques de la méthode fonctionnelle[2]. Les formants sont les éléments constitutifs du système juridique qu'ils soient législatifs doctrinaux ou jurisprudentiel. Il y a plus : les méthodes, les justifications auxquelles la communauté des juristes a recours. Les cryptotypes renvoient aux notions implicites qui conditionnent l'interprétation du droit.

En vérité, Zweigert reconnaissait que « ... *tout droit est un phénomène culturel et que les règles de droit ne peuvent jamais être considérées indépendamment du contexte historique, social, économique,*

1. *Op. cit.*, p. 41.
2. R. Sacco, *La comparaison juridique au service de la connaissance du droit*, Economica, Paris, 1991.

psychologique et politique... »[1]. Toutefois aucune conséquence pratique n'en a été tirée pour la construction de la comparabilité. Le contexte a été gommé par les comparatistes fonctionnalistes alors qu'il est valorisé par les culturalistes[2]. Dans un article peu connu de Marc Ancel, la relation entre le recours à la méthode fonctionnelle et le problème de la comparabilité des droits est mise en lumière : le fonctionnalisme, fait-il observer, « *permet d'atteindre, au-delà de la règle et de l'institution, envisagées formellement, le système dans son homogénéité, dans son esprit et dans ce qu'on a justement appelé sa "mentalité" ; elle introduit des nuances nécessaires dans le classement et l'appréhension scientifique du système étudié...* »[3]. L'emploi même de ce terme « mentalité » au cœur de la proposition des culturalistes montre bien que les fonctionnalistes n'ignorent pas le contexte également compris en tant qu'habitudes de pensée et structures mentales qui font une culture juridique.

Marc Ancel en vient toutefois à soutenir que « *l'approche fonctionnelle fait en réalité disparaître le problème de la comparabilité. En effet, d'une part, elle ne pose plus la question de savoir si le système étudié ou comparé doit être tenu pour strictement "comparable" et, d'autre part, la différence des procédés (des instruments ou des outils du droit) constitue un intérêt supplémentaire de la recherche comparative. À partir du moment où l'on s'attache à l'observation des divergences en action pour en mieux saisir finalement les résultats, souvent convergents, on est tenté d'étudier de préférence les systèmes les plus lointains ou les plus opposés [...]. Ainsi, la méthode fonctionnelle permet une extension considérable du droit comparé dans l'espace* »[4]. La méthode fonctionnelle semble avant tout un outil téléologique au service de la convergence des droits et, par conséquent, la question des conditions de construction de la comparabilité est évacuée. Car ce n'est pas le plus important. Situé dans son contexte institutionnel, l'équivalent fonctionnel peut toutefois jouer un rôle dans la comparaison des droits publics (sur la contextualisation comme première étape de l'enquête comparative, voir Leçon 3 § 3). Il convient d'ailleurs de remarquer que le manuel américain précité de N. Dorsen et de ses coauteurs adopte cette approche fonctionnelle dans une

1. K. Zweigert, « Des solutions identiques par des voies différentes (quelques observations en matière de droit comparé) », *op. cit.*, p. 13.

2. R. Michaels, « The Functional Method of Comparative Law », *in* M. Reimann, R. Zimmermann (eds.), *The Oxford Handbook of Comparative Law*, Oxford, Oxford University Press, 2006, p. 339 et s.

3. M. Ancel, « Le problème de la comparabilité et la méthode fonctionnelle en droit comparé », *in Festschrift für Imre Zajtay*, Tübigen, Mohr, 1982, p. 4.

4. *Op. cit.*, p. 5.

version éclairée en reconnaissant les différences culturelles des expériences constitutionnelles[1].

B. Caractéristiques propres au droit public comparé

Le droit comparé (privé) est né d'un intérêt pour la législation comparée et donc d'une focalisation sur les *règles de droit*, telle que démontrée dans le paragraphe précédent. La formation du droit américain est un exemple révélateur des caractéristiques propres au droit public comparé. Le droit étranger a en effet joué un rôle bien différent dans les secteurs du droit privé et du droit public.

Pour le droit public, les Américains ont inventé le système républicain fédéral et donc se sont éloignés de l'expérience anglaise (la constitution ne saurait, toutefois, être comprise sans tenir compte de l'attachement de ses auteurs au modèle anglais), laquelle n'a été d'une utilité directe que dans des domaines limités comme le droit de la responsabilité des agents publics. Leur source d'inspiration se trouve dans les grands textes des philosophes de l'Antiquité (les Grecs tels qu'Aristote et sa classification des régimes et les Romains tels que Cicéron et la notion de *res publica*). En cela, le droit public a plus à voir avec les *principes* qui visent à organiser les institutions publiques. Montesquieu donne ce conseil averti : « *Il est ridicule de prétendre décider des droits des royaumes… par les mêmes maximes sur lesquelles on décide entre particuliers d'un droit pour une gouttière…* » (*Esprit des lois*, Livre XXVI, Chap. 16 « Qu'il ne faut point décider par les règles de droit civil quand il s'agit de décider par celles du droit politique »).

En revanche, les juges américains se sont inspirés aussi bien du droit anglais que du droit continental, en particulier pour le droit commercial. Édouard Lambert a d'ailleurs consacré un ouvrage à une célèbre décision de la Cour suprême des États-Unis, *Swift v. Tyson* (1842), dans laquelle la Cour se réserve la possibilité de déterminer les principes du droit commercial dans les litiges entre les citoyens des divers États fédérés quand il n'existe pas une législation des États spécifique. L'importance du droit comparé dans cette décision est telle que Lambert l'a qualifiée d'« *ancêtre du droit comparé* »[2] (importance qui disparaîtra à partir du XIXe siècle avec l'avènement du positivisme et le développement de la *case method* dans les *law schools*).

---

1. Pour éviter une conception trop absolue, voir aussi la méthode contextuelle proposée par U. Kischel qui constitue un point de vue modéré qui vient enrichir la contextualisation, étape désormais vue comme capitale pour toute comparaison : U. Kischel, « La méthode en droit comparé. L'approche contextuelle », *R.I.D.C.*, 4-2016, p. 907 et s.

2. E. Lambert, J. R. Xiran, *L'ancêtre américain du droit comparé. La doctrine du Juge Story*, Paris, 1947, p. 15 et s.

Les révolutions américaine et française ont été alimentées par un débat commun sur la recherche de la constitution idéale fondé sur l'héritage de la philosophie grecque et du droit romain. Plus précisément, elles « *vont se penser comme des modèles, non seulement destinés à régler l'organisation du pouvoir dans leurs pays respectifs mais aussi à ouvrir la voie aux autres nations. Les révolutionnaires américains sont conscients qu'ils font œuvre de pionniers et, dès 1789, les Français donnent à la Déclaration des droits une portée et une vocation universelles* »[1].

De ces expériences historiques fondamentales pour le droit constitutionnel, plusieurs enseignements peuvent être tirés. Alessandro Pizzorusso l'a justement souligné, « *l'étude de certains chapitres du droit constitutionnel (plus particulièrement, celui consacré aux formes de gouvernement) correspond plus à une présentation historique en référence aux pays dont les événements ont surtout influencé l'histoire constitutionnelle italienne* [*i.e.* de manière plus générale, nationale] *qu'à une analyse limitée aux dispositions constitutionnelles en vigueur. Il existe donc en Italie (comme ailleurs) une ancienne tradition d'études constitutionnelles comparatives, qui ne doit rien aux développements, relativement récents, du droit comparé [...]* »[2].

Il est donc difficile de distinguer l'étude comparative de l'étude historique. La modification des ordres juridiques est étroitement liée aux influences idéologiques et à la circulation des modèles institutionnels dans la mesure où elles ne laissent pas un temps suffisant à l'institutionnalisation autonome des idées juridiques. La méthode historique constitue sans doute une méthode importante pour le comparatiste de droit public (voir Leçon 9 § 2), mais on ne peut en conclure aucune spécificité. Moins que le contexte historique, c'est surtout le contexte institutionnel en soi qui est la marque de différences entre les systèmes constitutionnels : la présence ou l'absence de certaines institutions comme, par exemple, une cour constitutionnelle ou encore la répartition des compétences entre l'État central et les entités infra-étatiques. Ceux qui font vivre les institutions (politiques et administratives) sont des acteurs essentiels qui s'approprient la constitution. Cette appropriation qui varie d'un pays à l'autre, d'une période à l'autre, est l'expression d'une culture constitutionnelle (et d'une culture administrative[3]). Cela permet de marquer l'identité d'un système constitutionnel et donc sa différence par rapport aux autres (sur les cultures constitutionnelles, voir Leçon 5 § 2).

---

1. Y. Mény, « La greffe et le rejet », *in* ID. (dir.), *Les politiques du mimétisme institutionnel*, Paris, L'Harmattan, 1993, p. 14.

2. M.-C. Ponthoreau, « Questions à Alessandro Pizzorusso », cit., p. 975.

3. S. De La Sierra, *Una metodologia para el derecho comparado europeo. Derecho Publico Comparado y Derecho Administrativo Europeo*, Madrid, Civitas, 2004, p. 71 et s.

Les publicistes s'intéressent avant tout au droit qui concerne l'État dans sa structure et ses fonctions. En revanche, en délaissant le sujet principal du droit public, ils s'intéressent à son objet, c'est-à-dire le « *droit de la chose publique* »[1]. Dans tous les cas, ils sont plus attentifs aux racines historiques et culturelles et, donc, aux caractéristiques nationales des droits que les privatistes.

Ainsi, Michel Fromont souligne-t-il dans son manuel consacré au droit administratif dans les États européens :

« *L'administration de chaque pays a développé un grand particularisme spécialement au cours de la seconde moitié du XIXe siècle et de la première moitié du XXe siècle. Au début du XIXe siècle, beaucoup de pays, mais nullement la totalité, ont suivi le modèle français, c'est-à-dire pratiquement le modèle napoléonien. Il y avait donc une certaine parenté entre les droits administratifs européens. À partir de 1850 et jusqu'en 1950, le nationalisme a contribué à l'exacerbation des particularismes. C'est seulement depuis 1950 que les pays de l'ouest de l'Europe ont entrepris de se moderniser au nom d'une même idéologie, celle du libéralisme, de la démocratie, de la décentralisation et des droits de l'homme. Il reste cependant beaucoup de vestiges du passé. C'est pourquoi il est indispensable de commencer ce livre par la présentation des différentes traditions nationales*[2]. »

La classification que l'auteur propose des droits administratifs en Europe recoupe difficilement celle des familles de droit fournie par les privatistes. Jusqu'à la première moitié du XXe siècle, les droits administratifs ont présenté un fort particularisme (expression de l'unité nationale et de l'exaltation de l'identité nationale) qui a constitué un frein à l'étude comparative. Les changements sont, toutefois, notables. Il suffit d'évoquer le cas du droit administratif français : traditionnel produit d'exportation, il s'ouvre aujourd'hui aux influences étrangères sous l'effet principal du droit communautaire en vue de sa libéralisation et d'une plus grande attention aux droits des administrés. Les changements sont tels que certains avancent qu'ils s'accompagnent d'un « *véritable déplacement des enjeux* » du droit comparé[3] et rejoignent ainsi les exigences concrètes à l'origine du succès des privatistes. Au même moment, l'attention à l'identité nationale et aux éventuelles résistances face aux mutations liées à la globalisation est comprise comme un défi essentiel à tel point que les comparatistes de droit privé admettent que leur centre d'intérêt doit se déplacer vers les questions liées aux mutations des frontières

1. E. Zoller, *Introduction au droit public*, Paris, Dalloz, 2006, p. 2.

2. M. Fromont, *Droit administratif dans les États européens*, Paris, PUF, 2006, p. 11. *Add.* K. Abderemane *et al.*, *Manuel de droit comparé des administrations européennes*, Paris, LGDJ, 2019.

3. J.-B. Auby, *La globalisation, le droit et l'État*, Paris, Montchrestien, coll. Clefs, 2003, p. 131. Cette analyse est maintenue dans la nouvelle édition chez LGDJ-Lextenso, 2020, p. 145.

entre droit public et droit privé et en tout état de cause éviter de se concentrer sur le seul droit privé[1].

§ 3. Le(s) droit(s) constitutionnel(s) comparé(s) comme avenir du droit constitutionnel

Il peut être quelque peu surprenant de présenter le(s) droit(s) constitutionnel(s) comparé(s) comme l'avenir de la discipline constitutionnelle alors que les constitutionnalistes ont été qualifiés de comparatistes par vocation. Mais il a été souligné que les questions de méthodes ont été rarement traitées en droit constitutionnel comparé tandis qu'elles ont été abordées par les comparatistes de droit privé. Pourtant, une réflexion sur les enjeux épistémologiques de la comparaison en droit public devient aujourd'hui particulièrement nécessaire tandis que les constitutionnalistes doivent affronter les défis lancés par l'européanisation et par la globalisation juridique. Le débat est d'ailleurs ouvert aussi bien en Europe qu'aux États-Unis selon des termes qui ne sont pas parfaitement identiques, mais qui se rejoignent. Les constitutionnalistes tant européens qu'étasuniens font aussi face à l'incursion si importante du numérique dans leur domaine que leur forum est dorénavant mondial.

A. En Europe

Les règles de droit communautaire sont directement applicables en droit interne ; ce qui constitue une vraie rupture avec le droit international public. L'Europe remet donc en cause la congruence traditionnelle entre constitution (cadre du pouvoir) et État telle que Paul Kirchhof, ancien juge à la Cour constitutionnelle allemande, a pu l'exprimer dans une formule concise : « *Sans État, pas de constitution et sans peuple pas d'État* ». De manière plus générale, c'est en réalité l'ensemble du droit positif élaboré sur une base nationale qui se voit remis en cause dans ses fondements : que devient le principe essentiel de la territorialité qui limite matériellement l'intervention de l'État au cadre de ses frontières lorsque les activités à réguler franchissent allègrement ces limites ? Cela pose en particulier le problème de la limitation du pouvoir par la constitution et la difficulté pour la constitution à répondre aujourd'hui à cette ambition en raison de la dissolution du lien entre économie et territoire.

---

1. C. Larsen, « The Future of Comparative Law: Public Legal systems » 21, *Hastings International Law and Comparative Law Review*, 1998, p. 847 et s. ; H. Muir-Watt, « Globalization and Comparative Law », *in The Oxford Handbook of Comparative Law*, cit., p. 590 et s. Cette analyse n'est pas unanimement partagée en raison du défaut de pertinence de la distinction droit public – droit privé en droit comparé : A. Harding, « Comparative Public Law », *in* I. Edge (ed.), *Comparative Law in Global Perspective*, Ardsley, Transnational Publisher Inc., 2000, p. 118.

L'européanisation et, de manière plus large, l'internationalisation du droit conduisent à s'interroger sur les notions structurantes de l'ordre juridique. Le juriste français pense aussitôt à la trilogie « Souveraineté », « État » et « Constitution » dans laquelle la première notion concernée semble la constitution puisqu'elle fonde et limite l'ordre juridique de la communauté étatique. Le juriste allemand Konrad Hesse a clairement identifié les enjeux : « *Ils* [les effets de la progression de l'intégration européenne] *ne signifient pas moins, au-delà des modifications du texte de la Constitution, le début d'une nouvelle ère dans laquelle l'État national se transforme en un État qui ne peut se comprendre que comme partie d'un tout plus grand et dont la Constitution a perdu la suprématie et la portée qu'elle avait jusque-là* »[1]. Cela signifie abandonner les idées jusqu'à présent admises pour renouveler la doctrine du droit constitutionnel. La science constitutionnelle allemande, peu encline à la comparaison car beaucoup de ces auteurs jugent le droit constitutionnel allemand « *le meilleur au monde* », a toutefois compris l'intégration européenne comme un puissant moteur de renouvellement des interrogations aussi bien pour l'étude de la constitution que, de façon plus générale, pour le droit public interne, voire pour la construction d'une doctrine constitutionnelle transnationale européenne[2].

Puisque les systèmes juridiques s'enchevêtrent sous les effets de l'européanisation et de l'internationalisation, la première des interrogations porte sur l'articulation des normes (qu'il s'agisse du moment de leur élaboration ou de leur application). Elle est de moins en moins comprise en termes hiérarchiques. Les travaux de François Ost et Michel Van de Kerchove[3], de Mireille Delmas-Marty[4] ou encore de Peter Häberle[5] ont en commun de rejeter le modèle traditionnel kelsénien, c'est-à-dire un espace normatif homogène, centré autour des institutions de l'État, un ordre unifié et hiérarchisé, au profit d'un espace normatif hétérogène, centré autour des juges, un ordre pluraliste, coopératif et organisé en réseau. Les travaux menés par Ingof Pernice qui détachent la notion de « Constitution » de celle

---

1. Cité par J. Schwarze, « Introduction », *in* J. Schwarze (dir.), *La naissance d'un ordre constitutionnel européen. L'interaction du droit constitutionnel national et européen*, Nomos-Bruylant, Baden-Baden, Bruxelles, 2001, p. 12.

2. A. von Bogdandy, « The Past and Promise of Doctrinal Constructivism: A Strategy for Responding to the Challenges facing Constitutional Scholarship in Europe » 7, *I-CON*, 2009, p. 364 et s. Pour un approfondissement de la proposition faite par von Bogdandy de la constitution d'une « doctrine constitutionnelle commune », voir Leçon 11 § 2.

3. F. Ost, M. Van de Kerchove, *De la pyramide au réseau. Pour une théorie dialectique du droit*, Bruxelles, Publications des Facultés universitaires Saint-Louis, 2002.

4. M. Delmas-Marty, *Les forces imaginantes du droit. Le pluralisme ordonné*, Paris, Le Seuil, 2006.

5. P. Häberle, *L'État constitutionnel*, (trad. revue par C. Grewe), Paris, Economica, 2004.

d'« État » peuvent être rapprochés de ce courant. Le communautariste allemand propose une approche théorique qu'il a qualifiée de « *système constitutionnel à plusieurs niveaux* » en Europe : l'association des droits constitutionnels nationaux et du droit constitutionnel européen formerait une « *constitution composée* » et ce système serait caractérisé par l'absence de hiérarchie normative entre ces deux niveaux constitutionnels[1]. Cette théorie du « *système constitutionnel à plusieurs niveaux* » repose en partie sur la jurisprudence de la Cour européenne de justice et sur celle des cours constitutionnelles européennes (sur le pluralisme constitutionnel, voir Leçon 11 § 2). Bien que la thèse d'un dialogue entre les juges soit largement reprise, ces conceptions sont loin d'être partagées par tous les membres de la doctrine. On peut en effet opposer que la constitution nationale demeure la norme fondamentale qui définit la hiérarchie entre les normes. Mais le comparatiste est forcément confronté à la pluralité des ordres juridiques et se doit donc de se référer aux théories du pluralisme juridique de manière à traduire la structure de l'espace juridique global (pour un approfondissement, voir Leçon 8 § 1).

Au-delà des rapports entre normes, l'impact du droit communautaire et du droit européen sur le droit constitutionnel national suppose une réflexion sur toutes les composantes du système juridique : d'un côté, la partie visible, en d'autres termes, les éléments structurels que sont les concepts et institutions et, de l'autre, la partie invisible ou, du moins, plus difficilement perceptible, c'est-à-dire les éléments culturels, notamment la manière de concevoir le droit et de raisonner en droit. L'approche culturelle conduit le juriste à porter son attention sur les éléments autres que les normes de manière à atteindre les profondeurs du droit.

Dans le champ spécifique du droit constitutionnel, cette démarche peut être bénéfique afin de participer au renouvellement des études constitutionnelles, trop concentrées sur la constitution normative[2]. Cet excès est largement lié en France aux stratégies de démarcation développées d'une part par la science politique constituée en communauté scientifique autonome et d'autre part par les constitutionnalistes suite aux transformations du droit constitutionnel consécutives au rôle accru du juge constitutionnel.

Ces rapports entre droit constitutionnel et science politique ont été examinés avec une grande lucidité par Jacques Chevallier[3]. « *Tout le droit constitutionnel n'est pas dans la constitution* » écrivait

---

1. I. Pernice, *Fondements du droit constitutionnel européen*, Paris, Pédone, 2004.

2. Sur la domination de la conception normative de la constitution au sein la doctrine française actuelle, voir O. Beaud, « Constitution et droit constitutionnel », *in Dictionnaire de la culture juridique*, cit., p. 258.

3. J. Chevallier, « Droit constitutionnel et institutions politiques : les mésaventures d'un couple fusionnel », *Mélanges en l'honneur Pierre Avril*, Paris, Montchrestien, 2001, p. 183 et s.

Georges Vedel, en 1949, dans son manuel de droit constitutionnel. Contrairement à cette affirmation, le droit constitutionnel serait devenu réellement « *le droit de la constitution* » *i.e.* « *une règle juridiquement obligatoire sanctionnée* »[1] par le juge constitutionnel. Jacques Chevallier précise : « *Ce recentrage sur la Constitution se double d'un élargissement de l'objet : […] les institutions, les normes, les libertés. Cette inflexion de la notion de Constitution n'est évidemment pas propre à la France : dans tous les pays, la Constitution apparaît comme la norme juridique suprême, dont le respect est assuré par l'existence d'un juge constitutionnel ; et la mondialisation du système de l'État de droit assure le triomphe de cette conception* »[2]. Alors que les rapports entre science politique et droit constitutionnel se sont structurés différemment ailleurs, la conception de la constitution comprise comme la loi suprême s'impose toutefois de manière quasi exclusive de toute autre conception dans les démocraties consolidées[3].

L'intérêt pour les cultures constitutionnelles nationales devrait permettre d'élargir et d'enrichir les perspectives classiques dans au moins deux directions. On remarque tout d'abord une tendance à la convergence des droits en Europe. Par exemple, la spécificité constitutionnelle du Royaume-Uni semble en voie d'atténuation : d'une part, le principe de la souveraineté parlementaire a été adapté de manière à intégrer dans l'ordre juridique interne la Convention européenne des droits de l'homme et, d'autre part, a été engagé un processus de régionalisation politique conduisant à la création d'assemblées élues en Écosse, au Pays de Galles et en Irlande du Nord. Faut-il en conclure, parce que ces réformes constitutionnelles sont passées par des textes écrits de grande ampleur, qu'elles conduisent à doter le Royaume-Uni d'une constitution écrite[4] ? Par ailleurs, la multiplication des partenaires avec l'entrée de nouveaux États au sein de l'Union européenne conduit à procéder par modèles. Or les modèles n'ont pas une consistance suffisante : ils sont des points de repères utiles, mais restent une représentation simplifiée de la réalité juridique qu'ils veulent traduire. Sans douter de la convergence elle-même, on peut légitimement contester qu'elle conduise à l'oblitération, voire à la suppression des différences. Précisément, les cultures constitutionnelles nationales peuvent permettre de mettre en évidence les différences et donc de faire la différence. Les modèles sans les cultures constitutionnelles sont vides et formels alors

1. L. Favoreu, « Le droit constitutionnel : droit de la constitution et constitution du droit », *R.F.D.C.*, 1990, p. 72.
2. *Op. cit.*, p. 193.
3. Voir pour le même constat : G. Frankenberg, « Comparing Constitutions: Ideas, ideals, ideology-toward a layered narrative » 3, *I-CON*, 2006, p. 439 et s.
4. Sur cette interrogation, voir J. Bell, « La révolution constitutionnelle au Royaume-Uni », *R.D.P.*, 2000, p. 413.

qu'accompagnés des cultures constitutionnelles, ils sont pénétrants et clairvoyants.

Les cultures constitutionnelles nationales sont surtout importantes pour penser les résistances à l'intégration européenne et l'avenir du projet européen. Elles peuvent être un révélateur de la part invisible des systèmes juridiques. Plus précisément, on peut avancer que la construction européenne est susceptible de porter atteinte à l'institution imaginaire, c'est-à-dire à la représentation nationale de l'État. Le poids des mots (« Constitution européenne ») et ce que l'on doit au passé et aux traditions nationales ont été probablement sous-estimés.

Les relations entre les principes fondamentaux des constitutions des États membres et la construction européenne ont été longtemps négligées. Ce n'est qu'avec l'adoption et la ratification du traité de Maastricht que la nature potentiellement conflictuelle du rapport entre droit constitutionnel et droit communautaire a été véritablement perçue et envisagée exclusivement en termes de rapport entre normes, bien que ce traité comporte la clause dite d'identité nationale (ex-art. F). En définitive, n'est-ce pas la fonction symbolique des constitutions (nationales) qui a été occultée par l'avancement du processus d'intégration européenne ? Penser la constitution à la fois comme un ensemble de règles de droit et un objet symbolique conduit à se détacher de la conception normative de la constitution pour mieux la comprendre ou, plus exactement, pour la comprendre autrement (sur les cultures constitutionnelles et leur apport au comparatisme, voir Leçon 5 § 2).

De manière plus générale, l'impact du droit communautaire et du droit international sur les catégories de droit public suppose d'engager une réflexion sur la conception matérielle du droit plutôt que de s'en tenir à une approche basée sur les sources formelles du droit. Les interrogations sont nombreuses. Parmi celles-ci, on peut formuler les questions suivantes. Quelles sont les valeurs propres à la sphère publique ? Quelles sont les fonctions essentielles de l'État ? Qu'est-ce qui relève de la libre concurrence ou, au contraire, de préoccupations de constitutionnalité et de citoyenneté ? Qu'est-ce qui relève de l'ordre public ?

Les mutations en cours ont donné naissance à une nouvelle revue : *European Constitutional Law Review* créée en 2005. Sa fondation correspond plus précisément au projet de traité établissant une constitution pour l'Europe. Ses promoteurs se proposent de discuter des évolutions du droit communautaire, mais aussi de toutes les questions qui transcendent le cadre national et qui sont partagées par les Européens. Dans une perspective plus classique, mais tout aussi significative des transformations en cours, des publicistes espagnols et italiens ont réuni leurs compétences pour fonder en 2007 une revue de droit public comparé : *Revista General De Derecho*

Público Comparado. Cette nouvelle revue est symptomatique de la prise de conscience conduisant à traiter à titre principal les questions de droit *public* comparé laissées de côté par les comparatistes (de droit privé).

B. Aux États-Unis

Le droit constitutionnel américain est un droit sanctionné par un juge depuis la célèbre décision de la Cour suprême, l'arrêt *Marbury v. Madison* (1803). En revanche, il fallu attendre 1920 en Europe et les constitutions autrichienne et tchécoslovaque pour que le contrôle de constitutionnalité des lois devienne une donnée fondamentale de la plupart des régimes constitutionnels européens. La particularité de la discipline constitutionnelle aux États-Unis est donc d'être avant tout tournée vers les individus et la protection judiciaire de leurs droits. Le pouvoir et les institutions politiques bien qu'étudiés par les juristes relèvent essentiellement des politistes.

Vers la fin des années 1990, Bruce Ackerman tandis qu'il s'inscrivait jusqu'alors dans une approche traditionnelle du droit américain, repliée sur elle-même, a prôné une démarche différente pour penser l'expérience nationale « *comme un cas spécial, et non plus comme un cas paradigmatique* » : « *Tout d'abord, nous devons apprendre à penser de manière différente l'expérience américaine. Jusqu'à une période récente, il était approprié de lui donner une position privilégiée dans l'étude comparative. Les autres expériences avec une constitution écrite et un contrôle de constitutionnalité étaient trop récentes […]. Cependant avec le nouveau siècle, un tel scepticisme n'est plus justifié* »[1].

Au même moment s'est ouvert au sein de la Cour suprême des États-Unis un échange sur le recours au droit étranger ou, plus précisément, à des précédents judiciaires étrangers pour interpréter la constitution. Il s'agit de l'arrêt *Printz v. United States* (1997)[2] dans lequel les juges Breyer et Scalia opposèrent leur point de vue sur cette méthode. Depuis la controverse est toujours aussi vive et occupe désormais « *une place centrale* »[3] dans la jurisprudence et la pensée constitutionnelles. La procédure de révision constitutionnelle est particulièrement difficile à mettre en œuvre aux États-Unis et, par conséquent, la Cour suprême est plus facilement sollicitée pour l'adapter par son interprétation. Cela nourrit l'importante querelle méthodologique sur l'interprétation constitutionnelle et offre une

1. B. Ackerman, « The Rise of World Constitutionalism » 83, *Virginia Law Review*, 1997, p. 774-775.

2. Pour la traduction de l'arrêt : É. Zoller, *Grands arrêts de la Cour suprême des États-Unis*, PUF, Paris, 2000, p. 1269 et s.

3. S. Choudhry, « Globalization in Search of Justification: Toward a Theory of Comparative Constitutional Interpretation » 74, *Indiana Law Review*, 1999, p. 820.

nouvelle actualité à un thème déjà ancien pour les comparatistes : les emprunts juridiques (voir Leçon 6). Cette question qui justifie la recherche comparative a conduit à investir ce champ d'étude et d'enseignement comme le prouve la publication de deux manuels de droit constitutionnel comparé[1].

Le débat parmi les comparatistes constitutionnalistes américains est centré sur la place à réserver aux cultures constitutionnelles et aux identités nationales[2]. Deux tendances se dégagent et elles s'expriment chacune dans les deux manuels précités. Jackson et Tushnet appartiennent au mouvement « *Critical Legal Studies* »[3] et adoptent un point de vue critique sur l'approche fonctionnelle : ils sont en particulier sceptiques sur la possibilité de constituer une science constitutionnelle universelle et leur propre approche est avant tout historique et politique. Leur manuel cherche donc à valoriser les différences sans toutefois les expliquer et procède par extraits de matériaux, principalement décisions constitutionnelles et textes de doctrine, sans donner les clés d'accès aux principaux systèmes constitutionnels étudiés. Certains thèmes sont à ce titre privilégiés : les changements constitutionnels et en particulier la transition démocratique, la justice transitionnelle. Les questions institutionnelles sont centrales, toutefois les droits fondamentaux sont abordés, notamment les discriminations positives en Inde, le pluralisme religieux en Afrique. En revanche, le manuel de Norman Dorsen et de ses coauteurs propose une version éclairée de la méthode fonctionnelle en reconnaissant les différences culturelles des expériences constitutionnelles[4]. L'objectif reste toutefois de dégager une convergence au sein de ces expériences et donc l'étude des problèmes juridiques se maintient à un haut niveau de généralité avec une approche par modèles. Les auteurs insistent sur le constitutionnalisme et les droits.

Les textes internationaux consacrés aux droits de l'homme (en particulier, la Déclaration universelle des droits de l'homme de 1948 et les conventions interaméricaines sur les droits de l'homme 1969-1978) et la production intensive de constitutions écrites à travers le monde à partir de la fin des années 1980 sont autant d'éléments qui

1. V. Jackson, M. Tushnet, *Comparative Constitutional Law*, New York, Foundation Press, 1999 (2e éd., 2005) ; N. Dorsen, M. Rosenfeld, A. Sajò, S. Baer, *Comparative Constitutionalism. Cases and Materials*, St Paul, Thomson West, 2003.

2. M. Tushnet, « Comparative constitutional law », *in The Oxford Handbook of Comparative Law*, cit., p. 1253.

3. Ce mouvement regroupe des positions hétérogènes. Néanmoins, il ressort que le droit est défini comme une forme de conscience sociale, un mélange d'idées et d'images qui à la fois légitime l'ordre social existant et fournit des occasions de le changer. La plupart des auteurs insiste sur le rôle du droit afin de dénoncer ses prétentions à la neutralité. Sur ce mouvement, M. Tushnet, « L'état actuel des études juridiques critiques aux États-Unis », *A.P.D.*, 2000, T. 44, p. 419 et s.

4. Une troisième édition est disponible : N. Dorsen, M. Rosenfeld, A. Sajò, S. Baer, S. Mancini, *Comparative Constitutionalism. Cases and Materials*, St Paul, Thomson West, 2016.

ont contribué, chacun à leur manière, à ce renouveau. En particulier, les exigences formulées par certaines organisations internationales telles que la Banque mondiale relatives aux droits de l'homme et à la démocratie pluraliste sont interprétées comme le développement d'un constitutionalisme transnational et les travaux de certains internationalistes américains ont servi le comparatisme au-delà d'une utilisation interne par le juge[1]. Il faut toutefois remarquer que les États-Unis cherchent à résister à l'internationalisation du droit[2] sauf dans certains domaines, où ils ont cédé une partie de leur pouvoir souverain, tels que celui du droit et du règlement des différends de l'Organisation mondiale du commerce.

La fondation en 2003 d'une nouvelle revue, *International Journal of Constitutional Law* (*I-CON*), répond précisément à ces mutations. Les promoteurs de la revue, N. Dorsen et M. Rosenfeld (qui sont aussi les principaux auteurs du manuel précité, *Comparative Constitutionalism*), justifient cette création par la nécessité de comprendre les tendances nouvelles du droit constitutionnel liées aussi bien à la globalisation qu'à un recours sans cesse grandissant à la comparaison aussi bien par les universitaires que par les juges constitutionnels (sur cette dernière question, voir Leçon 6 § 2).

Plus précisément, la perte d'influence du constitutionnalisme américain n'est pas étrangère à l'éveil du droit constitutionnel comparé[3] sur le continent nord-américain. Les ressorts de la réflexion américaine sont donc en partie différents de ceux de la réflexion européenne puisque le débat reste très largement focalisé sur l'interprétation constitutionnelle, d'une part, et la protection des droits fondamentaux, d'autre part. En outre, si on considère le point de départ, le chemin à parcourir est sans doute long, la situation du droit comparé étant le plus souvent décrite comme « *affligeante* » aux États-Unis[4]. Encore, aujourd'hui, l'historien du droit et comparatiste américain, James Q. Whitman, affirme : « *Les juristes américains croient, en dépit de leurs problèmes de politique intérieure récurrents, en la supériorité du modèle constitutionnel américain et ne s'intéressent guère aux modèles étrangers* »[5]. Une difficulté majeure liée à la méconnaissance des langues étrangères mérite en effet d'être

1. Voir en particulier les travaux menés par A.-M. Slaughter, notamment son ouvrage le plus récent : *A New World Order*, Princeton, Princeton University Press, 2004.

2. A. Peyro Llopis, « La place du droit international dans la jurisprudence récente de la Cour suprême des États-Unis », *R.G.D.I.P.*, 2005, n° 3, p. 609 et s.

3. R. Hirschl, « The Rise of Comparative Constitutional Law: Thoughts on Substance and Method » 2 *Indian Journal of Constitutional Law*, 2008, p. 11 et s.

4. B. Markesinis, *Juges et universitaires face au droit comparé*, (trad. *Comparative Law in the Courtroom and Classroom*, 2003) Paris, Dalloz, 2006, p. 169.

5. Entretien avec J. Q. Whitman réalisé par G. Richard et L. Zevounou dans *Droit et Société*, 2019/1, n° 101, p. 105.

soulignée. Cette méconnaissance limite à la fois l'enseignement de la comparaison des droits[1] et la communication au sein de la communauté des comparatistes puisque les auteurs nord-américains ne s'intéressent qu'aux travaux rédigés en anglais[2]. La comparaison des droits constitutionnels est donc restreinte dans l'espace. On pourrait parler d'une comparaison « entre soi » : les États-Unis et les pays du Commonwealth. Néanmoins il ne faut pas négliger la capacité d'attraction du milieu académique anglo-américain dont les modes de recrutement sont nettement plus ouverts qu'en Europe continentale et, ainsi, le milieu académique est-il irrigué de l'intérieur par des universitaires formés ailleurs (ou partiellement) qu'aux États-Unis ou/et qu'en Angleterre. En outre, l'ouverture se manifeste aussi par l'approche interdisciplinaire du droit (voir Leçon 9 § 1).

C. Sur les blogs constitutionnels

La seconde édition de cet ouvrage a été en grande partie réalisée sans quitter l'université de Bordeaux (un paradoxe pour une comparatiste, mais contexte sanitaire de la COVID-19 oblige !) et surtout grâce à un ordinateur connecté. De nombreux blogs ou revues en ligne ont conquis une place privilégiée dans notre nouveau monde digital. Le numérique est en effet un nouvel espace de libertés[3]. C'est particulièrement vrai pour les libertés d'information et d'expression qui acquièrent une portée ignorée jusqu'alors puisque d'un seul 'clic', la communication peut être établie avec un nombre considérable de personnes. Pour les universitaires, en général, et les comparatistes, en particulier, c'est franchement une aubaine[4].

Dorénavant, peut-on comparer les droits constitutionnels sans quitter nos universités et en étant reliés à nos objets de recherche par nos ordinateurs ? La place occupée, en particulier, par les blogs de plusieurs revues pourrait laisser penser que la manière de comparer a fondamentalement changé à l'ère numérique. C'est sans doute

1. V. Curran, « Developing and Teaching a Foreign Language Course for Law Students » 42 *Journal of Legal Education*, 1993, p. 598 et s. Voir aussi J. Q. Whitman, *op. cit.*

2. Ainsi V. Jackson et M. Tushnet avouent dans la préface de leur manuel (1re édition) leur incapacité à traduire des textes rédigés en langues étrangères et, par conséquent, le choix des matériaux présentés est limité à des décisions de cours travaillant en anglais ou bien à des travaux académiques ou décisions traduits par d'autres auteurs : V. Jackson, M. Tushnet, *op. cit.*, p. vi.

3. Rapport du Conseil d'État, *Le numérique et les droits fondamentaux*, n° 64, 2014, p. 145 et s.

4. C'est aussi vrai pour les institutions, en particulier les juridictions constitutionnelles qui ont toutes développé des moyens de communication digitaux : sur ce nouvel objet, voir l'introduction des études proposée par Julien Bonnet, *AIJC*, 2018, vol. 33-2017 : https://www.persee.fr/doc/aijc_0995-3817_2018_num_33_2017_2568

une vision trop rapide de l'intérêt indéniable que représentent désormais les blogs.

Quels sont les principaux blogs ? Trois sont ici brièvement présentés. Ils ont été des instruments de travail importants notamment pour mener à bien la nouvelle édition de cet ouvrage[1] : deux blogs de revues, *I-CONnect* et *JP Blog*, et le blog académique pionnier *Verfassungsblog on Matters Constitutional*. Ces trois blogs n'existaient pas en 2010 (date de la première édition). En effet, *Verfassungsblog* s'est développé à partir de 2011 : existant depuis 2009 et animé par le journaliste Maximilian Steinbeis, il a pris un nouvel essor avec la publication d'un billet signé conjointement par Christoph Möllers (professeur de droit public à la Humboldt-Universität de Berlin), Alexandra Kemmerer (coordinatrice scientifique du programme *Recht im Kontext* auquel le blog s'est associé) et M. Steinbeis. Ce billet avait pour objet de dessiner les contours d'un « *espace de discussion sur des sujets d'actualité en droit constitutionnel entre chercheurs académiques, praticiens et un public intéressé par les affaires constitutionnelles* »[2]. Le blog s'est ensuite enrichi et a regroupé de nombreux universitaires notamment en organisant en ligne des colloques. Deux principales caractéristiques de ce blog doivent être mises en lumière : d'abord, son multilinguisme (bien que majoritairement écrit en allemand ou en anglais, une place est aussi faite au français depuis 2014) et, ensuite, un espace privilégié pour le traitement des questions européennes.

La revue *International Journal of Constitutional Law* souhaite aussi avoir un rôle de leadership en participant précisément à une « dé-nationalisation » des questions constitutionnelles et administratives non pas tant européennes que globales[3]. *I-CON* s'est associé à www.constitutionmaking.org[4] pour lancer le blog I-CONnect à la fin 2012, soit dix ans après la revue. I-CONnect et la revue vont de concert tout en conservant au blog la réaction rapide – impossible pour la revue papier – à l'actualité constitutionnelle à travers le monde. Le gros avantage des réseaux sociaux, bien au-delà des blogs spécialisés, est précisément d'être adapté à l'accélération des temps et à la multiplication des formes juridiques. La langue anglaise offre, de surcroît, une large diffusion en adéquation avec cette accélération

1. D'autres blogs tels que ceux du Club des juristes, de l'Association internationale de droit constitutionnel ou revues en ligne (telles que *German Law Journal* et cela dès la première édition ou encore celle plus récente créée par l'*Associazione italiana dei costituzionalisti* en 2010) ont également été régulièrement visités.

2. H. Birkenkötter, M. Steinbeis, « La blogsphère juridique allemande. Quelques réflexions à propos d'un format débattu », *in* A.-S. Chambost (dir.), *Les blogs juridiques et la dématérialisation de la doctrine*, Paris, LGDJ-Lextenso, 2015, p. 235.

3. J.H.H. Weiler (chef éditorial de la revue) à propos du blog : http://www.iconnect-blog.com/i%c2%b7connect-letter-from-the-editor-in-chief-of-i%c2%b7con/

4. ConstitutionMaking, le site précurseur de Constitute (https://www.constitute-project.org), qui présentait des textes constitutionnels, des rapports et un blog. Le blog est ensuite devenu le blog officiel de la revue *I-CON*, I-CONnect.

car elle est la langue de communication la plus largement comprise et pratiquée dans le milieu académique. Elle a sans doute participé avec Internet et ce type de blog à familiariser un milieu académique, comme celui des États-Unis peu ouvert aux langues étrangères, aux expériences autres que celles habituellement accessibles. La circulation de l'information a probablement été bénéfique à un agrandissement de la focale. Elle a aussi donné plus de visibilité aux jeunes universitaires localisés en dehors de l'Amérique du Nord et de l'Europe.

Enfin, la revue *Jus Politicum* (en ligne) a suivi l'exemple de ces blogs de qualité en lançant en 2016 un blog d'actualité constitutionnelle, soit huit ans après la création de la revue[1]. *JP Blog* répond aux objectifs identifiés précédemment. On observera que le déchiffrage de l'actualité française et étrangère reste essentiellement proposé par des universitaires français. De même, la *Rivista dell'Associazione italiana dei costituzionalisti* a un cercle d'auteurs qui demeure principalement circonscrit à la communauté nationale. Le facteur linguistique réapparaît.

Deux mondes coexistent et se complètent. Le blog ne répond pas aux mêmes exigences qu'une revue qui, quelle que soit sa forme en ligne ou format papier, n'est plus en mesure de traiter l'actualité à cause des contraintes éditoriales, notamment des délais de publication qui peuvent être parfois (trop) longs dans l'édition classique. Il s'agit aussi de décrypter l'actualité pour un public plus large que celui traditionnel, des académiques et des étudiants. Précisément, *Verfassungblog* a donné naissance à une nouvelle forme d'expertise qui vise à alerter les institutions européennes et, de manière plus large, tout public intéressé par les questions juridiques notamment relatives à la construction européenne. On peut avancer qu'une doctrine constitutionnelle transnationale est en formation dans la blogosphère : une opinion éclairée qui avertit inlassablement les citoyens et les instances européennes notamment des transgressions par les gouvernements polonais et hongrois des règles de l'État de droit et du droit de l'Union européenne[2] (sur le constitutionnalisme abusif, voir Leçon 10 § 3). Une revue classique, en raison des exigences académiques dont la mise à distance de l'objet étudié, ne peut assumer ce rôle politique. En revanche, elle est sans aucun doute un lieu de débats. *JP Blog* ne s'interdit pas des billets critiques notamment à l'égard de la presse française parfois imprécise ou hasardeuse dans ses qualifications juridiques. Dans tous les cas, le blog juridique

1. Voir l'entretien donné par D. Baranger et O. Beaud à l'occasion de la sortie de *L'État de la constitution 2018-2019*, ouvrage rassemblant les billets du blog de l'année : https://www.u-paris2.fr/fr/recherche/editions-pantheon-assas/actualites/letat-de-la-constitution-2018-2019-entretien-avec-les

2. *Verfassungsblog* joue un rôle majeur en accueillant notamment les billets de W. Sadurski sur « le coup d'état constitutionnel » en Pologne ou ceux de L. Pech et K.L. Scheppele sur les atteintes à la *Rule of law* en Europe.

va plus loin en démocratisant justement ce type de forum intellectuel et ainsi en donnant de la visibilité à de nouvelles voix (il participe de cette manière à la globalisation). Il offre un espace d'expérimentation des idées qui peuvent ensuite se transformer en une analyse plus durable (et donc à publier dans une revue traditionnelle ou un ouvrage d'actualité constitutionnelle de manière « à rester » et à être exploité notamment à des fins pédagogiques). Au-delà des blogs, le format numérique donne naissance à nombreuses initiatives qui facilitent les conditions pratiques de la comparaison constitutionnelle. La grande vertu offerte par ce format est de simplifier la constitution de réseaux[1] et les associations nationales et internationales de droit constitutionnel l'ont bien compris[2].

La facilité d'accès à l'information constitutionnelle ne simplifie toutefois pas la comparaison en soi. On peut même penser le contraire. En effet, la question du tri de l'information pertinente devient essentielle alors qu'elle est précisément accessible et (trop) volumineuse (les liens hypertextes favorisent l'interactivité mais multiplient également les sources). Aussi, les blogs sont le plus souvent une réaction « à chaud » à une actualité nationale ou étrangère dont il s'agit de rendre compte au plus grand nombre en temps réel ou presque. Les blogs précités adossés à des revues offrent toutefois des garanties de qualité par un travail en amont de sélection des billets. On observera pour conclure qu'une démarche comparative est rarement adoptée. Parfois des rapprochements sont opérés dans ces *posts* qui ont forcément un format limité et donc ils ne peuvent mener des démonstrations d'ordre comparatif. Ils donnent néanmoins des matériaux de base souvent essentiels sur des expériences étrangères. L'accessibilité de l'information ne résout pas les autres

---

1. Certains collègues ont une présence telle sur les réseaux sociaux qu'ils en développent une forme d'ubiquité. Dans tous les cas, ils donnent à voir le tournant global pris par le monde universitaire. Par exemple, voir *International Forum on The Future of Constitutionalism* fondé et dirigé par Richard Albert, professeur University of Texas – Austin : https://www.richardalbert.com/2021globalsummit-french.htmlCofondateur d'I-CONnect, R. Albert est aussi à l'origine avec David Landau et *Clough Center* (Boston University) de *Global Review of Constitutional Law* née en 2017 : synthèse de l'actualité constitutionnelle de l'année passée pour chaque pays qui repose sur des équipes universitaires locales avec une ambition affichée, « *faire notre vaste monde plus petit, plus familier et plus accessible* ».

2. Par exemple, la recherche collective menée sur la citation des précédents étrangers par les juges constitutionnels et codirigée avec ma collègue Tania Groppi dans le cadre de l'Association internationale de droit constitutionnel entre 2017 et 2013 (voir la Leçon 6 § 2). À présent, on peut mentionner une autre initiative visant à constituer « *une vaste base de données de jugements constitutionnels de référence pour chaque pays du monde où il existe un contrôle juridictionnel* » complétée progressivement : E. Bottini, « Guest Editor's Introduction: Constitutional Landmarks in the Commonwealth » IACL-AIDC Blog (3 December 2019), https://blog-iacl-aidc.org/constitutional-landmark-judgments-in-the-commonwealth/2019/12/3/guest-editors-introduction-constitutional-landmark-judgments-in-the-commonwealth

difficultés, outre la langue, auxquelles le comparatiste se heurte, qui sont avant tout d'ordre méthodologique.

Bibliographie générale récente

Réédition des Actes du Congrès de Paris (1900), *Théorie générale, méthode et enseignement du droit comparé*, Introduction de J. Boudon, Paris, Société de législation comparée, 2020.

De Vergottini G., *Diritto costituzionale comparato*, 10e éd., Padoue, CEDAM, 2019.

Dixon R., Ginsburg T. (eds.), *Comparative Constitutional Law,* Cheltenham, E. Elgar, 2011.

Hirschl R., *Comparative Matters. The Renaissance of Comparative Constitutional Law*, Oxford, Oxford University Press, 2014.

Pegoraro L., Rinella A., *Sistemi costituzionali comparati*, Turin, Giappichelli, 2020.

Rosenfeld M., Sajò A. (eds.), *The Oxford Handbook of Constitutional Comparative Law*, Oxford, Oxford University Press, 2012.

Tushnet M., *Advanced Introduction to Comparative Constitutional Law*, Northampton, E. Elgar, 2015.

Zoller É., *Introduction au droit public*, 2e éd. Paris, Dalloz, 2013.

LEÇON 3

QUESTIONS DE MÉTHODES

Une comparaison se fabrique. Elle dépend en pratique de la question soulevée qui, elle-même, dépend de l'objectif poursuivi par celui qui compare. Le comparatiste est donc amené à faire plusieurs choix sur lesquels porteront les prochains chapitres. La comparaison des droits ne produit pas des normes juridiques (à moins qu'elle ne soit pratiquée par le juge). Elle produit en revanche différentes lectures du droit. La comparaison, de même que l'étude d'un droit étranger, n'est donc pas une simple opération de restitution des règles juridiques. Cette Leçon se propose avant tout de faire le point sur l'importance de la question méthodologique et sur l'assimilation de l'activité comparative à l'activité interprétative. Bien que la comparaison ne se laisse pas facilement enfermer dans une structure préétablie, car éminemment pratique, on cherchera à discerner, d'un point de vue théorique, les différentes étapes de l'enquête comparative.

§ 1. La ou les méthode(s)

« *La méthodologie du droit comparé reste [...], en France, à élaborer d'une façon plus systématique, générale et contradictoire, et non plus ponctuelle, isolée ou unilatérale. Mais, en France – dont l'intérêt doctrinal pour l'épistémologie juridique en général ne s'avère vraiment pas très marqué –, il semble que l'on se soit un peu lassé de cette problématique de la méthode, et que l'on se contente, de façon certes pragmatique mais tout de même décevante, et peut-être dommageable, de prouver le mouvement en marchant : autrement dit, de se consacrer au droit comparé sans avoir autrement réfléchi aux principes de la comparaison et à ses techniques, et encore moins au droit en général, à son objet ou à sa spécificité*[1]. » Ce constat un peu amer du rédacteur en chef de la *Revue Internationale de Droit comparé*, Étienne Picard, mérite d'être revisité au-delà du cadre étroit de la doctrine française. Depuis 1999, époque à laquelle ce constat était dressé, la méthodologie de la comparaison juridique est sans doute devenue une question centrale dans les débats tenus par les comparatistes.

A. *Centralité de la méthodologie*

Pour la plupart des juristes, le droit comparé est une méthode et non une discipline, mais on ne sait rien ou si peu sur la méthode elle-même. Pendant longtemps, les comparatistes n'ont pas été en réalité gênés par l'absence d'une réflexion méthodologique car trop occupés à affirmer l'utilité du droit comparé. Aujourd'hui, les interrogations sur sa légitimité ne sont plus d'actualité. Alors que le droit comparé s'impose dans le contexte de la construction européenne et de la globalisation, le besoin d'une approche théorique est en revanche plus nettement affirmé[2].

Pourquoi la réflexion théorique a-t-elle si longtemps manqué en matière de comparaison juridique ? On peut penser que cette absence est liée en partie à l'histoire du droit comparé (voir Leçon 2 § 1). Lorsque le droit comparé moderne naît vers 1860/1870, la justification donnée est la poursuite d'un but pratique : comparer pour trouver « la meilleure solution juridique » et aider ainsi à la rédaction et à l'amélioration des codes et des lois. Encore, aujourd'hui, le reproche d'une vision strictement utilitariste du droit comparé peut être formulé.

Par réaction, les questions épistémologiques et, en particulier, les questions de méthodes sont au cœur de nombreux travaux collectifs récents. Le débat critique interne aux études juridiques comparatives a été initialement engagé aux États-Unis, à la fin des années 1990 : « Symposium: New Approaches to Comparative Law », *Utah Law Review*, 1997, p. 255 et s. ; « Symposium: New Directions in Comparative Law », *American Journal of Comparative Law*, 46, 1998, p. 597 et s. Le débat s'est ensuite poursuivi en Europe. On peut citer en particulier les actes de deux colloques qui s'inscrivent dans cette direction : Pierre Legrand et Roderick Munday (eds.), *Comparative Legal Studies: Traditions and Transitions*, Cambridge, Cambridge University Press, 2003 ; Mark Van Hoecke (ed.), *Epistemology and Methodology of Comparative Law*, Oxford, Hart Publishing, 2004. Deux ouvrages collectifs traitent aussi de manière approfondie et fort différente ces questions : Mathias Reimann et

1. É. Picard, *op. cit.*, p. 889.

2. Dans ce sens, W. Twining, « Globalisation and Comparative Law », *in* E. Örücü, D. Nelken (eds.), *Comparative Law. A Handbook*, Oxford, Hart, 2007, p. 69 et s.

Reinhard Zimmermann (eds.), *The Oxford Handbook of Comparative Law*, Oxford, Oxford University Press, 2006[1] ; Pierre Legrand (dir.), *Comparer les droits, résolument*, Paris, PUF, 2009. Il faut enfin ajouter la création d'une revue bi-semestrielle (2006), *The Journal of Comparative Law*, née de la nécessité de donner un nouvel instrument pour comprendre la globalisation juridique. L'éditorial du premier numéro propose notamment de mettre au centre des préoccupations de la méthodologie juridique la méthode comparative. Les mêmes objectifs sont affichés par les fondateurs de la revue italo-espagnole, *Revista General de Derecho Público Comparado* (2007).

Ce qui ressort de ces débats, assez étrangement, car on pourrait penser que depuis les débuts du droit comparé une méthode consensuelle a été dégagée, c'est la diversité de la doctrine comparatiste[2] et, plus particulièrement, la confrontation entre deux principaux courants : le fonctionnalisme et le courant « *Law as Culture* ». La doctrine comparatiste est certainement plus riche, mais les questions de méthodes sont principalement abordées par ces deux courants, l'un que l'on peut qualifier de « traditionnel », l'autre, qui valorise l'expérience de la diversité et de la différence, de « postmoderne ».

La pluralité de la doctrine comparatiste reflète sans doute la diversité des usages qu'on fait de la comparaison des droits. Mais il y a plus : cette différenciation laisse entrevoir un gouffre car la comparaison est, pour une bonne part, une opération mystérieuse. Répétons-le : la comparaison se construit concrètement en fonction de la question soulevée qui, elle-même, dépend de la finalité poursuivie par celui qui compare.

Les choix méthodologiques sont dépendants des buts de la comparaison. Plus précisément, l'objet et la finalité poursuivis par le comparatiste sont des choix interdépendants. De façon classique, lorsque l'on compare deux (voire plus) systèmes juridiques ou bien des éléments de ces systèmes (règles, institutions, relations entre objets de droit…) soit l'accent est mis sur les différences, soit au contraire sur les similitudes. Selon le choix opéré, le discours produit n'est pas le même. La comparaison offre donc une lecture (parmi d'autres) du droit. Pour certains, le futur appartient à la comparaison intégrative afin de maîtriser la complexification et l'instabilité des ordres juridiques (position qui connaît un succès certain dans le cadre des études européennes : pour un approfondissement, voir Leçon 5 § 1)

1. Une nouvelle édition a été proposée en 2019 : M. Reimann, R. Zimmermann (eds.), *The Oxford Handbook of Comparative Law*, Oxford, Oxford University Press, 2nd ed., 2019.

2. Il est sans doute impropre de parler de « doctrine comparatiste » puisque la doctrine est « *une communauté principalement nationale* » (P. Jestaz, C. Jamin, *La doctrine*, Paris, Dalloz, 2004, p. 205 et s.). Néanmoins, elle permet par commodité de renvoyer à la communauté des comparatistes universitaires qui donnent leurs opinions et leurs idées sur la comparaison des droits.

alors que, pour d'autres, il appartient au contraire à la comparaison différentielle. Cette dernière position est défendue en particulier par Pierre Legrand qui affirme : « *Il y a lieu en effet pour le comparatiste, de comprendre que le comparatisme en droit ne saurait avoir pour raison d'être que l'appréhension des différences* »[1]. La dichotomie entre les deux courants évoqués précédemment réapparaît. On peut d'ailleurs se demander si la confrontation n'est pas quelque peu « sur-jouée ». Plus particulièrement, Pierre Legrand continue à tracer un sillon favorable à une étude herméneutique centrée non sur le droit comparé mais, en fait, sur les droits étrangers. De plus, il reproche aux autres comparatistes des positions insuffisamment radicales pour être qualifiées de « *critiques* »[2].

Quoi qu'il en soit, la question méthodologique centrale est-elle véritablement de déterminer un type idéal de comparaison ? Il n'y a pas de bonne méthode. Pour reprendre les termes de Geoffrey Samuel, « *l'idée d'une "alternative" est en soi importante d'un point de vue épistémologique* »[3]. Car on a certainement autant à apprendre de la comparaison intégrative que de la comparaison différentielle.

B. Pluralité des approches[4]

Le problème épistémologique est connu : le droit comparé doit d'abord définir son objet. Aussi la connaissance d'un droit étranger suppose-t-elle avant toute autre démarche une réflexion épistémologique : comment connaître ce droit ? La recherche comparative se heurte donc à des difficultés spécifiques notamment celles de la traduction, de la diversité des concepts et des raisonnements juridiques. Le danger existe alors de tout examiner à l'aune d'une référence connue, c'est-à-dire nationale.

Si le comparatisme est compris comme un outil épistémologique, il ne correspond pas à une méthode. La comparaison des droits suppose au contraire plusieurs méthodes. Si on opte pour une pluralité des approches, le comparatisme ne sert plus un discours (celui de l'unification du droit ou bien de l'américanisation du droit ou bien encore celui du relativisme culturel), mais il est un instrument, parmi d'autres, pour une compréhension critique du droit. Il faut savoir changer de perspective. C'est le conseil donné par l'historien

1. P. Legrand, *Le droit comparé*, PUF, coll. Q.S.J., 1re éd., 1999, p. 37.

2. À propos de l'ouvrage de G. Frankenberg, *Comparative Law as Critique* (Elgar, 2016), il est question d'« *une transgression épistémique trop timide* » : P. Legrand, S. Glanert, « Law, Comparatism, and Epistemic Governance: There Is Critique and Critique », *German Law Journal*, Vol. 18 (3), 2017, p. 701 et s.

3. G. Samuel, « Epistemology and Comparative Law: Contributions from the Sciences and Social Sciences », *in* M. Van Hoecke (ed.), *Epistemology and Methodology of Comparative Law*, Oxford, Hart, 2004, p. 75.

4. M.-C. Ponthoreau, « Le droit comparé en question(s). Entre pragmatisme et outil épistémologique », *R.I.D.C.*, 1-2005, p. 7 et s.

Jacques Revel qui s'appuie notamment sur le film de M. Antonioni, *Blow up* (1966), pour convaincre de cette nécessité. Antonioni raconte l'histoire d'un photographe londonien qui fixe sur la pellicule une scène dont il est témoin. Or, cette scène lui est incompréhensible ; les détails n'en sont pas cohérents. Intrigué, il agrandit ses images jusqu'à ce qu'un détail invisible le mette sur la piste d'une autre lecture de l'ensemble : « *La variation d'échelle lui a permis de passer d'une histoire dans une autre (et, pourquoi pas, dans plusieurs autres)* »[1].

Le débat critique interne aux études comparatives a conduit à revoir les instruments traditionnels de la comparaison (sur la critique de la classification en familles de droits, voir Leçon 2 § 2) et à promouvoir une complémentarité des méthodes grâce à des apports disciplinaires extérieurs. La variation d'échelle est une proposition qui peut être renouvelée de manière à renforcer le projet interdisciplinaire porté par le comparatisme (pour un approfondissement, voir Leçon 9 § 1). À ce stade, la critique des comparatistes postmodernistes mérite deux observations sur les choix méthodologiques.

D'abord, on peut s'étonner que les « nouveaux comparatistes » fassent table rase des apports de la doctrine « traditionnelle ». Aux objectifs d'universalisme et de neutralité qui peuvent certes faire l'objet de critiques, la nouvelle doctrine oppose toutefois un scepticisme qui ne laisse place qu'à l'impossibilité de comparer à cause de l'incommensurabilité des différences. Qu'il soit permis d'exprimer quelques doutes sous forme d'interrogations : faut-il complètement rejeter la méthode fonctionnelle ? N'est-ce pas son caractère exclusif dans les études comparatives passées (servant la thèse de l'unification ou, en tout cas, de la convergence des droits) qui demande à être réévalué par la promotion d'autres méthodes[2] ?

Ensuite, les comparatistes postmodernistes, en mettant l'accent sur les structures cognitives les plus répandues, proposent de s'interroger sur le cadre des perceptions et des catégories de chaque communauté juridique de manière à expliquer comment chacune conçoit le droit (*Law in mind* en opposition à *Law in books* et *Law in action*)[3]. C'est une démarche favorable à un désenclavement des problématiques en faisant appel à des champs disciplinaires aussi variés que l'anthropologie, la sociologie, l'histoire ou encore la linguistique.

Ainsi, Élisabeth Zoller, dans son article « Qu'est-ce que faire du droit constitutionnel comparé ? », suggère qu'« *à la tyrannie des*

1. J. Revel, « Micro-analyse et construction du social », *in* ID. (dir.), *Jeux d'échelles. La micro-analyse à l'expérience*, Gallimard, Le Seuil, 1996, p. 36.

2. G. Samuel, « Dépasser le fonctionnalisme », *in* P. Legrand (dir.), *Comparer les droits, résolument*, Paris, PUF, 2009, p. 405 et s.

3. W. Ewald, « Comparative Jurisprudence (I): What Was It Like To Try a Rat ? » 143, *University Pennsylvania Law Review*, 1995, p. 1947.

universaux qui structuraient nos approches antérieures et dont on s'efforçait de trouver les marques tant dans la classification des régimes politiques que dans la typologie des gouvernements, il faut substituer une approche plus pragmatique. Il faut admettre que chaque ordre juridique est unique et que chaque système constitutionnel est le produit finement ouvragé d'une culture globale dans laquelle il s'insère. Nous devons viser à comprendre le travail des idées, des pensées et des sensibilités dans un système juridique déterminé, pour ultimement pouvoir restituer les principes, les concepts, les croyances et les raisonnements qui y sont à l'œuvre »[1]. Cette démarche conduit à renoncer à la comparaison au profit d'une étude focalisée sur un seul droit étranger de manière à offrir une étude en profondeur. Le comparatiste apparaît du coup comme une sorte de « généraliste du droit ». Les objectifs sont sans doute différents, néanmoins le comparatiste fera difficilement l'économie d'une étude approfondie d'un autre droit que le sien : pour devenir un comparatiste « conscient », il faut être spécialiste d'un droit étranger et donc avoir été confronté aux difficultés que pose la connaissance d'un « autre » droit. Certes c'est là un point important, mais quant au choix de la méthode l'essentiel est ailleurs. Faut-il vraiment opposer ces différentes démarches ? Sont-elles incompatibles ? Probablement, le sont-elles en partie, puisque s'il est universaliste, le comparatiste recherche des similitudes ; au contraire, s'il est relativiste, il cherche les différences. Mais leur cohabitation ou/et leur combinaison sont aussi envisageables. C'est pourquoi cet ouvrage développe et défend un comparatisme pluraliste (pour un approfondissement, voir Leçon 8 § 1).

Il appartient aux comparatistes de prendre avec eux le meilleur de la critique développée par les postmodernistes. Ces derniers ont le grand mérite d'attirer l'attention sur la tâche infinie que représente la comparaison des droits. C'est pourquoi le juriste est invité à opter pour une posture modeste dès lors qu'il veut comparer, mais il ne peut pas faire l'économie du constat suivant : déceler des différences ou bien des similarités entre des objets de droit ne suffit pas. Le caractère informatif peut certes constituer un point de départ, mais la circulation beaucoup plus dense de l'information juridique et, en particulier, la consolidation des connaissances sur les systèmes juridiques européens conduisent plus nettement aujourd'hui qu'hier à promouvoir une recherche en droit aux confins des frontières disciplinaires. Pour des projets plus ambitieux, la recherche collective est certainement la solution la plus propre à réunir non seulement des spécialistes de différents systèmes juridiques, mais aussi des experts de différentes disciplines.

---

1. É. Zoller, « Qu'est-ce que faire du droit constitutionnel comparé ? », *Droits*, 32-2000, p. 133.

Bénédicte Fauvarque-Cosson a fait remarquer que « *l'obsession excessive de la question méthodologique* » présente le risque de réduire le droit comparé à une question de théorie du droit et donc de ne pas être reconnu comme une « *véritable analyse juridique* »[1]. Cette critique peut être lue comme un manque d'intérêt de la part de la doctrine française pour la réflexion épistémologique, tel que l'a souligné Étienne Picard. Elle peut être aussi comprise comme l'expression d'un avertissement : il semble inutile, voire stérile, de se perdre dans un affrontement méthodologique. En définitive, que disent ces deux courants sur la méthodologie à appliquer pour résoudre des questions aussi essentielles telles que « que faut-il entendre par 'similitude' ? », « que faut-il entendre par 'différence' ? ». Jaakko Husa, qui se prononce lui aussi pour une méthodologie plurielle et flexible, laisse entendre que l'apport des postmodernistes est minimal[2]. Car ils disent à quoi s'intéresser, mais sans indiquer le chemin à suivre pour y parvenir, en dehors des considérations générales évoquées dans le paragraphe précédent (ce qui est déjà beaucoup, mais certes insuffisant). La pluralité des approches, elle non plus, ne répond pas en tant que telle aux questions soulevées, mais elle ne s'interdit aucune démarche pour y parvenir : elle laisse ouvert le champ des possibilités et évite d'enfermer le comparatiste dans une démarche qui pourrait se révéler inadaptée à sa recherche à cause du caractère éminemment pratique de la comparaison tout en l'avertissant sur la nécessité de s'expliquer et de se justifier sur les choix qu'il fait. Les liens entre l'activité comparative et l'activité interprétative mettent précisément en lumière ce caractère concret et volitif.

§ 2. Interprétation et droits étrangers

Le droit est une question d'interprétation. Il en va de même pour la comparaison des droits : comparer, c'est interpréter. Une fois expliquées la nécessité et la nature de l'interprétation, l'apprentissage d'un droit étranger pourra être compris comme procédé de dé- et reconstruction. Il s'agit d'une opération concrète dans le sens où cet apprentissage suppose de se confronter au savoir-faire des juristes de l'« autre » droit. Cet apprentissage est une condition préalable à toute comparaison.

1. B. Fauvarque-Cosson, « Development of Comparative Law in France », *in The Oxford Handbook of Comparative Law*, cit., p. 65.

2. J. Husa, « Methodology of Comparative Law Today: From Paradoxes to Flexibility? », *R.I.D.C.*, 4-2006, p. 1095 et s.

A. Interpréter en droit

Le travail du juriste est principalement un travail d'interprétation et d'argumentation. La forme écrite de la constitution pose inévitablement le problème de la détermination du sens du texte. De manière traditionnelle, le savoir juridique est assimilé à une herméneutique, c'est-à-dire à un art d'interprétation des textes, art très ancien et lié à la lecture des textes religieux.

Plusieurs définitions de l'interprétation peuvent être proposées suivant l'approche adoptée. On retiendra la définition suivante : un processus évaluatif qui suppose des choix de la part de l'interprète. Cette conception large présente l'avantage de mettre en évidence les caractéristiques fondamentales de l'interprétation : évaluations et choix. L'interprétation est en effet avant tout une question d'évaluation. Souvent, et de manière erronée, il est affirmé qu'il n'est nécessaire d'interpréter une disposition juridique que lorsqu'elle est obscure. Pourtant, pour savoir si ladite disposition est obscure ou, au contraire, claire elle doit faire l'objet d'une évaluation. Il est impossible de déterminer si un énoncé est clair ou obscur sans l'avoir interprété. Affirmer que l'interprétation n'est nécessaire que dans les cas douteux a pour conséquence de réduire les aspects fondamentaux de l'interprétation : non seulement l'évaluation, mais aussi le choix pour arrêter le sens.

Il n'est mis fin au caractère équivoque du texte constitutionnel qu'au moment de son application et le pouvoir de fixer le sens du texte appartient à celui qui est chargé d'appliquer le droit : souvent le juge, mais ce serait une erreur de croire qu'il a seul ce pouvoir ; l'application de la constitution relève aussi de la compétence des gouvernants (en particulier, la Constitution française de 1958 reconnaît une compétence générale d'interprétation au président de la République (art. 5) dont ne bénéficie pas le Conseil constitutionnel lequel se voit attribuer une compétence d'attribution (art. 61)).

Dans la pratique, les divers moments d'évaluation sont intensément liés les uns aux autres et sont difficilement séparables. Cependant, Jerzy Wroblewski est parvenu à mettre en lumière trois moments dans le processus interprétatif où il y a forcément évaluation[1]. En tout premier lieu, l'engagement même du processus interprétatif est une question d'évaluation : choisir la disposition applicable pour résoudre le problème juridique auquel l'interprète est confronté et sélectionner également les faits auxquels cette disposition s'applique. L'interprète doit en effet déterminer si le fait peut être subsumé sous l'une des catégories prévues par le texte juridique, mais aussi si le fait s'est ou non réalisé. Il s'agit là d'une évaluation

1. Dans « Legal reasoning in legal interpretation », *in* C. Perelman (éd.), *Études de logique juridique*, Vol. III, Bruxelles, Bruylant, 1969, p. 15 et s.

extrêmement importante puisque le juge peut priver le texte de toute application en décidant que le fait n'est pas réalisé. En deuxième lieu, l'interprète doit formuler les directives d'interprétation (*i.e.* les méthodes permettant de construire un raisonnement juridique) et déterminer suivant quel ordre elles le guident dans sa recherche du sens de l'énoncé. Un parallèle pour mieux comprendre l'interprétation de la constitution peut être proposé : la constitution est comme une partition musicale qui n'existe qu'à travers l'interprète qui l'exécute. Il y a des règles pour l'interpréter, en particulier celles du solfège. De même en droit, il y a des méthodes d'interprétation répertoriées (sur la spécificité de l'interprétation constitutionnelle : voir Leçon 10 § 2). En troisième lieu, l'interprète doit choisir celles dont il va se servir afin de justifier le sens retenu.

La qualité de l'interprète doit être précisée car seule l'activité interprétative des juges constitue un processus décisionnel. C'est le propre de l'activité juridictionnelle de rendre une décision. Précisément, la tâche du juge est de déterminer un sens unique du texte, d'une manière suffisamment précise, pour permettre le règlement du litige. Déterminer un sens unique ne signifie pas rechercher le sens véritable du texte, mais donner une solution au problème soulevé. C'est cette obligation de mettre un terme à la controverse qui constitue la ligne de partage entre l'interprétation authentique et l'interprétation doctrinale ou scientifique.

L'interprétation scientifique consiste à établir les divers sens possibles que revêt un texte et non pas à déterminer un sens unique. On remarquera toutefois que bien souvent les membres de la doctrine manifestent la volonté de trouver le « sens véritable » du texte[1]. L'interprétation présente en revanche un caractère authentique lorsqu'elle est donnée par certains organes de l'ordre juridique : le législateur ou bien une cour en dernier ressort car il n'existe plus de voie de recours, et donc l'interprétation ne peut plus être contestée juridiquement.

Le résultat de l'interprétation est la production d'une norme : le sens du texte n'est pas préexistant à l'activité interprétative, mais au contraire il en est le résultat. Puisque l'interprète doit choisir parmi les différents sens, il accomplit un acte de volonté dont la norme est la signification. La norme correspond au texte interprété (ou à la partie du texte). En revanche, la disposition ou l'énoncé correspond à la partie du texte à interpréter. Lorsqu'on interprète un texte, on ajoute quelque chose qu'on le veuille ou non. C'est pourquoi cette distinction

1. Michel Troper en apporte une démonstration éclairante à partir de la controverse sur la signature des ordonnances par le président de la République française en période de cohabitation : « La signature des ordonnances. Fonctions d'une controverse », *Pouvoirs*, 1987, n° 41, p. 75 s. (reproduit dans M. Troper, *Pour une théorie juridique de l'État*, Paris, PUF, coll. Léviathan, 1994, p. 275 et s.).

entre norme et disposition est essentielle car le texte interprété n'est pas le même que le texte à interpréter. Pour conclure, l'interprète ne donne pas un sens déjà établi, mais il fait plutôt revivre le texte. Le texte ne contient pas un nombre infini d'interprétations possibles, mais il en existe plusieurs parmi lesquelles le choix s'impose et ce dernier est subordonné au système juridique de référence. Bien que le nombre des interprétations ne soit pas infini, il n'est pas non plus déterminable *a priori*.

Cependant, l'interprète ne se livre pas librement à l'art de l'interprétation. Le plus souvent, inconsciemment, il aborde le texte en anticipant le sens à lui donner. Or, l'anticipation de sens est commandée par certaines contraintes. L'idée que la lecture d'un texte soit pré-structurée par une anticipation de sens fait partie des acquis de l'herméneutique depuis les travaux de Hans-Georg Gadamer : « *Quiconque veut comprendre un texte a toujours un projet. Dès qu'il se dessine un premier sens dans le texte, l'interprète anticipe un sens pour le tout. À son tour, ce premier sens ne se dessine que parce qu'il lit déjà le texte guidé par l'attente du sens déterminé ; c'est dans l'élaboration d'un tel projet anticipant, constamment révisé il est vrai sur la base de ce qui ressort de la pénétration ultérieure dans le sens du texte, que consiste la compréhension de ce qui s'offre à lire* »[1]. Entre l'interprète et le texte, s'instaure une relation circulaire : l'interprète est orienté dans sa recherche par l'attente de sens, d'une part, et par le texte lui-même qui dirige la précompréhension, d'autre part.

L'anticipation de sens est elle-même déterminée par les « préjugés » qui traduisent l'appartenance de l'interprète à une communauté juridique. Les membres d'une communauté juridique sont unis par une « tradition » ou « culture » commune (sur ces notions, voir Leçon 5 § 2). Les remarques d'Émile Boutmy (1835-1906) offrent un bon exemple de cette appartenance des constitutionnalistes français à une tradition étrangère à celle de *common law* :

« *Nous* [les Français] *sommes d'ailleurs particulièrement mal préparés à les* [constitutions étrangères] *comprendre. Les Français ne peuvent pas oublier que leurs idées ont plus d'une fois régné sur le monde ; ils s'attendent naïvement à les retrouver partout. Le rationalisme abstrait qui est leur esprit même et l'âme de leurs créations a quelque penchant à se croire d'une application universelle. L'élégance de leurs classifications est si raffinée, l'ordonnance de leurs plans est si savante qu'ils sont enclins à leur prêter une valeur absolue et à se figurer que tout doit entrer et trouver sa place dans ces cadres. Leur langue enfin, amoureuse de clarté, habile aux formules précises, les entraîne à négliger ce qu'elle ne peut pas rendre nettement ou à définir de force ce qui ne peut être que décrit ou indiqué. Ces préjugés et*

1. Dans *Vérité et méthode. Les grandes lignes d'une herméneutique philosophique* (trad. *Wahrheit und Methode*, 2e, 1965), Paris, Le Seuil, 1976, p. 104.

ces insuffisances suivent la plupart de nos auteurs dans l'étude des constitutions étrangères et notamment des deux grandes constitutions anglo-saxonnes[1]. »

Les possibilités interprétatives sont en grande partie indéterminées car le texte – ou plus exactement celui qui entend l'appliquer – évolue dans le temps : un texte peut offrir des possibilités interprétatives qu'il n'offrait pas à un autre moment historique. Le regard porté sur le texte n'est plus le même car la perspective a changé. Chaque fois, la précompréhension suscite un réajustement des préjugés initiaux. L'interprète ne choisit pas arbitrairement son point de vue. Dit en d'autres termes, il n'invente rien. Son interprétation reflète, en effet, son appartenance à la communauté des juristes. Plusieurs contraintes pèsent sur la précompréhension : à la fois le texte lui-même et les préjugés de la communauté juridique à laquelle appartient l'interprète.

La tendance spontanée des juges sera de se conformer à l'ordre établi. Puisqu'il doit rendre une décision motivée, il recherchera naturellement la solution qui sera la plus facilement acceptée. En revanche, les représentants de la doctrine ne se bornent pas toujours à décrire la pratique et cherchent à influencer le travail des juges. En proposant une certaine interprétation d'une règle de droit, son auteur exprime une idéologie qui vise à réaliser certaines valeurs ou, plus exactement, à favoriser certaines valeurs sur d'autres : assurer la sécurité juridique ou adapter le droit aux évolutions de la vie sociopolitique. Dans la réalité, la réalisation de ces valeurs fait l'objet de compromis pratiques. Mais, la sécurité juridique et l'adaptation du droit aux évolutions sociopolitiques commandent l'activité interprétative dans ses buts et, donc, le choix des directives d'interprétation. La balance entre ces valeurs dépend elle-même du contexte dans lequel est interprétée la constitution.

Après avoir fait le point sur l'interprétation juridique, le moment est venu de tracer le parallèle avec la comparaison. Le lien entre interprétation et comparaison est très étroit puisque le comparatiste ne se contente pas de restituer des règles juridiques étrangères : il doit les comprendre et les faire comprendre. À cet égard, il convient de souligner qu'une étude comparative n'est pas fondamentalement différente d'une étude juridique non comparative, elle suppose néanmoins une plus grande attention à tous les niveaux des éléments qui déterminent le(s) système(s) juridique(s) ou/et le(s) concept(s) : « *Si comprendre le droit suppose beaucoup plus lorsque l'on compare un système juridique étranger à son propre système, cela signifie qu'il y a beaucoup d'éléments qui implicitement et inconsciemment déterminent la manière dont est compris, interprété et appliqué le droit*

1. É. Boutmy, *Études de droit constitutionnel*, Paris, Plon, 1re éd., 1885, p. 85.

pour chaque système juridique »[1]. Avant même d'examiner comment se construit la comparabilité, une étape préalable s'impose : la connaissance d'un autre droit ou, plus exactement, la reconstruction d'un droit étranger.

B. Reconstruire un système juridique étranger

La dissociation habituelle entre droit étranger et droit comparé est en partie abusive. Le comparatiste et le juriste spécialisé en droit étranger font (ou devraient faire) le même travail. La compréhension d'un autre droit suppose, en effet, un travail de construction ou, plus exactement, de reconstruction. Ce n'est pas seulement une accumulation de données. Dans tous les cas, le travail de reconstruction, que la connaissance de tout droit étranger implique, est nécessaire comme étape préliminaire à une étude comparative.

Par conséquent, la différence entre droit étranger et droit comparé naît de la nature des objectifs qui divergent. Le spécialiste d'un ou plusieurs droits étrangers vise à les « *regarder de l'intérieur, en eux-mêmes et pour eux-mêmes* »[2]. Élisabeth Zoller précise qu'il s'agit de faire « *œuvre d'érudition et d'information* » afin de transmettre un savoir juridique. En revanche, le comparatiste ne cherche pas tant à étudier le droit étranger en soi qu'à s'occuper étrangement du droit, c'est-à-dire à l'étudier différemment de manière à montrer ce qui est étrange dans ce qui nous est familier. Le comparatiste vise à proposer un autre regard sur son propre droit à la différence du spécialiste d'un droit étranger. Il peut aussi faire d'autres choix qui seront examinés en profondeur dans le chapitre suivant sur les fonctions de la comparaison.

À présent, il faut passer à l'examen de l'étude du droit étranger comme condition préalable à la comparaison. La comparaison suppose d'appréhender des données changeantes : temps, espace et cultures. Le risque existe alors de tout examiner à l'aune d'une référence connue, c'est-à-dire nationale. Comment sélectionne-t-on les informations et comment les nouvelles connaissances sont-elles mises en relation avec les anciennes[3] ? La réponse donnée par Günter Frankenberg s'inscrit parfaitement dans la lignée des acquis de l'herméneutique juridique : les nouvelles connaissances sont choisies en fonction des anciennes, c'est-à-dire en fonction de ce qui fait sens pour le comparatiste. Cela s'apparente à l'idée de « précompréhension » développée par Hans Gadamer et évoquée dans le

---

1. M. Van Hoecke, M. Warrington, « Legal Cultures, Legal Paradigms, Legal Doctrine: Towards a New Model for Comparative Law » 47, *International Comparative Law Quarterly*, 1998, p. 497.
2. É. Zoller, « Qu'est-ce que le droit constitutionnel comparé ? », cit., p. 134.
3. G. Frankenberg, « Critical Comparisons: Re-thinking Comparative Law » 26, *Harvard International Law Journal*, 1985, p. 414 et s.

paragraphe précédent. Le danger pour le comparatiste est de laisser des connaissances complètement de côté car, trop nouvelles, justement pour faire sens. Il est donc essentiel que le juriste soit pleinement conscient que son appréhension d'un autre droit est susceptible d'être orientée par les connaissances acquises de son propre système juridique. Pour Günter Frankenberg, « *s'intéresser aux droits étrangers s'apparente à voyager* ». Cette métaphore utilisée depuis Montaigne et Montesquieu éclaire sur les difficultés à connaître un autre monde (juridique), une autre culture (juridique) : il paraît toujours plus facile de reconnaître ce que l'on connaît que ce que l'on ne connaît pas.

S'il n'est certes pas possible « *au comparatiste de désapprendre l'intégralité de ce qu'il a appris de façon à ce que ses connaissances ne colorent en rien sa perception de la culture nouvelle* »[1], la question de l'apprentissage d'un droit étranger n'en reste pas moins importante. Cet apprentissage correspond à un processus de dé- et reconstruction : il ne s'agit pas à proprement parler d'une destruction des connaissances acquises, mais d'une mise à plat de ce qui a été appris lors de la formation juridique de sorte à reconstruire, en intégrant une autre manière de raisonner en droit ou, du moins, en prenant conscience qu'on ne raisonne pas nécessairement de la même manière. Cette définition est tirée de notre propre expérience et partagée par de nombreux comparatistes qui consacrent une partie de leur activité à acquérir une bonne connaissance d'au moins un système juridique étranger.

Ainsi peut-on citer les mémoires de René David qui confesse :

« *Ayant étudié le droit anglais pendant deux années, ayant lu nombre de décisions judiciaires anglaises, et m'étant fait aux méthodes des juges et juristes anglais, il est bien certain que je n'ai plus jamais considéré du même œil qu'autrefois, même en France, le droit. Je n'ai plus voulu voir les questions de droit sous l'angle d'une logique implacable. La loi, les règles posées par les juristes ne me sont plus apparues comme ayant un caractère sacré ; j'ai été, plus que par le passé, et plus sans doute que beaucoup de juristes français, disposé à voir les choses d'un point de vue plus pratique en me souciant moins de la pureté des concepts, en tenant davantage compte de considérations empiriques, et en donnant priorité à la justice sur le droit*[2]. »

Cette définition est certainement beaucoup moins sensible au risque de l'ethnocentrisme que ne peuvent l'être les conseils formulés par Günter Frankenberg. Il propose de distinguer deux opérations dont la première consiste à prendre de la distance, c'est-à-dire à tenter de se détacher des anciennes connaissances et à résister aux préjugés de sa propre culture juridique. Grâce à la mise à distance,

1. P. Legrand, *op. cit*, p. 58.
2. R. David, *Les avatars d'un comparatiste*, Paris, Economica, 1982, p. 47.

les anciennes connaissances peuvent être revisitées et les nouvelles peuvent être distinguées de façon à établir ce que l'auteur appelle de « l'objectivité ». Mais prendre de la distance, dit-il, ne permet ni d'ouvrir les yeux, ni de voir plus clairement. La seconde opération est donc essentielle ; elle consiste à « faire la différence », c'est-à-dire à développer une attention à la diversité et aussi à avoir conscience de l'impact de la perspective et de l'expérience du comparatiste. Cette opération pose la question de la neutralité et de l'universalité des critères et rejette l'idée que les catégories et les concepts avec lesquels les nouvelles connaissances sont classifiées et comparées n'ont rien à voir avec le contexte socio-culturel (sur le rôle central de la contextualisation dans l'enquête comparative, voir le paragraphe suivant).

La démarche proposée par Günter Frankenberg minimise toutefois le reflux dans l'opération de confrontation entre connaissances antérieures et nouvelles : la difficulté à appréhender ces dernières peut être l'occasion d'éclairer le juriste sur celles acquises antérieurement. Il y a en quelque sorte une irrigation mutuelle, un va-et-vient entre connaissances acquises et connaissances nouvelles. L'équation selon laquelle « droit étranger = droit inconnu et droit interne = droit connu » n'est pas vraie. Elle n'est pas fausse non plus, mais elle demande à être vérifiée. Dit en d'autres termes, la connaissance d'un autre droit peut être source d'interrogations sur son propre droit (sur la fonction critique du droit comparé, voir Leçon 4 § 2).

La comparaison juridique dans le cadre européen pose aussi le problème de l'attention à la diversité culturelle, mais la conscience de la « diversité culturelle » ne conduit pas à « l'objectivité » comme le soutient G. Frankenberg. Au contraire, la comparaison est une activité subjective car elle suppose, comme l'interprétation, une évaluation et des choix. Pour rendre compte d'un système juridique étranger ou bien d'une institution étrangère, il faut déterminer quelles en sont les principales caractéristiques et éventuellement l'originalité de certaines règles écrites ou non. En des termes plus généraux, il s'agit de délimiter un « *espace de pertinence* »[1] dans lequel « tout » ne peut rentrer. Certains éléments sont mis en relief alors que d'autres sont minimisés, voire exclus. Néanmoins, il ne faudrait pas croire que l'opération de reconstruction soit totalement libre, comme en témoignent les différentes étapes de l'enquête comparative.

§ 3. L'enquête comparative

La terminologie « enquête comparative » mérite une brève explication. Elle est désormais couramment utilisée par les juristes

1. P. Legrand, *op. cit.*, p. 12.

anglo-américains largement inspirés par les méthodes pratiquées en sciences sociales[1] pour lesquelles les procédés d'exposition participent pleinement du travail de recherche. L'enquête comparative devient son propre miroir à travers une mise en abyme. Elle vise à partager avec le lecteur, voire à l'associer au travail du comparatiste dans la production de son objet d'étude. Cette enquête, dont l'objectif est de construire la comparabilité, peut être décomposée en trois phases qui, dans la pratique, peuvent se confondre : d'abord la contextualisation, ensuite le choix des cas et, enfin, la justification de la comparaison.

A. La contextualisation

On ne peut nier les difficultés matérielles que pose toute activité de comparaison. Un certain nombre de précautions d'usage sont à prendre. Ces précautions sont élémentaires, mais leur rappel est nécessaire : avoir des connaissances linguistiques de manière à accéder à des matériaux de première main ; prendre en considération le fonctionnement effectif du ou des système(s) juridique(s) à comparer ; intégrer le mode de raisonnement du juriste du ou des pays envisagé(s). Aharon Barak, ancien président de la Cour suprême d'Israël, conseille de ne comparer des institutions ou des concepts juridiques que dans l'hypothèse d'un partage de valeurs communes[2]. Mais il y a plus : il faut avoir une connaissance des concepts juridiques dans leurs propres contextes pour éviter précisément des erreurs d'interprétation. En appréhendant une autre réalité juridique que la sienne, le comparatiste risque en effet de déformer cette réalité dans laquelle le juriste national ne se trouve pas forcément.

Le comparatiste ne peut, quoi qu'il arrive, prétendre aborder les problèmes juridiques de la même manière que le juriste national (on peut reprendre le bon mot de l'historien Georges Dumézil, « *Si j'allais chez les anthropophages, je tâcherais d'en savoir le plus possible sur eux, mais je resterais loin de la marmite* »). Précisément, la mise en situation a pour objectif d'atténuer les effets de distorsion. Les comparatistes font parfois un usage commode, voire paresseux, du contexte qui vise à produire un effet de réel autour de l'objet de recherche. Les tenants du courant « *Law as Culture* » vont beaucoup plus loin en mettant l'accent sur le cadre des perceptions et de compréhension de chaque communauté juridique de manière à expliquer comment cette communauté conçoit le droit. Leur réflexion a conduit

1. En français, voir la synthèse de C. Vigour, *La comparaison dans les sciences sociales*, Paris, La Découverte, 2005 et, en particulier pour la science politique, D.-L. Seiler, *La méthode comparative en science politique*, Paris, A. Colin, 2004.

2. A. Barak, « Constitutional Interpretation », *in* F. Mélin-Soucramanien (dir.), *L'interprétation constitutionnelle*, Actes de la table ronde de l'A.I.D.C., Paris, Dalloz, 2005, p. 106-107.

à insister sur la nécessité de tenir compte de la langue, des institutions, des concepts, des valeurs et pratiques juridiques sur lesquels s'articule chaque norme juridique[1]. C'est le problème de la contextualisation qui est ainsi posé.

De manière traditionnelle, les contextes juridique et extra-juridique sont distingués. La connaissance du contexte juridique est le plus souvent acquise grâce à la formation reçue par le juriste. De manière inconsciente mais réelle, cette connaissance joue un rôle sur la manière dont le droit est perçu, interprété et appliqué. La précompréhension d'une règle juridique est déterminée par les préjugés traduisant l'appartenance du juriste à la communauté, unie par une tradition commune, qui l'a éduqué. Le comparatiste se heurte à cette difficulté qui coïncide avec l'apprentissage du droit étranger précédemment évoqué.

La question culturelle est donc bien centrale. Les difficultés à saisir en elles-mêmes les cultures juridiques, pour ce qu'elles sont, ont été soulignées notamment par Vivian Curran : « *la lentille avec laquelle l'altérité est perçue, est elle-même culturellement contingente, plutôt que absolue et immuable* »[2]. Mais l'intérêt de cette approche est-il vraiment de saisir et de comprendre comme l'autre ? L'intérêt de la démarche comparative ne serait-il pas d'apprendre des autres par les différences ? Mais, pour ce faire, l'esprit juridique est-il suffisamment ouvert ? La question vise directement les cultures juridiques nationales qui peuvent être en elles-mêmes un objet de comparaison. L'intérêt envers la culture juridique permet de réunir les deux composantes de tout système juridique : d'un côté, sa partie visible, en d'autres termes, les éléments structurels que sont les concepts et institutions et, de l'autre, sa partie invisible ou, du moins plus difficilement perceptible, c'est-à-dire les éléments culturels, notamment la manière de concevoir le droit et de raisonner en droit. L'approche culturelle conduit le juriste à porter son attention sur les éléments autres que les normes de manière à saisir en profondeur les règles de droit ou, pour reprendre l'heureuse formule de Rodolfo Sacco, la dimension muette du droit[3].

À ce stade, on perçoit la complexité du travail de contextualisation puisqu'il fait aussi bien appel à des connaissances juridiques qu'à des connaissances extra-juridiques, notamment idéologiques, socio-économiques, historiques et linguistiques. Cela n'empêche pas de se demander quel est le « contexte pertinent » pour comprendre complètement et correctement des règles juridiques étrangères. Pour Mark Van Hoecke, la solution peut être la recherche collective avec

1. M. Van Hoecke, M. Warrington, *op. cit.*, p. 498.

2. V. Curran, « Dealing in Difference: Comparative Law's Potential for Broadening Legal Perspectives » 46, *American Journal of Comparative Law*, 1998, p. 667.

3. R. Sacco, « Le droit muet », *R.T.D. Civ.*, 1995, p. 783.

des juristes des différents pays concernés bien que seul un dialogue intense permette de recouvrer les différences et les similarités et de déterminer leur pertinence pour les règles comparées. Surtout, il pose une limite importante au travail comparatif : la pertinence de la contextualisation ne peut reposer que sur une intensive recherche empirique et ce n'est que lorsqu'on disposera de résultats suffisants nombreux qu'une théorie du « contexte pertinent » pourra être proposée. Mais jusqu'à présent, de telles recherches empiriques font largement défaut[1].

L'enquête comparative exige toutefois une solution plus opératoire. De manière concrète, on peut donner une double précision : d'une part, l'intensité de la contextualisation dépend des buts de la comparaison et, d'autre part, l'articulation des contextes sera reconfigurée en fonction de l'avancement de la recherche. La comparaison qui s'attache aux seules règles de droit positif sera certainement plus superficielle que celle qui cherche à les replacer dans un contexte sociocognitif plus large qui accorde notamment sa place au culturel. On peut sans doute imaginer différents degrés de contextualisation. Le degré le plus abouti est celui d'une comparaison développée sur plusieurs niveaux : en multipliant les angles de vision sur un objet supposé identique, le comparatiste peut ainsi prétendre à une prise de conscience de la complexité juridique et à une compréhension critique du droit. Mais en dernière analyse, il n'y a pas une seule et bonne méthode (en ce sens, il ne s'agit pas d'opposer le fonctionnalisme au contextualisme) ; il appartient au comparatiste de trouver le degré de contextualisation adapté à sa recherche.

Il est possible d'identifier les différents contextes que le constitutionnaliste comparatiste doit prendre en considération. Cette identification est illustrée par une de nos recherches[2] concernant l'environnement ignoré par la Constitution française du 4 octobre 1958 avant que ne lui soit adossée la Charte de l'environnement (2004). Avant cette date, on s'était interrogé sur l'introduction constitutionnelle d'un droit à l'environnement, déjà reconnu par certaines constitutions européennes, dont l'acceptabilité repose, d'une part, sur une théorie générale des droits fondamentaux qui défend une conception ouverte des droits et, d'autre part, sur l'élimination des ambiguïtés concernant la nature juridique de ce droit. La garantie constitutionnelle dépend à la fois de la structure du droit consacré par la Constitution (Espagne et Portugal) ou par le juge constitutionnel (Allemagne et Italie) et de la position qu'occupe celui-ci dans le

1. M. Van Hoecke, « Deep Level of Comparative Law », *in Epistemology and Methodology of Comparative Law*, cit., p. 167 et s.

2. M.-C. Ponthoreau, « Constitutions, juges constitutionnels et droit à l'environnement », *in* E. Mackaay, H. Trudeau (dir.), *L'environnement : à quel prix ?*, Montréal, Thémis, 1995, p. 315 et s.

paysage institutionnel. L'articulation des contextes s'est faite autour du texte constitutionnel, des interprètes de la constitution (membres de la doctrine et juges) et de la position institutionnelle des cours constitutionnelles concernées. On peut en tirer plusieurs enseignements généraux en vue d'une approche conceptuelle contextualisée.

D'abord, le texte constitutionnel : la constitution n'est pas un texte juridique comme les autres. Cela semble tenir au langage constitutionnel. Le texte constitutionnel contient de nombreuses dispositions ouvertes : des valeurs, des principes ou/et des symboles. Si la constitution contient autant de dispositions indéterminées qui la différencient des autres textes juridiques, cela tient en vérité à son objet et à la volonté de ses auteurs de la faire durer. Le texte constitutionnel fonde et limite l'ordre juridique de la communauté étatique. C'est à la fois un texte juridique et un texte politique. Fruit d'un compromis, la constitution bénéficie d'une structure ouverte propre à accueillir les différentes options politiques existant dans une démocratie de manière à offrir une marge de manœuvre pour préserver le pouvoir discrétionnaire du pouvoir politique. Il convient de distinguer le contexte dans lequel elle naît et celui dans lequel elle vit. Une fois consolidée, elle peut devenir le support d'une culture constitutionnelle (laquelle n'est pas forcément préexistante). Le pouvoir symbolique d'une constitution s'accroît avec les ambigüités de son interprétation. Sans vouloir préjuger de ce qui sera développé dans la Leçon 5 § 2, il convient néanmoins de souligner immédiatement qu'une culture constitutionnelle n'est jamais univoque et incontestable.

C'est pourquoi il n'y a pas de contexte homogène et unifié à l'intérieur duquel les acteurs (institutionnels, juges et membres de la doctrine) détermineraient leurs choix[1]. La constitution peut faire l'objet de plusieurs représentations et appropriations. D'une part, une disposition constitutionnelle peut donner naissance à plusieurs interprétations doctrinales. D'autre part, elle ne fait pas forcément l'objet d'une même interprétation par les différents types d'acteurs (sur l'interprétation constitutionnelle, voir la Leçon 10 § 2). Il suffit de penser à la controverse française sur la signature présidentielle des ordonnances qui a surgi en 1986 lors de la première cohabitation. La norme constitutionnelle doit être recherchée dans le texte constitutionnel, dans la jurisprudence, dans l'interprétation donnée par les acteurs politiques et par les membres de la doctrine et ces différents éléments doivent être combinés. Les variantes sont donc très nombreuses. Il suffit de penser par exemple à la profonde pénétration de la doctrine constitutionnelle allemande dans la jurisprudence alors

1. Dans ce sens, M. Tushnet, « Reflections on comparative constitutional law », *in* S. Choudhry (ed.), *The Migration of Constitutional Ideas*, Cambridge, Cambridge University Press, 2006, p. 82.

que la doctrine française ne joue pas un rôle si prégnant. Il convient néanmoins de nuancer en ajoutant que la fréquente citation de l'opinion des professeurs allemands dans les décisions de justice n'a pas d'équivalent en Europe[1]. De manière générale, une culture constitutionnelle peut paraître plus formaliste qu'une autre. Mais, sur une question précise, il conviendra de dégager les différentes interprétations possibles.

Enfin, le contexte institutionnel est important. En particulier, il n'y a pas forcément un contrôle de constitutionnalité des lois et donc il faut pouvoir imaginer le respect de la constitution sans un juge pour en sanctionner la violation. Le contexte institutionnel suppose par ailleurs de prendre en compte deux autres aménagements : la forme d'État (structure fédérale, régionale ou décentralisée de l'État) et la forme de gouvernement. Cette dernière proposition, peu originale on en conviendra, mérite toutefois d'être suivie avec attention. Car le souci d'une comparaison circonstanciée a étendu ses effets méthodologiques au choix des cas (qui ne sont pas forcément des cas judiciaires). Ce choix repose en effet sur l'observation contextualisée des cas.

B. Le choix des cas

Deux questions permettent d'identifier la difficulté principale de toute entreprise comparative. La première : quels sont les critères qui permettent de reconnaître deux choses comparables ? La formulation de cette question peut être renversée : quels sont les critères qui permettent de reconnaître que deux choses sont incomparables ? La seconde : quel est le degré minimum de similitude acceptable pour établir une comparaison ? Il n'y a pas de réponse définitive car les critères de comparaison posent plus précisément un problème d'application[2]. La question de la comparabilité des systèmes juridiques étudiés ne se pose pas dans un cadre régional comme l'Europe communautaire car la comparaison est justifiée (ou plus exactement postulée) par l'organisation supranationale (malgré les différentes traditions juridiques). Une telle affirmation mériterait toutefois d'être vérifiée. Ainsi l'élargissement aux pays de l'Europe centrale et orientale qui présentent des caractéristiques de pays en voie de transition démocratique, ne pose-t-il pas des problèmes spécifiques ?

---

1. À propos de l'influence actuelle de la doctrine allemande sur la production du droit : S. Vogenauer, « An Empire of Light? II: Learning and Lawmaking in Germany Today », 26, *Oxford Journal of Legal Studies*, 2006, p. 627 et s.

2. J. Wroblewski, « Problem of incomparability in comparative law », *Riv. Int. Filosofia del diritto*, 1976, p. 92 et s.

Puisqu'il est impossible de déterminer *a priori* les conditions pour que deux cas soient comparables ou, au contraire, incomparables[1], l'attention doit se porter sur les opérations associées à la pensée de la comparabilité. On rejoint ici la démarche suivie par Ran Hirschl qui s'inspire du travail mené en sciences politiques et sociales de manière à proposer plusieurs principes de sélection des cas[2].

La première proposition est la recherche « des cas les plus similaires possibles ». Ce premier principe de sélection suppose de résoudre deux questions. D'une part, quels sont les éléments qui permettent de déterminer la similarité des cas ? D'autre part, toutes les variables doivent-elles concorder ? La réponse à ces questions réside dans la recherche d'un problème commun qui servira d'unificateur des cas retenus (nombreux sont les comparatistes qui se réfèrent à un *tertium comparationis*, c'est-à-dire au troisième élément de la comparaison qui permet précisément de mettre en relation les éléments à comparer dans un cadre commun) sans toutefois que toutes les variables soient identiques. Le problème commun peut être l'étude d'une institution spécifique : par exemple, l'étude des cours constitutionnelles (il faut s'entendre sur la notion de « cour constitutionnelle ») dans des pays en transition démocratique (et donc un contexte culturel et idéologique similaire) qui présenteront des variables (en particulier liées au système de partis : le passage du parti unique au pluralisme partisan) de manière à expliquer les prises différentes de la greffe institutionnelle. La construction de la comparaison repose sur la détermination des éléments théoriques retenus comme caractérisant la « cour constitutionnelle » et sa confrontation avec les différents cas sélectionnés (les variables sont externes à l'objet juridique comparé). Comme le fait justement remarquer Giuseppe De Vergottini, il arrive souvent dans la pratique que celui qui mène la comparaison prenne l'institution nationale comme modèle abstrait[3]. Cela teinte inévitablement la comparaison et réduit son apport conceptuel. La difficulté est écartée quand l'objet comparé n'existe pas dans le droit national positif et oblige le comparatiste à un effort de conceptualisation.

1. Toutefois, voir la tentative de Constantinesco qui a cherché à établir avec sa théorie des éléments déterminants une réponse au problème de la comparabilité : pour une version courte, L.-J. Constantinesco, « La comparabilité des ordres juridiques ayant une idéologie et une structure politico-économique différente et la théorie des éléments déterminants », *R.I.D.C.*, 1-1973, p. 5 et s. ; pour une version approfondie, son ouvrage, *Traité du droit comparé*, T. 1, Paris, LGDJ, 1972, p. 219 et s.

2. R. Hirschl, « On the blurred methodological matrix of comparative constitutional law », *in The Migration of Constitutional Ideas*, cit., p. 47 et s. On ne suit pas exactement les mêmes principes proposés par Hirschl et, pour notre dernière proposition sur la sélection de cas singuliers, le numéro « Penser par cas » de la revue *Enquête*, 2005, n° 4, sous la direction de J.-C. Passeron et J. Revel, a été éclairant et fort utile.

3. G. De Vergottini, *op. cit.*, vol. I, p. 51.

La deuxième proposition est en revanche la recherche « des cas les plus différents possibles ». Ce deuxième principe suppose de résoudre deux questions. D'une part, quels sont les éléments qui permettent de déterminer la dissemblance des cas ? D'autre part, toutes les variables doivent-elles diverger ? Cette proposition est en quelque sorte le négatif de la première. Elle s'oppose au présupposé selon lequel la comparaison n'est possible que si une certaine homogénéité existe entre les différents objets comparés. Il est en effet paradoxal de soutenir que n'est comparable que ce qui est semblable avant même d'avoir évalué et donc comparé les objets étudiés. Cette proposition est aussi importante pour comprendre que la comparabilité ne signifie pas forcément similarité. La comparaison suppose avant tout la pluralité. En ce sens, la proposition de Catherine Valcke est tout à fait recevable : « [...] *la similarité et la dissemblance sont de possibles conclusions, mais pas les conditions, de la démarche comparative* »[1]. À nouveau, un problème commun servira d'unificateur des cas retenus qui toutefois se présentent comme étant différents en raison du très grand nombre de variables possibles. Par exemple, étudier le recours aux précédents étrangers par les juges constitutionnels dans des contextes opposés, celui de tradition de *common law* et celui de tradition civiliste (auxquels on peut ajouter les systèmes mixtes). Une autre hypothèse, plus audacieuse, peut être proposée : « comparer l'incomparable »[2], telle que la comparaison entre la jurisprudence du Conseil constitutionnel français relative à la protection des droits fondamentaux et celle du « Conseil gardien » et de « l'assemblée du discernement » en Iran. Cela suppose toutefois de s'efforcer de construire l'objet de recherche et d'utiliser la comparabilité pour révéler les défaillances des systèmes iranien et français.

Si la pratique comparative est une manière de multiplier les points de vue sur un objet supposé identique, on peut donc envisager en troisième proposition d'associer les deux premières. Un objet supposé identique peut être examiné du double point de vue de la similarité et de la différence de manière à offrir une compréhension complexe de la réalité juridique. Sur la base de l'exemple précédent, on peut en effet perfectionner la recherche en partant des cours constitutionnelles et des cours suprêmes utilisant la jurisprudence étrangère : les distinguer en deux groupes, les cours établies et celles en voie de consolidation, et à l'intérieur de ces deux groupes appliquer le critère des contextes opposés pour vérifier comment interagit la combinaison des critères.

1. C. Valcke tient ce propos à l'égard des systèmes juridiques, mais le propos peut être plus général et concerné aussi les différents discours juridiques susceptibles d'être comparés. C. Valcke, « Comparative Law as Comparative Jurisprudence: The comparability of Legal Systems » 52, *American Journal of Comparative Law*, 2004, p. 721.

2. Cette belle formule est empruntée à l'historien et anthropologue, M. Detienne, *Comparer l'incomparable*, Paris, Seuil, 2000.

La quatrième proposition est la sélection de cas singuliers. Cette proposition se distingue des précédentes dans le sens où elle ne cherche pas à construire une comparabilité immédiate. Deux hypothèses peuvent toutefois être avancées : identifier la singularité irréductible à toute comparaison ou bien identifier des prototypes ou type-idéaux représentatifs d'autres cas présentant des caractéristiques similaires. La première option renvoie à l'étude d'un droit étranger alors que la seconde suppose de sélectionner des « cas extraordinaires »[1] ou, plus communément, dérangeants et inhabituels. La première option correspond à une étude d'un cas en soi et pour soi. En elle-même, elle exclut donc la comparaison. En revanche, la seconde hypothèse soulève des questions plus complexes : comment raisonne-t-on à partir de la description de cas singuliers ? Dans quelle mesure peut-on prétendre généraliser à partir de ceux-ci dès lors que l'on espère en extraire une argumentation de portée plus générale, dont les conclusions pourront être réutilisées pour fonder d'autres intelligibilités ? Jean-Claude Passeron et Jacques Revel dégagent deux traits qui sont simultanément présents, et souvent associés explicitement, dans la qualification d'un cas. Le premier est la singularité d'un « état des choses » dont « *l'intérêt, pratique et théorique, n'est pas réductible à celui d'un exemplaire quelconque au sein d'une série monotone ou à celui d'un exemple arbitrairement choisi pour illustrer une proposition universellement valable* ». Le cas est alors choisi pour sa valeur emblématique. Le second est le rendu de cette singularité : elle requiert que « *le descripteur s'attache au suivi temporel de l'histoire dont elle est le produit, en remontant aussi loin qu'il est nécessaire et qu'il est possible dans le passé du cas, en même temps qu'une exploitation détaillée du devenir corrélatif du (ou des) contexte(s) dans lesquels il s'inscrit* ». Une singularité est en effet d'autant moins substituable par une autre que son contexte est davantage spécifié. Cette dernière sélection de cas montre bien l'importance de chaque expérience et donc du contexte (qui suppose, en l'espèce, d'inventer les chemins de la généralisation propres à chaque expérience). Alexis de Tocqueville (1805-1859) a suivi cette démarche en choisissant les États-Unis comme objet d'étude de la démocratie, de ses traits caractéristiques et de ses dangers : « *J'avoue que dans l'Amérique j'ai vu plus que l'Amérique ; j'y ai cherché une image de la démocratie elle-même, de ses penchants, de son caractère, de ses préjugés, de ses passions ; j'ai voulu la connaître, ne fût-ce que pour savoir du moins ce que nous devions espérer ou craindre d'elle* »[2].

---

1. E. Örücü, « Comparatists and extraordinary places », *in* P. Legrand, R. Munday (eds.), *Comparative Legal Studies: Traditions and Transitions*, Cambridge, Cambridge University Press, 2003, p. 468 et s.
2. A. de Tocqueville, *De la démocratie en Amérique*, T. I, (1835) Paris, Gallimard, Folio Histoire, p. 51.

Les grilles de lecture proposées peuvent être construites sur différents objets ou bien fonctions quand l'objet n'existe pas dans le ou les système(s) constitutionnel(s) comparé(s). Les grilles sont toujours susceptibles d'être reconfigurées en fonction des résultats de la recherche. L'approfondissement de la comparaison, qui révèle sa fécondité, projette une lumière nouvelle sur la pertinence de la question initiale et donc amène souvent à une reformulation de celle-ci. La comparaison s'écrit par tâtonnements successifs : elle invente sa direction au fur et à mesure qu'elle progresse en la suivant, d'une manière qui ne peut être totalement préconçue. Il y a certes un effort de structuration et de rationalisation dont la grille de lecture et les instruments de la comparaison sont l'expression (sur les classifications et les modèles, voir Leçon 7). Ils cherchent à répondre à une certaine logique. Mais le caractère pratique de la comparaison ne peut être ni contesté, ni effacé. L'expérience comparative est faite de tentatives : sur la base des réussites et aussi des erreurs, le processus peut être corrigé. Ainsi, la comparaison est pour une bonne part une opération mystérieuse. La comparatiste d'origine turque, Esin Örücü, a intitulé l'un de ses ouvrages, *The Enigma of Comparative Law* (Leiden, Nijhoff, 2004), qui exprime parfaitement cette idée. En rendant compte de ses choix et donc de ses critères de comparaison, le comparatiste devrait, en revanche, rendre possible un contrôle sur la comparaison menée de manière à juger de sa pertinence. La difficulté méthodologique ne fait toutefois que se déplacer puisque les critères pertinents dépendent de la connaissance acquise des systèmes juridiques étrangers comparés. Le contrôle est donc conditionné par la connaissance des systèmes comparés.

C. La justification de la comparaison[1]

Les critères de comparaison posent un problème d'application. Si le comparatisme fait toujours l'objet de controverses, c'est parce qu'il n'existe pas de standard de vérification à l'aune duquel on pourrait contrôler l'exactitude de la comparaison donnée. Force est de constater qu'aucune théorie générale de la comparaison n'a réussi à établir une fois pour toutes les conditions de validité de la comparaison en droit.

Il semble toutefois possible d'exiger du comparatiste qu'il expose ses choix, c'est-à-dire qu'il indique pour quelles raisons il décide d'insister sur les différences ou bien, au contraire, sur les similitudes. L'exposé des choix permet de connaître l'objectif poursuivi (qui d'ailleurs ne consiste pas forcément à identifier des différences et des ressemblances). En effet, trop souvent, le comparatiste ne dit pas ce

1. M.-C. Ponthoreau, « L'argument fondé sur la comparaison dans le raisonnement juridique », *in* P. Legrand (dir.), *Comparer les droits, résolument*, cit., p. 537 et s.

qu'il fait. Cette remarque vaut aussi bien pour un travail comparatif descriptif (qui entend comprendre un droit ou plusieurs droits étrangers ou plus précisément le sens des concepts utilisés dans les ordres juridiques comparés) que normatif (qui vise à s'inspirer de solutions étrangères de manière à influencer, voire à réformer le droit national). À cet égard, il convient de souligner dès à présent que les exigences de rigueur méthodologique ici posées s'adressent aux chercheurs en droit. En revanche, le constituant, le législateur ou le juge dans leur pratique des emprunts juridiques sont dans une démarche qui ne peut pas être qualifiée de scientifique (sur les objectifs propres aux producteurs du droit, voir Leçon 6 consacrée aux emprunts juridiques).

Moins qu'à une théorie de l'interprétation, le droit comparé renverrait donc à une théorie de l'argumentation. Dit en d'autres termes, on propose de déplacer le problème : les critères de la comparaison relèvent moins du « *contexte de la découverte* » que du « *contexte de la justification* »[1]. La directive d'interprétation assume une fonction heuristique développée dans le « contexte de la découverte » permettant de donner une solution à un problème juridique et une fonction justificative développée dans le « contexte de la justification » permettant de démontrer en la justifiant la validité de la solution retenue. L'assimilation de la comparaison à une directive d'interprétation doit conduire à avoir présent à l'esprit la double fonction reconnue en herméneutique juridique aux méthodes d'interprétation. Or, il est admis que l'opérateur juridique peut généralement trouver une autre directive d'interprétation aboutissant à une solution contraire. Le rôle heuristique des méthodes d'interprétation est donc fortement contesté.

Il y a toutefois une interférence dans la pratique entre les deux contextes. L'un influence l'autre : en invitant le comparatiste à être attentif aux critères de comparaison, on bride la comparaison de manière à réduire l'insondable. Si la comparaison est pour une bonne part une énigme, elle peut être aussi, pour une autre bonne part, un discours argumentatif raisonnable. On rejoint ici, notamment, Aulis Aarnio, pour qui il est impossible de parler du raisonnement juridique hors du cadre de la rationalité car c'est un mode de pensée si profondément enraciné dans notre culture qu'on l'utilise pour évaluer les autres stratégies de réflexion[2]. En rendant compte de ses choix et donc de ses critères de comparaison, le comparatiste devrait, en revanche, rendre possible un contrôle sur la comparaison menée

1. Sur cette distinction, voir J. Wroblewski, « Legal Reasoning in Legal Interpretation », *in* C. Perelman (dir.), *Études de logique juridique*, vol. III, Bruxelles, Bruylant, 1969, p. 26 et s.

2. A. Aarnio, *Le rationnel comme raisonnable. La justification en droit* (trad. *The Rational as Reasonable. The Treatise on Legal Justification*, 1987), Bruxelles, Paris, Story-Scientia, LGDJ, 1992, p. 236 et s.

de manière à juger de sa pertinence. Toutefois la difficulté méthodologique n'est que déplacée puisque les critères pertinents dépendent de la connaissance acquise des systèmes juridiques étrangers comparés. C'est pourquoi il semble important d'être attentif à la sélection des cas retenus (et aussi exclus). *C'est un moyen raisonné pour échapper à la dimension tentaculaire de la comparaison.*

L'idée d'une comparaison justifiée et donc susceptible d'être contrôlée[1] s'impose de plus en plus dans le champ de la comparaison des droits car elle est la condition du dépassement de l'argument fondé sur le droit étranger ou/et la comparaison des droits comme ornement du raisonnement juridique. En effet, le comparatisme voit sa scientificité mise en cause. Tout au plus, n'est-il considéré scientifique qu'à titre accessoire car, le plus souvent, c'est sa seule qualité d'argument rhétorique qui est retenue. On peut douter de la pertinence de la critique : qu'est-ce que la scientificité ? Peut-on parler de neutralité et d'objectivité du discours juridique ? N'est-ce pas faire un faux-procès aux études comparatives ? La neutralité est un mythe pour tout discours juridique[2]. Il appartient néanmoins au comparatiste de préciser ses choix méthodologiques, justifier les cas écartés ou au contraire retenus de manière à ne plus faire croire que sa démarche repose sur l'intuition ou l'imagination, même si ces dernières jouent un rôle, et sur une interprétation purement cognitive. La mise à distance de l'objet comparé lui permet de gagner en scientificité (car les règles de justification sont respectées). Cela ne signifie pas pour autant que le comparatiste soit neutre et objectif dans ses choix.

Dans sa théorie de l'interprétation et de l'argumentation, Aulis Aarnio ignore, ou presque, l'argument fondé sur la comparaison, celui-ci n'apparaissant que de manière marginale. Il n'est fait référence qu'au droit étranger. Aarnio reprend en effet la classification des sources du droit proposée par Robert Summers dans laquelle le droit étranger est classé parmi les sources du droit permises au même titre que la doctrine, relevant de la justification autoritaire et non de la justification substantielle[3]. Même si, en pratique,

1. La diversité des finalités de la comparaison examinée dans le chapitre suivant est sans doute la marque de l'absence de consensus dans « *la communauté scientifique des comparatistes, si tant est qu'elle existe* » (M.-L. Mathieu-Izorche, « Approches épistémologiques de la comparaison », *in* P. Legrand (dir.), *Comparer les droits, résolument*, cit., p. 140). Bien que nous partagions ce point d'analyse avec Marie-Laure Mathieu-Izorche, cela n'invalide pas l'idée d'une comparaison justifiée et contrôlée puisque l'objectif poursuivi est ici de déplacer le centre de gravité sur le discours comparatif et ainsi d'insister sur la nécessité de justifier les choix méthodologiques. Quelle que soit la discipline en sciences humaines ou sociales, les questions méthodologiques sont rarement consensuelles.

2. D. Lochak, « La neutralité dogmatique : mythe ou réalité ? L'impossible neutralité », *in* P. Amselek (dir.), *Théorie du droit et science*, Paris, PUF, 1994, p. 293 et s.

3. *Op. cit.*, p. 116.

les arguments de droit étranger et de droit comparé sont souvent confondus, ils ne sont pas de même nature. L'un bénéficie de l'autorité du texte écrit alors que l'autre relève d'une approche matérielle du droit. Ils rencontrent cependant les mêmes difficultés à s'insérer dans le raisonnement juridique. Tandis que le droit positif national (y compris la jurisprudence) est immédiatement pertinent, cela ne vaut ni pour le droit étranger[1], ni pour la comparaison des droits. La fonction de la doctrine et celle de juger étant liées à un ordre juridique national, le droit étranger et la comparaison des droits ne peuvent être utilisés, pour bon nombre de juristes, qu'à titre exceptionnel.

Sous la pression des processus déjà évoqués de globalisation et d'européanisation du droit, il est vrai que le droit comparé fait l'objet d'un certain engouement. Néanmoins, le poids du texte écrit est un frein à l'utilisation du droit étranger et de la comparaison des droits et, plus particulièrement dans la tradition civiliste, puisque la source du droit écrit est obligatoire « *au sens fort du terme, car ne pas en tenir compte conduirait à mettre en cause la responsabilité officielle du décideur, le juge par exemple.* [En outre], *sur cet arrière fond, les chercheurs sont épistémologiquement obligés de suivre une source du droit obligatoire* »[2]. Le Doyen Carbonnier ne relève-t-il pas « *l'allergie* [des juristes français] *au droit non écrit* »[3] ?

Dans son œuvre consacrée à la rhétorique et à l'argumentation, un des enseignements tout à fait majeurs de Chaïm Perelman est d'avoir mis en évidence que le discours juridique est un discours argumentatif conçu en fonction de celui auquel son auteur s'adresse parce qu'il a comme objectif de gagner sa conviction. L'auditoire est donc un concept clé : la justification est toujours adressée à quelqu'un de réel ou d'imaginaire[4]. Puisque les juges et les membres de la doctrine appartiennent à la même communauté juridique et sont soumis en partie aux mêmes contraintes : « *l'interprétation qui a le plus de chances d'être retenue est celle qui conforte la représentation du système juridique transparent, non lacunaire, non redondant, cohérent dans ses finalités et dans l'adaptation des moyens à ses fins* »[5]. Cela ne peut laisser qu'une place subsidiaire, voire cachée au droit étranger et à la comparaison des droits dans le raisonnement

---

1. Exception faite des cas dans lesquels le droit étranger est traité comme le droit national : on vise ici les hypothèses de droit international privé.

2. A. Aarnio, *op. cit.*, p. 111.

3. J. Carbonnier, *Droit et passion du droit sous la Ve République*, Paris, Flammarion, 1996, p. 65.

4. C. Perelman, *Logique juridique. Nouvelle rhétorique*, Paris, Dalloz, 2e éd., 1979, p. 107.

5. J. Lenoble, F. Ost, *Droit, mythe et raison. Essai sur la dérive mytho-logique de la rationalité juridique*, Bruxelles, Publications des facultés universitaires de Saint-Louis, 1980, p. 83.

juridique, en général, et dans le raisonnement judiciaire, en particulier. La prise en compte de l'auditoire réel renforce une conception conformiste et conservatrice de la rationalité juridique. Il en découle que pour faire une place raisonnable à la comparaison des droits dans le raisonnement juridique, il faut chercher à s'extraire des lieux communs et des préjugés de la communauté juridique nationale. L'esprit d'enquête, ici proposé[1], a précisément pour objectif de s'en extraire en privilégiant une approche matérielle du droit[2]. On remarquera enfin que les processus de globalisation et d'européanisation du droit, précédemment évoqués, y participent. De fait, la cohérence systémique n'a plus le même poids que par le passé. Comme en témoigne, dans le champ du droit constitutionnel, le recours sans cesse grandissant à « l'argument de droit comparé » par les juges constitutionnels (voir Leçon 6 § 2).

Bibliographie générale récente

Champeil-Desplats V., *Méthodologies du droit et des sciences du droit*, 2e éd., Paris, Dalloz, 2016.

Frankenberg G., *Comparative Law as Critique*, Cheltenham-Northampton, Elgar, 2016.

Husa J., *A New Introduction to Comparative law*, Londres, Hart, 2015.

Kischel U., *Comparative Law*, Oxford, Oxford University Press, 2019.

Legrand P., *Le droit comparé*, Paris, PUF, coll. Q.S.J., 3e éd., 2016.

Reimann M., Zimmermann R. (eds.), *The Oxford Handbook of Comparative Law*, Oxford, Oxford University Press, 2nd ed., 2019.

Siems M., *Comparative Law*, Cambridge, Cambridge University Press, 2nd ed., 2018.

Liens internet utiles

Association internationale de droit constitutionnel/International Association of Constitutional Law
http://www.iacl-aidc.org/

Annuaire international de justice constitutionnelle (1987-2019)
http://persee.fr

Les constitutions du monde
http://www.constituteproject.org

---

1. G. Samuel, « Taking Methods Seriously (Part Two) » 2, *The Journal of Comparative Law*, 2007, p. 210 et s. ; R. Hirschl, « The Rise of Comparative Constitutional Law », cit., p. 25 et s.

2. H.P. Glenn soutient que cet esprit d'enquête était dominant dans toutes les juridictions de tradition occidentale jusqu'au XIXe siècle : H.P. Glenn, « Persuasive Authority » 32, *McGill Law Journal, Revue de droit de McGill*, 1987, p. 288.

International Journal of Constitutional Law
http://icon.oxfordjournals.org/

I-CONnect Blog
http://www.iconnectblog.com/

Jus Politicum (revue en ligne)
http://juspoliticum.com/la-revue

JP Blog
http://blog.juspoliticum.com/

German Law Journal (revue en ligne)
http://www.germanlawjournal.com

Oxford University Comparative Law Forum
http://ouclf.iuscomp.org/articles

Revue de l'Association italienne des constitutionnalistes
https://www.rivistaaic.it/it/

Forum de la revue constitutionnelle italienne Quaderni costituzionali
http://www.forumcostituzionale.it

Revue internationale de droit comparé (1949-2017)
http://persee.fr
http://legiscompare.com

Verfassungsblog On Matters Constitutional
https://verfassungsblog.de/

CHAPITRE II

POURQUOI COMPARER ? LES FINALITÉS DE LA COMPARAISON

Le comparatiste italien Rodolfo Sacco qui a tant œuvré pour le droit comparé dans son pays et au-delà, parle de « faux problème » à propos des buts du droit comparé : « *Questionnons un astronome pour savoir quels sont les buts de l'astronomie. La réponse sera, à peu près, la répétition de la question posée. Il nous dira que le but de l'astronomie consiste dans la connaissance de la nature et des mouvements des astres. Cette réponse est parfaitement appropriée. La science satisfait le besoin de connaître qui caractérise l'homme ; c'est là son but ; chaque science, spécialement, satisfait le besoin d'acquérir tel ou tel ensemble de notions, qui correspondent à l'objet de la science considérée. [...] Seul le droit comparé est soumis à une vérification supplémentaire de ses "buts" ; et cette vérification a tout l'air d'être conçue comme une sorte de preuve libératoire, nécessaire pour garantir la légitimité de la comparaison* »[1]. Alors que le droit comparé s'impose dans le contexte de la construction européenne et de la globalisation, les interrogations sur sa légitimité ne semblent plus d'actualité. Un questionnement sur ses finalités paraît cependant indépassable dès lors que le(s) droit(s) comparé(s) demeure(nt) largement un projet à fonder qui suppose de combler les carences de la réflexion épistémologique. Trois finalités peuvent être envisagées : un procédé de connaissance critique (Leçon 4), l'interprétation des similitudes et des différences dégagées de la comparaison (Leçon 5) et l'emprunt de solutions juridiques (Leçon 6).

---

1. R. Sacco, *La comparaison juridique au service de la connaissance du droit*, Paris, Economica, 1991, p. 5.

LEÇON 4

UN PROCÉDÉ DE CONNAISSANCE CRITIQUE

L'heureuse formule du juriste anglais Frederik Lawson mérite d'être méditée : « *On fait un meilleur juriste anglais quand on connaît un peu de droit français* ». Dans les universités françaises, on entend souvent les étudiants en première année de droit (parfois certains collègues se joignent à ce concert) affirmer que le droit national est suffisamment complexe sans qu'il soit nécessaire de rajouter l'étude des droits étrangers. On entend aussi – certainement moins que par le passé, européanisation du droit oblige – que le droit est un patrimoine national devant être protégé contre toute altération venue de l'étranger[1]. Probablement, l'européanisation et l'internationalisation du droit ont œuvré pour une prise de conscience : la formation du juriste ne peut plus reposer sur la seule connaissance du droit national. Les échanges Erasmus (pour les étudiants) et Socrates (pour les enseignants-chercheurs) financés par les institutions communautaires ont largement participé à désenclaver cette formation et à réduire l'extrême rigidité des mentalités universitaires. L'accélération des échanges liée également au développement des nouvelles technologies a aussi renforcé l'internationalisation

1. Il y a toutefois en France et en Italie une tradition assez constante en faveur d'un enseignement spécifique du droit constitutionnel comparé. Cela n'est pas forcément partagé par nos voisins européens pour des raisons assez diverses : une focalisation sur le droit constitutionnel national après une expérience autoritaire (Espagne et Portugal) ou en raison d'un développement substantiel de la matière (pays scandinaves) ou à cause d'un droit conséquent et sophistiqué (Suisse). Les systèmes constitutionnels étrangers peuvent être aussi abordés dans le cours de droit constitutionnel général comme en Allemagne. Voir les conclusions générales de J.-F. Flauss, *in* ID. (dir.), *L'enseignement du droit constitutionnel*, Actes de la table ronde internationale de Lausanne (1998), Bruxelles, Bruylant, 2000, p. 210 et s.

des formations et de la recherche. Dans le sillage de Rodolfo Sacco, la comparaison des droits est conçue comme un procédé de connaissance critique.

§ 1. Un procédé de connaissance

Comparer, pour quoi faire ? La question peut étonner. N'y a-t-il rien de plus naturel que de comparer ? C'est une activité quotidienne. Un mode habituel de penser comme le rappelle A.V. Dicey : « *Ici, comme partout ailleurs, la comparaison est essentielle à la connaissance* ». Son apport peut être décomposé de la manière suivante : décrire ou plus exactement (re)construire, expliquer et comprendre. Pour comparer, il faut connaître les autres droits : cette idée simple a déjà été explicitée dans le chapitre précédent (Leçon 3 § 2). Sa simplicité n'est toutefois qu'apparente car en lieu et place de la description, c'est plutôt une opération de construction qui convient le plus exactement à la démarche entreprise. Certains écueils doivent être évités. Ils peuvent sembler familiers car on les a déjà croisés lors de la présentation des courants de pensée au sein des études comparatives. En particulier, la difficulté pour le comparatiste d'aborder les problèmes juridiques de la même manière que le juriste national a été soulignée. Toutefois, l'intérêt de la démarche comparative est d'apprendre des autres par les différences. C'est pourquoi il faut y revenir de manière à cerner les principales embûches, c'est-à-dire éviter de tomber dans les pièges du langage et de la culture.

A. Le piège du langage

La question de la traduction est « *un des grands problèmes de la comparaison juridique* »[1]. Les difficultés sont nombreuses puisque le comparatiste doit posséder à la fois des compétences linguistique et juridique. Plus encore, la traduction littérale est rarement satisfaisante ; un mot ne trouve pas toujours de correspondant dans sa propre langue. Le traducteur doit tenir compte de toute une série d'éléments qui ne peuvent être réduits aux rapports entre les mots et les catégories juridiques. C'est pourquoi il importe de ne pas traduire seulement des mots mais des idées.

On peut tenter de décrire les principales hypothèses de traduction. D'abord, le cas le plus difficile correspond à l'hypothèse d'un mot intraduisible « *c'est-à-dire lorsqu'une lacune dans la langue d'arrivée empêche celle-ci de rendre l'idée véhiculée par le terme*

1. R. Sacco, *op. cit.*, p. 18. Voir aussi R. Sacco, *L'interprétation des textes juridiques rédigés dans plus d'une langue*, Paris, L'Harmattan, 2002 ; Entretien avec J. Q. Whitman réalisé par G. Richard et L. Zevounou, « La traduction est au cœur de mon travail de comparatiste », *in Droit et Société*, 2019/1, n° 101, p. 101 et s.

employé dans la langue de départ ». Dans ce cas là, le comparatiste renonce à la traduction et emprunte donc le terme de la langue de départ pour l'insérer tel quel dans la langue d'arrivée. On peut envisager une deuxième hypothèse qui consiste à « *exprimer le terme de la langue de départ au moyen d'un mot dans la langue d'arrivée qui soit dépouillé de son sens ordinaire et employé avec un sens stipulé* ». Cette fois-ci, le comparatiste tente la traduction et, à cette fin, ne conserve pas le signifiant pour mieux servir le signifié. Enfin, dans la dernière hypothèse, le comparatiste se résout à traduire : il « *peut conférer un sens approché au mot de la langue d'arrivée au moyen de terme dont les implications pragmatiques sur le plan de la signification lui sont assimilables* »[1].

Malgré les précautions prises, la difficulté est bien connue. L'adage italien « *traduttore, traditore* » (et aussi français, « traduire, c'est trahir ») rappelle au comparatiste que la traduction n'est jamais parfaite. Soit la traduction ajoute une connotation particulière, soit au contraire elle perd une partie de l'information. « *La difficulté principale d'une traduction semble résulter de la complexité des contextes puisque pour traduire une expression, il faudrait fournir une explication du contexte de la langue de départ dans la langue d'arrivée et qu'une telle explication exige à son tour une formulation faisant appel à des éléments contextuels de la langue d'arrivée introduisant une nouvelle complexité et s'écartant progressivement de la langue de départ*[2]. » La traduction renvoie ainsi aux questions de la contextualisation et de l'interprétation (déjà rencontrées dans le chapitre précédent : Leçon 3). Pour comprendre un concept, il faut connaître le contexte : le signifié d'un mot est en relation étroite avec son usage par la communauté nationale des juristes. De sorte que, pour en rendre compte, il faut créer une passerelle avec le système juridique de réception. Mais les contextes n'étant pas forcément identiques, la traduction sera l'expression d'une équivalence, pas forcément stricte.

Carlo Fruttero et Franco Lucentini, les traducteurs italiens du célèbre roman de Robert Louis Stevenson *The Strange Case of Dr. Jekyll and Mr. Hyde*[3] offrent un exemple parfait des difficultés de la traduction juridique. Le roman commence par « *Mr. Utterson the lawyer* ». La traduction italienne la plus souvent proposée est « *Il signor Utterson, l'avvocato* ». Le commentaire des traducteurs mérite d'être cité dans son intégralité de manière à en retirer tous les enseignements : « *On apprend à propos du prétendu "avocat" Utterson qu'il est froid et maladroit dans les conversations (chose plutôt étrange*

1. Ces trois démarches sont empruntées à P. Legrand, *Le droit comparé*, PUF, coll. Q.S.J., 1re éd., 1999, p. 25.

2. O. Pfersmann, « Le droit comparé comme interprétation et théorie du droit », *R.I.D.C.*, 2-2001, p. 284.

3. R.L. Stevenson, *Lo strano caso del Dr. Jekyll e del Sig. Hyde*, Turin, Einaudi, 1983.

pour un avocat) et qu'il s'occupe principalement de conveyances *(testaments, donations, divisions et transferts de propriété) à tel point qu'il est – comme en plaisante Stevenson dans le second chapitre – "étranger aux passions scientifiques sauf en matière de* conveyancing*". On en déduit donc que ce* lawyer *n'est pas un* barrister *(c'est-à-dire un "avocat"), mais un* solicitor *(notre* "procuratore legale"*) lequel n'a pas chez nous des compétences exclusivement de notaire. Au fond, Utterson est un notaire ; sa mentalité et ses manières (du moins dans la littérature, depuis Balzac) sont celles d'un notaire ; et la qualification d'"avocat" jure terriblement avec le personnage. Pour cela, le français T. Verlet traduit hardiment "M. Utterson le notaire" oubliant toutefois que la profession spécifique de notaire n'existe pas dans les pays anglo-saxons. Mais en italien, nous avons* « legale » *qui résout parfaitement le problème* »[1]. Le terme « *legale* » a le mérite d'être général et d'englober plusieurs compétences professionnelles sans les spécifier. Surtout, le « *legale* » renvoie de manière indifférente dans l'imaginaire collectif à la figure de l'« homme de loi » dont, peut-être, d'autres traducteurs français du roman se sont servis. On aurait peut-être pu aussi penser à la profession de « avoué » qui n'a cependant qu'une fonction de représentation des parties dans la procédure : il n'est pas compétent pour rédiger des actes de transfert de propriété comme le notaire ou le *solicitor* ou le *procuratore legale*. Ces quelques remarques sur la traduction du terme « *lawyer* » montrent combien le traducteur doit être attentif au contexte sans pour autant atteindre une équivalence parfaite. Parfois, les passerelles sont plus faciles à créer dans une langue que dans une autre. On voit donc que les difficultés auxquelles est confronté le comparatiste sont de deux types : celles posées par le droit et celles posées par la langue.

Le chercheur est confronté à ces difficultés, de même que le juge qui intervient dans un contexte où plusieurs traditions juridiques nationales sont réunies. Il suffit de penser aux cours européennes de Strasbourg et de Luxembourg. Les juges européens sont parfois aidés par les textes dont les rédacteurs ont cherché à transcender ces différentes traditions. Par exemple, la Charte des droits fondamentaux de l'Union européenne (2000) en introduisant le principe d'indivisibilité des droits dépasse la distinction binaire classique entre libertés négatives de la première génération, c'est-à-dire les droits de défense contre le pouvoir étatique et libertés positives de la seconde génération, c'est-à-dire les droits à une action de l'État, le plus souvent, à une prestation sociale. Les droits de participation ou droits politiques ont été englobés et rattachés aux deux autres catégories selon que l'on insiste sur leurs effets défensifs ou bien sur leurs effets positifs. La controverse autour de cette dichotomie est largement commune

1. *Op. cit.*, p. 104.

aux cultures juridiques des différents États membres et elle s'est principalement focalisée sur la définition et la place des droits sociaux (pour un approfondissement, voir Leçon 12 § 1). En revanche, la Charte œuvre probablement en faveur d'une homogénéisation de la terminologie employée en matière de droits fondamentaux dans les différents États membres. Plus exactement, elle offre les bases à une langue commune sans pour autant éliminer les problèmes d'interprétation.

Pour répondre à ce type de difficultés, la jurisprudence de la Cour européenne des droits de l'homme a d'ailleurs forgé un vocabulaire spécifique. Autrement dit, « *les notions autonomes sont comprises comme des notions que la Cour européenne détache du contexte juridique national pour les doter d'un sens "européen" valable pour tous les États contractants : en procédant à une lecture "autonome" de la Convention, la Cour assure l'indispensable uniformité d'interprétation de celle-ci et tend à éviter que les normes européennes protectrices des droits de l'homme varient selon les qualifications juridiques propres aux droits nationaux* »[1]. Il n'en reste pas moins qu'à une même (ou équivalente) terminologie ne correspond pas forcément un même concept. Ainsi la notion prétorienne d'« obligations positives » développée par la Cour de Strasbourg n'est pas l'équivalent de « *Schutzpflichten* » connu en droit allemand et construit par la Cour constitutionnelle avant même que la Cour européenne ne la diffuse. Certes, les deux notions se distinguent nettement de la conception classique et négative des droits fondamentaux qui les considère comme des droits à l'abstention de l'État et non à la protection par l'État. Des divergences profondes demeurent toutefois sur les fondements, l'étendue et les modalités d'application et de restriction des obligations positives[2].

La traduction ne dit pas tout, voire il lui est parfois impossible de rendre compte et mieux vaut alors renoncer à la traduction. La non-traduction aura dès lors pour objectif d'attirer l'attention sur la spécificité de la notion et d'en faciliter la perception[3]. Il est donc préférable de la reproduire telle qu'elle est employée dans la langue originale. La liste des intraduisibles[4] est assez longue surtout en

1. F. Sudre, « Le recours aux « notions autonomes » », *in L'interprétation de la Convention européenne des droits de l'homme*, Bruxelles, Nemesis-Bruylant, 1998, p. 94.

2. Pour un approfondissement : S. Besson, « Les obligations positives de protection des droits fondamentaux. Un essai en dogmatique comparative », *Revue de Droit Suisse – Zeitschrift für Scheizerisches Recht*, 2003, n° 1, p. 49 et s.

3. I. Kisch, « Droit comparé et terminologie juridique », *in* M. Rotondi (dir.), *Inchieste di diritto comparato*, T. 2, Padova, CEDAM, 1973, p. 418.

4. B. Cassin (dir.), *Vocabulaire européen des philosophies. Dictionnaire des intraduisibles*, Paris, Le Robert-Seuil, 2004 : bel ouvrage qui part des distorsions de terminologie pour reconstituer l'histoire des concepts philosophiques et les pluralités de sens.

langue anglaise. À titre illustratif, on pense à *due process of law*, *fairness* ou encore *equity*. Un autre exemple met en évidence la nécessité de conserver la notion originale de manière à en souligner l'altérité. Afin de protéger ses droits fondamentaux, tout citoyen peut intenter un recours direct devant le juge constitutionnel : le recours d'*amparo* contre une loi en Espagne est toutefois exclu à la différence du recours constitutionnel prévu par la Loi fondamentale allemande qui est un recours individuel en inconstitutionnalité (*Verfassungbeschwerde*) contre toute décision émanant des pouvoirs publics y compris les décisions de justice. Dans les deux cas, ce sont des recours individuels pour violation d'un droit fondamental, mais les champs d'application diffèrent. La conservation du terme original – *amparo* – permet immédiatement d'identifier la spécificité espagnole (notion qui a une histoire qui remonte à l'ancien droit ibérique présent dès le Moyen Âge en Aragon pour protéger les libertés).

En pratique, la traduction ne peut qu'osciller entre fidélité et trahison. « *Parce qu'il n'existe pas de critère absolu de la bonne traduction [...]. Une bonne traduction ne peut viser qu'à une* équivalence *présumée, non fondée dans une* identité *de sens démontrable*[1]. »

B. Le piège de la culture

Le problème épistémologique du droit comparé est la compréhension d'un autre droit que celui pour lequel on a été formé et, plus encore, la compréhension d'une autre culture ou tradition juridique que la sienne. L'écueil principal est celui de l'ethnocentrisme. L'ethnocentrisme révèle chez le chercheur qui y cède « *un défaut voire une absence de décentration par rapport à son point de vue propre. Faut-il alors s'accorder avec Montaigne et convenir de ce que nous "n'avons d'autre mire de la vérité et de la raison que l'exemple et l'idée des opinions et usances du pays où nous sommes ?"* (Essais, *I, 31)* »[2] (sur le risque d'un ethnocentrisme constitutionnel, voir l'approche postcoloniale Leçon 9 § 2. C).

Concrètement le risque est le suivant : « *Lorsqu'un comparatiste évoque par exemple le droit italien, un juriste italien éprouve des surprises, car s'il reconnaît des termes de son droit, il n'en reconnaît pas forcément le fond ou vice versa* »[3]. En appréhendant une autre réalité juridique que la sienne, le comparatiste risque en effet de déformer cette réalité dans laquelle le juriste national ne se trouve pas

1. P. Ricoeur, *Sur la traduction*, Paris, Bayard, 2004, p. 39-40 (souligné par l'auteur).

2. D.-L. Seiler, *La méthode comparative en science politique*, Paris, A. Colin, 2004, p. 216.

3. C. Grewe, « Entre la tour de Babel et l'espéranto : les problèmes du (des) langage(s) du droit comparé », *Liber Amicorum Jean-Claude Escarras*, Bruxelles, Bruylant, 2005, p. 127.

nécessairement. Cette difficulté sans être éliminée peut toutefois être compensée par un effort de contextualisation (voir Leçon 3 § 3). La perspective peut toutefois être inversée et ainsi produire un intéressant jeu de miroirs : la comparaison devient un acte révélateur et donc innovant car c'est le fait d'être extérieur au système ou à l'institution étudié(e) qui permet d'offrir une perspective « étrange » au juriste national sur son propre droit (comme, par exemple, poser un regard français sur la conception anglaise de l'Union européenne). La conscience de construire son objet de recherche d'après une perspective va de pair avec le subjectivisme qui recouvre la démarche comparative. On pense au célèbre tableau de Velázquez, *Les Ménines* (1656), où le miroir du fond représente le couple royal que le peintre, lui-même représenté, est non pas en train de peindre, mais dans une autre réalité[1] (pour un approfondissement sur le perspectivisme, voir Leçon 8 § 1. B).

Il appartient néanmoins au comparatiste de faire un effort de distanciation de manière à éviter des erreurs grossières, c'est-à-dire se contenter de conduire sa recherche en fonction de paramètres purement nationaux. La prudence est donc de rigueur. Le comparatiste doit éviter de projeter ses attentes et de considérer comme point de référence ses catégories de pensée héritées de son éducation juridique. La comparaison s'engage contre « *la conviction répandue (quel que soit le pays) selon laquelle les catégories et concepts nationaux sont les seuls envisageables* »[2]. Un exercice souvent fructueux permet de rendre compte de la diversité et de la relativité des systèmes juridiques : confier le même problème juridique à deux juristes appartenant à des cultures juridiques différentes de sorte que les ruptures épistémologiques puissent mieux ressortir. L'avantage de ces lectures croisées n'est réel que grâce à un travail de synthèse. La stratégie comparative devient alors génératrice de questions stimulantes. Dans le rapport à l'autre, on peut prétendre à mieux se connaître : « *Connaître les systèmes étrangers, c'est avoir des points de repère pour mieux comprendre le sien* »[3].

Seule la pratique comparative qui conduit à se frotter aux pièges décrits permet véritablement de prendre conscience des difficultés d'accès à un autre droit que le sien. Néanmoins, on peut apprendre à regarder grâce à l'expérience des autres. Mieux vaut être averti, l'apprentissage en sera facilité. C'est pourquoi pour terminer on attire l'attention sur une dernière embûche : la mauvaise utilisation, voire la malformation des notions qui sont souvent le résultat d'une

1. Ce tableau et ses interprétations font l'objet du premier chapitre de l'ouvrage de M. Foucault, *Les mots et les choses*, Paris, Gallimard, coll. Tel, 1966.

2. H. Muir Watt, « La fonction subversive du droit comparé », *R.I.D.C.*, 3-2000, p. 506.

3. É. Zoller, « Qu'est-ce que faire du droit constitutionnel comparé ? », *Droits*, 32-2000, p. 122.

mauvaise connaissance car on est tombé dans l'un des pièges évoqués.

Parfois, par un manque de connaissance des expériences étrangères, une erreur peut être véhiculée durablement. Sur la question de la justice constitutionnelle, la France n'a pas de véritable tradition et, depuis la naissance du Conseil constitutionnel en 1958, elle est à la recherche de son propre modèle. Les défaillances du contrôle de constitutionnalité des lois nourrissent des projets de réforme à répétition pour lesquels les expériences étrangères constituent une source d'inspiration, parfois un alibi. Tel est le cas de « l'exception d'inconstitutionnalité » employée en lieu et place de la question préjudicielle de constitutionnalité dans la perspective d'une réforme du Conseil constitutionnel. Malgré la mise au point faite par Thierry Renoux en 1990[1], le président du Conseil constitutionnel, Jean-Louis Debré, proposait le 19 septembre 2007 devant le Comité de réflexion sur la réforme des institutions de la Ve République d'introduire « l'exception d'inconstitutionnalité ».

Le manque de rigueur dans l'utilisation des concepts peut conduire à la fabrication de ce que Giovanni Sartori appelle les « chats-chiens », des catégories de pensée non scientifiques, inventées pour le besoin d'une recherche sans lien ou dans l'ignorance d'une terminologie déjà existante. L'avertissement du politiste et comparatiste italien mérite d'être médité car bien que les juristes soient peut-être (?) plus rigoureux dans l'emploi des concepts, la tentation est grande d'inventer de nouvelles catégories notamment pour faire face aux phénomènes de hybridation juridique (voir la Leçon 6).

Le « chat-chien » parle en particulier aux doctorants à la recherche d'une analyse innovante :

« *Monsieur Dae entreprend une thèse de doctorat ; il doit être original, mais pressé par son jury, il doit énoncer une hypothèse sur son sujet. Son sujet est le chat-chien (car on ne serait plus, aujourd'hui, original en traitant simplement du chat et du chien) et son hypothèse, après maints tâtonnements, est que tous les chats-chiens émettent le son "Ouah ! Ouah !". Son directeur de thèse se déclare intéressé et une fondation, impressionnée, lui offre 100 000 dollars pour un programme de recherche mondiale. Trois ans plus tard M. Dae annonce avec consternation que si beaucoup de chats-chiens émettent le son "Ouah ! Ouah !", trop nombreux sont ceux qui ne l'émettent pas – l'hypothèse est donc infirmée. Cependant, dit-il, je dispose maintenant d'une autre hypothèse : tous les chats-chiens émettent le bruit "Miaou, Miaou". Trois nouvelles années passent, 100 000 autres dollars sont consciencieusement investis et une fois encore l'hypothèse ne peut être soutenue : beaucoup de chats-chiens émettent effectivement le son "Miaou, Miaou" mais beaucoup ne le produisent pas. En proie à un*

1. T. Renoux, « L'exception, telle est la question », *R.F.D.C.*, 1990, p. 651 et s.

profond désespoir M. Dae rend visite, dans sa caverne, à l'oracle de Delphes qui, ce soir-là, était fatigué d'inventer des réponses sibyllines. "Mon ami, dit l'oracle, avec toi je n'irai pas par quatre chemins : la vérité est que le chat-chien n'existe pas" »[1].

§ 2. La fonction critique

La connaissance du droit peut être envisagée d'un double point de vue : s'impliquer dans l'élaboration du droit (critique du droit national et de ses représentations en s'appuyant sur le comparatisme) ou, au contraire, se placer en dehors du droit (critique sur le travail mené par les comparatistes). La première option est la plus courante et, à ce titre, elle sera examinée en premier lieu. Quant à l'autre, elle représente sans doute un objectif d'importance majeure pour les comparatistes de manière à asseoir le comparatisme juridique comme discipline.

A. La critique du positivisme

Comme a pu le souligner justement Horatia Muir Watt, cette approche n'est en rien nouvelle : « *On peut même dire que pour les comparatistes contemporains, le potentiel subversif de la méthode comparative relève de l'orthodoxie théorique* »[2]. La doctrine italienne, en particulier, a affirmé cette fonction depuis Tulio Ascarelli[3] et Rodolfo Sacco l'a consacrée avec sa théorie du droit comparé comme connaissance critique du droit : « *la comparaison constitue une menace pour toute la science juridique* »[4].

Il faut entendre par « science juridique », le positivisme[5]. La difficulté à définir le « positivisme » a déjà été soulignée ainsi que la diversité des conceptions[6] (voir Leçon 1 § 1). Les positivistes partagent toutefois l'idée que le droit voulu par la volonté humaine

1. G. Sartori, « Bien comparer, mal comparer », *Revue internationale de politique comparée*, 1994, vol. 1 n° 1, p. 24.

2. *Op. cit.*, p. 505.

3. T. Ascarelli, « Premesse allo studio del diritto comparato », (1945), *in* T. Ascarelli, *Saggi giuridici*, Milan, Giuffrè, 1949, p. 3.

4. *Op. cit.*, p. 38.

5. Une remarque terminologie s'impose ici de manière à éviter toute confusion. Dans le débat français, certains distinguent nettement la doctrine (ou dogmatique), partie prenante au processus de production du droit, de la science du droit qui se situe en revanche en dehors du droit : J. Chevallier, « Doctrine juridique et science juridique », *Droit et société*, 2002, n° 50, p. 105 et s. ; É. Picard, « 'Science du droit' ou 'doctrine juridique' », *in Mélanges en l'hommage à Roland Drago*, Paris, Economica, 1996, p. 139 et s. ; M. Troper, « Science du droit et dogmatique juridique », *in La théorie du droit, le droit, l'État,* Paris, PUF, 2001, p. 3 et s. Pour ce dernier, la science du droit ne saurait être que descriptive et non pas interprétative et critique.

6. E. Maulin, « Positivisme », *in* D. Alland, S. Rials (dir.), *Dictionnaire de la culture juridique*, Paris, Lamy-PUF, 2003, p. 1171 et s.

correspond aux règles de droit produites par le pouvoir politique selon les mécanismes prévus à cette fin et l'ensemble de ces règles compose un ordre juridique complet et cohérent. Les positivistes privilégient l'étude des sources formelles du droit puisque la juridicité même d'une prescription procède de la qualité de son auteur et de la forme dans laquelle elle se trouve émise et non de son contenu ou de sa portée. À partir de la fin du XIXe siècle, l'importance donnée au questionnement sur les sources formelles a conduit au renoncement corrélatif à tout critère matériel du droit.

L'esprit d'enquête dont procède la comparaison juridique entre en conflit avec cette conception du droit qui repose sur l'autorité de la source formelle du droit[1]. La doctrine comparatiste a développé plus ou moins selon les pays une critique « *contre la culture positiviste formaliste* »[2]. La doctrine nationale est en effet plus ou moins marquée par l'empreinte positiviste. Ainsi, son impact peut-il s'expliquer en France par le légicentrisme, c'est-à-dire l'idée que la loi est la seule source du droit et que toutes les décisions prises par des autorités administratives ou des juges sont simplement déduites de la loi. Cela laisse peu de place à une réflexion sur la nature du droit ou à une remise en cause de ses concepts fondamentaux. La formation enseignée met avant tout l'accent sur les données techniques puisque le juge ou l'avocat ou l'administrateur doit rechercher la solution aux problèmes juridiques dans le droit national écrit.

Une approche sceptique à l'égard des règles de droit n'est toutefois pas le propre d'une démarche comparative. Les théories alternatives au positivisme visent toutes à proposer une autre approche. Par exemple, le réalisme juridique américain a défendu au début du XXe siècle que le droit ne fonctionne pas à partir des règles officiellement affichées et des concepts généraux censés rendre compte des décisions des juges. Les « réalistes américains » se sont donc intéressés aux raisons réelles à l'origine des décisions judiciaires *i.e.* les considérations politiques, économiques et sociales. Aux États-Unis, la critique vient moins du droit comparé que des doctrines contestataires (*Law in Context, Law and Economics, Law and Literature*...)[3].

Le droit comparé incite à une réflexion critique rappelée avec force et efficacité par Horatia Muir-Watt : « *Regardons ailleurs, comparons, interrogeons-nous sur les alternatives – pour élargir la perspective traditionnelle, enrichir le discours juridique et lutter contre les habitudes de pensée sclérosantes* »[4]. Cette approche invite à ne

---

1. H.P. Glenn, « Persuasive Authority », 32 *McGill Law Journal, Revue de droit de McGill*, 1987, p. 297.

2. P.G. Monateri, « Critique et différence : le droit comparé en Italie », *R.I.D.C.*, 4-1999, p. 992.

3. G.A. Bermann, « The Discipline of Comparative Law in the United States », *R.I.D.C.*, 4-1999, p. 1041 et s.

4. *Op. cit.*, p. 506.

pas limiter l'horizon au droit connu (ou plus exactement censé être connu). Mais il y a plus : d'une part, le comparatisme, conduisant à aller « voir ailleurs », invite à sortir de l'univers juridique ou, du moins, à pousser sa recherche jusqu'aux frontières des disciplines (pour un approfondissement, voir la Leçon 9 sur l'interdisciplinarité) et, d'autre part, cette démarche critique vise à éliminer les lieux communs (la séparation des pouvoirs, par exemple) et à déconstruire le mythe de la réponse exacte. Bruce Ackerman, constitutionnaliste américain initialement hostile au comparatisme, a utilisé cet argument pour défendre, dans son article sur « la nouvelle séparation des pouvoirs », un retournement notable au sein de la théorie constitutionnelle américaine : le régime parlementaire rationalisé contre le régime présidentiel[1].

Pour la recherche juridique, cette démarche ne peut être que fructueuse pour améliorer la connaissance critique du droit et, éventuellement, pour suggérer des réformes (pour un approfondissement, voir la Leçon 6 sur les emprunts juridiques). Mais comment le juge constitutionnel peut-il assumer une posture critique à l'égard du droit qu'il doit interpréter et qui fonde l'ordre juridique de la communauté étatique auquel il appartient ? Pourquoi avoir recours au droit étranger alors qu'il a déjà de nombreuses sources du droit, internes et internationales à sa disposition ?

Le recours à « l'argument de droit comparé » permet au juge d'offrir une vision plus complète des réponses possibles à un problème juridique donné et donc de nourrir l'idée que la recherche de la vérité en matière de justice n'existe pas, que seule compte l'adhésion. La recherche de la vérité en matière de dogmatique juridique n'existe pas non plus. Le mérite de la comparaison critique des droits est justement de ne pas entretenir cette illusion. Les positivistes eux-mêmes ne s'en tiennent pas toujours à la rigueur de la description et de la neutralité, intégrant parfois des propositions normatives. Mais les comparatistes eux-mêmes ne s'en tiennent pas toujours à la rigueur d'une démarche de confrontation donnant à voir les différentes réponses possibles à un problème juridique donné.

B. La critique du comparatisme

Le comparatisme comme « *activité de simple curiosité, désinvolte et aléatoire* » a été dénoncée avec passion et virulence par Pierre Legrand. On retiendra des avertissements qu'il adresse aux comparatistes la nécessité d'un regard critique sur l'activité même de la comparaison. On souscrit pleinement à sa recommandation : « *L'éthique de la comparaison commande non seulement la critique*

1. B. Ackerman, « The New Separation of Powers » 113, *Harvard Law Review*, 2000, p. 635 et s.

des droits mais aussi d'elle-même, de ses illusions et de ses limites, c'est-à-dire qu'elle exige de pousser le souci de la distanciation critique jusqu'à l'acte de comparaison proprement dit »[1].

La distanciation critique s'adresse avant tout à l'auteur de la comparaison qui ne dit pas toujours ce qu'il fait. Le comparatiste devrait au contraire afficher ses objectifs. Dans la Leçon précédente, la remise en cause de la scientificité du comparatisme a été soulevée et sa vocation trop souvent décorative dénoncée. La comparaison est abusivement réduite à une méthode sans toutefois chercher à expliciter et à justifier les choix méthodologiques. Dès le début de cet ouvrage, il a été souligné que le comparatisme ne se réduit pas à une méthode. Même si on peut s'opposer à un recours purement utilitariste du droit comparé, la méthode (comparative) appartient néanmoins à tous (les juristes). L'hostilité à l'endroit d'un recours instrumental de la comparaison peut toutefois déboucher sur un usage idéologique et vouloir défendre un objectif plutôt qu'un autre semble une démarche tout aussi réductrice. La comparaison sert alors une lecture du droit (comme, par exemple, l'américanisation du droit). On peut certes penser qu'il est impossible de saisir complètement un objet d'étude. C'est pourtant en multipliant les points de vue sur un objet supposé identique que le comparatiste peut prétendre à saisir la complexité juridique, condition d'une compréhension critique du droit et de ses représentations (et, plus particulièrement, du droit et de la pensée constitutionnels). Mais le coût de la comparaison peut paraître de plus en plus élevé.

Aussi Daniel Jutras reproche-t-il à l'un des courants de la pensée comparatiste (celui pour qui la comparaison ne vaut que par les différences) « *l'imposition de conditions de plus en plus onéreuses à la validité de l'acte comparatif* », celle-ci cachant peut-être « *une volonté protectionniste, un désir d'assurer l'exclusivité du champ aux spécialistes, au détriment des "juristes ordinaires" qui le réinvestissent à la faveur d'un accroissement de l'activité juridique transfrontalière* »[2]. Il est vrai que les comparatistes ont ressenti le besoin d'offrir une approche critique de la comparaison juridique au moment même où tous les juristes sont (ou devraient être) comparatistes. Mais cela ne signifie pas que tous les comparatistes adhérent à l'incommensurabilité des cultures juridiques et qu'ils partagent la radicalité de l'un des principaux tenants de la pensée postmoderne : « *[...] Le juriste français préféra se consacrer à l'étude du droit anglais plutôt que du droit allemand ou italien dans la mesure où il lui faut se confronter à une expérience juridique autre afin de mettre à l'épreuve le caractère apparemment nécessaire ou naturel de ses présupposés*

1. *Op. cit.*, p. 67.

2. D. Jutras, « Énoncer l'indicible : le droit entre langues et traditions », *R.I.D.C.*, 4-2000, p. 787.

épistémologiques (ce qui n'autorisera jamais une comparaison confinée en deçà de la seule tradition juridique romaniste, un tel exercice ne pouvant, dès lors, que relever du genre mineur des études juridiques comparatives) »[1].

Au contraire, la doctrine comparatiste devrait être ouverte sur le pluralisme en son sein et même voir avec suspicion ceux qui prônent la « bonne » manière de comparer. Il y a plus : la comparaison est un procédé intellectuel parmi d'autres. Elle ne saurait s'imposer à l'exclusion d'autres raisonnements ou méthodes et doit, au contraire, leur être confrontée. La pratique comparative ne peut donner de réponse à toutes les questions soulevées par le droit et ses limites doivent être connues et reconnues. Le comparatisme a peut-être eu besoin à une époque d'être soutenu, mais à présent il semble inutile de faire preuve d'un militantisme à tout crin. Les efforts doivent toutefois être maintenus de manière à diffuser un comparatisme exigeant dans la justification des choix méthodologiques et politiques liés à l'interdépendance entre la méthode et la finalité de la comparaison.

L'exigence de rigueur dans la démarche scientifique suppose de ne pas éviter les questions suivantes. Comment pense-t-on le droit ? Qu'est-ce qui le détermine exactement ? Qu'est-ce qui est essentiel au droit et qu'est-ce qui ne l'est pas ? Mais l'indétermination d'un concept n'est pas nécessairement résorbée par une approche comparative. Par exemple, le droit comparé aide-t-il réellement à comprendre le principe de précaution ? « *[…] Le droit comparé n'est et ne peut être qu'une tentative, parmi d'autres, pour identifier le droit, qui est le résultat recherché*[2]. » Il ne peut pas donner toutes les réponses. Les juristes ne doivent pas tout attendre du comparatisme, mais ils doivent le prendre au sérieux.

Le comparatisme comme « objet de connaissance »[3] pourrait donc être le suivant : en partant de l'idée qu'il n'appartient pas aux comparatistes de servir une lecture du droit, il leur revient au contraire de se placer en position d'extériorité par rapport au droit et à ses représentations, en adoptant un point de vue réflexif et critique. La science du droit comparé devrait alors chercher à identifier les différentes lectures du droit qui prennent appui sur la comparaison car on a autant à apprendre de chacune d'entre elles (c'est pourquoi cet ouvrage défend un comparatisme pluraliste, voir Leçon 8 § 1). C'est en ce sens que « l'aspiration politique » des comparatistes rejoint « l'aspiration scientifique » de ceux qui s'intéressent aux discours des comparatistes, non pour en nier la richesse, mais au contraire en vue

1. P. Legrand, *op. cit.*, p. 111.
2. E. Picard, « L'état du droit comparé en France en 1999 », *R.I.D.C.*, 4-1999, p. 912.
3. M.-L. Mathieu-Izorche, « Approches épistémologiques de la comparaison », *in* P. Legrand (dir.), *Comparer les droits, résolument*, Paris, PUF, 2009, p. 137.

de la valoriser et d'en démontrer tout l'intérêt dialectique (penser à la fois le particulier et l'universel). Les « critères de scientificité » de la comparaison des droits n'ont rien à voir avec ceux des sciences de la nature (vérifiabilité des propositions, falsifiabilité, etc.). L'objectif poursuivi est de déplacer le centre de gravité sur le discours comparatif et la nécessité de justifier les choix méthodologiques (sur ce point, voir Leçon 3 § 3).

C'est une manière de reconnaître avec modestie que la comparaison porte en elle ses propres limites. Il y a de bonnes raisons de comparer, malgré ce que laisse entendre le traditionnel adage selon lequel « comparaison n'est pas raison ». Mais il n'y a pas lieu d'imposer la comparaison à tout prix, contrairement à ce que suggère l'action militante en faveur de la comparaison des droits parfois revendiquée par la doctrine comparatiste ou du moins par une partie de ses membres[1].

Bibliographie générale récente

Adams M., Bomhoff J. (eds.), *Practice and Theory in Comparative Law*, Cambridge University Press, 2012.

Frankenberg G., *Comparative Law as critique*, Cheltenham-Northampton, E. Elgar, 2016.

H. Muir-Watt « Ceci n'est pas une pipe. Le droit comparé n'est pas une discipline juridique », *in* F. Audren, S. Barbou des Places (dir.), *Qu'est-ce qu'une discipline juridique ?*, Paris, LGDJ-Lextenso, 2018, p. 115.

1. Voir par exemple B. Markesinis, *Juges et universitaires face au droit comparé*, (trad., *Comparative Law in the Courtroom and Classroom*, 2003), Paris, Dalloz, 2006.

LEÇON 5

DONNER UN SENS AUX SIMILITUDES ET AUX DIFFÉRENCES DANS LE CONTEXTE GLOBAL

Les dictionnaires d'usage donnent trois définitions différentes du terme comparaison : « *La première définition inclut les deux suivantes par son caractère de plus grande généralité : "examiner les rapports de ressemblance et de différence" ; puis une deuxième définition : "rapprocher en vue d'assimiler", dans laquelle prévaut le caractère intégratif ; enfin la troisième : "rapprocher des personnes ou des choses de nature ou d'espèce différentes alors qu'elles ne peuvent pas être totalement assimilées", définition dans laquelle les traits différenciateurs semblent l'emporter* »[1].

La comparaison ne consiste pas à mesurer les différences et les ressemblances, mais à donner un sens à cette activité de mesure. Au départ de toute activité comparative on ignore quelles sont les similarités et les dissemblances ; éventuellement elles sont pressenties, mais elles sont surtout le résultat du processus comparatif. Deux grands axes se dégagent : la comparaison intégrative, d'une part, et la comparaison différentielle, d'autre part. Ces deux axes peuvent être envisagés pour toute comparaison. En mettant l'accent sur la ou les différence(s) culturelle(s), le comparatiste ne gagne pas en objectivité ; le résultat de sa recherche n'est pas forcément plus « juste » que celui d'une recherche visant à mettre en évidence des « principes communs ». Le choix d'insister sur les ressemblances ou, au contraire, d'insister sur les différences sert la finalité que l'auteur de la comparaison se propose de défendre. On a certainement autant

1. G. Jucquois, « Le comparatisme, éléments pour une théorie », *in* ID., C. Vielle (dir.), *Le comparatisme dans les sciences de l'homme*, Bruxelles, De Boeck, 2000, p. 25.

à apprendre de la comparaison différentielle que de la comparaison intégrative. Pour sortir de la dimension instrumentale du comparatisme dénoncée précédemment (Leçon 4), on se propose d'identifier les différentes lectures offertes par la doctrine des mutations du droit public dans le cadre de la globalisation juridique[1] tout en précisant les notions clé autour desquelles se construisent ces différentes lectures.

§ 1. La comparaison intégrative

Pendant longtemps, l'internationalisation du droit a été un thème surtout étudié par les privatistes. Ce n'est que récemment qu'il a suscité la curiosité des publicistes[2]. Cet intérêt s'est concentré avant tout sur l'impact du droit communautaire et du droit européen sur les notions de droit administratif pour s'intéresser ensuite au droit constitutionnel. L'européanisation n'est pas l'internationalisation laquelle n'est pas la globalisation (ou mondialisation) du droit, mais ces processus se conjuguent de manière à rendre les systèmes juridiques nationaux plus perméables aux règles de droit international et aussi de droit étranger. « *La mondialisation correspond en effet à une étape radicalement différente de l'internationalisation qui s'était développée après la seconde guerre mondiale : alors que l'internationalisation prenait appui sur les États-Nations, qui continuaient à s'imposer comme des dispositifs nécessaires de médiation, la mondialisation échappe largement à leur emprise ; et sa portée n'est plus seulement économique, mais aussi sociale, culturelle, politique*[3]. » La différenciation établie par Jacques Chevallier peut être nuancée dans le domaine juridique. S'il est vrai que l'internationalisation, comme produit de normes internationales ou normes internes qui s'y conforment, implique une part de volonté des États, elle entretient toutefois un lien étroit avec « *la globalisation juridique* [qui] *se situe sans doute moins dans la formation des normes, leur contenu, leurs effets, que dans les processus de leur transmission, de leur circulation, de leur intrusion dans les systèmes juridiques* »[4]. En appréhendant le phénomène en partant de l'ordre interne ou bien de l'ordre juridique international, le thème de l'internationalisation est un problème de hiérarchie des normes. Il en va de même de l'européanisation. Mais au-delà des conceptions moniste ou dualiste des rapports entre droit

1. M.-C. Ponthoreau, « Trois interprétations de la globalisation juridique. Approche critique des mutations du droit public », *A.J.D.A.* n° 1, 2006, p. 20 et s.

2. É. Zoller, Préface à H. Tourard, *L'internationalisation des constitutions nationales*, Paris, LGDJ, 2000.

3. J. Chevallier, « Mondialisation du droit ou droit de la mondialisation ? », *in Le droit saisi par la mondialisation*, C.-A. Morand (dir.), Bruxelles, Bruylant, 2001, p. 37.

4. J.-B. Auby, *La globalisation, le droit et l'État*, Paris, Montchrestien, coll. Clefs, 2003, p. 78 (nouvelle édition chez LGDJ-Lextenso, 2020).

international ou droit européen et droit national, les systèmes juridiques semblent donc plus perméables aux règles de droit venu d'ailleurs[1].

La thèse la plus répandue est celle de la convergence des droits, surtout exprimée dans le cadre de l'intégration européenne. Probablement la doctrine a-t-elle offert dans un premier temps une vision unilatérale dictée par l'intégration européenne. Les débats engagés aujourd'hui dans le champ du droit comparé prouvent qu'on ne peut pas considérer la convergence des droits comme allant de soi et qu'elle soulève bon nombre d'interrogations. Quels en sont les mécanismes ? Mais aussi quels sont les éléments de résistance à cette convergence des droits ?

A. Les instruments de la convergence

La thèse de la convergence s'inscrit dans un ensemble régional présentant une signification particulière. Ainsi, Koen Lenaerts la définit de la manière suivante : « *Un ensemble d'ordres juridiques imbriqués […] constitue la plate-forme commune pour étayer l'intégration européenne, un* ius commune *construit avec les briques du droit comparé* »[2]. Au-delà de l'intégration européenne, le droit mondialisé correspond à la « *constitution progressive d'un socle de règles et de principes communs se traduisant par un mouvement de rapprochement des systèmes juridiques étatiques* »[3]. Dit d'une autre manière, la thèse de la convergence se fonde sur la constitution d'un droit commun issu des systèmes juridiques qui pénètre à son tour lesdits systèmes en vue non pas de leur unification, mais de leur rapprochement. Les principaux instruments juridiques de la convergence sont les textes relatifs aux droits de l'homme et les rôles joués par les juges et la doctrine européens.

1) Les textes sur les droits de l'homme

Depuis la fin de la seconde guerre mondiale, le mouvement en faveur des droits de l'homme s'est traduit par l'adoption de plusieurs textes aussi bien au niveau international que régional. La Déclaration universelle des droits de l'homme de 1948 a initié ce mouvement. Malgré l'absence d'un système de protection approprié, elle n'en constitue pas moins la première tentative de construction d'un socle de valeurs communes, par-delà la diversité des régimes

1. B. Markesinis, J. Fedtke, *Judicial Recourse to Foreign Law. A New Source of Inspiration?*, Oxon, UCL Press, 2006.

2. Dans « Interlocking Legal orders in the European Union and Comparative Law » 52, *International Comparative Law Quarterly*, 2003, p. 906. Dans la version française de cet article, cette phrase de conclusion est absente : « Le droit comparé dans le travail du juge communautaire », *R.T.D.E.*, 2001, p. 487 et s.

3. J. Chevallier, *op. cit.*, p. 39.

politiques. C'est dans le cadre régional que cet effort connaît sa forme la plus aboutie : le Conseil de l'Europe (1949) et l'Union européenne (1992) qui devrait définitivement remplacer les Communautés européennes créées par le traité de Paris de 1951 et par le traité de Rome de 1954, visent à « une union sans cesse plus étroite entre les peuples de l'Europe » et, à cette fin, utilisent le droit comme principal moteur. La grande spécificité qui les caractérise est de conférer des droits aux individus ; ces droits sont invocables immédiatement devant les juridictions nationales et la sanction de la violation de ces droits par le juge interne est complétée par un mécanisme de garantie au niveau européen. Le juge européen occupe une place centrale puisqu'il peut être saisi directement par les justiciables. Aussi bien le Conseil de l'Europe que l'Union européenne attribuent un rôle déterminant aux juridictions créées par leurs traités fondateurs[1].

Le Conseil de l'Europe a joué un rôle primordial en adoptant rapidement une convention sur les droits de l'homme. La Convention européenne de sauvegarde des droits de l'homme (CEDH, ci-après) fut signée à Rome le 4 novembre 1950. Parmi les nombreux instruments internationaux, la CEDH est bien l'un des plus denses puisque son système de contrôle repose sur la notion de « garantie collective ». Selon le préambule de la Convention, les États membres du Conseil de l'Europe sont solidairement en charge d'un « patrimoine commun idéal et de traditions politiques, de respect de la liberté et de prééminence du droit ». La CEDH exprime ce patrimoine commun des démocraties occidentales. Cette Convention s'inscrit dans un cadre culturel précis : le cadre européen favorable aux droits de l'homme. Les États qui décident d'adhérer à la Convention sont familiarisés à la protection des droits de l'homme. Cette remarque n'est pas tout à fait exacte pour tous les États membres puisque le Conseil de l'Europe a été confronté aux demandes d'adhésion des pays d'Europe centrale et orientale après la chute du Mur de Berlin en 1989.

C'est précisément au cours de la dernière décennie du XXe siècle que se dessine une nouvelle étape qui s'articule autour du triptyque « droits de l'homme – démocratie pluraliste – État de droit » devenu hégémonique par le jeu de l'élimination des versions concurrentes. Dans le cadre de la Conférence sur la sécurité et la coopération en Europe (CSCE), les États participants reconnaissent que « la démocratie pluraliste et l'État de droit sont essentiels pour garantir le respect de tous les droits de l'homme et de toutes les libertés fondamentales » dans un document adopté le 29 juin 1990 à la réunion de

1. Cela constitue la différence notable avec les autres cadres régionaux qui valorisent le respect des droits de l'homme sans un système juridictionnel de protection : ASEAN ou ANASE (association des nations de l'Asie du Sud-Est) et ODAHA (organisation pour l'harmonisation en Afrique du droit des affaires).

Copenhague. À partir de ce moment, la CEDH se transforme en un instrument de promotion et d'enracinement des droits de l'homme. Les États candidats, ceux qui ont exprimé la volonté d'être admis au sein du Conseil de l'Europe, doivent en respecter les buts et objectifs fixés par le statut du Conseil. Pour ce faire, ils doivent remplir certaines conditions qui s'organisent autour de deux exigences étroitement liées : d'une part, être une démocratie pluraliste et, d'autre part, respecter la prééminence du droit et garantir les droits de l'homme. En ce sens, la CEDH a été une source d'inspiration dans la rédaction de certains catalogues nationaux : « *Tant et si bien qu'au-delà d'une simple proximité de contenu des droits protégés, il existe parfois une identité presque parfaite entre les formulations européennes et constitutionnelles. Et, bien que dans certaines hypothèses il soit délicat de chercher à déterminer si l'énumération conventionnelle a influencé, à un titre ou à un autre, l'énumération constitutionnelle, dans d'autres, l'influence européenne a été plus nette, voire totalement assumée par les États [...]* »[1]. Cette influence globale a été particulièrement puissante sur les catalogues des pays d'Europe centrale, orientale et balte, même si certaines constitutions occidentales, notamment la Loi fondamentale allemande, ont constitué une autre source d'inspiration[2].

En revanche, on n'avait pas éprouvé le besoin d'énoncer que l'adhésion aux Communautés européennes reposait sur l'adhésion aux valeurs libérales et démocratiques. Cela allait de soi même quand ce fut au tour d'anciennes dictatures de rejoindre la construction européenne : la Grèce en 1981, puis l'Espagne et le Portugal en 1986. La perspective change à cause de l'accélération liée à l'élargissement précipité vers l'Est du Conseil de l'Europe qui a accepté parmi ses membres la Russie ou la Croatie dont on peut douter de leur respect scrupuleux des droits de l'homme. Avec le traité d'Amsterdam (en 1997 qui modifie le traité sur l'Union européenne de 1992, ci-après TUE), le respect des droits de l'homme est devenu une condition officielle de l'adhésion à l'Union. Ce traité a institutionnalisé un critère politique de l'adhésion par une référence expresse aux principes : « *L'Union européenne est fondée sur les principes de liberté, de la démocratie, du respect droits de l'homme et des libertés fondamentales, et de l'État de droit* ». Il s'agit d'une codification de la pratique antérieure, mais aussi d'un investissement de précaution pour l'avenir de manière à faire face aux nouvelles demandes d'adhésion notamment celle de la Turquie. De plus, le traité d'Amsterdam innove en établissant un mécanisme de sanctions contre un État membre qui ne respecterait pas les droits de l'homme. Après

1. D. Szymczak, *La Convention européenne des droits de l'homme et le juge constitutionnel national*, Bruxelles, Bruylant, 2006, p. 505.
2. *Ibid.*, p. 504 et s.

constatation de la violation « grave et persistante » par les chefs d'État et de gouvernement, sur proposition d'un tiers des États membres ou de la commission, après avis conforme du Parlement européen, le Conseil peut à la majorité qualifiée décider de suspendre certains droits de cet État, y compris ses droits de vote au Conseil. On peut penser que ce mécanisme ne servira jamais et qu'il s'agit en réalité d'une manière de conférer *a contrario* un brevet de respectabilité aux États membres en matière de droits de l'homme.

L'absence de déclaration des droits dans le corpus communautaire a été pendant longtemps une question récurrente de l'agenda européen : avec le traité sur l'Union européenne, les acquis de la jurisprudence sont intégrés, mais c'est surtout après le traité d'Amsterdam et le refus des gouvernements des États membres de donner suite aux propositions de certains d'entre eux d'introduire une clause permettant l'adhésion à la Convention européenne que va naître l'idée, sous l'impulsion de l'Allemagne, d'élaborer un catalogue des droits fondamentaux propre à l'Union européenne. C'est chose faite avec la Charte des droits fondamentaux de l'Union européenne (2000) qui a, depuis la ratification du traité de Lisbonne (2009), force juridique contraignante (art. 6 al. 1er TUE). Ce texte se veut plus complet (en reconnaissant expressément les droits sociaux) et plus actuel (en intégrant notamment les droits dits de la troisième génération parmi lesquels la protection de l'environnement) que la Convention européenne des droits de l'homme. Dans son préambule, la Charte mentionne : « *L'Union contribue à la préservation et au développement de valeurs communes dans le respect de la diversité des cultures et des traditions des peuples de l'Europe* ». Quelles sont ces valeurs communes ? Dans le traité sur l'Union européenne (tel que modifié par le traité de Lisbonne), il est précisé que « *l'Union est fondée sur les valeurs de respect de la dignité humaine, de liberté, de démocratie, d'égalité, de l'État de droit, ainsi que de respect des droits de l'homme, y compris des droits des personnes appartenant à des minorités. Ces valeurs sont communes aux États membres dans une société caractérisée par le pluralisme, la non-discrimination, la tolérance, la justice, la solidarité et l'égalité entre les femmes et les hommes* » (art. 2). Dit d'une autre manière, il s'agit du socle commun partagé avec le Conseil de l'Europe.

La diffusion des déclarations des droits va, d'ailleurs, bien au-delà du cadre européen puisque plusieurs pays de *common law* ont opté pour un *Bill of rights* : Canada (1982), Nouvelle-Zélande (1990), Australie (où, pour l'instant, seule une déclaration du territoire de la capitale australienne a été adoptée, mais le débat est intense de manière à l'introduire dans la constitution). L'environnement international joue incontestablement un rôle, mais d'autres facteurs expliquent l'adoption d'un texte écrit puisque les pays cités ne sont pas des pays en voie de transition démocratique qui ont besoin d'élaborer un texte à la valeur symbolique : ils cherchent à donner aux juges une assise pour répondre aux besoins de protection des droits exprimés dans la société. Plus précisément, il s'agit de préserver les droits et les intérêts des minorités alors que les pouvoirs exécutif et législatif protègent uniquement « *les voix les plus puissantes qui se font entendre* »[1] (pour un approfondissement concernant la garantie des droits dans les pays de Commonwealth, voir Leçon 12 § 2).

Le cas du Royaume-Uni est toutefois plus étroitement lié à sa participation au Conseil de l'Europe. Débattue depuis longtemps, c'est la fréquence des condamnations par la Cour de Strasbourg qui a conduit à un changement des opinions et donc à l'adoption du *Human Rigths Act*[2]. Fin 1995, sur 37 constats de violation effectués par la Cour européenne, 24 étaient d'origine parlementaire : le Parlement pouvait librement violer, voire supprimer, certains droits et libertés sans que les juges nationaux ne puissent sanctionner de telles violations. Pour comprendre ce particularisme, il faut bien voir que la Grande-Bretagne n'a pas connu de révolution comparable à celle de la France. En 1688, la révolution glorieuse est essentiellement d'ordre juridique : le nouveau roi ne reçoit pas sa couronne en vertu d'un titre héréditaire, mais du parlement lui-même. Les rapports entre le Parlement et le roi s'en trouvent modifiés. Mais on n'éprouve pas le besoin de les conceptualiser dans une théorie de la souveraineté qui fonderait la suprématie du Parlement. Le Parlement a conquis la souveraineté en légalisant le changement de dynastie. Le roi a perdu sa qualité de source du pouvoir, devenant le premier représentant de la Couronne en Parlement ou doctrine du *King in Parliament*. La souveraineté habilite le Parlement à faire les lois qui lui paraissent bonnes sans qu'une constitution écrite ou la volonté des électeurs puissent l'entraver en quoi que ce soit.

La situation n'est plus tenable dès lors que le Royaume-Uni est partie à une Convention bénéficiant d'un mécanisme de sanction. En 1998, le Parlement finit par adopter une loi qui ne définit pas, ni n'énumère les droits, mais qui vise à intégrer la CEDH au droit national ou, plus précisément, à la rendre invocable devant les juges britanniques. Le juge européen n'est plus le seul à pouvoir déclarer qu'une loi britannique viole la CEDH puisque le juge national est désormais habilité à le faire. Mais, en même temps, la souveraineté du Parlement devait être préservée. Par conséquent, les juges ne se voient pas accorder le pouvoir de refuser d'appliquer une loi

---

1. M. Darrow, P. Alston, « Bill of Rights in Comparative Perspective », *in* P. Alston (ed.), *Promoting Human Rights through Bill of Rights*, Oxford, Oxford University Press, 1999, p. 487.

2. A. Duffy, *La protection des droits et libertés au Royaume-Uni*, Clermont-Ferrand, Fondation Varenne – LGDJ, 2007 ; B. Stirn, D. Fairgrieve, M. Guyomar, *Droits et libertés en France et au Royaume-Uni*, Paris, Odile Jacob, 2006.

incompatible avec les droits reconnus par la CEDH. Dit en d'autres termes, la loi une fois promulguée doit être comprise et appliquée dans la mesure du possible dans un sens compatible avec les droits de la CEDH. S'il n'est pas possible d'agir ainsi, la législation reste valide mais le juge peut faire une déclaration d'incompatibilité. Il appartient alors au législateur (c'est-à-dire au gouvernement et à sa majorité) d'amender le droit du Royaume-Uni pour se mettre en conformité avec la CEDH ou bien de s'exposer à un recours devant la Cour de Strasbourg et, donc, à une éventuelle condamnation. Ce dispositif est entré en vigueur en 2000.

La politique de diffusion des droits de l'homme n'est pas vraiment nouvelle, mais ce qui est vraiment innovant, ce sont les dispositifs visant à les rendre effectifs. Les États ont consenti à créer des juridictions internationales en vue d'assurer la protection des droits de l'homme. Depuis la création de la Cour européenne des droits de l'homme, c'est un phénomène qui s'est intensifié de manière à lutter contre les crimes les plus odieux commis contre l'humanité. Outre l'exemple européen, il convient d'attirer l'attention sur la procédure dite de compétence universelle. Cette procédure peut résulter soit d'une loi spécifique comme en Belgique (aujourd'hui abrogée)[1], soit d'une convention internationale donnant mandat à tous les pays signataires de reconnaître ses juridictions nationales compétentes pour juger certains crimes commis à l'étranger, alors même qu'elle n'aurait pas de critère de rattachement territorial ou personnel à faire valoir[2]. Désormais, la « langue des droits »[3] s'identifie, avant tout, à celle pratiquée par les juges et les cours.

Au-delà des institutions européennes, ce sont les institutions financières internationales (FMI, Banque mondiale) qui ont puissamment contribué, par le biais de la « conditionnalité démocratique », à l'importation des principes de l'État de droit, en particulier dans les constitutions des pays de l'Europe centrale et orientale et en Afrique. Mais il faut aussi remarquer que la permanence et le nombre de régimes dictatoriaux confirment que l'internationalisation du droit public ne touche pas toute la planète alors que la *lex mercatoria* est globale.

---

1. La loi belge dite de compétence universelle adoptée en 1993, modifiée en 1999, a été finalement abrogée en 2003 à cause des désordres provoqués tant sur le plan interne qu'international : A. Bailleux, « L'histoire de la loi belge de compétence universelle », *Droit et société*, 2005, n° 59, p. 107 et s.

2. M. Delmas-Marty, *Les forces imaginantes du droit. Le relatif et l'universel*, Seuil, 2004, p. 207 et s.

3. E. Garcia de Enterria, *La lengua de los derechos*, Madrid, Alianza, 1994 ; G. De Burca, « The Language of Rights and European Integration », *in* J. Shaw, G. More (eds.), *New Legal Dynamics of European Union*, Oxford, Clarendon Press, 1995, p. 29 et s. ; M. R. Ferrarese, « Il linguaggio transnazionale dei diritti », *Riv. Dir. Cost.*, 2000, p. 74 et s.

2) Le rôle des juges[1] et de la doctrine européens

La force de pénétration des droits européen et communautaire a été acceptée au prix d'un souci constant envers les droits nationaux qui s'exprime par la formation d'un droit commun. Les droits européen et communautaire ne sont pas des « droits étrangers », mais des droits qui puisent dans les différentes traditions juridiques nationales. La composition même des cours européennes favorise les échanges et la légitimité des droits supranationaux puisque chaque État nomme un juge. Ce sont aussi les méthodes procédurales qui ont été empruntées. C'est particulièrement vrai pour la Cour européenne de justice de Luxembourg dont les règles d'organisation et de procédure ont été en partie calquées sur celles du contentieux administratif français.

Le patrimoine commun concerne les droits de l'homme et la prééminence du droit qui renvoie à une autre notion, plus courante, celle d'« État de droit ». Tout le monde adhère à cette dernière notion tout en ne sachant pas exactement à quoi elle correspond. Sa polysémie est certainement à la source de l'adhésion dont elle bénéficie. Les États européens s'accordent néanmoins sur deux principes directeurs : d'une part, les pouvoirs publics doivent agir selon la loi et non de manière arbitraire et, d'autre part, tout abus peut être sanctionné par un recours devant un juge. L'harmonisation européenne est donc plutôt forte quand il s'agit de protéger et l'autorité et l'impartialité de la justice. Elle est en revanche plutôt faible dans les affaires qui touchent à la morale, à la religion ou aux droits sociaux.

Le rapprochement autour de principes communs suppose donc une sorte de droit à la différence puisque chaque État garde une marge pour mettre en œuvre ces principes. En particulier, est apparue dans la jurisprudence de la Cour de Strasbourg[2] (*Handyside c. Royaume-Uni*, 1976) une marge nationale d'appréciation au profit des législateurs et des juges nationaux en matière d'application de la Convention de manière à concilier la construction d'une Europe des droits de l'homme et la sauvegarde du pluralisme juridique. Cette méthode d'interprétation développée par la Cour laisse aux États une latitude plus ou moins grande pour apprécier le contenu de leurs obligations aux termes de la Convention. Cette méthode répond à la logique du mécanisme de protection offert par la Convention, en d'autres termes son caractère subsidiaire par rapport aux systèmes nationaux de garantie. Mais il faut aussi souligner que, dans certains contextes, les autorités nationales sont mieux placées que la

---

1. Voir le numéro consacré aux cours européennes par la revue, *Pouvoirs*, n° 96, 2001.

2. J.-P. Marguénaud, *La Cour européenne des droits de l'homme*, Paris, Dalloz, 4e éd., 2008 ; F. Sudre, *Droit européen et international des droits de l'homme*, Paris, PUF, 9e éd., 2008.

Cour pour apprécier la manière dont il convient de répondre aux exigences de la Convention. Ainsi, dans l'arrêt *Handyside*, la Cour se déclare incapable d'identifier une conception commune de la morale de manière à limiter l'exercice de la liberté d'expression. Toutefois, la marge d'appréciation est plus réduite, voire absente, lorsque la Cour estime qu'il existe un consensus européen sur la question envisagée. Elle tient compte du degré de consensus parmi les droits internes sans rechercher forcément un dénominateur commun et elle peut juger des législations nationales en conformité avec la Convention au nom des traditions juridiques et du respect de la diversité culturelle. La recherche du consensus européen sur la question envisagée ne relève donc pas d'une stricte et profonde comparaison du droit de l'ensemble des États parties. Sa méthode est sans doute plus approximative et elle est le plus souvent liée à une autre méthode : l'interprétation évolutive. Selon cette directive d'interprétation, la Convention est conçue comme « *un instrument vivant à interpréter [...] à la lumière des conditions de vie actuelles* » (*Tyrer c. Royaume-Uni*, 1978). La Cour peut ainsi être amenée à remettre en cause, à raison du changement des mentalités, des solutions anciennement admises car conformes à l'idée généralement acceptée en particulier dans l'opinion publique européenne.

De son côté, la Cour de justice dispose d'un instrument procédural privilégié pour faciliter la coopération et la convergence avec les juges nationaux. Il s'agit du renvoi préjudiciel. Les juridictions nationales des États membres peuvent demander à la Cour la signification d'une partie du droit communautaire. La Cour donne alors son interprétation, qui sera à la disposition de la juridiction nationale demandeuse, sans pouvoir juger l'affaire elle-même. Cette voie de recours favorise un mouvement circulatoire entre les droits nationaux et le droit communautaire. Ainsi, les constitutions nationales sont une source d'inspiration pour le juge communautaire. Mais il est l'interprète exclusif et garant de l'ordre juridique communautaire et utilise donc les traditions constitutionnelles communes de manière à tisser un lien avec les ordres juridiques internes tout en se réappropriant le patrimoine constitutionnel commun conformément aux objectifs poursuivis par l'ordre juridique communautaire. La comparaison ne sert donc pas forcément à mettre en lumière des convergences entre les droits nationaux des États membres. Elle permet aussi de faciliter la réception, dans le droit communautaire, de solutions nationales sûres et convaincantes, même si elles sont singulières comme, par exemple, le principe de proportionnalité (venu du droit allemand)[1].

---

1. P. Pescatore, « Le recours dans la jurisprudence de la Cour de justice des Communautés européennes à des normes déduites de la comparaison des droits des États membres », *R.I.D.C.*, 2-1980, p. 354.

La Cour de Strasbourg utilise elle aussi le principe de proportionnalité, principe à tout faire du contentieux, qui permet d'évaluer si les moyens juridiques mis en œuvre pour atteindre un objectif légitime (par exemple, la limitation de l'exercice d'une liberté au nom de la sécurité publique) sont adéquats et équilibrés. Il faut enfin remarquer que si la formation d'un droit commun se fait principalement autour des droits de l'homme et du droit au juge, elle peut aussi concerner d'autres domaines. Par exemple, le service public a connu en France de profondes évolutions marquées par l'Europe, mais la conception française du service public a aussi largement influencé le « service d'intérêt économique général » : la Cour de justice a notamment admis des restrictions à la libre concurrence justifiées par la nature de la mission du service public.

Le droit comparé est conçu par les tenants de la convergence comme un instrument d'intégration[1]. Jean-Bernard Auby ou bien Mireille Delmas-Marty soutiennent que la globalisation s'accompagne d'un déplacement des enjeux du droit comparé, « *de la théorie vers la pratique, accompagné d'une transformation des méthodes, davantage axées sur l'analyse des systèmes et l'évaluation des solutions fournies par les différents systèmes dans tel ou tel domaine* »[2]. Ce pragmatisme peut servir un militantisme qui a été dénoncé par Ian Ward à propos des travaux menés par Jürgen Schwarze sur le droit administratif en Europe[3]. I. Ward souligne que « *le projet est de minimiser les différences et bien sûr les contradictions* »[4] tout en reconnaissant qu'« *il est indéniable que le droit comparé soit utilisé dans l'Europe communautaire [...] pour parachever la ressemblance et éliminer les différences* »[5]. Sans douter de la convergence elle-même, on peut cependant légitimement douter qu'elle conduise à la suppression des différences (d'ailleurs, le peut-elle ?) ; ce qui est précisément au cœur des travaux des comparatistes qui ont revisité la question classique des emprunts juridiques à l'aune de l'européanisation (voir Leçon 6 § 1).

L'européanisation du droit est une expression communément employée, mais elle n'est pas sans poser un certain nombre de questions, en particulier, de frontière puisqu'elle repose sur l'action

1. K. Lenaerts, « Le droit comparé dans le travail du juge communautaire », cit., p. 503.

2. M. Delmas-Marty (dir.), *Critique de l'intégration normative*, PUF, coll. Les voies du droit, 2004, p. 47.

3. J. Schwarze, *Droit administratif européen*, Office des publications officielles des Communautés européennes, Bruxelles, Bruylant, 1994. Pour une version plus accessible de la thèse défendue par Schwarze que l'ouvrage précité, voir J. Schwarze, « Tendencies Towards a Common Administrative Law in Europe » 16, *European Law Review*, 1991, p. 17 et s.

4. I. Ward, « The limits of Comparativism: Lessons from UK-EC Integration », *Maastricht Journal of European and Comparative Law*, 1995, p. 27.

5. *Ibid.*, p. 31.

conjuguée des deux principales organisations européennes que sont le Conseil de l'Europe et l'Union européenne. Ce sont les études de droit communautaire et aujourd'hui d'Union européenne qui en ont le plus souffert, le terme « européen » étant plus évocateur (d'ailleurs en Italie « *diritto europeo* » renvoie à la fois au droit des Communautés européennes, à présent de l'Union européenne, et au droit du Conseil de l'Europe) et souvent compris comme synonyme de « commun ». Bien qu'ayant un droit en commun, les traditions nationales sont encore bien présentes dans l'étude et l'enseignement du droit communautaire et de l'Union européenne dans les vingt-sept États membres.

L'européanisation des études du droit de l'Union européenne semble toutefois en marche autour du « *paradigme anglo-américain* »[1]. Plusieurs facteurs jouent en vue de « dé-nationaliser » ces études et de créer une nouvelle discipline au-delà des différences nationales : d'abord, la publication dans de nombreuses revues et d'ouvrages en anglais (outre les éditeurs britanniques et américains[2]) offrant une large diffusion aux travaux académiques. Ensuite, le rôle de l'Institut universitaire européen de Florence mérite d'être souligné puisque cet institut d'enseignement supérieur créé par les Communautés européennes en 1976 participe de la confection d'une « culture des études juridiques de l'Union européenne » détachée des cultures juridiques nationales bien que marquée par une approche de *common-law lawyer* dans l'enseignement. Il faut ajouter, dans l'élaboration de cette culture, le rôle joué par le Collège de Bruges, en particulier son antenne en Pologne (développée en anglais pour les étudiants de l'Europe centrale et orientale), ainsi que les programmes Socrates et Erasmus. La rigidité des mentalités universitaires n'est sans doute pas atténuée par ces différentes initiatives puisque la mobilité des universitaires reste en Europe plus théorique que réelle. Toutefois, il convient de souligner que les universités du

1. J. Shaw, « The European Union. Discipline building meets polity building », *in* P. Cane, M. Tushnet, *The Oxford Handbook of Legal Studies*, Oxford, Oxford University Press, 2003, p. 334. A. Arnull, « The Americanization of EU Law scholarship », *in* A. Arnull, P. Eeckhout, T. Tridimas (eds.), *Continuity and Change in EU Law. Essays in Honour of Sir Francis Jacobs*, Oxford, Oxford University Press, 2008, p. 415 et s. Sur l'interdisciplinarité comme facteur d'inventivité et sa place dans les travaux académiques américains et européens, voir Leçon 9 § 1.

2. L'intérêt des chercheurs américains pour la construction européenne et le droit communautaire s'est manifesté rapidement. En particulier, deux figures académiques ont joué un rôle important : Eric Stein (Université de Michigan) et Werner Feld (Université de Nouvelle-Orléans). Des revues telles que *American Journal of International Law* et *American Journal of Comparative Law* ont aussi apporté une importante contribution par la publication de nombreux articles sur cette thématique. L'article de Stein, « Lawyers, Judges, and the Making of a Transnational Constitution » publié dans *American Journal of International Law* en 1981, est le plus souvent cité comme le tournant fondateur.

Royaume-Uni et des Pays-Bas accueillent en particulier pour assurer les enseignements en droit communautaire de jeunes enseignants-chercheurs formés à l'étranger. Enfin, il faut signaler les fonds de recherche en anglais financés par des fondations telles que la *Ford Foundation* aux États-Unis ou bien la *Volkswagen und Thyssen Stiftungen* en Allemagne. Cette construction d'une doctrine transnationale européenne constitue sans aucun doute un projet beaucoup plus structurant, quoique rencontrant de nombreux obstacles (sur la constitution d'un droit constitutionnel européen et d'une doctrine constitutionnelle commune, voir la Leçon 11 § 2), que la convergence des droits positifs européens.

B. Les limites à la convergence

À cause de la croissance actuelle des sources extra-étatiques, les juridictions nationales sont de plus en plus sollicitées dans les litiges où l'éclatement du cadre national est rendu plus visible. En particulier, les échanges entre les systèmes juridiques nationaux passent principalement par les juridictions internes qui, parfois, résistent à la pénétration des droits communautaire et européen.

1) Le rôle des juges nationaux

Face à la force de pénétration des droits communautaire et européen, les juges nationaux sont devenus les gardiens des ordres juridiques internes. Ils cherchent à préserver l'autonomie des ordres juridiques. Cela signifie d'abord préserver la constitution nationale ou, du moins, certains principes qui sont dégagés par les cours constitutionnelles comme étant en quelque sorte le noyau dur de tout le système juridique : le respect des droits fondamentaux pour le juge constitutionnel allemand ou bien les « conditions essentielles de la souveraineté » pour le Conseil constitutionnel français qui désormais préfère se référer à « l'identité constitutionnelle de la France » (sur cette notion, voir Leçon 11 § 2). Leur respect suppose que la ratification d'un traité communautaire (notamment celui de Maastricht ou encore le traité de Lisbonne) soit précédée d'une révision de la constitution nationale. Les réserves de constitutionnalité laissent penser que certains domaines ne peuvent être absorbés par le processus d'intégration européenne et, par conséquent échappent à l'européanisation. La Cour constitutionnelle allemande a suspendu ses réserves à l'égard des droits fondamentaux une fois que la Cour de justice a assuré un haut niveau de protection communautaire. Les échanges entre juges permettent donc de résoudre certaines tensions.

L'apaisement des conflits passe notamment par le recours au renvoi préjudiciel qui peut être un extraordinaire instrument de coopération entre juges. Il faut remarquer que le Conseil d'État français a manifesté une certaine résistance à son emploi qui reste encore tout à fait mesuré. Par ailleurs, rares sont les cours constitutionnelles européennes qui y ont recours de crainte d'être perçues comme « inférieures » à la Cour de justice. Il ne faudrait pas croire cependant que les juges ordinaires soient réticents. Bien au contraire : les questions préjudicielles participent en grande partie à l'engorgement de la Cour de justice (même si d'autres raisons jouent, notamment l'élargissement de l'Union européenne et l'extension de ses compétences).

En revanche, il n'existe pas concernant la Convention européenne des droits de l'homme de mécanisme équivalent au renvoi préjudiciel. L'interprétation donnée par la Cour de Strasbourg est considérée par celle-ci comme faisant corps avec le texte conventionnel. Mais le juge national, qui applique la Convention, peut donner des interprétations divergentes. Il n'est pas formellement subordonné au juge européen. Donc, d'un point de vue procédural, les juridictions internes demeurent souveraines dans le règlement des litiges qui leur sont soumis. Mais la situation est en réalité plus complexe. Avant de saisir la Cour européenne, le requérant doit avoir épuisé les voies de recours internes jusqu'au degré le plus élevé. Il en découle que la saisine de la Cour est consécutive à un arrêt de la Cour de cassation ou du Conseil d'État rejetant les prétentions du requérant, de telle sorte qu'en examinant la requête, la Cour de Strasbourg se trouve dans la position d'un organe de contrôle des décisions du juge interne, et qu'en l'accueillant elle inflige à ce dernier un désaveu. Ce contrôle est très net lorsque le grief soulevé devant la Cour est tiré de la violation du droit à un procès équitable, devant un tribunal indépendant et impartial, statuant dans un délai raisonnable. Or, quasiment la moitié des arrêts de condamnation est relative en tout ou partie à l'application de cette règle de l'article 6. La France qui est un des États les plus attaqués (après la Russie et l'Italie) est fréquemment condamnée pour la durée excessive de procédure devant les juridictions internes (il faut remarquer que la Cour européenne est elle-même de moins en moins en mesure de statuer dans le respect d'un délai raisonnable devant faire face à un « contentieux de masse », rançon de son succès liée à la requête individuelle). Mais le point de friction avec les juridictions nationales, en vérité avec le Conseil d'État français, tient au respect des règles d'impartialité. Le juge administratif prend en compte la jurisprudence européenne, mais se réserve la possibilité de s'en écarter lorsqu'il n'est pas convaincu par celle-ci[1]. Les arrêts de la Cour européenne ont provoqué d'autres résistances exprimées par les juges nationaux au nom de la préservation de ce qui est jugé constitutif de l'identité

1. Sur l'évolution de la jurisprudence du Conseil d'État, A. Claeys, *L'évolution de la protection juridictionnelle de l'administré au moyen du recours pour excès de pouvoir*, Thèse Poitiers, 2005.

du système juridique ou de ses traditions[1] (voir sur la résistance à la jurisprudence de la Cour de justice de l'Union européenne, Leçon 10 § 1. B).

2) Le rôle de la doctrine comparatiste (renvoi)

En raison de la place centrale des juges, le problème de l'acceptabilité des juges constitutionnels comme gardiens de l'autonomie des ordres juridiques nationaux est sans doute essentiel. Mais il y a plus : jusqu'où va l'homogénéité constitutionnelle exigée par l'intégration européenne ? Certains auteurs ont parlé d'« *excès d'orgueil national* »[2] à propos des réserves de constitutionnalité émises par certaines cours constitutionnelles européennes, mais ne vaudrait-il pas mieux réfléchir aux éléments constitutifs de l'identité constitutionnelle nationale qui ne peuvent pas être absorbés par le processus d'intégration ? Autrement dit, il faut aussi réfléchir aux domaines qui échappent à l'européanisation et à l'internationalisation (pour un approfondissement de la question de l'identité constitutionnelle et des avancées de la construction européenne, Leçon 11 § 2). C'est le rôle de la doctrine comparatiste de souligner que la convergence de quelques règles de droit positif ne signifie pas que l'on appréhende le droit de la même manière et qu'on en a la même conception. C'est précisément l'objectif que se fixe la comparaison différentielle. En ce sens, son apport mérite des développements plus substantiels : d'abord, car elle a bénéficié jusqu'à présent d'un espace moins important en particulier dans les recherches sur l'européanisation des droits[3] et, ensuite, elle a peu retenu l'attention des constitutionnalistes alors qu'elle est en mesure d'offrir de nouvelles perspectives. C'est pourquoi le paragraphe qui suit est plus étoffé et cherche à tirer toutes les conséquences du changement de paradigme (du fonctionnalisme au contextualisme ou culturalisme) dans les études comparatives.

§ 2. La comparaison différentielle

La question culturelle est désormais centrale dans les études juridiques comparatives. La comparaison différentielle repose

1. Sur le contrôle exercé par les Cours européennes qui débouche parfois sur un « *colonialisme judiciaire* » : M. Cartabia (dir.), *I diritti in azione. Universalità e pluralismo dei diritti fondamentali nelle Corti europee*, Bologne, Il Mulino, 2007.

2. L'expression est d'A. Celotto et T. Groppi, « Diritto UE e diritto nazionale : primauté vs controlimiti », *Riv. It. Dir. Pubb. Com.*, 2004, p. 1377.

3. En revanche, la bibliographie est exponentielle sur les différentes formes de l'européanisation des droits et en particulier sur le rôle des juges. Pour une vue synthétique, voir J.-S. Bergé, S. Robin-Olivier, *Introduction au droit européen*, Paris, PUF, coll. Thémis, 2008 ; J.-B. Auby (dir.), *L'influence du droit européen sur les catégories de droit public*, Paris, Mission Droit et Justice, 2009.

essentiellement sur les notions de « tradition » et de « culture ». Le plus souvent, les deux notions sont indifféremment utilisées[1]. Aussi bien les cultures que les traditions juridiques renvoient à un ensemble complexe d'éléments enracinés, historiquement conditionnés, qui concernent la nature du droit, le rôle du droit dans la société et dans l'organisation politique ainsi que le fonctionnement du système juridique et la manière dont le droit est ou devrait être créé, appliqué, étudié, perfectionné et enseigné. Néanmoins, lorsque l'on cherche à identifier une tradition juridique, cela « *implique de dégager des traits signalant l'appartenance d'un droit à une communauté épistémologique donnée, au-delà de sa traduction nationale spécifique* »[2]. Or les publicistes sont plus attentifs aux racines historiques, culturelles et, donc, aux caractéristiques nationales des droits (voir Leçon 2 sur les caractéristiques du droit public comparé). Cela explique très certainement pourquoi l'opposition entre tradition de *common law* et tradition civiliste ne soit pas aussi prégnante en droit public[3]. En revanche, la notion de « culture » semble plus appropriée : la culture est ce qui permet de marquer l'identité d'un système juridique et donc sa différence par rapport aux autres systèmes. Ainsi ressort la dimension nationale du droit.

A. Les cultures juridiques

La notion de « culture juridique » ne se laisse pas facilement saisir[4]. Elle suppose avant tout un effort de définition qui mènera à distinguer différents types de culture, pour ensuite envisager les différents usages de la catégorie retenue. Ces efforts seront conduits en séparant les approches proposées par les doctrines comparatiste et

1. J. Husa, « Legal Culture *vs.* Legal Tradition – Different Epistemologies? », *Maastricht European Private Law Institute Working Paper*, 2012/18, disponible online : https://ssrn.com/abstract=2179890

2. D. Fairgrieve, H. Muir-Watt, *Common law et tradition civiliste*, Paris, PUF, coll. « Les Notes » de la Mission Droit et Justice, 2006, p. 9.

3. M.-C. Ponthoreau, « Existe-t-il véritablement une concurrence entre *common law* et tradition civiliste ? Le point de vue du comparatiste de droit public », *in* J. du Bois de Gaudusson, F. Ferrand (dir.), *La concurrence des systèmes juridiques*, Marseille, PUAM, 2008, p. 35 et s.

4. Le mot « culture » s'emploie aujourd'hui dans de nombreuses autres circonstances, ce qui en galvaude l'usage : c'est ainsi que l'on parle de la culture d'entreprise ou de la culture de la rue. Voir sur les différentes significations possibles du mot « culture » : R. Sefton-Green, « *Compare and contrast* : monstre à deux têtes », *R.I.D.C.*, 1-2002, p. 87, qui retient quatre significations : la culture historique (par exemple la culture française), la culture-connaissance (développement des facultés de l'esprit), la culture contemporaine (ou culture de fait comme par exemple la culture de la télévision) et la culture-création (l'art). Voir sur l'apport de la sociologie juridique à la pluralité des usages de la notion de « culture », le dossier présenté par A. Marissal, C. Reveillere, « Les cultures juridiques à l'épreuve de l'enquête », *Droit et société*, 2020/2, n° 105, p. 277 et s.

constitutionnelle. En vérité, les constitutionnalistes se sont peu intéressés à la question et ce sont les travaux des comparatistes qui sont en mesure d'alimenter la réflexion constitutionnelle.

1) Les cultures en droit comparé[1]

Il n'est pas suffisant de s'intéresser aux textes et aux règles juridiques pour expliquer les différences entre les systèmes juridiques. Ainsi, M. Cappelletti, J.H. Merryman et J.M. Perillo précisent, dans leur ouvrage sur le système juridique italien, que la source des différences réside généralement en dehors du système juridique, c'est-à-dire dans les comportements et les pratiques liés au droit[2]. Ces différences donnent au système juridique ses caractéristiques propres et donc son identité. La plupart des comparatistes anglophones reprennent à leur compte les travaux du sociologue du droit, Lawrence M. Friedman, et sa distinction entre la culture juridique interne et la culture juridique externe[3]. La première est celle des professionnels du droit, constituée des représentations, raisonnements, idéologies, valeurs plus ou moins explicites, communs à ce groupe et fondant l'action de ceux qui œuvrent à l'intérieur du système juridique. La seconde correspond à l'ensemble des croyances, valeurs et attentes du grand public à l'égard du droit et aux ressources qu'il offre en particulier pour ceux qui font pression sur le droit de manière à produire du changement social. Les comparatistes francophones se réfèrent certainement plus volontiers aux travaux du Doyen Carbonnier lequel a d'ailleurs réfléchi aux liens entre droit comparé et sociologie juridique[4] : « *Ce qu'il faut avant tout pour voir le droit en sociologue, c'est sortir du droit positif, c'est une ouverture sur autre chose : le comparatisme y mène spontanément* »[5].

---

1. J. Bell, « De la culture », *in* P. Legrand (dir.), *Comparer les droits, résolument*, Paris, PUF, 2009, p. 247 et s. R. Cotterrell, « Comparative Law and Legal Culture », *in* M. Reimann, R. Zimmermann (eds.), *The Oxford Handbook of Comparative Law*, Oxford, Oxford University Press, 2006, p. 710 et s.

2. M. Cappelletti, J.H. Merryman, J.M. Perillo, *The Italian Legal System. An introduction,* Stanford, Stanford University Press, 1967, p. 165.

3. L.M. Friedman, *The Legal System. A Social Science Perspective*, New York, Rusell Sage Foudation, 1975, p. 223 et s.

4. Sur les liens entre sociologie et droit comparé, voir aussi K. Zweigert, « Quelques réflexions sur les relations entre la sociologie juridique et le droit comparé », *in Aspects nouveaux de la pensée juridique. Recueil d'études en hommage à Marc Ancel*, Paris, Pédone, 1975, p. 83 ; U. Drobnig (dir.), *Rechtssoziologie und Rechtsvergleichung*, Berlin, Duncker & Humblot, 1977 ; R. Cotterrell, « Comparatists and Sociology », *in* P. Legrand, R. Munday (eds.), *Comparative Legal Studies: Traditions and Transitions*, Cambridge, Cambridge University Press, 2003, p. 131 et s. ; A. Riles, « Comparative Law and Socio-Legal studies », *in The Oxford Handbook of Comparative Law*, cit., p. 776 et s.

5. J. Carbonnier, « L'apport du droit comparé à la sociologie juridique », *Livre du centenaire de la Société de Législation Comparée. Un siècle de droit comparé (1869-1969)*, Paris, LGDJ, 1969, p. 76.

Le problème est de saisir cet « *autre chose* », plus précisément la notion de « culture » qui est l'objet de nombreuses controverses au sein de la doctrine comparatiste. Les travaux de l'anthropologue américain, Clifford Geertz, sont également souvent cités, en particulier, son ouvrage pionnier dans lequel la culture renvoie à un ensemble d'idées, de valeurs, de symboles et de croyances et à une multitude diversifiée de règles et de pratiques qui, combinés, donnent une signification au réel, établissent les règles de jeu, façonnent les comportements notamment politiques[1]. Précisons avec Norbert Rouland que l'anthropologie juridique s'est donné comme objectif de « *parvenir à une meilleure connaissance de l'altérité juridique saisie à la fois dans le passé et dans le présent, dans les sociétés traditionnelle et industrialisée* », car elle « *nous permet de mieux comprendre nos propres sociétés : avoir vu fonctionner ailleurs certains modèles permet de mieux les repérer chez soi* »[2].

On peut détecter l'influence de la sociologie dans la classification en familles de droit présentée par David ou Zweigert et Kötz (voir Leçon 2) : les familles juridiques renvoient en partie à des distinctions qui prennent en compte des éléments extra-juridiques quoique attachés à la pratique juridique tels que la représentation de la justice dans la société. Il convient d'ailleurs de souligner que le concept de « mentalité » a été tout d'abord proposé par Zweigert, puis développé par Pierre Legrand, l'un des principaux tenants du courant « *Law as Culture* ». Ce concept renvoie aux structures profondes de la rationalité juridique selon lesquelles un juriste ne raisonne pas de la même manière suivant son appartenance au monde du *common law* ou au monde du *civil law*. Cette distinction entre traditions juridiques a nourri en partie la classification en familles de droit. Ainsi, on perçoit les empiétements entre les notions en jeu : les habitudes de pensée, les structures mentales font partie intégrante d'une culture juridique tout en étant la marque d'une tradition. En ce sens, ce qu'on désigne comme « culture juridique » englobe aussi bien les traditions que les mentalités. Enfin, ce sont certaines valeurs qui sont prises en compte dans le but de distinguer deux grandes aires culturelles : d'un côté, la culture juridique occidentale qui repose sur l'individualisme et la rationalité et, de l'autre, la culture non occidentale qui se fonde au contraire sur le collectivisme et l'irrationalité. Ces catégories taillées à la serpe peuvent être affinées. Concernant la première, ses caractéristiques sont en partie repérables à partir du droit romain, mais son unité peut difficilement être soutenue à cause du *common law* (pour un approfondissement sur la distinction entre les traditions civiliste et de *common law*, voir le paragraphe

1. C. Geertz, *The Interpretations of Culture*, New York, Basic Books, 1973.
2. N. Rouland, *Aux confins du droit*, Paris, Odile Jacob, 1991, p. 74.

suivant)[1]. De même, la seconde peut être subdivisée en cultures juridiques africaine, islamique et asiatique.

Cette dernière dichotomie laisse entendre que les cultures juridiques ne peuvent être saisies que de manière générale et homogène. Vue d'Occident, la culture juridique asiatique peut former un tout ; de même que la culture juridique européenne forme un tout pour un juriste chinois. La culture juridique asiatique est pourtant loin d'être homogène et présente au contraire une forte diversité. Trois blocs peuvent être distingués : l'indien (qui regroupe les expériences birmane, thaïlandaise et en partie indonésienne), le chinois (Chine, Laos, Taiwan et Vietnam) et l'islamique (Malaisie et Indonésie). Le Japon reste à part et se rattache en grande partie à la tradition civiliste. Cette compréhension globale de la culture juridique n'est pas sans soulever des doutes sur son caractère opératoire. Ces doutes tiennent au regroupement dans une catégorie de droits qui certes se distinguent collectivement des droits des pays occidentaux, mais à l'intérieur de cette catégorie, « *on doit mettre en doute le fait qu'il y ait des similarités essentielles entre, par exemple, tous les droits africains, les droits d'Amérique latine, ceux du sous-continent indien, et ceux du Japon, de Chine, d'Indonésie et des pays des Îles du Pacifique. On doit mettre en doute, aussi, le fait que l'on ne puisse pas trouver des traits similaires entre n'importe lequel de ces pays et les droits de certains pays occidentaux* »[2]. Pour reprendre le cas asiatique, il convient de souligner l'influence des droits des puissances colonisatrices et donc des traits communs. Certains parlent d'un mélange inextricable entre règles coutumières indiennes, chinoises et islamiques et règles juridiques européennes ; ce qui fonde leur contestation d'une famille juridique asiatique[3].

L'idée de « culture » ou de « famille » juridique repose sur un haut degré d'abstraction. Dès lors, il apparaît que, pour beaucoup de comparatistes, le concept de « culture » a trop de significations possibles pour être un concept opératoire. Ils préfèrent donc en utiliser d'autres qu'ils jugent plus appropriés. Ainsi, Rodolfo Sacco, attentif au substrat culturel, a-t-il proposé les notions de « formant » et de

1. *Contra* : H.J. Berman, *Law and Revolution. The Formation of Western Legal Tradition*, Cambridge, Harvard University Press, 1983.

2. G. Woodman, « Droit comparé général », *in* W. Capeller, T. Kitamura (dir.), *Une introduction aux cultures juridiques non occidentales. Autour de Masaji Chiba*, Bruxelles, Bruylant, 1998, p. 122.

3. A. Harding, « Comparative Law and Legal Transplantation in South East Asia: Making Sense of the "Nomic Din" », *in* D. Nelken, J. Feest (eds.), *Adapting Legal Cultures*, Oxford, Hart, 2001, p. 200 ; ID., « Asian Law, Public Law, Comparative Law Stir-Fry: Theory and Method Considered », *in* T. Groppi *et al.* (eds.), *Asian Constitutionalism in Transition. A comparative Perspective*, Milan, Giuffrè, 2008, p. 19 et s.

« cryptotype »[1]. Les formants sont les éléments constitutifs du système juridique : les éléments législatif, doctrinal et jurisprudentiel, mais aussi les méthodes, les justifications auxquelles la communauté des juristes a recours. Les cryptotypes renvoient aux notions implicites qui conditionnent l'interprétation du droit. Pour sa part, Roger Cotterrell propose le concept d'« idéologie juridique » qui renvoie à un ensemble d'idées, de croyances, de valeurs et de comportements enracinés dans la pratique juridique tout en la structurant[2]. H. Patrick Glenn va plus loin en réfutant le concept de « culture » au profit de celui de « tradition » : le concept de « culture » a une histoire en Occident et en tant qu'instrument épistémologique, il est construit sur l'idée de conflit qui conduit à une compréhension conflictuelle du monde. Le concept de « tradition » représente au contraire l'instrument épistémologique de la conciliation[3]. En particulier, la question de l'identité a toujours été problématique en Europe ; c'est pourquoi cet auteur assigne comme finalité à la comparaison la réconciliation entre les traditions juridiques.

R. Sacco et R. Cotterrell cherchent plutôt à autonomiser la culture juridique par rapport à la culture entendue de manière plus large. Ils partent de l'idée que la culture juridique est fondée sur des caractères identitaires propres qui déterminent l'appartenance au groupe et ces caractères relèvent en grande partie de la formation reçue. Les membres d'une communauté juridique sont unis par une même « culture » ou « tradition ». Par exemple, les juristes français épousent une même conception du droit qui relève de la tradition romano-germanique : un droit « *centré sur le texte, pyramidal, vertical, légi-centré, écrit, logico-déductif, dogmatique, entièrement dominé par les figures de la loi, de l'État, de la puissance publique [...]* »[4]. Dans cette même tradition romano-germanique, le modèle français centré sur la loi se distingue néanmoins du modèle allemand centré sur la doctrine.

La plus grande faiblesse de cette approche est de postuler que tous les membres d'une communauté juridique partagent en définitive, au-delà de leurs divergences d'opinions, une même culture

1. R. Sacco, *La comparaison juridique au service de la connaissance du droit*, Paris, Economica, 1991, p. 33 et s. et p. 105 et s. Ces catégories sont largement reprises par la doctrine italienne : entre autres, R. Scarciglia, *Introduzione al diritto pubblico comparato*, Bologne, Il Mulino, 2006, p. 56 et s.

2. R. Cotterrell, « The concept of legal culture », *in* D. Nelken (ed.), *Comparing Legal Cultures*, Dartmouth, Aldershot, 1997, p. 21 et s.

3. H. P. Glenn, « Legal Cultures and Legal Traditions », *in* M. Van Hoecke (ed.), *Epistemology and Methodology of Comparative Law,* Oxford, Hart, 2004, p. 7 et s. Voir aussi les tentatives de clarification par A. Watson mais son article concerne exclusivement le droit privé : A. Watson, « Legal Culture *v* Legal Tradition », *in Epistemology and Methodology of Comparative Law*, cit., p. 1 et s.

4. É. Picard, « L'état du droit comparé en France », *R.I.D.C.*, 4-1999, p. 900.

qui fait qu'ils « *ne peu(ven)t penser ce qu'il(s) veu(len)t* »[1]. Comme le remarque à juste titre Daniel Jutras : « *[...] Pour soutenir cette exclusivité du rattachement, il faudrait conférer aux cultures juridiques nationales un tonus qui leur fait défaut. En Occident, du moins, les cultures juridiques sont assez poreuses, comme le révèle leur histoire et cette mixité inhérente qui précède l'idée de droit national sert à tempérer l'essentialisme par lequel on attribue à chacune des caractéristiques constitutives et invariables* »[2]. De plus, l'identité juridique est influencée, voire surdéterminée par les autres éléments notamment professionnels de l'identité. Ainsi, « *il n'est pas du tout certain que, pour le juriste, son appartenance à la culture de common law, par exemple, ait toujours une consistance plus ferme que les autres éléments de son identité. L'avocat d'affaires de Londres a peut-être plus en commun avec son collègue de Hambourg qu'avec le professeur de droit de Cambridge* ».

À l'ère de la globalisation, les cultures juridiques sont moins perçues comme fermées et elles semblent plus marquées par l'hybridité que par l'uniformité. Ceci vaut aussi pour la culture juridique française[3] et cela d'ailleurs n'en facilite pas la compréhension. En dépit de ces difficultés, rien n'empêche de s'interroger sur les différences culturelles. Au contraire, force est de constater que les études comparatives culturelles sont risquées et qu'elles méritent quelques recommandations méthodologiques supplémentaires (et donc à ajouter aux pièges à éviter abordés dans la Leçon 4 § 1).

Puisque plusieurs concepts sont proposés par la doctrine comparatiste, l'important est donc de déterminer le sens du concept que l'on entend utiliser car, en raison de l'imprécision de la notion de « culture juridique », le plus grand risque est de voir chacun y projeter ce qu'il souhaite. Pour l'éviter, il convient de préciser si on a recours à la culture comme instrument d'explication ou bien comme quelque chose à expliquer. Dans cette dernière hypothèse, cela suppose à cause des différences culturelles profondes d'être un spécialiste, c'est-à-dire de s'immerger pleinement dans ces différences d'une partie du monde (comme la Chine, l'Inde ou le Sud-Est asiatique). Les difficultés à les saisir en elles-mêmes, pour ce qu'elles sont, ont été soulignées notamment par Vivian Curran : « *la lentille avec laquelle l'altérité est perçue, est elle-même culturellement contingente, plutôt qu'absolue et immuable* »[4]. Il est certes impossible « *au comparatiste de désapprendre l'intégralité de ce qu'il a appris de façon à ce que ses connaissances ne colorent en rien sa perception de la culture*

1. P. Legrand, *Le droit comparé*, Paris, PUF, 1re éd., 1999, p. 22.
2. D. Jutras, *op. cit.*, p. 790.
3. F. Audren, J.-L. Halpérin, *La culture juridique française*, Paris, CNRS édition, 2013.
4. V. Curran, « Dealing in Difference: Comparative Law's Potential for Broadening Legal Perspectives » 46, *American Journal of Comparative Law*, 1998, p. 667.

nouvelle »[1]. Certains proposent une « *immersion culturelle* »[2] ou bien de prendre une seconde identité : « *pénétrer à l'intérieur du système étranger et essayer de le comprendre au sens étymologique, c'est-à-dire le "prendre avec soi"* »[3]. Les moyens pour parvenir à cette connaissance en profondeur restent toutefois flous. Sauf à insister sur les différences, les auteurs se contentent d'appeler à un effort supplémentaire de contextualisation (voir Leçon 3).

Les comparatistes se divisent alors. Il y a d'un côté ceux qui acceptent l'effet de distorsion que comporte forcément toute approche d'une « autre » culture. C'est tout compte fait pour eux le prix à payer pour une comparaison et donc pour une communication entre les différentes expériences juridiques. De l'autre, il y a ceux qui le refusent car, la comparaison parfaite étant impossible, mieux vaut se concentrer sur un droit étranger. La querelle entre comparatistes est excessive, voire obsessive. Les comparatistes à force de s'affronter ne s'éloignent-ils pas de l'essentiel ? L'objectif de la comparaison semble perdu de vue. En effet, celui-ci n'est-il pas d'apprendre de l'autre par les différences et non pas de saisir et de comprendre comme l'autre ? Mieux encore, ne s'agit-il pas de faire comprendre à l'autre ce qu'il ne perçoit pas consciencement[4] ?

L'autre option consiste à chercher et à expliquer les différences entre les systèmes juridiques par la culture. Il faut toutefois prendre garde à ne pas tomber dans la facilité en expliquant toutes les différences par la culture. De manière à éviter tout risque de circularité, l'approche culturelle doit être enchâssée dans une démarche historique (pour un approfondissement, voir Leçon 9 § 2). Cela se prête bien à une étude des bases historiques et matérielles du droit constitutionnel. À ce titre, il convient d'attirer l'attention sur la notion de « culture constitutionnelle » et de préciser son apport au comparatisme en droit constitutionnel.

2) Les cultures constitutionnelles et la comparaison des droits[5]

Quoique souvent utilisée, la notion de « culture constitutionnelle » s'apparente généralement à une simple facilité d'exposition ou à

1. P. Legrand, *Le droit comparé*, cit., p. 58.
2. V. Curran, « Cultural Immersion, Difference and Categories in U.S. Comparative Law », 46 *American Journal of Comparative Law*, 1998, p. 43 et s.
3. É. Zoller, « Qu'est-ce que faire du droit constitutionnel comparé ? », *Droits*, 32-2000, p. 132.
4. J. Q. Whitman, « The Neo-Romantic Turn », *in* P. Legrand, R. Munday (eds.), *Comparative Legal Studies: Traditions and Transitions*, cit., p. 312 et s., en part. p. 336.
5. M.-C. Ponthoreau, « Cultures constitutionnelles et comparaison en droit constitutionnel. Contribution à une science du droit constitutionnel », *in Mélanges Slobodan Milacic*, Bruxelles, Bruylant, 2008, p. 219 et s.

une commodité explicative. Cette notion a été introduite trop récemment[1] et elle n'est donc pas encore complètement absorbée par les chercheurs en droit constitutionnel bien que, désormais, elle soit plus présente dans les études constitutionnelles françaises[2]. À cette fin, il n'est pas vain d'essayer de préciser le vocabulaire et d'en suggérer une utilisation plus rigoureuse. La confrontation des notions peut d'ailleurs aider à mieux cerner ce qui singularise vraiment la culture constitutionnelle.

Puisque la constitution est au carrefour du droit et du politique, les liens avec la notion de « culture politique » méritent d'être explorés. Plus large que la culture constitutionnelle, la culture politique renvoie au système de valeurs auquel les citoyens et les acteurs politiques sont rattachés et qui détermine leur manière d'être, de penser et d'agir[3]. Tel qu'on l'a fait remarquer précédemment pour la notion de « culture juridique », ce qu'on désigne comme « culture politique » a été critiqué en raison de sa compréhension globalisante alors que les membres d'une société n'ont pas au même degré un rapport conscient à la politique. Certains ont souligné le risque de reprendre, sur un mode apparemment scientifique, des stéréotypes éculés sur l'« âme » d'un peuple[4] : à titre illustratif, le pragmatisme anglo-américain ou le conformisme allemand. La culture politique ne fait pas l'objet d'une définition consensuelle, mais on s'accordera pour retenir qu'elle est « *le produit d'un mécanisme de régulation des comportements politiques qui inculque aux individus des attitudes fondamentales forgées par l'histoire, et les conduit à partager au-delà de leurs*

1. On peut citer principalement les travaux de P. Häberle dont « Zeit und Verfassungskultur », *in* A. Peisl, A. Mohler (dir.), *Die Zeit*, Munich, Oldenbourg, 1983, p. 289 et s. ; ID., *Verfassungslehre als Kulturwissenchaf*, Berlin, Duncker & Humblot, 2e, 1998 ; le colloque de l'Institute of Public Affairs, M. Wyrzykowski (ed.), *Constitutional Cultures*, Varsovie, 2000 ; G. Frankenberg, « Comparing Constitutions: Ideas, Ideals, Ideology-toward a Layered Narrative » 3, *I-CON*, 2006, p. 439 et s.

2. Voir A. Buixan, *La culture de la constitution en France. Reconnaissance d'une notion à la lumière des cultures constitutionnelles nationales* (France et États-Unis), Thèse Université de Rennes 1, 2020 ; H.M. Rafsandjani, « La culture constitutionnelle dans les États d'Afrique : le paradoxe du peuple constituant », *R.F.D.C.*, 2020, n° 123, p. 613 et s. qui envisage une « *conscience constitutionnelle* » comme contrepoids à une « *inculture constitutionnelle* » dans les pays d'Afrique francophone. Voir aussi la retranscription de la Table ronde de la VIIe journée d'études de la Commission de la jeune recherche en droit constitutionnel dans ce même numéro de la *R.F.D.C.*, 2020, n° 123, p. 631 et s.

3. G. A. Almond, S. Verba, *The Civic Culture. Political Attitudes and Democracy in Five Nations*, Princeton, Princeton University Press, 1963. Cette conception de la « culture politique » a fait l'objet de nombreuses discussions en science politique qui ont conduit les auteurs à proposer une nouvelle version de leur travail tenant compte des critiques formulées : G.A. Almond, S. Verba (eds.), *The Civic Culture Revisited*, Boston, Little Brown, 1980.

4. B. Badie, *Culture et politique*, Paris, Economica, 2e éd., 1986 ; Y. Schemeil, « Les cultures politiques », *in* M. Grawitz, J. Leca (dir.), *Traité de science politique*, Paris, PUF, vol. 3, 1985, p. 237 et s.

différences d'opinions politiques des croyances communes sur la meilleure forme d'organisation sociale et de gouvernement »[1].

Surtout, il convient de distinguer la culture politique de la culture constitutionnelle. Bien que la proximité paraisse évidente, les cultures politique et constitutionnelle ne portent pas exactement sur le même objet : la culture politique concerne les phénomènes du pouvoir alors que la culture constitutionnelle[2] s'intéresse à la constitution comme institution du droit et d'une communauté politique. Le point de rencontre semble la question de l'identification : les constitutions modernes cherchent à résoudre le problème de l'identité politique comme fondement de l'unité en tant que société politique. Cette identité renvoie à la continuité d'une communauté dans le temps et elle est donc fortement liée à la question de la mémoire que l'on garde et de l'héritage que l'on transmet. Cultures politique et constitutionnelle se rejoignent donc pour cimenter l'identité constitutionnelle. Gary Jacobsohn précise d'ailleurs qu'« *une constitution acquiert une identité par l'expérience ; cette identité n'existe ni comme un objet d'invention discret, ni comme une essence fortement incrustée dans la culture d'une société, ne nécessitant que d'être découverte. Au contraire, l'identité émerge de manière dialogique et représente un mélange d'aspirations et d'engagements politiques qui expriment le passé d'une nation, ainsi que la détermination de ceux de la société qui cherchent d'une certaine façon à transcender ce passé* »[3] (voir Leçon 11 § 2 sur les identités constitutionnelles nationales).

D'autres notions font référence elles aussi à un contenu d'idées ou de pratiques transmises à travers le temps : entre autres, coutume, rituel, mythe et tradition politique. Ces notions ont en commun de renvoyer à un héritage partagé réel ou construit. « *[...] les mythes sont des représentations collectives de la réalité sociale destinées à en résoudre les contradictions dans un langage moins logique que poétique, tandis que les actes rituels infléchissent la signification du mythe en le faisant pencher vers l'expression des intérêts plutôt que vers l'expression des identités qu'il a pour objet de servir. L'identité collective la plus profonde est mythique* »[4]. En revanche, la tradition politique intègre une plus grande part de la réalité objective puisqu'elle s'appuie sur la transmission de faits et événements

1. J. Lagroye (avec B. François et F. Sawicki), *Sociologie politique*, Paris, Presses de Sciences Po et Dalloz, 4e éd., 2002, p. 412.

2. De manière spécifique aux États-Unis, R.F. Nagel lie le contrôle de constitutionnalité des lois à une mentalité et donc à une culture constitutionnelle : R.F. Nagel, *Constitutional Cultures. The Mentality and Consequences of Judicial Review*, Berkeley, University of California Press, 1989.

3. G. Jacobsohn, « The formation of constitutional identities », *in* R. Dixon, T. Ginsburg (eds.), *Comparative Constitutional Law*, Cheltenham, E. Elgar, 2011, p. 129-130.

4. Y. Schemeil, *op. cit.*, p. 284.

précis. La tradition est un facteur de pesanteur historique, mais aussi un point de repère pour les acteurs politiques afin de guider leur activité, notamment face à une situation politique nouvelle. En ce sens, elle peut être également un élément constitutif de l'idéologie politique : « *[...] l'idéologie est l'arme avec laquelle chaque acteur tente de convaincre les autres qu'ils doivent partager ses propres valeurs, que ses croyances sont universelles malgré leur spécificité évidente puisque seules des minorités en sont porteuses – comme les religions* »[1]. La fonction des idéologies est double : elle peut être aussi bien conservatrice que progressiste. Cette double dimension se manifeste dans l'affrontement public où chacun cherche à nier l'idéologie de l'autre par sa propre idéologie. La tradition peut être aussi institutionnalisée de manière à diffuser un système de valeurs, voire même créée de toutes pièces sous l'influence de l'appareil de l'État. Ainsi parle-t-on d'une « invention » de la tradition monarchique anglaise dans la seconde moitié du XIXe siècle : elle a eu pour effet de revaloriser une monarchie discréditée et de préciser un cérémonial de la pompe monarchique jusque-là vague et mal fixé[2]. On pense aussi à la tradition républicaine, héritée de la Troisième République et produite à partir d'éléments préexistants et contradictoires. Il n'est sans doute pas de tradition politique qui ne repose sur une part d'invention. En définitive, toutes ces notions partagent une part de recréation permanente et une tension entre innovation et passé.

La culture constitutionnelle a à voir avec chacune de ces notions concurrentes car elle cherche à toutes les englober. La constitution écrite ou non a pour objectif de s'inscrire dans le temps. Alors que la constitution coutumière est une sorte de cimentation de traditions et de pratiques, la constitution écrite compense cette dernière par plusieurs artifices (tels que le préambule ou les symboles) en mesure de créer des liens avec le passé, mais aussi capables de projeter la communauté nationale dans le futur. La constitution elle-même n'est qu'une des sources possibles. La culture constitutionnelle émerge en effet sous d'autres formes, en particulier dans les discours politique, doctrinal et jurisprudentiel, *i.e.* la manière dont les citoyens, les gouvernants, les juristes et les juges s'approprient la constitution[3].

Ces précisions ne font perdre qu'en partie son caractère impénétrable à la notion de « culture constitutionnelle ». Trop souvent négligée, cette notion de « culture constitutionnelle », de même que celles

1. *Ibid.*, p. 285.

2. D. Cannadine, « Contexte, performance et signification d'un rituel : le cas de la monarchie britannique (1820-1877) », *in* E. Hobsbawn, T. Ranger (dir.), *L'invention de la tradition*, (trad. *The Invention of Tradition*, 1983), Paris, éd. Amsterdam, 2006, p. 117 et s.

3. B. Schlink, « German Constitution Culture in Transition », *in* M. Rosenfeld (ed.), *Constitutionalism, Identity, Difference and Legitimacy. Theoretical Perspectives*, Durham-London, Duke University Press, 1994, p. 197.

de cultures et de traditions juridiques, est à la fois descriptive et normative. C'est pourquoi la difficulté essentielle à prendre en compte tient aux caractéristiques des cultures constitutionnelles : elles ne sont ni univoques, ni incontestables. Mais les cultures constitutionnelles ne sont pas vraiment intéressantes en elles-mêmes à moins qu'il ne s'agisse, comme le propose Günter Frankerberg[1], d'une autre manière d'étudier les constitutions ; elles le sont surtout parce qu'elles permettent d'identifier et de structurer les problèmes auxquels les constitutionnalistes sont confrontés (pour un approfondissement sur l'approche culturelle, voir Leçon 9 § 2).

B. Les traditions juridiques

Nombreux sont ceux qui voient la tradition comme l'expression d'un passé conservé et gelé. Très certainement, la tradition juridique peut être elle-même perçue comme un élément de conservation des pratiques et des habitudes de pensée en droit. Mais une tradition juridique est aussi et surtout un matériau vivant, susceptible d'intégrer de nouveaux acquis. Une tradition juridique est donc une matière complexe et, pour en faciliter la compréhension, elle se définit souvent en opposition à une autre. Ainsi, est-il habituel d'opposer la tradition de *common law* et la tradition civiliste dans le monde occidental. Cette opposition repose sur deux manières de concevoir le droit. La première accorde une place prépondérante au juge dans la formation du droit, alors que la seconde l'accorde au législateur. À ces deux manières de concevoir le droit correspondent deux manières de raisonner en droit. Les juristes qui s'intéressent au *common law* sont généralement plus attentifs à la question de la culture et de la tradition juridiques[2]. La distinction entre ces deux traditions mérite d'être approfondie avant de s'interroger sur leurs influences réciproques à l'ère de la globalisation.

1) La tradition de *common law* et la tradition civiliste

Pour le juriste français, la tradition de *common law* aura été, et reste, une tradition foncièrement étrangère : « *[...] nous ne sommes pas chez nous, nous ne nous sentons pas chez nous, comme nous nous sentons toujours un peu chez nous dans tous les droits, même étrangers, qui ont subi la discipline du droit romain [...]* »[3]. Cette altérité prend sa source dans la formation du *common law*[4].

1. G. Frankenberg, *op. cit.*, p. 439 et s.
2. Déjà souligné par H. Lévy-Ullmann, *Comment un Français d'aujourd'hui peut-il aborder utilement l'étude du droit anglais et du droit anglo-américain*, Paris, LGDJ, 1919.
3. H. Lévy-Ullmann cité par P. Legrand, G. Samuel, *Introduction au common law*, Paris, La Découverte, 2008, p. 4.
4. Pour une approche historique approfondie, voir P. Legrand, G. Samuel, *op. cit.*, p. 25 et s.

La formation du droit anglais est liée à la conquête normande : en 1066, les Normands n'ont pas importé le droit, mais leur stratégie politique est passée par la création d'une justice royale de manière à imposer une justice plus impartiale que la justice seigneuriale ou ecclésiastique. L'efficacité de cette justice comme la stratégie politique commandent d'en limiter et l'accès et la compétence. À cette époque, il n'y a donc pas de droit d'agir en justice, ni de droits subjectifs. Le droit est étroitement lié à l'action en justice qui en constitue la substance même. L'essentiel est de trouver la formule d'action permettant d'accéder à la juridiction qui tranchera le litige. La première caractéristique du *common law* est donc d'être un droit de procédure.

Le *common law* est complété à partir du XIVe siècle par l'*Equity*[1] qui permet au Roi de pallier, au nom de la morale, les rigidités éventuelles du *common law*. À côté du droit des juges, se développe ainsi un droit « *perçu comme reposant sur l'idée de justice immanente* »[2]. Deux types de droit et deux types de juridiction vont donc coexister jusqu'au XIXe siècle. Les réformes engagées à partir de cette époque sous la pression des idées continentales (sans qu'il soit toutefois question de codification) auront entre autres effets celui de faire ressortir le caractère jurisprudentiel du droit anglais : en particulier, l'instauration d'une hiérarchie judiciaire déplace la perspective en focalisant désormais l'attention sur le fond du droit. Le droit applicable à la solution du procès importe autant que le droit qui gouverne l'introduction de ce procès. Le second trait du *common law* est donc d'être un droit jurisprudentiel. Cette tradition s'est largement répandue grâce aux conquêtes coloniales de l'empire britannique : États-Unis, Canada anglophone, Australie, Nouvelle-Zélande, Inde, Afrique anglophone et Asie anglophone.

En particulier, la puissance du juge est parfaitement exprimée dans la célèbre décision de la Cour suprême des États-Unis, *Marbury v. Madison* (1803) : « *C'est par excellence le domaine et le devoir du pouvoir judiciaire de dire ce qu'est le droit* ». Les règles de procédure, par ailleurs, priment largement sur les règles de fond. Cette conviction amène à considérer que les voies de recours précèdent les droits, et que c'est d'abord dans les prétoires que le droit s'élabore.

Au droit jurisprudentiel est opposé le droit codifié de la tradition civiliste. En effet, cette tradition accorde une place prépondérante au législateur dans la formation du droit alors que le juge se voit confier un rôle passif. Cette tradition comme celle de *common law* « *se distingue du seul système de droit positif national, qu'elle transcende et*

---

1. P. Legrand et G. Samuel précisent que '*Equity*' est délibérément écrit avec une majuscule afin de marquer la notion de juridiction et éviter la confusion avec '*equity*' au sens courant (*ibid.*, p. 18).

2. *Ibid.*

qui l'incarne de façon variable »[1]. L'absence d'uniformité de la tradition de *common law* tient d'abord à la place essentielle, pour ne pas dire sacrée, reconnue à la constitution là où elle existe (États-Unis, Canada et Australie). Cela est particulièrement vrai de la Constitution américaine de 1787 en raison de son ancienneté. Elle bénéficie d'une autorité liée à sa forme écrite. L'écrit assume ici une fonction de conservation et, mieux encore, de garantie, la Constitution américaine ayant été conçue comme un instrument de limitation du pouvoir de l'État et de protection des droits des individus[2]. De même, la variété de la tradition civiliste s'exprime par la notion de « droits romano-germaniques ». Cette notion d'origine doctrinale s'appuie sur une histoire et une science communes : les droits romano-germaniques peuvent revendiquer des caractéristiques qui les distinguent du *common law* « *même si les particularités propres à chacun de ces droits ne sont pas nécessairement constitutives de la tradition dont ils relèvent* »[3].

L'une de ces caractéristiques est la filiation du droit romain avec lequel les droits romano-germaniques partagent l'idée d'un raisonnement par catégories. Le renouveau du droit s'est effectué dans les pays latins et germaniques à partir du XIIe siècle sur la base des définitions et classifications de Gaius et de Justinien. Cette filiation explique l'influence du droit romain sur le droit matériel des différents États européens, notamment sur le droit public français qui lui doit entre autres la notion d'utilité publique ou la distinction domaine public/privé. Cette influence ne sera toutefois jamais exclusive d'autres influences : celle du droit canon au Moyen Âge et celle des droits locaux principalement coutumiers.

Une autre caractéristique tient au fait que ce ne sont pas des droits jurisprudentiels. En effet, les droits romano-germaniques conservent, de leurs origines romaines, l'attachement aux écrits. La loi écrite est comprise comme source unique du droit puisque le droit ne peut être que l'expression de la volonté souveraine. Le juge n'est donc pas censé créer le droit ; il se contente de l'appliquer : le juge, « bouche de la loi » ou encore « bouche du code ». En effet, les exigences de cohérence, d'unité et de sécurité juridiques ont conduit à promouvoir la codification. Les catégories et concepts du droit

1. D. Fairgrieve, H. Muir-Watt, *op. cit.*, p. 9.

2. C'est d'ailleurs pourquoi la procédure de révision constitutionnelle a été rendue particulièrement difficile à mettre en œuvre. Dès lors le juge est plus volontiers sollicité pour adapter la constitution, par l'interprétation qu'il peut en faire, aux changements sociaux et politiques. Aux États-Unis, l'importante querelle méthodologique entre juges voulant s'en tenir à une lecture « conservatrice » de la constitution et les partisans d'une interprétation « libérale » de celle-ci trouve là sa source et l'explication de sa permanence. Elle s'exprime notamment à propos du recours aux précédents étrangers pour interpréter la constitution : voir la Leçon 6 § 2.

3. *Ibid.*

doivent former un système ordonné, cohérent et rationnel dont découlent en quelque sorte naturellement les solutions aux problèmes juridiques et donc aux litiges. La prééminence du droit des codes assure la subordination du juge et le prive officiellement de son pouvoir créateur du droit (sur le rôle de l'École de l'exégèse dans la formation de ce mythe, voir Leçon 1 § 1). La codification s'est diffusée avec les conquêtes napoléoniennes dans les pays européens continentaux, lesquels vont ensuite participer à son expansion en dehors du continent notamment en Amérique du Sud et en Afrique. Il faut ajouter que des pays ont volontairement pris comme modèle la tradition civiliste : le Japon et la Turquie.

Sur le fondement de ces caractéristiques opposées, apparaît le « *fossé épistémologique* »[1] qui sépare les traditions civiliste et de *common law*. D'un côté, un droit désordonné lié à l'expérience : « *Le* common law *se pense comme flux, étroitement dépendant des faits dont il s'induit sans ordre apparent. Le caractère complexe, sinon irrationnel, du* common law *s'explique par le fait qu'il s'est développé de façon progressive et syncrétique, dans les interstices de la procédure. Le recours récurrent à des fictions, l'interaction spontanée du droit et de l'*Equity, *le poids de la procédure ont donné lieu par strates successives à un désordre caractéristique* »[2]. De l'autre, un droit codifié et ordonné dont la connaissance s'acquiert à travers des catégories organisées et des propositions abstraites.

Cette différence dans les méthodes de raisonnement est à l'origine de différences de styles rédactionnels qui regardent aussi bien la décision de justice que la loi. Au sein de la tradition romaniste, le juge qualifie juridiquement les faits pour dégager la question de droit que pose le litige et en déduire la solution du droit applicable conventionnel, législatif, réglementaire ou jurisprudentiel. Par conséquent, il lui appartient d'abord d'établir les faits, puis de les qualifier. La qualification procède d'une double démarche : recherche d'un article applicable et subsomption des faits établis sous la catégorie définie à l'article appliqué. Les catégories et les concepts du droit forment un système juridique « *transparent, non lacunaire, non redondant, cohérent dans ses finalités et dans l'adaptation des moyens à ses fins* »[3]. Il en découle donc en quelque sorte naturellement la solution aux litiges.

En revanche, le juge de *common law* se considère avant tout confronté à une situation de fait qu'il y a lieu de comparer à des situations similaires à propos desquelles des décisions ont déjà été rendues. Toute décision d'un juge de *common law* doit être lue et

1. P. Legrand, *Le droit comparé*, cit., p. 80.
2. D. Fairgrieve, H. Muir-Watt, *op. cit.*, p. 24.
3. J. Lenoble, F. Ost, *Droit, mythe et raison*, Bruxelles, Facultés universitaires Saint-Louis, 1980, p. 83.

comprise à la lumière des faits qu'elle commence d'ailleurs par exposer longuement et précisément. À la suite de cette relation, le juge rappelle les décisions rendues sur des cas similaires et procède à des parallèles et distinctions. Qualifier le raisonnement du juge de *common law* d'inductif est exact à condition de préciser qu'il ne tire pas des précédents une règle qu'il appliquerait aux faits semblables : « *Puisque le juge a le choix de se considérer comme lié ou non par un jugement précédent, c'est-à-dire puisqu'il n'est en rien contraint par une décision antérieure qui ne se propose pas comme étant d'application générale, le jugement premier ne peut être compris comme posant une règle. […] Il convient plutôt d'aborder une décision de* common law *en tant qu'"objet destiné à être ajusté et précisé dans des conditions nouvelles ou plus strictes"* »[1]. En ce sens, la signification du mot jurisprudence n'est pas la même pour un juriste de *common law* et pour un juriste de tradition romaniste puisque, pour ce dernier, il entend une règle jurisprudentielle alors que le premier comprend des précédents reliés entre eux par des faits. Cette différence essentielle explique que l'enseignement universitaire du droit a été plus tardif en Angleterre où l'apprentissage du droit était confié aux praticiens. La formation universitaire s'est développée au cours du XIXe siècle même si Blackstone (1723-1780) donna un cours de droit anglais dès 1753, à Oxford, où fût établie la première chaire universitaire de droit anglais en 1758.

Néanmoins, le juge en pays de *common law* motive ses décisions non tant afin de les justifier, mais bien parce que la motivation représente un moment fort dans la création jurisprudentielle du droit. À ce titre, il sera attentif aux conséquences de ses décisions, à leur accueil par les justiciables et donc il veillera à leur intégration dans l'histoire jurisprudentielle. La doctrine dite du « précédent » suggère ainsi l'existence d'un ensemble de préceptes plus ou moins immuables qu'il ne s'agirait que de découvrir et d'appliquer aux faits de l'espèce. Le respect des précédents participe de l'acceptabilité du pouvoir créateur du juge. Bien qu'investi d'un pouvoir judiciaire incontesté, il appartient au juge de *common law* de rendre compte de son pouvoir normatif pour chaque espèce. Dans cette tradition, le juge est profondément lié à la société dans laquelle il exerce son office, à la différence de la tradition civiliste où la justice est avant tout un appareil de l'État. La motivation des décisions de justice est centrée sur le texte écrit et enfermée dans le syllogisme, ne reconnaissant la jurisprudence comme source du droit qu'à titre complémentaire. La source du droit écrit est obligatoire « *au sens fort du terme, car ne pas en tenir compte conduirait à mettre en cause la responsabilité officielle du décideur, le juge par exemple.* [En outre], *sur*

1. P. Legrand, *Le droit comparé*, cit., p. 81.

cet arrière-fond, les chercheurs sont épistémologiquement *obligés de suivre une source du droit obligatoire* »[1].

Ce n'est pas seulement un style judiciaire dissemblable, mais ce sont aussi des différences dans la rédaction de la loi qui méritent d'être relevées. Le législateur de *common law* a recours à des définitions pour circonscrire de façon détaillée des situations de fait, sauf lorsque le terme correspond à une notion juridique jurisprudentielle, auquel cas est opéré un renvoi implicite à la définition jurisprudentielle. Cette méthode est très éloignée de la tradition romaniste dans laquelle le Parlement cherche avant tout à poser des principes et à encadrer par ses propositions les situations juridiques futures. Même si les règles formulées par le législateur sont désormais très nombreuses dans les pays de *common law*, elles n'en sont pas moins considérées avec une certaine gêne par le juriste, qui n'y voit pas le type normal de la règle de droit ; ces règles ne sont vraiment assimilées qu'une fois interprétées et appliquées par les cours[2]. Il faut toutefois souligner que cette assimilation n'est pas conçue une fois pour toutes puisque « *l'interprétation judiciaire des textes législatifs dépend des faits et varie en fonction des faits* »[3].

Pour résumer l'opposition épistémologique entre les deux traditions juridiques, trois éléments étroitement liés ressortent : au lieu du raisonnement inductif et empirique pratiqué au sein de la tradition de *common law*, le juriste de tradition romaniste adopte le raisonnement déductif et systématique ; les *common-law lawyers* rejettent la systématisation et même valorisent « *le fait d'être illogique* »[4] tandis que la vertu première du juriste continental est d'être logique, cohérent, rationnel tel qu'il se représente le système juridique auquel il appartient[5] ; enfin, « *la vie du droit*, selon le mot célèbre du juge Holmes, *n'a rien à voir avec la logique mais avec l'expérience* » d'où l'importance des faits et la nécessité d'un apprentissage davantage fondé sur la pratique du droit que sur la connaissance de principes abstraits et de règles établies, expression d'un ordre juridique.

---

1. A. Aarnio, *Le rationnel comme raisonnable. La justification en droit*, (trad., *The Rational as Reasonable. The Treatise on Legal Justification*, 1987), Bruxelles, Paris, Story-Scientia, LGDJ, 1992, p. 111 (souligné par l'auteur).

2. P. Legrand, G. Samuel, *op. cit.*, p. 16 et 17.

3. *Ibid.*, p. 63.

4. N. MacCormick, *Raisonnement juridique et théorie du droit*, (trad., *Legal Reasoning and Legal Theory*, 1979), Paris, LGDJ, 1996, p. 46.

5. Face à une normativité foisonnante et désordonnée, ne voit-on pas le Conseil constitutionnel français soutenu, voire incité par une partie de la doctrine se préoccuper des conditions dans lesquelles la loi est formulée et, en particulier, déclarer contraire à la constitution une disposition législative « manifestement dépourvue de toute portée normative » : déc. n° 2005-512 DC, 21 avril 2005.

2) Concurrence ou/et réorientation culturelle des traditions

Le questionnement sur la concurrence entre ces deux traditions juridiques est indéniable. Deux indices significatifs en apportent la preuve. D'un côté, les juristes de *common law* se sont opposés au projet de code civil européen, la codification étant précisément étrangère à la tradition de *common law*[1]. De l'autre, les juristes de tradition civiliste et, tout particulièrement, les juristes français ont réagi au rapport de la Banque mondiale, *Doing Business in 2004*, qui défend l'idée selon laquelle le *common law* serait en particulier dans le domaine économique plus efficace et donc plus attractif que les droits romano-germaniques[2]. Ces projets ou rapports ont suscité chez beaucoup l'inquiétude, voire chez certains l'hostilité. L'idée de concurrence semble donc avoir une certaine emprise. On observera que cette idée est réactivée dans la controverse relative à la justice prédictive[3] : la doctrine des précédents (ou, plus exactement, la perception française de cette doctrine de *common law*) est mobilisée par une très grande partie de la doctrine française comme un repoussoir culturel de manière à justifier l'incompatibilité de cet outil avec la tradition civiliste.

Il ne s'agit pas ici de discuter la pertinence de l'analyse économique du droit produite par les rapports de la Banque mondiale[4], mais plutôt de s'interroger sur la pertinence de cette concurrence pour le droit public. Le publiciste exprimera quelques doutes qui tiennent au caractère nettement moins opératoire de cette distinction entre traditions juridiques en droit public. L'analyse ici proposée prend donc appui sur la dimension culturelle de la dichotomie et non pas sur la dimension économique. Il ne semble pas très pertinent de se demander s'il

---

1. P. Legrand, « Sens et non-sens d'un code civil européen », *R.I.D.C.*, 4-1996, p. 779 et s.

2. Constitution d'un groupe de travail par le ministère de la Justice sur « l'attractivité économique du droit » sous la direction de Bertrand du Marais, maître des requêtes au Conseil d'État : www.gip-recherche-justice/aed/presentation.htm ; Association Henri Capitant des amis de la culture juridique française, *Les droits de tradition civiliste en question. À propos des rapports Doing Business de la Banque mondiale*, Paris, Société de législation comparée, 2006 ; M. Grimaldi, B. Fauvarque-Cosson, « La promotion de notre système juridique s'organise : la constitution d'une Fondation pour le droit continental », *Dalloz*, 2006, n° 15, p. 996 et s.

3. C. Bordere, « La justice prédictive, analyse critique et comparée d'un rejet doctrinal », *R.I.D.C.*, 1-2021, p. 1 et s.

4. Les économistes à l'origine du rapport *Doing Business* partent de l'idée d'une évaluation des mécanismes juridiques suivant une méthodologie inspirée de l'économétrie de sorte qu'ils visent à proposer une notation des droits. La comparaison du caractère incitatif des droits est problématique en raison de l'indétermination ou, plus exactement, de l'absence de consensus sur les critères d'évaluation (qui relèvent de l'analyse économique du droit) de l'efficience d'un régime juridique. Peut-on réellement procéder à une évaluation des mécanismes juridiques sans tenir compte de la dimension culturelle dans laquelle ils s'insèrent ? H. Muir Watt, « Comparer l'efficience des droits ? », *in* P. Legrand (dir.), *Comparer les droits, résolument*, cit., p. 433 et s.

existe, par exemple, un modèle constitutionnel de *common law* ou bien un modèle constitutionnel de droit continental. On s'accordera pour reconnaître que le nombre de modèles institutionnels est limité : ces modèles renvoient à des expériences historiques (États-Unis, Grande-Bretagne et France) et ils ne recoupent pas cette distinction. D'abord, bien qu'il y ait différents droits constitutionnels, leur source d'inspiration est commune. Ensuite, la distinction se fera plutôt au sein de chaque tradition de manière à distinguer les expériences américaine et anglaise, d'une part, et à identifier les droits romano-germaniques, d'autre part. Il est en effet classique de souligner qu'il n'y a ni constitution écrite ni contrôle de constitutionnalité outre-Manche alors que ces éléments sont les fondements du constitutionnalisme américain (pour un approfondissement sur les modèles, voir Leçon 7 § 2).

Cette précision étant donnée, le droit public n'échappe pas pour autant aux processus d'européanisation, d'internationalisation et de globalisation. Or, c'est précisément dans le cadre de ces processus que la concurrence est susceptible de jouer. Ce sont des processus dont les effets sont complexes, diffus, voire imperceptibles. Sur quels arguments peut reposer cette idée de concurrence entre traditions juridiques ? Une réponse complète passe par un double examen : d'abord de la partie visible du système juridique, en d'autres termes, les éléments structurels que sont les concepts et institutions et, ensuite, de la partie invisible ou, en tout cas, plus difficilement perceptible du système juridique, c'est-à-dire les éléments culturels identifiés précédemment tels que la manière de concevoir le droit et de raisonner en droit.

Un faisceau d'indices permet de dégager un avantage en faveur de la tradition civiliste qui exporte ses concepts dans le cadre européen. Trois signes patents peuvent être mis en avant. D'abord, le premier indice est l'introduction en 1998 dans l'ordre juridique interne britannique de la Convention européenne des droits de l'homme avec l'*Human Rigths Act* (pour un approfondissement, voir paragraphe suivant). Déjà, J. McEldowney soulignait que l'approche de la *Citizens'Charter* (publiée par le gouvernement en 1991) était inhabituelle en droit anglais « *dans la mesure où elle suggère l'existence de droits alors que le droit anglais met traditionnellement l'accent sur les recours* »[1].

Ensuite, la notion de « service public » : alors que l'on a beaucoup disserté dans la doctrine française pour savoir quelle est la part anglo-saxonne de la notion de « service universel » utilisée en droit

1. G. Marcou, « Introduction », *in* ID., *Les mutations du droit de l'administration en Europe*, Paris, L'Harmattan, 1995, p. 49. Voir aussi G. Samuel, « Existe-t-il une procédure de codification du droit anglais ? », *Rev. Fr. Adm. Pub.*, 82, 1997, p. 208 et s.

communautaire[1], les Anglais l'analysent comme un écho du droit français du service public[2].

Enfin, on peut retenir le choix de s'écarter du constitutionnalisme à l'anglaise dans le cadre de la construction européenne. La Cour européenne de justice n'a pas hésité à présenter le traité de Rome comme « la charte constitutionnelle de base » (arrêt du 23 avril 1986, *Parti écologiste « Les verts » c/ Parlement européen*). Cette expression, qui n'est pas le fruit du hasard, n'a pourtant pas suscité de réaction. Jusqu'alors la Cour de justice construisait progressivement un édifice estompant les éléments qui apparentaient la Communauté à un ordre international classique. Tout cela s'est fait dans l'indifférence générale, sauf des spécialistes qui ont repris à leur compte la qualification utilisée par la Cour et ont lancé le débat sur la « constitutionnalisation » de l'ordre juridique communautaire[3]. Le discours doctrinal a donc pu mettre en relief la parenté avec le constitutionnalisme à l'anglaise qui repose sur l'absence de constitution écrite et le rôle du juge et, par là même, favoriser une approche matérielle (pour approfondissement, voir Leçon 11 § 2). Le choix d'élaborer un traité établissant une Constitution pour l'Europe (par une Convention) peut donc être analysé comme la volonté de s'éloigner d'un tel constitutionnalisme et de se rapprocher, au contraire, du constitutionnalisme à l'américaine ou à la française. Seule la symbolique attachée au terme de « Constitution » (en particulier, la volonté de constituer un nouvel ordre et le doter d'une légitimité grâce au « baptême démocratique ») est ici retenue sans revenir sur le vif débat relatif à la nature du texte élaboré par la Convention. Ce choix se situe, d'ailleurs, dans le prolongement d'une option précédente, celle de rédiger une Charte des droits fondamentaux de l'Union européenne sous l'impulsion de la présidence allemande au sommet de Cologne en 1999. Cette Charte est l'expression de l'influence de la conception allemande du droit constitutionnel très focalisée sur la garantie des droits fondamentaux.

La méthode choisie n'est sans doute pas pleinement satisfaisante puisqu'on peut imaginer des contre-exemples ou encore souligner que les exemples choisis sont insuffisants (on aurait aussi pu mettre en avant la création en Angleterre d'une cour pour régler les

---

1. Sur ce discours doctrinal, voir J. Caillosse, « Le service public à la française : déconstruction d'un mythe ? », *in* J.-J. Paradini, C. Deves (dir.), *La réforme de l'État*, Bruxelles, Bruylant, 2005, p. 195 et s.

2. T. Prosser, *Public Service Law: Privatization's Unexpected Offspring: Law an Contemporary Problems*, 2000, cité par J. B. Auby, « Quand la Common Law perd du terrain devant le droit communautaire », *Droit administratif*, avril 2004, Repères.

3. Sur ce discours doctrinal, voir H. Ruiz-Fabri, C. Grewe, « La constitutionnalisation à l'épreuve du droit international et du droit européen », *in Les dynamiques du droit européen en début de siècle, Mélanges J.-Cl. Gautron*, Paris, Pedone, 2004, p. 189 et s.

conflits en droit administratif[1]). Surtout, le raisonnement peut sembler se situer d'emblée à un niveau d'abstraction trop élevé – certains diraient de superficialité – assurément de généralité. En effet, si les influences semblent bien réelles, ce serait toutefois une erreur de les surestimer. Cela mérite deux précisions. D'abord, la réception de concepts dans un système juridique ne signifie pas que lesdits concepts (ou institutions) aient le même sens. Ils sont adaptés aux exigences du système qui les emprunte (ce qui est la condition du transfert et de sa réussite) et il est donc préférable de qualifier ces emprunts de processus d'hybridation des droits (voir la Leçon 6 § 1). Les membres de la doctrine nationale ne produisent pas forcément les mêmes discours sur ces nouveaux objets juridiques, mais surtout, au sein de l'Europe, les doctrines nationales n'abordent pas forcément ces transferts (qui passent souvent par le droit de l'Union européenne) de la même manière.

La seconde précision consiste à prendre en compte le cas spécifique du Royaume-Uni. Il est en effet tout à fait envisageable de souligner que ce pays ne représente plus une exception notable depuis 1998 : d'une part, le principe de la souveraineté parlementaire a été adapté de manière à intégrer dans l'ordre juridique interne la Convention européenne des droits de l'homme (pour un approfondissement, voir le paragraphe suivant) et, d'autre part, a été engagé un processus de régionalisation politique conduisant à la création d'assemblées élues en Écosse, au Pays de Galles et en Irlande du Nord. Ces innovations ont mené à la mise en place d'un embryon de justice constitutionnelle. C'est en effet le 6 avril 2005 qu'est entré en vigueur le *Constitutional Reform Act* qui crée une cour suprême ayant pour compétence la révision des lois britanniques incompatibles avec la Convention européenne des droits de l'homme et le règlement des conflits d'attribution de compétences entre l'État central et l'Écosse, le Pays de Galles et l'Irlande du Nord (sur l'évolution de la forme d'État au Royaume-Uni, voir Leçon 11 § 1. C). Faut-il en conclure, parce que ces réformes constitutionnelles sont passées par des textes écrits de grande ampleur, qu'elles conduisent à doter le Royaume-Uni d'une constitution écrite[2] ? Une chose est certaine, la constitution est de plus en plus codifiée. Il y a toujours eu des sources écrites mais, depuis 1997, l'accumulation des réformes constitutionnelles (il faut en effet y ajouter la réforme de la Chambre des Lords et celle de la Chambre des Communes) rapproche la constitution anglaise des constitutions continentales. Pour marquer ce

1. Sur la mise en place de cette section spéciale de la High Court depuis octobre 2000, D. Oliver, « Pourquoi n'y a-t-il pas vraiment de distinction entre droit public et droit privé en Angleterre », *R.I.D.C.*, 2-2001, p. 336 et s.

2. Sur cette interrogation, J. Bell « La révolution constitutionnelle au Royaume-Uni », *R.D.P.*, 2000, p. 413.

changement, certains auteurs britanniques ont mis en lumière une « *nouvelle constitution* »[1]. Le processus dessinant cette constitution avait toutefois commencé dès 1972 avec l'*European Communities Act*. Le référendum tenu en juin 2016 sur le maintien ou le retrait de l'Union européenne, s'il conduit à la sortir du Royaume-Uni de l'Union, ne freine pas une modification en profondeur de la conception de la Constitution britannique. Le Brexit confirme au contraire que le balancement entre une constitution politique et une constitution normative penche désormais plutôt en faveur de cette dernière[2].

Ce faisceau d'indices permet sans doute de dessiner une tendance lourde, mais il convient de reconnaître que les adaptations du système constitutionnel britannique et les emprunts aux droits constitutionnels continentaux dans les avancées du projet européen ne sont certainement pas suffisants pour effacer l'idée dominante d'une prépondérance de la tradition de *common law* au niveau mondial. Cette idée mérite d'être examinée à son tour.

L'idée est largement répandue que la tradition de *common law* est mieux à même de s'adapter aux exigences des processus d'internationalisation et de globalisation du droit. Probablement, cela tient-il à ce que cette tradition renvoie à une culture fondée sur le juge. En revanche, la tradition civiliste, plus rigide, serait handicapée (en particulier, par son caractère systématique). Par exemple, Ugo Mattei a défendu la thèse du « *droit impérial* »[3]. Autrement dit, la conception d'un droit globalisé : elle s'appuie sur la défense des droits de l'homme et plus spécifiquement sur la compétence universelle que se sont reconnus les tribunaux américains et qui leur permet d'imposer les standards de culture juridique et de procédure américains. Sans entreprendre de discuter cette thèse, il s'agit d'abord de souligner que l'on passe insensiblement de la domination de la tradition de *common law* à la thèse de l'américanisation du droit[4]. À ce stade de la réflexion, il convient de chercher à expliquer l'emprise de la tradition de *common law* et, en particulier, de la culture juridique américaine au niveau mondial.

La principale raison en serait le prestige du juge. Or, l'importance des juges dans les processus d'internationalisation et de

1. V. Bogdanor, *The New British Constitution*, Oxford, Hart, 2009.

2. Sur le développement du contentieux lié à la procédure de retrait et les désormais célèbres décisions de la Cour suprême du Royaume-Uni, *Miller 1* (2017) et *Miller 2* (2019), voir A. Antoine, *Le Brexit. Une histoire anglaise*, Paris, Dalloz, 2020, p. 245 et s. Sur le balancement du constitutionnalisme anglais entre *legal* et *political constitutionalism*, voir M. Padilla, « Entre constitution politique et constitution juridique : le rôle du Brexit dans l'évolution de la Constitution britannique », *Politeia*, 2018, n° 33, p. 207 et s.

3. U. Mattei, « A Theory of Imperial Law: A Study on US Hegemony and the Latin Resistance », 10 *Ind. Journal Global Legal Studies*, 2003, p. 383 et s.

4. Voir le numéro consacré à « L'américanisation du droit » par les *Archives de philosophie du droit*, T. 45, 2001.

globalisation est un constat largement partagé par la doctrine. Mais on est pour le moins embarrassé par cette notion de « prestige » avancée par Horatia Muir-Watt qui ne cache d'ailleurs pas les difficultés à la saisir et les limites de ses vertus explicatives[1]. Moins que le prestige, ce sont – semble-t-il – avant tout les caractéristiques du modèle judiciaire anglo-américain qui doivent être soulignées comme vecteur de l'exportation du *common law* : le style judiciaire discursif, narratif et analytique appuyé éventuellement par la pratique des opinions séparées, la confrontation des parties, l'autorité du précédent et l'impartialité du juge.

Outre que les notions de « tradition » et de « culture » n'expliquent pas tout, il faut voir qu'une tradition juridique est capable de s'adapter à de nouvelles conditions. Ainsi, s'appuyant sur leur mission (qui est d'assurer le respect de la constitution), maintes cours constitutionnelles évoluant dans les systèmes juridiques romano-germaniques se sont largement émancipées de la tradition du droit codifié qui confie un rôle passif au juge afin de favoriser l'expression de décisions davantage personnalisées. À cet égard, on constate que l'expression des opinions alternatives à la décision majoritaire favorise l'échange argumentatif entre les juges. Ces derniers, ne pouvant se retrancher derrière la décision « impersonnelle » rédigée par un collègue, sont poussés à approfondir chaque aspect de la question soulevée. La pratique de ces opinions dissidentes (le ou les juges désapprouvent le dispositif de la décision rendue) ou/et concordantes (le ou les juges divergent sur les motifs de la décision tout en étant d'accord sur le dispositif), en faisant valoir plusieurs interprétations possibles des dispositions constitutionnelles, facilite la formation d'une jurisprudence évolutive en matière d'interprétation constitutionnelle. Ce sont précisément les cours constitutionnelles pratiquant les opinions séparées qui sont le plus souvent citées, car leurs jurisprudences deviennent ainsi moins hermétiques et donc plus compréhensibles. On songe à la diffusion de la jurisprudence constitutionnelle allemande, tout particulièrement significative. Ce n'est donc pas la seule jurisprudence de la Cour suprême des États-Unis qui sert de référence. Puisque les décisions constitutionnelles ne se présentent alors plus comme des blocs monolithiques mais bien comme autant d'échanges d'arguments, elles se prêtent beaucoup mieux à l'exportation et surtout peuvent de façon plus appropriée répondre aux besoins du juge importateur, lesquels se situent bien au-delà du mimétisme juridique.

La langue anglaise est aussi un facteur non négligeable pour expliquer l'ampleur du recours aux précédents étrangers : il suffit de consulter les sites internet des cours constitutionnelles pour s'en

1. H. Muir Watt, « Propos liminaires sur le prestige du modèle américain », *A.P.D.*, 2001, T. 45, p. 29 et s.

rendre compte ; même le Conseil constitutionnel fait un effort pour traduire certaines de ses décisions, celles qu'il considère importantes de diffuser au-delà de l'hexagone, en particulier celles sur les rapports entre droit communautaire et droit interne. Ceux qui ne font pas l'effort de s'adapter à cette demande voient s'épuiser les possibilités d'exportation[1]. Catherine Dupré, qui a travaillé sur l'influence de la jurisprudence de la Cour constitutionnelle allemande sur la Cour constitutionnelle hongroise[2], précise que les juges constitutionnels des États postcommunistes sont pour la plupart des universitaires ayant étudié à l'étranger et, en particulier, pour les juges hongrois en Allemagne. Ils ne sont certes pas choisis en fonction de leurs compétences linguistiques, mais les autres critères de sélection impliquent l'appartenance à l'élite juridique, celle qui, entre autres, a séjourné à l'Ouest et maîtrise les langues. Ce dernier point est certainement fondamental puisqu'il est déterminant dans le choix des sources étrangères. Néanmoins, l'auteur conclut sur la prédominance de l'anglais. Faute d'un effort suffisant pour assurer la diffusion de sa jurisprudence en anglais[3], l'influence de la Cour de Karlsruhe semble en perte de vitesse, notamment au profit de la Cour suprême du Canada[4] qui, en outre, interprète une déclaration des droits plus récente (1982) ouverte sur les droits collectifs.

La communication juridictionnelle transnationale (ou autre appellation, plus courante en Europe, le dialogue des juges)[5] est l'idée largement admise par ceux qui se sont intéressés à ces échanges jurisprudentiels. Avant d'approfondir cette lecture (dans la Leçon 6 § 2), il convient d'insister sur les difficultés d'évaluation auxquelles on s'expose. La confrontation entre les parties visible et invisible du système juridique offre une vision nuancée quoiqu'insuffisamment complexe. En effet, elle traduit mal les mutations que les systèmes et les traditions juridiques connaissent aujourd'hui. Pour éviter de se fourvoyer, il convient de s'interroger non seulement en termes de « concurrence » ou de « convergence », mais aussi de se demander à partir de quel moment une « réorientation culturelle » est possible. Faut-il des changements d'ordre structurel comme

1. On remarquera que des efforts sont également accomplis en France pour favoriser l'importation même si ce n'est pas l'objectif premier affiché : P. Bon, D. Maus (dir.), *Les grandes décisions des cours constitutionnelles européennes*, Paris, Dalloz, 2008.

2. C. Dupré, *Importing the Law in Post-Communist Transitions*, Oxford, Hart, 2003.

3. B. Markesinis adresse un avertissement aux universitaires allemands sur la perte d'influence du modèle allemand en Afrique du Sud faute de travaux de traduction en anglais suffisants, dans *Juges et universitaires face au droit comparé*, cit., p. 101-102.

4. A.M. Dodek, « Canada as Constitutional Exporter: The Rise of the "Canadian Model" of Constitutionalism » 36, *Supreme Court Law Review*, 2007, p. 323.

5. *Le dialogue des juges. Mélanges en l'honneur du président Bruno Genevois*, Paris, Dalloz, 2009.

une constitution écrite ou bien une cour pour régler les litiges en droit administratif ? Certains auteurs anglais semblent en douter puisqu'ils sont toujours prêts à défendre qu'il n'existe pas de véritable distinction entre droit public et droit privé en Angleterre[1].

Pour prendre un exemple plus proche, il semble difficile de soutenir que le développement de la jurisprudence constitutionnelle en France ait conduit à une américanisation du droit constitutionnel[2]. Il ne suffit pas d'instaurer un Conseil constitutionnel, même si celui-ci a étendu les normes de référence à l'aune desquelles il exerce le contrôle de constitutionnalité. La conception dominante de la constitution n'a pas changé et reste éloignée de celle que connaissent les Américains : la constitution est avant tout conçue comme un instrument à la disposition des détenteurs du pouvoir alors qu'elle est comprise comme un instrument de limitation du pouvoir aux États-Unis (voir Leçon 10 § 1).

Cependant, le juge apparaît désormais comme le gendarme de l'internationalisation et de l'européanisation et, donc, comme la figure centrale. Au-delà du cas français, le développement de la jurisprudence, surtout, au niveau européen en fait un acteur essentiel du processus juridique. La loi n'apparaît plus comme le principal mécanisme de régulation sociale. C'est pourquoi certains soutiennent que la culture juridique européenne est sous l'emprise de la culture américaine : « *[…] le juriste européen raisonne différemment aujourd'hui qu'il y a 50 ans. Ceci est particulièrement évident sur quatre points. D'abord, les juristes réfléchissent moins par catégories abstraites et de plus en plus dans des contextes concrets et pratiques. Comme leurs collègues américains, ils définissent aujourd'hui les domaines du droit suivant le problème et non plus à l'aide de concepts abstraits. […] Deuxièmement, les Européens doivent maintenant travailler sur beaucoup de concepts juridiques (souvent neufs) qui ne respectent pas les frontières traditionnelles. […] Troisièmement, et ceci est fortement lié aux deux points précédents, le droit européen a tendance à se dé-systématiser. L'insistance sur la cohérence systémique s'évanouit et l'interprétation ne s'appuie plus les yeux fermés sur des arguments systémiques. […] Enfin, et c'est un point important, la pensée juridique européenne tend lentement mais sûrement à dériver du formalisme vers le fonctionnalisme. Aujourd'hui, les juristes européens analysent de plus en plus les problèmes en termes pragmatiques, ce qui rappelle l'attitude américaine dominante* »[3]. Le propos de M. Reimann est convaincant. De la place centrale du juge, découlent

1. D. Oliver, *op. cit.*, p. 327 et s.

2. Dans ce sens, É. Zoller, « L'américanisation du droit constitutionnel : Préjugés et ignorances », *A.P.D.*, 2001, T. 45, p. 84.

3. M. Reimann, « Droit positif et culture juridique. L'américanisation du droit européen par réception », *A.P.D.*, 2001, T. 45, p. 70.

de manière parfois imperceptible des transformations dans la façon d'aborder les problèmes juridiques, de les résoudre et de les enseigner. Mais ne s'agit-il pas d'un rapprochement dans l'approche du droit plutôt que d'une domination par la culture américaine ?

Pour raisonner en termes de concurrence, il faut avoir deux traditions juridiques bien distinctes, condition qui ne semble pas toujours remplie. La difficulté à cerner ces notions autrement que de manière générale a été soulignée. Toutefois, il paraît difficile de s'en passer : en s'intéressant aux traditions ou/et cultures juridiques, on devrait éviter de comparer le pareil au même. Elles font la différence. Néanmoins, ni les cultures, ni les traditions juridiques ne sont rigides. Ainsi, pour John Bell, « *les cultures juridiques ne sont ni homogènes, ni immuables* »[1] ou encore, selon H. Patrick Glenn, « *les traditions ne sont pas pures* »[2]. L'école italienne soutient elle aussi depuis longtemps qu'il n'y a plus une fermeture hermétique entre *common law* et *civil law*[3].

La concurrence entre la tradition de *common law* et la tradition civiliste est donc une fausse bonne idée : fausse car depuis toujours le droit est le résultat d'imitations ; mais bonne car les échanges entre traditions ne signifient pas qu'elles ne cherchent pas à se préserver les unes des autres (la réactivation de la concurrence des traditions à propos de la justice algorithmique montre bien sa pertinence notamment en raison de la mobilisation de l'argument culturel par une grande partie de la doctrine française). La thèse de la concurrence est par conséquent une lecture possible de la complexité du monde juridique présent à laquelle le juriste peut reconnaître une valeur explicative partielle. Selon les domaines juridiques, la convergence des droits peut être profonde et les différences superficielles ; au contraire, elle sera dans d'autres superficielle et les différences profondes. La question classique – pour le comparatisme – des emprunts juridiques peut être précisément revisitée en tenant compte de cette alternative.

1. J. Bell, « Mechanisms for Cross-fertilisation of Administrative Law in Europe », *in* J. Beatson, T. Tridimas (eds.), *News Directions in European Public Law*, Oxford, Hart, 1998, p. 156.

2. H. P. Glenn, *Legal Traditions of the World*, Oxford, Oxford University Press, 2e éd., 2004, p. 38.

3. A. Pizzorusso, *Sistemi giuridici comparati*, Milan, Giuffrè, 2e éd., 1998, p. 376.

Bibliographie générale récente

Chambost A.-S. (dir.), *Approches culturelles des savoirs juridiques*, Paris, LGDJ-Lextenso, 2020.

Herrera C. M., « Culture juridique et politique : une introduction », *International Journal for Semiotics Law / Revue internationale de sémiotique juridique*, vol. 29, 2016, p. 721 et s.

Husa J., *Advanced Introduction to Law and Globalisation*, Cheltenham-Northampton, E. Eglar, 2018.

Reimann M., Zimmermann R. (eds.), *The Oxford Handbook of Comparative Law*, Oxford, Oxford University Press, 2nd ed., 2019.

Twining W., « Globalisation and Comparative Law », *in* D. Nelken, E. Örücü (eds.), *Comparative Law. A Handbook*, Portland, Hart, 2007, p. 69.

LEÇON 6

LES EMPRUNTS JURIDIQUES

La question des emprunts juridiques par le législateur ou par le constituant est ancienne[1], mais elle prend aujourd'hui des formes nouvelles, tout particulièrement en droit public. Ainsi, le droit administratif français, traditionnel produit d'exportation, est en train de s'ouvrir aux influences étrangères sous l'effet principal du droit communautaire en vue de sa libéralisation et d'une plus grande attention aux droits des administrés. À l'ère de l'internationalisation et de la globalisation du droit, le législateur perd surtout son rôle de régulateur et les systèmes juridiques s'enchevêtrent. Dans un tel contexte où la loi n'apparaît plus comme le mécanisme principal de régulation sociale, la figure centrale est celle du juge. À propos des emprunts juridiques, Luis Maria Diez-Picazo a parlé avec justesse, lors d'une conférence donnée à l'Université de Bordeaux, de « l'énigme du Meccano ». Comment des objets juridiques empruntés à différents systèmes juridiques et réunis au sein d'un ordre juridique national parviennent-ils à s'emboîter tel un jeu de Meccano ? Plus spécifiquement, cette question en droit constitutionnel ne se pose pas seulement au moment de l'élaboration de la constitution, mais aussi, et plus encore, lors de son interprétation par le juge. Cette question de l'hybridation constitutionnelle est traitée sous un angle différent de l'hybridation en Europe, examinée dans la Leçon précédente.

1. E. Agostini, *Droit comparé*, Paris, PUF, 1988 ; J.-L. Halpérin, *Profils des mondialisations du droit*, Paris, Dalloz, 2009.

§ 1. L'énigme du Meccano

Il n'est pas inutile de revenir sur le débat doctrinal autour des emprunts juridiques. Alan Watson qui a engagé, au début des années 1970, la réflexion comparatiste sur ce terrain[1] a souligné, vingt-cinq ans plus tard, le phénomène massif des emprunts et, surtout, les hésitations de la doctrine à évaluer ses effets[2]. Aucun juriste ne peut nier les interactions entre systèmes juridiques, mais comment les évaluer. S'agit-il d'une simple transposition du droit étranger ou bien s'agit-il d'un métissage des droits ? Quelle est la place réservée à la comparaison des droits dans ces processus de transposition ou/et d'hybridation des droits ?

A. Un débat ancien[3]

Les comparatistes se sont intéressés à la question des emprunts juridiques dans le cadre des réformes et de l'exportation des modèles juridiques occidentaux. Le débat a été en particulier marqué par la controverse entre Alan Watson et Otto Kahn-Freund[4]. Ce dernier présente son analyse comme un développement de l'idée de Montesquieu qui décrit le succès de la greffe juridique comme « *un très grand hasard* »[5] car le droit doit se conformer à un certain nombre de facteurs (institutionnels, sociaux et environnementaux) : « *Comme les lois civiles dépendant des lois politiques, parce que c'est toujours pour une société qu'elles sont faites, il serait bon que quand on veut porter une loi civile d'une nation chez une autre, on examinât si elles ont toutes les mêmes institutions, et le même droit politique* »[6]. Dans le sillage de Montesquieu qui insiste sur l'importance de ces facteurs, Kahn-Freund estime qu'une greffe réussie suppose

1. A. Watson, *Legal Transplants: An Approach of Comparative Law*, Edinburgh, Scottish Academic Press, 1974 ; ID., « Legal Transplants and Law Reform », 92, *The Law Quarterly*, 1976, p. 79 et s.

2. A. Watson, « Aspects of Reception of Law », 44, *American Journal of Comparative Law*, 1996, p. 335.

3. Il est vrai que la réception du droit romain est une étude beaucoup plus ancienne : M. Graziadei, « Comparative Law as the Study of Transplants and Receptions », *in The Oxford Handbook of Comparative Law*, cit., p. 442 et s.

4. O. Kahn-Freund, « On uses and Misuses of Comparative Law » 37, *Modern Law Review*, 1974, p. 1 et s. ; ID., « Common Law and Civil Law-Imaginary and Real Obstacles to Assimilation », *in* M. Cappelletti (dir.), *New Perspectives for a Common Law of Europe / Nouvelles perspectives d'un droit commun de l'Europe*, Leiden-Stuttgart-Bruxelles-Florence, Sijthoff, Klett-Cotta, Bruylant, Le Monnier, 1978, p. 137 et s.

5. « *Elles* [les lois politiques et civiles] *doivent être tellement propres au peuple pour lequel elles sont faites, que c'est un très grand hasard si celles d'une nation peuvent convenir à une autre* » : *De l'esprit des lois*, Livre I, Chap. 3

6. Montesquieu, *De l'esprit des lois*, Livre XXIX, Chap. 13.

une bonne connaissance du droit étranger et « *surtout de son contexte politique* »[1].

Pour le juriste écossais, Alan Watson, les différences économiques, sociales et politiques ne sont pas des obstacles aux greffes juridiques qu'il présente comme un trait naturel et habituel de l'évolution juridique. L'auteur est avant tout un historien du droit privé, et mises à part de rares exceptions, son analyse se fonde sur le droit ancien : la première codification romaine (451-450 av. J.-C.) rédigée selon la législation de plusieurs cités grecques dont les lois de Solon ou l'influence du droit romain en Écosse ou encore la formation du droit américain à partir du droit anglais. À l'appui de ces expériences, Alan Watson vise à démontrer que, sur la longue durée, le droit s'est développé par mimétisme : le transfert de règles étrangères, voire d'un système de droit d'un pays à l'autre. Dans sa réponse directe à O. Kahn-Freund, il prend notamment l'exemple du Japon lequel a emprunté au XIXe siècle de nombreuses règles juridiques aussi bien au droit français (code pénal et procédure pénale) qu'au droit allemand (contrats, propriété) : le rapide succès de ces greffes s'explique par la volonté des Japonais et non par leur connaissance des contextes politiques des règles juridiques en France et en Allemagne, ni même par un contexte politique similaire au Japon[2].

Alors que, dans les années 1970, Kahn-Freund pouvait insister sur les facteurs politiques, cette analyse semble désormais dépassée : l'opposition entre les régimes démocratiques et les régimes communistes est datée en raison des changements politiques que l'Europe centrale et orientale a connu (dans une moindre une mesure, on pense également à l'Afrique[3]). La trilogie « *droits de l'homme – démocratie pluraliste – État de droit* »[4] constitue le sésame pour participer à de nombreuses organisations internationales telles que le Conseil de l'Europe, pour intégrer l'Union européenne ou encore pour bénéficier des aides de la Banque mondiale. Ceci étant dit, il ne faut pas oublier la permanence et le nombre de régimes dictatoriaux qui confirment que l'internationalisation du droit public ne touche pas tous les États du monde alors que la *lex mercatoria* est globale.

Toujours dans les années 1970, Jean Gaudemet a participé à ce débat en se plaçant dans la perspective tracée par Alan Watson, mais en insistant sur la diffusion de la langue française et le prestige de cette culture pour expliquer notamment le rayonnement du Code

1. O. Kahn-Freund, « On uses and Misuses of Comparative Law », cit., p. 12.

2. A. Watson, « Legal Transplants and Law Reform », cit., p. 82.

3. Voir la revue, *Pouvoirs*, « La démocratie en Afrique » et, en particulier, J. du Bois de Gaudusson, « Le mimétisme postcolonial et après ? », *Pouvoirs*, 2009, n° 129, p. 45 et s.

4. J. Chevallier, « Mondialisation du droit ou droit de la mondialisation ? », *in* C.-A. Morand (dir.), *Le droit saisi par la mondialisation*, Bruxelles, Bruylant, 2001, p. 39.

civil[1]. Ce facteur reste probablement tout aussi pertinent pour expliquer le succès de transferts juridiques, mais à présent au profit du *common law*.

Précisément, le débat sur l'efficacité des greffes juridiques a été renouvelé par les interrogations soulevées par l'européanisation et l'internationalisation du droit. C'est plus spécifiquement dans le contexte européen que les questions ont été soulevées, notamment, par John Bell. Comme a pu le remarquer John W.F. Allison[2], J. Bell tire le meilleur des travaux antérieurs de manière à établir une distinction entre emprunts et *cross-fertilisation* : d'un côté, « *un processus direct de transposition d'une doctrine appartenant à un système juridique à un autre* »[3] et, de l'autre, un processus indirect, c'est-à-dire une impulsion étrangère au système qui conduit à une évolution juridique compatible avec la tradition nationale[4].

Mais, peut-on véritablement établir une distinction entre les différents processus d'emprunt ? La multiplication des métaphores semble le signe d'une réelle difficulté à saisir le phénomène de manière abstraite[5]. Probablement, faut-il distinguer selon les effets escomptés ou/et obtenus. Par exemple, Gunther Teubner a développé le concept de « *legal irritants* » : « *quand une règle étrangère est imposée dans une culture nationale... quelque chose d'autre se produit. Ce n'est pas une greffe dans un autre organisme, cela fonctionne plutôt comme une irritation importante qui provoque une série de nouveaux et inattendus événements* »[6]. Alors que G. Teubner met l'accent sur les résultats inattendus et nouveaux, c'est-à-dire sur la reconstruction du concept introduit et sa signification transformée, John Bell souligne l'adaptation du système juridique au concept introduit. On pense aussi aux travaux de P.-G. Monateri. Ce comparatiste italien

1. J. Gaudemet, « Transferts juridiques », *Année sociologique*, 1976, p. 29 et s. Un publiciste, et non un des moindres, s'était aussi saisi de la question à la même époque : pas tant pour mesurer le rayonnement du droit administratif français que pour s'interroger sur la place des expériences étrangères dans cette branche du droit : J. Rivero, « Les phénomènes d'imitation des modèles étrangers en droit administratif », *in Miscellanea W.J. Ganshof Van der Meersch*, Bruxelles, Bruylant, 1972, T. 3, p. 619 et s.

2. J.W.F. Allison, « Transplantation and Cross-fertilisation », *in* J. Beatson, T. Tridimas (eds.), *News Directions in European Public Law*, Oxford, Hart, 1998, p. 171.

3. On peut aussi parler de « *transposition mécanique* » : R. Dehousse, « Comparing National and EC Law: The Problem of the Level of Analysis » 42, *American Journal of Comparative Law*, 1994, p. 777.

4. J. Bell, « Mechanisms for Cross-fertilisation of Administrative Law in Europe », *in* J. Beatson, T. Tridimas (eds.), *News Directions in European Public Law*, Oxford, Hart, 1998, p. 147.

5. Voir le lexique de jardinier proposé par E. Örücü, *The Enigma of Comparative Law. Variations on a Theme for the Twenty-First Century*, Leiden, Nijhoff, 2004, p. 101.

6. G. Teubner, « Legal Irritants: Good Faith in British Law or How Unifying Law Ends Up in New Divergences » 61, *Modern Law Review*, 1998, p. 12.

s'inscrit dans la lignée des enseignements de Rodolfo Sacco[1] pour qui emprunter et imiter sont des processus essentiels des échanges en droit alors que l'innovation est rare : il envisage les échanges juridiques en termes de « *contaminations* »[2].

Tous ces auteurs ont en commun de rejeter la thèse de l'autonomie du droit selon laquelle le succès de la greffe ne dépend pas du contexte d'implantation ou/et du contexte d'exportation (et donc d'amender la thèse de Watson). Pour autant, le poids du contexte sur l'emprunt n'est pas surdimensionné : il n'est pas question de raisonner en termes d'échec de la greffe parce que le contexte n'a pas été – ou pas suffisamment – pris en compte, mais de s'interroger sur les résultats obtenus bien que non escomptés. En reconnaissant que « *l'emprunt est souvent créatif* »[3], Alan Watson rejoint ses contradicteurs. Les emprunts juridiques sont aujourd'hui perçus comme des processus de métissage et de réappropriation : les doses mélangées sont variables ainsi que les niveaux de combinaisons.

De tous les termes utilisés par la doctrine comparatiste, celui d'« hybridation » est le plus approprié pour rendre compte des transformations juridiques produites, mais il renvoie aussi à une grande diversité : ces processus ne prennent pas nécessairement les mêmes voies et ne poursuivent pas forcément les mêmes objectifs. En particulier, la perméabilité de l'ordre juridique national aux règles de droit international et au droit européen, d'une part, et aux droits étrangers, d'autre part, ne répond pas aux mêmes exigences : juridiquement obligatoire pour les droits international et européen, la pénétration des règles de droit étranger, en revanche, ne l'est pas. Cette dernière peut avoir un caractère spontané. Consciemment ou inconsciemment, ce phénomène n'est d'ailleurs pas toujours dévoilé par ceux qui produisent le droit national. Elle peut donc s'insinuer dans l'ordre juridique national. Dit en d'autres termes, les changements peuvent être imperceptibles, plus précisément, toucher la manière dont le droit est pensé et enseigné ; ce qui n'est pas forcément immédiatement perceptible.

B. Le rôle de la comparaison

« ... *[L]'invocation à la législation comparée n'est souvent qu'instrument de propagande. Des statistiques fragmentaires, isolées, interprétées ; une sociologie de tourisme ; une psychologie par impression*

---

1. R. Sacco, « Legal Formants: A dynamic Approach to Comparative Law » 39, *American Journal of Comparative Law*, 1991, p. 394 ; ID., *La comparaison juridique au service de la connaissance du droit*, cit., p. 113 et s.

2. P.-G. Monateri, « The "Weak" Law: Contaminations and Legal Culture », *in Italian National Reports to the XVI International Congress of Comparative Law* (Bristol), Milan, Giuffrè, 1998, p. 85.

3. A. Watson, « Aspects of Reception of Law », cit., p. 345.

– il n'en faut pas davantage pour accréditer les miracles du parangon lointain que l'on désire promouvoir. Et l'opinion publique de suivre[1]. » Ce jugement sans appel de Jean Carbonnier laisse entendre que le recours au droit étranger pour réformer le droit national est le plus souvent un argument rhétorique visant à persuader du bien-fondé de la réforme. En revanche, les comparatistes allemands Zweigert et Kötz affirment : « *Les législateurs à travers le monde ont tous trouvé que, dans de maintes matières, les bonnes lois ne peuvent être produites sans l'aide du droit comparé* »[2]. Ni les uns, ni les autres n'ont raison, ... ni complètement tort. La position la moins tranchée défendue par John Hill semble préférable : le recours au droit étranger ou/ et à la comparaison des droits par le législateur est avant tout stratégique, mais cela ne signifie pas qu'il n'a aucun rôle à jouer dans les réformes[3].

Le législateur cherche avant tout une solution juridique nouvelle qu'il espère découvrir dans l'« autre » droit. Il a probablement peu le souci de retrouver le même contexte (juridique ou/et extra-juridique) pour transposer une institution ou une règle de droit étranger. P.G. Monateri a précisément souligné les faiblesses du législateur (en particulier, sa faible capacité prévisionnelle) et celles de la législation (notamment, l'impossibilité de circonscrire l'ensemble des données sociales)[4]. Celui qui produit le droit n'entreprend pas une « recherche rationnelle de la meilleure règle », mais de celle qui lui coûte le moins d'efforts. Dans cette recherche du moindre effort, la question de la langue est importante car on importe les règles exprimées dans une langue juridique connue. Et n'oublions pas que le législateur français légifère de plus en plus souvent dans l'urgence et que la loi se réduit à un acte d'affichage qui vise, au mieux, à apporter une réponse au problème du moment et, au pire, à permettre aux ministres d'attacher leur nom à un texte.

Ces premières considérations laissent entendre qu'au mieux le législateur s'inspire d'une expérience étrangère, mais peu lui importe de commettre une erreur méthodologique dans l'introduction d'une institution étrangère. Il n'a pas à faire œuvre de comparatiste. Le législateur vise à réduire les incertitudes liées à l'innovation juridique et espère, précisément, les réduire en s'inspirant d'un exemple

1. J. Carbonnier, « À beau mentir qui vient de loin ou le mythe du législateur étranger » (1974), *in Essais sur les lois*, Paris, Répertoire du notariat Defrénois, 2e éd., 1995, p. 237.

2. K. Zweigert, H. Kötz, *An introduction to Comparative Law*, (trad. A. Weir), Oxford, Oxford University Press, 3e éd., 1998, p. 15.

3. J. Hill, « Comparative Law, Law Reform and Legal Theory » 9, *Oxford Journal of Legal Studies*, 1989, p. 105.

4. P. G. Monateri, « La circolazione dei modelli giuridici e le sue conseguenze per l'Union europea », *in* A. M. Petroni (dir.), *Modelli giuridici ed economici per la Costituzione europea*, Bologne, Il Mulino, 2001, p. 99.

étranger. Ce qui compte, ce sont les retombées sociales utiles de la nouvelle législation. La référence aux droits étrangers n'est d'ailleurs pas forcément revendiquée[1]. Comme si la référence à une expérience étrangère faisait peur, par ce qu'elle pourrait impliquer, ou bien elle est jugée incongrue et peu prestigieuse dans une culture juridique qui se veut forte et qui entend le rester. Néanmoins, cela ne signifie pas que le droit étranger soit totalement absent. La référence sera occultée pour mieux se l'approprier.

On peut toutefois s'interroger sur les modèles de référence et surtout sur les sources qui influencent le législateur national. Les institutions internationales et en particulier européennes en sont l'un des vecteurs les plus forts. Mais elles ne sont pas les seules à diffuser le modèle à suivre (aussi bien la démocratie pluraliste que la libéralisation du droit administratif, pour s'en tenir au droit public) : il suffit de penser notamment aux entreprises multinationales et aux cabinets d'avocats d'affaires.

Parfois, voire souvent, le législateur, notamment français, refuse d'identifier ses sources d'inspiration étrangère. Pourquoi nier l'apport des expériences étrangères ? Pour appréhender le cas français, mieux vaut le déborder en formulant une question plus générale : existe-t-il des cultures juridiques plus poreuses que d'autres ou certaines cultures juridiques nationales ne seraient-elles pas plus ouvertes que d'autres aux influences étrangères ? Le cas français paraît se ranger plutôt parmi les cultures fermées. Suivons la démonstration proposée par Étienne Picard : « *Si concrètement le vrai droit est celui qui se trouve effectivement posé et sanctionné dans un espace donné, le vrai droit, dans l'espace français et du point de vue français, ne peut être que le droit en France, se définit ou s'est défini par la loi, expression de la volonté générale de la nation. Il en est résulté, en France, une conception très nationale voire nationaliste du droit* »[2]. Cela explique un fort sentiment de la part du législateur : le droit comme patrimoine national doit être protégé contre toute altération venue de l'étranger.

Prenons le cas plus spécifique du droit administratif : « *La France, c'est bien connu, est le pays du droit administratif* »[3] ; il apparaît comme particulièrement fermé car il a été avant tout un produit d'exportation. Comme a pu le remarquer de manière plus générale, Horatia Muir-Watt, « *Les pays à forte tradition exportatrice de droit tendent à éprouver plus de difficultés à s'ouvrir à la connaissance des*

1. Toutefois, les contre-exemples ne manquent pas : voir F. Brenet, « L'argument de droit comparé et les contrats de partenariat de l'ordonnance du 17 juin 2004 », *in* F. Melleray (dir.), *L'argument de droit comparé en droit administratif*, Bruxelles, Bruylant, 2007, p. 111 et s.

2. É. Picard, « L'état du droit comparé en France », *R.I.D.C.*, 4-1999, p. 906.

3. Y. Gaudemet, « L'exportation du droit administratif français. Brèves remarques en forme de paradoxe », *Mélanges Philippe Ardant*, Paris, LGDJ, 1999, p. 431.

autres »[1]. Pier Giuseppe Monateri confirme ce point de vue *a contrario* en présentant l'Italie comme porteuse d'une tradition largement ouverte aux « *envahisseurs culturels* » étrangers[2]. L'Allemagne fait, en revanche, figure d'exception. Ainsi, Zweigert et Kötz affirment : « *Depuis la seconde moitié du dix-neuvième siècle, la législation en Allemagne a été précédée d'une intense recherche comparative en droit. [...] De même aujourd'hui, on peut dire qu'aucune loi majeure n'a été approuvée, depuis la seconde guerre mondiale, sans une recherche en droit comparé plus ou moins d'envergure* »[3]. À cette ouverture exemplaire, fait pendant un succès considérable du modèle allemand de droit public en Europe, en particulier *via* les jurisprudences communautaire et européenne. En effet, le droit administratif allemand, très protecteur des administrés, influence les droits administratifs européens, il suffit de penser aux principes de proportionnalité et de confiance légitime. De même, ce succès se retrouve dans les pays émergents (voir le paragraphe suivant).

Mesurer le degré d'ouverture ou, au contraire, de fermeture d'une culture juridique est une tâche ardue qui risque de conduire à des considérations trop évasives. C'est d'ailleurs cette même difficulté que l'on a rencontrée lorsque l'on a voulu saisir les notions en tant que telles de « culture » ou de « tradition » juridiques (voir Leçon 5 § 2). Bien souvent, elles sont considérées de manière générale et homogène. Quoique ces notions soient « *un énorme bouillon gris dans lequel on peut jeter tout et son contraire* », il semble difficile de s'en passer. « *Car les traditions affectent profondément la* cross-fertilisation[4]. »

Le comparatiste anglais, John Bell, a été un des premiers à suivre cette voie afin de démontrer, d'une part, la spécificité de la comparaison en droit public et, d'autre part, la convergence des droits européens compatible avec les traditions administratives nationales[5]. Alors que Pierre Legrand prend appui sur les mentalités et les différentes traditions nationales pour contester la thèse de la convergence des droits et soutenir « *l'impossibilité des implants juridiques* »[6], John Bell bien qu'il accepte de ne pas prendre en compte les seules règles de droit (qui ne sont que la partie visible d'un

1. H. Muir-Watt, « La fonction subversive du droit comparé », *R.I.D.C.*, 3-2000, p. 517.
2. P.-G. Monateri, « The "Weak" Law: Contaminations and Legal Culture », cit., p. 85.
3. K. Zweigert, H. Kötz, *op. cit.*, p. 16.
4. J.W.F. Allison, « Transplantation and Cross-fertilisation », *in News Directions in European Public Law*, cit., p. 174.
5. J. Bell, « Mechanisms for Cross-fertilisation of Administrative Law in Europe », *in News Directions in European Public Law*, cit., p. 147 et s.
6. P. Legrand, « The impossibility of Legal Transplants » 4, *Maastricht Journal of European and Comparative Law*, 1997, p. 111 et s.

système juridique) soutient une convergence des droits administratifs européens reposant sur la *cross-fertilisation*. Les dynamiques de l'européanisation prennent des voies informelles (la doctrine, l'enseignement, la collaboration entre juges ou bien entre avocats) et formelles (législations et jurisprudences) : la convergence est identifiable dans plusieurs domaines, en particulier la légalisation des relations administratives, la protection juridictionnelle des individus face à l'administration, la motivation des actes administratifs, la procédure non contentieuse, les autorités indépendantes ou encore les privatisations[1]. Il n'y a pas d'antinomies entre la convergence et les traditions juridiques nationales car John Bell (à nouveau en opposition avec Pierre Legrand) ne propose pas une conception rigide et figée de la culture juridique[2]. Il n'exclut donc pas la formation d'une culture juridique commune.

À la différence du législateur et du juge communautaires, le législateur national n'a pas à rendre compte et peut s'émanciper de ses sources d'inspiration. Mais il poursuit le même objectif d'efficacité et si comparaison n'est pas raison, il y a toutefois une raison de la comparaison : le législateur peut ignorer les différences et les spécificités d'un modèle étranger, mais s'il veut éliminer les risques de rejet, il est préférable qu'il connaisse ces différences et ces spécificités. Mais il y a plus : il doit aussi avoir conscience de ses propres spécificités nationales.

Précisément, quel rôle les comparatistes peuvent-ils jouer ? Bien que subjective dans ses choix, la comparaison des droits, par la mise à distance qu'elle suppose, devrait permettre d'offrir un éclairage sur les expériences étrangères de manière à éviter qu'elles soient dénoncées au nom de la préservation de l'originalité et de la spécificité nationales[3]. Des études comparatives de qualité doivent permettre aussi bien une meilleure connaissance des modèles étrangers que des éléments de résistance au(x) changement(s) à l'intérieur de l'ordre juridique national. Cette connaissance est le gage d'un aménagement réussi du modèle d'origine pour tenir compte de l'environnement dans lequel il s'insère. Par exemple, le médiateur a dû composer avec l'existence d'une puissante juridiction administrative

---

1. Ch. Himsworth, « Convergence and Divergence in Administrative Law », *in* P. Beaumont, C. Lyons, N. Walker (eds.), *Convergence and Divergence in European Public Law*, Oxford, Hart, 2002, p. 99 ; S. Cassese, « Tendenze e problemi del diritto amministrativo », *Riv. Trim. Dir. Pubb.*, 2004, p. 906 ; F. Melleray, « L'imitation des modèles étrangers en droit administratif français », *A.J.D.A.*, 2004, p. 1224 et s.

2. J. Bell, « Mechanisms for Cross-fertilisation of Administrative Law in Europe », cit., p. 156.

3. Pour un exemple de la défense de l'originalité du modèle français par le législateur constituant, M. Douence, « L'argument de droit comparé dans les travaux préparatoires de la loi constitutionnelle du 28 mars 2003 relative à l'organisation décentralisée de la République », *in L'argument de droit comparé*, cit., p. 151 et s.

française. Les systèmes politico-administratifs sont marqués par leur histoire, *i.e.* « *la façon dont ils ont été conçus, dont ils se sont construits, dont ils ont évolué, les rend irréductibles à tout autre* »[1]. Il appartient donc à la doctrine comparatiste d'apporter sa contribution en s'interrogeant sur les traditions juridiques nationales comme limite aux réformes du droit, voire comme alibi pour résister aux réformes. On pense, par exemple, aux résistances du Conseil d'État français à la jurisprudence de la Cour européenne des droits de l'homme relative à l'impartialité du juge[2]. Les résistances aux réformes (en particulier, la récurrente réforme de l'État en France) peuvent naître de la défense d'intérêts corporatistes que la fonction critique du droit comparé doit contribuer à démasquer.

§ 2. L'hybridation constitutionnelle

à l'époque de la création du droit comparé (entre 1860-1900), la principale raison avancée pour justifier la naissance de cette nouvelle science était d'aider à la rédaction et à l'amélioration des codes et des lois. Comparer les législations entre elles servait à découvrir les meilleures solutions et, le cas échéant, en suggérer l'usage, donc l'emprunt aux législateurs, aux juges ou encore aux avocats. Cette démarche est assez éloignée initialement des préoccupations des constitutionnalistes. En effet, on ne change pas de constitution tous les jours. Néanmoins, les emprunts se sont développés par la voie de l'interprétation constitutionnelle. Désormais, le recours à « l'argument de droit comparé » par le juge constitutionnel est sans cesse grandissant.

A. Les sources étrangères et internationales de la constitution[3]

Selon le juge constitutionnel allemand, W. Hoffmann-Riem, « *Une constitution est une autobiographie nationale* »[4]. Quelles peuvent être les raisons qui poussent à imiter les autres constitutions ? Que révèlent les emprunts réalisés au moment de l'élaboration ou bien de la révision de la constitution ?

D'abord, « *le silence de la tradition nationale* » peut conduire à chercher ailleurs l'inspiration. Les membres de la première

1. Y. Mény, « La greffe et le rejet », *in* ID. (dir.), *Les politiques du mimétisme institutionnel*, Paris, L'Harmattan, 1993, p. 33.

2. A. Claeys, « L'évaluation de l'influence de l'argument de droit comparé sur l'appréhension du principe d'impartialité "objective" par le Conseil d'État français », *in L'argument de droit comparé*, cit., p. 283 et s.

3. À propos de la Constitution espagnole de 1978 : M. Herrero De Miñón, « Les sources étrangères de la Constitution », *Pouvoirs*, 1984, n° 8, p. 97.

4. « Constitutional Court Judges'roundtable Comparative Constitutionalism in Practice, January 2004, Sixth world congress of the IACL » 4, *I-CON*, 2005, p. 558.

assemblée révolutionnaire française vont d'emblée se référer aux expériences étrangères : « *L'idée même de constitution, en 1789, s'est forgée simultanément à la construction du concept d'Ancien Régime. [...] Il est dès lors clair que la constitution va être édifiée sur la négation du passé monarchique. [...] Forts de leur solide culture classique, les représentants ne pouvaient que songer aux républiques grecque et romaine. [...]* [Toutefois] *le modèle pâtit de son éloignement qui le rend malaisément opératoire [...]. En revanche, deux expériences étrangères pouvaient servir de guide aux législateurs révolutionnaires : la monarchie anglaise et la république américaine* »[1]. La Constitution américaine de 1787 est elle-même une reprise partielle du modèle anglais dont les Pères fondateurs ont vanté les mérites : pour Hamilton, « *(...) la forme du gouvernement anglais est le meilleur modèle que le monde ait jamais produit* ». Le recours aux précédents étrangers se développe avec le constitutionnalisme volontariste du XVIIIe siècle[2].

L'imitation devient possible parce que la conception de la constitution change : « *Une nation pouvait-elle s'inspirer aussi étroitement d'une autre pour rédiger sa constitution ? Pour cela, il fallait que s'opérât un glissement sémantique, que le sens de constitution comme acte d'institution ou d'établissement l'emportât sur son sens d'ordre existant* »[3]. La constitution n'est plus tant le produit de l'histoire que le produit de la volonté de la nation. Dès lors, l'imitation est devenue assez courante car tout bonnement avantageuse : pourquoi réinventer une constitution alors que de nombreux textes ont déjà été rédigés ?

Il faut toutefois souligner que les révolutionnaires américains et français ont cherché à produire « *des modèles, non seulement destinés à régler l'organisation du pouvoir dans leur pays respectifs mais aussi à ouvrir la voie aux autres nations. Les révolutionnaires américains sont conscients qu'ils font œuvre de pionniers et, dès 1789, les Français donnent à la Déclaration des droits une portée et une vocation universelles. L'un et l'autre régimes d'ailleurs ne cesseront de croire à leur vocation messianique à l'intention du reste du monde* »[4]. Objet idéal, perçu comme prestigieux, le modèle constitutionnel a été à l'origine de nombreuses imitations (sur la notion de « modèle », voir Leçon 7 § 2). Encore aujourd'hui, cette idée reste forte. Celui qui recopie espère tirer profit du mimétisme institutionnel : un gain en

1. F. Burdeau, M. Morabito, « Les expériences étrangères et la première constitution française », *Pouvoirs*, 1989, n° 50, p. 97.

2. P.-X. Boyer, *La réception des modèles étrangers dans le droit constitutionnel français. Grande-Bretagne et États-Unis au prisme de la réflexion française (1789-1958)*, Thèse Rouen, 2002.

3. K.M. Baker, « Constitution », *in* F. Furet, M. Ozouf (dir.), *Dictionnaire critique de la révolution française*, Paris, Flammarion, 1992, p. 183.

4. Y. Mény, *op. cit.*, p. 14.

crédibilité internationale, en particulier pour les pays qui cherchent à assurer une transition démocratique et ainsi attirer les investisseurs étrangers. Le modèle de référence n'est toutefois plus américain[1], anglais ou français, mais plutôt allemand.

Ce glissement en faveur du modèle allemand mérite certainement quelques explications. Comme préalable, il convient d'abord d'observer que la circulation des modèles ne s'inscrit pas forcément dans un libre processus. La contrainte n'est pas à exclure. L'exemple japonais, pays défait après la seconde guerre mondiale, est souvent cité et l'on parle de la Constitution du 3 novembre 1946 comme d'une « constitution octroyée », voire d'une « constitution forcée », élaborée par les forces occupantes américaines[2]. De même, les puissances victorieuses ont-elles imposé plusieurs principes constitutionnels (la forme fédérale de l'État et la protection des droits et libertés) dans l'élaboration du texte constitutionnel allemand (accords de Londres de 1948). Un « conseil parlementaire » a été chargé de la rédaction de ce texte provisoire dans l'attente de l'adoption d'une véritable constitution (d'où l'appellation de « Loi fondamentale » – *Grundgesetz* – et non pas de « Constitution » – *Verfassung*). Dans ces cas, on peut difficilement parler de processus d'imitation puisque le texte constitutionnel a été imposé de l'extérieur et donc le pouvoir constituant n'a pas été véritablement souverain.

La période de la décolonisation a été, en revanche, très propice à la circulation des modèles constitutionnels. Le recours aux constitutions étrangères a oscillé entre référence obligée et volonté de se démarquer du modèle véhiculé par la puissance colonisatrice. En Afrique, les premières constitutions des nouveaux États ont été toutes tributaires des modèles métropolitains[3]. Les élites politiques de ces pays avaient été formées par l'ancienne puissance colonisatrice. En particulier, les constitutions d'Afrique francophone ont largement suivi l'exemple français[4] alors que les anciennes possessions anglaises ont suivi un chemin similaire à l'égard du modèle anglais.

1. Sur le succès de la Constitution américaine, A. Rapaczynski, « Bibliographical Essay: Influence of the U.S. Constitution », *in* L. Henkin, A. Rosenthal (eds.), *Constitutionalism and Rights. The Influence of the United States Constitution Abroad*, New York, Columbia University Press, 1990, p. 405 et s.

2. A. Vahlas, « Le paradoxe de la stabilité constitutionnelle japonaise », *in* A. Viala (dir.), *La constitution et le temps*, Lyon, L'Hermès, 2003, p. 63 et s. Pour un point de vue plus nuancé, Y. Higuchi, « Un grand paradoxe, ou la notion d'Occident dans les problèmes constitutionnels actuels », *Pouvoirs*, 1985, n° 35, p. 23 et s.

3. Par exemple, les constitutions africaines des pays lusophones (Angola, Cap-Vert, Guinée-Bissau, Mozambique, Timor oriental), voir D. Löhrer, « L'influence de la Constitution portugaise de 1976 sur les textes constitutionnels des pays lusophones », *in* D. Connil, D. Löhrer (dir.), *40 ans d'application de la Constitution portugaise*, Paris, LGDJ, Institut Universitaire Varenne, 2017, p. 251 et s.

4. G. Conac (dir.), *Les institutions constitutionnelles des États d'Afrique francophone et de la République malgache*, Paris, Economica, 1979.

En signe de négation de leur passé de colonisés, quelques États ont parfois rejeté l'importation des institutions de l'ancienne métropole en lui préférant d'autres modèles.

On remarquera que la Constitution de l'Inde, première grande constitution issue du processus de décolonisation à l'intérieur de l'Empire britannique, est un texte qui mélange les influences à la fois anglaise et américaine. Le Préambule s'ouvre sur une formule dont l'origine ne fait aucun doute : « *We the people of India* ». Les choix en faveur d'une Cour suprême qui assure le *judicial review*, d'un *Bill of rights*, d'un État fédéral suivent le modèle américain, mais s'en éloignent pour l'organisation des pouvoirs publics. Cela témoigne de l'attachement aux institutions parlementaires britanniques alors même que l'Inde est devenu un État indépendant (en vérité, deux États apparaissent en 1947 : Inde et Pakistan) sans que soit préalablement établi un dominion formellement rattaché à la couronne. Ces choix expriment un subtil compromis entre le gouvernement limité d'inspiration américaine et la souveraineté parlementaire de tradition britannique[1].

Dans l'hypothèse d'une imitation librement consentie, on peut se demander comment se combinent les acteurs de l'emprunt et le ou les modèle(s) de référence. Deux exemples sont tout à fait emblématiques : la Constitution espagnole de 1978 et le cas sud-africain qui est certainement encore plus riche de significations quant aux nouvelles imitations et au succès actuel du modèle allemand[2]. L'importance de l'influence allemande est en un certain sens remarquable, si l'on songe que l'Allemagne a été le seul pays, en dehors du monde de *common law*, à avoir suscité de l'intérêt chez les constituants sud-africains. Que les constituants espagnols pensent en 1978 à la Loi fondamentale allemande, cela n'a en revanche rien de surprenant : l'Espagne affiche la volonté de s'inscrire dans le concert des nations européennes (1986, elle devient membre de la Communauté européenne). De plus, elle partage avec les Allemands un passé autoritaire. Ce dernier point est sans doute essentiel pour comprendre la large réception du modèle allemand. La Loi fondamentale du 23 mai 1949 est marquée par la période de l'avant-guerre. Dans son préambule, le peuple allemand des Lander se déclare « *conscient de sa responsabilité devant Dieu et devant les hommes* » et entend « *donner un ordre nouveau à la vie politique* ». Cet ordre nouveau repose sur

1. S.P. Sathe, « India: From Positivism to structuralism », *in* J. Goldsworthy (ed.), *Interpreting Constitutions. A Comparative Study*, Oxford, Oxford University Press, 2006, p. 215 et s.

2. Sur l'influence du modèle de la Loi fondamentale allemande en Afrique du Sud, Amérique du Sud et Europe centrale et orientale : J. Kokott, « From Reception and Transplantation to Convergence of Constitutional Models with Particular Reference to the Basic Law », *in* Ch. Strack (ed.), *Constitutionalism, Universalism and Democracy*, Baden-Baden, Nomos Verlagsgesellschaft, 1999, p. 71 et s.

une affirmation renforcée de l'État de droit (un catalogue des droits fondamentaux et une Cour constitutionnelle pour en assurer la protection). Le prestige de la Cour de Karlsruhe n'est certainement pas pour rien dans le succès du modèle allemand. Mais est-ce bien suffisant ?

L'exemple sud-africain offre de ce point de vue un autre enseignement : la formation des élites est capitale pour expliquer la réception d'un modèle étranger. Les universitaires sud-africains ont trouvé en Allemagne des possibilités d'étudier le droit à une époque où les autres pays leur étaient moins accessibles en raison de l'isolement politique de leur pays. Les bourses Humboldt et les Instituts Max Planck ont contribué de manière considérable aux échanges académiques avec l'Afrique du Sud dont les universitaires ont importé, après la fin de l'apartheid, les concepts juridiques allemands dans la Constitution.

Le principal domaine d'emprunts regarde les droits fondamentaux et leur protection : une partie du catalogue des droits fondamentaux, le concept d'État de droit, la création d'une cour constitutionnelle spécialisée. Il faut par ailleurs ajouter une influence concernant le fédéralisme. L'exemple sud-africain montre non pas tant une transformation des domaines d'imitation (l'exportation du modèle américain ne repose-t-il pas sur les mêmes éléments ou à peu près les mêmes ?) que la convergence des contextes. Le succès allemand repose en effet sur la vertu reconnue au droit pour dépasser les traumatismes nationaux (en Afrique du Sud, l'apartheid), la Cour constitutionnelle apparaissant comme une « *cour rédemptrice* »[1]. Ce succès s'inscrit de plus dans un contexte international où les États se rallient au modèle libéral qui renvoie au triptyque « *droits de l'homme – démocratie pluraliste – État de droit* »[2]. Cette trilogie constitue le sésame pour participer à de nombreuses organisations internationales telles que le Conseil de l'Europe, pour intégrer l'Union européenne ou encore pour bénéficier des aides de la Banque mondiale. Le modèle allemand (ainsi que le modèle canadien[3]) concurrence le modèle américain, parfois perçu et rejeté comme l'« anti-modèle »[4]. Parmi les institutions qui se sont les mieux exportées, la large diffusion de la justice constitutionnelle ne peut être que soulignée, en

---

1. B. Ackerman, « The Rise of World Constitutionalism » 83, *Virginia Law Review*, 1997, p. 795.

2. J. Chevallier, « Mondialisation du droit ou droit de la mondialisation ? », *in Le droit saisi par la mondialisation*, C.-A. Morand (dir.), Bruxelles, Bruylant, 2001, p. 41.

3. A. M. Dodek explique en particulier le succès canadien grâce à la récente et « moderne » Charte des droits (1982) reconnaissant les droits des minorités, un « fort *ethos* internationaliste » notamment l'absence de politique coloniale et une politique d'accueil des universitaires étrangers : *op. cit.*, p. 319 et s.

4. H. Klug, « Model and Anti-Model: The United States Constitution and the "Rise of World Constitutionalism" », *Wisconsin Law Review*, 2000, p. 604 s.

particulier son développement à la fin des années 1990 dans les ex-pays communistes de l'Europe orientale et centrale.

Bien qu'un modèle puisse s'imposer, il serait erroné de croire que les constituants suivent une seule voie d'imitation. Dans le cas sud-africain, la source d'inspiration est aussi canadienne : le catalogue des droits fondamentaux de la Constitution sud-africaine suit la structure de la Charte canadienne des droits et libertés de 1982. On sait qu'un constitutionnaliste canadien, David Beatty, professeur invité à l'Université du Cap en 1992, a apporté ses compétences[1]. De plus, les constituants ont opté pour une clause générale de limitation des droits fondamentaux[2] (art. 36 de la Constitution de 1996) inspirée de l'article 1er de la Charte canadienne.

Art. 36 : « (1) Les droits contenus dans le *Bill of Rights* ne peuvent être limités qu'aux termes d'une loi d'application générale pour autant que la limitation soit raisonnable et justifiée dans une société ouverte et démocratique fondée sur la dignité humaine, l'égalité et la liberté, en prenant en considération l'ensemble des facteurs pertinents, incluant : la nature du droit ; l'importance et le but de la limitation ; la nature et l'étendue de la limitation ; la relation entre la limitation et son but ; et l'existence de moyens moins restrictifs pour atteindre ce but. (2) À l'exception des règles mentionnées dans l'alinéa 1 ou dans toute autre disposition de la constitution, aucun texte ne peut limiter les droits contenus dans le *Bill of Rights*. »	Art. 1er : « La Charte canadienne des droits et libertés garantit les droits et libertés qui y sont énoncés. Ils ne peuvent être restreints que par une règle de droit, dans des limites qui soient raisonnables et dont la justification puisse se démontrer dans le cadre d'une société libre et démocratique. »

Exception faite de quelques rares prototypes originaux, l'histoire des constitutions est donc celle d'imitations répétées. C'est une histoire sans relâche : à l'époque contemporaine, elle se poursuit depuis une phase de décolonisation dans les années 1960 par les transitions démocratiques, dans les années 1990, en Amérique du Sud et en Europe centrale et orientale ; elle vise, à partir des années 2011, de nouvelles constitutions adoptées dans les pays du grand Maghreb, période célébrée avec cette idée de réveil des populations en Tunisie, Égypte, et Libye par l'expression de « printemps arabe ».

1. D.M. Davis, « Constitutional borrowing: The influence of legal culture and local history in the reconstruction of comparative influence: The South African experience » 1, *I-CON*, 2003, p. 186.

2. X. Philippe, « Les clauses de limitation et d'interprétation des droits fondamentaux dans la constitution sud-africaine de 1996 », *Liber Amicorum Jean-Claude Escarras*, Bruxelles, Bruylant, 2005, p. 897 et s.

Ce mouvement semble loin d'être terminé. On pense au vote référendaire exprimé par les Chiliens, le 25 octobre 2020, en faveur de l'écriture d'une nouvelle constitution et, à cette fin, à l'élection d'une assemblée constituante au suffrage universel direct. Ce référendum est intervenu après que la population a manifesté son souhait de se débarrasser de la constitution néolibérale en vigueur héritée de la dictature menée par le général Pinochet.

Depuis les années 1990, la présence des experts internationaux dans les processus constituants est une caractéristique de cette histoire récente. Cela mérite aussi d'être souligné car le choix du ou des modèles à imiter est largement orienté par ces experts même si la référence à un modèle donné est désormais « *dépassée* » au profit de « *standards internationaux* »[1]. Parmi ces agents de la standardisation constitutionnelle, la Commission pour la démocratie par le droit (plus connue comme la « Commission de Venise ») occupe une place de choix afin de mener à bien ses expertises en matière constitutionnelle. Créée par le Conseil de l'Europe après la chute du Mur de Berlin pour aider les pays d'Europe centrale et orientale à réaliser la transition démocratique, la Commission de Venise a toutefois connu depuis lors une expansion géographique remarquable, qui la conduit à agir bien au-delà de l'Europe. Les experts s'appuient sur des standards européens (*rule of law*, *human rights*, *democracy*) ou des catégories générales telles que le patrimoine constitutionnel commun. La Commission est appelée à donner ses conseils en ingénierie constitutionnelle en formulant des avis, qui portent le plus souvent sur les réformes constitutionnelles entreprises par ses membres ou l'écriture de nouvelles constitutions. Le caractère parfois superficiel des analyses ne tient pas uniquement à l'absence d'étude de cas et à la promotion de standards généraux, mais aussi à la prédominance de rapporteurs provenant de l'Europe occidentale, alors que les avis portent le plus souvent sur de « jeunes démocraties » situées en dehors de l'Occident. Une forme de néo-colonialisme est toujours à craindre, en particulier en l'absence de connaissance réelle du contexte sociopolitique dans lequel s'inscrivent les réformes constitutionnelles[2] (sur l'apport de l'approche postcoloniale, voir

---

1. N. Danelciuc-Colodrovschi, « L'incidence des influences constitutionnelles externes sur l'écriture et l'adoption des constitutions postconflictuelles », *in* X. Philippe, N. Danelciuc-Colodrovschi (dir.), *Transitions constitutionnelles et Constitutions transitionnelles. Quelles solutions pour une meilleure gestion des fins de conflit ?*, Paris, Institut Universitaire Varenne, LGDJ-Lextenso, 2014, p. 116.

2. Pour une étude détaillée et critique sur la Commission de Venise qui n'enlève rien à son rôle dans la constitution d'un patrimoine constitutionnel commun : M. De Visser, « A Critical Assessment of the Role of the Venice Commission in Processes of Domestic Constitutional Reform », *Am. J. Comp. Law*, n° 63, 2015, p. 963. Les universitaires qui œuvrent parfois comme experts attirent sur ce risque : voir l'ouvrage précité ci-dessus.

Leçon 9 § 2. C). Par exemple, les constituants tunisiens ont été confrontés à la tension entre les standards constitutionnels internationaux et les spécificités identitaires nationales lors de l'écriture de la Constitution du 27 janvier 2014[1]. Il n'y a là sans doute rien de nouveau, mais c'est la forme prise par les contraintes qui pèsent sur les États en transition démocratique : ils ne sont plus guidés par une ancienne puissance coloniale ou, au contraire, par un choix librement consenti en faveur d'un modèle, peut-être idéalisé, mais sur lequel ils envisagent de construire leur propre histoire constitutionnelle[2]. Ces contraintes répondent à un impératif porté par les institutions internationales au nom des droits de l'homme[3]. Il est alors question d'une « *mise sous tutelle* » de la transition au nom d'une conditionnalité démocratique qui fait des acteurs internationaux des membres à part entière du processus constituant en imposant une « *logique de standardisation* » insuffisamment respectueuse du « *caractère identitaire des sociétés en construction* »[4]. Les standards internationaux sans les cultures constitutionnelles risquent d'être vides et formels alors qu'accompagnés d'une connaissance des cultures constitutionnelles (sur cette notion clé, voir Leçon 5 § 2 et sur l'approche culturelle, Leçon 9 § 2), ils peuvent être pénétrants et surtout effectifs[5].

---

1. Voir en particulier X. Philippe, « Les processus constituants après les révolutions du printemps arabe. L'exemple de la Tunisie : rupture ou continuité ? », *in Espaces du service public. Mélanges en l'honneur de Jean du Bois de Gaudusson*, Pessac, Presses Universitaires de Bordeaux, 2013, p. 545 et s. ; C. Yared, *La construction du constitutionnalisme tunisien. Étude de droit comparé*, Thèse de l'Université de Bordeaux, 2021.

2. Les « constitutions internationalisées », qui se voient confisquées le pouvoir constituant souverain, en révèlent précisément l'importance et l'impossibilité de se passer de la fiction que représente ce pouvoir en vue de les enraciner dans une société donnée. Voir C. Cerda-Guzman, « Repenser les constitutions internationalisées », *R.D.P*, 2015, p. 1567 et s.

3. Pour un regard critique sur ce mouvement de standardisation, J. Hummel, « De la circulation à la standardisation des modèles constitutionnels. La reconnaissance des identités constitutionnelles à l'âge de la globalisation », *in* A.-S. Chambost (dir.), *Approches culturelles des savoirs juridiques*, Paris, LGDJ-Lextenso, 2020, p. 290-291. Voir aussi le travail mené par le laboratoire méditerranéen sur le droit public sous la direction de M. Touzeil-Divina : http://lm-dp.org/

4. F. Hourquebie, « La construction de l'avenir : données contextuelles et cahier des charges constitutionnel », *in Transitions constitutionnelles et Constitutions transitionnelles*, *op. cit.*, p. 52-53. Voir aussi ce même auteur sur la difficulté à trouver un équilibre entre standardisation et identité constitutionnelle à cause du paramètre culturel : « Néo-constitutionnalisme et contenu des constitutions de transition : quelle marge de maœuvre pour les constitutions de transition », *A.I.J.C.*, vol. 30-2014 (2015), p. 597-598.

5. Sur ce problème récurrent identifié par Karl Loewenstein : il s'est interrogé sur « *la distinction entre* validité formelle *et* valeur réelle *des Constitutions* » après la vague de constitutions adoptées au lendemain de la seconde guerre mondiale et a proposé une typologie des constitutions : « Réflexions sur la valeur des Constitutions dans une époque révolutionnaire. Esquisse d'une ontologie des Constitutions », *Revue française de science politique*, 1952, n° 1, p. 8.

Les hypothèses étudiées jusqu'à présent doivent être distinguées d'un autre cas étudié dans le paragraphe précédent pour lequel il est question d'influences croisées : l'européanisation du droit. Plus spécifiquement, l'européanisation du droit constitutionnel[1] recouvre elle-même deux hypothèses. La première correspond à une transformation formelle des constitutions nationales par l'introduction d'une clause d'intégration européenne (pour un approfondissement, voir Leçon 10 § 1). Cette hypothèse n'a donc rien de commun avec l'imitation de mécanismes institutionnels ou de protection des droits fondamentaux à des constitutions étrangères. La seconde hypothèse, bien que de nature différente, est en revanche plus proche : la modification des concepts constitutionnels par le droit communautaire ou par le droit de la Convention européenne des droits de l'homme. À titre illustratif, la souveraineté parlementaire n'est plus ce qu'elle était, au Royaume-Uni, depuis l'adoption du *Human Rights Act 1998* : on a, selon la doctrine, une forme limitée de contrôle de constitutionnalité avec la mise en place de la procédure de déclaration d'incompatibilité. Cette technique peut être considérée comme un contrôle de constitutionnalité des lois puisque les juges examinent la conformité des lois par rapport aux droits consacrés dans le *Human Rights Act*, qui est une loi présentant une certaine formalisation constitutionnelle[2]. Néanmoins, ce contrôle de constitutionnalité est limité car les juges ne peuvent priver d'effet une loi qui serait déclarée contraire aux droits conventionnels[3]. Ce système de garantie est fondé sur l'interaction institutionnelle des trois pouvoirs au lieu de confier entièrement la protection des droits aux juges : la déclaration d'incompatibilité informe le gouvernement de l'existence d'une contrariété qu'il est susceptible de corriger selon la procédure ordinaire ou par le biais d'un *remedial order*. Dans ces deux cas, le parlement intervient et dispose soit de ses compétences habituelles, soit de la simple faculté d'approuver, sans pouvoir l'amender, un *remedial order*. L'originalité de ce mécanisme, qui permet de préserver la souveraineté parlementaire tout en développant considérablement le rôle des juges, prend sa source dans le modèle canadien[4] (pour un approfondissement, voir Leçon 12 § 2). De nouveau, on constate que les sources d'inspiration sont diverses.

Ce dernier exemple annonce l'hypothèse étudiée dans le prochain paragraphe puisque le juge y joue un rôle majeur. Toutefois, il s'agit d'une hypothèse différente : tandis que les droits communautaire et européen ont force obligatoire pour les juges des États parties aux

1. J. Ziller (dir.), *L'européanisation des droits constitutionnels à la lumière de la constitution pour l'Europe*, Paris, L'Harmattan, 2003.

2. A. Duffy, *op. cit.*, p. 112 et s.

3. *Ibid.*, p. 457 et s.

4. S. Garbaum, « The New Commonwealth Model of Constitutionalism » 49, *American Journal of Comparative Law*, 2001, p. 719 et s.

traités communautaires et à la Convention européenne, le recours au droit étranger pour l'interprétation de la constitution ne l'est pas.

B. Les sources étrangères de la jurisprudence constitutionnelle[1]

Rien n'oblige les juges à avoir recours à « l'argument de droit comparé », pas même l'article de la Constitution sud-africaine de 1996 qui prévoit que l'interprétation du *Bill of Rights* par les juges doit prendre en considération le droit international et éventuellement le droit étranger. L'article 39 (1) (en remplacement de l'article 35 (1) de la Constitution intérimaire de 1993) n'est qu'une habilitation du constituant à y avoir recours. Toutefois, un juge ayant séjourné à l'étranger, formé au droit étranger et évoluant dans un milieu ouvert aux apports extérieurs sera probablement plus facilement amené à examiner les solutions étrangères et à introduire dans son raisonnement justificatif un tel argument. Il est désormais habituel pour les juges des cours constitutionnelles européennes de se rencontrer et d'échanger sur des problèmes juridiques communs.

Cette méthode n'est pas si nouvelle, mais elle est beaucoup plus visible que par le passé. L'indice est l'intérêt doctrinal qu'elle suscite, en particulier dans le monde anglo-américain[2]. Cet intérêt s'explique facilement. L'article 39 (1) de la Constitution sud-africaine en est un des premiers facteurs. D'autre part, la question a été ouvertement discutée par les juges de la Cour suprême des États-Unis en 1997. Il s'agit de la décision *Printz v. United States* dans laquelle les juges

---

1. M.-C. Ponthoreau, « Le recours à "l'argument de droit comparé" par le juge constitutionnel. Quelques problèmes théoriques et techniques », *in* F. Mélin-Soucramanien (dir.), *L'interprétation constitutionnelle*, Actes de la Table Ronde de l'AIDC, Paris, Dalloz, 2005, p. 167 et s. ; M. Rosenfeld, « Le constitutionalisme comparé en mouvement : d'une controverse américaine sur les références jurisprudentielles au droit étranger », *in* P. Legrand (dir.), *Comparer les droits, résolument*, cit., p. 561 et s. ; G. Zagrebelsky, « Cinquante ans d'activité de la Cour constitutionnelle italienne », *R.D.P*, 2007, p. 131. *Add.* : A. Le Quinio, *Recherche sur la circulation des solutions juridiques : le recours au droit comparé par les juridictions constitutionnelles*, Clermont-Ferrand, Fondation Varenne, 2011 ; M.-C. Ponthoreau, « Foreign Precedents in Constitutional Litigation », *General Reports of XIXth Congress of the International Association of Comparative Law / Rapports généraux du XIXe Congrès de l'Association Internationale de Droit comparé*, K.B. Brown, D.V. Snyder (eds.), Springer, 2017, p. 523 et s.

2. Voir, en particulier, pour ne citer que certains des premiers travaux : M.-A. Glendon, *Rights Talk: The Impoverishment of Political Discourse*, Free Press, New York-Toronto, 1991 ; A.-M. Slaughter, « A Typology of Transjudicial Communication » 29, *University of Richmond Law Review*, 1994, p. 99 et s. ; S. Choudhry, « Globalization in Search of Justification: Toward a Theory of Comparative Constitutional Interpretation » 74, *Indiana Law Journal*, 1999, p. 819 et s. ; C. McCrudden, « A Common Law of Human rights?: Transnational Judicial Conservations on Constitutional Rights » 20, *Oxford Journal of Legal Studies*, 2000, p. 499 et s. ; A.-M. Slaughter, « A Global Community of Courts » 44, *Harvard International Law Journal*, 2003, p. 191 et s.

Breyer et Scalia opposèrent leur point de vue sur l'utilisation du droit étranger pour éclairer la Constitution américaine[1]. Cette utilisation est si controversée que le *Chief Justice*, John Roberts, a dû, lors de son audition en septembre 2005 devant le Sénat en vue de la confirmation de sa nomination, préciser sa position.

À partir de ces deux éléments, des explications plus générales peuvent être avancées. D'abord, un style judiciaire discursif, narratif et analytique appuyé par la pratique des opinions individuelles des juges est nettement plus propice au recours au droit étranger pour interpréter la Constitution car il donne à voir le processus interprétatif et décisoire comme un échange d'arguments aboutissant à une décision (ce qui justifie l'expression « argument de droit comparé » même si les juges ne procèdent pas nécessairement à une comparaison des précédents judiciaires). La pratique des opinions séparées en faisant valoir plusieurs interprétations possibles des dispositions constitutionnelles facilite la formation d'une jurisprudence évolutive et l'adaptation de la constitution. On peut d'ailleurs constater un effet de « vases communicants » : ce sont les cours constitutionnelles pratiquant les opinions séparées qui sont le plus souvent citées car leurs jurisprudences sont plus compréhensibles (même si parfois cette pratique rend difficile la compréhension du dispositif de la décision rendue). Leurs décisions ne se présentent pas comme des blocs monolithiques, mais comme un échange d'arguments. Elles se prêtent donc beaucoup mieux à l'exportation, à la différence des décisions trop formelles du Conseil constitutionnel[2].

Ensuite, le cas sud-africain renvoie à un phénomène plus large qui regarde les États en transition démocratique : les cours constitutionnelles récentes cherchent à renforcer leur légitimité en s'appuyant sur la jurisprudence de cours plus anciennes appartenant à des démocraties stables[3]. De la sorte, elles donnent à penser qu'elles appartiennent à une même communauté. Ainsi, dans sa décision sur la peine de mort (*State v. Markwanyane* 1995), la Cour

1. Les deux juges ont discuté de leur position dans un débat organisé par Norman Dorsen : « The relevance of foreign legal materials in US constitutional cases: A conservation between Justice Antonin Scalia and Justice Stephen Breyer » 3, *I-CON*, 2005, p. 519 et s.

2. On remarquera que la loi organique du 15 juillet 2008 a permis de consulter les archives du Conseil constitutionnel entre 1958 et 1983 : les procès-verbaux des délibérations ont confirmé un usage très rare de la législation étrangère (à mentionner néanmoins la décision de 1975 relative à l'interruption volontaire de grossesse) et en aucun cas de la jurisprudence étrangère. B. Mathieu, « Introduction », *in* ID. *et al.* (dir.), *Les grandes délibérations du Conseil constitutionnel*, Paris, Dalloz, 2009, p. 12.

3. Voir l'étude approfondie de C. Dupré sur l'influence de la jurisprudence de la Cour constitutionnelle allemande relative à la dignité humaine sur la Cour constitutionnelle hongroise et, de manière plus générale, sur l'importation juridique dans les pays d'Europe centrale et orientale, *Importing the Law in Post-Communist Transitions*, Oxford, Hart, 2003.

constitutionnelle sud-africaine utilise-t-elle un très large panel de références (Cours suprêmes des États-Unis, du Canada, de l'Inde, cours constitutionnelles allemande et hongroise et Cour d'appel de Tanzanie). La référence au droit étranger peut être un moyen de combler l'absence de jurisprudence pour ces cours intervenant dans de jeunes démocraties. Les liens culturels plus étroits entre certaines d'entre elles favorisent ces échanges (n'oublions pas qu'environ un tiers du monde vit sous un régime juridique influencé par le *common law*). Cependant, des cours consolidées comme la Cour suprême des États-Unis ou celle du Canada ne sont certainement pas à la recherche d'un surplus de légitimité. La référence au droit étranger permet de renforcer la solution choisie : face à une question controversée (par exemple, la peine de mort ou bien l'avortement ou encore la pénalisation des relations homosexuelles entre adultes consentants) ou/et un problème juridique nouveau (par exemple, le mariage entre personnes du même sexe), il peut être utile de sortir d'une discussion nationale pour prendre du recul, de la distance en faisant appel à la jurisprudence étrangère (qui peut être aussi utilisée comme argument *a contrario :* la Cour suprême irlandaise cite dans sa décision contre la libéralisation de l'avortement (*McGee v. Attorney General* de 1974) la décision libérale de la Cour suprême des États-Unis (*Roe v. Wade* de 1973)).

Les études doctrinales des pays de *common law* précitées[1] s'interrogent précisément sur la justesse et la légitimité de ce recours. Quelles sont les raisons qui poussent les juges à utiliser explicitement la jurisprudence étrangère comme argument justificatif ? Le débat est ancien aux États-Unis. Déjà, en 1957, une étude publiée par la *Columbia Law Review* cherche à établir quelles peuvent en être les raisons et conclut cependant à l'absence de critère et à la totale discrétion des juges[2]. Christopher McCrudden, qui rappelle les résultats de cette recherche, les conteste en faisant valoir d'une part que désormais le recours à « l'argument de droit comparé » fait l'objet d'un débat public parmi les juges et que, d'autre part, les juges ne se contentent pas de citer la jurisprudence étrangère, mais parfois la discutent sans nécessairement la suivre[3]. Sans nier une part de discrétion judiciaire, il avance que certaines raisons (celles exposées précédemment) conduisent les juges à utiliser des sources étrangères.

---

1. Voir entre autres, C. Saunders, « Comparative Constitutional Law in the Courts: Is there a Problem? » 59, *Current Legal Problems*, 2006, p. 91 et s. ; ID., « Judicial Dialogue in Common Law Countries », *in Mélanges en l'honneur de Louis Favoreu*, Paris, Dalloz, 2007, p. 413 et s.

2. P.K. Tripathi, « Foreign Precedents and Constitutional Law » 57, *Columbia Law Review*, 1957, p. 319 et s.

3. *Op. cit.*, p. 517.

Cependant, ces raisons sont essentiellement conjoncturelles et, en particulier, le besoin d'emprunter des solutions juridiques. Au-delà de ces raisons, on peut se demander si les juges ne trouvent pas dans le droit étranger un support pour mieux comprendre leur propre droit et ainsi aborder de « *manière plus créative ou avec plus de perspicacité* »[1] un problème juridique nouveau ou/et controversé. Recourir à « l'argument de droit comparé » ne débouche pas forcément sur le mimétisme. Pour la recherche juridique, la méthode comparative est un moteur de la connaissance du droit qui permet de répondre à la question : comment pense-t-on le droit ? Mais comment le juge constitutionnel peut-il assumer une posture critique à l'égard du droit qu'il doit interpréter et qui fonde l'ordre juridique de la communauté étatique auquel il appartient ? Pourquoi avoir recours au droit étranger alors qu'il a déjà de nombreuses sources du droit internes et internationales à sa disposition ? Le recours à « l'argument de droit comparé » pose des problèmes à la fois théoriques relatifs à l'interprétation constitutionnelle et techniques liés à la méthode de la comparaison comme méthode d'interprétation et d'argumentation.

Pour illustrer ces problèmes, deux exemples peuvent servir de guide. Au cours de la première année d'activité de la Cour constitutionnelle hongroise, son président, L. Solyom, a fait appel à la notion de « constitution invisible » pour défendre, dans une affaire concernant la peine de mort, son interprétation du droit à la vie : « *La Cour constitutionnelle doit continuer ses efforts de manière à expliquer les bases théoriques de la Constitution et des droits qu'elle contient et à élaborer un ensemble jurisprudentiel cohérent comme une "constitution invisible" qui fournit un standard de constitutionnalité solide et sûr au-delà de la Constitution, à présent souvent révisée pour des raisons politiques à court terme [...]* »[2]. Cette notion a été discutée et largement rejetée : invisible aux yeux de tous, sauf de ceux des juges, elle leur offrait un trop large pouvoir d'interprétation[3]. La référence à la « constitution moderne », plus amplement diffusée dans la jurisprudence hongroise, renvoie aux constitutions récentes (telles que la Loi fondamentale allemande de 1949, principale source d'inspiration) et à la volonté de la Cour d'apparaître comme « *l'une des premières cours à protéger les droits fondamentaux en Europe centrale* »[4]. La Cour cherche à présenter sa jurisprudence comme moderne car, face au droit socialiste contesté et dépassé, elle donne une interprétation

1. A.-M. Slaughter, « A Global Community of Courts », cit., p. 201.

2. Arrêt 23/1990 : L. Solyom, G. Brunner (eds.), *Constitutional Judiciary in a New Democracy: The Hungarian Constitutional Court*, Ann Arbor, University of Michigan Press, 2000, p. 126.

3. A. Sajó, « Reading the Invisible Constitution: Judicial Review in Hungary » 15, *Oxford Journal of Legal Studies*, 1995, p. 258.

4. C. Dupré, *op. cit.*, p. 89.

libérale, individualiste et généreuse des droits. Il n'est certainement pas sans intérêt de souligner que la Constitution, dont la Cour a la charge d'assurer le respect, n'est pas une « nouvelle constitution » issue de la rupture démocratique, mais une constitution révisée en 1989 : la Cour, elle-même consacrée par l'amendement constitutionnel, interprète un texte de compromis politique ayant conservé l'ordre formel qui prévalait dans « l'ancienne constitution » de 1949 et encore pleine de scories du passé. La constitution, révisée pas moins de dix fois entre 1990 et 1994, paraît ainsi fragilisée. Sa normativité peut passer au second plan par rapport à la conviction de la nature universelle des droits de l'homme. L'interprétation constitutionnelle trouve sa légitimité dans le rejet du droit ancien et la promotion de nouveaux standards de protection des droits communs aux cours européennes. Malgré des appellations différentes, la Cour hongroise fonde sa conception de la constitution (très largement tributaire de celle des droits fondamentaux) sur une vision jusnaturaliste qu'elle cherche à objectiver par la référence à « l'argument de droit comparé ».

Dans un contexte textuel, institutionnel, politique et social, fort différent, l'examen de la position d'une cour comme la Cour suprême du Canada donne un tout autre éclairage. Les juges canadiens ont suivi assez naturellement la route tracée par la doctrine qui a immédiatement comparé la Charte des droits et libertés de 1982 au *Bill of Rights* de la Constitution américaine. Après avoir souligné le rôle pionnier des États-Unis en matière de protection des droits fondamentaux, la juge, Claire L'Heureux-Dubé, précise : « *Nous n'avons pas toujours suivi l'approche américaine. [...] Cependant, examiner et prendre en considération la jurisprudence américaine nous a permis de tirer profit d'une compétence en matière d'interprétation constitutionnelle acquise depuis deux cents ans* »[1]. C'est une vision tout aussi pragmatique que le juge américain Breyer a défendue dans l'affaire *Printz* précitée : « *[...] Bien entendu, c'est notre propre Constitution que nous interprétons, non celle des autres nations, et il existe certainement d'importantes différences politiques et structurelles entre leurs systèmes et le nôtre. [...] Mais leur expérience peut néanmoins jeter un éclairage empirique sur les conséquences résultant de solutions différentes à un problème juridique commun [...]* ». Les juges répondent aux requêtes. Comme l'explique justement Élisabeth Zoller, l'accessibilité aux informations de plus en plus nombreuses et en langue anglaise grâce à internet modifie profondément le travail

1. C. L'Heureux-Dubé, « The Importance of Dialogue: Globalisation and International Impact of the Rehnquist Court » 34, *Tulsa Law Journal*, 1998, p. 20.

des juristes américains qui peuvent mettre en cause la constitutionnalité des lois à n'importe quel niveau[1].

Peter Häberle a été le premier à soutenir l'incorporation de la comparaison des droits parmi les méthodes d'interprétation constitutionnelle[2]. L'introduction de la comparaison des droits parmi les méthodes d'interprétation de la Constitution repose à la fois sur la pratique de certaines cours (en particulier, la Cour de justice des Communautés européennes) et sur certains textes constitutionnels (notamment, l'article 10.2 de la Constitution espagnole qui prévoit que les dispositions relatives aux droits fondamentaux « seront interprétées conformément à la Déclaration universelle des droits de l'homme et aux traités et accords internationaux portant sur les mêmes matières ratifiés par l'Espagne »). Peter Häberle conçoit la comparaison constitutionnelle comme « *la voie par laquelle les différents exemples de constitutions communiquent actuellement entre eux* »[3].

Cette méthode d'interprétation constitutionnelle est-elle plus que d'autres porteuse d'une dissolution complète de la normativité de la constitution ? Pour y répondre, une autre question doit être posée dans des termes plus généraux. Partant de l'idée que les directives d'interprétation ouvrent le champ des interprétations possibles, peut-on distinguer des méthodes qui plus que d'autres renforcent l'imprécision de la constitution ? Or, cette question a plus ou moins d'intérêt selon la théorie de l'interprétation constitutionnelle adoptée, c'est-à-dire selon que l'on prenne au sérieux le texte constitutionnel ou, au contraire, selon qu'on l'abandonne à ses interprètes (voir Leçon 10 § 2). Cette alternative, présentée ici de manière quelque peu radicale, n'est pas nouvelle. Elle permet toutefois de mettre en évidence « l'idéologie de l'interprétation » reproduite par la doctrine et la jurisprudence. L'une comme l'autre peuvent poursuivre la réalisation des valeurs du droit positif ou, au contraire, chercher à s'en dégager. En proposant une certaine interprétation d'une règle de droit, son auteur exprime une idéologie qui vise à la réalisation de valeurs ou, plus exactement, à favoriser certaines valeurs sur d'autres. S'agissant du droit positif, par exemple, on peut affirmer que les valeurs essentielles qu'il véhicule ont trait à la prévisibilité (ou à la « sécurité juridique ») et à l'adaptabilité aux changements sociaux. Jerzy Wroblewski fait correspondre à ces valeurs envisagées comme les deux extrêmes d'un axe les idéologies « statique » et « dynamique », lesquelles devront faire l'objet de compromis

1. É. Zoller, « Qu'est-ce que faire du droit constitutionnel comparé ? », *Droits*, 32-2000, p. 131.

2. Cette incorporation a été proposée pour la première fois par l'auteur dans : « Grundrechtsgeltung und Grundrechtsinterpretation im Verfasssungsstaat », *Juristenzeitung*, 1989, p. 913 et s.

3. Pour des développements sur cette méthode : P. Häberle, *L'État constitutionnel*, (trad. revue par C. Grewe), Paris, Economica, 2004, p. 136.

pratiques dans la réalité juridictionnelle[1]. Mais les idéologies n'en orientent pas moins l'activité interprétative dans ses buts et commandent donc le choix des directives d'interprétation.

L'idéologie statique est bien illustrée par la position de l'ancien juge américain Scalia pour qui les emprunts ne peuvent valoir qu'en matière d'élaboration de la constitution, non pour son interprétation. Il s'inscrit dans un courant interprétatif extrêmement peu favorable à des apports extérieurs et, notamment, à une interprétation de la constitution en fonction des évolutions sociales. En revanche, le recours au droit étranger pour interpréter la constitution exprime l'idéologie dynamique et ouverte et doit donc être rangé parmi les méthodes qui facilitent l'adaptation de la constitution aux changements sociaux et politiques. On pense en particulier à la méthode historico-évolutive qui vise à ne pas couper le droit de la vie réelle. On pense aussi à la procédure de révision constitutionnelle qui a justement pour objet cette adaptation tout en préservant la stabilité de la Loi fondamentale. Là où cette procédure est difficile à mettre en œuvre, le juge sera plus volontiers sollicité. Cela explique aussi l'importante querelle méthodologique aux États-Unis (sur l'interprétation constitutionnelle, voir Leçon 10 § 2).

Dès lors, le questionnement se déplace de la relation entre le texte constitutionnel et la méthode à la relation entre la méthode et le juge constitutionnel. En s'appuyant sur les travaux de Wroblewski, on peut ajouter que la constitution ne formule pas les buts que l'interprétation doit poursuivre. Elle peut certes fournir des directives d'interprétation telles que l'article 39 (1) de la Constitution sud-africaine, mais ces dernières doivent être elles-mêmes interprétées. En revanche, la constitution trace un cadre institutionnel à l'exercice de la fonction de juger : les buts sont donc implicites et demandent à être reconstruits. On aborde ainsi la question classique de la marge de manœuvre dont bénéficie le juge dans l'interprétation constitutionnelle. Le recours à « l'argument de droit comparé » est-il l'expression d'un large pouvoir discrétionnaire du juge ? Oui, si on en croit l'actuel président de la Cour suprême des États-Unis, John Roberts : « *Se fier aux précédents étrangers pour limiter les juges ne fonctionne pas. Ils ne limitent pas la discrétion judiciaire de la même manière que les précédents nationaux. Ces derniers peuvent limiter et encadrer le pouvoir discrétionnaire des juges. Vous pouvez trouver ce que vous voulez dans le droit étranger. Si vous ne le trouvez pas dans la jurisprudence française ou italienne, vous le trouverez dans les décisions de la Somalie ou du Japon ou de l'Indonésie ou d'ailleurs* »[2].

---

1. Dans « L'interprétation en droit : théorie et idéologie », *A.P.D.*, 1972, T. 17, p. 65.

2. Propos tenus par le futur *Chief Justice* lors de son audition par le Sénat en septembre 2005 et cités par C. McCrudden, « Judicial Comparativism and Human Rights », *in* E. Örücü, D. Nelken (eds.), *Comparative Law. A Handbook*, Oxford, Hart, 2007, p. 387.

Bien souvent, les juges constitutionnels ne citent pas dans leurs décisions leurs sources étrangères d'inspiration et se contentent d'un usage clandestin des précédents étrangers. On peut avancer que c'est pour ne pas donner à penser qu'ils puissent porter atteinte à la constitution nationale et par conséquent ne pas être accusés de le faire. De plus, même si les juges qui soutiennent le recours aux décisions de cours étrangères, ne prétendent pas que ces décisions soient contraignantes, mais seulement utiles à une meilleure compréhension de leur propre constitution, les juges qui s'y opposent, n'en défendent pas moins avec vivacité l'intégralité de leur droit constitutionnel. Cela explique que la pratique du recours explicite aux précédents étrangers se révèle limitée aussi bien d'un point de vue quantitatif que qualitatif[1]. Néanmoins, le constat diffère entre le groupe des cours qui cite beaucoup[2] et celui qui cite peu[3] et mérite donc des analyses plus détaillées pour montrer ce qui sépare en profondeur les deux groupes. Ici, ne sont abordées que les principales différences.

D'abord, les cours constitutionnelles récentes sont plus ouvertes à un apport extérieur car elles n'ont pas le même rapport au texte fondamental que des cours, certes établies, mais confrontées à une constitution qui l'est tout autant. Ces cours récentes cherchent à renforcer leur légitimité en s'appuyant sur la jurisprudence de cours plus anciennes appartenant à des démocraties stables. De la sorte, elles donnent à penser qu'elles appartiennent à une même communauté. La référence au droit étranger peut être un moyen de combler l'absence de jurisprudence pour ces cours intervenant dans de jeunes démocraties. Avec le temps, la référence aux précédents pourrait s'estomper. Notre recherche collective ne confirme pas cette hypothèse. Une légère baisse des citations est perceptible en 2010 dans les décisions de la Cour constitutionnelle de l'Afrique du Sud. Selon le rapport sud-africain, cette baisse serait liée aux nouvelles nominations

1. La démonstration a été faite par une étude quantitative et qualitative dans le cadre d'une recherche internationale : T. Groppi, M.-C. Ponthoreau (eds.), *The Use of Foreign Precedents by Constitutional Judges*, Oxford, Hart, 2013.

2. Ce groupe est composé par la Haute Cour d'Australie, les Cours suprêmes du Canada, de l'Inde, d'Irlande, d'Israël et de Namibie et la Cour constitutionnelle d'Afrique du Sud. Les Cours suprêmes de Nouvelle-Zélande, d'Argentine et la Cour constitutionnelle du Portugal sont aussi admises dans ce groupe : voir M.-C. Ponthoreau, « Foreign Precedents in Constitutional Litigation », *General Reports of XIXth Congress of the International Association of Comparative Law*, *op. cit.*

3. Ce groupe est composé par les Cours constitutionnelles d'Autriche, d'Allemagne, de la Hongrie, de la Roumanie, de la Russie, de Taiwan et les Cours suprêmes du Japon, du Mexique et des États-Unis. Les Cours constitutionnelles de Croatie, de Lettonie, de Taiwan, le Conseil constitutionnel français et les Cours suprêmes du Brésil, du Pays-Bas, de la Grèce, de Singapour et du Venezuela sont aussi admises dans ce groupe : M.-C. Ponthoreau, « Foreign Precedents in Constitutional Litigation », *General Reports of XIXth Congress of the International Association of Comparative Law*, *op. cit.*

de juges moins ouverts sur le droit comparé. Or, le rôle individuel des juges est déterminant. Ainsi, toutes les citations de la jurisprudence allemande étaient principalement dues à un juge (*Justice* Ackerman) ; une fois celui-ci retiré de la Cour constitutionnelle, elles ont en grande partie disparu. En revanche, la référence aux précédents s'estompe dans le cas letton : d'une part, la Cour constitutionnelle a établi sa propre jurisprudence notamment en matière de limitations des droits fondamentaux et, d'autre part, le système juridique national est compris par bon nombre de juristes (et donc de juges) comme une composante essentielle de l'identité constitutionnelle nationale (et donc la référence aux jurisprudences étrangères vue comme une nécessité dans la période de formation de la Cour n'a plus lieu d'être). On retrouve ici la démarcation entre les cours qui appartiennent à la sphère de *common law* – et pour qui la citation de précédents étrangers est une méthode ordinaire – et celles qui évoluent dans des systèmes romano-germaniques – et pour qui cette même méthode est extraordinaire.

Ensuite, certaines cours, mais elles restent peu nombreuses (Cour suprême du Canada et Cour constitutionnelle sud-africaine), cherchent à contextualiser les précédents étrangers en distinguant les systèmes constitutionnels et en discutant les cas retenus. Les autres optent pour une pratique moins coûteuse en temps, en recherche et en compétence : la référence aux solutions étrangères ne vise pas à importer une décision étrangère mais à apporter une aide dans l'interprétation d'une question juridique nationale. Du coup, la pratique fréquente consiste à rechercher le précédent étranger confortant la solution retenue sans exposer des précédents contraires. Autrement dit, les juges font le plus souvent une utilisation pragmatique des cas étrangers sans se soucier de justifier la sélection des cas et cherchant avant tout à conforter la solution souhaitée. Les Anglo-Américains parlent à ce propos de « cherry-picking ». Dans la célèbre décision de la Cour suprême de justice de la Nation (mexicaine) du 6 août 2010 sur la loi permettant aux couples homosexuels du District Fédéral de Mexico de se marier, l'un des juges (*Ministro* Sergio Aguirre) dénonce une fraude au comparatisme consistant à donner une vue déformée de la réalité juridique car partielle[1]. L'utilisation de cas étrangers a été particulièrement controversée dans cette décision et la référence aux droits étrangers a été finalement écartée dans la version définitive de la décision. Peut-on véritablement attendre des juges qu'ils se comportent comme des comparatistes avertis et conscients des limites de la comparaison ? Dès lors qu'ils sont limités par les questions qui leur sont posées dans les cas d'espèce, les juges peuvent-ils véritablement

1. E. Ferrer Mac-Gregor, R. Sanchez Gil, « Mexico: Struggling for an Open View in Constitutional Adjudication », *in* T. Groppi, M.-C. Ponthoreau (eds.), *op. cit.*, p. 301 et s.

offrir un cadre théorique à leur interprétation constitutionnelle ? Sans doute ne faut-il pas trop demander aux juges qui doivent avant tout trancher des conflits d'interprétation. Dès lors qu'ils pratiquent la référence aux cas étrangers relatifs à une même question, ce sont plutôt des bricoleurs que des théoriciens[1]. Certes, les juristes même de *common law* évoluent dans un monde formel et rationnel. Le *common law* ne s'élabore pas selon une rationalité abstraite mais discursive qui fait une place privilégiée au raisonnement analogique et à l'argument conséquentialiste. Même si désormais la plupart des cours constitutionnelles ou suprêmes sont dotées d'un bureau en charge des études comparatives, il semble toutefois impossible de leur demander d'offrir une étude complète et systématique des précédents étrangers sur toutes les questions traitées. Cela explique en partie que les juges constitutionnels ne citent pas, dans leurs décisions, leurs sources d'inspiration étrangère et se contentent d'un usage clandestin du droit étranger. La raison la plus profonde réside toutefois dans le souci de l'acceptabilité des décisions. Là, on retrouve la rupture épistémologique entre les deux traditions. Les juges des cours relevant de la tradition civiliste préfèrent des références cachées.

Enfin, les influences implicites des décisions étrangères sont difficilement détectables car elles ne sont pas forcément conscientes mais, en même temps, elles sont fort probables. En effet, les juges évoluent dans un contexte mondialisé qu'ils ne peuvent ignorer. Ils appartiennent souvent à des réseaux mettant en relation ceux qui appartiennent à une même aire géographique ou/et juridique. Une des solutions les plus fiables suppose de recueillir les confidences des juges, mais ces derniers sont en général réticents à dévoiler la fabrique des décisions puisqu'ils doivent respecter leur devoir de réserve. Parmi les pistes possibles, l'enquête peut notamment regarder les assistants des juges ou/et les services de documentation qui aident à l'établissement de recherches comparatives. Cette pratique n'est pas courante au sein du Conseil constitutionnel : d'une part, les membres du Conseil n'ont pas d'assistants personnels et, d'autre part, le chef du service de la documentation du Conseil (M. Lionel Brau) a reconnu que le service n'est pas spécialisé en droit comparé et qu'une étude de droits étrangers ou/et comparative peut être envisagée que si une décision le nécessite : par exemple, pour la décision n° 2013-669 DC du 17 mai 2013 relative à la loi ouvrant le mariage aux couples de personnes de même sexe, les services du Conseil ont élaboré un dossier documentaire complémentaire fournissant des éléments de comparaison en présentant les décisions du 1er mars 2012 de la Cour constitutionnelle belge, du 6 novembre 2012 du

1. En ce sens, V. Ferreres Comella, « Comparative Modesty » (2011) 7, *European Constitutional Law Review*, p. 526.

Tribunal constitutionnel espagnol et du 9 avril 2010 du Tribunal constitutionnel portugais.

L'idée communément admise par ceux qui se sont intéressés au recours aux solutions étrangères est celle d'une communication juridictionnelle transnationale[1]. La thèse du « dialogue entre juges » (préférable à l'appellation plus courante de « dialogue des juges », si on décide de la retenir) très largement développée dans le cadre communautaire et européen a été élargie aux échanges entre juges constitutionnels. L'extension de cette analyse semble toutefois peu pertinente puisque les droits communautaire et européen ont force obligatoire pour les juges des États parties aux traités communautaires et à la Convention européenne des droits de l'homme alors que le recours aux décisions étrangères pour l'interprétation de la constitution ne l'est pas. La démonstration menée par Catherine Dupré dans sa thèse confirme qu'au lieu d'un dialogue entre les juges, il serait plus pertinent d'envisager un monologue. Autrement dit, la Cour constitutionnelle hongroise importe la jurisprudence de la Cour constitutionnelle allemande, mais les juges allemands ignorent la jurisprudence hongroise. À plus grande échelle, nous avons démontré que l'écart entre les deux groupes n'est pas seulement d'ordre quantitatif (sur l'importance de l'approche quantitative, voir Leçon 9 § 2), mais c'est aussi la façon de citer et d'employer la jurisprudence étrangère qui diffère. Le plus frappant, toutefois, tient à ce que les juridictions de *common law* restent entre elles : elles s'aventurent rarement en dehors de leur aire culturelle ; seules la Cour constitutionnelle sud-africaine et la Cour suprême canadienne sont soucieuses d'offrir un large panel de citations (on observera que ce sont deux juridictions qui connaissent la mixité des droits). La thèse de la communication juridictionnelle repose en fait sur un groupe de cours appartenant à la même famille mais les réunions de famille restent fermées à ceux qui ne partagent pas les mêmes traits culturels notamment la langue[2]. On observera par ailleurs que la jurisprudence de la Cour européenne des droits de l'homme précisément accessible en langue anglaise est de plus en plus citée[3] et l'on voit certaines cours se tourner plus volontiers vers cette jurisprudence pour éviter les débats sur l'utilité et la légitimité du recours à des sources étrangères même si ceux-ci semblent inévitables (aussi

---

1. Dans le prolongement de ses écrits initiaux, voir A.-M. Slaughter, *A New World Order*, Princeton et Oxford, Princeton University Press, 2004, p. 65-103.

2. T. Groppi, M.-C. Ponthoreau, « Conclusion: The Use of Foreign Precedents by Constitutional Judges: A Limited Practice, An Uncertain Future », *op. cit.*, p. 411.

3. L. Brun, « L'utilisation de la jurisprudence de la Cour européenne des droits de l'homme par la Cour suprême du Canada (1995-2015) », 14, *Revue des Droits de l'Homme*, 2018, en ligne : https://journals.openedition.org/revdh/3909>

au sein de la Cour suprême du Canada pourtant ouverte à cette pratique)[1].

Quelle que soit la réalité du dialogue entre les juges, le recours à « l'argument de droit comparé » renvoie en partie à l'idée que se fait le juge de son office de juger. Il faut bien voir que le succès de cette thèse s'explique en partie par la volonté de sortir de la dimension nationale pour se situer sur un autre plan, tout particulièrement propice à la protection des droits de l'homme (sur le rôle de cette idée dans la conception d'un constitutionnalisme global, voir Leçon 10 § 3). La vocation messianique, à laquelle les Américains n'ont jamais cessé de croire, amplifie le mouvement. Mais la citation de décisions étrangères par les juges de la Cour suprême des États-Unis dans leurs opinions peut faire l'objet d'une autre lecture. Elle peut être, en effet, analysée comme une stratégie d'expansion jurisprudentielle. Oscillant entre pragmatisme et universalisme, certains juges constitutionnels, désireux d'assurer la diffusion de leur jurisprudence, optent ainsi pour la nécessité de rendre la pareille[2]. Cela répond à une volonté d'affirmer l'influence internationale d'un modèle[3].

Dans les doctrines américaine et canadienne, on compare volontiers la constitution à un arbre : « *L'arbre est enraciné dans les institutions passées et présentes, mais il doit pouvoir croître pour faire face à l'avenir* ». Les juges de la Cour suprême du Canada estiment que cette doctrine les « *oblige à écarter les interprétations étroites et formalistes. Elle indique aussi que le passé joue un rôle critique mais non exclusif dans la détermination du contenu des droits et libertés conférés par la Charte* »[4]. Cette métaphore fait bien apparaître l'interprétation comme un compromis pratique qui pose également des problèmes d'ordre technique et argumentatif.

---

1. *Frank c. Canada (Procureur général)*, 2019 CSC 1 ; *Québec (Procureure générale) c. 9147-0731 Québec inc.*, 2020 CSC 32. Voir aussi L. Brun, « La Charte entre ouverture, exceptionnalisme et expansionnisme – Réflexions sur un héritage constitutionnel de Pierre Elliott Trudeau à l'aune de l'arrêt *Frank c. Canada* », 99, *Supreme Court Law Review* (2d), 2020, p. 517 et s.

2. Cette position est défendue par le juge S. Breyer. Voir ainsi Norman Dorsen, *op. cit.*, p. 523.

3. En ce sens, Adam M. Dodek invite la Cour suprême du Canada à se référer plus souvent aux précédents étrangers de manière à entretenir le succès de la Charte canadienne des droits et de la jurisprudence de la Cour à l'étranger : *op. cit.*, p. 336. *Add.* : R. Hirschl, « Going Global ? Canada as Importer and Exporter of Constitutional Thought », *in* R. Albert, D. R. Cameron (eds.), *Canada in the World: Comparative Perspectives on the Canadian Constitution*, Cambridge, Cambridge University Press, 2017, p. 305.

4. Recueil de décisions relatives à la Charte canadienne des droits et libertés, Principes généraux d'interprétation, disponible sur le site de l'Institut canadien d'information juridique : http://www.canlii.org/ca/doc/chart/app-a.html.

Pour éviter les pièges que la comparaison des droits soulève (voir Leçon 4 § 1), les juges constitutionnels doivent disposer de moyens de connaissance de la jurisprudence étrangère particulièrement étoffés (notamment grâce à une infrastructure en personnel et en matériel) ou bien que cela ait été plaidé devant eux. Ils doivent surtout être insérés dans une culture constitutionnelle favorable aux apports extérieurs tout en ayant conscience des limites de l'approche comparative des problèmes juridiques. C'est ce qui se dégage de l'expérience sud-africaine. L'article 39 (1) de la Constitution, évoqué précédemment, participe sans aucun doute de l'ouverture d'esprit des juges à l'égard du droit comparé tout en les mettant face à leur responsabilité. L'opinion exprimée par le juge Kriegler, dans l'affaire *Bernstein and others v. Bester NO and others* (1996), pour écarter son utilisation repose sur deux raisons essentielles qui mettent précisément en lumière les difficultés de la démarche comparative : d'une part, la crainte des analogies trop rapides et, d'autre part, un recours trop fréquent et de facilité à ce type d'argument. Tout en reconnaissant que le droit comparé est « *toujours utile* » pour les problèmes de dimension universelle et que ce serait « *une sottise* » de ne pas vérifier comment les juristes du pays auquel la disposition constitutionnelle est empruntée l'interprètent, ce juge appelle ses collègues à manier « l'argument de droit comparé » avec prudence.

Les juges cèdent certainement à un usage pragmatique du droit comparé. Mais il y a plus ou, plus exactement, il peut y avoir plus. Le recours à « l'argument de droit comparé » permet d'offrir une vision plus complète des réponses possibles à un problème juridique donné et donc de nourrir l'idée que seule compte l'adhésion. Autrement dit, le droit étranger donne un support argumentatif à l'interprétation donnée de la constitution tout en répondant à un besoin d'extériorité des juges par rapport au processus créatif de l'interprétation constitutionnelle : comment être dans la constitution (matérielle) tout en étant en dehors de la constitution (formelle).

Les études doctrinales sur le recours à cette nouvelle méthode sont de plus en plus nombreuses[1]. Parmi celles qui offrent une étude contentieuse approfondie, la thèse précitée de Catherine Dupré défend l'hypothèse d'une réappropriation de la jurisprudence de la Cour constitutionnelle allemande par la Cour constitutionnelle hongroise. La cour importatrice extrait un élément de droit étranger de son contexte original et l'incorpore dans son raisonnement, le plus souvent, sans comparaison explicite et sans explication sur les raisons de son choix. Cette démarche reprend partiellement celle du juge communautaire qui utilise les traditions constitutionnelles communes de manière à tisser un lien avec les ordres juridiques

1. Une mise à jour est quasiment impossible en raison d'une bibliographie trop volumineuse surtout en langue anglaise.

internes[1] : elles constituent seulement une source d'inspiration pour la Cour de justice des Communautés européennes qui se réapproprie ainsi le patrimoine constitutionnel commun, en l'intégrant conformément aux objectifs poursuivis par l'ordre juridique communautaire. Dans ce cas-là, on peut parler d'une démarche d'autonomisation du juge communautaire. Pour le juge constitutionnel hongrois, le recours au droit étranger lui permet de tisser un lien avec la jurisprudence de l'une des plus prestigieuses cours constitutionnelles européennes sans pour autant, selon l'heureuse formule du Président de la Cour constitutionnelle sud-africaine, mettre sur pied une « constitution étrangère » : car une pareille interprétation ne peut être faite qu'en tenant compte de « *notre système juridique, de notre histoire et de la structure et du langage de notre Constitution* »[2].

Les juges constitutionnels, qui ont recours à cette méthode, sont confrontés à leur tour à la question de la construction de la comparabilité étudiée dans la Leçon 3. Ils le sont toutefois de manière assez différente que le chercheur en droit. Le recours à des précédents étrangers sape sans doute l'autorité du texte constitutionnel (comme le fait, au demeurant, l'argument analogique). Dans sa recherche de la matière constitutionnelle, le juge constitutionnel peut, toutefois, raisonnablement et utilement s'appuyer sur cet instrument : car si les interprétations constitutionnelles ne sont pas uniformes (mais nationales), la matière constitutionnelle est universelle (même si elle présente des spécificités nationales). Dans cette quête d'un juste équilibre entre prévisibilité et évolution de la constitution, la comparaison oblige le juge à multiplier et à combiner les points de vue (ce qui conforte son nécessaire éloignement de la forme traditionnelle de la motivation, c'est-à-dire du syllogisme qui présente la décision de justice comme la seule possible) : il lui appartient en d'autres termes à peser le pour et le contre. Dans tous les cas de figure, le juge ne peut se soustraire à sa propre jurisprudence : les précédents filtrent la réception de « l'argument de droit comparé » qui est finalement réapproprié à des fins spécifiques, c'est-à-dire nationales. Les cours échappent difficilement à la continuité et à la congruence de leur jurisprudence pour les raisons qui tiennent à la nécessité de conforter la représentation du système juridique comme non lacunaire et cohérent. À ce titre, le seuil à ne pas dépasser saurait donc de ne pas

1. Sur le recours à la méthode comparative par le juge communautaire : P. Pescatore, « Le recours dans la jurisprudence de la Cour de justice des Communautés européennes à des normes déduites de la comparaison des droits des États membres », *R.I.D.C.*, 2-1980, p. 352 ; K. Lenaerts, « Le droit comparé dans le travail du juge communautaire », *R.T.D.E.*, 2001, p. 487 et s.

2. Opinion du Président Arthur Chaskalson exprimée dans l'affaire sur la peine de mort citée par D. Carey-Miller, « South Africa: A World in one Country on the Long Road to Reality », *in* A. Harding, E. Örücü (eds.), *Comparative Law in the 21st Century*, Dordrecht, Kluwer Law International, 2002, p. 294.

l'utiliser à l'encontre de solutions expressément établies[1]. En raison des processus de globalisation et d'européanisation des droits, il a été aussi souligné que la cohérence systémique n'a plus le même poids que par le passé. De plus, s'agissant des juridictions de *common law*, le droit y est considéré comme faisant état d'une certaine unité « trans-nationale » car on s'y est partout inspiré de la technique anglaise[2]. Certains pays ont d'ailleurs coexisté avec le Royaume-Uni dans un même ensemble politique. Puisque la tradition de *common law* fait l'objet d'un attachement à une entité plus vaste que l'État national[3], cette méthode s'en trouve favorisée – ce dont rend compte une formule selon laquelle « *[l]'étude du common law est un travail de droit comparé inconscient* »[4]. Dès lors, la question culturelle paraît de nouveau essentielle.

Bibliographie générale récente

Bobek M., *Comparative Reasoning in European Supreme Courts*, Oxford, Oxford University Press, 2013.

De Vergottini G., *Au-delà du dialogue entre les cours. Juges, droit étranger, comparaison*, (trad. de l'italien par J.-J. Pardini), Paris, Dalloz, coll. « Rivages du droit », 2013.

Frankenberg G., « Constitutional transfer: The IKEA theory revisited » 8, *I-CON*, 2010, p. 563.

Frankenberg G. (ed.), *Order from Transfer. Comparative Constitutional Design and Legal Culture*, Cheltenham-Northampton, E. Elgar, 2013.

Groppi T., Ponthoreau M.-C. (eds.), *The Use of Foreign Precedents by Constitutional Judges*, Oxford-Portland, Hart, 2013.

---

1. On pense à la décision de la Cour suprême des États-Unis, *Lawrence v. Texas* (2003) : pour la première fois un précédent étranger (soit une décision de la Cour européenne des droits de l'homme) a été utilisé pour interpréter une disposition constitutionnelle et, surtout, pour justifier le revirement jurisprudentiel. On peut douter que la solution juridique était expressément établie, mais la décision a néanmoins provoqué une vive réaction du Congrès dont un sous-comité de la Chambre des Représentants l'a comprise comme une atteinte à l'identité constitutionnelle nationale et voté, le 13 mai 2004, une résolution intitulée « *Reaffirmation of America Independence* » (voir *H.R. Res.* 568, 108e cong., 2e sess. (2004)). Voir aussi *Roper v. Simmons*, 543 US 551 (2005). Sur *Lawrence*, voir É. Zoller, *Les grands arrêts de la Cour suprême des États-Unis*, Paris, Dalloz, 2010, p. 809 et s.

2. Voir sur ce contexte juridique unique permettant le développement d'une *common law* constitutionnelle comparative : H.-R. Zhou, "A Contextual Defense of 'Comparative Constitutional Common Law'» 12, *I-CON*, 2014 pp. 1034.

3. S. Choudhry (ed.), *The Migration of Constitutional Ideas*, Cambridge, Cambridge University Press, 2006: cet ouvrage collectif qui revisite la vieille idée des emprunts constitutionnels s'appuie essentiellement sur des études de cas judicaires appartenant à cette entité culturelle (Australie, Inde, Afrique du Sud, Royaume-Uni, Etats-Unis, Canada).

4. J. Bell, « Le droit comparé au Royaume-Uni », *R.I.D.C.*, 4-1999, p. 1032.

Mak E., *Judicial Decision-Making in a Globalised World: A Comparative Analysis of the Changing Practices of Western Highest Courts*, Oxford Portland, Hart, 2015.

Zoller É. (dir.), *Migrations constitutionnelles d'hier et d'aujourd'hui*, Paris, Éd. Panthéon-Assas, 2017.

Liens internet utiles

Groupe de recherche sur les systèmes juridiques dans le monde de l'Université d'Ottawa
http://www.juriglobe.ca/index.php

La Commission de Venise (organe consultatif du Conseil de l'Europe sur les questions constitutionnelles) : http://www.venice.coe.int

Laboratoire Méditerranéen de Droit Public (LM-DP)
http://lm-dp.org/

Asian Journal of Comparative Law
http://www.bepress.com/asjcl/

Jurisprudence de la Cour constitutionnelle allemande
http://www.bverfg.de.entscheidungen.html

Jurisprudence de la Cour suprême du Canada
http://www.scc-csc.gc.ca
http://scc.lexum.umontreal.ca/en/

Jurisprudence de la Cour suprême des États-Unis
http://supremecourtus.gov/

Jurisprudence du Conseil constitutionnel français
http://www.conseil-constiutionnel.fr

Jurisprudence de la Cour constitutionnelle sud-africaine
http://constitutionalcourt.org.za

CHAPITRE III

COMMENT COMPARER ? LES INSTRUMENTS DE LA COMPARAISON

Le droit n'est pas un objet réel. Le juriste le construit consciemment ou inconsciemment. Quels sont donc les instruments qui permettent au comparatiste de construire le droit et, plus spécifiquement, de penser la comparaison des droits constitutionnels ?

Ce chapitre veut attirer l'attention sur les principaux instruments mis à la disposition du constitutionnaliste comparatiste et sur les problèmes méthodologiques qu'ils engendrent. Une remarque initiale s'impose qui tient à la diversité des outils conceptuels. Si chaque instrument vise à façonner un cadre théorique d'analyse, chacun procède toutefois différemment. De manière classique, les classifications et les modèles en droit constitutionnel (Leçon 7) ambitionnent de dresser une systématisation et ainsi d'offrir des points de repères dans une réalité juridique complexe et plurielle. Tel qu'indiqué dès l'introduction, le droit comparé a aussi à voir avec la théorie du droit. Il y a différentes théories qui permettent d'analyser le droit positif. Le comparatiste ne saurait ignorer ces différentes manières de concevoir le droit qui déterminent, qu'il le veuille ou non, ses choix en ce qui concerne aussi bien les buts, les objets que les instruments de la comparaison, d'où la nécessité de s'intéresser de plus près à l'une de ces théories : le pluralisme juridique (Leçon 8).

Seules des études de cas permettent de mettre en évidence les difficultés méthodologiques que soulève le choix de ces instruments. Le lien entre la ou les méthode(s) et la pratique comparative est consubstantiel : la comparaison est « *une expérience concrète* »[1]. C'est à dessein que théorie et pratique du droit comparé s'y côtoient. En revanche, la dernière Leçon sur l'approche interdisciplinaire se veut programmatique (Leçon 9) et, par conséquent, elle ne comporte pas de volet pratique. Néanmoins, l'étude des objets de la comparaison constitutionnelle dans le prochain chapitre permettra de développer quelques exemples.

1. G. Gorla, « Diritto comparato », *Enc. Diritto*, T. XII, Turin, UTET, 1964, p. 945.

LEÇON 7

LES CLASSIFICATIONS ET MODÈLES

Le droit constitutionnel, comme toute autre discipline, a besoin de disposer de définitions, classifications et modèles afin de mieux appréhender ses objets. Les classifications, aussi bien que les modèles, ne sont donc pas le propre de l'activité comparative. Ce sont des instruments qui relèvent de la théorie générale du droit. L'étude de la classification des familles de droit a déjà conduit à souligner ce point (Leçon 2). Néanmoins, la classification en droit constitutionnel est liée à l'un des premiers efforts systématiques pour développer une typologie des systèmes politiques. En effet, c'est déjà ce que propose Aristote (384-322 av. J.-C.) dans son ouvrage *Politique* en innovant par une ambition comparative explicite. L'élaboration des modèles et des classifications présente des problèmes méthodologiques communs.

§ 1. Qu'est-ce qu'une classification en droit constitutionnel ?

Préalablement, soulignons que la littérature juridique d'Outre-Manche ne connaît pas la distinction entre formes de gouvernement et formes d'État et que, de manière générale et à la différence de la doctrine d'origine romaniste, elle prête peu attention aux classifications. Hormis cette exception, les chercheurs s'accordent à reconnaître aux classifications le but de systématiser et d'ordonner une matière et, plus précisément, des institutions en droit constitutionnel. On remarquera aussi que les constituants se réfèrent à ces représentations intellectuelles de manière explicite ou implicite lorsqu'ils élaborent le cadre d'un certain type d'aménagement du pouvoir (sur les sources étrangères de la constitution écrite, voir Leçon 6 § 2).

La classification consiste à diviser, fractionner et répartir en plusieurs catégories les formes politiques. Mais le travail de classification est-il la systématisation de phénomènes observés ou bien s'agit-il d'une construction théorique de catégories abstraites ? En fait, il y a là deux démarches différentes : l'une de nature empirique repose sur l'observation alors que l'autre suppose un effort de conceptualisation et privilégie la méthode déductive. Ainsi présentée, l'opposition entre ces deux démarches est sans doute trop radicale et, de manière à éprouver l'instrument classificateur, une étude de cas est proposée : identifier la structure de l'Union européenne.

A. *Une démarche théorique*

Du point de vue de la théorie du droit, les travaux de Charles Eisenmann dans lesquels il précise les conditions d'élaboration des classifications restent incontournables[1]. Celles-ci sont clairement exposées comme étant une œuvre créatrice : « *L'opération est de constitution, non de constatation* »[2]. Cette opération suppose un travail de définition des objets que l'on entend classer. Préalablement, il convient d'établir la classification qui participe de la définition des objets d'étude puisqu'« *en vérité, on ne peut jamais définir une espèce d'un genre isolément, comme en elle-même, c'est-à-dire sans avoir égard aux autres espèces, en les ignorant ; il faut considérer le genre tout entier, toutes les espèces, sinon même leurs subdivisions ultérieures* »[3].

Pour mener à bien cette opération, Eisenmann s'appuie sur la logique formelle et identifie trois principes qui doivent présider à l'élaboration d'une classification. D'abord, l'unité de principe doit correspondre à un principe de non contradiction entre les différentes classes d'objets qui doivent elles-mêmes s'opposer trait pour trait selon le ou les critère(s) choisi(s). Ensuite, le principe de cohérence suppose l'absence de recoupement entre les classes. Enfin, la clarté des définitions est nécessaire de telle sorte que chaque objet puisse

1. C. Eisenmann, « Quelques problèmes de méthodologie des définitions et des classifications en science juridique » (initialement publié dans *A.P.D.*, T. 11, 1966) et « Essai d'une classification théorique des formes politiques » (initialement publié dans *Politique*, 1968, p. 8 et s.), *in* C. Eisenmann, *Écrits de théorie du droit, de droit constitutionnel et d'idées politiques*, Paris, éd. Université Panthéon-Assas, 2002. Le travail de Charles Eisenmann a été poursuivi par Michel Troper, en particulier, sur la classification des régimes politiques : « Les classifications en droit constitutionnel » (initialement publié dans *R.D.P.*, 1989), *in* M. Troper, *Pour une théorie juridique de l'État*, Paris, PUF, 1994, p. 251 et s.

2. Dans « Essai d'une classification théorique des formes politiques », cit., p. 333.

3. Dans « Quelques problèmes de méthodologie des définitions et des classifications en science juridique », cit., p. 294.

rentrer dans une classe sans équivoque. Cette démarche analytique repose sur l'art de la distinction[1].

Une fois les différentes classes d'objets établies, on peut procéder à la répartition des objets concrets. La qualification des objets concrets est l'application de la définition des classes et correspond donc à la confrontation avec les définitions des diverses classes. Selon le ou les critère(s) choisi(s), plusieurs classifications peuvent être proposées. On peut en effet penser qu'il existe une pluralité de problèmes qui justifient l'établissement de différentes classifications. Néanmoins, on s'accordera avec Eisenmann pour considérer que certains problèmes sont plus fondamentaux que d'autres. Pour les formes de gouvernement, la question essentielle est de savoir quel est l'organe titulaire du pouvoir suprême dans l'État et pour les formes d'État, celle de savoir combien il y a d'appareils gouvernementaux sur un territoire donné. En définitive, la valeur d'une classification dépend plus de sa pertinence (et donc de la finalité assignée par le comparatiste à la classification élaborée) que de son respect de la logique formelle.

Ces recommandations méthodologiques s'adressent aux théoriciens et Eisenmann insiste sur leur fonction première qui est d'élaborer les classifications. À cet égard, il les invite à se méfier des « auto-qualifications » que le droit positif peut donner lui-même. Par exemple, l'assertion selon laquelle une constitution déclare qu'elle fonde un État démocratique ou qu'elle adopte un régime parlementaire, doit être vérifiée c'est-à-dire critiquée, voire rejetée. Là réside la distinction entre droit et science du droit.

La science du droit construit son objet d'étude. Eisenmann reproche ainsi à de nombreux auteurs de l'oublier quand ils pensent qu'il préexiste. Plus concrètement, cela signifie que les différents régimes politiques pourraient être observés et comparés et ensuite classés. Autrement dit, la classification serait déjà établie. Il convient de reconnaître que, dans la pratique, une institution nationale est souvent prise comme base de la construction théorique. Cela a tendance à influencer la classification. La difficulté est écartée quand l'objet n'existe pas dans le droit national positif et oblige le chercheur à un effort supplémentaire de conceptualisation, voire de spéculation. Mais cette absence ne se vérifie ni pour les formes de gouvernement, ni pour les formes d'État. On peut d'ailleurs penser avec Jellinek qu'« *une 'base empirique' est indispensable sans laquelle une connaissance véritable est impossible [...]* »[2]. Jellinek reconnaît en

1. Cette démarche reste très prisée en Italie dans le prolongement des travaux de Norberto Bobbio (en français, voir *Essais de théorie du droit*, Préface de R. Guastini, Paris, LGDJ, Bruxelles, Bruylant, 1998) : en part. R. Guastini, *Distinguendo. Studi di teoria e metateoria del diritto*, Turin, Giappichelli, 1996.

2. O. Jouanjan, « Georg Jellinek ou le juriste philosophe », *in* G. Jellinek, *L'État moderne et son droit. Première partie : Théorie générale de l'État* (1911), rééd. Paris, Éd. Panthéon-Assas, 2005, T. I, p. 49.

effet une place importante à la méthode inductive dans la conceptualisation juridique (pour un prolongement sur le comparatisme pluraliste, voir Leçon 8 § 1).

Si la rigueur scientifique de la démarche proposée par Eisenmann n'est pas en cause, elle semble toutefois prise dans l'étau de l'idéalisme juridique. La valeur heuristique des classifications peut être contestée car les auteurs les forgent avant tout pour justifier la singularité d'une classe d'objet(s). Plus spécifiquement, Michel Troper a fait la démonstration du caractère réducteur de la classification des régimes politiques : « ... *en admettant même qu'elle présente des qualités logiques, il faudrait supposer ou bien que des régimes présentant des structures identiques fonctionnent de la même manière ou bien que l'identité dans le mode de fonctionnement s'explique par une identité de structures* »[1].

Or, est-il possible de tester le fonctionnement probable d'un système institutionnel en fonction des normes constitutionnelles relatives à sa structure ? Cela semble peu vraisemblable. Seule une étude empirique peut donner des indications sur le fonctionnement d'un système politique et donc la tentation est forte de construire la catégorie abstraite à partir du fonctionnement concret du régime politique ; ainsi, le régime présidentiel à partir du régime américain et le régime parlementaire à partir du régime anglais du XIXe siècle. La conclusion est donc que la différence de structures ne permet pas de découvrir des modes de fonctionnement différents. Alors, Michel Troper inverse les données pour vérifier si, en classant les régimes politiques par leurs modes de fonctionnement, on peut expliquer les similitudes par des structures identiques. Mais là non plus le lien entre les critères de classification et les structures n'est pas établi systématiquement et il conclut : « *Les classements ne nous enseignent rien et ne peuvent d'ailleurs rien nous enseigner dès lors qu'on présuppose à tort un lien de causalité entre normes et comportements* »[2]. Le système de gouvernement tel qu'il fonctionne n'est pas le résultat des mécanismes institutionnels prévus par la constitution, mais plutôt d'un ensemble de décisions politiques et plus largement de faits liés aux nombreux acteurs du système institutionnel. C'est pourquoi les politistes ayant pris en compte les comportements politiques ont revisité les classifications proposées par les juristes : ces dernières ont été jugées inopérantes car fondées sur les seules règles constitutionnelles (ou sur leur absence) et ils ont donc proposé leurs propres classifications fondées sur l'observation de la pratique en introduisant notamment la variable liée aux partis politiques. Mais alors on renonce à expliquer les régimes politiques par les règles

1. *Op. cit.*, p. 257.
2. *Ibid.*

constitutionnelles, même si le rôle des partis politiques doit être pris en compte pour expliquer le fonctionnement réel des différents régimes.

Faut-il renoncer aux classifications sous prétexte qu'elles sont trop réductrices ? Au lieu de céder au scepticisme radical de Michel Troper et de tomber dans l'empirisme des politistes, il convient de suivre une autre piste qui vise à mettre en lumière la logique institutionnelle par une démarche historique.

B. La démarche historique à propos des formes de gouvernement

C'est la réponse donnée par Philippe Lauvaux à la critique radicale formulée par Michel Troper à l'endroit de la classification des régimes politiques. P. Lauvaux préfère s'attacher à la définition lexicale de manière « *à sauver ce qui peut encore l'être* »[1] : la définition du sens dans lequel on emploie les notions de « régime parlementaire » et de « régime présidentiel » peut présenter une réelle pertinence dès lors que l'on cherche à la reconstruire dans le temps.

Le premier à conceptualiser l'opposition entre régime parlementaire et régime présidentiel est, semble-t-il, Walter Bagehot (1826-1877) dans son ouvrage *The English Constitution* (1865, publié en 1867). Sa démarche repose sur l'observation des régimes anglais et américain stabilisés. P. Lauvaux souligne d'abord que Bagehot n'oppose pas les deux régimes en termes de mode de désignation de l'organe exécutif. Cela le conduit à soutenir que « *dans sa version classique, la typologie traditionnelle ne retenait comme critères que ceux tirés de l'agencement constitutionnel entre les fonctions et les organes de l'État et non des modes de désignation des organes exécutifs* »[2]. Il y voit aussi bien un présupposé méthodologique qu'un élément contingent dépendant des époques et des pratiques. Il reconnaît que l'ajout de cet élément du mode de désignation de l'exécutif est critiqué à juste titre par M. Troper puisque, du coup, les catégories ne s'opposent pas. En particulier, la création d'une catégorie mixte telle que le régime semi-présidentiel[3] ne correspond ni à la logique lexicale, ni à la logique institutionnelle mise en avant par Bagehot.

---

1. P. Lauvaux, « Propositions méthodologiques pour la classification des régimes », *Droits*, 32-2000, p. 110.

2. *Ibid.*, p. 112.

3. Cette catégorie construite par le politiste français Maurice Duverger rencontre encore un réel succès dans les manuels italiens (voir par ex., A. Di Giovine, « Le forme di governo », *in* P. Carrozza, A. Di Giovine, G.F. Ferrari (dir.), *Diritto costituzionale comparato*, Bari, Laterza, 2009, p. 705 et s.) même si elle a été récemment mise en cause par l'ouvrage d'A. Deffenu, *Forme di governo e crisi del parlementarismo*, Turin, Giappichelli, 2006. En revanche, elle semble avoir disparu en France, probablement à cause de la perte d'influence de son auteur et de la pertinence de la critique présentée par M. Troper.

La logique institutionnelle explique que les régimes parlementaire et présidentiel s'opposent sans être contraires. Ils sont nés tous les deux de l'expérience anglaise. Cette dernière a d'abord donné naissance au régime que l'on peut qualifier de « parlementaire ». Deux traits successifs le caractérisent : un exécutif essentiellement resté monarchique participant à la fonction législative par le moyen de la sanction (règnes de Guillaume III et d'Anne Stuart) et un exécutif principalement ministériel dont les pouvoirs en matière législative se renforcent au détriment du Parlement qui en contrepartie voit son pouvoir de contrôle se développer jusqu'à la mise en jeu de la responsabilité politique du cabinet (à partir de l'avènement des Hanovre en 1714).

La Constitution américaine de 1787 a été élaborée par les Pères fondateurs en s'inspirant de l'expérience anglaise en cours, telle qu'on pouvait l'analyser au XVIIIe siècle, alors que le passage vers le parlementarisme n'y était pas encore accompli, notamment en ce qui concerne l'institution de la sanction de la responsabilité politique du cabinet. La volonté des Pères fondateurs exprime ainsi de la méfiance à l'égard du Président, d'où un Congrès qui apparait premier dans l'ordre constitutionnel. Les sénateurs ont un mandat plus long que celui du Président : six ans contre quatre. Outre la reconnaissance de pouvoirs de contrôle importants, le Congrès peut surmonter le veto présidentiel. En revanche, le Président ne peut pas en prononcer la dissolution. En particulier, la procédure de l'*impeachment* constitue une arme de dissuasion entre les mains du Congrès. Cependant, cette procédure n'a pas été pensée en tant que mise en jeu de la responsabilité politique de l'exécutif qui s'était à peine développée en Angleterre et, par conséquent, les constituants américains ne pouvaient pas encore la percevoir comme un élément stable du système de gouvernement anglais. Enfin et « *surtout, le* fait majoritaire *envisagé comme une disposition permanente est ressenti encore comme une aberration à l'aube du parlementarisme, ce qui explique, pour ainsi dire, que l'émergence du régime dit ensuite parlementaire soit passée inaperçue* »[1]. Les factions sont alors jugées dangereuses et néfastes bien que reconnues comme un mal nécessaire : les partis politiques américains ne se sont jamais développés de manière à jouer un rôle de soutien à l'exécutif pendant l'exercice du pouvoir, limitant leur rôle de soutien à la campagne électorale. Philippe Lauvaux peut donc avancer que le mécanisme de *checks and balances* est essentiellement dirigé contre l'exécutif et vise à renforcer les pouvoirs du Congrès. C'est pourquoi ce régime a d'abord été appelé « congressionnel ».

La démarche historique vise donc à examiner comment les règles constitutionnelles ont été pensées et comment elles ont évolué dans le temps. Sur ce dernier point, l'auteur souligne l'interaction entre

1. *Ibid.*, p. 115.

la logique institutionnelle et le rôle des partis politiques. Le lien de dépendance de l'exécutif à l'égard de la majorité du Parlement se traduit en termes de responsabilité politique et implique le pouvoir que la majorité a de révoquer le gouvernement (mais non le chef de l'État). En contrepartie, le gouvernement a la possibilité de faire pression sur la majorité en mettant en jeu sa responsabilité. Le régime parlementaire confère ainsi le maximum d'autonomie à l'exécutif dans ses rapports avec la majorité. En exigeant le maintien permanent de l'accord entre majorité et gouvernement, le régime parlementaire va au bout de la logique du principe majoritaire. Le régime présidentiel n'a pas connu cette évolution vers le gouvernement de parti : d'abord, à cause des partis américains qui ont conservé une « *structure en quelque sorte prémoderne* » et, ensuite, en raison du « *caractère plébiscitaire et primordiale de l'élection présidentielle* »[1].

Cette démarche apporte elle aussi sa contribution à la remise en cause du fondement théorique sur lequel a été construite la classification classique, c'est-à-dire la fausse conception de la séparation des pouvoirs qui oppose la version souple (parlementaire) à la version rigide (présidentielle). Cette opposition est encore présente dans bien des manuels français malgré les efforts conjugués des travaux fournis par Michel Troper[2] et Philippe Lauvaux[3]. Elle remonte en particulier à Esmein qui a popularisé la catégorie de la séparation souple des pouvoirs. Depuis, la manière de penser les problèmes du parlementarisme en France reste le plus souvent « *essentialiste et prescriptive* »[4]. C'est l'idée même de « séparation des pouvoirs » qui devrait être proscrite pour penser les rapports exécutif-législatif : les pouvoirs ne sont pas séparés, mais au contraire imbriqués. Le Parlement, plus précisément la chambre basse, n'est pas autonome. Il appartient à la majorité parlementaire de soutenir l'action du gouvernement qui détient dès lors le pouvoir législatif. Les termes utilisés depuis le XVIIIe siècle sont désormais inadaptés. La séparation la plus appropriée pour penser le fonctionnement des institutions politiques, notamment celles de la Cinquième République, est celle entre le pouvoir de gouverner et le pouvoir de s'opposer[5].

1. *Ibid.*, p. 120.

2. La thèse de M. Troper reste sur ce thème incontournable : *La séparation des pouvoirs et l'histoire constitutionnelle française*, Paris, LGDJ, 1973 (republiée sous format de poche en 1980).

3. Voir aussi le numéro de la revue *Pouvoirs* consacré à ce principe et en particulier J. Boudon, « La séparation des pouvoirs aux États-Unis », *Pouvoirs* n° 143, 2012, p. 113 et s.

4. A. Le Divellec, « Adhémar Esmein et les théories du gouvernement parlementaire », *in* S. Pinon et P.-H. Prélot (dir.), *Le droit constitutionnel d'Adhémar Esmein*, Paris, Montchrestien, 2009, p. 182.

5. D'où l'importance de l'opposition parlementaire, de son statut et de ses droits : M.-C. Ponthoreau, « L'opposition comme garantie constitutionnelle », *R.D.P.*, 2000, p. 1127 ; AA.VV., L'opposition, *Pouvoirs*, 2004, n° 108.

C. Étude du cas de la structure de l'Union européenne

La vocation fédérale de l'Europe est depuis longtemps au centre des débats politiques et doctrinaux. Mais peut-on vraiment classer l'Union européenne dans la catégorie des États fédéraux ? Si on peut l'envisager, l'analyser à l'aune des schémas constitutionnels traditionnels se révèle une démarche peu fructueuse et les classifications des formes d'État, peu utiles. Une nouvelle piste mérite d'être explorée, ce qui permet de mieux comprendre que l'effort de délimitation des notions en jeu est essentiel.

1) Les formes d'État : problèmes de définition

Combien d'appareils de décision politique sur un territoire donné ? Le choix se pose entre l'unité et la pluralité des centres de décision. L'option en faveur de l'unité est celle de l'État constitutionnel de la Révolution française. C'est l'État-nation doté d'une souveraineté indivisible et inaliénable et au pouvoir normatif unique. En revanche, l'option en faveur de la division a comme archétype les États-Unis. L'unité est représentée par la constitution fédérale et par le peuple souverain alors que la division transparaît dans la diversité des États qui forment cet ensemble. Cette option débouche sur des formulations juridiques plus complexes et plus variées que le choix de l'unité.

Cette dichotomie vaut cependant pour sa simplicité ; mais permet-elle de comprendre la réalité juridique de manière critique ? Sans doute que non, et c'est pourquoi il faut revenir sur les définitions. Or, on se rend compte que pour trouver un consensus sur une définition juridique de l'État fédéral, seule est partagée une définition très large qui repose sur une certaine manière de distribuer et d'exercer le pouvoir politique sur une base territoriale. « *La division territoriale se présente alors comme une organisation polycentrique du pouvoir d'État. Cette définition demeure cependant singulièrement large et donc imprécise. Elle couvre une multitude d'aménagements fort variés pour ne pas dire opposés. [...] Il n'existe pas en effet un modèle fédéral unique mais plusieurs manières de concevoir la division territoriale*[1]. » Si on peut dégager des principes juridiques communs à cette organisation (les principes de superposition d'ordres juridiques, d'autonomie des entités fédérées et de participation de ces entités au sein de la Fédération), leurs aménagements varient d'un État à un autre.

On touche là un problème méthodologique commun à toute définition d'une catégorie (classe d'objets ou modèle) : pour être opératoire, elle ne peut souffrir trop d'exceptions. La question est de première

1. C. Grewe, H. Ruiz-Fabri, *Droits constitutionnels européens*, Paris, PUF, 1995, p. 292.

importance pour les spécialistes du fédéralisme comparé confrontés à un double écueil : d'une part, réduire le phénomène fédéral à l'une de ses expressions particulières et, d'autre part, récuser toute possibilité de dépasser l'incomparabilité des expériences de mise en œuvre du principe fédéral[1]. De manière plus générale, celui qui cherche à construire une typologie dans le domaine juridique, doit toujours se mesurer au caractère dynamique du droit et des institutions.

De manière classique, l'État unitaire est opposé à l'État fédéral ; cependant la solution fédérale permet de créer et de maintenir une centralisation politique étroite tout en donnant une apparence contraire. À l'origine, elle a été utilisée afin d'aider à la formation d'un État-nation (comme l'Allemagne, les États-Unis, l'Inde ou la Suisse) ou bien afin d'éviter son éclatement (Belgique). La souveraineté revient à l'État et non aux entités fédérées. Ces dernières ont une constitution propre, mais la supériorité de la constitution fédérale sur celle des États fédérés et, de manière plus générale, du droit fédéral sur le droit fédéré, est assurée. Le droit élaboré par les organes de l'État fédéral bénéficie en principe de la primauté sur le droit des États fédérés. Cette clause de primauté s'exprime par l'adage selon lequel « la loi de l'État fédéral brise la loi de l'État fédéré ».

En dehors du goût de systématisation, le besoin de classifier les objets juridiques ne peut se comprendre que par la possibilité qu'il offre d'atteindre une définition satisfaisante par la comparaison entre différentes classes d'objets. La classification donne des points de repère à partir desquels on peut comprendre une réalité juridique plus complexe et sert ainsi à mesurer les différences entre ce qui est posé comme un idéal type et la réalité.

2) L'Union européenne n'est pas un État fédéral

À n'en pas douter, la comparaison est à première vue proposable puisque l'Union européenne présente trois caractéristiques essentielles de l'État fédéral. D'abord, l'Union comprend un exécutif central (la Commission européenne qui assure la défense de l'intérêt communautaire) contrebalancé par des instances qui représentent l'une, les États membres (le Conseil) et l'autre, l'Union dans son ensemble (le Parlement élu au suffrage universel direct). Un organe juridictionnel, la Cour européenne de justice, tranche les conflits, notamment interinstitutionnels. Le système institutionnel est complété par le Conseil européen (réunion des chefs d'État et de

---

1. Pour un dépassement de ce double écueil, B. Théret, « Du principe fédéral à une typologie des fédérations : quelques propositions », *in* J.-F. Gaudreault-DesBiens, F. Gélinas (dir.), *Le fédéralisme dans ses états / The States and Moods of Federalism*, Bruxelles-Cowansville, Bruylant-Yvon Blais, 2005, p. 99 et s.

gouvernement ainsi que du président de la Commission) qui joue en quelque sorte la fonction de « chef de l'État » en donnant l'impulsion à la politique communautaire. Cette organisation permet de retrouver les principes juridiques communs aux États fédéraux et tout particulièrement les principes de superposition et de participation. D'une part, l'Union exerce un très large éventail de pouvoirs dans des domaines d'importance capitale, en particulier dans ceux de la monnaie et de la politique de change. Surtout, le droit communautaire possède une force très particulière de pénétration dans l'ordre interne des États membres. Cette efficacité optimale est le résultat de deux facteurs intégrateurs du droit communautaire et de l'Union européenne posés par la Cour de justice : la primauté et l'effet direct du droit communautaire dans l'ordre juridique national. Il s'agit ici d'une rupture importante avec le droit international public et, par conséquent, on ne peut que reconnaître que l'Europe remet en cause la congruence traditionnelle entre constitution (cadre du pouvoir) et État.

La Cour de justice n'a pas hésité à présenter le traité de Rome (1957) comme « la charte constitutionnelle de base » (CJCE 23 avril 1986 aff. 294/83 Les verts) ou bien comme la « charte constitutionnelle d'une communauté de base » (avis du 14 décembre 1991 donné sur l'espace économique européen). Ces qualifications n'ont pas suscité de réaction particulière de la part des gouvernements des États membres alors qu'elles ne sont pas le fruit du hasard. La Cour de justice visait à construire pas à pas un édifice de type constitutionnel de manière à estomper les éléments qui apparentaient la Communauté européenne à un ordre international classique.

Néanmoins, contrairement aux affirmations de la Cour, l'Union européenne n'est pas un État fédéral car le fondement de ses pouvoirs réside non pas dans une constitution, mais dans des traités internationaux qu'elle ne peut modifier et qui ne peuvent être révisés que par les États qui les ont ratifiés. L'Union européenne n'est donc pas souveraine : elle n'a pas de compétence pour déterminer sa propre compétence et elle ne peut exercer que les pouvoirs transférés par les États membres. Ce sont eux qui sont souverains. D'où la célèbre formule de l'arrêt de la Cour constitutionnelle allemande du 12 octobre 1993 à propos du traité sur l'Union européenne[1] : « *les États membres sont les maîtres des traités* ».

3) L'Union européenne est-elle une fédération ?

Malgré les similitudes dans la comparaison, vouloir évaluer l'Europe à l'aune de l'État fédéral ne permet pas de saisir la complexité de l'objet d'analyse. On sait que les partisans de l'Europe ont été conduits à promouvoir une « constitution européenne » dans l'espoir

1. Décision traduite par C. Grewe dans *R.U.D.H.*, 1993, p. 288 et s.

de récupérer les mêmes bénéfices que ceux procurés par une constitution étatique. Cependant, l'État fédéral ne s'analyse pas en une association d'États, mais en un État unique. Autrement dit, cet État ne saurait reconnaître la souveraineté de ses membres : en son sein, c'est lui qui organise l'unité.

Si l'État fédéral ne permet pas de penser l'Europe, la notion de « confédération » est-elle plus pertinente ? Là aussi, la comparaison n'apparaît pas concluante : « *Le lien confédéral (fondé sur un traité international) demeure lâche, les institutions confédérales restent embryonnaires : elles se limitent, dans la plupart des cas, à une simple réunion diplomatique de représentants des États confédérés : la "Diète confédérale" décidant à l'unanimité* »[1]. La confédération est une structure assez lâche dans laquelle chaque État s'organise librement et entretient des relations contractuelles fondées sur des alliances militaires et des clauses d'arbitrage avec les autres États (comme l'ont fait, par exemple, les cantons suisses entre le XIIIe et le XVIIIe siècle). La structure communautaire a depuis longtemps dépassé ce stade pour mettre en place un lien beaucoup plus fort et stable entre les États membres.

Quelle est la structure politique, autre que l'État fédéral et la confédération, qui permettrait de mieux d'appréhender le problème ? La notion de « fédération » entendue comme une union d'États (et non comme unité de l'État) offre peut-être une nouvelle voie pour repenser le problème. La fédération présente l'avantage d'être un concept désétatisé. Or, si, ni l'État fédéral, ni la confédération n'ont pu donner satisfaction dans l'évaluation de l'Europe, c'est parce que ces notions ont pour critère distinctif la souveraineté, qui est précisément absente de la fédération[2]. Cette dernière semble dès lors plus appropriée pour comprendre la construction européenne.

La thèse soutenue par Olivier Beaud est celle « *d'une autonomie de la notion de Fédération conçue comme entité politico-juridique* »[3]. Cette thèse de l'autonomie repousse la construction « stato-centrée » de la fédération, qui achoppe sur la question du titulaire de la souveraineté. La fédération est donc une union volontaire et libre d'entités politiques qui repose sur un pacte. Chaque entité s'associe, mais sans perdre sa propre unité, sans être absorbée par l'entité créée par l'association. Si une fédération se forme, c'est parce qu'on estime qu'il n'existe ni un tout homogène, ni une identité commune, ni une confiance suffisante entre les citoyens des États associés. La théorie de la fédération présente l'avantage d'offrir une solution originale au

1. V. Constantinesco, « Europe fédérale ou fédération d'États-nations ? », *in* R. Dehousse (dir.), *Une constitution pour l'Europe ?*, Paris, Presses de Sciences Po, 2002, p. 121.

2. O. Beaud, « Fédéralisme et souveraineté. Notes pour une théorie de la Fédération », *R.D.P.*, 1998, p. 89.

3. O. Beaud, *Théorie de la Fédération*, Paris, PUF, 2007, p. 33.

problème de souveraineté. À la différence de l'État, la fédération se caractérise par un dualisme politique dans la mesure où tant la fédération que les États membres ont une existence politique spécifique.

De façon à échapper aux expressions « stato-centrées », Olivier Beaud propose un glissement terminologique de la « forme d'État » à la « *forme politique* »[1]. Cette dernière expression est jugée plus appropriée car elle rend compte de la manière dont les pouvoirs centraux et les pouvoirs locaux sont articulés dans un même espace de pouvoir. Elle permet ainsi d'éviter une évidente contradiction en classant la fédération parmi les formes d'État alors qu'elle est distincte de l'État, même si elle conserve l'avantage de la distinction entre « *forme territoriale du pouvoir et forme de gouvernement* »[2].

Bien que l'idée d'approfondir la notion de « fédération » soit née des difficultés à saisir et à qualifier la nouvelle forme institutionnelle que l'Union européenne représente pour les juristes, Olivier Beaud ne répond pas à la question initiale « l'Union européenne est-elle une fédération ? ». L'absence de réponse ne signifie cependant pas que la lecture de son ouvrage ne puisse féconder quelques pistes. Bien au contraire. En effet, des traits communs avec la fédération peuvent être tracés. Les principes de la dualité et de la pluralité fédérative se présentent comme des principes directeurs de l'Union européenne. En revanche, le principe de la parité fédérative (les ordres fédéral et fédérés sont égaux) est sans doute loin d'être acquis dans la structure actuelle de l'Union européenne. La discussion ne saurait être menée ici puisqu'il s'agit simplement de l'amorcer et de montrer ainsi l'intérêt des classifications. En vérité puisque cela dépasse la question des classifications, cela prouve de manière plus générale que les efforts doivent toujours porter sur la définition des concepts qui permettent de penser les phénomènes juridiques[3].

§ 2. Qu'est-ce qu'un modèle constitutionnel ?

Le modèle est-il plus facilement saisissable que la classification ? C'est peu probable : bien que souvent sollicitée, cette notion ne fait pas l'objet d'une appellation contrôlée dans les études constitutionnelles. Mais à n'en pas douter, elle est souvent un passage obligé dès lors que l'on compare. Les comparatistes plus que les « purs » théoriciens y ont volontiers recours pour comprendre la circulation des concepts juridiques. La définition lexicale du terme de « modèle » renvoie à deux niveaux de significations complémentaires : un modèle

---

1. *Ibid.*, p. 347.
2. Sur les difficultés de mise en œuvre de cette distinction conceptuelle à la fédération : *ibid.*, p. 348 et s.
3. Voir l'introduction méthodologique proposée par O. Beaud dans son ouvrage, en particulier p. 21 et s.

est une représentation construite et souvent simplifiée de la réalité qui peut être ce qui sert de support à une tentative de reproduction ou bien un instrument de mesure (l'origine latine du mot « *modulus* » signifie « mesure »). Les interférences entre les deux niveaux de significations sont envisageables, mais afin de dégrossir cette notion, la distinction entre modèle historique et modèle en tant qu'instrument de mesure sera suivie[1]. La question des modèles de justice constitutionnelle est enfin proposée de manière à montrer la volonté de la doctrine majoritaire française à y insérer le Conseil constitutionnel et ainsi illustrer la fonction de légitimation jouée par la construction d'un modèle.

A. Le modèle historique

Le modèle historique renvoie à une réalité juridique exemplaire que l'on s'efforce de reproduire. L'expérience constitutionnelle qualifiée de « modèle » vaut par son exemplarité. C'est donc le modèle de référence à imiter, voire à égaler.

Le modèle constitutionnel ne se confond pas avec le système constitutionnel auquel il est relatif[2]. En ce sens, même s'il est historique, le modèle n'en reste pas moins une reconstruction. Le modèle se rapporte assurément à une réalité qu'il prétend représenter. Ce n'est pas une invention, mais son auteur est amené à choisir les caractéristiques qu'il juge significatives : le modèle historique est la réalité telle que son auteur la perçoit et la comprend. Selon ses finalités, cette reconstruction peut rester en deçà ou aller au-delà de la réalité dont le chercheur s'inspire.

Ainsi François Saint-Bonnet distingue-t-il le modélisateur de l'archéologue[3]. Le premier « *ne recherche pas tant la vérité de l'histoire que la vérité du droit et la vérité du fonctionnement de telle institution : on cherche à créer un modèle qui fonctionnerait quand même les contingences historiques n'existeraient pas. On porte son regard plus volontiers sur les ressemblances que sur les différences, on néglige les exceptions précisément parce qu'elles en sont* ». Dans sa recherche du paradigme capable d'éclairer la complexité de la réalité, le modélisateur est conduit à « *négliger un peu l'histoire proprement dite, les contingences politiques, sauf lorsqu'elles expliquent que telle*

1. On retrouve cette double dimension, même si elle n'est pas formulée ainsi, dans la définition donnée par le *Dictionnaire encyclopédique de théorie et de sociologie juridique*, A.-J. Arnaud (dir.), Paris, LGDJ, 2e éd., 1993, p. 378 et s.

2. P.-X. Boyer, *La réception des modèles étrangers dans le droit constitutionnel français. Grande-Bretagne et États-Unis au prisme de la réflexion française (1789-1958)*, Thèse Rouen, 2002.

3. F. Saint-Bonnet, « Regards critiques sur la méthodologie en histoire constitutionnelle. Les destinations téléologiques des options épistémologiques », *Jus Politicum*, 2009, n° 2 : http://www.juspoliticum.com

situation n'entre pas dans le cadre fixé ». En revanche, l'archéologue « *recherche la différence plus que la ressemblance, la particularité plus que la généralité, l'extrême diversité et la radicale complexité des causes plus que leur unité et leur rationalité. On renonce parfois à penser qu'il y a de la logique ou de la lisibilité dans les faits constitutionnels* ». Ces deux démarches s'opposent sans être contraires. Seule la première semble mériter l'attention. En vérité, elles s'instruisent l'une l'autre. La démarche de l'archéologue enseigne en effet au modélisateur à ne pas prendre son modèle pour l'histoire réelle. Le modèle (ou la catégorie paradigmatique) est créé pour expliquer et structurer les problèmes auxquels le constitutionnaliste est confronté.

La notion de « modèle » est bien souvent commode pour désigner de manière vague et indéterminée une expérience étrangère qui sert de référence pour le travail constituant ou législatif. Toutefois, lorsque l'on s'interroge sur le poids d'un modèle et sur sa capacité à laisser son empreinte, la nécessité de le définir dans ses traits essentiels est inévitable, le but étant de démontrer sa valeur exemplaire. Il s'agit là d'une question récurrente pour le comparatiste car l'innovation en droit est rare[1]. L'imitation est un phénomène aux ramifications complexes et profondes. Les voies du mimétisme sont en effet variées ; le chercheur ne doit notamment pas négliger le rôle des acteurs de l'imitation. Les strates d'un mimétisme institutionnel sont plus ou moins épaisses et plus ou moins identifiables selon le processus de réappropriation visant moins à copier qu'à adapter, même si ses auteurs prétendent le contraire, dans le but de bénéficier du prestige du modèle auquel ils se réfèrent[2] (sur les emprunts juridiques, voir Leçon 6).

La valeur d'un modèle évolue avec le temps. Ainsi les modèles anglais, américain et français sont-ils désormais concurrencés par des expériences constitutionnelles plus récentes qui savent répondre, au-delà de l'ingénierie constitutionnelle de base, à des problèmes plus profondément enracinés : dépasser une expérience autoritaire ou bien répondre aux défis du multiculturalisme (sur le succès des modèles constitutionnels allemand et canadien, voir Leçon 6 § 2). Pour la théorie constitutionnelle, certains modèles constitutionnels conservent néanmoins un caractère indépassable puisqu'ils ont été les premiers à établir un régime centré sur le parlement, à rédiger

1. G. De Vergottini, « Modelli costituzionali e innovazione », *Diritto pubblico comparato ed europeo*, 1999, n° 4, p. 1325 et s.

2. Sur l'attrait de la Constitution anglaise au XIXe siècle en France qui en dit plus sur « *le modélisateur que sur l'objet modélisé* », voir T. Pasquiet-Briand, *La réception de la Constitution anglaise au XIXe siècle. Étude du droit politique français*, Paris, Institut Universitaire Varenne, 2018, p. 680 et s.

une constitution écrite, à former un État sur la Nation[1]. Ce sont les « modèles historiques » développés au XVIIIe siècle, voire bien avant pour la mère de toutes les constitutions. Ainsi à propos de la Constitution anglaise, É. Boutmy écrit-il : « *Elle s'est montrée avec tous ses grands traits quatre cents ans avant les autres. Elle a servi plus ou moins de modèle à toutes celles qui existent aujourd'hui. Elle contient la clef, elle recèle le vrai sens de plus d'une disposition que ses imitateurs n'ont pas toujours comprise ou qu'ils ont sciemment détournée de son premier objet* »[2].

En ce sens, Maurizio Fioravanti définit la Constitution fédérale américaine comme « un modèle constitutionnel » qui doit son succès à des traits essentiels qui peuvent être reproposés en permanence quels que soient l'époque et le lieu[3]. Pour lui, trois caractéristiques fondamentales émergent : la suprématie de la constitution *i.e.* la constitution comme loi suprême, la citoyenneté comme partage de droits et la balance des pouvoirs. À côté de ce modèle libéral dont les racines sont anglaises, M. Fioravanti dégage un autre modèle constitutionnel qu'il nomme « radical », fondé sur deux constitutions, celle de la Pennsylvanie de 1776 et celle de la France de 1793[4]. Il détermine également trois piliers pour ce second modèle : la permanence du souverain (ou le rôle actif et permanent du peuple), le constitutionnalisme politique *i.e.* la garantie politique des droits et la primauté de la loi et des représentants du peuple. La période révolutionnaire a laissé un héritage qui est loin d'être uniforme même si on peut s'accorder pour trouver un fonds d'idées communes. Ces modèles confrontent deux versions du constitutionnalisme et permettent de donner une image plus complexe de cet héritage. Cela peut expliquer en particulier les résistances aux évolutions de la construction européenne (pour un approfondissement, voir Leçon 11 § 2). Le prolongement de ces modèles historiques peut être perçu dans le « modèle constitutionnel européen » qui se veut une synthèse d'expériences institutionnelles et vise généralement à démontrer la convergence de ces expériences[5].

Par commodité, le modèle peut être figé dans le temps. Ainsi en est-il du modèle républicain français dont la perception correspond à « *l'idée d'une République centralisée indivisible, porteuse d'une*

1. U. K. Preuß, « Der Begriff der Verfassung und ihre Beziehung zur Politik », *in* ID. (dir.), *Zum Begriff der Verfassung. Die Ordnung des Politischen*, Francfort, Fischer Taschenb, 1994, p. 7 et s.

2. É. Boutmy, *Études de droit constitutionnel*, Paris, Plon, 1re éd., 1885, p. 1-2.

3. M. Fioravanti, *Costituzionalismo. Percorsi della storia e tendenze attuali*, Bari, Laterza, 2009, p. 54.

4. *Ibid.*, p. 70 et s.

5. Bien que soulignant la tendance à la convergence, P. Lauvaux cherche aussi à montrer les exceptions ou les freins à la constitution de ce modèle constitutionnel commun : « Existe-t-il un modèle constitutionnel européen ? », *Droits*, 14-1991, p. 49 et s.

citoyenneté unitaire et non différenciée »[1]. Or, le droit positif français évolue vers une plus grande prise en compte de la diversité même si le changement de paradigme n'est pas encore réalisé. En d'autres termes, le pluralisme n'a pas remplacé le monisme dans le discours politico-juridique[2]. Mais le modèle républicain jacobin sert ainsi d'anti-modèle face à un modèle présenté comme plus neuf et plus approprié[3], à savoir le modèle canadien multiculturel[4]. Cette perception négative du modèle français mérite sans hésitation d'être interrogée car les rejets ont quelque chose à nous apprendre[5]. Au-delà de l'effet de repoussoir, ce sont les faiblesses du modèle républicain d'intégration qui sont visées. L'anti-modèle valorise le modèle que le chercheur tend à promouvoir et constitue de cette manière un étalon de mesure auquel le modèle à imiter est confronté.

B. Le modèle, instrument de mesure

Un modèle n'a pas forcément d'épaisseur historique, il peut être une invention pour établir un étalon de mesure. Le sociologue allemand Max Weber (1864-1920) est celui qui a introduit dans la méthodologie des sciences sociales l'idéaltype qui se présente comme la construction abstraite d'un objet d'étude. L'assimilation du modèle à l'idéaltype wébérien est assez courante, même dans les études constitutionnelles.

L'idéaltype ne se trouve nulle part dans la réalité. C'est en quelque sorte un type pur. Le chercheur détermine les principales caractéristiques d'un objet de recherche, les systématise, puis les idéalise de manière à construire un idéaltype. Ces opérations se font à partir de l'observation de cas concrets, mais l'objectif à atteindre n'est pas de correspondre à la réalité observée. Selon Weber, « *on*

1. W. Kymlicka, *La citoyenneté multiculturelle. Une théorie libérale du droit des minorités*, Paris, La Découverte, 2001, (*A Multicultural Citizenship: A Liberal Theory of Minory Rights*, 1995), p. XV.

2. Pour des remarques stimulantes sur la place respective du monisme et du pluralisme dans le discours politico-juridique français : L. Heuschling, « La structure de la légitimité démocratique en droit français : entre monisme et pluralisme, entre symbolique du sujet et ingénierie des pouvoirs », *R.U.D.H.*, 2004, p. 331 et s.

3. « *C'est surtout l'idée que ce modèle* [français] *puisse être transposable dans d'autres pays qui me paraît préoccupante... Quels que soient les mérites du modèle républicain jacobin pour la France, je crois qu'il a, dans d'autres contextes, des effets pernicieux.* [Il] *a été, dans la plupart des pays d'Europe de l'Est et d'Afrique, une recette du désastre...* », W. Kymlicka, *ibid.*

4. Sur la fabrication de ce modèle auquel ont participé non seulement les théoriciens du multiculturalisme mais aussi les autorités fédérales canadiennes : S. Choudhry, « Does the World need more Canada? The Politics of the Canadian Model in Constitutional Politics and Political Theory » 5, *I-CON*, 2007, p. 606 et s.

5. K.L. Scheppele, « Aspirational and aversive constitutionalism: The case for studying cross-constitutional influence through negative models » 1, *I-CON*, 2003, p. 296 et s.

obtient un idéaltype en accentuant unilatéralement un ou plusieurs points de vue et en enchaînant une multitude de phénomènes isolés, diffus et discrets, que l'on trouve tantôt en grand nombre, par endroits pas du tout, qu'on ordonne suivant les précédents points de vue choisis unilatéralement pour former un tableau de pensée homogène »[1].

L'idéaltype wébérien se rapproche du « type empirique » développé par Jellinek à la même époque. D'emblée, on penserait plutôt que ces deux types s'opposent « *comme s'oppose l'empirique et l'idéal. Mais l'"empirisme' de Jellinek est en vérité un idéalisme. Qu'ils soient de Weber ou de Jellinek, les 'types' scientifiquement pertinents se constituent dans la rencontre de la 'réalité' des phénomènes et de l' 'imagination' du sujet de la connaissance. Jellinek qualifie le type scientifique d'empirique pour l'opposer à la spéculation à l'œuvre dans la tradition du droit rationnel [...]* »[2]. Tous deux s'accordent à reconnaître que le type ne se contente pas de décrire la réalité (même s'il peut y prétendre), mais la façonne.

En effet, le chercheur est amené, pour identifier un type idéal, à pratiquer aussi bien la simplification que l'exagération. Exagérer de manière à grossir un trait signifie simplifier la réalité puisqu'il n'existe, ontologiquement parlant, que des variantes. C'est une schématisation d'une ou plusieurs formations historiques dans leur spécificité. Le chercheur est ainsi conduit à sélectionner et donc à « *laisser de côté les caractéristiques qui ne sont pas signifiantes selon le niveau d'abstraction admis* »[3]. L'idéalisation correspond donc à une représentation construite et sélective de la réalité qui dépend de son auteur.

Pour certains, il existe un lien étroit entre classification et modèle : procéder à la classification des objets d'analyse permet de les replacer dans un système logique articulé autour de constructions théoriques communes et donc de construire un modèle[4]. Cette démarche d'assimilation ne paraît pas appropriée. La classification et le modèle visent à systématiser ; mais classer suppose d'ordonner différentes espèces les unes par rapport aux autres alors que

---

1. M. Weber, *Essais sur la théorie de la science* (1904), Paris, Plon, 1965, p. 81.
2. O. Jouanjan, *op. cit.*, p. 57. La réédition de l'ouvrage de Jellinek permet de prendre connaissance de l'une des contributions majeures à la science juridique allemande et de découvrir la pensée d'un grand juriste qui s'est développée notamment en échangeant avec Max Weber (voir le titre III du chapitre II consacré à l'étude des « types » dans la science sociale) et sans cloisonner sa méthode des sciences sociales même si la science du droit détermine un point de vue spécifique. Nous renvoyons à l'éclairante préface d'Olivier Jouanjan. Voir aussi P. Ghosh, « Max Weber and Georg Jellinek: two divergent conceptions of law », *Saeculum*, 2008, 59-II, p. 299 et s.
3. J. Wroblewski, « Modèle », *in Dictionnaire encyclopédique de théorie et de sociologie juridique*, cit., p. 378.
4. A. Rinella, *La forma di governo semi-presidenziale. Profili metodologici e "circolazione" del modello francese in Europa centro-orientale*, Turin, Giappichelli, 1997, p. 27.

le modèle entend identifier une catégorie sans que cela conduise forcément à faire le tri par rapport à d'autres objets similaires. La classification est assurément une typologie. En revanche, l'idéal-type peut soit être appliqué à une multiplicité de phénomènes de manière à élaborer une classification telle que les trois types idéaux de domination-légitimité proposés par Max Weber[1], soit permettre de construire une catégorie unique (par exemple, l'État-nation[2]).

La similarité de certains problèmes méthodologiques explique sans doute la fusion possible entre classification et modèle dans de nombreux travaux. L'exemple le plus significatif est celui des modèles de justice constitutionnelle (sur lequel revient le prochain paragraphe) : selon l'heureuse formule de Céline Roynier, il convient de le désigner comme « *la classification des modèles* »[3]. Mais aussi et surtout ces différents instruments font partie de la boîte à outils conceptuels à la disposition du chercheur en vue d'une compréhension critique de la réalité. Néanmoins, puisque le réel n'existe qu'à travers la construction du chercheur, il faut être conscient que, non seulement cette construction résulte des choix du concepteur, mais aussi que ce dernier peut non pas la déformer (car elle n'existe pas *en soi*) mais la façonner à sa guise. La finalité des modèles oscille entre explication et description sans que leurs auteurs soient toujours suffisamment clairs sur les objectifs poursuivis. Le modèle peut alors assumer une fonction de légitimation.

C. L'exemple des modèles de justice constitutionnelle

Traditionnellement, les constitutionnalistes opposent deux modèles de justice constitutionnelle : le modèle américain et le modèle européen. En France cette opposition, initialement proposée par Charles Eisenmann[4], a surtout été vulgarisée par Louis Favoreu[5]. Tel qu'il ressort du manuel de *Droit constitutionnel*[6], chaque modèle repose sur quatre caractéristiques qui les différencient.

Dans le modèle américain, l'organisation du système de contrôle est dite « décentralisée ou diffuse » car le contrôle est confié à tous les tribunaux du pays, alors que dans le modèle européen elle est

1. M. Weber, *Économie et société* (1956), T. 1, Paris, Pocket, 1995, p. 289 et s.

2. C. Klein, « Du bon usage d'un modèle : l'État-nation et le cas de l'État d'Israël », *in Mélanges Michel Troper*, Paris, Economica, 2006, p. 569 et s.

3. C. Roynier, « Penser la justice constitutionnelle au-delà des modèles et des grands systèmes », *Politeia*, n° 26, 2014, p. 159.

4. C. Eisenmann, *La justice constitutionnelle et la Haute Cour constitutionnelle d'Autriche*, (1928), rééd. Paris, Economica, 1986, p. 103 et s.

5. L. Favoreu, « Modèle américain et modèle européen de justice constitutionnelle », *A.I.J.C.*, vol. I, 1986, p. 51 et s.

6. L. Favoreu *et al.*, *Droit constitutionnel*, Paris, Dalloz, 2009, 12e éd., p. 227 et s. (nouvelle édition 2021).

concentrée. Le contrôle de constitutionnalité de la loi est en effet concentré car confié à une juridiction unique spécifiquement chargée de l'exercer et distincte des autres juridictions de l'État. Cette première caractéristique est plutôt simple. En revanche, lorsque l'on aborde les procédures de contrôle, l'opposition devient plus complexe. Deux caractéristiques sont mises en avant. D'abord, l'objet du contrôle : celui-ci est concret dans le modèle américain car la question de constitutionnalité est posée à propos d'un litige et porte donc sur l'application d'une loi en vigueur à un cas d'espèce. Ensuite, le moment du contrôle : il est *a posteriori* car le contrôle porte sur une loi déjà promulguée. Cela est tout à fait logique puisqu'il s'agit de résoudre un cas concret. Le contrôle est déclenché par tout justiciable qui, à l'occasion d'un procès ordinaire civil ou administratif, peut soulever pour sa défense une exception d'inconstitutionnalité. Le requérant considère le texte susceptible de s'appliquer contraire à la constitution, du coup il demande au juge de le priver d'effet dans l'espèce.

Dans le modèle européen, ces deux caractéristiques sont différentes puisque le contrôle est abstrait dans la mesure où les litiges soumis au juge constitutionnel ne se présentent pas comme une confrontation classique entre deux parties et ne supposent pas la résolution d'un litige particulier. Selon le modèle kelsénien à l'origine du modèle européen[1], il s'agit d'une confrontation entre deux règles générales : l'une constitutionnelle et l'autre législative. Le juge constitutionnel statue donc sur la loi elle-même et non sur son application dans un litige particulier. La différence avec le modèle américain tient aussi au déclenchement de la procédure. Plusieurs voies sont envisageables : en principe, le déclenchement du contrôle est l'action directe exercée par les autorités publiques ou politiques. Ce recours peut être complété par l'action directe des citoyens contre les actes normatifs (législatifs ou/et administratifs) et les décisions de justice. Il peut être aussi complété par la question préjudicielle de constitutionnalité posée devant un juge ordinaire qui sursoit à statuer pour renvoyer le traitement de la question au juge constitutionnel. Dans ces derniers cas, le contrôle devient concret et s'éloigne par conséquent du modèle théorique développé par Kelsen. La seconde caractéristique tient à la portée du contrôle. Alors que, dans le modèle américain, les décisions des juges ont une portée limitée aux parties au litige, l'effet des décisions d'inconstitutionnalité, dans le modèle européen, est « *erga omnes* », c'est-à-dire que la décision a une portée absolue et donc annule la norme censurée, y compris législative.

1. H. Kelsen, « La garantie juridictionnelle de la Constitution (la justice constitutionnelle) », *R.D.P.*, 1928, p. 197 et s.

Les modèles de justice constitutionnelle ici proposés ont été construits à partir de l'observation de cas concrets (la justice constitutionnelle aux États-Unis, d'une part, et en Allemagne et en Italie, d'autre part), mais le résultat ne correspond pas à la réalité observée. L'objectif est de construire des catégories différentes de manière à aider à penser les analogies entre les systèmes de justice constitutionnelle. Concernant le cas français, l'originalité du Conseil constitutionnel fait qu'il rentre difficilement dans la catégorie européenne telle que développée sur la base des exemples allemand ou italien. En particulier, la doctrine s'est partagée, à partir des années 1970-1980, entre les tenants de la nature juridictionnelle du Conseil et les partisans de la nature politique du Conseil. Cette controverse sur la nature du Haut Conseil était inévitable : le choix du terme « conseil » au lieu de « cour » portait déjà en soi la volonté d'entretenir l'ambiguïté sur la qualité de l'organe[1]. Ainsi que le souligne Guillaume Drago, « *Le Conseil constitutionnel n'a pas été conçu comme une juridiction mais comme un organe chargé de veiller à la répartition des compétences entre les pouvoirs publics* »[2]. Mais, selon le doyen Louis Favoreu, « *dès lors qu'est mis en place un système de justice constitutionnelle, il produit des effets de nature très semblable dans les divers pays* »[3].

Le processus d'homologation s'est enclenché dès que le Conseil constitutionnel a étendu son contrôle de constitutionnalité des lois, en 1971, à la vérification de la constitutionnalité au préambule de la Constitution de 1958. Dès lors, l'idée même de perfectibilité s'est attachée à cette institution. Le modèle européen de justice constitutionnelle est ainsi devenu l'objectif à atteindre. Si la doctrine, plus particulièrement le mouvement emmené par le doyen Favoreu, a joué un rôle essentiel, elle a toutefois été reliée à l'intérieur de l'institution par Georges Vedel (conseiller entre 1980 et 1989) et Robert Badinter (président du Conseil entre 1986 et 1995). C'est donc de « *la synergie de ces deux mouvements, l'un externe et l'autre interne, qu'est née cette assimilation du Conseil constitutionnel au modèle européen* »[4]. On voit ainsi la fonction du modèle changée de nature : d'instrument de mesure, il est devenu le modèle à copier.

Une mise en regard entre les doctrines française et italienne fournit des résultats saisissants quant à la fonction du modèle. L'opposition des modèles de justice constitutionnelle a été introduite

1. F. Luchaire, « Le Conseil constitutionnel est-il une juridiction ? », *R.D.P.*, 1979, p. 27 et s.

2. Dans « Justice constitutionnelle », *Droits*, 34-2002, p. 120.

3. Dans « Synthèse », *in* G. Drago *et al.* (dir.), *La légitimité de la jurisprudence du Conseil constitutionnel*, Paris, Economica, 1999, p. 390.

4. E. Maulin, « Aperçus d'une histoire française de la modélisation des formes de justice constitutionnelle », *in* C. Grewe *et al.* (dir.), *La notion de « justice constitutionnelle »*, Paris, Dalloz, 2005, p. 153.

dans la doctrine italienne à la fin des années 1960 par Mauro Cappelletti[1], puis infléchie au regard de la pratique par Alessandro Pizzorusso[2]. Elle sert, d'une part, à mesurer le décalage entre les deux modèles et à soutenir le rapprochement entre l'expérience américaine et les évolutions du système italien[3] et, d'autre part, à développer une vision sceptique du modèle européen et à souligner la diversité des systèmes européens[4]. La fonction de légitimation est loin d'être aussi prégnante que dans la doctrine française[5], mais il est vrai que la justice constitutionnelle italienne à la différence du cas français n'a rien d'une exception[6].

La représentation idéaltypique est réduite à quelques caractéristiques du « contrôle de constitutionnalité des lois », mais pour mener à bien la démonstration, cela implique qu'il faut s'interroger sur les règles de composition du Conseil constitutionnel, ses règles de procédures et de fonctionnement ainsi que sur ses attributions. La démonstration ayant déjà été faite et bien faite, le lecteur est invité à s'y reporter[7]. Une question méthodologique mérite toutefois d'être soulignée : la profondeur de l'analyse ne peut être atteinte que par la prise en compte à la fois des données de droit positif et des représentations doctrinales de ces données[8] (pour un approfondissement de cet aspect méthodologique, Leçon 8 § 1).

1. M. Cappelletti, *Il controllo giudiziario di costituzionalità delle leggi nel diritto comparato*, Milan, Giuffrè, 1968.

2. A. Pizzorusso, « I sistemi di giustizia costituzionale : dai modelli alla prassi », *Quaderni costituzionali*, 1982, p. 521 et s.

3. La doctrine propose une nouvelle lecture : un contrôle diffus de constitutionnalité des lois et une sanction concentrée de l'inconstitutionnalité : désormais, G. Sorrenti, *L'interpretazione conforme a Costituzione*, Milan, Giuffrè, 2006.

4. Ainsi, dans une riche bibliographie, voir T. Groppi, « Introduzione: alla ricerca di un modelo europeo di giustizia costituzionale », *in* M. Olivetti, T. Groppi (dir.), *La giustizia costituzionale in Europa*, Milan, Giuffrè, 2003, p. 10 et s. En langue française, F. Rubio Llorente, « Tendances actuelles de la juridiction constitutionnelle en Europe », *A.I.J.C.*, XII, 1996, p. 16 et s.

5. Toutefois, le caractère réducteur de la dichotomie classique est désormais largement reconnu. Un bon exemple correspond à l'avant-propos rédigé par Wanda Mastor pour l'ouvrage classique de Louis Favoreu, *Les cours constitutionnelles*, repris et refondu désormais chez Dalloz, coll. Connaissance du droit, 2011. Voir aussi M. Carpentier, « Une modélisation alternative des systèmes de justice constitutionnelle : enjeux et difficultés », *R.F.D.C.*, 2019, p. 843 et s.

6. M. Fromont, « La justice constitutionnelle en France ou l'exception française », *in Mélanges en l'honneur de Gérard Conac*, Paris, Economica, 2001, p. 167 et s.

7. G. Tusseau, *Contre les « modèles » de justice constitutionnelle. Essai de critique méthodologique*, Bologne, Bonobia University Press, 2009 ; C. Roynier, *op. cit.*, p. 155 et s.

8. En ce sens, O. Jouanjan, « Modèles et représentations de la justice constitutionnelle en France : bilan critique », *Jus Politicum*, 2009, n° 2 : http://www.juspoliticum.com ; M.-C. Ponthoreau, « Réflexions sur le pouvoir normatif du juge constitutionnel en Europe continentale sur la base des cas allemand et italien », *Les Cahiers du Conseil constitutionnel*, 2008, n° 24, p. 98 et s.

Bibliographie générale essentielle

Eisenmann C., *Écrits de théorie du droit, de droit constitutionnel et d'idées politiques*, Paris, éd. Université Panthéon-Assas, 2002 (réédition d'articles fondamentaux).

Herrera C. M., S. Schott (dir.), Dossier « Modèles et modélisation en droit constitutionnel. Approches classiques, nouvelles pratiques », *Politeia*, n° 26, 2014, p. 108 et s.

Saint-Bonnet F., « Regards critiques sur la méthodologie en histoire constitutionnelle. Les destinations téléologiques des options épistémologiques », *Jus Politicum*, 2009, n° 2 [http://juspoliticum.com/article/Regards-critiques-sur-la-methodologie-en-histoire-constitutionnelle-Les-destinations-teleologiques-des-options-epistemologiques-78.html]

Scheppele K.L., « Aspirational and aversive constitutionalism: The case for studying cross-constitutional influence through negative models » 1, *I-CON*, 2003, p. 296 et s.

LEÇON 8

LE PLURALISME JURIDIQUE

Le pluralisme juridique dont il faut remarquer la variation des appellations puisqu'on parle de « plurijuridisme » ou d'« internormativité » recouvre, sans que cela constitue une spécificité, un concentré de plusieurs significations. Un présupposé essentiel au comparatisme est la pluralité des droits. Ce présupposé conduit à s'interroger sur le pluralisme juridique d'autant plus que le paradigme positiviste, avec ce qu'il suppose de statocentrisme et de légicentrisme, perd de son autorité. Le succès du nouveau paradigme pluraliste s'explique partiellement par sa capacité à être un bon condensé des tensions entre le particulier et l'universel, entre le statisme et le dynamisme du droit, qui s'expriment dans le processus de globalisation juridique (Leçon 5). Un signe supplémentaire de l'engouement tient à son utilisation par de nombreux juristes afin de rendre compte de la complexité des relations qu'entretiennent les ordres juridiques. En vue d'harmoniser, d'une part, les ordres juridiques nationaux et, d'autre part, l'ordre juridique communautaire, s'est développée une doctrine du « pluralisme constitutionnel ». Cette nouvelle doctrine fera l'objet d'un examen spécifique en raison de l'importance qu'elle a prise en Europe et de sa contribution à la compréhension des mutations des attributs de l'État (Leçon 11 § 2).

La question du pluralisme juridique est néanmoins ancienne pour les comparatistes puisqu'ils l'ont rencontrée avec les études sur le droit colonial et les problèmes classiques de définition d'ordres juridiques coloniaux à la fois distingués et dépendants de l'ordre juridique de la métropole. Ce sont les problématiques liées notamment au pluralisme culturel qui se sont désormais étendues aux sociétés européennes et de l'Amérique du Nord. Avant d'étudier ce lien traditionnel entre pluralisme et comparaison à travers le cas concret du

Canada, il convient d'expliquer la parenté théorique entre les conceptions du pluralisme juridique et le comparatisme.

§ 1. Formes du pluralisme juridique

Il est sans doute plus juste de parler d'une pluralité de théories du pluralisme qui sont en concurrence active ou larvée et qui sont caractérisées par la grande variété de formation de leurs auteurs (anthropologues, sociologues du droit, sociologues non juristes ou encore philosophes ou théoriciens du droit)[1]. Néanmoins, ces théories ont en commun d'être des conceptions alternatives et critiques du positivisme. Là réside l'intérêt pour ces doctrines car elles ne conçoivent pas le droit comme un ensemble de normes mais comme une « *totalité dépassant la somme des normes et contenant encore bien d'autres choses que des normes* »[2]. Ces théories nourrissent une option méthodologique sur la science du droit, différente de celle proposée par le positivisme, en particulier en ce qui concerne, d'une part, la description neutre et fermée à tout autre phénomène que les règles de droit et, d'autre part, le séparation radicale entre le sujet connaissant et l'objet.

A. Les théories du pluralisme juridique

Contrairement à la théorie positiviste, le pluralisme met en relief que l'État ne jouit pas du monopole de la production du droit. On peut ainsi penser le pluralisme comme « intra » ou « extra » étatique, selon l'évolution des ordres au sein ou en marge de l'ordre juridique de l'État. Le pluralisme peut, dans ce même ordre d'idées, être modéré lorsqu'il se base sur la définition positiviste du droit ou bien radical lorsqu'il remet en cause cette dernière et la hiérarchie kelsénienne qui lui est associée. Ces distinctions sont utiles si on veut exposer les principales théories du pluralisme. L'approche anthropologique, principalement centrée sur les sociétés traditionnelles[3], est toutefois écartée de cette présentation car c'est dans le cadre des sociétés étatiques que la question doit être traitée ici. L'objectif n'est d'ailleurs pas d'être exhaustif sur les théories du pluralisme[4], mais

---

1. H. Moutouh, « Pluralisme juridique », *in* D. Alland, S. Rials (dir.), *Dictionnaire de la culture juridique*, Paris, Lamy-PUF, 2003, p. 1159.

2. P. Francescakis, « Introduction à l'édition française » (1975) à S. Romano, *L'ordre juridique*, (trad. *Ordinamento giuridico*, 2e éd., 1946), Paris, Dalloz, 2002, p. VI.

3. Voir les travaux de N. Rouland et en particulier son article synthétique, « Le pluralisme juridique en anthropologie », *R.R.J. Droit prospectif*, 1993, p. 300 et s.

4. Pour un panorama assez large des pluralismes juridiques néanmoins marqué puisque présenté par l'un des tenants du pluralisme radical, J. Vanderlinden, « Les pluralismes juridiques », *in* E. Rude-Antoine, G. Chrétien-Vernicos (dir.), *Anthropologies et droits. État des savoirs et orientations contemporaines*, Paris, Dalloz, 2009, p. 25 et s.

de comprendre en quoi elles peuvent enrichir la méthodologie du comparatisme.

1) Le pluralisme intra-étatique

Le positivisme juridique tel qu'il a été conçu par Kelsen a été remis en question dès le début du XXe siècle par certains penseurs généralement identifiés comme les principaux fondateurs de la sociologie du droit. On pense en particulier à Eugen Ehrlich (1862-1922) et Georges Gurvitch (1894-1965). Ce dernier, dans le prolongement des travaux du sociologue allemand auteur de la théorie dite du « droit vivant », a défendu l'idée que le droit ne se limite pas à celui des organes étatiques, mais qu'il existe une pluralité de groupes sociaux (syndicats, entreprises, corporations, collectivités territoriales et internationales) générateurs de droit en marge de l'État. La société elle-même est à l'origine du droit mais le pluralisme juridique est toujours défini par rapport à l'État et dans son ordre.

La position de Max Weber correspond sans doute à une version plus tempérée du pluralisme juridique car son promoteur ne cherche pas à découvrir le droit dans la société. Le droit moderne se caractérise essentiellement, selon Weber, par son caractère politique. Plus précisément, un ordre normatif ne peut être considéré comme juridique que « *lorsque la validité* [des normes] *est garantie extérieurement par la chance d'une* contrainte *(physique ou psychique) grâce à l'activité d'une* instance *humaine* spécialement *instituée à cet effet, qui force au respect de l'ordre et châtie la violation* »[1]. En plus d'être politique, la régulation juridique au sens wébérien a aussi comme caractéristique d'être formelle et rationnelle. Plus précisément, elle s'exerce sur la base de règles abstraites définies *a priori*, et non selon des normes fluctuantes et imprévisibles. Le sociologue ne cherche donc pas à découvrir un droit dans la société, mais il prend comme point de départ le droit étatique tel qu'il existe (et seul le juriste peut le lui apprendre) et il se demande ce qu'« *il en advient en fait* » dans la société. Le droit se définit donc comme un phénomène plus formel que spontané. Mais alors quel rapport entretient le droit étatique avec les autres mécanismes de régulation normative (sociale, culturelle, morale) développés à sa marge ? Il existe un droit pluriel et libéral qui autorise la formulation de plusieurs sources de régulation juridiques. Autrement dit, l'État délègue une partie de son pouvoir législatif, administratif et judiciaire aux groupes sociaux et organisations privées (regroupements d'intérêts, ordres professionnels ou institutions religieuses) qui participent alors aux processus de production et d'application du droit.

---

1. M. Weber, *Économie et société*, Paris, Pocket, 1971, T. 1, p. 68 (souligné par l'auteur).

S'il n'existe pas d'ordres juridiques opérant complètement à l'écart du système juridique étatique, comment expliquer les rapports qu'entretiennent entre eux les différents foyers normatifs ? « *Le pluralisme institutionnel* »[1] est sans doute la forme de pluralisme qui a le plus à voir avec ce questionnement et qui vise à la coexistence de systèmes juridiques de types différents, correspondant à la diversité des « institutions ». Il s'interroge différemment du sociologue puisqu'il vise à définir l'ordre juridique à partir de la notion d'« institution » et non plus à partir de la norme selon la conception positiviste. Cependant, cette interrogation est bien interne à l'ordre juridique étatique puisqu'à un moment donné, les institutions rencontrent « *la puissance souveraine de l'État qui seul va* [les] *accepter tout ou partie (ex : les conventions collectives, le règlement intérieur d'entreprise), les rejeter (ex : les phénomènes mafieux), dans une relation politique qu'il serait naïf de croire totalement unilatérale* »[2]. Alors que, pour Kelsen, les rapports entre systèmes juridiques ne peuvent qu'aboutir à l'intégration ou à l'indifférence, les partisans d'une conception pluraliste du droit, dont Santi Romano (1875-1947) est l'un des plus éminents représentants, préconisent l'idée qu'il soit possible de préserver l'identité respective des institutions et donc leur pluralité. L'acte d'acceptation que S. Romano dénomme « la relevance » (*rilevenza*) est central pour comprendre les différentes formes de relation qui existent entre les ordres juridiques : « *[...] pour qu'il y ait relevance juridique, il faut que l'*existence, *le* contenu *ou l'*efficacité *d'un ordre soit conforme aux conditions mises par un autre ordre : cet ordre ne vaut pour cet autre ordre juridique qu'à* titre *défini par ce dernier* »[3]. L'acte d'acceptation peut donc être analysé soit en termes de subordination (par exemple, les rapports entre les collectivités décentralisées et l'État), soit en termes d'indépendance (les rapports entre États ou ceux entre l'Église et l'État), soit en termes de présupposition (l'ordre juridique international présuppose l'existence des États et se trouve, ainsi, en situation de dépendance à l'égard de ceux-ci). Cette analyse des relations entre ordres juridiques peut être complétée par l'hypothèse de l'absence de relation entre eux puisque S. Romano introduit aussi la notion contraire d'« irrelevance »[4] qui aboutit soit à l'indifférence, soit au rejet de l'ordre juridique alors traité comme un simple fait, même illicite (comme un mouvement terroriste ou une association de malfaiteurs).

1. N. Bobbio, *Teoria dell'ordinamento giuridico*, Turin, Giappichelli, 1960, p. 188.
2. É. Millard, « Sur les théories italiennes de l'Institution », *in* B. Basdevant, M. Bouvier (dir.), *Contrat ou institution : un enjeu de société*, Paris, LGDJ, 2004, p. 36. L'auteur trace des liens entre Romano et Hauriou. Sur ce dernier et sa propre théorie de l'institution, É. Millard, « Hauriou et la théorie de l'Institution », *Droit et société*, 1995, 30/31, p. 381 et s.
3. S. Romano, *op. cit.*, p. 106.
4. *Ibid.*, p. 144.

La relevance d'un ordre juridique par rapport à un autre peut être considérée de plusieurs points de vue (son existence, son contenu ou ses effets) et varie donc en fonction de la perspective adoptée.

Ces différentes critiques du couple État-Droit mettent à mal l'autre concept structurant, celui de souveraineté puisque sa fonction principale est d'unifier le pouvoir autour des notions d'État et de droit (pour un approfondissement, voir Leçon 11 § 1). Ainsi, la souveraineté ne peut rendre compte, d'un point de vue conceptuel, de l'idée fédérale[1]. Élisabeth Zoller explique aussi que les États-Unis ont développé une conception de l'État différente de la nôtre parce qu'« *il n'y est* [pas] *fait de distinction entre l'État et la société. Aux États-Unis, la société est l'État, et l'État est la société ; il est à son image ; comme elle, il est pluraliste* »[2]. Cela explique sans doute que la doctrine anglo-américaine soit plus ouverte sur le pluralisme que la doctrine européenne continentale : ses membres peuvent plus facilement penser l'infléchissement de concepts trop structurants que ceux qui appartiennent à une tradition qui en est plus éloignée (pour un approfondissement, voir sur le pluralisme constitutionnel, Leçon 11 § 2). Néanmoins, le contexte doctrinal est là aussi loin d'être unifié et l'on pense en particulier aux travaux des théoriciens belges du droit, François Ost et Michel Van de Kerchove[3], qui peuvent être analysés comme un prolongement des travaux de S. Romano ou bien, dans la même veine, à ceux de l'internationaliste Mireille Delmas-Marty[4]. Mais les constitutionnalistes continentaux et, plus particulièrement, les Français sont en grande partie restés, jusqu'à présent, indifférents à ces conceptions pluralistes. Pour les mêmes raisons liées au contexte épistémologique, c'est parmi les auteurs canadiens que l'on trouve ceux qui militent pour une version plus radicale du pluralisme juridique.

2) Le pluralisme extra-étatique

Le pluralisme radical (ou fort) entend constater non seulement l'existence d'une pluralité d'ordonnancements juridiques différents, mais encore l'absence de toute prééminence de l'ordre juridique étatique. La question centrale est alors de savoir ce qui sépare le droit du non-droit. Le pluralisme radical défie la centralité de l'État, mais aussi remet en cause les attributs de l'État : à la place de l'unité, il prône la multiplicité et le désordre et, à la place de l'universalisme, la

1. O. Beaud, « Fédéralisme et souveraineté. Notes pour une théorie constitutionnelle de la fédération », *R.D.P.*, 1998, p. 92.

2. É. Zoller, « Le pluralisme, fondement de la conception américaine de l'État », *A.P.D.*, 2006, T. 49, p. 111.

3. F. Ost, M. Van de Kerchove, *De la pyramide au réseau. Pour une théorie dialectique du droit*, Bruxelles, Publications des Facultés universitaires Saint-Louis, 2002.

4. M. Delmas-Marty, *Les forces imaginantes du droit. Le pluralisme ordonné*, Seuil, 2006.

contingence en fonction du lieu et de l'espace. Le pluralisme radical a été, en effet, plus influencé par les travaux des anthropologues qui ont travaillé sur les peuples autochtones (notamment au Canada) que par les travaux des sociologues du droit.

Un des principaux partisans du pluralisme radical, John Griffiths, souligne que la version modérée du pluralisme implique l'acceptation par l'État de la coexistence de règles, notamment coutumières, dans l'ordre juridique de manière à donner satisfaction à différents groupes composant la population (l'exemple classique est l'État colonial)[1]. D'après cet auteur, cette situation ne peut être qualifiée de « pluralisme juridique » puisque l'État lui-même l'accepte. C'est pourquoi il défend une version radicale selon laquelle le droit étatique est *un* ordre juridique dont l'autorisation pour d'autres formes de droit émanant du champ social n'est cependant pas nécessaire. Le droit est avant tout défini comme un phénomène social. Partant de la pluralité de la société, le droit est ainsi l'expression de cette diversité qui s'exprime par les différents groupes sociaux. Pour John Griffiths, « *le pluralisme juridique est un fait* » ; ce qui participe de sa critique de la centralité de l'État qui est présentée comme « *un mythe, un idéal, une exigence, une illusion* »[2]. Autrement dit, il n'y a de droit que contre l'État. L'auteur adopte ainsi une position qui le conduit à nier la souveraineté étatique pour mieux faire accepter le pluralisme (tel qu'il s'exprime dans la société).

Les travaux d'un autre théoricien canadien du droit, Roderick Macdonald, offrent une perspective plus modérée du pluralisme radical : la souveraineté étatique n'est pas totalement niée, mais relativisée, voire contestée par l'individu comme sujet de plusieurs droits car porteur de plusieurs identités. À la différence de l'approche anthropologique, le sujet de droit n'est pas conçu sous un angle purement passif, mais actif : autrement dit, il « *confectionne le droit qui lui est applicable* »[3]. Néanmoins, le sujet de droit ne choisit pas seul son appartenance à un ordre juridique quelconque : ces ordres quels qu'ils soient (étatique, communautaire ou économique) sont conçus comme des hypothèses (un ensemble de connaissances créées et partagées par les sujets de droit) et c'est donc « *la manière dont les sujets façonnent les institutions à travers les interprétations des connaissances qu'ils et elles en donnent* »[4] qui intéresse la théorie pluraliste. L'auteur reconnaît lui-même que cette perspective est

1. J. Griffiths, « What is legal pluralism? », *Journal of Legal Pluralism*, 1986, n° 24, p. 1 et s.

2. *Ibid*, p. 4.

3. R. Macdonald, « Normativité, pluralisme et sociétés démocratiques avancées. L'hypothèse du pluralisme pour penser le droit », *in* C. Younes, E. Le Roy (dir.), *Médiation et diversité culturelle*, Paris, Karthala, 2002, p. 27.

4. *Ibid*. p. 28.

« *déstabilisante* » pour les institutions étatiques puisque le droit n'est pas exclusivement tributaire de celles-ci[1].

À ce stade, il convient de souligner que les théories du pluralisme juridique oscillent parfois entre description et prescription : elles incitent à voir autrement qu'en termes de centralité de l'État et, pour ce faire, elles s'appuient le plus souvent sur des décisions de justice ou sur des formes alternatives de régulation juridique d'origine privée ; elles cherchent à donner un sens en offrant une lecture plus générale. Mais comme le rappelle à juste titre Roderick Macdonald, « *la théorie du pluralisme juridique, comme tout autre théorie, n'est rien de plus qu'une hypothèse. Une théorie n'est ni vraie, ni fausse. Elle nous permet d'imaginer le réel et de modeler ce réel selon les valeurs auxquelles nous adhérons. Son utilité principale se trouve dans les questions qu'elle nous oblige à nous poser* »[2]. On peut certes lui préférer une approche plus empirique qui fait une place importante à l'observation des phénomènes juridiques dans leur variété, mais qui présente le même risque de confondre règles de droit et règles sociales.

En définitive, l'intérêt pour le pluralisme juridique comme phénomène susceptible d'une connaissance scientifique tient dans « *la rupture préalable avec les prénotions et des prédispositions affectives profondément ancrées dans notre esprit et notre identité* »[3]. Il s'agit en d'autres termes de se libérer du carcan intellectuel de l'État de manière à être plus vigilant à l'égard des obstacles épistémologiques. En même temps, il convient d'admettre qu'on ne peut s'en libérer que partiellement. Le scepticisme à l'encontre du pluralisme radical est de mise dès lors que, « *à force de minorer le référent étatique* », cette théorie en arrive « *purement et simplement, à ignorer un phénomène historique aussi central que le contrôle progressif, depuis le XVIe siècle, des fonctions juridiques – répressives, administratives et législatives – par l'État* »[4]. C'est ainsi que l'histoire de la théorie du droit rend plus crédibles « *les théories du* pluralisme juridique faible, *selon lesquelles la diversité du droit obéit ultimement à une intégration centrale et hiérarchique réalisée par une puissance plus ou moins légitime, que les théories du* pluralisme juridique fort *mettant l'accent sur un régime décentralisé d'interactions fluctuantes, voire chaotiques entre des ordres juridiques engagés simultanément dans des*

1. Voir aussi l'article fondateur avec M.-M. Kleinkans, « What is a *Critical* Legal Pluralism ? », *Canadian Journal of Law and Society – Revue canadienne droit et société*, vol. 12, 1997, p. 25 et s.

2. R. Macdonald, « Normativité, pluralisme et sociétés démocratiques avancées », cit., p. 23.

3. J.-G. Belley, « Le droit comme *terra incognita* : conquérir et construire le pluralisme juridique », *Canadian Journal of Law and Society – Revue canadienne droit et société*, vol. 12, 1997, p. 3.

4. H. Moutouh, *op. cit.*, p. 1161.

pratiques d'autonomie et d'interdépendance »[1]. Une conception pluraliste du droit nourrit l'option méthodologique en faveur de l'étude pluri ou inter disciplinaire du droit.

B. Pour un comparatisme pluraliste

Dès la Leçon 3 § 1, il a été proposé une pluralité des approches pour appréhender les objets à comparer. Agir en faveur d'un comparatisme que l'on peut qualifier de « pluraliste » suppose de s'expliquer sur le lien avec le pluralisme comme paradigme concurrentiel du positivisme. D'emblée une connexion entre le comparatisme tel qu'on l'entend et les théories du pluralisme s'impose, mais ce lien se veut souple. Le comparatisme pluraliste ne suppose pas, en d'autres termes, l'adhésion à une théorie du pluralisme, mais la connaissance du pluralisme et de ses représentations. Le droit (constitutionnel) est un phénomène d'origine étatique sur lequel des regards différents peuvent être portés et la manière dont on le pense mérite tout autant l'attention que ses règles. Le pluralisme comme méthode contribue à renforcer la fonction critique du comparatisme.

1) Le perspectivisme

Dans un bel article, François Ost et Michel Van de Kerchove partent de l'intuition de Gaston Bachelard (1884-1962) selon laquelle « *les obstacles à la culture scientifique se présentent toujours par paires* »[2] pour appliquer cette loi de la « *bipolarité des erreurs* » aux principaux paradigmes discutés dans la science du droit[3] (ici, science du droit et doctrine sont comprises comme synonymes). Le chemin qu'ils tracent peut être aussi emprunté par la doctrine comparatiste.

Mais avant d'identifier le binôme propre à la doctrine comparatiste, il convient de revenir sur la loi de « *la bipolarité des erreurs* » proposée par l'un des plus grands épistémologues et philosophes des sciences. Le premier chapitre de son ouvrage, *La formation de l'esprit scientifique*, est consacré à la notion d'« *obstacle épistémologique* », c'est-à-dire les catégories fondamentales à la base d'une théorie visant à la préserver contre les infirmations ou les mises en cause dont elle pourrait faire l'objet. L'étude d'un objet de recherche part de l'observation initiale qui constitue toujours un premier obstacle dans la démarche entreprise. Cette démarche ne progresse que par rupture à l'égard de ce donné d'origine, toujours trop concret. Par un effet de balancement, l'esprit succombe ensuite à la tentation inverse qui conduit le chercheur à généraliser ses premières remarques. L'esprit scientifique oscille donc entre ces deux travers que sont

1. J.G. Belley, *op. cit.*, p. 5 (souligné par l'auteur).
2. Dans *La formation de l'esprit scientifique*, Paris, Vrin, 11e éd., 1980, p. 20.
3. Dans « De la 'bipolarité des erreurs' ou de quelques paradigmes de la science du droit », *A.P.D.*, 1988, T. 33, p. 177 et s.

l'empirisme immédiat et l'esprit de système. Plus précisément, il est « *entravé par [ces] deux obstacles en quelque manière opposés* »[1] et ne peut échapper à l'un que pour tomber sous l'empire de l'autre.

L'objectif poursuivi par F. Ost et M. Van de Kerchove est donc de trouver dans la science du droit ces catégories fondamentales qui fonctionnent par paires et qui sont donc « *solidaires dans leur opposition même* »[2]. Ils reprennent de l'Américain Thomas Kuhn (1922-1996), lui aussi philosophe des sciences[3], le concept de « paradigme » absent du vocabulaire bachelardien, mais ce concept est présenté comme l'autre face de l'obstacle épistémologique développé par Bachelard : « *Dans les deux cas, il s'agit d'une catégorie ou d'une représentation qui est placé au fondement d'une théorie et qui tantôt conditionne le développement de la recherche (le paradigme selon Kuhn), tantôt freine le développement (l'obstacle épistémologique selon Bachelard). Mais, comme Bachelard admet que la science n'a pu progresser que passant d'un obstacle épistémologique à un autre et que Kuhn concède que toute révolution scientifique suppose l'abandon du paradigme préalablement admis, on reconnaît qu'en définitive, en dépit de leur différence d'accentuation (positive ou négative), les deux concepts visent la même réalité* »[4].

L'identification du binôme propre à la communauté des comparatistes ne présente pas de difficulté majeure. Il existe depuis longtemps, bien avant que ne se pose la question même de la constitution de la discipline. Sans doute n'est-il pas spécifique au droit comparé et appartient-il de manière plus large au comparatisme. La paire de paradigmes dominants correspond au couple : universalisme/relativisme. Il convient de préciser que ces paradigmes ne peuvent être désignés que comme dominants. Cependant, la doctrine comparatiste ne présente pas une homogénéité suffisante pour les concevoir comme unanimement partagés, mais ils constituent la ligne de partage la plus évidente entre les comparatistes.

La tension entre le particularisme et l'universel est le soubassement sur lequel repose les évolutions du comparatisme. Aujourd'hui, la logique binaire oscille entre convergence des droits et analyse différentielle telle qu'elle a été examinée précédemment (Leçon 5). Cette oscillation est marquée tout particulièrement dans le contexte européen. Ce paradigme propre à la communauté des comparatistes interfère avec les autres paradigmes de la science juridique. Le binôme positivisme/jusnaturalisme peut être ainsi reformulé de manière à être remplacé par la paire positivisme/comparatisme. Pour

---

1. G. Bachelard, *op. cit.*, p. 20.
2. *Ibid.*, p. 180.
3. Son ouvrage majeur est : *La structure des révolutions scientifiques* (1972), Paris, Flammarion, 1983. Bien que traitant de physique et d'astronomie, son approche historique et sociologique explique sans doute son succès au sein des sciences sociales.
4. *Ibid.*, p. 181.

le dire autrement, le comparatisme juridique joue, à l'instar du jusnaturalisme, un rôle de contrepoids au positivisme comme idéologie, théorie et méthode.

Plus précisément, c'est une combinaison « comparatisme-pluralisme » qui est en mesure de constituer une alternative au positivisme. Le comparatisme pluraliste se caractérise par la multiplication des perspectives. L'objectif n'est ni de rechercher la conciliation des perspectives, ni d'entretenir une opposition stérile, mais plutôt d'offrir un changement de perspective en se servant de la dialectique entre les deux (particularisme/universel ou national/commun). La position médiane sur laquelle on se propose de fonder une théorie critique du droit(s) constitutionnel(s) comparé(s) ne veut donc pas dire rechercher un « juste milieu », mais un changement de perspective en suivant différentes pistes.

Le perspectivisme est une question fondamentale pour le comparatisme puisque le comparatiste est amené à se demander d'où il compare et à prendre conscience que son regard sur un autre droit est forcément biaisé. Cette subjectivité a été à maintes reprises soulignée et elle est partie intégrante de l'étude comparative (voir en particulier les pièges de la culture, Leçon 4 § 1). Ici, il s'agit de mettre en lumière l'intérêt qu'il y a à multiplier les perspectives de manière à développer un regard critique sur les discours du droit et sur le droit.

Cet intérêt à se décentrer sonne sans doute comme une évidence pour le comparatiste aguerri puisqu'il fonde sa démarche comparative. Outre que cette prise de conscience n'est pas toujours acquise, elle est rarement revendiquée et explicitée. Un théoricien du droit tel que H.L.A. Hart (1907-1992) a éclairé les juristes sur leur manière de penser le droit en distinguant un double point de vue sur les règles de droit[1]. Le point de vue interne correspond à celui « *d'un membre du groupe qui les accepte et les utilise comme modèles de conduite* » et le point de vue externe, à celui « *d'un observateur qui ne les accepte pas lui-même* ». Ce dernier point de vue connaît à son tour une double version : le point de vue externe modéré et le point de vue externe radical. Le premier consiste pour l'observateur, sans accepter lui-même les règles, « *à affirmer que les membres du groupe les acceptent* » et ainsi « *à se référer de l'extérieur à la manière dont ils les considèrent d'un point de vue interne* ». Le second renvoie à « *la position d'un observateur qui ne se réfère pas, même de cette manière, au point de vue interne du groupe* ».

Le comparatisme semble intrinsèquement lié au point de vue externe puisque le point de vue interne ne permet pas d'opérer la rupture épistémologique par laquelle l'observateur prend ses

1. H.L.A. Hart, *Le concept de droit* (trad. de la 1re éd.), Bruxelles, Publications des Facultés universitaires de Saint-Louis, 1976 ou H.L.A. Hart, *The Concept of Law*, 2e éd., Oxford, Oxford University Press, 1994.

distances avec l'objet étudié. On ajoutera dans le prolongement des travaux de Jacques Lenoble, François Ost et Michel Van de Kerchove que le point de vue interne tend à reproduire les postulats implicites, notamment les mythes et les idéologies liés au système juridique (pour un lien avec la culture constitutionnelle, voir Leçon 5 § 2) qui structurent l'objet[1]. En revanche, le point de vue externe vise à reconstruire son objet à partir d'hypothèses qui lui permettent d'échapper aux présupposés de la doctrine et du système juridique dans lequel elle opère. Néanmoins, cette opposition entre ces deux positionnements semble trop radicale pour être suivie à la lettre. En effet, l'adoption du point de vue externe risque de déplacer tellement le regard de l'observateur qu'il perdra de vue la spécificité des objets juridiques. Comment nier que les règles de droit sont une contrainte qui s'impose aux juristes ? La nature juridique et la dimension doctrinale des concepts n'autorisent pas un décentrage total (d'ailleurs, on peut douter qu'il soit réalisable), mais partiel. C'est pourquoi « *le point de vue externe modéré* » adopté par les théoriciens belges du droit semble le plus raisonnable puisqu'il permet de marier le besoin d'externalité pour consommer la rupture épistémologique et l'exigence de la modération pour ne pas sacrifier la compréhension interne, c'est-à-dire une « *compréhension critique et construite* » des présupposés des discours pratiqués par les juristes[2]. Les modalités pratiques pour changer de perspective seront étudiées dans la prochaine Leçon consacrée à l'articulation des savoirs (sur la variation d'échelle et de perspective, Leçon 9 § 1). De manière sans doute plus réaliste et prudente, c'est « *le point de vue interne modérément ouvert* » qui se pratique par les juristes instruits par les sciences sociales[3].

2) Au-delà des règles juridiques (mais pas sans elles)

Alors que la méthode liée au positivisme (dans sa version formaliste) se propose l'étude du droit positif et donc des seules règles de droit émanant de la souveraineté étatique ou reconnue par celle-ci, le comparatisme pluraliste envisage une étude du droit qui va au-delà des seules règles posées. Le positivisme part du principe qu'il est à la fois possible et nécessaire de distinguer entre le droit et la science du droit et de limiter cette science à la connaissance descriptive ou explicative de son objet à l'exclusion de tout jugement de valeur.

1. J. Lenoble, F. Ost, *Droit, mythe et raison*, Bruxelles, Publications des Facultés universitaires Saint-Louis, 1980 ; F. Ost, M. Van de Kerchove, *Jalons pour une théorie critique du droit*, Bruxelles, Publications des Facultés universitaires Saint-Louis, 1987.

2. F. Ost, M. Van de Kerchove, « De la 'bipolarité des erreurs' ou de quelques paradigmes de la science du droit », *A.P.D.*, 1988, T. 33, p. 180.

3. H. Dumont, A. Bailleux, « Esquisse d'une théorie des ouvertures interdisciplinaires accessibles aux juristes », *Droit et société*, 2010, n° 75, p. 287.

L'objet d'étude est donc limité au droit « qui est » en excluant le droit « qui doit être ». Autant l'extériorité par rapport à son objet d'étude est important afin de développer un point de vue critique sur le droit, autant cette extériorité n'est ni la condition *sine qua non* de la scientificité des études juridiques (qui relève plus de la pertinence et du sérieux du travail ainsi que de sa reconnaissance par la communauté scientifique), ni un ersatz d'objectivité scientifique emprunté au modèle épistémologique des sciences de la nature.

Le champ d'étude est donc plus vaste et comprend les règles juridiques non écrites (sur la matière constitutionnelle, voir Leçon 1 § 2). On ne peut pas se contenter d'observer la façon dont les règles sont appliquées en pratique. Il y a plus : il faut chercher à comprendre les fondations intellectuelles, les principes autour desquels les règles et les institutions sont organisées. Cette conception du droit correspond à une conception selon laquelle le droit ne peut être défini par la référence exclusive à ses règles, à ses solutions et à ses institutions. Dans le prolongement de la suggestion faite par le grand constitutionnaliste américain, Laurence H. Tribe, « *La constitution visible flotte nécessairement dans un vaste, profond – et surtout invisible – océan d'idées, de propositions et de souvenirs remontés à la surface* »[1].

C'est une conception qui fait toute sa place à la pensée juridique et donc au rôle des universitaires dans la construction de la discipline. Cela implique qu'il est nécessaire de s'intéresser aux méthodes de raisonnement, aux méthodes d'interprétation et à l'analyse des discours doctrinaux. En ce sens, il faut donc creuser les différences culturelles liées aux traditions universitaires et aux cadres conceptuels de la doctrine, ce qui est important en soi pour comprendre la formation d'une discipline et le poids de la doctrine sur la définition de son objet d'étude. Par exemple, l'aspect ordinaire des disciplines juridiques passe en France par le commentaire d'arrêts alors qu'il passe par le commentaire des lois en Allemagne. Que faut-il en déduire sur la place respective du juge et du législateur dans la formation du droit selon que le juriste se situe de l'un ou l'autre côté du Rhin ?

Cette conception du droit rejoint donc le courant comparatiste « *Law as Culture* » selon lequel les idées qui sous-tendent les règles et les institutions, ce que William Ewald appelle « le droit dans l'esprit » (*Law in mind*), méritent l'attention des comparatistes. Néanmoins, elle se détache de la conception défendue par William Ewald ou par Pierre Legrand (qui, lui, préfère parler de « mentalité »). Ces auteurs soutiennent l'idée d'une finalité *unique* pour le comparatisme ou, plus sûrement, pour l'étude des droits étrangers : comprendre la façon dont les acteurs en présence dans les différents

---

1. L.H. Tribe, *The Invisible Constitution*, Oxford, Oxford University Press, 2008, p. 9.

systèmes juridiques (les juges, les avocats, les législateurs, les citoyens face à la loi...) pensent, conçoivent et utilisent le droit. Ils cherchent donc à saisir ce qui se passe dans le cerveau des principaux acteurs du système juridique.

Autrement dit, l'explication et la compréhension du droit ne peuvent être obtenues par de simples moyens empiriques (la consultation des recueils législatifs et jurisprudentiels, l'examen de la façon dont les tribunaux sont organisés, etc.). Cette conception du droit peut donc être qualifiée d'idéaliste. Certains la jugeront sans doute impraticable. Là n'est pas la principale objection, même s'il a déjà été souligné que ce courant des études comparatives est peu explicite sur la manière de découvrir la structure cognitive typique de chaque communauté juridique (voir Leçon 3 § 1). Surtout, cette conception néglige l'autre versant du droit qui en fait sa matérialité : les règles et les institutions. Faire cette option déplace beaucoup trop l'analyse en dehors du champ juridique. C'est la raison pour laquelle on défendra une conception du droit qui a moins à voir avec la philosophie du droit (qui porte sur un droit idéal) qu'avec la théorie du droit[1]. On la définira comme une *théorie critique du droit constitutionnel*, c'est-à-dire des règles et des représentations que l'on s'en fait dans la doctrine nationale. Cette conception n'ignore donc pas le rôle joué par la doctrine dans la définition de l'objet et des méthodes pour comprendre le droit constitutionnel. En ce sens, l'apport méthodologique de Jellinek est essentiel et constitue, en quelque sorte, le chaînon manquant entre l'épistémologie, la théorie du droit, le droit constitutionnel et le comparatisme.

Pour clarifier la notion de droit, Jellinek expose deux méthodes qu'Olivier Jouanjan met en avant dans son éclairante préface de la réédition de *L'État moderne et son droit* : « *Dans la première, on essaie de considérer la nature du droit comme celle d'une puissance indépendante de l'homme, ayant sa raison d'être dans la nature objective de l'être ; la seconde consiste à regarder le droit comme un phénomène subjectif, c'est-à-dire d'ordre humain interne* ». Jellinek délaisse la première méthode liée à la spéculation pour s'intéresser au droit d'un point de vue psychologique, et donc selon cette seconde méthode : « *Le droit est à considérer comme une partie des représentations humaines ; il existe dans nos cerveaux ; définir le droit, c'est*

1. Nous défendons ici un comparatisme conscient de faire œuvre théorique, même si tous les comparatistes ne le font pas, c'est-à-dire une « *entreprise de réflexivité, ce méta-métadiscours* » partagé avec les théoriciens du droit. A. Viala, « Le droit constitutionnel à l'heure du tournant arrêtiste. Questions de méthode », *R.D.P.*, 2016, p. 1137 et s. ; V. Champeil-Desplats, *Méthodologies du droit et des sciences du droit*, 2e éd., Paris, Dalloz, 2016, p. 16.

établir quelle partie du contenu de notre conscience doit être désignée sous ce nom »[1].

Ainsi, Jellinek fait comprendre aussi bien l'importance de la méthode inductive dans la conceptualisation que le subjectivisme des concepts élaborés par les juristes soulignant le perspectivisme du savant qui aborde toujours son objet d'étude selon une perspective particulière. Bien que positiviste, Jellinek n'hésite pas à définir le droit comme une science de l'esprit. Il se distingue de la sorte de la dogmatique juridique du positivisme dominant de son époque et, en particulier, de l'idéalisme conceptuel et de la croyance en l'existence d'universaux du droit. Olivier Jouanjan qualifie son idéalisme de « *modéré* » car « *[...] la connaissance doit avoir une* base *empirique même si elle s'*accomplit *dans les* synthèses *conceptuelles produites par l'intellect* »[2]. Prémunie contre les spéculations, la construction de l'objet dépend donc du subjectivisme de la méthode adoptée. Le regard porté sur un objet peut être multiple. Jellinek, qui n'est pas enfermé dans la science juridique, développe quant à lui une étude à la fois sociale et juridique de l'État qui correspond à deux points de vue différents sur un même objet. Son ouverture sur les sciences sociales ne signifie toutefois pas qu'il soit prêt à prendre le risque de la dilution du droit dans une étude sociologique de l'État. Car si, comme d'autres sciences sociales, le droit est une science de l'esprit, à la différence de ces dernières, qui sont des sciences des causes le droit est, quant à lui, une science des normes. Cette spécificité interdit tout amalgame. « *Les caractères distinctifs des règles juridiques tiennent en ce qu'elles organisent un ordre* extérieur *des relations entre les hommes*[3]. » Le droit ne peut donc être analysé en termes de causalité. Il peut être néanmoins envisagé sous l'angle de la pluridisciplinarité, voire de l'interdisciplinarité puisque « *le droit est pris dans un vaste et complexe système social d'échanges discursifs et c'est pourquoi des* doctrines *comme l'histoire* sociale *ou* culturelle *ont à dire sur le droit non pas seulement quelque chose des* environnements *du 'droit', mais quelque chose de son* intimité *propre* »[4] (sur l'articulation des savoirs, voir la Leçon 9).

1. Cité par O. Jouanjan dans la préface à la réédition de *L'État moderne et son droit*, cit., p. 51.
2. O. Jouanjan, *Une histoire de la pensée juridique en Allemagne (1800-1918)*, Paris, PUF, 2005, p. 301 (souligné par l'auteur).
3. O. Jouanjan, « Préface », cit., p. 61 (souligné par l'auteur).
4. O. Jouanjan, « Justifier l'injustifiable », *Astérion. Philosophie, histoire des idées, pensée politique*, 2006, n° 4, p. 125 (souligné par l'auteur).

§ 2. Pluralisme et comparaison : études de cas à partir de l'exemple canadien

Dans l'avant-propos de l'un de ses ouvrages, le juriste québécois Jean-François Gaudreault-DesBiens souligne que le Canada n'est pas vu par les juristes comparatistes comme un « modèle » susceptible d'exportation ou d'universalisation[1]. Pourtant, le Canada est depuis longtemps un champ d'études privilégié pour les comparatistes en raison du bijuridisme et peut-être plus encore à cause de la mixité juridique au Québec[2]. Certes, ce sont surtout les comparatistes de droit privé qui y trouvent aujourd'hui l'inspiration pour soutenir les projets européens en droit privé[3]. Les comparatistes de droit public eux-mêmes auraient tout intérêt à se tourner vers le Canada. C'est comme modèle constitutionnel ou, plus précisément, en tant que lieu où se posent les grandes questions constitutionnelles liées au pluralisme et, en particulier, au multiculturalisme qu'il mériterait leur attention.

A. Bijuridisme et mixité du droit

Le lien entre pluralisme et comparaison est consubstantiel au Canada. Il est en effet plus visible dans les ordres juridiques marqués par le bijuridisme et/ou la mixité du droit. Les juristes sont d'emblée confrontés à la pluralité des sources de droit. Au-delà du problème classique d'articulation entre les différentes sources, ce sont surtout les interactions et les influences réciproques entre traditions juridiques qui soulèvent des interrogations de premier ordre pour les comparatistes. Au-delà des obstacles épistémologiques dont la pluralité des traditions rend compte de manière plus évidente, c'est la formation des juristes qui mérite d'être (re)pensée.

1) Pluralité des traditions juridiques

La dualité juridique au Canada a été consacrée par l'adoption de l'Acte de Québec en 1774 et plus tard par le partage des compétences législatives. En vertu du paragraphe 92 (13) de la loi constitutionnelle de 1867, les législatures provinciales ont le pouvoir de légiférer en matière de droit privé, *i.e.* dans les matières relevant de la propriété et des droits civils dans la province. Le Canada est un pays « bijuridique » parce que le droit civil y est le droit commun du Québec et le *common law* celui du reste du Canada. Deux traditions

---

1. Dans *Les solitudes du bijuridisme au Canada*, Montréal, Thémis, 2008, p. XIII.

2. V.V. Palmer, *Mixed Jurisdictions Worldwide: The Third Legal Family*, Cambridge, Cambridge University Press, 2001.

3. En ce sens, voir les travaux de Jan Smits, en particulier : J. Smits (ed.), *The Contribution of Mixed Legal Systems to European Private Law*, Groningen, Intersentia, 2001.

juridiques coexistent dans un même ordre juridique étatique. Le droit fédéral est en revanche un droit mixte puisque son élaboration, son interprétation et son application tiennent compte du droit commun propre à chaque province, notamment lorsqu'il y a un vide de la législation fédérale il y a application du droit des États à caractère supplétif. Le Québec est l'archétype du droit mixte puisqu'aucune des traditions juridiques n'est dans une position monopolistique.

La différence conceptuelle entre bijuridisme et mixité n'est peut-être pas aussi rigide dans la réalité canadienne. Si avec un Québec civiliste et les neuf autres provinces de *common law*, la territorialisation des traditions juridiques renforce le parallélisme des traditions, en tenant compte des conséquences possibles de la structure bijuridique, la définition même du bijuridisme n'est plus statique, mais dynamique. Dès lors, le concept de bijuridisme peut aussi renvoyer à un système d'influences réciproques. La distinction proposée par Jean-François Gaudreault-DesBiens entre « bijuridisme institutionnel » et « bijuridisme culturel » exprime précisément cette double dimension du bijuridisme[1]. Le bijuridisme culturel permet de la sorte de déplacer l'analyse des institutions vers les acteurs de manière à mieux appréhender les influences réciproques des deux traditions.

Le maintien de la coexistence des deux traditions n'est envisageable que grâce à l'expression d'une volonté politique forte. Or, l'étude de la dimension culturelle du bijuridisme consolide l'hypothèse de plus en plus prépondérante selon laquelle il y a un effacement de la tradition civiliste au Canada. On retrouve ici la question désormais classique de la concurrence entre les deux traditions (voir Leçon 5 § 2).

Le bijuridisme canadien peut être alors présenté comme le cas paradigmatique des problèmes épistémologiques du comparatisme contemporain. L'exemple canadien est heuristique et ce à plusieurs niveaux. Il permet d'étudier les interactions entre les deux traditions et par là même de renouveler les cadres conceptuels de la pensée positiviste. Le mouvement de convergence qui s'y opère permet de penser aussi bien la normativité en tant que résultat de la comparaison des deux versions linguistiques de la règle de droit et en tant que phénomène implicite.

Cette dernière hypothèse renvoie à l'idée que tout le droit ne se trouve pas dans le texte écrit. Or, le bijuridisme permet de mieux cerner cette idée puisque le bilinguisme est l'une des composantes du bijuridisme canadien. De manière plus évidente, « *la pluralité des textes empêche que la règle ne soit confondue avec son support matériel* »[2]. À juste titre, Daniel Jutras parle de quatre langages

1. *Op. cit.*, p. 10.
2. D. Jutras, « Énoncer l'indicible : le droit entre langues et traditions », *R.I.D.C.*, 4-2000, p. 784.

juridiques au Canada puisque le législateur doit non seulement être bilingue mais aussi bijuridique, de sorte qu'il s'agit de trouver une formulation et une terminologie qui soient respectueuses des notions, des concepts propres à chaque tradition.

D'emblée, le juriste canadien est confronté aux pièges de la langue et de la culture qui correspondent aux chausse-trapes les plus familières à éviter pour toute comparaison (voir Leçon 4 § 1). Le cas canadien pose ainsi des questions stimulantes telles que : la langue fait partie de l'identité juridique, mais jusqu'à quel point détermine-t-elle ou surdétermine-t-elle la constitution de cette identité ? Quels sont les autres éléments constitutifs de cette identité ? Dans quelle mesure l'identité du sujet comparant influence-t-elle l'exercice de comparaison et oblige à une redéfinition de l'altérité et de l'appartenance ?

Le juriste canadien est, à n'en pas douter, plus sensible à l'obstacle perspectiviste que le juriste peu familier du pluralisme juridique. Dans un tel contexte, l'interaction dialogique défendue par Daniel Jutras permet d'offrir une autre lecture qui échappe aux controverses sur la concurrence des systèmes ou sur l'effacement des différences[1]. Cela suppose de passer par la distinction entre la tradition définie comme entité globalisante pour une communauté et la tradition comme trait d'une identité individuelle. Dès lors les identités juridiques ne sont pas constituées par référence à une tradition juridique prise dans son ensemble, mais par référence à un ensemble de réseaux identitaires. On passe d'un raisonnement qui part de la communauté pour aller à l'individu.

Néanmoins, la réalité canadienne suppose de distinguer les juristes francophones québécois et les juristes anglophones des provinces de *common law*. Cette distinction montre la complexité de la question identitaire. Le juriste québécois, Jean-François Gaudreault-DesBiens, affirme que le bijuridisme dans le Canada de *common law* n'a aucune matérialité et n'est perceptible véritablement qu'au Québec, au sein des tribunaux fédéraux, à la section droit civil du ministère fédéral de la justice à Ottawa « *et, peut-être, dans quelques rares lieux dispersés ici et là hors du Québec* ». Et de conclure : « *Le bijuridisme, comme du reste le bilinguisme, est lié à une certaine conception, largement québécoise, de l'identité canadienne* »[2], *i.e.* un pacte fondé sur deux nations.

L'obstacle n'est pas seulement de nature linguistique, mais incontestablement l'unilinguisme des *common-law lawyers* est à l'origine du peu d'intérêt pour le bijuridisme. La jurisprudence et la littérature juridique en français ne sont que rarement lues et donc citées. Dans l'interprétation du droit fédéral, seule la version anglaise est

1. *Ibid.*
2. *Op. cit.*, p. 19.

prise en compte alors que les deux versions devraient être examinées de manière à dégager l'intention du législateur. L'indifférence à l'égard du bijuridisme est plus profondément ancrée dans une certaine conception de la pureté du droit : « *C'est un peu comme si le droit civiliste québécois était insuffisamment civiliste du fait de son inscription dans un ordre juridique provincial mixte, et comme si le droit québécois dans sa globalité demeurait en revanche trop civiliste pour que la common law qui s'y fait en droit public soit prise en compte* »[1]. L'hybridation des deux traditions n'est donc pas perçue de manière positive et innovante. D'ailleurs, Jean-François Gaudreault-DesBiens reconnaît que les juristes québécois ne sont pas forcément plus vertueux que leurs collègues anglophones : certains veillent à conserver la pureté du droit civil considéré comme un élément constitutif de l'identité nationale québécoise. Néanmoins, la mixité de l'ordre juridique provincial rend inévitable, dans la pratique, une interaction culturelle entre les deux traditions mais aussi des influences réciproques sur la manière de penser et de concevoir le droit. En revanche, les *common-law lawyers* ne subissant pas de telles influences ont une vision du bijuridisme qui maintient les deux traditions dans des « compartiments étanches ». Cela pose le problème du respect du principe selon lequel les lois fédérales bilingues doivent être interprétées à la lumière de leurs versions anglaise et française, qui ont une valeur égale. Au final, c'est la question de la formation des juristes qui doit être soulevée. L'éducation est en effet un moment essentiel dans la constitution de l'identité des juristes, notamment des juges appelés à appliquer le droit positif.

2) La formation des juristes dans un ordre juridique pluraliste

De l'intérieur, la richesse de la mixité n'est pas perçue, mais la globalisation a désormais des incidences qui rendent les juristes anglophones canadiens plus attentifs à l'hybridation des traditions. Les universités canadiennes sont, de ce point de vue, un lieu d'expérimentation qui mérite l'attention des Européens confrontés, eux aussi, à la coexistence des traditions civiliste et de *common law*.

Ainsi, l'Université de McGill (Montréal) offre un programme juridique intégré dès la première année des deux grandes traditions juridiques : l'objectif est de former des juristes avec une identité bijuridique par l'étude simultanée des deux traditions juridiques[2]. L'Université d'Ottawa offre la double formation juridique dans les deux langues officielles. Une fois obtenue la licence en droit au Québec ou le baccalauréat en *common law*, une année complémentaire permet d'obtenir l'autre diplôme. Ces étudiants sont avant tout

1. *Ibid.*, p. 40.
2. H. P. Glenn, « Vers un droit comparé intégré ? », *R.I.D.C.*, 3-1999, p. 841 et s.

des civilistes ou bien des juristes de *common law*, mais conscients qu'il existe une autre manière de penser en droit. En outre, le Canada en tant qu'État fédéral présente un avantage pour les étudiants car ils sont obligés de s'habituer, dès le commencement de leurs études, à la présence de deux paliers de gouvernement. Les étudiants canadiens ont toutefois accès à une formation bijuridique et bilingue, directement ou indirectement, principalement au Québec et à Ottawa. Les universités des provinces anglophones sont moins ouvertes ou bien le sont sur le droit américain, voire pour les universités de la côté ouest sur le droit des pays asiatiques. Ces dernières sont plutôt dans une approche globale qui vise à transcender les divisions internes et l'ouverture est avant tout, même si de nature internationale, le fruit d'une influence régionale.

L'approche globale correspond au modèle que Catherine Valcke nomme « *mish mash* » (le terme n'est pas facile à traduire, mais par opposition au « modèle intégré », celui-ci se présente comme « décomposé ») par lequel les universités visent à former non pas des juristes locaux ou même nationaux, mais des juristes « citoyens du monde »[1]. Par conséquent, un programme international et comparé est proposé aux étudiants avec un jeu de cours optionnels très importants dispensés par un corps enseignant tout aussi diversifié. Au-delà du bijuridisme, ce sont des universités qui aspirent à concrétiser le pluralisme juridique dans l'éducation. Le meilleur exemple en est la faculté de droit de l'Université de New York[2] qui a été ensuite copiée par de nombreuses facultés de droit américaines, parmi les plus prestigieuses, et certaines facultés de droit canadiennes[3]. Selon C. Valcke, le modèle « *mish mash* » offre aux étudiants « *un échantillonnage d'informations juridiques diverses, sans leur procurer une connaissance véritable de l'un ou l'autre des systèmes en présence* »[4]. Elle juge le « modèle successif » (dans lequel les droits étrangers sont étudiés après le droit national) et même le « modèle intégré » (selon l'expérience engagée par McGill), bien supérieurs à ce modèle trop exotique et sans profondeur. Ce jugement sévère est en partie injustifié car il sous-estime ce que le modèle « *mish mash* » diffuse inconsciemment dans l'esprit des étudiants : plusieurs réponses sont possibles à un problème juridique donné et, par conséquent, ce modèle est en mesure de nourrir l'idée que la recherche de la vérité en matière de justice n'existe pas. En revanche, le modèle le plus traditionnel, et

1. C. Valcke, « Global Law Teaching » 54, *Journal of Legal Education*, 2004, p. 160 et s.

2. J.E. Sexton, « The Global Law School Program at NYU » 46, *Journal of Legal Education*, 1996, p. 329 et s. Depuis 1994, la NYU a créé un programme de droit mondial (*Global Law School Program*) : www.law.nyu.edu/globallawschool

3. A. Grenon, « La mondialisation progressive des facultés de droit au Canada » 31, *Revue générale de droit*, 2001, p. 741 et s.

4. *Op. cit.*, p. 182.

donc le plus courant, est le modèle successif dans lequel l'étude des droits étrangers ou/et du droit comparé intervient généralement à la fin de l'apprentissage et de manière optionnelle. L'idée implicite véhiculée par ce cursus est que seul le droit national compte. Il est donc plus ardu de faire comprendre que plusieurs réponses sont envisageables pour résoudre un problème juridique. Toutefois, on s'accorde volontiers avec Catherine Valcke pour soutenir que le modèle « *mish mash* » n'est pas en mesure de former les étudiants à penser comme un juriste étranger. Les *law schools* américaines ont surtout développé le modèle « *mish mash* » pour attirer les étudiants étrangers en proposant un enseignement juridique ouvert et généraliste. Les deux autres modèles sont sans doute mieux armés pour y prétendre bien que cet objectif semble un idéal difficile à atteindre sans passer par une immersion dans un système autre que national. Probablement, faut-il distinguer la recherche comparative de l'enseignement des droits étrangers et du droit comparé[1]. La première peut sans doute être envisagée comme seulement réservée à une élite alors que le second devrait être proposé dès le premier cycle de manière à ouvrir les étudiants à la pluralité des droits.

En Europe, la discussion s'est focalisée sur les études européennes et donc sur la place à accorder dans le cursus universitaire au droit communautaire et au droit européen. Ces enseignements jouent à n'en pas douter en faveur de la pluralité des droits. En revanche, l'enseignement du droit comparé dépend des traditions nationales et, probablement, l'université française n'est-elle pas l'une des plus fermées en Europe[2]. La situation est plus critique au Royaume-Uni ou bien en Espagne, mais bien meilleure en Italie. On se contentera de deux remarques brèves sur ce sujet trop souvent négligé en Europe et en particulier en France. On ne peut pas, d'un côté, s'indigner de la perte d'influence du droit français et, de l'autre, ne rien faire ou si peu pour promouvoir les études comparatives. Ce sont les deux faces d'une même médaille. L'exemple américain est d'ailleurs là pour en apporter une éclatante démonstration puisque ce ne sont pas seulement des règles de droit qui sont exportées, mais aussi une certaine façon de concevoir le droit.

La réaction, bien que tardive, se fait toutefois sentir dans la formation des magistrats en raison de l'européanisation : un programme d'échange des autorités judiciaires (PEAJ) a été mis en œuvre pour la première fois par l'École nationale de magistrature en 2005, il a permis la rencontre de jeunes magistrats stagiaires originaires de sept pays européens. Durant une semaine, ils ont travaillé

---

1. J. Husa, « Turning the Curriculum upside down: Comparative Law as an Educational Tool for Constructing Pluralistic Legal Mind » 10, *German Law Journal*, 7, 2009 : www.germanlawjournal.com

2. Voir *R.I.D.C.* consacrée à l'enseignement du droit comparé, n° 4, 1988.

ensemble sur la Cour européenne des droits de l'homme, la question préjudicielle devant la Cour de justice de l'Union européenne et sur le droit substantiel de l'Union européenne. Désormais, le cursus des auditeurs de justice est ouvert à l'international puisqu'ils ont la possibilité de faire un stage à l'étranger et que l'enseignement en langue est devenu obligatoire pour tous les auditeurs depuis la promotion 2006[1].

Face aux défis de la globalisation juridique, le repli et l'autosatisfaction ne sont pas les meilleures armes. On peut certes douter de la possibilité à former une « *identité juridique plurielle* »[2] ailleurs que dans un contexte aussi favorable que celui de McGill. En revanche, faire comprendre que le monde juridique a changé et que le droit ne se réduit pas aux seules règles de droit national est un objectif auquel les universités françaises devraient s'atteler si on ne veut pas complètement disparaître du monde universitaire et du débat international. La globalisation n'invite pas exclusivement à une ouverture au monde, mais aussi à d'autres savoirs (pour un approfondissement, voir les enjeux de l'interdisciplinarité Leçon 9 § 1). Le phénomène global est interdisciplinaire et donc irréductible à la question des frontières disciplinaires. Une prise de conscience de la transformation spatiale du monde se manifeste désormais au sein des différents secteurs des sciences sociales et engendre des mutations qui ont des incidences sur les disciplines elles-mêmes : c'est un moment fort car, précisément, il transforme en profondeur les disciplines « *comme au début du XIX*e *siècle avec la naissance de la société industrielle*[3] ». Le comparatisme est justement une passerelle entre les différentes sciences sociales.

Le droit comparé, bien qu'il soit respecté par les pairs en France, reste pourtant partiellement en marge alors même qu'un article, comme celui rédigé par André Tunc dès 1957, montre combien les comparatistes avaient déjà compris les enjeux pour l'enseignement[4]. C'est, sans doute, parce que le comparatisme est assimilé aux « *sciences auxiliaires du droit* »[5]. Du coup, il ne semble pas aux yeux de ceux qui mènent le débat sur la rénovation de la formation des juristes un ingrédient majeur du changement, contrairement à

1. Voir le site internet de l'École nationale de magistrature : www.enm.justice.fr

2. Pour reprendre la belle formule de D. Jutras, *op. cit.*

3. A. Caillé, S. Dufoix, « Le moment global des sciences sociales », *in* A. Caillé et S. Dufoix (dir.), *Le tournant global des sciences sociales*, Paris, La Découverte, 2013, p. 6.

4. A. Tunc, « Sortie du Néolithique (recherche et enseignement dans les Facultés de droit) », *in Jalons. Dits et écrits d'André Tunc*, Paris, Société de législation comparée, 1991, p. 66.

5. C. Jamin et M. Xifaras, « Sur la formation des juristes en France. Prolégomènes à une enquête », *Commentaire* 2015, n° 150, p. 389.

la vision développée par les collègues québécois[1]. Le modèle new-yorkais évoqué plus avant a joué un rôle de levier de manière à penser et à construire de nouvelles façons de comprendre et de faire du droit. L'éducation juridique est devenue en une dizaine d'années un objet de recherche. L'ouvrage de Christophe Jamin relatant l'expérience de l'enseignement du droit à Sciences Po[2] y a largement contribué, même si de nombreux éléments se conjuguent pour expliquer ce vif intérêt. Parmi lesquels, outre l'internationalisation et la globalisation juridique, la massification des études en droit et la concurrence des formations sélectives (écoles de commerce bien entendu, mais aussi toutes les formations sélectives autres que juridiques) jouent sans doute un rôle non négligeable et, il faut bien le reconnaître, l'imagination et la réflexion sont du côté de Sciences Po où la liberté et le temps sont les biens les plus précieux pour penser ces nouvelles formes de faire du droit. Néanmoins, ce serait une erreur de croire que les facultés ont totalement baissé les bras quoique les contraintes notamment financières n'offrent pas et ne pourront jamais offrir les mêmes conditions[3].

B. Le multiculturalisme

Les rapports entre État et religions, l'intégration des immigrants, ou bien encore la gestion de la diversité culturelle, ce sont là des questions auxquelles tous les États occidentaux sont confrontés. Or, le Canada s'est imposé comme le modèle de référence surtout à partir des années 1990 lors de la décomposition du bloc communiste et de l'échec du fédéralisme pour résoudre la question des minorités (Yougoslavie, Tchécoslovaquie et URSS). Présenté comme plus neuf et plus approprié pour surmonter les défis du multiculturalisme, le modèle canadien l'a emporté face au modèle républicain français perçu comme dépassé. Tel que souligné précédemment (sur les modèles historiques, Leçon 7 § 2), les aversions délivrent toujours quelques enseignements. En l'occurrence, quels enseignements peut-on en tirer pour une étude critique du modèle français ? Préalablement, il convient de présenter la politique du multiculturalisme développée au Canada.

1. Le parallèle est intéressant à mettre en lumière puisque cela ressort d'un échange entre l'ancien doyen de la Faculté de droit de l'Université McGill et Christophe Jamin : D. Jutras et C. Jamin, « À quoi servent les études de droit ? Correspondance outre-Atlantique », *JCP* 2014. Actu. 639, p. 1099.

2. C. Jamin, *La cuisine du droit*, Paris, Lextenso, 2012.

3. P. Ancel, L. Heuschling (dir.), *La transnationalisation de l'enseignement du droit*, Bruxelles, Larcier, 2016 ; M.-C. Ponthoreau (dir.), *La dénationalisation de l'enseignement juridique. Comparaison des pratiques*, LGDJ – Institut Universitaire Varenne, 2016 ; R. Sefton-Green (dir.), « *Démoulages* » *Du carcan de l'enseignement du droit vers une éducation juridique*, Paris, SLC, 2016.

1) Les caractéristiques du modèle multiculturel canadien

Le multiculturalisme est devenu l'une des dimensions politiques essentielles du Canada à partir des années 1960. À cette époque, le multiculturalisme a fait écho à la problématique du biculturalisme et aux débats entre Canadiens anglophones et francophones. La présence d'une population francophone et catholique au Canada a posé d'emblée en 1867 la question de la différence dans une société à majorité anglophone et protestante.

L'Acte de l'Amérique du Nord Britannique (ci-après AANB) de 1867, loi impériale britannique[4] sans charte des droits, permettait toutefois une forme de protection des minorités[5].

D'abord, implicitement par la structure fédérale : le fédéralisme fournit à la minorité francophone une structure institutionnelle d'identité et de reconnaissance. Sont par ailleurs créées une minorité anglophone québécoise et des minorités francophones fédérales et provinciales. On a parlé à propos de l'AANB d'un pacte entre deux peuples fondateurs, les francophones et les anglophones, ces deux groupes trouvant dans la structure fédérale même une protection de leurs intérêts singuliers, puisque celle-ci leur conférait le contrôle d'institutions parlementaires et gouvernementales distinctes. Dans le renvoi sur le droit du Québec à la sécession (1998), la Cour suprême du Canada a confirmé l'importance de certains principes structurels non écrits en droit constitutionnel dont la protection des minorités : « [C]*es principes ne sont pas simplement descriptifs ; ils sont aussi investis d'une force normative puissante et lient à la fois les tribunaux et les gouvernements* ». Se fondant principalement sur les principes de la démocratie et du fédéralisme, la Cour suprême a déclaré l'existence d'une obligation constitutionnelle de négocier un projet de modification constitutionnelle en vue de la sécession d'une province, dans la mesure où ce projet aurait reçu l'appui d'une majorité claire de la population. Elle définit aussi la protection des droits des minorités comme « *un principe distinct qui sous-tend* [l'] *ordre constitutionnel* [canadien] ».

Ensuite, explicitement : l'AANB contenait en effet quelques dispositions destinées à protéger expressément un certain nombre de droits des minorités linguistiques et confessionnelles (ainsi, en matière d'éducation pour les minorités religieuses).

Enfin, il convient de souligner que les peuples autochtones ont été maintenus en marge du système de protection jusqu'en 1982 (pour

4. Un lien semi-colonial avec la Grande-Bretagne est maintenu jusqu'en 1931, date à laquelle le Statut de Westminster confirme l'indépendance politique du Canada.

5. Nous reprenons la distinction entre protections implicite et explicite proposée par J.-F. Gaudreault-DesBiens, D. Pinard, « Les minorités en droit public canadien » 34, *Revue de Droit*, 2003-4, p. 201 et s.

un approfondissement sur le cas spécifique des peuples autochtones, voir Leçon 12 § 1).

Près d'un siècle après la confédération, les tensions entre francophones et anglophones firent craindre aux Canadiens d'origine diverses qu'une composante essentielle de la société pourrait être oubliée, voire marginalisée. Sous l'impulsion de Pierre Elliott Trudeau (Premier ministre du Canada à partir de 1968), une politique fédérale est promue en faveur du multiculturalisme (1971, création d'un ministère) : elle vise à aider tous les groupes culturels, notamment les plus petits, à dépasser les barrières culturelles qui les empêchent de participer à la société canadienne, mais aussi à aider les immigrants à apprendre au moins l'une des deux langues officielles et à s'intégrer pleinement dans la société. Cette politique a été officiellement consacrée par la loi sur le multiculturalisme (1988) qui fait pour l'essentiel obligation à l'administration fédérale de tenir compte et de favoriser le multiculturalisme dans ses décisions. Au moment du « rapatriement » de la Constitution canadienne[1], cette politique multiculturaliste avait été renforcée par l'adoption de la Charte canadienne des droits et libertés (incorporée dans la loi constitutionnelle de 1982).

En particulier, l'article 27 de la Charte canadienne prévoit : « *Toute interprétation de la présente charte doit concorder avec l'objectif de promouvoir le maintien et la valorisation du patrimoine multiculturel des Canadiens* ». C'est donc un principe d'interprétation et non pas une disposition créatrice de droits (arrêt *Roach c. Canada* de 1994). Son importance ne doit pas être néanmoins sous-estimée. En effet, l'inscription de ce principe dans la Charte est la marque du caractère structurel du pluralisme au Canada qui n'est pas un simple fait comme dans la France d'aujourd'hui. Elle est aussi une norme. S'agissant de la protection des minorités dans le domaine de l'enseignement, le changement le plus important qu'a entrainé la Charte a sans doute bénéficié aux minorités de langue anglaise ou française. En effet, ces deux langues ont été formellement reconnues par la Charte comme langues officielles du Canada. L'article 23 reconnaît que tout citoyen canadien membre de la minorité anglophone au Québec ou d'une minorité francophone dans les autres provinces a le droit de faire instruire ses enfants dans sa langue aux niveaux primaire et secondaire[2].

La Charte a reçu l'approbation des provinces anglophones (qui ont des minorités francophones), mais a été refusée par le

1. On parle traditionnellement de « rapatriement » car la Constitution canadienne adoptée par le parlement national et approuvée par le parlement de Londres voyait jusque-là (1982, date du rapatriement) ses révisions soumises à ce dernier.

2. Il convient de remarquer que les droits consacrés à l'article 23 sont intangibles en ce sens qu'une législature provinciale ne saurait utiliser la clause dérogatoire prévue à l'article 33 pour y passer outre (sur cette clause, voir Leçon 12 § 2).

gouvernement du Québec (qui a une minorité anglophone) à cause précisément des nouveaux droits scolaires pour les minorités linguistiques. L'opposition du Québec s'explique notamment parce qu'on y estimait que des nouveaux droits pour la minorité anglophone risqueraient de gêner la politique québécoise de défense et de promotion de la langue française[1].

En s'opposant à l'idée de cultures fondatrices et potentiellement rassembleuses, la politique du multiculturalisme vise à inventer une culture pancanadienne fondée sur les différences culturelles, voire à propager une idéologie multiculturaliste. Le Canada a en effet développé deux logiques antinomiques de protection des minorités : l'une repose sur la création d'autonomies territoriales dans le cadre d'une fédération et l'autre sur la reconnaissance et la sanction judiciaire d'un catalogue des droits de la personne. La première logique favorise les minorités concentrées territorialement telles que le Québec en leur donnant le contrôle politique d'une entité fédérée. En revanche, l'autre logique correspond à « un dispositif anti-majoritaire »[2] qui vient limiter l'autonomie politique des minorités qui disposent d'une ou plusieurs entités territoriales. Or, pour éviter le risque sécessionniste québécois, le multiculturalisme peut être perçu comme l'arme pour dissoudre la vision initiale du Canada fondée sur le biculturalisme et le pacte entre deux nations. La Charte des droits et libertés a été le fer de lance d'une politique d'intégration fondée sur les droits de la personne qui a également profité, par extension, aux groupes. Ces droits visent précisément à assurer que l'espace public demeure ouvert aux personnes de toutes appartenances. Les groupes peuvent se servir du « discours des droits » ou « culture des droits » développé au Canada avec le concours des autorités fédérales. De manière à faciliter le recours à la Charte par divers groupes de pression, un programme fédéral de financement des recours judiciaires a été mis en place. Bien que ces derniers puissent être dirigés contre des lois fédérales ou provinciales, le plus souvent ils le sont contre des mesures provinciales. Le gouvernement fédéral s'est de la sorte assuré la loyauté des groupes les plus actifs (minorités linguistiques, associations féministes ou de défense des droits des groupes culturels issus de l'immigration) sur le plan politique[3].

Et José Woehrling d'en conclure : « *Les systèmes de protection des droits par la constitution et les tribunaux sont donc de puissants*

---

1. J. Woehrling, « Convergences et divergences entre fédéralisme et protection des droits et libertés : l'exemple des États-Unis et du Canada », *Revue de droit de McGill*, 2000, p. 34.

2. R. Dworkin, *Prendre les droits au sérieux*, coll. Léviathan, PUF, 1996, (trad. *Taking Rights Seriously*, 1977, p. 13) : les droits sont « ... *la promesse de la majorité aux minorités que leur dignité et leur égalité seront respectées* ».

3. C. Epp, « Do Bills of Rights Matter? The Canadian Charter of Rights and Freedoms » 90, *American Political Science Review* 4, 1996, p. 770.

instruments d'unification des mentalités [...]. C'est dans cette perspective qu'il existe au Canada (et non seulement au Québec) une opinion assez répandue voulant que l'un des objectifs principaux de l'adoption de la Charte canadienne des droits et libertés en 1982 était la nation building, *la mise en place d'une institution qui favoriserait la consolidation de l'identité canadienne et de la légitimité du pouvoir central [...]* »[1]. Plus qu'un simple fait, le multiculturalisme est devenu une façon de penser notamment entretenue par les juges de la Cour suprême du Canada. Ainsi, les juges se sont appuyés sur l'article 27 pour confirmer la constitutionnalité d'une disposition criminalisant la diffusion de propagande haineuse, soulignant notamment « *que les messages constituant de la propagande haineuse portent atteinte à la dignité et à l'estime de soi des membres du groupe ciblé et, d'une façon plus générale, contribuent à semer la discorde entre divers groupes raciaux, culturels et religieux, minant ainsi la tolérance et l'ouverture d'esprit qui doivent fleurir dans une société multiculturelle vouée à la réalisation de l'égalité* » (arrêt *Canada c. Taylor* de 1990). La Charte canadienne a diffusé une valorisation du patrimoine multiculturel en particulier sur la base du principe interprétatif de l'article 27. Sans doute, s'agit-il aussi d'un argument symbolique dont les juges se plaisent à user : c'est ainsi que l'on peut lire dans l'opinion dissidente de l'arrêt *R. c. Zundel* (1992) : « *Que la loi suprême du pays reconnaisse l'existence du multiculturalisme dans notre pays et encourage sa valorisation est peut-être un indice du génie particulier du Canada et des Canadiens. [...] La reconnaissance du multiculturalisme dans la Charte est une tentative en vue de parvenir à la quintessence des sociétés démocratiques* ».

Cette dernière remarque ne doit toutefois pas laisser entendre que la Cour suprême du Canada a cédé aux revendications identitaires en affirmant les droits collectifs sur les droits individuels. Certes, les critiques adressées de l'intérieur au multiculturalisme ne manquent pas. En particulier, les critiques sont focalisées sur l'impact de la Charte dans la société : celle-ci aurait rendu possible la conscience civique des droits dont l'effet est de concevoir toute référence aux droits comme absolue. D'un côté (juridique), la fondamentalisation des droits et la déresponsabilisation des individus et, de l'autre (politique), le manque d'attachement au Canada et une citoyenneté « de type apartheid » sont des critiques récurrentes[2].

L'examen de la jurisprudence de la Cour suprême du Canada révèle une attention aux groupes à travers l'émergence du concept de

1. J. Woehrling, *op. cit*, p. 50.

2. Pour une critique virulente du multiculturalisme : N. Bissoondath, *Le marché aux illusions : la méprise du multiculturalisme*, Montréal-Paris, Boréal-Liber, 1994 ; R. Gwyn, *Nationalism Without Walls: The Unbearable Lightness of Being Canadian*, Toronto, McClelland & Stewart, 1995.

« groupe défavorisé ou vulnérable ». Les enfants sont ainsi reconnus par la Cour suprême du Canada comme groupe social vulnérable, ainsi que les femmes et les minorités culturelles. Dans l'arrêt *Irwin Toy Ltd c. Québec* (1989), la Cour a dégagé les trois critères qui ont conduit à reconnaître les enfants comme groupe social vulnérable : manque de discernement, situation de dépendance face aux adultes et incapacité à s'autodéterminer. Ces trois critères n'ont cependant pas besoin d'être réunis pour qu'un groupe soit considéré comme vulnérable. La Cour apporte ici son appui à la politique gouvernementale qui vise à protéger ces groupes.

Dans la même veine, la Cour a accueilli les thèses féministes dans une affaire sur l'obscénité et la liberté d'expression artistique : plus précisément, l'arrêt *Butler* (1992) consacre une conception féministe de la moralité. Néanmoins, jusqu'à présent les groupes ne se sont pas vu reconnaître un droit collectif à une identité culturelle distinct et au respect de l'intégrité de cette identité. Selon Jean-François Gaudreault-DesBiens, « *À l'exception de quelques déclarations isolées qui, prises hors contexte, pourraient faire croire le contraire, la démarche de la Cour suprême en ce qui a trait aux revendications identitaires se caractérise surtout par son pragmatisme et sa prudence* »[1]. Il est vrai que, dans le maquis jurisprudentiel, les limites aux revendications identitaires se laissent difficilement cerner. Il semblerait que la Cour se montre « *favorable aux mesures positives de* protection *mais pas nécessairement d'*affirmation *identitaire* »[2].

Un seul exemple suffira pour le démontrer. Le gouvernement québécois a cherché avec la Charte de la langue française de 1977 à protéger la langue française notamment en interdisant l'affichage commercial dans les langues autres que le français, ce qui avait pour effet de limiter les droits de la minorité anglophone implantée au Québec. La Cour suprême du Canada a reconnu que la survie de la langue française constituait un objectif important et légitime pour le législateur québécois. Elle n'en a pas moins jugée l'exigence de l'emploi exclusif du français disproportionnée. Face à une politique législative destinée à affirmer une identité culturelle collective et à imposer le respect de son intégrité, la Cour a jugé les dispositions contestées inconstitutionnelles (arrêt *Ford c. Québec* de 1988) et le législateur québécois a modifié la loi.

Cet exemple, toutefois, est la confirmation que la protection constitutionnelle et juridictionnelle des droits individuels et des droits des minorités constitue une limitation de la liberté collective d'un groupe à s'auto-gouverner. Toutefois, le problème des limites aux minorités sociales et de la prévention contre le risque d'une citoyenneté comprise comme la détention de droits sans obligation

1. Dans *La liberté d'expression entre l'art et le droit*, Paris, Liber, 1996, p. 202.
2. *Ibid.*, p. 203 (souligné par l'auteur).

à l'égard de la communauté nationale reste entier. On remarquera que justement ceux qui tentent de penser ces limites se penchent sur le cas québécois[1] qui développe un modèle alternatif : le modèle interculturel qui se veut différent du modèle canadien, mais aussi du modèle républicain français. Le Québec est attaché à l'idée d'une identité collective commune transcendant les particularismes. Pour le dire d'une autre manière, il prend en considération la diversité culturelle en cherchant à ne pas étouffer les identités particulières, mais en les accommodant aux valeurs de la société québécoise[2].

2) Les enseignements pour « l'anti-modèle français »

Les canadiens perçoivent le cas français comme un anti-modèle et réciproquement. Selon la perspective adoptée, le modèle devient anti-modèle. Il convient donc d'admettre que la perception comme modèle ou anti-modèle est un révélateur. Ainsi, la perception du modèle républicain comme un repoussoir de la part des Canadiens ne doit pas être considérée par les Français avec mépris, mais plutôt avec une curiosité intellectuelle leur permettant une meilleure compréhension de leur propre modèle.

D'abord, cette perception pousse à réfléchir sur la rareté des études constitutionnelles relatives au pluralisme en France[3]. L'hypothèse formulée par Luc Heuschling selon laquelle ce désintérêt s'explique par l'absence dans le passé d'un objet pluraliste en droit positif français[4] est confirmée au regard de la perception évoquée et surtout de la richesse de la pensée juridique canadienne sur le pluralisme juridique[5] y compris le fédéralisme. Pour Norbert Rouland, « [l]*es notions de pluralisme, de communautés, de spécificités culturelles sont perçues* [par les juristes français] *comme tant de menaces graves par rapport à la mythologie juridique fondatrice du régime républicain* »[6]. Cela accrédite l'idée que le cas canadien est perçu par les juristes français comme l'anti-modèle.

---

1. Le théoricien du multiculturalisme, W. Kymlicka, se réfère précisément à cette expérience ainsi qu'à celle de l'Australie : *La voie canadienne. Repenser le multiculturalisme*, Montréal, Boréal, 2003, (*Finding Our Way: Rethinking Ethnocultural Relations in Canada*, 1998), p. 106 et s.

2. Les tribunaux québécois cherchent en particulier à développer une application différente de l'accommodement raisonnable que du reste du Canada : sur cette notion, voir Leçon 12 § 2.

3. On peut néanmoins signaler le colloque de Caen où la dimension constitutionnelle apparaît dans plusieurs contributions : L. Fontaine (dir.), *Droit et pluralisme*, Bruxelles, Bruylant, 2007.

4. L. Heuschling, « La structure de la légitimité démocratique en droit français : entre monisme et pluralisme, entre symbolique du sujet et ingénierie des pouvoirs », *R.U.D.H.*, 2004, p. 335.

5. Voir le numéro spécial de la *Revue canadienne droit et société*, vol. 12, 1997.

6. N. Rouland, « La tradition juridique et la diversité culturelle », *Droit et Société*, 1994, p. 385.

Ces craintes, voire ces résistances, doivent être source d'interrogations et l'expérience canadienne permet de s'interroger sur les difficultés épistémologiques à saisir la question des groupes en France où seuls les droits individuels sont reconnus au nom de l'universalisme républicain (sur les catégories des droits, voir Leçon 12 § 1). La majorité historique – la Nation – a-t-elle toujours un droit légitime à assimiler ? Ou, dans une forme plus modérée, la majorité ne se doit-elle pas d'être inclusive des différences et des minorités ? Ce sont des questions qui sonnent comme le tocsin pour le constitutionnaliste français. Mais au lieu de les écarter comme impensables, il aurait intérêt à s'engager dans cette voie et, ainsi, participer non seulement au débat à un niveau international, mais aussi à une saine critique de l'orthodoxie républicaine entretenue par le Conseil constitutionnel[1]. Le Conseil veille au respect des principes d'indivisibilité de la République, d'égalité devant la loi et d'unicité du peuple français, principes qui « *s'opposent à ce que soient reconnus des droits collectifs à quel groupe que ce soit, défini par une communauté d'origine, de culture, de langue ou de croyance* » (décision n° 99-412 DC du 15 juin 1999, *Charte européenne des langues régionales ou minoritaires*). Le cœur du problème n'est pas tant la reconnaissance des droits collectifs que la reconnaissance d'un droit aux aménagements de manière à accommoder la diversité culturelle.

La saisie par le droit positif des groupes est étroitement liée à des variables identitaires telles que le handicap, l'orientation sexuelle, le genre ou la race. La pensée juridique canadienne est très stimulante car très en avance quant aux difficultés qu'il y a à appréhender juridiquement l'identité puisqu'elle est confrontée à une société dans laquelle un nombre sans cesse grandissant de revendications identitaires se manifeste. Or comme le souligne en particulier, Jean-François Gaudreault-DesBiens, ces revendications ne sont jamais simples, ni à comprendre, ni à satisfaire. S'appuyant la plupart du temps sur le droit à l'égalité, elles oscillent entre l'invocation du droit à la différence et la réclamation d'une meilleure intégration à la société, entre la dénonciation de l'exclusion des institutions publiques et la revendication de nouveaux droits de plus en plus souvent collectifs[2]. Comment le droit permet-il de saisir les manifestations d'affirmation identitaire ? Comment permet-il d'appréhender la complexité de la différence ? La réduction identitaire que produit le droit en tentant de faire échec aux comportements discriminatoires ne risque-t-elle pas au bout du compte de reproduire les inégalités qui ont cours dans le système ? Pour J.-F. Gaudreault-DesBiens, « *le*

---

1. Mais aussi par les cours suprêmes, voir la thèse d'O. Bui-Xuan, *Le droit public français, entre universalisme et différencialisme*, Paris, Economica, 2004.

2. J.-F. Gaudreault-DesBiens, « Angoisse identitaire et critique du droit. La critique juridique identitaire américaine comme objet et source de réflexion théorique », *Revue Interdisciplinaire d'Études Juridiques*, 2003, n° 50, p. 1 et s.

défi est de faire en sorte que la saisie juridique des diverses conditions identitaires ne se mue en une momification identitaire essentialisante. […] Ce qui signifie qu'en plus d'appréhender l'identité dans son rapport à l'altérité, il importe de la resituer dans son rapport au temps, de manière que soit également prise en compte sa nature mouvante »[1]. On comprend mieux pourquoi il est difficile d'échapper au rôle déterminant du juge qui apporte la souplesse nécessaire pour faire face à la nature fragile et contingente de la construction identitaire.

D'un côté, certains dénoncent en France le caractère mythologique de l'égalité républicaine, paravent à de réelles discriminations à l'égard notamment des femmes ou des personnes issues des minorités dites visibles. De l'autre, le communautarisme est vilipendé. Certains s'inquiètent en effet des dérives du discours sur les discriminations dites « positives » dans le prolongement de la jurisprudence de la Cour suprême des États-Unis (la référence au Canada est rare). La spécificité française se loge dans la méconnaissance des groupes. La République française ne connaît ni minorités, ni groupes ethniques ou défavorisés. Elle ne connaît que des citoyens, égaux dans leur relation directe avec l'État. Le sentiment républicain s'oppose aux groupes et la reconnaissance de leurs particularismes alors même que la « discrimination positive » renvoie les individus à leur statut (sexe, couleur de peau ou encore handicap), toutes caractéristiques par définition qu'ils ne choisissent pas. Les influences européennes et américaines ont quand même conduit à faire émerger une catégorie proprement française des « discriminations positives »[2] mais dont il n'existe pas de définition consensuelle. Le droit à la non-discrimination (en passant par le droit de l'Union européenne) a toutefois donné « *des solutions opératoires auxquelles l'égalité seule ne pouvait parvenir* »[3]. Les critiques adressées à l'approche formelle de l'égalité ont aussi contribué à faire comprendre le besoin de traiter différemment des situations différentes[4]. Grâce au

1. *Ibid.*, p. 44-45.

2. La terminologie de « discriminations positives » peut être ainsi écartée au profit des « actions affirmatives ». Elles visent à compenser par certains dispositifs juridiques des situations objectives d'inégalité sociale, c'est-à-dire « *de recourir à un critère en principe prohibé ou à tout le moins suspect (le sexe, la couleur de peau, etc.) afin de compenser une discrimination sociale réelle par un dispositif particulier (l'exemple-type étant celui des quotas) dans certains systèmes de distribution (allocation en anglais) de biens rares (places à l'université, accès aux emplois publics, marchés publics, etc.)* », O. Jouanjan, « Logiques d'égalité », *Titre VII*, n° 4, 2020, p. 184.

3. R. Hernu, *Principe d'égalité et principe de non-discrimination dans la jurisprudence de la Cour de justice des Communautés européennes*, Paris, LGDJ, 2003, p. 18.

4. O. Jouanjan met ainsi en évidence que « [l]*e principe d'égalité en lui-même ne donne qu'une règle formelle concernant le raisonnement juridique à tenir lorsqu'il s'agit de* comparer *des situations et les traitements qui leur sont appliqués* », *in* « Le Conseil constitutionnel, gardien de l'égalité ? », *Jus Politicum*, 2012, n° 7 : http://juspoliticum.com/article/Le-Conseil-constitutionnel-gardien-de-l-egalite-459.html

droit à la non-discrimination offrant une technique de qualification des ruptures d'égalité, un renouveau dans l'approche de l'égalité s'est traduit dans la Constitution française par l'apparition d'une nouvelle catégorie, celle de la parité consacrée par les révisions constitutionnelles de 1999 et 2008. L'article 1er a été modifié de manière à introduire un second alinéa qui prévoit que « la loi favorise l'égal accès des femmes et des hommes aux mandats électoraux et fonctions électives, ainsi qu'aux responsabilités professionnelles et sociales ».

Dans le sillage d'Alexis de Tocqueville (*De la démocratie en Amérique*, 1840), l'égalité est souvent présentée comme une passion française. Une chose est certaine, le débat politico-juridique est très dense et le reste. Inscrites dans le temps et bénéficiant de la force de l'histoire, laïcité et égalité sont des éléments structurants de l'idéal républicain présent dans la Constitution de 1958. Seront-ils suffisants pour contrer les risques de l'individualisme et du repli identitaire ? La France connaît à présent une tension entre l'universel et le particulier dans son imaginaire constitutionnel que le Canada expérimente depuis suffisamment longtemps, bien que doté récemment d'une déclaration des droits, pour offrir des enseignements sur cette conciliation[1]. Ce sont certes les différences qui précisément nous différencient des autres. Ce sont elles, les singularités nationales, qui définissent la communauté politique en inspirant l'appartenance et en nourrissant l'affection envers notre communauté. Une autre culture constitutionnelle peut toutefois se révéler éclairante sur les revendications identitaires qui persistent malgré un fort enracinement de l'universalisme.

Bibliographie générale récente

Albert R., Cameron D.R. (eds.), Canada in the World: Comparative Perspectives on the Canadian Constitution, Cambridge, Cambridge University Press, 2017.

Berger B. L., « Children of Two Logics: A Way into Canadian Constitutional Culture », 11 *I-CON*, 2013, p. 319 et s.

Karazivan N., Leclair J. (dir.), *The Political and Constitutional Legacy of Pierre Elliott Trudeau / L'héritage politique et constitutionnel de Pierre Elliott Trudeau, LexisNexis Canada, 2020.*

Ponthoreau M.-C. « Apprendre à penser en juriste. Leçons d'outre-Atlantique et d'ailleurs », *in Mélanges en l'honneur d'Élisabeth Zoller*, Paris, Dalloz, 2018, p. 437 et s.

1. B. L. Berger, « Children of Two Logics: A Way into Canadian Constitutional Culture », 11 *I-CON*, 2013, p. 319 et s.

LEÇON 9

L'ARTICULATION DES SAVOIRS

Le syncrétisme méthodologique a été souligné dès le premier chapitre (voir Leçon 3) : cette démarche ne consiste pas à opposer, mais au contraire à concilier les méthodes puisque l'objectif poursuivi est une connaissance en profondeur du droit qui s'intéresse aussi bien à la partie visible du système juridique (avant tout, les éléments structurels que sont les concepts et institutions) qu'à la partie invisible ou, en tout cas, plus difficilement perceptible (les éléments culturels que sont la manière de concevoir le droit et de raisonner en droit). Prendre en compte l'implicite et l'explicite d'un système juridique suppose d'articuler différents niveaux d'analyse, même s'il faut reconnaître qu'ils sont rarement mobilisés tous ensemble dans une recherche. C'est pourquoi, dans une version plus modeste, le comparatiste peut conjuguer les perspectives en multipliant les regards sur un objet supposé identique et plus restreint. Le constitutionnaliste comparatiste peut ainsi prétendre à une prise de conscience de la complexité juridique et à une compréhension critique du droit. À cette fin, il s'agit non seulement de dénoncer la stérilité et le caractère discutable des cloisonnements disciplinaires, mais aussi de promouvoir une approche interdisciplinaire du droit. L'interdisciplinarité n'est d'ailleurs pas complètement ignorée des constitutionnalistes.

§ 1. Les enjeux de l'interdisciplinarité[1]

Le comparatisme est une passerelle entre les différentes sciences sociales[2]. En quelque sorte, le comparatiste est conduit « naturellement » à s'intéresser à ce qui sort de son univers juridique ; ce qui le mène à pousser sa recherche jusqu'aux frontières disciplinaires. On voit ainsi se dessiner les mêmes intérêts, mais aussi les mêmes chausse-trapes que lorsqu'on pénètre un autre droit que le sien : le défi devient alors d'apprendre à composer avec les autres champs du savoir sans s'y engloutir.

A. Les frontières de l'interdisciplinarité

L'essence de l'interdisciplinarité est de se jouer des frontières disciplinaires et c'est pourquoi il convient de préciser jusqu'où on peut mener cette indiscipline.

1) L'inter-pluri-discipline

L'interdisciplinarité mérite avant tout d'être distinguée de la pluridisciplinarité. L'approche interdisciplinaire vise, sur une question donnée, à nouer un dialogue et un échange de connaissances entre les disciplines. Elle implique qu'il y ait des intersections et un enrichissement mutuel entre ces disciplines. Le droit et les autres sciences sociales se livrent à un dialogue et les concepts de l'une éclairent les concepts des autres et inversement. Selon F. Ost et M. van de Kerchove, l'interdisciplinarité correspond à « *une recherche [qui] s'opère à partir du champ théorique d'une des disciplines en présence qui développe des problématiques recoupant partiellement celles qu'élabore, de son côté, l'autre discipline* »[3].

De plus, il convient de noter que l'interdisciplinarité est une version optimisée de la pluridisciplinarité, laquelle suppose, sur une question donnée, de juxtaposer des approches différentes tout en maintenant entre elles une certaine étanchéité. Par exemple, le patrimoine peut être envisagé du point de vue du juriste, du sociologue, de l'historien, etc. Ainsi, l'articulation des perspectives ne pose pas de difficultés majeures en fonction de l'échelle pluridisciplinaire puisqu'il ne s'agit pas de créer une passerelle entre les différentes disciplines. Au contraire, chacune se trouve confortée dans sa particularité.

L'interdisciplinarité et la pluridisciplinarité doivent être aussi distinguées de la recherche transdisciplinaire. Cette dernière démarche

---

1. E. Bottini, P. Brunet, L. Zevounou (dir.), *Usages de l'interdisciplinarité en droit*, Presses Universitaires de Paris Ouest, 2014.

2. G. Jucquois, C. Vielle (dir.), *Le comparatisme dans les sciences de l'homme. Approches pluridisciplinaires*, Bruxelles, De Boeck Université, 2000.

3. F. Ost, M. van de Kerchove, *Jalons pour une théorie critique du droit*, Bruxelles, Publications des Facultés universitaires Saint-Louis, 1987, p. 71.

tente d'abandonner les points de vue particuliers de chaque discipline pour produire un savoir autonome d'où résulteraient de nouveaux objets et de nouvelles méthodes. Il s'agit cette fois d'« *une intégration de disciplines* » : « *[...] on vise, dans ce cas, la construction d'une langue nouvelle et commune, quelque chose comme un espéranto scientifique* »[1].

L'articulation des savoirs se pose vraiment quand il s'agit de l'interdisciplinarité[2]. Deux options sont envisageables selon que l'on utilise plus ou moins les méthodes d'une autre discipline dans l'entendement des questions juridiques. D'une part, l'interdisciplinarité *soft* (et donc *weak*) consiste à prendre appui sur une autre discipline de manière à porter un regard différent sur les objets juridiques, sur les impensés de sa discipline (ce qui va de soi). D'autre part, l'interdisciplinarité *hard* (et donc *strong*) vise à investir une autre discipline.

La première option permet de penser autrement sans avoir les contraintes et les limites de sa discipline. Le positivisme fait oublier à la plupart des juristes qu'en droit la part du construit est beaucoup plus grande que celle du donné, que les concepts reposent sur des précompréhensions elles-mêmes fondées sur des valeurs, croyances et pratiques culturelles diverses. Cette première option permet donc de donner des éclairages externes à la discipline juridique de manière à révéler ces précompréhensions.

La seconde est sans doute plus exigeante. Cette dernière option est connue aux États-Unis sous la forme de « *Law and* ... » notamment, droit et économie ; droit et littérature ; droit et études féministes. Ce sont des mouvements doctrinaux contestataires et critiques à l'endroit du droit. Le succès de l'interdisciplinarité peut être analysé, ainsi que le proposent Philippe Jestaz et Christophe Jamin, comme « *la victoire posthume des réalistes* » (dont le courant a été évoqué dans la Leçon 1 § 1) : le réalisme n'a pas été contré par un retour du formalisme et s'est en quelque sorte développé en faisant place à des mouvements alternatifs dont les plus connus sont *Law and Economics* et *Critical Legal Studies*[3]. Le dynamisme et l'inventivité des travaux académiques américains sont largement reconnus[4]. C'est pourquoi Horatia Muir Watt y voit un modèle dont les études juridiques comparatives en France pourraient s'inspirer puisque la comparaison des droits porte en elle le même message d'interdisciplinarité[5].

1. F. Ost, « Questions méthodologiques à propos de la recherche interdisciplinaire en droit », *Revue Interdisciplinaire d'Études Juridiques*, 1978, p. 7.
2. *Ibid.*
3. P. Jestaz, C. Jamin, *La doctrine*, Paris, Dalloz, 2004, p. 284 et s. Voir aussi N. Duxbury, *Patterns of American Jurisprudence*, Oxford, Clarendon Press, 1995.
4. N. Duxbury, « A Century of Legal Studies », *in* P. Cane, M. Tushnet (eds.), *The Oxford Handbook of Legal Studies*, Oxford, Oxford University Press, 2003, p. 950-951.
5. H. Muir Watt, « La fonction subversive du droit comparé », *R.I.D.C.*, 3-2000, p. 503 et s. Aussi, P. Legrand, « Au lieu de soi », *in* P. Legrand (dir.), *Comparer les droits, résolument*, Paris, PUF, 2009, p. 11 et s.

2) La variation d'échelle et de perspective

Savoir changer d'échelle, c'est le conseil donné par l'historien Jacques Revel qui s'appuie notamment sur le film de M. Antonioni, *Blow up* (1966), pour convaincre de cette nécessité. Antonioni raconte l'histoire d'un photographe londonien qui fixe sur la pellicule une scène dont il est témoin. Or, cette scène lui est incompréhensible ; les détails n'en sont pas cohérents. Intrigué, il agrandit ses images jusqu'à ce qu'un détail invisible le mette sur la piste d'une autre lecture de l'ensemble : « *La variation d'échelle lui a permis de passer d'une histoire dans une autre (et, pourquoi pas, dans plusieurs autres)* »[1].

Revel a puisé dans un mouvement de l'historiographie développé à partir des années 1970 en Italie : la micro histoire. Ce mouvement, sans véritable programme de recherche cohérent et préoccupation théorique affichés, a formulé de nouvelles pistes visant à remettre en cause une histoire fondée sur une forme d'analyse quantitative où la production de tableaux et de graphiques guidait la construction historique et dans laquelle prédominaient les déterminations économiques et le poids des masses. La micro histoire donne au contraire sa place aux individus et donc aux cas singuliers capables de mettre à l'épreuve les modèles généraux. S'ouvre ainsi la perspective d'une histoire différente car non seulement la focale d'observation n'est plus la même, mais aussi le point le vue sur la représentation du monde.

« *Faire varier les échelles dans la comparaison* » n'est sans doute pas l'objectif premier des historiens, mais la micro histoire, parce qu'elle cherche à articuler l'action collective et l'expérience individuelle, a retenu l'attention des autres sciences sociales[2]. Les travaux des historiens sur les jeux d'échelles peuvent aussi inspirer les juristes[3], même si la variation d'échelle n'est pas une proposition nouvelle puisque les comparatistes ont cherché à la développer en distinguant la macro de la micro comparaison (voir Leçon 2 § 1).

1. J. Revel, « Micro-analyse et construction du social », *in* J. Revel (dir.), *Jeux d'échelles. La micro-analyse à l'expérience*, Paris, Gallimard, 1996, p. 36.

2. C. Vigour, « Faire varier les échelles dans la comparaison », *in* P. Legrand (dir.), *Comparer les droits, résolument*, cit., p. 358 et s.

3. Voir la thèse de R. Baumert, *La découverte du juge constitutionnel, entre science et politique – Les controverses doctrinales sur le contrôle de la constitutionnalité des lois dans les républiques française et allemande de l'entre-deux-guerres*, Paris, LGDJ, coll. « Fondation Varenne », 2009. L'auteur mène une étude historique des idées politico-juridiques relatives à la justice constitutionnelle : il varie les perspectives sur son sujet en mobilisant différents instruments d'analyse par une contextualisation (historique et politique) des discours doctrinaux et par une articulation de l'action collective (la doctrine comme un tout) et de l'action individuelle (approfondissement de l'argumentaire de certains auteurs influents). Il parvient ainsi à la fois à rendre compte d'un contexte doctrinal non unifié et à restituer à ces logiques discursives leur intelligibilité, en tenant compte à la fois de leurs significations juridiques, de leurs visées politiques et de leurs soubassements philosophiques. La dimension comparative participe de ce changement de perspective.

Néanmoins, la nouveauté peut venir de la variation des différents niveaux d'analyse en faisant jouer, à cette fin, l'interdisciplinarité.

Le changement des perspectives participe d'une compréhension critique du droit. On peut là aussi distinguer plusieurs options. La plus simple consiste non pas à mobiliser les ressources des autres sciences, mais à mélanger les visions provenant de compartiments différents à l'intérieur du système juridique lui-même. Les travaux sur la globalisation, l'internationalisation et l'européanisation du droit sont poussés dans cette direction puisqu'ils visent à s'interroger sur les emprunts et les processus d'hybridation juridiques. L'objet d'étude commande de prendre en compte l'interaction des droits (toutes les sources du droit quelles que soient leurs origines – internationale, régionale, nationale – et quelles que soient leurs formes – écrite ou non). L'hybridation constitutionnelle est propice à une analyse à plusieurs niveaux, en particulier à une étude à la fois synchronique et diachronique qui fait donc jouer les variables spatiales (quel(s) droit(s) emprunté(s) pour quel pays importateur ?) et temporelles (à l'intérieur du système juridique importateur, quelles évolutions avant et après l'emprunt ?).

Mais il y a plus : ce ne sont pas seulement les règles ou les concepts constitutionnels empruntés qui méritent d'être étudiés, mais aussi les acteurs du processus de transfert et de réappropriation. Parmi les acteurs de l'importation, les juges constitutionnels jouent un rôle de premier plan (voir Leçon 6 § 2). La question de leur formation au droit étranger ou/et à la comparaison des droits a donc son importance pour comprendre l'intensité et les raisons qui motivent l'emprunt. Ainsi, Catherine Dupré qui a travaillé sur l'influence de la jurisprudence de la Cour constitutionnelle allemande sur la Cour constitutionnelle hongroise[1], a-t-elle mené une étude sur les juges et leur formation. Les juges constitutionnels des États post-communistes sont pour la plupart des universitaires ayant étudié à l'étranger et, en particulier, en Allemagne pour les juges hongrois. Ils ne sont certes pas choisis en fonction de leurs compétences linguistiques, mais les autres critères de sélection impliquent l'appartenance à l'élite juridique, celle qui, entre autres, a séjourné à l'Ouest et maîtrise les langues. Ce dernier point est certainement fondamental puisqu'il est déterminant dans le choix des sources étrangères d'inspiration et la question de la composition des cours et des autorités de nomination est donc loin d'être indifférente dans le choix des méthodes par les juges. Avec cet exemple, on comprend qu'une enquête sociologique sur les juges offre une compréhension plus complexe du processus de réappropriation des règles ou concepts empruntés puisqu'elle peut révéler les stratégies aussi bien des importateurs que des exportateurs juridiques.

---

1. C. Dupré, *Importing the Law in Post-Communist Transitions*, Oxford, Hart, 2003.

On a ainsi glissé d'une conception minimale de l'interdisciplinarité à une autre plus étendue et plus exigeante. Il y a des contextes épistémologiques dans lesquels l'interdisciplinarité est une nécessité et d'autres dans lesquels on peut estimer qu'elle relève de la curiosité intellectuelle. Or, les actuelles mutations que le droit connaît ne laissent plus vraiment le choix aux juristes. Outre les phénomènes de mondialisation et d'européanisation du droit, un autre domaine suppose de mobiliser plusieurs savoirs : l'étude des droits et des libertés. Dans les sociétés actuelles, on voit se manifester un nombre sans cesse grandissant de revendications identitaires. Elles ne sont jamais simples, ni à comprendre, ni à satisfaire. S'appuyant la plupart du temps sur le droit à l'égalité, elles oscillent entre l'invocation du droit à la différence et la réclamation d'une meilleure intégration à la société, entre la dénonciation de l'exclusion des institutions publiques et la revendication de nouveaux droits de plus en plus souvent collectifs. Outre que les questions identitaires ne se laissent pas facilement saisir par le droit des libertés, elles posent en particulier au constitutionnaliste des problèmes de philosophie politique qu'il ne peut négliger comme par exemple : une identité affirmée dans l'histoire a-t-elle plus de légitimité qu'une identité qui émerge dans le social ?

Le projet interdisciplinaire n'est donc pas seulement une question d'empathie entre la comparaison des droits et les sciences sociales, c'est une exigence pour comprendre les mutations actuelles du droit. De plus en plus, l'approche contextuelle et culturelle s'affiche comme une nécessité pour penser le droit constitutionnel[1] (voir le paragraphe suivant pour un approfondissement).

On peut comprendre que le comparatiste attentif à la seule règle de droit positif puisse se sentir démuni devant l'ampleur de cette tâche et douter de sa capacité à désenclaver des problématiques en faisant appel à des champs disciplinaires aussi variés que l'anthropologie, la sociologie, l'histoire ou encore la linguistique. Cette réserve est certainement réaliste dès lors qu'on peut constater sans difficulté que malgré des questions juridiques communes concernant le droit européen et les droits internes, la doctrine nationale reste le plus souvent essentiellement auto-référentielle. On aborde ainsi les limites à et de l'interdisciplinarité.

B. L'interdisciplinarité et ses limites

Deux types de limites, de genres différents, sont identifiables et déterminants sans toutefois épuiser les explications. Ce sont des limites liées à l'exercice de l'interdisciplinarité, mais aussi et

---

1. À n'en pas douter, la nouveauté par rapport à l'article de Michel Miaille tient à ce changement de paradigme : M. Miaille, « Le droit constitutionnel et les sciences sociales », *R.D.P.*, 1984, p. 280 et s.

peut-être avant tout des limites tenant à la structuration académique des disciplines.

1) Les obstacles académiques

Les résistances nationales identifiées ne sont toutefois pas propres à la France, mais partagées – sous réserve de particularismes – par les pays d'Europe occidentale et continentale qui sont de tradition romaniste[1]. Ceci est sans doute lié à la formation de la doctrine contre les sciences sociales à la fin du XIXe siècle de manière à préserver l'autonomie du champ juridique, ainsi que l'ont démontré avec talent Philippe Jestaz et Christophe Jamin, dans leur ouvrage consacré à *La doctrine* : « *Elle a construit son identité, qui est forte, en fixant les canons d'une science juridique identifiée à la* dogmatique[2]. *En soi la dogmatique n'avait rien d'une nouveauté : elle existait depuis toujours et on peut même dire que les juristes n'avaient jamais pratiqué d'autre méthode depuis les origines romaines de leur science* »[3].

Les juristes étaient à peu près les seuls savants du social jusqu'à la fin du XIXe siècle, époque à laquelle ils ont donc eu à affronter le développement des sciences humaines et sociales. « *Ces nouvelles sciences ont fasciné certains juristes avant d'inquiéter la majorité d'entre eux*[4]. » Parmi les publicistes, la sociologie a suscité l'intérêt aussi bien de Duguit (en particulier, l'influence de Durkheim sur sa théorie du droit objectif) que de Hauriou (avec sa théorie de l'institution). Le recours aux nouvelles sciences (outre la sociologie, on pense à l'économie, à l'histoire, ou à l'anthropologie) n'était pas incongru et ces sciences « *s'inséraient désormais dans le discours juridique, de sorte que les invoquer, c'était encore* faire du droit »[5].

Néanmoins, François Gény (dont le rôle critique à l'encontre de l'École de l'exégèse a été souligné dès la Leçon 1) a identifié un risque majeur lié à la perte des repères formels. Puisque les juristes ne voient plus la loi comme le point cardinal du système juridique, « *ne risque-t-on pas de tomber "dans l'abîme de l'arbitraire individuel ? N'allons-nous pas, de gaieté de cœur, nous exposer à tous les dangers des jugements empiriques ou d'occasion, et sacrifier par-là ce besoin primordial, absolu, indiscutable, la certitude du Droit, d'où la*

1. Les comparatistes manquent d'études historiques et sociologiques sur les juristes et les milieux académiques, en particulier, en Europe. Mais les historiens du droit l'ont compris : dans ce sens, voir le programme de la nouvelle revue électronique d'histoire du droit, http://www.cliothemis.com/Qui-sommes-nous

2. Nous ajoutons cette note à la citation de manière à donner la définition des auteurs : « *une étude savante, raisonnée et construite du droit positif sous l'angle du devoir-être, c'est-à-dire de la solution souhaitable et applicable* », *op. cit.* p. 172.

3. *Op. cit.*, p. 8 (souligné par les auteurs).

4. *Op. cit.*, p. 140.

5. *Ibid.* (souligné par les auteurs).

sécurité même de la vie sociale ? Ceci est assurément le grief le plus fort, qui menace les nouvelles tendances." ».

Face aux risques que présentent les sciences nouvelles, les juristes vont donc se replier sur leur propre discipline et chercher, par l'élaboration de théories générales, non seulement à ordonner le droit, mais aussi à canaliser les apports des autres sciences. Car c'est l'autonomie du droit comme discipline qui est en jeu. Le concours d'agrégation participe également à cette autonomisation : il favorise en effet la construction d'une identité forte en devenant national à partir de 1855 et ce facteur identitaire va jouer, grâce au sectionnement de l'agrégation, en faveur des différentes branches du droit à partir de 1897. Cet élément institutionnel est un facteur d'homogénéité du corps des juristes qui fait la doctrine (puisque les praticiens en sont exclus, bien que pour la doctrine administrative, il faille aussi compter avec la doctrine interne, celle des conseillers d'État) et entend exercer son pouvoir académique, par ses publications, sur ceux qui décident. Ce même élément est ignoré dans le monde anglo-américain puisque le mode de recrutement y est décentralisé et dépend de chaque université. Il reste en partie incompréhensible à ceux qui y sont extérieurs. Sa prégnance est ainsi visible dans le maintien de la distinction entre droit public et droit privé malgré les critiques récurrentes. Ce maintien relève de la double nature de la distinction, à la fois « *une division scientifique du droit* »[1] (qui renvoie aux objets traités) et « *un partage académique du savoir* »[2].

La doctrine, lorsqu'on l'évoque, vise un tout homogène. Les collègues privatistes avancent même qu'« *il n'y aurait aucune exagération à parler d'une* école française » en raison d'une manière de faire propre à la doctrine nationale[3]. Néanmoins la doctrine n'est pas une simple question de style ; elle est aussi une manière de concevoir une matière. À n'en pas douter, en droit constitutionnel, le contexte doctrinal est loin d'être unifié (sur les divisions actuelles, voir le paragraphe suivant). À la différence de la doctrine privatiste, la « doctrine constitutionnaliste » a toujours été plus « universitaire » que juridique. Autrement dit, elle est moins partie prenante du processus de production du droit. Les liens avec les praticiens sont plus

1. C. Chevrier, « Remarques sur l'introduction et les vicissitudes de la distinction du *jus privatum* et du *jus publicum* dans les œuvres des anciens juristes français », *A.P.D.*, 1952, p. 49.

2. O. Beaud, « La distinction entre droit public et droit privé : un dualisme qui résiste aux critiques », *in* J. B. Auby, M. Freedland (dir.), *La distinction du droit public et du droit privé : regards français et britanniques*, Paris, LGDJ Diffuseur, 2004, p. 30.

3. Ils définissent ainsi cette manière de faire : « *Elle repose bien entendu sur la dogmatique […]. L'esprit de système se conjugue ici avec un refus des abstractions inutiles, un souci primordial de clarté, un goût de l'exemple parlant, une considération du juste et de l'utile, une sensibilité aux courants philosophiques, etc. Le tout harmonieusement combiné et exprimé dans un style fluide. Car le juriste français cherche à séduire par son élégance […]* », P. Jestaz, C. Jamin, *op. cit.*, p. 9.

distendus par la force des choses, faute d'un contrôle de constitutionnalité *a posteriori* des lois (néanmoins, il est en application depuis mars 2010). En revanche, certains constitutionnalistes jouent volontiers le rôle de « conseiller du Prince » (il suffit de penser aux nombreuses commissions d'experts formées depuis les années 1990 dans le but de réformer les institutions).

De manière plus générale, il est vrai que l'existence d'une doctrine qui participe de « *manière quasi officielle à l'interprétation du droit positif n'a pas d'équivalent dans les autres disciplines* »[1] : ce qui donne l'idée que le monde des juristes est plus homogène d'autant plus qu'aucun courant alternatif, dont la sociologie juridique, n'a jamais réussi à s'imposer. Cependant, des signes d'épuisement des résistances sont actuellement perceptibles. On en veut pour preuve la vive réaction aux rapports *Doing Business* de la Banque mondiale (évoquée dans la Leçon 5 § 2). La « surprise » aurait été probablement moins grande si les juristes n'avaient pas abandonné les savoirs externes au droit[2]. L'analyse économique du droit, finalement, se développe en France sous la pression de ces fameux rapports qui ont suscité chez beaucoup l'inquiétude, voire chez certains l'hostilité.

Le désintérêt ou/et l'hostilité à l'apport des autres sciences ne peuvent sans doute pas être désamorcés sous la seule pression des faits. L'interdisciplinarité rencontre aussi des limites liées à l'organisation des études juridiques, en effet, trop cloisonnées (voir précédente Leçon 8 § 2). L'approche pluridisciplinaire ne se pratique qu'au cours des premières années d'études. Ensuite, le juriste est conforté dans une conception auto-suffisante de sa discipline. Derrière ce cloisonnement, se cache l'idée que le droit se résume à un ensemble de règles données et ce qui précède la décision de l'autorité habilitée à produire les règles juridiques n'est pas du droit (les représentations du droit), de même que ce qui la suit (conséquences, pratiques...). L'ouverture disciplinaire correspondrait donc à une perte d'autorité des juristes sur leur objet puisqu'ils ne seraient plus les seuls à faire un discours légitime sur le droit[3]. Pour les plus positivistes d'entre eux, le discours sur le droit n'est de toute manière plus du droit.

2) Les obstacles scientifiques

L'intérêt de sortir de la vision positiviste est de réhabiliter les interrogations sur la légitimité du droit posé. Il faut toutefois reconnaître que

1. M. Miaille, *op. cit.*, p. 286.

2. H. Muir Watt, « Les forces de résistance à l'analyse économique du droit dans le droit civil », *in* B. Deffains (dir.), *L'analyse économique du droit dans les pays de droit civil,* Paris, Cujas, 2002, p. 37 et s.

3. Christophe Jamin y voit l'ultime résistance à une évolution favorable à l'approche interdisciplinaire : C. Jamin, « La construction de la pensée juridique française : interrogations sur un modèle original à l'aune de son anti-modèle », *in Mélanges en l'honneur de Michel Troper*, Paris, Economica, 2006, p. 516.

la démarche interdisciplinaire comporte un risque pour le juriste : devenir étranger à soi-même. Cette approche n'a de sens que si elle offre un éclairage différent pour mieux comprendre les problèmes auxquels sont confrontés les constitutionnalistes. Le droit constitutionnel doit rester l'objet principal de la recherche comparative et interdisciplinaire. Cette proposition n'est pas aussi singulière qu'elle le paraît. Elle est inspirée par les critiques formulées à l'encontre d'une interdisciplinarité poussée si loin que les juristes américains en oublient le droit positif.

En 1987, l'un des fondateurs du mouvement « *Law and Economics* », Richard A. Posner, a analysé dans un célèbre article de la revue, *Harvard Law Review*, « le déclin du droit comme discipline autonome »[1]. Il souligne en particulier qu'aux yeux de nombreux jeunes universitaires, l'analyse doctrinale traditionnelle paraît « *passée de mode, archaïque, fatiguée* »[2]. Il faut savoir que le corps universitaire américain a été largement renouvelé au cours des années 1960-1980 en raison d'un nombre sans cesse grandissant d'étudiants. Les jeunes diplômés en sciences sociales qui peinent à trouver un poste dans leur discipline vont affluer dans les facultés de droit au prix d'une formation juridique complémentaire. Ils ont fortement contribué au succès de l'interdisciplinarité : plus familiers des abstractions que de la méthode des cas, ils élaborent volontiers des théories, formulent avec inventivité l'intitulé de leurs articles pour sortir de l'anonymat. Cette recherche de la différenciation à tout prix se fait parfois au détriment du sérieux de l'analyse[3]. Les universités y trouvent quand même leur compte car ces auteurs font ainsi parler de leur institution. Néanmoins, le débat sur l'interdisciplinarité et la formation des étudiants est devenu désormais une question récurrente en raison de la distorsion croissante entre la recherche et l'enseignement qui doit avant tout former des praticiens du droit[4]. Ainsi, Posner voyait-il initialement d'un œil favorable l'essor de l'approche interdisciplinaire : à la fin de son article précité, il suggère que, d'une part, les juges soient eux aussi « *plus réceptifs aux éclairages des sciences sociales* »[5] et, d'autre part, les *law schools* devraient favoriser le développement de la théorie juridique *i.e.* « *l'étude du droit non pas comme un moyen d'acquérir des compétences professionnelles traditionnelles, mais "de l'extérieur" grâce à l'utilisation de méthodes scientifiques et en sciences humaines*

---

1. G. Wilson fait le même constat au même moment en Angleterre : « English Legal Scholarship » 50, *Modern Law Review*, 1987, p. 824.

2. R. A. Posner, « The Decline of Law as an Autonomous Discipline: 1962-1987 », 100, *Harvard Law Review*, 1987, p. 773.

3. N. Duxbury, « A Century of Legal Studies », cit., p. 957.

4. L'interdisciplinarité semble toutefois moins prononcer pour l'étude du droit constitutionnel : M. Kumm, « On the past and future of European constitutional scholarship » 3, *I-Con*, 2009, p 411.

5. R. A. Posner, *op. cit.*, p. 778.

permettant d'élargir notre connaissance du système juridique »[1]. En 2002, il nuance cependant son exposé critique et conseille de revenir à l'analyse doctrinale, aussi ennuyeuse et étroite qu'elle puisse être, car elle est utile et permet d'offrir les conditions nécessaires et minimales à un débat de qualité[2]. C'est sans doute plus le professeur de droit qui s'exprime dans la première contribution que le juge venant à peine d'être nommé. En revanche, le juge a probablement pris le dessus dans la seconde contribution. De manière générale, les juges américains, qui n'hésitent pas à citer les travaux académiques, s'inspirent librement aussi bien des juristes positivistes que des juristes ouverts sur les disciplines extérieures au droit.

L'influence mondiale du milieu académique américain se fait désormais sentir sur les études européennes. La thèse d'une américanisation de la doctrine communautariste a été évoquée dans une précédente Leçon (Leçon 5 § 1). Le monde académique britannique participe largement à ce mouvement puisqu'il partage avec le milieu académique américain le rejet des études juridiques d'un point de vue strictement interne et a développé à partir des années 1960 de nouvelles perspectives sur le droit[3], en particulier l'approche socio-juridique ou *Law in Context*. Cette approche a notamment pour objectif de ne pas couper le droit de la réalité sociale. Malgré les défaillances de l'interdisciplinarité, certains y voient une chance d'offrir des éclairages renouvelés sur le droit communautaire et les implications de la construction européenne[4] (on peut aussi penser que c'est une manière de résister à l'attraction exercée par les *law schools* américaines sur les étudiants).

Notre propre proposition est à la fois motivée par la complexité des contextes épistémologiques auxquels les constitutionnalistes sont désormais appelés à se confronter et par la prise de conscience qui prend forme au sein des études européennes même en France[5]. Ce qui se joue, c'est notre contribution à la recherche collective de la connaissance (sur

1. *Ibid.*, p. 779.

2. R.A. Posner, « Legal Scholarship Today » 115, *Harvard Law Review*, 2002, p. 1324.

3. W. Twining, *Blackstone's Tower: The English Law School*, Londres, Sweet & Maxwell, 1994, p. 141 et s. F. Cownie, *Legal Academics: Culture and Identities*, Oxford, Hart, 2004, p. 135 et s. : cet auteur fait remarquer que les procédures d'évaluation introduites en 1986 par le gouvernement Thatcher ont participé de la modification du travail universitaire chez les juristes et, plus particulièrement, la valorisation de la recherche a rapproché le droit des autres disciplines et renforcé la recherche empirique et le point de vue externe sur le droit.

4. A. Arnull, « The Americanization of EU Law scholarship », *in* A. Arnull, P. Eeckhout, T. Tridimas (eds.), *Continuity and Change in EU Law. Essays in Honour of Sir Francis Jacobs*, Oxford, Oxford University Press, 2008, p. 431.

5. Des objets singuliers sont ainsi mis en commun notamment avec des philosophes : par exemple, O. Dubos, J.-P. Marguénaud (dir.), *Animaux et droits européens*, Paris, Pedone, 2009.

le droit en général et le droit constitutionnel en particulier). À cet égard le projet interdisciplinaire s'inscrit dans une perspective dialectique dont le trait le plus significatif consiste à relativiser à la fois les identités et les différences. Cette démarche se marie parfaitement avec un comparatisme qui reconnaît l'intérêt à étudier aussi bien les identités que les différences des droits. Car il admet que l'on a autant à apprendre des dissemblances que des similitudes. En pratiquant le va-et-vient entre plusieurs savoirs et en travaillant tant sur les identités que sur les différences des droits, le comparatisme met en évidence la fécondité de l'entre-deux où s'affrontent, se croisent et parfois convergent les prétentions en présence. Différencier les points de vue ne signifie pas dissoudre le droit, mais poser des questions différentes sur le droit selon que l'on est juriste ou sociologue ou historien. Il existe des questions purement dogmatiques : par exemple, quelle est l'interprétation donnée à telle règle de droit par un juriste ? Alors qu'à propos de cette même règle, le sociologue posera la question : quelle est son effectivité dans la société ? L'association des deux démarches peut aider par exemple le juge dans sa prise de décision ou le chercheur dans une compréhension complexe du droit tel qu'il est conçu, interprété et appliqué.

Cette proposition est raisonnable et surtout praticable. Ce serait d'ailleurs une erreur de croire que la doctrine française du droit constitutionnel est complètement fermée à l'interdisciplinarité. Il y a toujours eu un lien avec d'autres disciplines telles que la philosophie et l'histoire. Cela tient en partie à la nature du droit constitutionnel, mais « [c]*ette nature hétérogène mi-juridique mi-politique perturbe fort les juspositivistes – un droit mou ne bénéficiant pas de la même considération qu'un droit réellement normatif assorti d'un contentieux digne de ce nom* »[1]. Le travail d'une partie de la doctrine constitutionnaliste a consisté à se dégager de cette conception. Le principal artisan de cette démarche d'émancipation à partir des années 1980 est Louis Favoreu qui, en s'appuyant sur le rôle grandissant du Conseil constitutionnel, devient le promoteur de la constitution normative (sur cette conception, voir Leçon 10 § 1). Cette volonté a été consolidée « *à l'intérieur de la corporation des juristes,* [par] *une certaine déconsidération qui conduisait à dénier à la discipline du droit constitutionnel sa qualité de discipline scientifique* »[2]. Le processus de normalisation qui a permis au droit constitutionnel de se rapprocher, sur le plan épistémologique, des méthodes pratiquées par les autres disciplines juridiques et tout particulièrement du commentaire d'arrêts, serait partiellement remis en cause par

1. C. Bidegaray, C. Emeri, « Du droit constitutionnel au gouvernement comparé », *in Études offertes à Jean-Marie Auby*, Paris, Dalloz, 1992, p. 447.

2. A. Viala, « De la promotion d'une règle à la normalisation d'une discipline », *in* B. Mathieu (dir.), *1958-2008 Cinquantième anniversaire de la Constitution française*, Paris, Dalloz, 2008, p. 524.

le projet interdisciplinaire ici avancé. On imagine donc aisément les résistances à un tel projet qui pour beaucoup pourrait paraître comme une régression. Toutefois, si on évite une interdisciplinarité débridée, si l'on contient les risques d'approximation conceptuelle, cette approche n'est en rien régressive. Mais il faut le reconnaître : vouloir comprendre le droit, en portant son regard au-delà des règles de droit écrit, peut comporter des incertitudes et c'est sans doute là le prix à payer pour une compréhension sortant des chemins balisés.

§ 2. Les différentes approches interdisciplinaires en droit constitutionnel

Le projet interdisciplinaire prend des formes différentes : l'une, traditionnelle et l'autre, actualisée dès lors qu'il s'agit de s'ouvrir sur des savoirs qui ne sont pas habituellement associés au droit constitutionnel. Cette dichotomie est sans doute simplificatrice mais elle a le mérite de rendre compte des évolutions internes à la doctrine constitutionnelle française. Il faut ici reconnaître la difficulté à tenir un propos comparatif, même si on n'y renonce pas complètement en apportant un éclairage sur des apports méthodologiques qui devraient permettre de s'acheminer vers de nouveaux horizons.

A. L'interdisciplinarité traditionnelle

Cette interdisciplinarité est qualifiée de « traditionnelle » car les philosophes, les politistes et les constitutionnalistes partagent un héritage commun qu'ils tiennent de la tradition gréco-romaine et qu'ils retrouvent chez les auteurs classiques évoqués dès le premier chapitre (voir sur Montesquieu, Leçon 2 § 1). C'est d'ailleurs moins une question d'interdisciplinarité que de conception du droit constitutionnel[1]. Les liens entre histoire et droit constitutionnel, d'une part, et science politique et droit constitutionnel, d'autre part, sont étroits. Ce ne sont généralement que des questions de délimitation et de partage des territoires scientifiques qui ont rendu et rendent encore, parfois, difficiles les échanges. L'apport de la science politique présente d'ailleurs des perspectives différentes selon qu'on l'interroge à partir de la France ou des États-Unis.

1. Ainsi, les fondateurs de la nouvelle revue électronique, *Jus Politicum*, se proposent-ils d'analyser le droit constitutionnel non seulement à travers les normes, mais aussi comme point de rencontre entre les questions politiques et juridiques : « *[...] lorsque la règle est comprise à la lumière de sa pratique, de son histoire, de son soubassement philosophique : à la lumière de cette culture, en un mot, qui seule lui donne son véritable sens* » : Présentation de la revue (premier numéro consacré au droit politique) disponible à l'adresse suivante : http://www.juspoliticum.com

1) Histoire et droit constitutionnel

Le texte de la conférence délivrée (mais restée inédite)[1] par A. V. Dicey (1835-1922) constitue un bon point de départ pour rendre compte de l'intérêt qu'il y a à adopter une démarche historique. Dicey, lointain successeur de Blackstone (1723-1780), est surtout connu comme le promoteur de l'approche analytique de la Constitution anglaise, mais, dans cette conférence inédite, il propose trois approches de la constitution : les méthodes analytique, historique et comparative. Ils dissocient chacune de ces méthodes pour mieux s'intéresser aux interférences entre elles. Cela est précieux pour notre propos.

La méthode analytique correspond à l'explication neutre (sans parti pris) de la Constitution anglaise. Il est peu prolixe sur cette méthode qu'il considère toutefois première et qui a fondé son propre commentaire de la constitution : dans *Introduction to the Study of the Law of the Constitution* (dont la première édition date de 1885), il définit le devoir du professeur comme consistant « *non pas à attaquer ou bien à défendre la constitution, mais simplement à expliquer ses dispositions* »[2]. La Constitution anglaise doit être analysée du strict point de vue juridique. Dans sa conférence de Liverpool en 1894, il la juge néanmoins insuffisante et, par conséquent, elle doit être complétée entre autre par la méthode historique[3]. À propos de cette dernière méthode, le juriste victorien dénonce deux écueils à éviter : d'une part, l'histoire peut conduire à une érudition stérile et, d'autre part, il y a un risque de confusion entre explication historique et justification morale ou intellectuelle. En effet, ce n'est pas la même chose de montrer comment une institution est née et de s'interroger sur le bien-fondé de son existence.

Le véritable gain d'une démarche historique ne réside pas tant dans son intérêt pour le passé que dans la possibilité qu'elle offre de comparer l'institution lors des différentes phases de son développement et, en particulier, celle où elle a été pensée et créée et celle où

1. Ce manuscrit peut être consulté à la *Codrington Library*, *All Souls College*, Oxford (MS 323) : A. V. Dicey, *The Comparative Study of the Constitution*. À noter qu'il y a plusieurs versions manuscrites de cette conférence dont l'auteur a donné une présentation à Liverpool en 1894. Depuis la consultation de ce manuscrit, a été publié sous la direction de J.W.F. Allison un ensemble de conférences, largement inédites, dédiées à l'étude comparative de la constitution que Dicey pensait réunir dans un ouvrage de droit constitutionnel comparé (Commonwealth, États-Unis, France et Prusse). Il n'a toutefois pas réussi à achever ce livre avant sa mort. A. V. Dicey, *Comparative Constitutionalism*, Oxford, Oxford University Press, 2013.

2. A. V. Dicey, *Introduction to the Study of the Law of the Constitution*, Londres, Macmillan, 10e éd., 1959, p. 4.

3. Selon Dicey : « *It is obvious however that English institutions being what they are an author who strictly confined himself to the use of analytical method could not produce a satisfactory exposition of the English constitution. He must of necessity have some recourse to history* ».

elle est en vigueur. On y gagne non seulement une connaissance du passé, mais aussi une meilleure compréhension du présent. Dicey formule ainsi une interrogation majeure : comment le passé contribue-t-il à éclairer le présent ?

Pour Dicey, la complémentarité entre cette méthode et l'approche comparative est posée dans les termes suivants : « [L]*'histoire est comparaison alors que la comparaison n'a pas besoin de l'histoire. La méthode historique est au mieux une illustration de la méthode comparative* »[1]. Cette dernière peut être aussi bien diachronique que non diachronique. Il ne voit dans la méthode comparative qu'une méthode complémentaire, mais la recommande pour plusieurs raisons (il y consacre d'ailleurs beaucoup plus d'attention qu'aux deux autres méthodes et son propos vise à convaincre son auditoire de l'intérêt qu'il y a à la pratiquer). D'abord, cette méthode appliquée à la Constitution anglaise permet de mettre en lumière des aspects qui seraient restés dans l'ombre : « *Ils* [les constitutionnalistes anglais] *ne voient pas les particularités de la constitution anglaise car ils ont accordé peu d'attention aux institutions des autres pays* ». Le bénéfice de cette approche est de réfléchir sur les impensés de ses propres institutions : ce qui relève de l'habitude ; ce qui ne nécessite pas d'explication. Ensuite, elle permet de découvrir de nouvelles ressemblances et, au contraire, des dissemblances entre les différentes constitutions et de les regrouper en accord avec de nouveaux principes (il s'interroge sur la classification des régimes parlementaires). Enfin, l'étude comparative des aménagements constitutionnels permet d'identifier différentes formes de constitutionnalismes.

Les enseignements de Dicey appellent deux commentaires : l'un spécifique, lié à l'étude de la Constitution anglaise et l'autre d'une portée plus générale. La démarche historique est incontournable pour les constitutionnalistes anglais puisque la Constitution anglaise, plutôt que d'être qualifiée de « non écrite », mérite la qualification retenue par Dicey « *une constitution historique* ». Avec pertinence, Vernon Bogdanor souligne que l'absence de constitution codifiée est « *la conséquence (et non pas la cause) d'un contexte stable et consensuel* »[2]. Dans la définition que Dicey donne de la « *constitution historique* », trois éléments sont en effet combinés : une origine immémoriale, une continuité sans rupture et la connexion avec l'histoire du pays. En quelque sorte, le constitutionnaliste n'a pas le choix, il doit être historien car c'est la manière la plus pertinente

---

1. On pense à la célèbre formule de l'historien et contemporain de Dicey, F. W. Maitland : « *History involves comparison* », *in* «Why the History of English Law is Not Written », *in* H.A.L. Fisher (ed.), *The Collected Papers of Frederic William Maitland*, vol. 1, Cambridge, Cambridge University Press, 1911, p. 488.

2. V. Bogdanor, « Constitutional Law and Politics » 7, *Oxford Journal of Legal Studies*, 1987, p. 456.

pour appréhender la Constitution anglaise. Cela est d'ailleurs toujours valable[1].

J.W.F. Allison a consacré un ouvrage à la constitution historique anglaise et, dans l'introduction, il revient sur l'apport méthodologique de Dicey : il propose de dépasser ses enseignements[2]. D'abord, il récuse la prédominance de la méthode analytique qui a conduit à créer trois obstacles épistémologiques : fidélité, ossification et insularité. À propos de l'ossification, il précise que le point de vue historique est mis à l'écart et, par conséquent, Dicey se « *concentre sur la forme et non la formation* »[3] de la constitution. Il lui reproche ensuite d'offrir la même approche analytique d'une édition à l'autre de son ouvrage majeur, *Introduction to the Study of the Law of the Constitution*, en œuvrant ainsi à l'ossification d'une constitution vivante. En outre, Dicey aurait eu recours aux expériences étrangères non pas en tant que sources d'inspiration, mais en tant que « *anti-modèles en vue de démontrer la singularité* »[4] des règles et principes de la Constitution anglaise. Ici, apparaît une parfaite illustration de la divergence des buts poursuivis : Dicey prône une comparaison différentielle alors que J.W. Allison défend une comparaison intégrative ou, du moins, plus attentive à l'influence des expériences étrangères et surtout du droit européen sur le droit anglais. La critique la plus incisive ne regarde pas tant l'approche comparative que l'approche historique. Allison défend une conception historique de la constitution qui insiste sur la continuité et sur le changement[5]. Or, il reproche à Dicey d'avoir contribué au déclin de cette conception de deux manières : d'abord, en accordant trop d'importance à la méthode analytique et, ensuite, en ayant une conception purement formelle du changement. Par conséquent, les auteurs anglais se sont trop peu intéressés aux modes par lesquels la légitimité de tout changement est achevée.

La spécificité du cas anglais obère-t-il les enseignements de Dicey ? Nullement. D'abord, on retiendra la Leçon sur la pluralité des méthodes à déployer pour l'étude des constitutions (sur laquelle on a déjà amplement insisté dans cet ouvrage). Ensuite, la démarche historique n'est pas forcément nécessaire, mais le cas anglais montre bien l'interdépendance entre l'objet d'étude et la ou les méthodes choisie(s). Enfin, la comparaison peut être menée sans approche historique sur la base de principes abstraits et selon une méthode déductive. Mais l'analyse historique permet de dépasser le statisme

1. En langue française, D. Baranger, *Écrire la constitution non écrite : une introduction au droit politique britannique*, Paris, PUF, coll. Léviathan, 2008.

2. J.W.F. Allison, *The English Historical Constitution. Continuity, Change and European Effects*, Cambridge, Cambridge University Press, 2007, p. 7 et s.

3. *Ibid.*, p. 9.

4. *Ibid.*, p. 9.

5. *Ibid.*, p. 16 et s.

des notions pour envisager les modalités de production et de transformation des systèmes de sens dans le temps. Le normativisme kelsénien limite en revanche le discours sur l'historicité du droit pour ne voir les concepts que comme de purs produits logiques. La démarche historique suppose au contraire de reconnaître que l'évolution du droit est inséparable de l'évolution de la société[1].

Au-delà des spécificités nationales et de l'intérêt à mieux comprendre les agencements institutionnels issus du passé, l'analyse historique permet d'éviter l'idéalisme juridique en pensant les concepts dans leurs contextes réels[2]. Il ne s'agit pas de nier les principes communs aux droits constitutionnels, mais de les réinsérer dans leur contexte historique, social et politique. L'analyse historico-sémantique des concepts développée par l'école allemande, *Begriffsgeschichte*, menée par les historiens Otto Brunner et Reinhart Koselleck[3] permet aux constitutionnalistes de mieux comprendre les enjeux théoriques les plus complexes sur l'origine et l'évolution des concepts[4]. L'histoire des concepts se distingue de l'histoire des idées qui débat notamment des idées élaborées par les grands penseurs politiques. En revanche, l'analyse historico-sémantique se focalise sur l'usage des mots et vise à découvrir la signification et le contenu notionnel de ces mots « *dans la conscience de l'époque* » qui est la « *notion clé* » de la *Begriffsgeschichte* : « *La conscience de l'époque se manifeste dans la langue, raison pour laquelle les textes d'époque doivent être analysés en fonction des notions et de leur emploi* »[5]. Cette approche permet ainsi d'éviter un écueil récurrent de la démarche historique : celui du « présentisme », *i.e.* des anachronismes des faits ou/et des concepts et des extrapolations, chausse-trapes d'ailleurs bien connues du comparatiste (voir nos remarques sur les pièges du langage et de la culture, Leçon 4 § 1).

1. G. Zagrebelsky, « Storia e costituzione » (1993), *in* Id., *Intorno alla legge*, Turin, Einaudi, 2009, p. 179 et s.

2. Comparer les positions respectives du juriste M. Troper, « Sur l'usage des concepts juridiques en histoire » (p. 1171 et s.) et de l'historien F. Furet, « Concepts juridiques et conjoncture révolutionnaire », *Annales ESC*, 1992, n° 6, p. 1185 et s.

3. O. Brunner, W. Conze, R. Koselleck (dir.), *Geschichtliche Grundbegriffe. Historisches Lexikon zur politisch-sozialen Sprache in Deutschland*, Klett-Cotta, Stuttgart, 8 tomes (1974-1997). En langue française, voir sur la question méthodologique de l'histoire des concepts, R. Koselleck, *Le futur passé. Contribution à la sémantique des temps historiques*, (trad. *Vergangene Zukunft. Zur Semantik geschichtlicher Zeiten*, 1979), Paris, Éditions de l'EHESS, 1990, p. 105 et s. et en part. p. 111.

4. Pour un recours fructueux à cette méthode associée à l'approche comparative, voir L. Heuschling, *État de droit, Rechtsstaat, Rule of Law*, Paris, Dalloz, 2002. Pour une application critique de la *Begriffsgeschichte* : O. Beaud, « L'histoire du concept de constitution en France », *Jus Politicum*, 2009, n° 3.

5. H. Quaritsch, « Otto Brunner ou le tournant dans l'écriture de l'histoire constitutionnelle allemande », *Droits*, 22-1995, p. 148.

L'articulation entre l'histoire et le droit constitutionnel se fait grâce à l'histoire constitutionnelle qui s'intéresse tant aux institutions qu'aux règles, représentations et pratiques[1]. Cette discipline ne bénéficie pas, dans la plupart des pays européens, d'un statut autonome et reste dépendante de plusieurs autres disciplines à savoir, outre le droit constitutionnel, l'histoire des idées et l'histoire politique. Cela joue plutôt en faveur d'une interdisciplinarité renforcée[2]. En revanche, l'histoire des rapports entre la science politique et le droit constitutionnel est plutôt, du moins en France, l'expression d'une autonomisation réciproque moins favorable à l'échange entre les disciplines malgré des objets d'étude communs.

2) Science politique et droit constitutionnel : l'approche institutionnaliste

Charles Eisenmann a publié en 1957 un article intitulé « Droit constitutionnel et science politique »[3] dans lequel il trace les rapports entre les deux disciplines. Cet article est un bon point de départ pour comprendre en quoi ces deux disciplines sont complémentaires et ce qu'elles ont à gagner à ne pas s'ignorer.

Eisenmann souligne d'abord les objets d'étude qu'elles partagent : le système de gouvernement, l'organisation du régime politique des États et les collectivités politiques dont principalement l'État. Il met ensuite en relief les différences d'approches qui ont été accentuées de manière à renforcer l'autonomie de la discipline nouvelle (la science politique) par rapport à la plus ancienne. La démarche des politistes a consisté à nier la similitude d'objets par l'approche spécifique qu'ils ont développée afin de se différencier. Alors que le droit constitutionnel aurait pour objet d'étude les seules règles organisant le pouvoir politique, la science politique se concentrerait sur l'exercice effectif du pouvoir et donc le fonctionnement réel des systèmes politiques. En un mot : les règles de droit aux juristes et les faits politiques aux politistes. Cette répartition des tâches reposerait sur des méthodes différentes : d'une part, l'exégèse des textes juridiques, un raisonnement déductif et donc une discipline juridique dogmatique et logique

1. D. Baranger, « Le piège du droit constitutionnel », *Jus Politicum*, 2009, n° 3, [http://juspoliticum.com/article/Le-piege-du-droit-constitutionnel-146.html].
Add. C.-M. Herrera, A. Le Pillouer (dir.), *Comment écrit-on l'histoire constitutionnelle ?*, Paris, Kimé, 2012.

2. Voir l'entretien donné (en espagnol) par le constitutionnaliste allemand E.-W. Böckenförde à la revue annuelle d'histoire constitutionnelle en ligne, *Historia costitucional*, 2004, n° 5 : http://hc.rediris.es

3. Cet article initialement publié dans la *Revue internationale d'histoire politique et constitutionnelle* (1957) a été repris dans C. Eisenmann, *Écrits de théorie du droit, de droit constitutionnel et d'idées politiques*, Textes réunis par Ch. Leben, Paris, Éd. Panthéon-Assas, 2002, p. 511 et s.

et, d'autre part, l'étude des relations entre faits, un raisonnement inductif et donc une recherche empirique.

Comme l'avance justement Eisenmann, cette caractérisation est radicale et vise à faire de la science politique l'antithèse de la science du droit constitutionnel. Il conteste cette opposition radicale en rappelant en particulier le célèbre manuel d'A. Esmein lequel ne se borne pas à commenter les constitutions : « *[...] ils* (ouvrages et manuels) *décrivent et essayent d'expliquer, non seulement la naissance et la mort des systèmes et des règles, mais encore – c'est le point qui nous importe surtout – leur vie, c'est-à-dire la manière dont ils sont appliqués... ou dont ils ont été éliminés en fait par une pratique contraire* »[1]. Parallèlement, les politistes ne s'intéressent pas aux seuls faits et prennent également en compte les règles. Eisenmann n'en admet pas moins que la science du droit constitutionnel a été marquée dans les pays de droit codifié par la méthode exégétique. De manière à échapper à « *ces positions étroites* », il soutient entre science politique et science du droit constitutionnel un dualisme modéré « *[...] conforme à la nature des choses, et sain, contrairement à l'esprit de rétrécissement, de cloisonnement, et d'ignorance mutuelle plus ou moins teintée d'hostilité* » ; cette position modérée entraîne au contraire « *l'association de points de vue et questions multiples* »[2].

Pourquoi la position modérée défendue par Eisenmann n'a-t-elle pas été adoptée par les constitutionnalistes et les politistes ? Leur coopération a été marquée en France par un pêché originel sur lequel il convient sans doute de revenir de sorte qu'on comprendra mieux pourquoi les chances de collaborer ont été amputées sur le long terme. L'héritage d'Esmein a été récupéré par Barthélémy lequel a toutefois sacrifié la théorie constitutionnelle pour ne retenir que les faits politiques (déjà souligné dans la Leçon 2 § 1). Dans l'après-seconde guerre mondiale, la science politique connaît un véritable essor accompagné d'une institutionnalisation (deux dates importantes méritent d'être mentionnées : créations de l'Association de science politique en 1949 et de l'agrégation de science politique en 1973). À ce moment là, le pragmatisme de Barthélémy a été à son tour récupéré par Maurice Duverger (figure tutélaire de la science politique) et par certains professeurs de droit (dont Georges Burdeau[3]) de manière à subvertir le droit public par la science politique. Ce condensé des relations entre les deux disciplines ne rend sans doute pas justice aux jeux complexes visant à affirmer la

1. *Ibid.*, p. 518.
2. *Ibid.*, p. 524.
3. Sa contribution aux *Mélanges A. Mestre* exprime un scepticisme sur la constitution nourri par le hiatus entre le droit et les faits qui justifie les avancées de la jeune science politique : G. Burdeau, « Une survivance : la notion de constitution », *L'évolution du droit public. Études en l'honneur d'Achille Mestre*, Paris, Sirey, 1956, p. 53 et s.

science politique dans les facultés de droit, moyen aussi pour les juristes de présenter la science politique comme auxiliaire du droit[1]. Mais là n'est pas l'essentiel du propos et laissons ici les jeux de pouvoir et les questions de délimitations de territoires où chacun pense s'affirmer au détriment de l'autre. On ne peut toutefois nier que cela a participé de la volonté de certains constitutionnalistes et, en tout premier lieu, de Louis Favoreu de réhabiliter le droit constitutionnel comme indépendant de la science politique. Cela a aussi servi le discours d'une certaine science politique (celle inspirée par les travaux du sociologue Pierre Bourdieu) qui y a trouvé le moyen de légitimer son propre processus de normalisation en se dégageant de l'institutionnalisme et, de manière plus générale, de la politique comparée.

Cette répartition des territoires est propre à la France. Il faudrait sans doute faire une histoire comparative de la structuration des disciplines pour mieux comprendre pourquoi ailleurs (ou du moins aux États-Unis) les démarcations, bien qu'en étant aussi nettes, n'empêchent pas des rapports plus ouverts. Mais cela dépasse nos objectifs. Remarquons toutefois une suggestion de Philippe Raynaud qui laisse penser que ce n'est pas seulement une question de structuration des disciplines : le fait que tous, y compris les constitutionnalistes, voient dans la Cour suprême une institution politique qui fait plus que « dire le droit », contribue grandement à la collaboration entre les deux disciplines aux États-Unis (voir aussi nos propos comparatifs sur l'interprétation constitutionnelle, Leçon 10 § 2).

Quoi qu'il en soit, ce qui mérite l'attention, au-delà de cette séparation, c'est la question suivante : quel peut être l'apport de la science politique à la doctrine du droit constitutionnel ? Plusieurs voix se sont élevées depuis l'article séminal de Charles Eisenmann. Parmi les premiers à se faire entendre, le nom de Pierre Avril vient immédiatement à l'esprit : il est sans doute celui qui a le plus œuvré à la réhabilitation de l'étude du droit politique alors que les recherches sur la justice constitutionnelle allaient désormais occuper le terrain[2]. À la fin des années 1980, il publie coup sur coup deux articles[3] qui annoncent son ouvrage sur le droit constitutionnel non écrit. Dans l'introduction de cet ouvrage, il précise brièvement sa méthode. Il propose d'avoir recours à la théorie juridique pour analyser la réalité constitutionnelle à la différence de la science politique

1. P. Raynaud, « Le droit et la science politique », *Jus Politicum*, 2009, n° 2. [http://juspoliticum.com/article/Le-droit-et-la-science-politique-77.html].

2. D'un côté, l'article programmatique de Louis Favoreu publié dans le premier numéro de la *Revue française de droit constitutionnel* (1990) et, de l'autre, l'article de Dominique Rousseau, « Une résurrection, la notion de constitution », *R.D.P.*, 1990, p. 5 et s. Deux côtés d'une même médaille puisque, malgré leurs divergences, ces auteurs ont défendu une conception similaire du droit constitutionnel.

3. « Une revanche du droit constitutionnel », *Pouvoirs*, 1989, n° 49, p. 5 et s. et « La Constitution : Lazare ou Janus ? », *R.D.P.*, 1990, p. 949 et s.

qui l'appréhende par l'observation, mais ce n'est que de la combinaison des deux approches qu'une compréhension du droit constitutionnel tel qu'il est pratiqué peut être proposée : « *Le droit constitutionnel souffre d'hémiplégie s'il s'isole de la science politique. Et réciproquement* »[1].

La contribution précitée du philosophe politique, Philippe Raynaud, s'appuie notamment sur les travaux de Pierre Avril et offre une précision supplémentaire sur les rapports possibles entre le droit et la science politique. Ce qui présente de l'intérêt, c'est « *la manière dont le droit dessine le cadre de ce qui est pensable dans la longue durée, plus encore qu'à l'efficace* [sic] *directe des textes et des décisions* ». Un lien étroit est ici tissé avec l'approche historique.

À côté de ce filon qui peut être qualifié d'institutionnaliste et historique, puisque attaché avant tout à une étude de la constitution comme instrument de gouvernement et des processus réels de la vie constitutionnelle, un autre se dessine qui part du constat que les phénomènes constitutionnels ne sauraient être envisagés indépendamment de leur substrat social et politique. À la dimension politique s'ajoute la dimension sociale. Jacques Chevallier explique le point de vue sociologique dans un article intitulé « Pour une sociologie du droit constitutionnel »[2] : il ne s'agit pas seulement d'élargir les objets étudiés, mais surtout d'enrichir les perspectives classiques en s'intéressant aux rapports de forces sociaux et politiques qui structurent les normes (contextes d'élaboration de la constitution, pratiques politiques), le jeu des acteurs en particulier celui des juges constitutionnels et de la doctrine dans la nouvelle constitution du champ du droit constitutionnel et aussi les usages du droit comme « ressource » par les acteurs autres que les professionnels du droit. Un lien avec la théorie réaliste de l'interprétation soutenue par Michel Troper se dessine et mérite d'être souligné. En effet, la théorie réaliste de l'interprétation constitutionnelle conduit aussi à une étude des stratégies des juges et des controverses doctrinales[3]. La séparation de la science du droit constitutionnel et de la sociologie politique ne se justifie plus car l'étude de la constitution ne saurait relever d'une science normative[4]. Michel Troper comprend en effet le droit comme un ensemble non seulement de normes, mais aussi de contraintes réelles liées à l'insertion du juge dans un contexte institutionnel et social. La constitution est un fait. Cette extension du droit le conduit par conséquent à dépasser la frontière qui sépare

1. P. Avril, *Les conventions de la constitution*, Paris, PUF, coll. Léviathan, 1997, p. 13.

2. Dans *Mélanges en l'honneur de Michel Troper*, cit., p. 282 et s.

3. « La signature des ordonnances. Fonctions d'une controverse », *in Pour une théorie juridique de l'État*, Paris, PUF, 1994, p. 275 et s.

4. « Le problème de l'interprétation et la théorie de la supralégalité constitutionnelle », *in Pour une théorie juridique de l'État*, cit., p. 314.

le droit constitutionnel et la sociologie politique afin de s'intéresser aux discours doctrinaux, aux comportements des juges constitutionnels et à leurs stratégies. Cette démarche a connu un certain engouement, avec des présupposés différents[1], dans le champ de la science politique : en partant d'une analyse des institutions et tout particulièrement du Conseil constitutionnel, une nouvelle génération de politistes a réinvesti le champ du droit laissé aux juristes pour déconstruire les discours juridiques et pour s'interroger sur le processus de normalisation ayant permis au droit constitutionnel de devenir un « vrai » droit[2].

Les deux démarches ici exposées ont des perceptions différentes du droit. L'intérêt du droit constitutionnel à être éclairé par ces démarches (quel que soit le filon retenu) est double : s'intéresser à des objets ignorés par les tenants de la constitution normative (tels que les processus réels de la vie constitutionnelle, les règles non écrites, les symboles, les stratégies des acteurs constitutionnels...) et éviter l'idéalisme juridique (car le droit ne détermine pas les comportements, mais peut seulement les conditionner). L'approche quantitative répond au même intérêt en cherchant à mieux prendre en compte les faits qui entourent le droit ou à transformer le matériau juridique en donnée.

3) Science politique et droit constitutionnel : l'approche quantitative

La politique comparée est loin de souffrir du même manque de légitimation dans le monde anglo-américain[3] qu'en France. La science politique française a toutefois redécouvert au cours de la dernière décennie l'intérêt du comparatisme sous la pression d'un recours sans cesse grandissant aux expériences étrangères dans les politiques publiques[4]. La politique comparée divisée entre quantitativistes et qualitativistes (sans que cette division soit totalement étanche) a influencé fortement les études de droit constitutionnel

1. Cette démarche repose sur le programme de sociologie du droit proposé par Pierre Bourdieu qui vise à expliquer les discours et les pratiques juridiques tels que les conçoivent les juristes : P. Bourdieu, « La force du droit. Éléments pour une sociologie du champ juridique », *Actes de la recherche en sciences sociales*, 1986, n° 64, p. 3 et s.

2. Voir en particulier les travaux de B. François, notamment « La constitution du droit ? La doctrine constitutionnelle à la recherche d'une légitimité juridique et d'un horizon pratique », *in* J. Chevallier (dir.), *La doctrine*, Paris, PUF, 1993, p. 210 et s.

3. Voir P. Schmitter, « La nature et le futur de la politique comparée », *Revue internationale de politique comparée*, 2007, n° 4, p. 613 et s.

4. Voir l'introduction au dossier « L'étranger ou la question des modèles et des transferts » : T. Frinault, C. Le Bart, « L'exemplarité de l'étranger », *R.F.S.P.*, 2009, n° 4, p. 629 et s.

comparé aux États-Unis[1]. Un mouvement de fond s'est en effet déployé favorable à l'emploi de méthodes quantitatives, en particulier sous l'influence de « l'École de Chicago » et des travaux de Tom Ginsburg[2]. Plusieurs méthodes quantitatives sont identifiables[3], mais on attirera l'attention sur celles qui visent à compter des faits (le nombre de mots dans une constitution ou encore la durée de vie des constitutions), voire des objets juridiques notamment constitutionnels (droits, citations de précédents étrangers) en établissant des statistiques[4]. Le matériel juridique devient une donnée : l'approche quantitative implique une recherche basée sur un nombre prédéfini de catégories et de variables, au sein de laquelle les faits les plus pertinents sont quantifiés et traités par des formulations numériques ; par exemple, des récurrences statistiques, des indices de cohérence des variables ou des complexes de variables. Pour être précis, il convient d'ajouter qu'il est aussi possible (grâce à des ordinateurs toujours plus puissants) d'inclure de nouvelles informations de manière à faire évoluer les « catégories » et les « variables ». Dès lors, elles ne sont pas figées une fois pour toutes, même si, pour commencer, il a fallu prédéfinir de telles « catégories » et « variables ».

Ces méthodes prennent aujourd'hui une place sans cesse grandissante pour saisir une réalité constitutionnelle[5]. Elles méritent en effet l'attention : d'abord parce qu'elles permettent une analyse d'un monde juridique désormais global et complexe. Ces méthodes ont toutes leur place puisque la globalisation est un phénomène visible

1. Quelques thèses françaises ont aussi pris cette direction : voir en particulier, S. Schott, *L'initiative populaire dans les États fédérés allemands. Contribution à la connaissance d'une institution démocratique*, Paris, LGDJ, Bibliothèque constitutionnelle et de science politique, Tome 139, 2012 ; C. Vintzel, *Les armes du Gouvernement dans la procédure législative*, Paris, Dalloz, 2011.

2. T. Ginsburg a mené en particulier un travail sur la durée de vie des constitutions, puis sur la longueur des textes constitutionnels à travers le monde : voir le site www.constituteproject.org ; Z. Elkins, T. Ginsburg, J. Melton (dir.), *The Endurance of National Constitutions*, Cambridge, Cambridge University Press, 2009 ; T. Ginsburg, « Constitutional Specificity, Unwritten Understandings and Constitutional Agreement », *in* A. Sajò, R. Uitz (dir.), *Constitutional Topography: Values and Constitutions*, The Hague, Eleven International Publishing, 2010, p. 69 et s.

3. Pour plus de détails sur ces méthodes en droit comparé, voir M. Siems, « New Directions in Comparative Law », *in* M. Reimann, R. Zimmermann (eds.), *The Oxford Handbook of Comparative Law*, Oxford, Oxford University Press, 2nd ed., 2019, p. 852 et s. ; H. Spamann, « Emperical Comparative Law », *Annual Review of Law and Social Sciences*, 2015, vol. 11, p. 131 et s.

4. Stéphane Schott souligne lui aussi qu'il n'existe pas une mais des méthodes en vue d'analyser les données. En outre, il met en évidence que l'analyse des données permet d'en traiter un grand nombre de nature différente. S. Schott, « La modélisation au service des modèles : l'exemple des formes de législation populaire en Allemagne », *Politeia*, n° 26, 2014, p. 128.

5. A. Meuwese, M. Versteeg, « Quantitative methods for comparative constitutional law », *in* M. Adams, J. Bomhoff (eds.), *Practice and Theory in Comparative Law*, Cambridge University Press, 2012, p. 230.

et tentaculaire, notamment en raison de l'intensification et l'accélération des échanges[1]. C'est aussi une question de quantité, voire une question quantifiable. Si, épistémologiquement, ce choix est justifié, cela suppose d'un point de vue méthodologique de réfléchir à l'utilisation des méthodes quantitatives et, donc, plus généralement, de s'interroger sur l'intérêt même du pluralisme méthodologique. Ce dernier ne signifie pas une juxtaposition de méthodes, mais une articulation de celles-ci pour une meilleure compréhension de l'objet étudié. Assurément, les méthodes quantitatives peuvent être utiles pour sélectionner les cas à étudier en vue d'une étude comparative plus approfondie. Leur utilisation appelle toutefois à la prudence, le chercheur en droit ne devant pas négliger de contextualiser les données quantitatives en vue d'une analyse qualitative[2].

Néanmoins, sous l'impulsion des constitutionnalistes nord-américains issus de la science politique, ces méthodes quantitatives sont perçues comme « *la nouvelle frontière méthodologique du droit (constitutionnel) comparé*[3] » : une autre manière de pratiquer la comparaison détachée du contexte national (langue, système juridique pris dans son ensemble, culture) dans lequel les normes juridiques s'enracinent. Cette vision, toutefois, appauvrit la comparaison des droits.

D'abord, tous les objets juridiques ne se prêtent pas à une analyse quantitative. Quel est l'intérêt d'une telle analyse des droits et libertés dans les catalogues constitutionnels élaborés dans l'aprèsguerre ? Certes, il est possible d'affirmer un « *constitutionnalisme global formel*[4] ». Puisqu'un grand nombre de droits constitutionnels sont « *génériques* », certains d'entre eux ont été retrouvés dans pas moins de 97 % des constitutions en vigueur en 2006 : la liberté de religion, la liberté d'expression, le droit de propriété et le principe d'égalité[5]. David S. Law et Mila Versteeg rapprochent même dans leur étude les catalogues des Constitutions luxembourgeoise et nord-coréenne pour en souligner les similarités formelles, lesquelles

1. Les temps ont changé. Les réserves formulées par Bruce Ackerman, peu confiant dans les études quantitatives en raison d'une diffusion limitée du constitutionnalisme, peuvent être désormais écartées. Voir B. Ackerman, « The Rise of World Constitutionalism » 83, *Virginia Law Review*, 1997, p. 775.

2. On parle alors de recherche empirique mixte : voir L. Epstein, A.D. Martin, *An Introduction to Empirical Legal Research*, Oxford, Oxford University Press, 2014. Il existe par ailleurs une association des études juridiques empiriques (*Society for Emperical Legal Studies*) et une revue (*Journal of Emperical Legal Studies*) adossée à cette association : https://www.lawschool.cornell.edu/sels/

3. A. Meuwese, M. Versteeg, *op. cit.*, p. 255.

4. D. S. Law, M. Versteeg, « The Evolution and Ideology of Global Constitutionalism », *California Law Review*, n° 99, 2011, p. 1170.

5. Ce sont les quatre droits les plus fréquemment formulés dans les catalogues constitutionnels : *ibid.*, p. 1200.

sautent aux yeux, notamment concernant les droits des travailleurs et le droit de propriété.

Toutefois, cette analyse ne repose sur aucun effort comparatif et appauvrit plutôt la comparaison, puisque les catalogues des droits en eux-mêmes ne disent que très peu de la réalité constitutionnelle. Cela est, en particulier, vrai de l'effectivité des garanties pour les droits et libertés, malgré la reconnaissance de différentes formes de contrôle de constitutionnalité (cette reconnaissance a nettement progressé depuis 1946, en passant d'une présence de 25 % à 82 % des constitutions en 2006, sans compter les développements non formels comme pour les États-Unis[1]). La formulation des droits est certes un indicateur précieux sur leur degré de justiciabilité. Néanmoins, l'essentiel pour les droits n'est pas tant d'être reconnus que garantis, c'est-à-dire qu'une fois consacrés, il appartient aux juges, au nom de la concrétisation de la constitution, d'assurer leur respect, notamment en évitant que, sous couvert de son pouvoir discrétionnaire, le législateur ne fasse rien et, ainsi, vide de tout sens la constitution. Plus généralement, l'approche formelle des constitutions déracine les concepts qu'elles contiennent. On ne sait pas d'où ils viennent, on ne connaît pas leur histoire. On croit reconnaître le même droit derrière les mêmes mots, alors qu'il appartient, pourtant, au comparatiste de révéler les hiatus implicites (voir Leçon 12 § 1). En contrepartie d'une certaine forme de réductionnisme, l'approche formelle accompagnée d'une démarche quantitative autorise le traitement d'un grand nombre de constitutions et l'évaluation quantitative de l'exhaustivité des catalogues de droits, même si les résultats sont sans surprise : les auteurs mettent en avant la tendance à l'augmentation du nombre de droits reconnus dans les catalogues constitutionnels depuis 1946. Quantifier rend compte de la perception de la diffusion des droits, mais n'explique pas les raisons de cette prolifération.

Ces critiques ne disqualifient pas l'approche quantitative mais invitent à la combiner avec une analyse qualitative. Cette approche quantitative s'est avérée fort utile pour vérifier la réalité constitutionnelle d'une métaphore doctrinale : le dialogue entre les juges constitutionnels. La représentation d'une chose n'épuise pas la réalité ; elle participe de sa construction. En effet la doctrine participe par son travail d'imagination et de conceptualisation à la mise en image de l'image même. Il y a une sorte de relation circulaire qui s'instaure entre l'objet étudié et la réalité : une influence réciproque s'exerce. Ainsi, la doctrine a-t-elle construit une représentation imagée de la circulation des décisions constitutionnelles à travers le monde. Cette représentation a été initialement construite sur la base de quelques décisions mais, en aucun cas, sur le fondement d'une étude quantitative des citations des précédents étrangers par

1. *Ibid.*, p. 1199.

les cours (suprêmes ou constitutionnelles). Depuis que ce thème de recherche est devenu central au sein des études constitutionnelles comparatives (voir Leçon 6 § 2), il faut bien reconnaître qu'une certaine confusion règne sur l'objet même d'échange entre les juges. Car souvent les juges ne citent pas explicitement ou alors ils citent, mais de manière incomplète, ou encore ils se réfèrent de manière plus vague à des matériaux étrangers (constitutions, législations, doctrine…) sans forcément les identifier avec précision. Ce sont certes des indices qui permettent d'apprécier l'influence implicite des précédents étrangers. Une analyse quantitative suppose d'abord de se mettre d'accord sur l'objet étudié et, sur la base de mêmes critères, d'identifier dans les décisions rendues sur une même période, les citations explicites des décisions constitutionnelles étrangères, de manière à comprendre la réalité de cette communication transnationale entre juges[1]. Il est ressorti de notre étude collective que les citations de précédents étrangers montrent « quelque chose » mais ce « quelque chose » a sans doute été mal dénommé. Autrement dit, plutôt que d'un dialogue, il s'agit le plus souvent d'un monologue. L'échange de citations reste plutôt rare (même quantitativement) et dans un groupe bien défini. Pour autant, il convient de ne pas méconnaître le potentiel de suggestion de cette mauvaise dénomination : elle participe de la transformation de notre approche collective à l'égard de la signification normative d'objets juridiques nouveaux. Si l'idée doctrinale n'est pas vraie, elle peut cependant contribuer à faire connaître des vérités que la réalité même ne peut pas nous apprendre. Dit d'une autre façon, il ne faut pas sous-estimer la force des idées et reconnaître que cette idée a largement participé à l'expansion d'un constitutionnalisme dit « global » (voir Leçon 10 § 3 sur les différentes formes de constitutionnalisme).

Très franchement, la politique comparée issue de ce filon américain se détache de la science politique française où le courant sociologique est plus présent. Il faut ici répéter que la politique comparée dans cette version anglo-américaine a profondément investi les études constitutionnelles comparatives comme en témoigne l'ouvrage de Ran Hirschl, *Comparative Matters. The Renaissance of Comparative Constitutional Law*[2]. Cet ouvrage affiche comme ambition d'assurer la primauté de la politique comparée sur le droit constitutionnel

1. Il est ensuite possible de distinguer : s'agit-il d'une simple référence ou bien d'une citation de paragraphes entiers ? La citation se trouve-t-elle dans l'opinion de la majorité ou bien dans les opinions séparées des juges ? Pour plus de détails sur la méthodologie suivie, T. Groppi, M.-C. Ponthoreau, « The Methodology of the Research: How to Assess the Reality of the Trans-Judicial Communication? », *in* T. Groppi, M.-C. Ponthoreau (eds.), *The Use of Foreign Precedents by Constitutional Judges*, Oxford, Hart, 2013, p. 1 et s.

2. R. Hirschl, *Comparative Matters. The Renaissance of Comparative Constitutional Law*, Oxford, Oxford University Press, 2014.

comparé, notamment parce que les comparatistes constitutionnalistes s'en tiendraient à une méthode comparative juridique floue alors que la démarche politiste serait méthodologiquement plus rigoureuse[1]. Cela se traduit tout particulièrement dans la promotion de la sélection de cas et des méthodes quantitatives. On observera d'abord que l'on doute très fortement du primat de la politique comparée dans le champ du droit constitutionnel comparé bien que ce savoir puisse apprendre de la politique comparée (voir Leçon 3 § 3 sur l'enquête comparative). Ensuite, l'ouvrage proposé par Hirschl reste très marqué par le contexte intellectuel nord-américain (le reste du monde n'existe pas, sauf le Commonwealth, mais la littérature prise en compte est exclusivement celle reconnue aux États-Unis : voir Leçon 2 § 3), en particulier par la perspective économiste, principalement avancée pour expliquer la globalisation. Enfin, l'étude comparative offre une base empirique à la théorie constitutionnelle. Pour ce faire, le constitutionnaliste a besoin notamment de concepts, sans doute flous, comme par exemple « culture constitutionnelle », « démocratie illibérale » ou « constitutionnalisme abusif » (voir Leçon 10 § 3). L'intérêt pour la réalité constitutionnelle ne signifie pas abandonnée la théorie constitutionnelle car elle seule aide le constitutionnaliste (comparatiste) à penser le droit.

Progresser vers un pluralisme épistémologique à la fois conscient et fondé est un chemin encore long. En tout premier lieu, qu'apporte l'interdisciplinarité à l'une des questions épistémologiques et méthodologiques majeures du comparatisme *i.e.* la construction de la comparabilité ? La réponse n'est ni simple, ni individuelle. Sur ce dernier point, l'impossibilité pour le juriste de droit comparé de maîtriser plusieurs savoirs le conduit de plus en plus souvent à opter pour la recherche collective de manière à combiner les compétences ; ce qui rend encore plus pressante la nécessité d'une véritable pensée de la comparabilité. Le contexte globalisé a joué et joue indéniablement un rôle non négligeable dans le renouvellement du débat théorique[2] sur ce qu'on peut comparer. Sans déprécier les méthodes de la politique comparée, l'approche culturelle du droit constitutionnel s'affirme à leur détriment.

B. L'approche culturelle

La question culturelle constitue à n'en pas douter le nouveau paradigme des recherches juridiques, en particulier, comparatives. Les comparatistes en mettant, en effet, l'accent sur les structures

1. *Ibid.*, p. 186 et 278.

2. R. Hirschl, « From comparative constitutional law to comparative constitutional studies », *I-CON*, 1-2013, p. 1 et s. Pour une vision critique des propositions venant des études constitutionnelles comparatives américaines : C. Möllers, H. Birkenkötter, « Towards a New Conceptualism in Comparative Constitutional Law, or Reviving German Tradition of the *Lehrbuch* », *I-CON*, 3-2014, p. 603 et s.

cognitives les plus répandues proposent de s'interroger sur le cadre des perceptions et des catégories de chaque communauté juridique de manière à expliquer comment chacune comprend le droit. La théorie du droit comparé insiste sur la nécessité de tenir compte de la langue, des institutions, des concepts, valeurs et pratiques juridiques sur lesquels s'articule chaque norme (voir sur la contextualisation, Leçon 3 § 3).

La réappropriation de ces interrogations ne présente pas de difficulté majeure pour le constitutionnaliste qui entend comprendre le droit constitutionnel tel qu'il est conçu, interprété et appliqué. La science constitutionnelle allemande a à sa disposition une double terminologie tout à fait pertinente pour saisir cet objet d'étude : d'un côté, le terme « *Konstitution* » indique la constitution formelle et volontaire et, de l'autre, le terme « *Verfassung* » qui renvoie à la constitution organique et tacite. Ce second terme relève du monde de la culture. Cette double terminologie facilite la formulation d'interrogations sur les bases historiques et matérielles du droit constitutionnel et sur les implications relatives à son interprétation et à son application. Le principal auteur qui a développé, depuis 1982, l'idée de la constitution comme science de la culture est Peter Häberle, en particulier, avec son ouvrage, *Verfassungslehre als Kulturwissenchaf* (Berlin, Duncker & Humblot, 2e éd., 1998). Dans la traduction italienne et partielle de cet ouvrage de plus de mille pages, l'auteur explique, dans la préface, son cheminement et la diffusion du thème de la culture constitutionnelle au sein de la communauté des juristes allemands[1]. Les idées développées ici ne se rattachent néanmoins pas à la position proposée par P. Häberle, faute d'adhérer à l'interprétation constitutionnelle défendue par ce dernier (voir Leçon 10 § 2). Cela n'empêche pas, en revanche, une influence de sa position sur notre propre démarche.

L'approche culturelle se caractérise par la recherche d'une compréhension en profondeur et dans le temps du droit constitutionnel. Ainsi, les études constitutionnelles comparatives ont pour notion clé les cultures constitutionnelles[2] (sur cette notion, voir Leçon 5 § 2) : elles offrent la possibilité d'étudier *différemment* les constitutions et de structurer les problèmes auxquels les constitutionnalistes sont confrontés. Autrement dit, cette approche est au service d'une critique du droit constitutionnel et il ne s'agit nullement d'adopter le point de vue d'une autre science sociale. Les cultures constitutionnelles sont le prisme par lequel le droit

1. P. Häberle, *Per una dottrina della costituzione come scienza della cultura*, Rome, Carocci, 2001.

2. Voir sur les cultures constitutionnelles française, étatsunienne et allemande, A. Buixan, *La culture de la constitution en France. Reconnaissance d'une notion à la lumière des cultures constitutionnelles nationales (France et États-Unis)*, Thèse Université de Rennes 1, 2020.

constitutionnel est analysé de manière à faire comprendre que « *le droit étant jamais qu'un phénomène socialement ancré, il doit émaner de la société et s'inspirer de sa culture, au risque de ne pas être reconnu, donc ne pas être* »[1]. Ainsi, dans un contexte populiste où le gouvernement *sur* les juges a tendance à l'emporter, on comprend mieux que c'est l'enracinement d'une culture constitutionnelle dans laquelle la constitution est vue comme la meilleure garantie contre les excès des gouvernants, qui constitue une protection plus efficace et plus profonde que la justice constitutionnelle[2].

L'étude différenciée de la constitution se manifeste à l'égard de la conception dominante : pour se détacher de la conception de la constitution comprise comme loi suprême qui s'impose de manière quasi exclusive de toute autre conception dans les démocraties consolidées (sur la fonction normative de la constitution, voir Leçon 10 § 1), le constitutionnaliste devrait s'intéresser à la constitution à la fois en tant qu'ensemble de règles de droit et qu'objet symbolique[3]. G. Frankenberg exagère quelque peu lorsqu'il souligne que la dimension symbolique des constitutions a été « *notablement négligée, pour ne pas dire absente, des travaux en droit constitutionnel comparé* »[4] (sur la fonction symbolique de la constitution, voir Leçon 10 § 1). Sa critique soulève néanmoins un point essentiel : l'étude de la constitution sous le seul angle des règles de droit écrites. G. Frankenberg adopte donc, au contraire, une variation d'échelle qui correspond, pour lui, aux différentes « *couches narratives* » de la constitution[5]. Le curseur de l'étude du droit constitutionnel est déplacé de la validité vers la légitimité et l'effectivité des règles et des principes constitutionnels. Les conditions de l'effectivité des normes supposent dès lors de prendre en compte la pratique constitutionnelle *i.e.* la réalité politique et sociale dans laquelle s'inscrivent les croyances sociales et les mentalités politiques. Le confort de l'étude de droit positif est délaissé au profit d'une approche plus englobante et plus en profondeur (dit en d'autres termes, le contexte culturel de formation et d'évolution des cadres de pensée), notamment au profit des concepts juridiques.

1. E. Kohalhauer, *Le droit politique comme théorie constitutionnelle. Proposition de systématisation*, Thèse de l'Université de Montpellier, 2019, p. 380.

2. Voir les études rassemblées par M.-C. Ponthoreau sur « La confiance du public dans la justice constitutionnelle à l'ère du populisme » pour *l'Annuaire international de justice constitutionnelle*, vol. 35-2019 (2020), en part. C. Roynier, « La décision RIP 2019-1 du 9 mai 2019 du Conseil constitutionnel : une "décision-limite" ? », p. 67.

3. Désormais, voir A. Gaudin, *Les symboles constitutionnels. Étude sur la force juridique des symboles à partir de l'article 2 de la Constitution de 1958*, Thèse Paris I Panthéon-Sorbonne, 2021.

4. G. Frankenberg, « Comparing Constitutions: Ideas, ideals, ideology-toward a layered narrative » 3, *I-CON*, 2006, p. 451.

5. *Ibid.*, p. 446.

L'approche culturelle de la constitution converge avec l'analyse historico-sémantique des concepts précédemment évoquée. L'étude des concepts juridiques peut être révélatrice de particularismes nationaux : les concepts juridiques sont à la fois un reflet de la culture et des éléments constitutifs de la culture. Dans ce type de recherche, la manière de penser des juristes apparaît comme le reflet du processus consistant à confronter diverses conceptions. Les transformations des conceptions juridiques se réalisent par un mouvement fait de continuité ou de rupture. L'histoire des concepts permet ainsi d'éviter une perception de la culture comme un tout homogène, consensuel et essentiellement stable[1].

La notion de « cultures constitutionnelles » est aussi féconde dans l'identification et la structuration des problèmes auxquels les constitutionnalistes sont confrontés en particulier les processus de mimétisme institutionnel. De manière plus spécifique, les différences de cultures constitutionnelles entre les démocraties consolidées et les pays en transition démocratique ont été abordées, notamment pour comprendre les enjeux des emprunts constitutionnels (voir Leçon 6 § 2).

Sur plusieurs de ces points, l'approche culturelle converge avec la perspective de droit politique dont la revue *Jus Politicum* est notamment l'expression. Il n'existe toutefois pas de « *définition canonique du droit politique* » et c'est pourquoi la démarche est « *plus culturelle que fondée sur une épistémologie unique* »[2]. Cette démarche s'intéresse avant tout aux continuités et discontinuités des objets juridiques (règles, institutions, concepts) et de leurs représentations intellectuelles sur la longue durée[3]. Les études de droit politique se focalisent en particulier sur les institutions politiques de manière à comprendre, au-delà du texte constitutionnel, la dimension institutionnelle de l'ordre constitutionnel et, concrètement, l'exercice du pouvoir[4]. C'est sans doute pour toutes ces raisons que la démarche reste le plus souvent inscrite dans le droit constitutionnel français ou un droit étranger (de préférence, allemand, anglais ou étasunien) en vue d'une compréhension interne, voire d'un éclairage sur le droit national[5].

---

1. Pour une histoire des idées politico-juridiques relatives au contrôle de constitutionnalité des lois, voir la thèse précitée de R. Baumert, *La Découverte du juge constitutionnel, entre science et politique*, cit.

2. A. Le Divellec, cité par A. Buixan, *op. cit.*, p. 242.

3. D. Baranger, « Le piège du droit constitutionnel », *op. cit.* en part. p. 10.

4. M. Altwegg-Boussac, « Le droit politique, des concepts et des formes », *Jus Politicum*, n° 24, 2020 [http://juspoliticum.com/article/Le-droit-politique-des-concepts-et-des-formes-1326.html].

5. Voir les propos introductifs aux actes du colloque « Le droit politique face à la Cinquième République », C. Roynier, E. Lemaire, C. Guérin-Bargues, *Jus Politicum*, n° 24, 2020 [http://juspoliticum.com/article/Propos-introductifs-1322.html].

Les perspectives ouvertes par l'approche culturelle semblent toutefois plus larges ; surtout les mutations du droit constitutionnel peuvent être appréhendées au-delà d'un contexte national marqué par ses propres traits politiques et culturels. Dans le contexte européen, c'est précisément dans la tension avec les principes constitutionnels communs que l'intérêt pour les cultures constitutionnelles nationales prend toute sa valeur. Les cultures constitutionnelles portent en elles la dialectique entre le passé et le futur de la communauté nationale et sont, à ce titre, essentielles pour donner un autre éclairage des rapports entre droit constitutionnel et droit communautaire dans le cadre de la construction européenne. Lorsque le Conseil constitutionnel se réfère à « l'identité constitutionnelle de la France », dans sa décision n° 2006-540 DC du 27 juillet 2006, n'a-t-on pas une traduction normative de la culture constitutionnelle nationale ? Ne s'agit-il pas d'un indice de cette dimension invisible qui constitue le substrat constitutionnel national ? On touche ici à la représentation et l'importance de la constitution dans l'esprit collectif (voir sur les identités constitutionnelles nationales, Leçon 10 § 2).

Cette importance est bien comprise par les populistes, notamment hongrois, à tel point que le symbolisme de la constitution se retourne contre le constitutionnalisme et sa doctrine de limitation du pouvoir[1] (voir sur les ambiguïtés du symbolisme constitutionnel, Leçon 10 § 1). À l'ère globale, le constitutionnalisme change, mais la direction du changement est oscillante et reste ouverte. La réponse jurisprudentielle et la construction doctrinale autour du « dialogue entre les juges », voire une « constitution européenne » ou encore une « constitution globale », sont partielles, mais il convient de reconnaître que « *l'identité postulée entre État et Constitution devient de plus en plus un obstacle pour penser la question du pouvoir politique et de son encadrement* ». Et c'est pourquoi « *ce*[s] *discours sur le droit constitutionnel doi*[ven]*t être pris au sérieux et* [ont] *été insuffisamment étudié*[s] *en France* »[2]. Les catégories de l'État national ont en effet structuré et, indéniablement, structurent encore en grande partie notre compréhension sociale et spatiale du monde : ce qui est vrai en France et en Europe continentale l'est beaucoup moins outre-Atlantique où l'État n'a jamais joué un rôle symbolique significatif, tout reposant sur la constitution et ses juges (la *Rule of Law*). C'est pourquoi il est

1. M.-C. Ponthoreau, « De la constitution invisible à la constitution évanescente. La Loi fondamentale de la Hongrie à la lumière des expériences européennes », dans *Mélanges en l'honneur de Pierre Bon*, Paris, Dalloz, 2014, p. 525 et s.

2. O. Beaud, « Où va le droit (constitutionnel) ? », *JCP* 2018, n° 40, doctr. 1022. Le pluriel semble plus approprié en raison de la richesse des discours produits en dehors du champ universitaire français : voir M.-C. Ponthoreau, « *Global Constitutionalism*, un discours doctrinal homogénéisant. L'apport du comparatisme critique », *Jus Politicum* n° 19, 2018 : [http://juspoliticum.com/article/Global-Constitutionalism-un-discours-doctrinal-homogeneisant-L-apport-du-comparatisme-critique-1199.html].

important de se saisir du constitutionnalisme global et des discours alternatifs en étant « *conscient des influences culturelles et historiques qui pèsent sur les concepts constitutionnalistes* »[1] (sur les formes différenciées du constitutionnalisme, voir Leçon 10 § 3).

C'est aussi l'étude des droits et libertés qui peut être réorientée et vivifiée par cette approche qui ne restreint pas son objet à la conception classique de la constitution comme instrument de gouvernement. Les mutations du droit constitutionnel concernent aussi la conception contemporaine de la constitution comme organisation de la société civile et régulation des rapports sociaux. En appréhendant la réalité du constitutionnalisme, le comparatiste se trouve précisément confronté à la tension entre les standards constitutionnels globaux et les spécificités identitaires nationales, notamment religieuses[2]. Par exemple, comment une identité constitutionnelle comprise dans l'Islam est-elle conciliable avec les composantes traditionnelles du constitutionnalisme ?

Rappelons que les revendications identitaires ne se laissent pas facilement saisir par le droit des libertés. Tout en utilisant le droit positif comme point de référence, on peut construire l'objet d'une recherche sur le droit des libertés en considérant les phénomènes sociaux et politiques qui gravitent autour de lui. Du droit positif, le regard se déplace alors en amont, en aval ou en périphérie[3]. Face aux questions identitaires, il s'agit donc de lier le droit positif aux phénomènes sociaux et politiques de manière à inscrire le droit dans le contexte où il émerge ou/et dans celui où il s'applique. La variation d'échelle pour l'analyse des libertés paraît tout aussi essentielle : l'option contentieuse peut être ainsi accompagnée de l'inscription du droit dans une réalité socio-historique.

Les préoccupations des constitutionnalistes peuvent ici rejoindre celle des anthropologues du droit. L'anthropologie juridique cherche à échapper au dualisme entre universalisme et relativisme des droits de l'homme et après avoir pensé surtout cette question à propos des sociétés non occidentales, elle est devenue tout aussi essentielle dans nos sociétés qui connaissent des mutations importantes liées notamment aux flux de population. En particulier, cette tension entre diversité et unité se fait ressentir dans la société française à propos

---

1. A. Peters, « Le constitutionnalisme global : crise ou consolidation ? », *Jus Politicum* n° 19, 2018 [http://juspoliticum.com/article/Le-constitutionnalisme-global-Crise-ou-consolidation-1197.html].

2. M. Rosenfeld, S. Mancini (dir.), *Constitutional Secularism in an Age of Religious Revival*, New York, Oxford University Press, 2014 ; R. Hirschl, A. Shachar, « Competing Orders? The Challenge of Religion to Modern Constitutionalism » 85, *The University of Chicago Law Review*, 2018, p. 425 et s.

3. Voir sur le choix pluridisciplinaire, Préface du *Dictionnaire de la justice*, L. Cadiet (dir.), Paris, PUF, 2004.

du principe de laïcité[1]. Si le regard de l'anthropologue peut informer utilement le constitutionnaliste sur la diversité culturelle, celui du constitutionnaliste reste néanmoins lié aux institutions. La question culturelle en droit constitutionnel renvoie à la prise en compte par les institutions de la diversité culturelle. Par exemple, quelle représentation pour les minorités ethniques et religieuses en Irak ? Quelle autonomie régionale pour le Québec ?

En France, les revendications identitaires sont devenues des questions de première importance : elles ont conduit à vouloir introduire dans le Préambule de la Constitution la « diversité » de la société française ou à reconnaître des droits différenciés sur le territoire (sur l'apport de l'expérience canadienne, voir Leçon 8 § 2). Pour convaincre de l'intérêt d'une démarche plus ouverte, une observation complémentaire peut être formulée. Le droit comparé a été utilisé par Louis Favoreu de manière à émanciper le contentieux constitutionnel du contentieux administratif et à inscrire le droit jurisprudentiel français dans le concert des droits jurisprudentiels étrangers[2]. Cette comparaison au service d'une homologation du Conseil constitutionnel et de sa jurisprudence avec les cours constitutionnelles européennes et leurs activités n'est pas sans poser des problèmes à cause de ses raccourcis et de ses analogies (sur les modèles de justice constitutionnelle, voir Leçon 7 § 2). Mais le grand mérite de cette utilisation massive du matériau étranger a été de donner un véritable élan au comparatisme constitutionnel qui, toutefois, est désormais à la fin d'un cycle. C'est pourquoi il convient de relancer cet élan par une ouverture à l'interdisciplinarité de sorte que les constitutionnalistes français ne soient pas exclus des débats développés au niveau international.

Le moment est d'autant plus propice que le Conseil constitutionnel est appelé à une nouvelle mutation, consécutive à la révision de la Constitution (2008), apte à le transformer pleinement en gardien des droits et des libertés grâce à la question prioritaire de constitutionnalité (QPC). La doctrine française serait bien inspirée de regarder l'expérience québécoise où l'adoption des Chartes des droits et libertés (aussi bien la Charte canadienne que la Charte québécoise) a constitué précisément un tournant pour s'interroger sur « *la saisie décontextualisée longtemps privilégiée dans le droit constitutionnel* ». Ces interrogations sont nées de l'impact à long terme des chartes sur la culture juridique des non professionnels : « *En se donnant à voir et en incitant la population à se laisser pénétrer par leur esprit, les Chartes paraissent*

1. Voir le programme de recherche en anthropologie du droit proposé dans l'ouvrage collectif : E. Rude-Antoine, G. Chrétien-Vernicos (dir.), *Anthropologies et droits. État des savoirs et orientations contemporaines*, Paris, Dalloz, 2009, p. 192 et s.

2. Voir ses remarques dans l'éditorial de l'un des premiers numéros de l'*Annuaire international de justice constitutionnelle* : *A.I.J.C.*, vol. II, 1986, p. 10-11.

particulièrement aptes à transformer la culture juridique de citoyens qui se sont longtemps considérés comme des justiciables soumis à une loi venue d'en haut et placée hors du champ critique. […] La culture des droits […] est en somme porteuse de ce que les Anglo-Saxons appellent un empowerment*. C'est ainsi que la représentation sociale des droits consacrés dans les Chartes peut parvenir à s'éloigner sensiblement de la réalité juridique des droits. Car si l'on sait où commencent les appropriations profanes des droits consacrés dans ces instruments, sait-on jamais où elles finissent ?* »[1]. Un large champ d'interrogations s'ouvre, mais il est surtout essentiel de l'appréhender si l'on ne veut pas succomber à la seule vision individualiste des droits qui conduit à réclamer toujours plus de droits. Il est quand même permis de douter après plus de dix ans d'application de la QPC que les Français se soient appropriés ce nouveau recours et donc qu'une culture des droits se soit formée. Cela n'a rien à voir avec le recours (individuel) constitutionnel allemand qui « *permet précisément à tous les citoyens d'avoir accès à la Cour constitutionnelle* »[2]. Le bilan dressé après plusieurs années d'application laisse, en effet, penser que l'appropriation de la Constitution par les citoyens français n'est pas encore achevée. Sur une année, d'avril 2015 à avril 2016, une étude décapante conclut que « *c'est bien plutôt pour faire progresser un agenda fiscal ou de droit des affaires que les requérants utilisent la QPC ; c'est parfois aussi pour contester des dispositions contraignantes contenues dans le Code du travail. Mais le domaine des libertés* des personnes *(liberté d'expression, protection de la liberté individuelle, articulation liberté / sécurité…) occupe ici la portion congrue* »[3]. On est encore loin de l'expérience américaine où l'appropriation de la constitution et du recours juridictionnel notamment par les minorités participe en particulier d'une politique de la reconnaissance.

Malgré les efforts fournis[4], la réflexion interdisciplinaire est avant tout nationale. Mais l'étonnement ne doit pas être de mise puisque

1. J.-F. Gaudreault-DesBiens, « Les Chartes des droits et libertés comme louves dans la bergerie du positivisme ? Quelques hypothèses sur l'impact de la culture des droits sur la culture juridique québécoise », *in* B. Melkevik (dir.), *Transformation de la culture juridique québécoise*, Laval, Les Presses de l'Université de Laval, 1998, p. 106-107.

2. A. Gaillet, T. Hochmann *et al.*, *Droits constitutionnels français et allemand. Perspective comparée*, Paris, LGDJ, 2019, p. 342.

3. Soulignée par l'auteure, S. Hennette-Vauchez, « "… les droits et libertés que la Constitution garantit" : Quiproquo sur la QPC ? », *La Revue des droits de l'homme*, 10/2016 en ligne : http://revdh.revues.org/2481Constat confirmé par S. Benzina, « Les effets des décisions QPC d'inconstitutionnalité et les libertés », *in* S. Benzina (dir.), *Le Conseil constitutionnel, gardien des libertés ?*, Presses Universitaires Juridiques de Poitiers, coll. « Actes et colloques », 2021, à paraître. En ligne : https://hal.archives-ouvertes.fr/hal-02900422v2. Voir aussi les bilans dressés à l'occasion des 10 ans de la QPC par plusieurs recherches universitaires financées par le Conseil, Titre VII, Hors-série, octobre 2020.

4. Sur l'ouverture pluridisciplinaire de l'École aixoise, voir en part., X. Magnon, « Pour un moment épistémologique du droit – constitutionnel », *A.I.J.C.*, vol. 31-2015 (2016), p. 24 et s.

le projet interdisciplinaire joue à l'instar du comparatisme une fonction critique à l'endroit du droit national[1]. L'approche interdisciplinaire peut être ainsi indépendante ou bien complémentaire du comparatisme. Les derniers développements dans la recherche française montrent que la notion de « culture juridique » a été porteuse d'un renouveau (surtout chez les historiens du droit) tout en restant, toutefois, assez largement détaché de la comparaison des droits[2]. Mais l'essentiel est ailleurs : « *Pour saisir les processus culturels à l'œuvre dans le monde du droit aussi bien que la part du droit dans les différences cultures, […] il faut incontestablement une méthode qui va au-delà de celles habituellement mobilisées dans les études juridiques* »[3]. Là encore, la pluralité des approches s'impose de manière à varier les perspectives en vue d'une compréhension critique du droit et donc d'offrir des visions alternatives en particulier dans le contexte global du constitutionnalisme. Comme le souligne Paul Kahn, « *L'approche culturelle* [du droit] *est un antidote à l'idéal libéral de gouvernance mondiale* »[4]. L'antidote ne peut toutefois être efficace qu'à la condition de ne pas exagérer l'approche culturelle du droit constitutionnel. Dit autrement, toutes les différences observées dans la pratique ne peuvent être réduites à des différences culturelles. L'explication culturelle risque, en outre, d'occulter l'autre logique en action, celle de l'universalisme et des principes constitutionnels communs, présente dans la formation de la matière constitutionnelle. La perspective postcoloniale mérite d'autant plus une attention particulière.

C. La perspective postcoloniale[5]

Les études postcoloniales correspondent à un mouvement contestataire apparu dans les années 1980 aux États-Unis au sein des sciences sociales. Dès les années 1970, les travaux de plusieurs historiens indiens, autour notamment de Ranajit Guha[6], ont visé à

1. En ce sens, Sabino Cassese tenait, déjà en 1971, ce propos à l'égard du droit administratif et de la doctrine administrative en Italie : S. Cassese, *Culture et politique du droit administratif*, (trad. et présenté par M. Morabito), Paris, Dalloz, 2008.

2. En témoigne l'ouvrage dirigé par Anne-Sophie Chambost (historienne du droit) dans lequel plus de la moitié des contributions sont rédigées par des historiens du droit : A.-S. Chambost (dir.), *Approches culturelles des savoirs juridiques*, Paris, LGDJ-Lextenso, 2020. Une place est faite au droit constitutionnel : voir en particulier, J. Hummel, « De la circulation à la standardisation des modèles constitutionnels. La reconnaissance des identités constitutionnelles à l'âge de la globalisation », p. 283.

3. *Ibid.*, p. 10.

4. P. Kahn, « Comparative Constitutionalism in a New Key », *Michigan Law Review*, vol. 101, 2003, p. 2679.

5. Voir A. Geslin, C.M. Herrera et M.C. Ponthoreau (dir.), *Postcolonialisme et droit : perspectives épistémologiques*, Paris, Kimé, 2020.

6. R. Guha, *The Elementary Aspect of peasant Insurgency*, Delhi, Oxford University Press, 1973. ID. (ed.), *Subaltern Studies V: Writings on South Asian History and Society*, Delhi, Oxford University Press, 1987.

renverser l'historiographie de la décolonisation en montrant en particulier le rôle joué par les castes inférieures. Le courant subalterne est né comme une série d'études plus ou moins empiriques sur l'histoire indienne. Ce courant regarde surtout l'Asie. Quant à elles, les études postcoloniales concernent avant tout l'Afrique, puis l'ensemble des pays du Sud. Dans ce premier moment, les études subalternes se présentent comme une radicalisation méthodologique de certaines thèses proposées par E. P. Thompson, pour construire une histoire « d'en bas » (*history from below*), qui donnera une place très importante à la rébellion en milieu rural. Dans les années 1950, l'historien anglais Thompson est en effet une voie dissidente du marxisme, notamment en présentant le droit (dans sa pluralité de sources et en insistant sur la coutume) comme une ressource aussi pour les dominés alors que le marxisme le perçoit uniquement comme un instrument de domination[1]. Les études postcoloniales et subalternes présentent de nombreuses ramifications[2] qu'il est ici impossible de démêler. Il s'agit exclusivement de voir en quoi cette perspective (car les auteurs des différents courants sont loin d'être d'accord entre eux et surtout n'offrent pas une méthodologie commune) peut éclairer *autrement* le droit constitutionnel comparé.

Dans sa forme plus radicale, certains auteurs appellent à une « *décolonisation conceptuelle* »[3] au nom d'une désobéissance épistémique[4]. Le chemin est toutefois semé d'embûches. Parmi les difficultés reconnues par certains, il convient de souligner en particulier celles à recourir à ses propres traditions intellectuelles en usant des langues occidentales importées par la colonisation[5]. Aussi certains

1. E. P. Thompson, *Les usages de la coutume. Traditions et résistances populaires en Angleterre XVIIe-XIXe siècles*, (trad. de l'anglais par J. Boutier et A. Virmani), Paris, EHESS-Gallimard-Le Seuil, 2015. Sur la réception tardive de Thompson en France et son apport méthodologique aux sciences sociales : F. Tarragoni, « La méthode d'Edward P. Thompson », *Politix*, 2017/2, n° 118, p. 183 et s.

2. Voir pour une présentation synthétique des différentes branches du postcolonialisme : Y. Clavaron, *Petite introduction aux postcolonial studies*, Paris, Kimé, 2015. Pour un approfondissement, voir J.-L. Amselle, *L'Occident décroché. Enquête sur les postcolonialismes*, Paris, Fayard, coll. « Pluriel », 2010.

3. K. Wiredu, « Conceptual decolonization as an imperative in contemporary African philosophy: some personal reflections », *Rue Descartes*, vol. 26, 2002/2, p. 53 et s. ; S. J. Ndlovu-Gatsheni, *Epistemic Freedom in Africa. Deprovincialization and Decolonization*, Londres-New York, Routledge, 2018.

4. W. Mignolo, « Géopolitique de la sensibilité et du savoir. (Dé)colonialité, pensée frontalière et désobéissance épistémique », *Mouvements*, 2013, n° 73, p. 182. Certains penseurs se revendiquant de la décolonialité s'inscrivent dans une perspective marxiste.

5. Il est admis que la période coloniale débute en 1492 par la découverte de l'Amérique. Légitimée par une mission de civilisation, la colonisation est vue comme porteuse de progrès aux pays colonisés qui subissent l'impérialisme des grandes puissances européennes. Dans *Le capital*, Karl Marx présente la colonisation comme accouchant de la société capitaliste.

des tenants de la pensée décoloniale revendiquent-ils une décolonisation épistémologique et méthodologique[1]. Tous ces mouvements ont une visée critique radicale en dénonçant « *l'injustice épistémique* » des catégories coloniales[2] et tout spécifiquement de l'universalisme. Ils combattent en particulier le nationalisme méthodologique. Dit autrement, en droit, cela se traduit par l'idée que les juristes pensent le droit d'une seule façon, celle de leur communauté épistémique nationale ; le terme « occidentale » serait sans doute plus significatif pour renvoyer aux colonisateurs. Ici, est retenue une forme « faible » de ces mouvements de manière à comprendre en quoi et comment la perspective postcoloniale est en mesure de perturber notre manière de penser le droit constitutionnel. Il semble en effet impossible de se débarrasser entièrement de l'enracinement dans une communauté épistémique (justement, la manière dont on a appris le droit, les modes de le penser, de l'appliquer et de l'enseigner), mais l'essentiel est d'en avoir conscience[3]. Des lieux sont probablement plus propices à cette prise de conscience, en particulier les anciennes colonies[4]. Ces dernières sont riches en ressources pour penser différemment le national contaminé par les transferts et hybridations juridiques (ou autres).

Précisément, les postcoloniamismes introduisent d'autres lieux « géographiques » en invitant à reconsidérer l'espace et donc à se décentrer par rapport à l'Europe et aux États-Unis. Pour la comparaison des droits, cela signifie ne plus mener cette activité de mesure en fonction de l'étalon occidental, mais d'apprendre à reconnaitre ce que la position – géographique – entraine et contraint pour toutes les représentations. Par exemple, le constitutionnalisme, dont l'origine occidentale ne fait pas débat, est un concept récupéré, adapté, dans d'autres parties du monde[5]. Les ouvertures postcoloniales offrent un regard décentré. Le décentrement géographique suppose aussi

1. L. Tuhiwai Smith, *Decolonizing Methodologies. Research and Indigenous Peoples*, Zed Books Ltd/University of Otago Press, 1999 ; S. J. Ndlovu-Gatsheni, « The Dynamics of Epistemological Decolonisation in the 21st century: Towards epistemic freedom », *Strategic Review for Southern Africa*, Vol. 40, n° 1, 2018, p. 16 et s.

2. R. Bhargava, « Pour en finir avec l'injustice épistémique du colonialisme », *Socio*, 2013/1, p. 41 et s.

3. Et donc éviter les pièges de la langue et de la culture : voir Leçon 4 § 1. L'approche postcoloniale peut sans doute renforcer cette prise de conscience en évitant aux comparatistes l'ethnocentrisme et le culturalisme.

4. En France, les territoires d'Outre-mer sont aussi un espace propice à cette démarche. Voir L. Havard, « Regard postcolonial sur la construction du peuple calédonien : une décolonisation équivoque », *in Postcolonialisme et droit : perspectives épistémologiques*, cit., p. 66 et s.

5. Voir E. Mérieau, *Le constitutionnalisme thaïlandais au prisme de ses emprunts étrangers : une analyse de la fonction royale*, Institut Universitaire Varenne, Coll. des Thèses, 2018.

et surtout un décentrement disciplinaire[1] (déjà exposé dans le § 1 de cette Leçon 9).

Décentrer le regard suffit-il toutefois à apporter de nouvelles connaissances ? Pour décortiquer et désenclaver, il faut sortir du cadre national des savoirs. Il y a des contextes épistémologiques dans lesquels l'interdisciplinarité est une nécessité tout autant que la rupture avec le nationalisme méthodologique. L'État-nation, en tant que configuration européenne, a été historiquement un État colonial. En prendre conscience et cerner les impensés qui continuent de se perpétuer constituent une première étape avant même de s'interroger sur l'apport des études postcoloniales en termes de méthodes et d'objets de recherche. Par exemple, cela suppose de la part d'une comparatiste française de sortir de postulats théoriques et méthodologiques liés à la vision formelle du droit, au rôle de l'État ou encore aux modes de pensée. Une fois cette rupture consommée, la comparatiste postcoloniale sera en mesure de déplacer ses objets de recherche, trop souvent articulés autour de la dichotomie entre droit de tradition civiliste/droit de *common law* ou de celle entre droit écrit/droit coutumier (qui ne recoupe pas nécessairement la première)[2].

Du point de vue épistémologique, il s'agit d'introduire la perspective pour perturber ce qui apparaît ou ce qui est apparu pendant longtemps comme un récit constitué par l'Occident et donc en discuter les présupposés[3]. La perspective postcoloniale permet peut-être d'aller plus loin en étendant le champ de la critique vers la normativité et la rationalité comme forme ultime du discours juridique. En ce sens, l'étude des « cas de décolonisation » n'est pas forcément synonyme de discours postcolonial en droit. Ce tournant épistémique en droit constitutionnel comparé invite selon Carlos M. Herrera à prendre au moins en considération trois orientations différentes qui ne sont pas nécessairement opposées : « *l'élaboration d'une théorie postcoloniale, mieux décoloniale du Droit constitutionnel comme un nouveau paradigme ; l'identification et la valorisation d'expériences constitutionnelles du monde postcolonial, diverses mais singulières*

1. Voir la thèse précitée sur le constitutionnalisme thaïlandais, son auteur a développé une approche interdisciplinaire et s'en explique dans un propos liminaire : *ibid.*, p. 49 et s. On observera qu'il n'y est question ni d'une perspective postcoloniale, ni même d'une discussion d'un intérêt à suivre une telle approche. C'est sans doute lié en partie à la spécificité du cas thaïlandais : l'emprunt du constitutionnalisme mais sans la colonisation.

2. L'accroissement des critiques à l'encontre des classifications en familles de droit est lié en partie au succès de cette approche au sein des sciences sociales : voir Leçon 2 § 2.

3. Par exemple, voir le travail d'Edward Saïd (Palestinien, professeur de littérature comparée à *Columbia University,* New York) sur l'Orientalisme comme savoir de domination de l'Occident sur l'Orient : E.W. Saïd, *L'Orientalisme, l'Orient créé par l'Occident*, (1978), Paris, Le Seuil, 1980.

par rapport au modèle dominant (libéral) du Droit constitutionnel ; l'assomption des conséquences pour le Droit constitutionnel, pris dans sa durée, dans une perspective épistémologique plus large »[1].

Vue d'Europe, la perspective postcoloniale est certes « nouvelle » pour les études juridiques et aussi pour le droit comparé[2] même si, dans notre ouvrage, le comparatisme n'est en aucune manière assimilé à un exotisme ou pire à une forme de colonialisme passée. Néanmoins, bien que des exemples hors Europe et États-Unis soient envisagés (avec notamment l'étude de cas de l'Afrique du Sud pour la transition démocratique ou plus ponctuellement les références aux cas japonais et indien), notre regard reste euro-centré et focalisé sur les expériences constitutionnelles occidentales. Faut-il pour autant qualifier cette polarisation d'« *ethnocentrisme constitutionnel* »[3] ? Dès lors que le propos ne vise pas à renforcer l'hégémonisme du constitutionnalisme libéral mais à rendre justice aux origines de la doctrine du constitutionnalisme, des doutes sont permis et légitimes. Il est toutefois important qu'un ouvrage qui a notamment des visées pédagogiques rende compte de la variété des expériences constitutionnelles.

La question se pose, en fait, surtout pour « le droit constitutionnel comparé appliqué » : autrement dit, dans le cadre d'un processus constituant. Au moment de l'écriture de la constitution, il est désormais habituel que les organisations internationales telles que le Conseil de l'Europe (par la Commission de Venise) ou l'Organisation des Nations Unies et ses agences (à travers le Programme des Nations Unies pour le Développement ou par l'Institut international pour la démocratie et l'assistance électorale) soient amenées à éclairer les processus constituants (tel a été le cas en Tunisie en vue de l'écriture de la Constitution de 2014). Les experts internationaux sollicités ne connaissent pas nécessairement en profondeur le contexte national avec ses spécificités sociales et politiques et surtout raisonnent à partir des mêmes modèles constitutionnels souvent éloignés et ancrés dans l'Occident (voir sur les emprunts constitutionnels, Leçon 6 § 2 A). Il ne s'agit plus, certes, de livrer une constitution

1. C. M. Herrera, « Ce que le postcolonialisme ferait au constitutionnalisme. Pour une critique de la raison constitutionnelle », *in Postcolonialisme et droit : perspectives épistémologiques*, cit., p. 137.

2. Peu de traces d'interactions entre le comparatisme et la perspective postcoloniale sauf parmi les comparatistes critiques : B. Cossman, « Turning the Gaze Back on Itself: Comparative Law, Feminist Legal Studies, and the Postcolonial Project », *Utah Law Review*, 1997, p. 525 et s. ; G. Frankenberg, « Stranger than Paradise: Identity and Politics in Comparative Law », *Utah Law Review*, 1997, p. 259 et s. ; D. Kennedy, « New Approaches to Comparative Law: Comparativism and International Governance », *Utah Law Review*, 1997, p. 545 ; N.V. Demeleitner, « Combatting Legal Ethnocentrism: Comparative Law Sets Boundaries » 31, *Arizona State law Journal*, 1999, p. 737 et s.

3. G. Frankenberg, *Comparative Constitutional Studies. Between Magic and Deceit*, Cheltenham, E. Elgar, 2018, p. 81.

« clé en main ». En ce sens, l'expertise constitutionnelle a évolué et prend désormais différentes formes[1], mais le risque d'ethnocentrisme reste tant que le droit constitutionnel comparé n'agrandit pas la focale.

Dans une contribution importante relative à « l'héritage colonial » au sein du comparatisme, Upendra Baxi (juriste indien) souligne en 2003 : « *Les études juridiques comparatives qui accordent une dignité discursive égale aux traditions non occidentales n'ont pas encore vu le jour* » et restent concentrées sur le monde euro-américain[2]. Néanmoins, l'approche des constitutionnalistes comparatistes a commencé à changer avec l'étude des emprunts constitutionnels, terrain fertile pour l'examen des échanges croisés entre les anciennes puissances coloniales et les États devenus indépendants. Si la discipline a indéniablement connu des « juristes colonisateurs » (par exemple, les juristes de la « France-Afrique ») ou selon un vocable plus flatteur des « *pèlerins* »[3], les temps ont changé. Les temps changent mais lentement : sans être un courant consolidé du comparatisme, les constitutionnalistes américains sous l'influence des *Critical Legal Studies* ont toutefois intégré à partir des années 2000 un changement de paradigme qui s'est principalement traduit par l'approche culturelle du droit (voir cette Leçon) et désormais par un intérêt renforcé pour le constitutionnalisme de transformation[4] (voir Leçon 10 § 3). En France, ce sont les travaux sur les sorties de crises (constitutionnelles ou/et armées), les processus de pacification et la justice transitionnelle qui sont objet de recherches (notamment pour l'Europe centrale et orientale ou encore pour l'Afrique francophone)[5]. Pour les postcolonialistes, c'est sans doute encore loin de la rupture épistémique réclamée. Le curseur s'est quand même déplacé en donnant plus de place aux exemples non euro-américains. Pour reprendre les termes de Carlos M. Herrera, « *le modèle dominant (libéral) du droit constitutionnel* » est interrogé à la lumière d'expériences constitutionnelles singulières. Par exemple, le caractère idéologique du

1. J. du Bois de Gaudusson, « Le rôle de l'expertise dans la transition constitutionnelle », *in* X. Philippe, N. Danelciuc-Colodrovschi (dir.), *Transitions constitutionnelles et Constitutions transitionnelles. Quelles solutions pour une meilleure gestion des fins de conflit ?*, Paris, Institut Universitaire Varenne, LGDJ-Lextenso, 2014, p. 135 et s.

2. U. Baxi, « The colonialist heritage », *in* P. Legrand, R. Munday (eds.), *Comparative Legal Studies: Traditions and Transitions*, Cambridge, Cambridge University Press, 2003, p. 50.

3. R. Dorandeu, « Les pèlerins constitutionnels », *in* Y. Mény (dir.), *Les politiques du mimétisme institutionnel*, Paris, L'Harmattan, 1993, p. 83.

4. Cet intérêt a pu s'épanouir notamment car la barrière de la langue a été dépassée par une plus importante production scientifique en langue anglaise : voir M. Hailbronner, « Transformative Constitutionalism: Not Only in the Global South » 65, *American Journal of Comparative Law*, 2017, p. 527 et s.

5. Voir en particulier les travaux de J.P. Massias et de X. Philippe qui ont, par ailleurs, créé en 2013 l'Association Francophone de Justice Transitionnelle.

constitutionnalisme s'estompe dans un contexte d'échanges qui ne sont plus perçus comme unidimensionnels (voir Leçon 10 § 3). Aujourd'hui, la deuxième orientation proposée est sans aucun doute celle la plus présente dans les recherches de droit constitutionnel comparé. L'étude de cas singuliers hors de l'Occident devient plus courante notamment dans les études doctorales[1].

Nombreux sont les points de contact entre comparatisme critique et approche postcoloniale, mais la discussion reste ouverte sur une des conséquences mise en relief par Carlos M. Herrera : la radicalisation du regard sur les différences « *parce que l'incommensurabilité ne peut être accommodée dans des théories sur le relativisme ou le pluralisme culturel* »[2]. « *La différence devient constitutive, intérieure plus qu'externe, puisque les identités politiques et culturelles se construisent par un processus d'altérité*[3]. » La démarche postcoloniale s'est développée de manière à se réapproprier un discours confisqué aux peuples colonisés[4]. Comme le suggère Boaventura de Sousa Santos[5], partisan d'une « épistémologie du Sud », certains concepts de la vieille tradition critique ne sont plus opérants, parce qu'ils n'ont plus de radicalité, ayant été absorbés dans un discours devenu dominant, les ouvertures postcoloniales seraient donc en mesure de réactiver cette posture critique. Le discours prend alors une dimension politico-épistémologique soulevant un questionnement spécifique. Est-ce que le postcolonial introduit aussi une radicalité politique que le projet critique du droit tel qu'il avait été énoncé dans le Nord ne peut plus assumer, en raison de l'épuisement de certains rapports sociaux, de certains combats, etc. ? Peut-on garder les concepts occidentaux ou bien faut-il chercher à en créer d'autres ? Le changement de vocabulaire n'est pas propre aux perspectives postcoloniales, mais il lui assure de se distinguer. D'ailleurs, si des réticences voire des résistances s'expriment à l'encontre des études postcoloniales, c'est par crainte que la dénonciation de l'eurocentrisme ne verse dans une dénonciation sans limite : par exemple, la critique de l'universalisme. La question est en effet particulièrement sensible sur la conception des droits et en particulier des droits de la femme : ni l'universalisme ethnocentrique (ou la conformité aux valeurs occidentales en dépit des différences culturelles), ni le relativisme culturel radical

1. Voir sur l'enquête comparative et la sélection de cas : Leçon 3 § 3 et surtout lire, J.-C. Passeron, J. Revel, « Penser par cas. Raisonner à partir de singularités », *in Penser par cas,* Paris, Éd. de l'EHESS, 2005, p. 17.

2. H. Bhabha, *Les lieux de la culture. Une théorie postcoloniale* (1994), Paris, Payot, 2019, p. 307.

3. C.M. Herrera, *op. cit.*, p. 154.

4. D'ailleurs, certains auteurs tels que W. Mignolo semblent délégitimer une pensée décoloniale européenne : *op. cit*, p. 188-189.

5. Voir notamment B. de Sousa Santos, *Épistémologies du Sud. Mouvements citoyens et polémique sur la science* (2014), Paris, Desclée de Brouwer, 2016.

ou culturalisme (*i.e.* les différences considérées comme si fondamentales que les droits de l'homme ne peuvent être appliqués) ne fournissent une solution satisfaisante. Il y a donc une portée idéologique des études postcoloniales à laquelle le comparatiste n'adhère pas forcément sans nier pour autant la prise de conscience à laquelle les postcolonialismes appellent. Elle participe d'une approche culturelle du droit assumée dans un comparatisme qui évite toutefois de faire de tous les systèmes juridiques des systèmes singuliers. Plus exactement, au-delà de leurs singularités, ce comparatisme suppose de prendre avec soi, aussi, l'idée d'un droit constitutionnel commun, ce qui permet de ne pas amplifier la dimension culturelle du droit.

Bibliographie générale récente

Actes du colloque « Le droit politique face à la Cinquième République », *Jus Politicum*, n° 24, 2020 [http://juspoliticum.com].

Champeil-Desplats V., *Méthodologies du droit et des sciences du droit*, 2e éd., Paris, Dalloz, 2016.

Frankenberg G., *Comparative Constitutional Studies. Between magic and Deceit*, Cheltenham-Northampton, E. Elgar, 2018.

Geslin A., Herrera C.M., Ponthoreau M.-C. (dir.), *Postcolonialisme et droit : perspectives épistémologiques*, Paris, Kimé, 2020.

Herrera C.-M., Le Pillouer A. (dir.), *Comment écrit-on l'histoire constitutionnelle ?*, Paris, Kimé, 2012.

Kahn P., « Comparative Constitutionalism in a New Key », *Michigan Law Review*, vol. 101, 2003, p. 2677 et s.

Liens Internet utiles

Institut suisse de droit comparé (Lausanne)
http://www.isdc.ch

Max Planck Institute for Comparative Law and International Law (Heidelberg)
http://mpil.de/

Institut Universitaire Européen (San Domenico Fiesole – Florence)
http://www.eui.eu

Centro de Estudios Politicos y Constitucionales (Madrid)
http://www.cepc.es

Site collaboratif de recherche interdisciplinaire sur le droit public (Bruxelles)
http://dev.ulb.ac.be/droitpublic/

Institut canadien d'information juridique
http://canlii.org/fr/

CHAPITRE IV

QUE COMPARER ? LES OBJETS DE LA COMPARAISON CONSTITUTIONNELLE

Les objets à comparer sont d'une grande variété : concepts juridiques, règles de droit positif, institutions ; mais en réalité ce sont principalement des discours juridiques (entendus dans un sens large : textes constitutionnels, législatifs, jurisprudentiels ou doctrinaux et par là même les raisonnements et les méthodes) sur lesquels porte la comparaison. Dans ce chapitre, les objets retenus sont les notions structurantes de l'ordre juridique et leurs représentations intellectuelles : constitution, État et souveraineté[1]. Les mutations du droit constitutionnel dans le contexte juridique mondialisé sont le fil rouge qui a déterminé ces choix. L'objet et la finalité poursuivis par le comparatiste sont toujours des choix interdépendants ainsi que mis en évidence dès le premier chapitre (voir Leçon 3). Ce sont des notions clés (Leçons 10 et 11) auxquelles il faut ajouter les droits et libertés reconnus aux individus (Leçon 12). La multiplication des normes internationales et la perméabilité des ordres juridiques internes posent en effet la question de la perte de maîtrise des États sur l'élaboration du droit qui va bien au-delà de la question récurrente de la suprématie de la constitution et de son (éventuelle) atteinte dans les rapports entre ordre juridique national et ordre juridique communautaire (ou ordre juridique international). Dans un tel contexte où la loi n'apparaît plus comme le mécanisme

1. Comparer : J.-M. Denquin, « L'objet du droit constitutionnel : État, constitution, démocratie ? », *in* M. Troper, D. Chagnollaud (dir.), *Traité international de droit constitutionnel*, T. 1 *Théorie de la constitution*, Paris, Dalloz, 2012, p. 39 et s.

principal de régulation sociale, la figure centrale est celle du juge (voir Leçon 5). Cela est particulièrement visible en matière de protection des droits de l'homme. Ainsi les effets de l'internationalisation du droit public sont certainement plus ressentis dans les systèmes de droit romano-germanique comme perturbateurs des équilibres constitutionnels entre le législateur et les juges[1] que dans les pays de *common law* où le juge a toujours été essentiel à la production du droit. De la sorte, on s'éloigne de la démarche habituelle des constitutionnalistes comparatistes qui consiste à s'intéresser avant tout au « système de gouvernement ». La conception institutionnelle de la constitution n'est pas pour autant disqualifiée. Mais la démarche privilégiée ici est surtout celle qui consiste à s'intéresser aux fondations intellectuelles autour desquelles les règles et les institutions sont organisées dans un contexte juridique global.

1. Voir les thèses de H. Tourard, *L'internationalisation des constitutions nationales*, Paris, LGDJ, 2000 et F. Hourquebie, *Sur l'émergence du contre-pouvoir juridictionnel sous la Ve République*, Bruxelles, Bruylant, 2004. *Add.* : H. Qazbir, *L'internationalisation du droit constitutionnel*, Paris, Dalloz, coll. Nouvelle bibliothèque de thèses, 2015.

LEÇON 10

LA CONSTITUTION

Si on revient au terme antique, plus proche du langage ordinaire, la constitution est une métaphore qui indique la structure d'un organisme. Encore, aujourd'hui, les définitions données par les dictionnaires, notamment le Littré, reflètent cette vision du terme : « *État général de l'organisation particulière de chaque individu d'où résultent sa force, sa santé, sa vitalité* ». Pour le constitutionnaliste, le problème qui se pose est de savoir si la constitution est le « *produit spontané de la nature* » ou, au contraire, « *une œuvre de l'art, une création volontaire* »[1]. Sans faire l'historique de la notion, un repère temporel essentiel s'impose puisqu'il se présente comme une rupture : le XVIIIe siècle. À partir de cette période, les constitutions commencent à être pensées non seulement comme des documents descriptifs de la structure politique, mais aussi comme un ensemble de normes qui prescrivent des comportements aux autorités publiques. Deux conceptions ont influencé toutes les théories juridiques et politiques.

Selon la conception traditionnaliste, la constitution est comprise comme l'expression de l'équilibre des rapports politiques et sociaux dans une société donnée sans que nécessairement cet équilibre soit inscrit dans un document écrit. Cette conception organique entend la constitution comme l'accumulation de coutumes et de traditions qui règlent les rapports politiques, les immunités, les privilèges, les droits des sujets. On en trouve une parfaite expression dans l'ouvrage d'Edmund Burke (1729-1797), *Réflexion sur la Révolution française* (1790). Son point de départ est une critique de la Révolution française : les institutions d'une communauté ne peuvent être construites en faisant table rase ; elles ne peuvent ni

1. P. Bastid, *L'idée de Constitution*, Paris, Economica, 1985, p. 10.

fonctionner, ni durer en se fondant sur un simple acte de volonté. Pour Burke, si les institutions durent, c'est parce qu'elles sont le produit des traditions et des coutumes. La constitution correspond donc à l'équilibre de l'ordre social ; seules la pratique et les traditions fixent cet équilibre. Il en découle que la constitution n'a pas besoin d'être écrite : elle ne procède pas d'un accord ; elle n'est pas non plus le chef d'œuvre de la raison, mais le produit de l'histoire.

Au contraire, la constitution est, selon la conception volontariste, comprise comme un document écrit et obligatoire. Cette conception qui s'écarte de l'expérience anglaise a été mise en œuvre par les révolutionnaires américains et français. Dans *Les droits de l'homme* (1791), Thomas Paine (1737-1809) pose la question centrale pour cette nouvelle conception de la constitution : comment garantir la stabilité des institutions politiques ? Il milite pour une déclaration des droits car elle apparait comme l'instrument le plus adéquat pour garantir une telle stabilité car les droits individuels sont le seul phénomène politique intangible. Il est donc favorable à une constitution écrite : en fixant l'attribution et les modalités du pouvoir politique, la constitution assume une fonction de garantie. La constitution est donc un acte de fondation de l'ordre social et politique qui détruit toutes les institutions précédentes et les nouvelles sont soumises aux droits de l'homme. Dans les régimes pré-révolutionnaires tels que la France, les composantes de l'ordre social ne sont pas, en effet, les individus mais les agrégations collectives ou ordres.

Dans la pratique, le succès de la conception volontariste est incontestable (déjà souligné dans la Leçon 1 § 2), même si certaines constitutions ne sont pas appliquées ou bien ne sont qu'une simple vitrine parce qu'elles sont sans lien ou si peu avec les pré-conditions constitutionnelles vitales telles qu'une langue, une histoire, une culture ou/et une religion communes, voire un ennemi commun. Les deux conceptions doivent rester présentes à notre esprit pour aborder les fonctions de la constitution et l'interprétation que l'on peut en donner.

§ 1. Les fonctions de la constitution

à quoi sert une constitution ? Seul « *un ingénu inguérissable* »[1] peut prétendre réussir à répondre à cette question. Les constitutionnalistes n'ont jamais cessé de s'interroger et, peut-être, encore plus aujourd'hui. Alors que Letizia Gianformaggio parle du temps « *consolidé* » de la constitution[2], puisque sa fonction normative s'est

1. A. Ruggeri, « Teorie e "usi" della Costituzione », *Quaderni costituzionale*, 3-2007, p. 521.
2. L. Gianformaggio, « Temps de la Constitution, temps de la consolidation », *in* F. Ost, M. Van Hoecke (dir.), *Temps et droit. Le droit a-t-il pour vocation de durer ?*, Bruxelles, Bruylant, 1998, p. 339 et s.

largement imposée, d'autres formulent un constat amer : « *Au-dessus d'elle s'amoncelle un faisceau de règles internationales, la constitution n'est plus suprême. [...] Au moment où la Constitution atteint son plus grand éclat, la fin de son règne s'annonce* »[1]. Ces mutations déjà évoquées dans la Leçon 5 conduisent à questionner la capacité intégrative de la constitution. En particulier, celle-ci est mise à l'épreuve par les avancées de la construction européenne.

A. La fonction normative de la constitution

L'idée d'une loi supérieure qui régisse la législation courante est extrêmement ancienne. On se référait à la loi de Dieu, à la loi de la nature, ou bien à la loi de la raison. Les Américains sont les premiers à coucher sur le papier cette loi supérieure et à faire de « *la constitution moderne la loi suprême de l'État* »[2]. Le constitutionalisme moderne s'oppose à la conception coutumière du constitutionalisme anglais tout en s'en inspirant puisqu'il en partage l'idéal, la mise en œuvre et la préservation de la liberté politique. Dans ce but, le constitutionalisme américain a imposé la conception normative de la constitution. En revanche, le constitutionalisme français l'a adoptée beaucoup plus tardivement. Désormais, cette conception est largement dominante et la justice constitutionnelle en assure le respect.

1) L'invention américaine de la constitution normative

L'expérience anglaise a influencé les pères fondateurs de la Constitution américaine de 1787. Initialement, les Américains n'avaient pas des idées constitutionnelles différentes de celles des Anglais. Comme eux, ils savaient que c'était par des documents écrits, tels que la Grande Charte (1215) ou le *Bill of Rights* (1689) que le parlement avait su arracher au pouvoir royal la garantie des droits et des libertés. En tant que représentant de l'aristocratie et du peuple, le Parlement anglais avait joué un tel rôle dans la conquête et la défense des droits et libertés qu'il était tout naturellement considéré comme le rempart contre les empiétements du pouvoir. « *Toute loi du parlement est partie intégrante de la constitution, et toute règle, qu'elle soit coutumière ou législative, est dès lors nécessairement constitutionnelle. Ainsi les mots "constitutionnel" et "inconstitutionnel" ne peuvent-ils rien signifier d'autre que respectivement "légal" et "illégal". C'est très précisément sur cette équivalence entre*

1. Ch. A. Morand, cité par G. Malinverni, « L'indépendance de la Suisse dans un monde interdépendant », *Revue de Droit Suisse – Zeitschrift für Scheizerisches Recht*, 1998, n° 117, p. 41.

2. O. Beaud, « Constitution et constitutionnalisme », *in* P. Raynaud, S. Rials (dir.), *Dictionnaire de philosophie politique*, Paris, PUF, 1996, p. 120.

"légal" et "constitutionnel" que les Américains se sont séparés de la tradition britannique[1]. »

D'une part, les colons américains cherchaient la fondation manquante. À la constitution coutumière, ils substituent la constitution écrite. Après la Déclaration d'indépendance du 4 juillet 1776, chaque colonie devenue État indépendant entreprend la rédaction d'une « constitution ». L'écrit assume une fonction de garantie, en particulier des droits et des libertés. Pendant les onze années qui vont séparer l'indépendance de la constitution fédérale, les nouveaux États vont être un formidable laboratoire constitutionnel. Le texte le plus célèbre, car il s'agit de la première déclaration des droits, c'est la Déclaration des droits de la Virginie du 12 juin 1776. Le principal acquis de cette période est que « *le seul fait d'écrire sur le papier la constitution ne change pas grand-chose tant qu'on n'a pas prévu explicitement une procédure pour la faire respecter* »[2].

D'autre part, les Américains cherchaient les moyens de protéger la constitution des abus du législateur (ordinaire). Ils ont la conviction qu'un pouvoir absolu est dangereux quelle que soit sa source. Une majorité populaire peut agir d'une façon non seulement incompétente, mais encore tyrannique et injuste à l'égard de la minorité. La volonté populaire doit trouver des limites dans les libertés des individus. La méfiance à l'égard du législateur est clairement exprimée par Alexander Hamilton, l'un des pères fondateurs de la constitution : « *les représentants du peuple réunis en assemblée semblaient imaginer d'être le peuple lui-même* » (*The Federalist Papers*, 1787-1788, n° 71)[3]. Dans l'esprit des fédéralistes, une majorité parlementaire est une simple majorité politique plutôt que la voix du peuple.

L'individu doit être protégé de l'arbitraire des gouvernants parce qu'il appartient au peuple souverain mais il doit l'être également de la souveraineté du peuple car ses droits sont antérieurs à l'établissement de la souveraineté. Cette réserve du droit individuel par rapport à la souveraineté va s'atténuer avec les progrès du principe démocratique, mais cette idée ne disparaîtra jamais de la pensée politique américaine et, pratiquement, elle conduit à poser que la volonté du corps électoral ne peut pas tout. Deux techniques constitutionnelles sont pour cette raison privilégiées : la rigidité de la constitution, d'une part, et la sanction judiciaire de la constitution, d'autre part.

---

1. É. Zoller, *Droit constitutionnel*, Paris, PUF, 1998, p. 34.
2. F.A. Hayek, *La constitution de la liberté* (1960), Paris, Litec, 1994, p. 181.
3. Pour la traduction des *Federalist Papers* réunissant les éditoriaux rédigés par A. Hamilton, J. Jay et J. Madison en vue de convaincre le peuple de l'État de New York de ratifier le projet de constitution fédérale élaborée à Philadelphie : *Le Fédéraliste*, trad. G. Jèze, Paris, LGDJ, 1957, et nouvelle éd. 1988, Economica. Voir aussi D. Mongoin, *Le Pari de la liberté. Étude sur* Le Fédéraliste, Paris, Classiques Garnier, coll. Politiques, 2012.

« *La rigidité est la condition essentielle d'une constitution normative. C'est elle qui confère à la constitution ce statut de loi fondamentale et suprême, insusceptible d'être changée dans les mêmes conditions que la loi ordinaire*[1]. » Les constitutions dites rigides apparues avec la constitution américaine témoignent de l'ambition de faire œuvre durable. À cette fin, il faut éviter une modification trop facile au gré de la conjoncture politique d'un acte qui se veut solennel et fondateur. Dit d'une autre manière, une constitution ne peut être modifiée que selon certaines formes prévues et déterminées à l'avance. Elle prévoit donc elle-même les conditions dans lesquelles elle peut être révisée. La constitution rigide peut donc être changée, mais elle ne peut l'être que par le pouvoir constituant dérivé prévu par la constitution elle-même. À la différence de la constitution coutumière qui change au gré de la pratique, elle ne peut être modifiée qu'en suivant une procédure spéciale distincte de la procédure ordinaire. Néanmoins, aucun État n'est doté d'une constitution entièrement coutumière (pas plus que d'une constitution entièrement écrite : voir Leçon 1 § 2), ni même le Royaume-Uni dont la constitution est composée d'un nombre sans cesse grandissant de lois écrites (voir Leçon 5 § 2). La vraie différence est ailleurs : ces lois ne sont pas rigides et, par conséquent, le Parlement ne peut les modifier dans les mêmes conditions que les lois ordinaires.

Le constitutionnalisme américain donne aussi naissance à la constitution moderne comme loi suprême de l'État : en d'autres termes, une loi supérieure aux autres normes et susceptible de causer l'invalidité de celles-ci. L'introduction du contrôle de constitutionnalité des lois permet précisément d'assurer le respect de cette conception de la constitution. L'originalité du modèle américain de la justice constitutionnelle est l'absence de règles explicites dans la constitution, mais le principe est exprimé par les rédacteurs de la constitution. Ainsi, A. Hamilton énonce-t-il : « *Par constitution limitée, je veux dire qu'elle contient certaines exceptions spécifiées à l'autorité législative ; [...] Des limitations de ce genre ne peuvent être assurées en pratique que par les tribunaux ; le devoir de ceux-ci est de déclarer nuls tous les actes contraires à la teneur manifeste de la Constitution* » (*Federalist Papers* n° 78).

Le principe sera affirmé par la Cour suprême elle-même dans la célèbre décision de 1803 *Marbury v. Madison* : « *Tous ceux qui ont élaboré des constitutions écrites les considèrent comme formant la loi fondamentale et suprême de la nation, et par conséquent, la théorie de toute forme de gouvernement de ce type doit être qu'un acte législatif contraire à la constitution est nul* ». Après la victoire de l'anti-fédéraliste, Jefferson, à la présidence des États-Unis en 1800, le fédéraliste Adams profite des derniers instants de sa présidence pour nommer

1. É. Zoller, *op. cit.*, p. 75.

des juges fédéraux dont Marbury. Mais, dans la précipitation, la décision de nomination n'a pas le temps de lui être envoyée. Or, le nouveau secrétaire d'État à la Justice, Madison, refuse de donner suite à cette décision. C'est pourquoi Marbury s'adresse à la Cour suprême pour qu'elle oblige l'administration à l'installer dans ses fonctions comme une loi de 1789 lui en donne le pouvoir. Le conflit entre la Cour suprême et la présidence s'annonce frontal puisque le *Chief Justice* Marshall est un fédéraliste convaincu nommé par l'ex-président Adams. La décision de 1803 est très astucieuse et aussi très politique. La loi de 1789 est déclarée contraire à la constitution et, par conséquent, la Cour ne peut examiner la demande de Marbury. La Cour a donc donné raison à l'exécutif sur ce qu'il veut (soit la non nomination de Marbury), mais elle s'accorde en contrepartie le principe du contrôle de constitutionnalité des lois dont la logique est le renforcement du pouvoir fédéral.

Sans *le judicial review, « le constitutionalisme n'aurait jamais pris corps »*[1] et la constitution normative, c'est-à-dire la constitution comme une norme sanctionnée par un juge ne serait pas affirmée.

2) La naissance tardive de la constitution normative en France

Comment faire pour empêcher la captation de la souveraineté du peuple par ceux qui l'invoquent ? Cette interrogation est au cœur de la réflexion des constituants américains. En revanche, aucun projet n'a abouti en France, malgré quelques éléments de réflexion. Le plus connu est le jury constitutionnaire proposé par Sieyès (1748-1836) lors de la préparation de la constitution de l'an III[2]. Lors de la séance du 18 thermidor an III (5 août 1795), Sieyès affirme : « *Une constitution est un corps de lois obligatoires ou ce n'est rien* ». Ce jury devait être composé d'une assemblée de cent huit membres et, plus précisément, de parlementaires car « *l'idée était que ces hommes qui avaient pratiqué un régime et fabriqué des lois étaient les plus qualifiés pour défendre et améliorer le premier et combler les lacunes des autres* » (M. Deslandres). Ses fonctions au nombre de trois devaient être les suivantes : d'abord, être un véritable protecteur de la constitution en vérifiant la constitutionnalité des actes des deux conseils (les Anciens et les Cinq Cents) sur saisine de la minorité opposante de ces corps, du tribunal de cassation ou directement par les citoyens ; ensuite, être une institution de perfectionnement de la constitution en consignant sur un registre les vœux formés par ses membres ; enfin, être chargé de se prononcer selon les règles de l'équité naturelle chaque fois qu'un tribunal ne trouverait pas la solution d'un

1. Ch. McIlwain, cité par F.A. Hayek, *op. cit.*, p. 184.
2. Voir le texte de la proposition présentée par Sieyès dans P. Pasquino, *Sieyès et l'invention de la constitution en France*, Paris, O. Jacob, 1998, p. 193.

litige dans la loi. Lors de la discussion, les opinions furent partagées ; toutefois les adversaires du projet l'emportèrent jugeant, dans l'ensemble, que trop de missions étaient confiées au jury constitutionnaire. Ce qui fit dire à Thibaudeau lors de son discours prononcé à l'Assemblée le 24 thermidor : « *Ce pouvoir monstrueux serait tout dans l'État et qu'en voulant donner un gardien aux pouvoirs publics on leur donnerait un maître qui les enchaînerait pour les garder plus facilement* » et « *les gardiens les plus sûrs et les naturels de toute constitution sont les corps dépositaires des pouvoirs, ensuite tous les citoyens* ».

Le problème du respect de la constitution avait été posé bien avant cette proposition de Sieyès, c'est-à-dire dès 1791 avec la discussion autour du titre 1er de la constitution et, surtout, en 1793 avec le projet de Condorcet. Son projet de « censure du peuple » est un mécanisme assez complexe et nécessitant un citoyen très actif et raisonnable : seraient soumis à l'exercice du droit de la censure toutes les lois et, généralement, tous les actes de la législature qui seraient contraires à la constitution. Condorcet reconnaît ainsi qu'il peut y avoir des lois injustes quoique « légitimes » car émanant d'un pouvoir régulièrement élu[1]. Lucien Jaume signale aussi des propositions isolées dont celle de Kersaint qui proposait un véritable contrôle de constitutionalité par une instance extérieure à la représentation nationale (un corps politique non judiciaire), saisi par les citoyens lésés : le tribunal des censeurs se serait toutefois prononcé sur la forme et non sur le fond des lois, le dernier mot appartenant à la représentation nationale[2].

Trois conséquences découlent de ces échecs. D'abord, les révolutionnaires français ne donnent pas à la constitution le statut de loi suprême. Ils en ont une conception instrumentale. Cela explique largement pourquoi il n'y a toujours pas de culture de la constitution en France : la constitution est faite pour les gouvernants et non pas pour les gouvernés (pour un approfondissement, voir les développements sur la fonction symbolique de la constitution). Ensuite, la constitution française est une constitution formelle instable. On en change facilement comme en témoigne notre histoire constitutionnelle ou bien on la révise tout aussi facilement (pour un approfondissement, voir les développements sur la constitution mise à l'épreuve des révisions). Enfin, les révolutionnaires sont avant tout attachés à la représentation, d'où la suprématie du pouvoir représentatif et de la protection des droits des individus par la loi et non pas contre la loi. La loi est en effet la traduction de la souveraineté et l'expression de la volonté générale : elle dispose de l'autorité dont disposait

1. L. Jaume, *Les discours jacobins et la démocratie*, Paris, Fayard, 1989.

2. Sur ces propositions, L. Jaume, « Garantir les droits de l'homme : 1791-1793 », *Revue Tocqueville*, 1993, vol. XIV, n° 1, p. 49 et s.

jadis le monarque, mais elle est porteuse du nouvel ordre et d'une légitimité démocratique à partir du moment où le droit de suffrage s'élargit. Elle ne saurait par conséquent être contestée, ni mise en cause. Cette sacralisation de la loi est désignée par le légicentrisme. L'essor du constitutionnalisme est donc tardif[1]. Ce sont les libéraux du XIXe siècle tels que Constant et Tocqueville qui en sont les promoteurs. Tocqueville s'est fait le dénonciateur de la tyrannie de la majorité comme possible dérive démocratique : « *Je regarde comme impie et détestable cette maxime qu'en matière de gouvernement la majorité d'un peuple a le droit de tout faire... Le pouvoir de tout faire, que je refuse à un seul de mes semblables, je ne l'accorderai jamais à plusieurs... La toute puissance me semble en soi une chose mauvaise et anormale* » (*De la démocratie en Amérique*, 2e partie, chap. 7).

Probablement, le constitutionalisme français est-il plus marqué par les théories du contrat. Or, il faut signaler que toutes les théories du contrat (Hobbes, Locke, Rousseau) refusent le principe de majorité pour assurer le passage de l'état de nature à la société civile et politique. Ce passage ne peut faire que l'objet d'un consensus unanime. Pour Rousseau : « *Il n'y a qu'une seule loi qui par sa nature exige un consentement unanime. C'est le pacte social [...]* ». À part, cette hypothèse « *la voix du plus grand nombre oblige toujours tous les autres* ». Selon le modèle rousseauiste, la minorité se trompe sur la volonté générale et elle doit donc se rallier à la majorité qui n'est pas un expédient de l'unanimité, mais un substitut de l'unanimité car, dans le pacte social, chacun a accepté de se soumettre à la volonté générale. Cette recherche de la volonté générale laisse donc en marge les droits de la minorité et la fonction d'opposition.

Là réside une nette différence par rapport au constitutionnalisme américain pour lequel l'application du principe majoritaire ne correspond pas à la seule primauté de la volonté des plus nombreux, mais aussi au respect des moins nombreux par la reconnaissance de droits à la minorité (*Federalist Papers*, n° 10). Les droits individuels protégés grâce au fédéralisme et au contrôle de la constitutionnalité de la loi sont des limites à l'action de l'État et l'expression d'une conscience minoritaire. De plus, alors que les corps intermédiaires sont supprimés dans la tradition du Contrat social (la fameuse loi Le Chapelier du 14 juin 1791), les factions bien que jugées dangereuses et néfastes par Madison sont, malgré tout, reconnues partie intégrante de la vie comme l'air pour le feu.

Faute d'un contrôle de constitutionnalité des lois digne de ce nom, la conception normative de la constitution est plutôt récente

1. Voir sur la fin de la centralité de la loi et le changement de paradigme, M. Gren, *Le changement de paradigme constitutionnel. Étude comparée du passage de la suprématie législative à la suprématie constitutionnelle en France, en Israël et au Royaume-Uni*, Paris, Dalloz, 2019.

en France, même si elle est à présent dominante. Elle s'est développée avec la jurisprudence constitutionnelle, en particulier depuis la célèbre décision du 16 juillet 1971, et en réaction à l'observation des faits politiques prônée par les politistes au lieu de l'étude des textes constitutionnels. Cette conception connaît plusieurs acceptations. Il ressort toutefois de la doctrine constitutionnelle que la constitution normative regarde l'organisation des pouvoirs publics et, plus encore, la reconnaissance et la garantie des droits : à cette fin, elle est une norme juridique générale productrice d'autres normes dont la violation est sanctionnée par un juge. Contrairement au hiatus entre droit et pratique dénoncé par les politistes, le droit constitutionnel est devenu réellement « le droit de la constitution » *i.e.* « *une règle juridiquement obligatoire sanctionnée* »[1] par le juge constitutionnel. La conception de la constitution comprise comme la loi suprême s'impose désormais de manière quasi exclusive de toute autre conception dans les démocraties consolidées.

3) La diffusion de la justice constitutionnelle dans le monde[2]

Il faut attendre la seconde guerre mondiale pour que la justice constitutionnelle se diffuse en Europe. L'idée s'est concrétisée sous impulsion de Hans Kelsen avant la guerre et a donné naissance à la première Cour constitutionnelle en Autriche, le 1er mars 1920. Après les horreurs de la guerre, l'idée que le législateur ne peut mal faire ne tient plus. L'idée de limiter les pouvoirs du parlement prend finalement corps. Écartée jusqu'alors, car jugée incongrue par le plus grand nombre puisque les parlements avaient conquis en Europe leurs libertés contre les monarques, cette idée s'impose aussi à cause des transformations que connaît la loi. Fortement ébranlée par les conflits sociaux et révélant de plus en plus dans ses interventions l'expression d'une volonté politique, la loi a perdu ses principales caractéristiques : rationalité, généralité, immutabilité et permanence. Bien que toujours définie juridiquement comme l'expression de la volonté générale, la loi n'est pourtant aujourd'hui que l'expression de la volonté gouvernementale approuvée par une majorité solidaire.

Nombreux sont donc les pays européens qui se sont ralliés à la justice constitutionnelle. Puisque les juges ordinaires sont formés à être fidèles à la loi, ils sont dans une situation institutionnelle de

1. L. Favoreu, « Le droit constitutionnel : droit de la constitution et constitution du droit », *R.F.D.C.*, 1990, p. 72. Voir aussi dans une vaste bibliographie E. García de Enterría, *La Constitución como norma y el Tribunal constitucional*, Civitas, Madrid, 1re éd., 1981 et 3e éd., 1985.

2. M. Fromont, *La justice constitutionnelle dans le monde*, Paris, Montchrestien, 1996 ; T. Ginsburg, « The Global Spread of Constitutional Review », *The Oxford Handbook of Law and Politics*, Oxford, Oxford University Press, 2008, p. 81 et s. *Add.* : L. Favoreu, W. Mastor, *Les cours constitutionnelles*, Paris, Dalloz, 2e éd., 2016.

faiblesse et de timidité qui ne leur donne pas une autorité nécessaire pour assurer la tâche difficile de contrôle de constitutionnalité des lois. Hans Kelsen a défendu l'idée que le contrôle de constitutionnalité ne peut être que centralisé, c'est-à-dire exercé par une juridiction constitutionnelle spécifique à la différence du contrôle diffus exercé par tous les juges aux États-Unis (sur les modèles américain et européen de justice constitutionnelle, voir la Leçon 7 § 2).

Quatre vagues successives peuvent être distinguées : d'abord, l'Allemagne et l'Italie pays vaincus de la seconde guerre, puis les États sortant d'une période dictatoriale à la fin des années 1970 (Grèce, Espagne, Portugal) et, ensuite, les pays d'Europe centrale et orientale après l'effondrement du communisme à la fin des années 1980. Enfin, une quatrième vague prend forme : la France et le Royaume-Uni ont été, pendant longtemps, éloignés de ce mouvement en raison de cultures constitutionnelles peu favorables (d'un côté, le légicentrisme et, de l'autre, la souveraineté parlementaire). Le contrôle de constitutionnalité des lois établi par la Constitution française du 4 octobre 1958 prend son essor avec la célèbre décision du 16 juillet 1971, *Liberté d'association* et connaît un nouveau développement avec la réforme constitutionnelle du 23 juillet 2008 et la loi organique n° 2009-1523 du 10 décembre 2009 qui précise les modalités d'application du nouvel article 61-1 de la Constitution. Au Royaume-Uni, on a, depuis l'adoption du *Human Rights Act 1998*, une forme limitée de contrôle de constitutionnalité des lois avec la procédure de déclaration d'incompatibilité (voir la Leçon 6 § 2).

Il faut toutefois remarquer que certains pays se tiennent encore à l'écart de ce mouvement. Il y a en Europe deux exceptions notables : la Suède et les Pays-Bas. Ces pays ont réformé leur constitution (la Suède en 1974 et les Pays-Bas en 1983) sans qu'aucune influence extérieure ne les conduise à envisager la création d'une cour constitutionnelle. Il faut toutefois remarquer que ces deux pays ne sont pas exactement dans la même situation. La Hollande ignore totalement le contrôle de constitutionnalité (il conviendrait par ailleurs d'ajouter le Luxembourg), alors que la Suède connaît un contrôle diffus depuis la réforme constitutionnelle de 1979 : tous les juges ordinaires peuvent exercer ce contrôle et la Cour suprême est compétente en dernière instance.

Ce contrôle diffus existe également au Danemark et en Norvège. Il convient de souligner que, dans ces pays, les juges font un usage très modéré de leur compétence. À propos de l'usage particulièrement modéré en Norvège, E. Smith propose l'explication suivante : « *Cette tendance s'explique sans doute par des faits assez complexes, dont la relative stabilité sociale et politique dans ce pays depuis près de quarante ans. On assiste sans doute à une pénétration croissante au sein de la Cour suprême de l'idéologie "sociale" actuellement assez dominante dans les classes dirigeantes* »[1]. Il faut enfin ajouter le cas de la Finlande qui connaît à la fois un contrôle de constitutionnalité préventif et abstrait des lois exercé par la commission des affaires constitutionnelles du Parlement. Depuis 2000, a été instituée l'obligation pour les juges de ne pas appliquer les lois violant la constitution. Il s'agit là d'un modèle très original de cohabitation qui, pour l'heure, laisse peu de place aux juges[2].

L'extension de ce mouvement à travers le monde se produit dans les années 1990 lors du passage à la démocratie de nombreux pays jusqu'alors aux prises avec des régimes autoritaires. Le mouvement part de l'Amérique latine à la fin des années 1980 : Brésil en 1988, Colombie en 1991, Pérou en 1993, Bolivie et Argentine en 1994, Chili en 1997. Au même moment, les pays d'Europe centrale et orientale connaissent le processus identique qui débute avec l'établissement du tribunal constitutionnel polonais en 1986. De même, en Asie, se sont installées bien après la Cour Suprême de l'Inde (1950) et celle du Japon (1946) plusieurs cours constitutionnelles[3] notamment en Corée du Sud (1987), Cambodge (1993) et Thaïlande (1997). Puis l'Afrique s'ouvre également à la justice constitutionnelle, la Cour constitutionnelle sud-africaine établie en 1995 devient un modèle pour une bonne partie du continent. On remarquera que ces nouveaux régimes ont le plus souvent opté pour une juridiction constitutionnelle spécialisée, mais c'est souvent une réappropriation du modèle dit européen de justice constitutionnelle.

Pour se protéger des dangers liberticides de la souveraineté populaire, on peut aller jusqu'à affirmer que le constitutionnalisme (comme théorie et pratique) a procédé à une substitution : les droits fondamentaux remplacent le principe majoritaire comme fondement de la démocratie[4]. Cette substitution ne doit pas être forcément analysée comme se faisant contre la volonté des gouvernants. Ainsi, Ran Hirschl met en lumière, dans les quatre pays qu'il a étudiés (Canada, Israël, Nouvelle-Zélande et Afrique du Sud), la constitution d'une « juristocratie » fondée sur la constitutionnalisation des questions politiques et encouragée par l'élite politique favorable au

1. E. Smith, « Pays scandinaves », *in* L. Favoreu, J.-A. Jolowicz (dir.), *Le contrôle juridictionnel des lois. Légitimité, effectivité et développements récents*, Paris, Economica, 1986, p. 231.

2. J. Husa, « Constitutionality in Nordic countries » 48, *American Journal of Comparative Law*, 2000, p. 345 et s. ; J. Husa, « Locking in Constitutionality control in Finland » 16, *Eur. Const. Law review*, 2020/2, p. 249 et s.

3. T. Ginsburg, *Judicial Review in a New Democracies. Constitutional Courts in Asian Cases*, New York, Cambridge University Press, 2003 ; T. Groppi, « Costituzioni senza costituzionalismo? La codificazione dei diritti in Asia agli inizi del XXI secolo », *Politica del diritto*, 2006, p. 187 et s.

4. Pour un constat critique, E. W. Böckenförde, « Naissance et développement de la notion d'État de droit », *in Le droit, l'État et la constitution démocratique*, (essais traduits et présentés par O. Jouanjan), Bruxelles-Paris, Bruylant-LGDJ, 2000, p. 147.

renforcement du *judicial review* : les gouvernants y voient un moyen de protéger leur politique face aux groupes minoritaires puisque les juges et les gouvernants appartiennent à la même élite et adhérent à l'idéologie dominante, notamment l'économie libérale et l'extension de la sphère des droits individuels[1]. Le constitutionnalisme global est l'expression de cette conception privilégiant la garantie des droits au nom de principes supérieurs (voire contre les individus eux-mêmes[2]) par rapport à la démocratie politique (voir Leçon 10 § 3 sur les différentes formes du constitutionnalisme).

B. La fonction intégrative de la constitution

La fonction d'intégration de la constitution est au cœur de la doctrine élaborée par Rudolf Smend (1882-1975) alors même que la Constitution de Weimar (1919) ne parvenait pas à faire preuve d'un effet intégrateur : l'État est un processus d'intégration continue et la constitution doit dès lors être comprise comme « *l'ordre juridique de l'État, plus précisément de la vie dans laquelle l'État trouve sa réalité, à savoir son processus d'intégration* »[3]. Autrement dit, la constitution est entendue comme la garantie du consensus fondamental nécessaire à la cohésion sociale. La constitution ne peut toutefois à elle seule constituer l'identité collective puisque la nation trouve ses fondements dans des pré-conditions constitutionnelles telles qu'une langue, une histoire, une culture ou/et une religion communes voire un ennemi commun. Pour durer, une constitution doit bénéficier de signes tangibles d'une volonté de vouloir vivre ensemble. Il y a en quelque sorte une relation circulaire : l'identité collective (préexistante) structure la constitution et la constitution structure l'identité nationale. Il est important de garder à l'esprit qu'en pratique toutes les constitutions cherchent à concilier *ethnos* et *demos*. Si la constitution y parvient, elle peut alors aider à la construction de l'identité collective. Comment la constitution peut-elle remplir une telle

---

1. R. Hirschl, *Towards Juristocracy. The Origins and Consequences of the New Constitutionalism*, Cambridge-Londres, Harvard University Press, 2004. Plus spécifiquement sur le cas canadien : M. Mandel, *La Charte canadienne des droits et libertés et la judiciarisation du politique au Canada*, Montréal, Boréal, 1996.

2. S. Hennette-Vauchez, « L'Europe comme laboratoire du 'droit global' : l'occasion de renouveler l'interrogation théorique sur les tensions entre droits de l'homme et démocratie », *in* V. Champeil-Desplats, J.-M. Denquin (dir.), *Démocratie et constitutionnalisme – Retours critiques*, Paris, Mare & Martin, 2018, p. 341.

3. R. Smend, « Verfassung und Verfassungsrecht » (1928), *in Staatsrechtliche Abhandlungen und Andere Aufsätze*, Berlin, Duncker & Humblot, 1968, p. 189. Voir sur le concept d'intégration, R. Baumert, « Intégration et démocratie dans la pensée de Rudolf Smend », *in* V. Champeil-Desplats et J.-M. Denquin (dir.), *Démocratie et constitutionnalisme*, cit., p. 109 et s.

fonction d'intégration[1] ? Cette fonction se décompose en quelque sorte en deux fonctions, celle d'adhésion et celle symbolique.

1) La fonction d'adhésion

Les constituants doivent créer la possibilité d'identification pour les citoyens. La constitution doit pouvoir appartenir à tous. Cela suppose que le texte fasse l'objet d'une adhésion sur laquelle on n'a plus besoin de revenir. Dit d'une autre manière, une reconnaissance qui va de soi et, à ce titre, le « baptême démocratique » est très certainement primordial. Ce n'est toutefois pas une condition *sine qua non* pour assurer la fonction intégrative de la constitution. Tel est le cas de la Loi fondamentale allemande. Après la seconde guerre mondiale, les puissances victorieuses ont imposé plusieurs principes constitutionnels (la forme fédérale de l'État et la protection des droits et libertés) dans l'élaboration du texte constitutionnel (accords de Londres de 1948)[2]. Un « conseil parlementaire » a été chargé de la rédaction de ce texte provisoire dans l'attente de l'adoption d'une véritable constitution ; ce qui ne s'est jamais produit et il n'y a jamais eu de référendum constituant. Bruce Ackerman a identifié des « *moments constitutionnels* » tout à fait essentiels autres que le moment constituant qui correspondent à des ruptures porteuses de sens et constitutives de l'identité constitutionnelle, comme par exemple la guerre de Sécession aux États-Unis[3]. Dans le cas allemand, c'est le texte constitutionnel qui constitue en tant que tel le trait d'union entre le passé et le présent. La Loi fondamentale du 23 mai 1949 a su en effet combler le vide auquel l'Allemagne a dû faire face après la guerre et constitue aujourd'hui une source d'enracinement. Dans son préambule, le peuple allemand des Lander se déclare « conscient de sa responsabilité devant Dieu et devant les hommes » et entend « donner un ordre nouveau à la vie politique ». Cet ordre nouveau repose sur une affirmation renforcée de l'État de droit auquel la Cour constitutionnelle a largement contribué ainsi que la prospérité économique et la stabilité des institutions.

---

1. M.-C. Ponthoreau, « La constitution comme structure identitaire », *in* D. Chagnollaud (dir.), *Les 50 ans de la Constitution 1958-2008*, Paris, LexisNexis Litec, 2008, p. 31 et s.

2. Le cas allemand correspond à l'hypothèse d'une élaboration de la constitution externe à l'ordonnancement auquel elle est destinée. Cette hypothèse concerne un État ayant perdu sa pleine souveraineté en raison d'un conflit armé (c'est aussi le cas du Japon) ou bien des territoires coloniaux qui accèdent à l'indépendance (par exemple, le Canada en 1867, l'Australie en 1901 ou encore l'Afrique du Sud en 1909). L'autre hypothèse, aujourd'hui plutôt courante, est celle du pouvoir constituant aidé par des instances internationales : par exemple, la Namibie (1982-1990), le Cambodge (1989-1993), la Bosnie-Herzégovine (1991-1995), la Macédoine (2001), l'Irak (2004-2006).

3. B. Ackerman, *We, the People: Foundations*, Harvard, Harvard University Press, 1991 (trad. *Au nom du peuple. Les fondements de la démocratie américaine*, Préface de P. Weil, Paris, Calmann-Lévy, 1998).

« *Ce qui a permis de renforcer l'efficacité juridique de la constitution sans laquelle la dimension symbolique n'aurait probablement jamais émergé*[1]. »

La constitution doit donc en général refléter un consensus fondamental qui s'est réalisé au moment de son élaboration et permettre le renouvellement de ce consensus à travers les procédures qu'elle établit. Les cas les plus évidents sont ceux dans lesquels la décision constitutionnelle intervient pour créer un nouvel État suite à une révolution ou à une sécession (par exemple, le démembrement de l'Union Soviétique ou de la Yougoslavie) ou bien pour mettre en place un nouveau régime suite à une transition démocratique (par exemple, l'Afrique du Sud, ou bien l'abandon des constitutions socialistes à partir de 1989). Toutes les fois qu'une nouvelle constitution est adoptée, l'organe qui décide ne se considère pas juridiquement lié par les règles précédentes. Ce sont des liens de nature politique qui prévalent. Pour qualifier celui qui décide, on utilise depuis la Révolution française la notion de pouvoir constituant (originaire) dont Sieyès est l'inventeur. Ce pouvoir se situe aux limites du droit positif car il est à l'origine de la norme qui constitue la base de tout l'ordre juridique sans être lui-même fondé sur une norme juridique préexistante.

Dans une société démocratique, le pouvoir constituant originaire appartient au peuple. C'est la raison pour laquelle on procède généralement de la manière suivante : une assemblée élue par le peuple, désignée comme la convention ou assemblée constituante, a pour tâche d'élaborer la constitution. Une fois élaboré, le texte est soumis à l'approbation du peuple, par référendum dit constituant. Le texte constitutionnel peut ne pas être élaboré par une assemblée constituante, tel le projet de la constitution française de 1958 rédigé par un comité d'experts et de membres du gouvernement, mais il a été soumis à référendum pour lui conférer autorité et légitimité. Le référendum constituant permet en d'autres termes de vérifier s'il y a une « *constitution réelle* » car « *[s]i un peuple était fondamentalement disparate, il serait difficile de lui donner une Constitution* »[2]. La fonction intégrative varie donc d'un pays à l'autre, d'une période à l'autre. Dans les sociétés divisées par les religions comme en Inde ou bien marquées par une guerre civile comme l'Irlande, la constitution peut être le meilleur et l'unique moyen d'unifier des groupes disparates. C'est toutefois une alchimie plutôt mystérieuse. La constitution se révèle parfois impuissante à donner une identité à un peuple et à le transformer en une nation.

1. D. Grimm, « Integration by Constitution » 3, *I-CON*, 2005, p. 203. *Add.* : A. Gaillet, « Le sens d'une constitution vu par l'Allemagne », *Titr VII,* 2018 : https://www.conseil-constitutionnel.fr/publications/titre-vii/le-sens-d-une-constitution-vu-par-l-allemagne

2. C.J. Friedrich, *La démocratie constitutionnelle*, Paris, PUF, 1958 (trad. *Constitutional Goverment and Democracy*, 1950), p. 88.

Parmi les moyens mis en œuvre, le préambule joue aussi un rôle capital[1]. N'est-ce pas ce que l'on lit en premier dans une constitution ? Le préambule est en quelque sorte la vitrine de la constitution qui est considérée aussi bien par les citoyens que par les juristes. « *Les préambules des textes constitutionnels ont une importance particulière en ce qu'ils reflètent l'opinion publique à laquelle chaque Constitution doit sa force*[2]. » Les mentions appelées à figurer dans l'introduction constitutionnelle doivent être considérées comme vraiment importantes puisqu'on éprouve la nécessité de les placer précisément en tête : elles sont destinées à expliquer la genèse du texte ou/et à en livrer la philosophie générale. Toutefois, il y a aussi certaines constitutions notamment européennes sans préambule et elles sont plutôt nombreuses (Autriche, Belgique, Danemark, Finlande, Italie, Luxembourg, Pays-Bas et Suède). Dans ce cas-là, les premières dispositions de la constitution expriment les principes auxquels est attachée une importance première (par exemple, la Constitution italienne de 1947 commence par consacrer les principes fondamentaux).

Les préambules jouent néanmoins un autre rôle : il ne s'agit pas seulement de la marque d'un attachement à des principes ou à des droits de première importance, mais aussi d'inscrire la constitution dans le temps[3]. Cette inscription dans le temps peut prendre plusieurs formes : la conquête du futur (le préambule de la Constitution américaine de 1787 ou le préambule de l'Acte de l'Amérique du Nord Britannique de 1867), le rappel de la mémoire (le préambule de la Constitution irlandaise de 1937) ou bien le renvoi aux traditions du passé (ainsi les constitutions des pays baltes sont attachées à leur passé d'avant le communisme[4] : le préambule de la Constitution de la Lituanie déclare son attachement à « l'esprit (du peuple), sa langue, son écriture et ses coutumes »). À cette fin, les préambules sont généralement courts. La simplicité participe de la durée. Cette qualité vaut certainement pour le corps de la constitution. La constitution doit pouvoir appartenir à tous. À ce titre, il ne faut jamais oublier que ce n'est pas un texte juridique comme les autres : la constitution fonde à la fois la communauté étatique et le système juridique.

1. J. Hummel, « Les préambules de Constitution : une forme du "genre littéraire utopique" ? », *Revue d'histoire des facultés de droit et de la culture juridique*, n° 31, 2011, p. 203 et s. ; C. Cadinot, *Les préambules des Constitutions – Approche comparative,* Thèse de doctorat en droit, Université de Bordeaux, 2018.

2. *Ibid.*, p. 86.

3. C. Klein, « Pourquoi écrit-on une constitution ? », *in* M. Troper, L. Jaume (dir.), *1789 et l'invention de la Constitution*, Paris, LGDJ, 1994, p. 94.

4. À tel point que la Lettonie a symboliquement rétabli la constitution de 1922. Ce choix est exceptionnel. Sinon, les pays d'Europe centrale et orientale et les autres pays baltes ont fait le choix d'une nouvelle constitution ou bien ont révisé les constitutions existantes (ainsi, en Bulgarie, Hongrie et Pologne).

L'adhésion des citoyens est tributaire de la simplicité de sa présentation. C'est parce qu'elle est bien comprise par le peuple à qui elle s'applique, qu'une constitution s'applique durablement. L'adhésion est sans doute tributaire d'autres qualités du texte, notamment la capacité dont font preuve les constituants à repousser la décision par le compromis. Carl Schmitt a identifié l'idée d'un « *compromis dilatoire* »[1] : malgré leur hostilité, les constituants trouvent un accord par des formules rédactionnelles évasives de manière à contourner les points d'achoppement et à repousser la décision au moment de l'interprétation constitutionnelle.

Enfin, les préambules ont une valeur symbolique dont l'importance est liée à leur fonction de légitimation du pouvoir politique puisqu'ils expriment sa raison d'être : définir ce qui est et ce qui n'est pas légitime pour le pouvoir politique. Le choix en faveur d'une déclaration renouant avec les expériences constitutionnelles américaine et française s'explique précisément par le gain escompté.

2) La fonction symbolique

Le droit n'est pas toujours suffisant en lui-même : l'intégration comme processus collectif (c'est-à-dire l'appropriation de la constitution) ne peut être ordonnée. C'est pourquoi « *[...] toute constitution s'appuie ainsi sur un ensemble de croyances, qu'elle contribue à activer en permanence* »[2]. Alors, la constitution ne joue pas un rôle directement intégrateur qui revient en revanche à certaines institutions dans lesquelles les citoyens peuvent se reconnaître : la Couronne au Royaume-Uni ou bien la Cour suprême aux États-Unis. Ce sont parfois des symboles qui sont en marge de la constitution, mais consacrés par celle-ci. Ainsi la Constitution portugaise a-t-elle un article 11 qui porte spécifiquement sur les symboles nationaux. On peut citer de nombreux autres exemples[3] même si les constitutions ne les identifient pas expressément comme des symboles nationaux et même si la reconnaissance n'est que partielle. Tel est le cas pour la Constitution de 1958 : elle consacre dans l'article 2 plusieurs symboles (langue, emblème tricolore, hymne et devise), mais ignore la fête nationale et Marianne[4].

Le constitutionnaliste suisse Jean-François Aubert exprime néanmoins des doutes : « *Quant à la fonction dite d'intégration ? Ici, à la différence d'une opinion répandue, nous sommes plutôt sceptique*

1. C. Schmitt, *Théorie de la Constitution*, Paris, PUF, coll. Léviathan, 1993, p. 162.

2. J. Chevallier, « Pour une sociologie du droit constitutionnel », *in L'architecture du droit, Mélanges en l'honneur de Michel Troper*, Paris, Economica, 2006, p. 297.

3. F. Rueda, « L'hymne et le drapeau : des symboles de l'État en droit comparé », *in* F. De La Morena (dir.), *Les symboles de la République : actualité de l'article 2 de la Constitution de 1958*, Presses de l'Université de Toulouse I, 2014, p. 81 et s.

4. A. Gaudin, *Les symboles constitutionnels. Étude sur la force juridique de l'article 2 de la Constitution de 1958*, Thèse Paris I Panthéon-Sorbonne, 2021.

[...]. Elle [la constitution] *est en général trop peu connue* »[1]. En note, l'auteur souligne que certaines lois, telle celle sur la sécurité routière, sont beaucoup plus « intégratrices » que la constitution. Sans doute, le caractère intégrateur de la constitution américaine est-il exceptionnel. Il se fonde sur deux facteurs : les immigrés trouvent dans la constitution leur enracinement à leur nouveau pays et la Cour suprême assure que le peuple verra l'importance de la constitution toujours reconnue[2]. Pour Bernard Lacroix, « *est dit symbolique* », en référence à Durkheim[3] et à Cassirer[4], « *tout ce qui a statut de représentation collective et rapport avec leur fonctionnement spécifique. S'il est vrai, en ce sens, qu'une constitution est toujours d'une certaine façon l'enregistrement des valeurs collectives d'une époque ou de plusieurs époques successives, en même temps que la référence de tel acte, de tel geste ou de telle pratique à ces valeurs, toute constitution est un produit symbolique* »[5]. Autrement dit, cet apport symbolique n'est jamais univoque et, par essence, il est contestable. Au-delà du « *cas spécial* »[6] que constitue l'expérience américaine, il faut donc s'intéresser à la fonction symbolique de la constitution de manière à comprendre pourquoi certaines constitutions ont un caractère intégrateur alors que d'autres en sont dépourvu ou presque.

Les ambiguïtés du symbolisme apparaissent en même temps que l'importance qui lui est accordée. Ainsi, pour le constitutionnaliste américain, C.J. Friedrich, « [l]*a "Constitution" tend à devenir un symbole et ses dispositions deviennent à leur tour autant de symboles. C'est cette fonction symbolique des* mots *qui fait de la Constitution une* force *politique* »[7]. Le texte constitutionnel contient de nombreuses dispositions ouvertes : des valeurs, des principes ou/et des symboles. Si la constitution contient autant de dispositions indéterminées qui la différencient des autres textes juridiques, cela tient en vérité à son objet et à la volonté de ses auteurs de la faire durer. C'est à la fois un texte juridique et un texte politique. Fruit d'un

1. J.-F. Aubert, « Nécessité et fonctions de la constitution », *in* R. Bieber, P. Widmer (éd.), *L'espace constitutionnel européen*, Zürich, Schulthess Polygraphischer, 1995, p. 17.

2. E.S. Corwin, « The Constitution as instrument and as symbol » 30, *American Political Science Review*, 1936, p. 107 et s. ; M. Lerner, « Constitution and Court as Symbols » 46, *Yale Law Journal*, 1937, p. 1290 et s.

3. Émile Durkheim (1858-1917), sociologue français.

4. Ernst Cassirer (1874-1945), philosophe allemand, auteur de la *Philosophie des formes symboliques* (1923-1929) dans lequel l'homme est présenté comme un « animal symbolique » ne cessant de construire un « monde » qui l'arrache à son individualité.

5. B. Lacroix, « Les fonctions symboliques des constitutions – Bilan et perspectives », *in* J.-L. Seurin (dir.), *Le constitutionnalisme aujourd'hui*, Paris, Economica, 1984, p. 188.

6. B. Ackerman, « The Rise of World Constitutionalism » 83, *Virginia Law Review*, 1997, p. 774.

7. C.J. Friedrich, *op. cit.*, p. 94 (souligné par l'auteur).

compromis, la constitution bénéficie d'une structure ouverte propre à accueillir les différentes options politiques existantes ou en devenir dans une démocratie de manière à offrir une marge de manœuvre pour préserver le pouvoir discrétionnaire du pouvoir politique. La puissance symbolique d'une constitution s'accroît avec les ambiguïtés de son interprétation. C'est dans ce sens que le symbolisme de la constitution n'est jamais univoque et incontestable[1].

Les ambiguïtés sont liées aussi bien au contexte dans lequel la constitution naît que de celui dans lequel elle vit. Mais on peut penser que le degré d'intégration dépendra surtout de la façon dont la constitution sera perçue. Dans ce sens, le constitutionnaliste allemand Dieter Grimm relève : « *Une constitution aura un effet intégrateur seulement si elle exprime les valeurs fondamentales et les aspirations de la société et si cette dernière perçoit que sa constitution reflète précisément ces valeurs dans lesquelles elle s'identifie et qui sont la source de sa nature propre* »[2]. Sinon, la constitution perdra rapidement son éclat et ne deviendra pas le support d'une culture constitutionnelle.

Une brève comparaison des processus d'appropriation collective de la constitution montre qu'ils dépendent de la conception que l'on s'en fait. Dit d'une autre manière, l'effet intégrateur de la Constitution américaine est largement lié à l'idée que la constitution est un *instrument de limitation du pouvoir*. La Cour suprême joue un rôle essentiel puisqu'elle a en charge d'écrire le grand récit de la nation américaine en offrant aux individus de contribuer à ce récit par leur pugnacité judiciaire. Non seulement les étudiants en droit mais beaucoup d'Américains connaissent ses décisions les plus célèbres. En revanche, la principale préoccupation en France a été pendant longtemps de garantir le consensus sur le régime lui-même. La succession des régimes a eu de lourdes conséquences, notamment l'habitude de voir les choses pour ou contre le changement et, surtout, la forte présence d'une opposition antisystème (pour ou contre la République). Les institutions mises en place ont reflété un compromis temporaire entre les deux grandes familles idéologiques issues de 1789, mais à aucun moment elles n'ont légitimé le compromis lui-même. « [L]*es constitutions, au lieu d'être un élément de cohésion nationale et sa référence, [ont] toutes été des sujets de discorde et des enjeux de controverse [...]*[3]. »

En France, la constitution est avant tout conçue comme un *instrument à la disposition des détenteurs du pouvoir* même si l'article 16 de la Déclaration des droits de l'homme et du citoyen (1789)

1. R. Cotterrell, « The symbolism of Constitutions: Some Anglo-American Comparisons », *in* I. Loveland (ed.), *A Special Relationship? American Influences on Public Law in the UK*, Oxford, Clarendon Press, 1995, p. 29.

2. *Op. cit.*, p. 199.

3. R. Rémond, « Les Français et leur constitution », *Mélanges en l'honneur de Gérard Conac*, Paris, Economica, 2001, p. 26.

renvoie à la conception libérale de la constitution. Cela explique que le Conseil constitutionnel a du mal à imposer une autre conception de la Constitution de 1958. Il fait à présent œuvre pédagogique : le président du Conseil constitutionnel, conscient de la faible portée symbolique de la Constitution de 1958, s'en est ému dans ses vœux prononcés le 3 janvier 2018 et a entrepris des actions de manière à renforcer une culture constitutionnelle (concours pour les élèves du primaire au lycée de découverte du texte constitutionnel et une fête de la Constitution). Cependant si la pédagogique n'est pas accompagnée d'une culture politique et institutionnelle de respect de la constitution, il est à craindre que cela reste insuffisant pour renforcer une culture de la constitutionnalité. Le rappel de quelques incidents le montre. D'abord, celui de février 2008 : n'a-t-on pas vu le président de la République, défini par l'article 5 comme le gardien de la Constitution, demander au premier président de la Cour de cassation les moyens de contourner une décision constitutionnelle (sur la rétention de sûreté) ? L'incident est marquant puisqu'il s'agit du chef de l'État, mais n'en est pas pour autant isolé. On peut également évoquer l'appel formulé, au cours de l'automne 2005, par le ministre de la Justice, Pascal Clément (ancien étudiant en droit comme le président Nicolas Sarkozy), aux parlementaires de ne pas saisir le Conseil constitutionnel (au nom de la lutte contre la récidive) d'un texte de loi dont la constitutionnalité était douteuse[1]. Ces épisodes, souvent présentés comme de simples maladresses, seraient jugés inacceptables non seulement aux États-Unis, mais aussi dans maints pays européens. Ils sont en vérité lourds de signification et témoignent de l'absence ou du moins de la faiblesse de culture de la constitution en France.

La fonction symbolique évoquée est dévolue, en France, à l'idée de République. Et c'est le Parlement qui en a la charge : on l'a encore vu à propos de la laïcité avec la loi sur le voile alors qu'aux États-Unis c'est la Cour suprême qui aurait été amenée à décider. Dans l'ouvrage, *Les lieux de mémoire*, qui analyse l'idée de République il n'y a aucune rubrique consacrée à la Déclaration des droits de l'homme et du citoyen de 1789 ou bien à la constitution (laquelle… demandera-t-on). En revanche, Jean Carbonnier a rédigé une contribution sur le Code civil dans laquelle il qualifie celui-ci de « *constitution civile*

1. Les exemples restent trop nombreux. Ainsi, le Premier ministre M. Valls a-t-il exprimé des doutes quant à la saisine du Conseil relative à l'état d'urgence en soulignant qu'il est « *toujours risqué de saisir le Conseil constitutionnel* » : il est plutôt déconcertant que le Premier ministre ait pu « *exprimer publiquement sa défiance* » envers cette institution certes parfois trop prudente « *mais qui n'en joue pas moins un rôle essentiel pour contrebalancer le pouvoir majoritaire* » comme l'observent, à juste titre, O. Beaud et C. Guérin-Bargues, dans *L'État d'urgence. Étude constitutionnelle, historique et critique*, Paris, LGDJ, 2ᵉ éd., 2018, p. 136.

de la France »[1]. Yves Gaudemet qui a repris cette idée à l'occasion du bicentenaire du Code civil, souligne : « *Le Code est une constitution civile parce qu'il n'est pas – pas seulement et pas exhaustivement – un code de droit civil, mais bien un Code de la société civile, pour structurer celle-ci, la révéler à elle-même, l'organiser et la consolider* ». Elle est appelée à durer et à offrir une stabilité alors que la constitution politique a changé à nombreuses reprises depuis la Révolution. « *Car la constitution civile est faite pour durer, davantage que la constitution politique...* » L'auteur oppose ainsi le temps politique et le temps civil : « *que le premier soit un temps court et le second un temps long comporte cette conséquence, paradoxale seulement à première vue, que la constitution civile structure et organise finalement davantage une nation que sa constitution politique* »[2].

Déjà, sous la IIIe République, alors que les trois lois de 1875 ne contenaient « *pas même* une déclaration des droits, *à la différence de la plupart de nos constitutions antérieures et aussi de la plupart des constitutions étrangères* »[3], le Doyen Hauriou a façonné une autre notion, celle de « constitution sociale », à maints égards « *plus importante que [l]a constitution politique* »[4]. Cette lacune, insupportable dans ses conséquences juridiques puisque conduisant à nier l'existence constitutionnelle des droits individuels, supposait de réintroduire les libertés grâce à la constitution sociale caractérisée par sa « légitimité *supérieure à la constitution elle-même* »[5], *i.e.* la constitution entendue au sens formel. La notion de « constitution sociale » est désormais peu présente dans le débat doctrinal, probablement parce qu'elle a été en quelque sorte intégrée dans le droit constitutionnel positif quand le Conseil constitutionnel a décidé de se référer expressément au préambule de la Constitution dans sa célèbre décision du 16 juillet 1971, *Liberté d'association*. La force intégrative des droits était présent à l'esprit des premiers constituants et s'est traduite dans la Déclaration des droits de l'homme et du citoyen de 1789 faite pour l'homme en tant qu'être humain et donc pour tous. Ce texte n'en

1. Dans P. Nora (dir.), *Les lieux de mémoire*, T. II *La nation*, Paris, Gallimard, 1986, p. 293.

2. Y. Gaudemet, « Le Code civil, "constitution civile de la France" », *in 1804-2004, Le Code civil, un passé, un présent, un avenir*, Paris, Dalloz, 2004, p. 298-299.

3. M. Hauriou, *Précis de droit constitutionnel*, Paris, Sirey, 2e éd., 1929, p. 339 (souligné par l'auteur). Il faut tout de même reconnaître que bon nombre de constitutions du XIXe siècle ont écarté les droits individuels, mais le Doyen Hauriou pense sans doute à deux exceptions notables : d'une part, la Constitution belge de 1831 qui introduit pour la première fois dans le corps même du texte constitutionnel les droits et devoirs fondamentaux pour lever toute hésitation sur leur valeur normative et, d'autre part, la Constitution helvétique de 1874 qui les introduit par souci de limitation du pouvoir fédéral et en raison de l'existence d'une initiative populaire en matière constitutionnelle.

4. *Op. cit.*, p. 611.

5. *Op. cit.*, p. 339 (souligné par l'auteur).

est pas moins porteur d'ambiguïtés même s'il est aujourd'hui l'objet d'un fort consensus.

Plus en général, la doctrine française a en grande partie abandonné la recherche des principes qui structurent le droit constitutionnel et qui ne sont pas forcément inscrits dans la constitution[1], mais qui la nourrissent et l'inspirent[2]. En particulier, ceci ressort à propos de la question de la responsabilité politique du chef de l'État sous la Cinquième République. Elle connaît des angles morts, notamment parce que le Conseil constitutionnel n'est pas compétent pour régler toutes les questions d'interprétation constitutionnelle (on pense par exemple à l'interprétation de l'article 13 alinéa 1er). En privilégiant le raisonnement exégétique de la Constitution de 1958, une bonne partie de la doctrine ignore la fonction de limitation du pouvoir politique portée par le texte constitutionnel[3] (sur les méthodes d'interprétation, voir le paragraphe suivant).

Pour conclure, il ne faut pas oublier de souligner qu'une constitution peut être également un facteur de désintégration : c'est en quelque sorte son côté obscur[4]. En général, c'est le côté positif, favorisant l'unité et l'intégration, qui est le plus volontiers mis en valeur. En ce sens, la Constitution américaine est, le plus souvent, présentée comme un texte sacré et la Cour suprême comme une institution biblique. À contre-courant, Sanford Levinson a précisément cherché à mettre en relief le potentiel de la constitution comme source de fragmentation et de désintégration[5]. C'est aussi l'idolâtrie constitutionnelle dont fait l'objet la Constitution des États-Unis qui, aujourd'hui plus qu'hier, met les institutions en danger, notamment parce qu'il est pratiquement impossible d'amender le texte constitutionnel. Cela confirme à nouveau que les références symboliques en droit entretiennent par la force des choses une ambiguïté des significations. Plus encore, les constitutions modernes, qui s'adressent avant tout au futur, rencontrent des difficultés à agréger autour de

1. Sur l'importance des principes non écrits bien au-delà des systèmes de *common law* et des constitutions écrites, H.-R. Zhou, « Legal Principles, Constitutional Principles and Judicial Review » 67, *A.J.C.L.*, 2019, p. 899 et s.

2. Pourtant, dans le passé, elle a donné des contributions de tout premier ordre : un autre grand constitutionnaliste de la IIIe République R. Carré de Malberg et son ouvrage fondamental, *Contribution à la théorie générale de l'État, spécialement d'après les données fournies par le droit constitutionnel français* (1920), méritent d'être rappelés.

3. Néanmoins, voir R. Capitant, « L'aménagement du pouvoir exécutif et la question du chef de l'État » (1964) et « La participation dans la Ve République » (1970) republiés dans *Écrits constitutionnels*, Paris, CNRS, 1982, respectivement p. 395 et s. et p. 429 et s.

4. W.F. Murphy, « Constitutions, constitutionalism and Democracy », *in* D. Greenberg & *al.* (eds.), *Constitutionalism and Democracy*, Oxford, Oxford University Press, 1993, p. 9.

5. S. Levinson, *Constitutional Faith*, Princeton, Princeton University Press, 1988, p. 17 où l'auteur explore l'utilisation de la Constitution américaine comme justification de la guerre de Sécession.

valeurs communes, n'ayant plus le soutien du « *temps mythique* »[1]. Sans doute, ne faut-il pas surestimer le potentiel symbolique et intégratif des constitutions écrites[2]. La symbolique des constitutions peut aussi se retourner contre le constitutionnalisme libéral, comme le montre notamment la pratique hongroise depuis 2010 (voir cette Leçon § 3).

C. Les fonctions normative et intégrative de la constitution mises à l'épreuve

Pour éviter tout idéalisme juridique, il convient de ne pas surestimer la notion doctrinale de la constitution ; c'est pourquoi l'étude de la mise à l'épreuve par les faits politiques de la constitution mérite l'attention. Plusieurs cas de figure peuvent être envisagés.

1) L'épreuve des révisions constitutionnelles

« *Le constituant est placé face à un choix difficile à faire : ou bien il écrit des règles suffisamment générales et imprécises pour permettre des interprétations qui tiennent compte des exigences du temps et l'intangibilité de la norme écrite n'est qu'apparente car elle cache des changements du sens qui leur est donné ; ou bien il établit des normes laissant peu de place à l'interprétation et elles ont peu de chance de résister à l'épreuve du temps et aux changements des besoins et des idées*[3]. » Cette alternative est un peu trop simple, mais elle résume bien les enjeux posés par la révision constitutionnelle. La constitution ne peut perdurer que si elle s'adapte aux évolutions politiques et sociales du pays pour lequel elle est faite. Trouver le juste équilibre entre stabilité dans le temps et adaptation aux mutations socio-politiques n'est pas tâche aisée. Il y a ainsi un lien étroit entre interprétation et révision de la constitution. On en veut pour preuve le cas américain : la procédure de révision a été pensée de manière à ce que son utilisation soit limitée et les Pères Fondateurs ont si bien réussi que les juges sont volontiers sollicités pour procéder à l'adaptation du texte constitutionnel par une interprétation dynamique (voir le paragraphe suivant).

Selon l'article V de la Constitution américaine, l'initiative peut venir soit des États (une convention spéciale se réunit à la demande des deux tiers des législatures des États pour faire des propositions d'amendements), soit du Congrès (un amendement est proposé par les deux chambres du Congrès à la majorité des deux tiers). Seule cette dernière méthode a été mise en œuvre jusqu'à présent. La

1. D. Baranger, « Temps et constitution », *Droits*, 30-2000, p. 45 et s.
2. Pour une vision sceptique de cette fonction des constitutions écrites, voir B. C. Jones, *Constitutional Idolatry and Democracy*, Cheltenham, E. Elgar, 2020.
3. D. G. Lavroff, « Le Conseil constitutionnel et la norme constitutionnelle », *Mélanges en l'honneur de Gustave Peiser*, Grenoble, PUG, 1995, p. 348-349.

première n'a jamais été utilisée, probablement parce qu'elle n'est définie nulle part. Dans les deux cas, celui qui initie le processus n'est pas le décideur final. En effet, l'approbation définitive de la révision revient soit aux législatures des États (la proposition d'amendement doit être ratifiée par les trois quarts des législatures des États), soit à des conventions populaires organisées dans ces mêmes États, selon les indications retenues par le Congrès. La procédure habituelle employée est la proposition par le Congrès et l'approbation par les législatures d'États. Outre la clause non révisable, traditionnelle dans les constitutions fédérales (l'interdiction de priver un État de son droit de suffrage égal au Sénat sans son consentement), la complexité et la longueur du processus ont largement contribué à remplir l'objectif que s'étaient fixés les constituants. En particulier, l'obtention de la ratification par trois quarts des États prend toujours plusieurs années. Le soutien de l'opinion publique est nécessaire pour porter à terme le processus. En effet, malgré de nombreuses propositions d'amendement, seules trente-trois propositions ont été approuvées par le Congrès et parmi elles vingt-sept seulement adoptées. La constitution originale ne contenait aucune déclaration des droits, ce qui fut fortement critiqué et, par conséquent, une liste des droits fut rapidement proposée par le premier Congrès. En 1791, dix amendements furent adoptés par les législatures d'États qui ont pris l'appellation communément admise de *Bill of rights*. Depuis 1791 et en deux cents ans, dix-sept amendements supplémentaires ont été intégrés à la constitution, le dernier en date est celui de 1992 portant sur la rémunération des sénateurs et des représentants. De la guerre de Sécession à nos jours, la constitution n'a connu que des corrections techniques. Il convient toutefois de souligner l'important Quatorzième amendement introduisant que les États ne peuvent porter atteinte à la vie, liberté ou propriété des Américains sans procédure légale régulière (*Due Process of Law*). L'impossibilité pratique d'amender la Constitution est de plus en plus l'objet de critiques, notamment l'impossibilité de modifier l'élection au suffrage universel indirect du président des États-Unis.

Le nécessaire consentement des États fédérés rend les révisions plus difficiles, mais cela n'est pas vérifié dans tous les États fédéraux[1] : par exemple, la Constitution suisse a été modifiée 140 fois entre 1874 et 1999 grâce aux mécanismes de la démocratie directe ; parce qu'elle était « *devenue difficile à lire en raison de toutes les modifications qui lui avaient été apportées au cours d'un siècle et quart d'existence* » la Suisse s'est donné, en 1999, une nouvelle

1. H. Livingstone, *Federalism and Constitutional Changes*, Oxford, 1956 ; T. Groppi, *Federalismo e Costituzione. La revisione costituzionale negli stati federali*, Milan, Giuffrè, 2001.

Constitution[1]. On remarquera également que, dans l'État autonomique espagnol, l'absence de révision – ou presque – depuis l'adoption de la Constitution en 1978 semble plus liée à la peur de ressusciter des antagonistes passés ou, du moins, la crainte de bousculer le compromis qu'à la forme d'État (en même temps, le consensus de 1978 semble bien un obstacle à une solution constitutionnelle pour le problème catalan : voir la Leçon 11 § 1). De nombreux observateurs espagnols dénoncent d'ailleurs « l'immobilisme constitutionnel » (F. Rubio Llorente) qui est sans doute la rançon différée du quasi-unanimisme qui présida à la naissance de la monarchie parlementaire[2]. Les conditions techniques exigées par la procédure sont sans doute difficiles à réunir. Pour atteindre la majorité nécessaire pour procéder à une révision, les deux grands partis, *Partido Socialista Obrero Español* et *Partido Popular,* doivent additionner leurs voix : une majorité des deux tiers selon la procédure ordinaire de révision (article 167). Cette procédure a été utilisée une fois à cause du traité sur l'Union européenne. La réforme du Sénat pour l'adapter aux évolutions de la forme de l'État n'a jamais abouti. À côté, la doctrine espagnole décrit comme extraordinaire toute initiative visant soit à la révision totale de la Constitution, soit à une révision partielle du titre préliminaire, du chapitre deux, section première du titre I (Des droits fondamentaux et des libertés publiques) ou du titre II (La Monarchie) (art. 168.1). Dans ce cas-là, la procédure prévue exige d'abord, quant au principe, qu'il soit approuvé à la majorité des deux tiers des membres de chaque Chambre et que l'on procède à la dissolution immédiate des Cortes. Ensuite, les Chambres élues devront ratifier la décision et procéder à l'étude du nouveau texte constitutionnel qui devra être approuvé par les deux Chambres à la majorité des deux tiers (art. 168.2 CE). Finalement, après avoir été approuvée par les *Cortes generales*, la révision sera soumise à ratification, par voie de référendum.

Le poids de l'histoire est encore plus lourd au Japon où la Constitution du 3 novembre 1946 n'a jamais été révisée depuis son entrée en vigueur le 3 mai 1947. La précédente constitution de 1889 ne l'avait pas été non plus. La Constitution nippone, bien que demeurée formellement inchangée, a acquis un sens nouveau sous l'effet de la pratique politique. Le changement constitutionnel, conceptualisé en particulier par Georg Jellinek[3], permet d'expliquer les muta-

1. J. F. Aubert, P. Mahon, Préface à *Petit commentaire de la Constitution fédérale de la Confédération suisse du 18 avril 1999*, Zurich, Schulthess, 2003.

2. P. Bon, « La Constitution espagnole face à ses défis », *in Trente ans d'application de la Constitution espagnole*, Paris, Dalloz, 2009, p. 1 et s.

3. O. Jouanjan, « Le problème du changement constitutionnel informel et ses perspectives théoriques dans l'œuvre de Georg Jellinek », *in* A. Viala (dir.), *La constitution et le temps*, Séminaire franco-japonais de droit public, Lyon, L'Hermès, 2003, p. 185 et s.

tions constitutionnelles sans passer par la révision constitutionnelle. Cette analyse est toutefois peu utilisée par la doctrine française qui cherche avant tout à comprendre ces mutations sous l'angle de la révision[1]. Dans ce sens, l'alternative proposée par Dimitri Georges Lavroff repose sur une conception qui laisse croire qu'un texte juridique peut tout – ou presque – prévoir ou mieux qu'il peut être complet. Cette idée d'un ordre juridique, non lacunaire et non redondant, est assez communément admise dans la doctrine constitutionnelle française. L'adaptation du texte constitutionnel doit donc passer par sa révision.

L'attachement au texte n'empêche pas la doctrine de dénoncer la banalisation de la révision constitutionnelle[2], le recours à la procédure de révision de l'article 89 s'étant accéléré depuis le début des années 1990 : on compte dix-neuf révisions depuis 1992 et vingt-quatre depuis 1958. Bon nombre de révisions sont commandées au pouvoir constituant dérivé. Les révisions sont en effet provoquées par le contrôle de constitutionnalité, le Conseil constitutionnel constatant l'incompatibilité entre la Constitution et certains traités internationaux. Ce mouvement est amorcé à partir de la décision 92-308 DC du 9 avril 1992 relative au traité sur l'Union européenne (pour un approfondissement, voir ci-dessous : l'épreuve de l'intégration européenne). L'appel au pouvoir constituant dérivé est également nécessaire afin de contrecarrer une décision constitutionnelle. C'est bien une décision du Conseil constitutionnel qui a provoqué la révision constitutionnelle, mais cette fois-ci pour surmonter l'obstacle qu'elle représentait. Ainsi, la loi constitutionnelle du 25 novembre 1993 introduit un article 53-1 prévoyant que la République peut conclure avec les États européens liés par des engagements identiques aux siens des accords relatifs à l'examen des demandes d'asile. Cette révision porte sur les conditions de reconnaissance du droit d'asile de manière à contrecarrer la décision du 13 août 1993. Cette décision déclarait non conforme à la Constitution certaines dispositions du projet de loi sur la maîtrise de l'immigration regardant précisément le droit d'asile. Cette dernière pratique est certes moins courante que la première.

L'épreuve des révisions constitutionnelles pose deux problèmes majeurs liés à la relativité que présente désormais le caractère rigide de notre Constitution : d'une part, l'éclatement de la structure de la constitution (décrit dans la Leçon 1 § 2) et, d'autre part, le respect de la constitution par le pouvoir constituant dérivé. Sur le

1. O. Beaud, « Les mutations de Ve République ou comment se modifie une constitution écrite », *Pouvoirs*, 2001, n° 99, p. 20. *Add.* : M. Altwegg-Boussac, *Les changements constitutionnels informels*, Paris, LGDJ-Fondation Varenne, 2013.

2. Entre autres, J. Waline, « Les révisions de la Constitution de 1958 », *Mélanges Philippe Ardant*, Paris, LGDJ, 1999, p. 235 et s.

premier point, on remarquera que cet éclatement risque de desservir aussi bien la conception normative que la dimension symbolique de la constitution. En particulier, la Déclaration des droits de l'homme et du citoyen de 1789 constitue l'acte fondateur de la constitution sociale laquelle s'est perpétuée depuis l'époque révolutionnaire. Le « *texte* [est] *porté par une inspiration constante (ce dont la faiblesse des tentatives de réécriture ou de reprise de texte témoignera* a contrario) »[1]. Depuis lors, les entreprises de modernisation du préambule de la constitution ont toujours été risquées. Du coup, notre tradition consiste à compiler les textes successifs : tout d'abord, la Déclaration de 1789, puis le Préambule de 1946 avec le renvoi aux principes fondamentaux reconnus par les lois de la République et enfin la Charte de l'environnement de 2004. Cette façon de procéder enracine la Constitution de 1958 dans une généalogie historique. L'intégration par les droits a été surtout mise en œuvre par la législation adoptée sous la IIIe République (c'est à ce titre que l'on conserve la référence constitutionnelle aux principes fondamentaux des lois de la République) et le Conseil d'État a aussi joué un rôle essentiel comme protecteur des libertés publiques et défenseur du service public. Les difficultés, que connaît depuis de nombreuses années le modèle républicain d'intégration, semblent avoir participé de la volonté présidentielle de réécrire le préambule de notre Constitution en introduisant des principes nouveaux sans, toutefois, toucher aux textes qui le composent[2]. « La tâche est délicate », comme le souligne la lettre de mission adressée à Simone Veil, présidente de la commission chargée de réfléchir à ces nouveaux principes à inscrire au fronton de la Constitution. Si le gain en terme symbolique est loin d'être évident, il est aussi loin d'être nul. Ce sont les ambiguïtés des symboles qui peuvent être exploitées à des fins de propagande. En Afrique, les dictateurs n'ont jamais hésité à engager le processus constituant pour en tirer profit, d'où les constitutions dites « vitrines » ou « constitutions sans constitutionnalisme » (voir cette Leçon § 3 sur le constitutionnalisme abusif). En France, le risque le plus évident est de rouvrir des débats sans fin sur le préambule[3].

Sur l'autre point, il peut sembler paradoxal d'envisager le contrôle de constitutionnalité des lois constitutionnelles puisque la possibilité offerte au juge constitutionnel de revenir sur une décision du peuple prise selon les procédures prévues serait, en effet, antidémocratique.

1. P. Wachsmann, « Déclaration des droits de l'homme et du citoyen », *in* D. Alland, S. Rials (dir.), *Dictionnaire de la culture juridique*, Paris, Lamy PUF, 2003, p. 351.

2. Décret n° 2008-328 du 9 avril 2008 portant création d'un comité de réflexion sur le Préambule de la Constitution, *JORF* n° 0085 du 10 avril 2008, p. 6033 et s.

3. Le rapport rendu par le comité présidé par Mme Simone Veil en a pris la mesure en proposant de ne rien changer ou presque : *Redécouvrir le préambule de la Constitution*, Paris, Doc. fr., 2009 (disponible en ligne : http://lesrapports.ladocumentationfrancaise.fr/BRP/08000758/0000.pdf).

Ce n'est donc pas le contrôle sur les lois constitutionnelles adoptées par le souverain, c'est-à-dire le peuple, mais par les représentants qui doit être envisagé. Le problème de la tyrannie de la majorité s'est en effet déplacé d'un cran : ce n'est plus l'abus de pouvoir du législateur ordinaire qu'il faut craindre, mais celui du législateur constitutionnel. Concrètement, puisqu'on évolue aujourd'hui dans des démocraties majoritaires, il faut bien comprendre qu'un seul parti ou bien une coalition de partis dispose de la majorité à la chambre basse. Sous la Cinquième République, le Sénat n'a en outre connu, jusqu'à présent, qu'une courte alternance politique (2011-2014) et, donc, les partis de droite y disposent d'une majorité qui en fait les maîtres de la procédure de révision (sous la présidence Macron, le Sénat a retrouvé son rôle d'opposant de manière similaire au début de la Cinquième). Toutes les précautions prises par la procédure tombent ou presque.

L'argument libéral selon lequel la constitution grâce au contrôle de constitutionnalité doit assurer la protection de la minorité contre l'abus de pouvoir, mérite donc d'être pris au sérieux. Une limitation constitutionnelle au pouvoir de révision ne peut s'envisager qu'en partant de la distinction entre pouvoir constituant dérivé (le pouvoir de réviser la constitution) et pouvoir constituant originaire (le pouvoir d'édicter une première constitution). Il ne saurait être question de soumettre le pouvoir constituant (originaire) à un contrôle et, donc, le juge constitutionnel ne peut avoir le dernier mot. En revanche, le pouvoir de révision qui est « *un pouvoir constitué* »[1] n'est habilité par la Constitution à modifier le texte constitutionnel que dans le respect de limites matérielles et circonstancielles. Dès lors, un contrôle sur les lois constitutionnelles adoptées par le pouvoir constituant dérivé est envisageable[2].

En France, le Conseil constitutionnel s'est toutefois expressément déclaré incompétent : le Conseil « ne tient ni de l'article 61, ni de l'article 89, ni d'aucune autre disposition de la Constitution le pouvoir de statuer sur une révision constitutionnelle » (décision n° 03-469 DC du 26 mars 2003 à propos de la loi constitutionnelle relative à l'organisation décentralisée de la République). La Constitution de 1958 n'accorde en effet au Conseil constitutionnel que des compétences

1. O. Beaud, *La puissance de l'État*, Paris, PUF, 1994, p. 314.

2. *Contra* : G. Vedel, « Souveraineté et supra-constitutionnalité », *Pouvoirs*, 1993, n° 67, p. 96 ; L. Favoreu, « La légitimité du juge constitutionnel », *R.I.D.C.*, 2-1994, p. 581. Voir les dossiers suivants avec une dimension comparative : Dossier réuni par A. Le Divellec, A. Levade et C. M. Pimentel, « Le contrôle de constitutionnalité des lois constitutionnelles », *C.C.C.*, n° 27, 2010 : https://www.conseil-constitutionnel.fr/nouveaux-cahiers-du-conseil-constitutionnel/cahiers-du-conseil-constitutionnel-n-27-janvier-2010 ; dossier de la revue *Jus Politicum* n° 18, 2017, « Cours constitutionnelles et révisions de la Constitution : un nouveau regard » : http://juspoliticum.com/numero/Cours-constitutionnelles-et-revisions-de-la-Constitution-71.html

d'attribution à la différence de la Cour constitutionnelle allemande qui, de surcroît, se voit expressément reconnaître par la Loi fondamentale la compétence d'assurer le respect du noyau dur des droits fondamentaux (article 79 al. 3). La Loi fondamentale allemande prévoit donc des limites matérielles au pouvoir constituant dérivé. On remarquera qu'il est donc possible de reconnaître la valeur juridique de ces limitations sans faire appel à la notion de « supra-constitutionnalité », c'est-à-dire à un droit au-dessus de la constitution, notion qui a pollué le débat doctrinal français. On remarquera aussi que la Cour constitutionnelle italienne s'est reconnue compétente sans disposition constitutionnelle expresse : dans l'arrêt 1146 de 1988, elle reconnaît « des principes suprême qui ne peuvent être bouleversés ou modifiés par une loi de révision constitutionnelle ou d'autres lois constitutionnelles », principes dont certains ne sont pas expressément mentionnés comme limites de la révision (ainsi, la forme républicaine du gouvernement à l'article 139 comparable à notre article 89), mais qui appartiennent « à l'essence des valeurs sur lesquelles la Constitution italienne se fonde ».

La position du Conseil est prudente, voire trop prudente. Elle s'explique sans doute par la crainte d'être accusé de gouverner. La légitimité de la justice constitutionnelle repose en bonne partie sur la constitution et donc se déclarer soi-même compétent aurait été jugé antidémocratique. On remarquera néanmoins que le Conseil n'a pas raisonné ainsi en 1971 lorsqu'il a décidé de contrôler la constitutionnalité des textes de loi à l'aune du préambule de la Constitution alors que l'article 61 ne le prévoit pas expressément. Ainsi définit-il lui-même les contours du « bloc de constitutionnalité ». La doctrine la plus critique pose toutefois l'alternative du tout ou rien devant laquelle s'est trouvé le Conseil : « *Si le juge constitutionnel s'en tient à la lettre des dispositions constitutionnelles, son contrôle est inefficace et inutile dans la mesure ou elles ne fournissent qu'exceptionnellement une réponse à la question posée. Si à l'inverse, il s'efforce de donner vigueur à ces dispositions par une interprétation "constructive" il s'expose au grief d'arbitraire et à l'accusation de vouloir gouverner* »[1]. Le Conseil a donc choisi en 1971 de ne pas être une institution inutile. En 2003, l'alternative ne lui apparaît plus aussi radicale même si le risque de dénaturation de la constitution n'est pas inexistant. La mise à disposition de la constitution entre les mains des représentants ne connaît aucune limite. C'est à la fois la conception normative et la dimension symbolique de la constitution qui risquent d'en souffrir au profit d'une conception instrumentalisée.

1. D. Lochak, « Le Conseil constitutionnel, protecteur des libertés ? », *Pouvoirs*, 1991, n° 13, p. 42.

2) L'épreuve de l'intégration européenne

Les relations entre les principes fondamentaux des constitutions des États membres et la construction européenne ont été pendant longtemps négligés[1]. Le traité sur l'Union européenne signé à Maastricht en 1992 a constitué une étape nouvelle dans le processus d'intégration. Son adoption et sa ratification ont en effet révélé la nature potentiellement conflictuelle du rapport entre droit constitutionnel et droit communautaire. Dans ce sens, 1992 peut être considérée comme une rupture dans le processus d'intégration européenne. Avec le traité sur l'Union européenne (ci-après TUE), le sentiment qu'il y a quelque chose qui ne va pas se diffuse, peut-être, à cause des nouveaux transferts de compétences, en particulier, en matière de monnaie. Ces derniers seraient à l'origine d'un changement de nature de la construction européenne qui tait son nom, une évolution vers une structure fédérale qui n'est mentionnée nulle part.

La question de l'identité des États membres de l'Union européenne est soulevée dans un cadre organisationnel défini. Elle renvoie d'abord à la situation des États membres au sein d'une entité et à leur disposition face à celle-ci dont la qualité alternative d'une Europe fédérale ou d'une Europe des États-nation ne peut pas être sans impact sur cette identité. Le problème spécifique de cette organisation est donc le suivant : comment est-il possible de préserver et d'intégrer en même temps les États-nation ? Jusqu'à présent les parties ont toujours renoncé à inscrire dans les traités la vocation fédérale de l'Union et des Communautés européennes. Ce n'est donc pas par hasard. La question essentielle qui se pose alors est : l'Union européenne peut-elle offrir une compensation à ce sentiment fondé ou exagéré de menace d'une dissolution des identités nationales ?

La réponse que l'on trouve dans le traité est l'article ex-F alinéa 1er (aujourd'hui art. 6 alinéa 3 TUE) : « L'Union respecte l'identité nationale des États membres, dont les systèmes de gouvernement sont fondés sur les principes de la démocratie ». Deux raisons principales expliquent l'introduction de la clause d'identité nationale dans le traité de Maastricht. La première réside dans le contexte historique spécifique de 1992. La fondation de l'Union européenne a eu lieu au moment même de la renaissance de l'État-nation en Europe, puisqu'en 1989, le Mur de Berlin tombe et entraîne dans les années qui suivent la chute des régimes communistes de l'Est. La réunification de l'Allemagne démontre la permanence de la conscience nationale, l'historicité de l'identification nationale et sa force normative guidant les comportements individuels. Il faut au demeurant souligner immédiatement que les peuples de l'Europe de l'Est se sont

1. B. De Witte, « Sovereignty and European Integration: The Weight of Legal Tradition» 2, *Maastricht Journal of European and Comparative Law*, 1995, p. 145 et s.

inspirés du même principe de la nation que la tradition allemande. Dans ce sens, l'article 6 alinéa 3 TUE est un indice de l'anxiété des parties contractantes et de leur volonté de préserver l'État-nation face aux avancées du processus d'intégration européenne. L'idée de l'article F alinéa 1er, proposée initialement dans le contexte de la « vocation fédérale » de l'Union, a été retenue même si le caractère fédéral en était écarté.

Par conséquent, la seconde explication d'ordre psychologique est étroitement liée à la première : il s'agit de préserver les États membres. Elle suppose un bref historique de l'intégration européenne. La première constatation est que la ratification des premiers traités créant les communautés originelles (la Communauté européenne du charbon et de l'acier en 1951, puis la Communauté européenne économique et la Communauté européenne de l'énergie atomique en 1957) n'a soulevé aucun problème dans les six pays fondateurs. Les raisons en sont multiples : soit parce que la conclusion de ces traités apportait une amélioration au statut international du pays concerné et que les dispositions constitutionnelles alors applicables étaient moins exigeantes qu'aujourd'hui (Allemagne), soit parce qu'aucun contrôle de constitutionnalité des traités n'existait alors (Belgique, France, Luxembourg, Pays-Bas), soit enfin parce que la Cour constitutionnelle n'a pas été saisie (Italie). Les États membres qui rejoignirent les Communautés avant Maastricht ont modifié leur constitution dans la perspective d'appartenir aux Communautés (Danemark, Irlande, Grèce, Espagne et Portugal). Le problème du respect de la souveraineté ou du caractère étatique des membres des Communautés européennes ne se posa que plus tard. Plus précisément, il se posa soit à l'occasion de modifications apportées au traité (aussi bien dans le cas français que dans le cas irlandais avec l'Acte unique européen en 1986), soit à l'occasion du fonctionnement des Communautés, notamment de la reconnaissance de l'applicabilité directe et de la primauté du droit communautaire par la Cour européenne des Communautés européennes[1].

Ces difficultés vont se concrétiser avec le traité de Maastricht même si l'examen de la réception du traité par les constitutions nationales conduit à nuancer cette opinion puisqu'elles envisagent le système communautaire d'un point de vue exclusivement normatif, c'est-à-dire un rapport entre ordres juridiques gouverné par le principe hiérarchique de compatibilité des normes. Toutefois, si les rapports de système entre l'ordre juridique communautaire et les ordres juridiques nationaux relèvent d'une compatibilité entre normes, une autre dimension aussi en jeu est révélée par la décision de la Cour

1. J.-P. Jacqué, « Droit constitutionnel national, droit communautaire, Convention européenne des droits de l'homme, Charte des Nations Unies. L'instabilité des rapports de système entre ordres juridiques », *R.F.D.C.*, 2007, n° 67, p. 11 et s.

constitutionnelle allemande du 12 octobre 1993[1] : aussi longtemps que les États restent la base d'une construction européenne supranationale, seuls les peuples des États membres peuvent fournir une légitimation satisfaisante à l'Union européenne. Avec le traité de Maastricht, la construction européenne atteint l'institution imaginaire, c'est-à-dire la représentation nationale de l'État. Ce traité fait en effet un saut symbolique ; il suffit de penser aux droits de vote et d'éligibilité ouverts aux ressortissants des États membres autres que nationaux pour les municipales qui s'ajoutent à l'ouverture entamée de la fonction publique nationale. Autrement dit, des droits parmi les plus symboliques de l'appartenance à la communauté nationale ne sont plus le monopole des nationaux de l'État.

Le parallèle entre la clause d'identité nationale et la clause d'intégration européenne introduite dans les constitutions nationales, mais pas dans toutes les constitutions des États membres, mérite d'être souligné. En particulier, l'article 23 alinéa 1er de la Loi fondamentale allemande correspond à une clause de garantie structurelle qui reprend en partie la jurisprudence de la Cour constitutionnelle (celle relative à la protection des droits fondamentaux) et qui agrandit cette garantie à plusieurs principes : démocratique, social, fédéral et de subsidiarité. Cela offre à la Cour une base normative pour de futures décisions[2]. Cette disposition est d'ailleurs tout à fait exceptionnelle même si plusieurs constitutions (France, Portugal, Irlande, Suède et Grèce) prévoient des clauses spécifiques (souvent désignées comme « clause Europe »)[3], mais elles se limitent à autoriser le transfert de compétences en faveur de l'Union. Certaines constitutions comme la Constitution des Pays-Bas ou la Constitution italienne ne contiennent même pas une telle clause et ces pays basent leur réception des traités communautaires sur le droit international public. On peut dès lors s'interroger : les « clauses Europe » constituent-elles vraiment « *l'ouverture de chaque constitution nationale à la constitution d'un nouveau pouvoir public transnational* »[4] ? On peut sans aucun doute avancer que ces clauses sont sous-développées[5] et minimales. Cette analyse se confirme à l'examen des clauses introduites dans les constitutions des nouveaux États membres de l'Europe

1. Décision traduite par C. Grewe, dans *R.U.D.H.*, 1993, p. 288 et s.
2. C. Grabenwarter, « National Constitutional Law Relating to the European Union », *in* A. von Bogdandy, J. Bast (eds.), *Principles of European Constitutional Law*, Oxford, Hart Publishing, 2006, p. 113.
3. J. Sanchez, « Le traité établissant une Constitution pour l'Europe et les clauses d'intégration nationale », *R.F.D.C.*, 2008, n° 74, p. 351 et s.
4. I. Pernice, *Fondements du droit constitutionnel européen*, Paris, Pedone, 2004, p. 43.
5. M. Claes, « Constitutionalizing Europe at its Source: The "European Clauses" in the National Constitutions: Evolution and Typology » 24, *Yearbook of European Law*, 2005, p. 81 et s.

centrale et orientale[1] (malgré les efforts des constitutions hongroise et slovaque qui visent à distinguer le droit communautaire du droit international). Ces clauses se contentent de régler la question de l'articulation entre droit constitutionnel national et droit communautaire, sans être d'aucun secours pour identifier les structures fondamentales de la constitution (sur les identités constitutionnelles nationales, voir Leçon 11 § 2).

Une « clause Europe » plus spécifique permettrait peut-être de mettre un terme aux révisions à répétition liées aux avancées de l'intégration européenne. La Constitution française a vu en effet ces dernières années sa stabilité normative mise en cause par des révisions dont les applications restent subordonnées à l'entrée en vigueur des nouveaux traités. Il s'agit de certaines dispositions des lois constitutionnelles n° 2005-2004 du 1er mars 2005 et n° 2008-103 du 4 février 2008. Plusieurs dispositions constitutionnelles ont été modifiées (art. 88-1 à 88-5) et d'autres ont été ajoutées (art. 88-6 et 88-7). Bien que juridiquement valides, leur effectivité est suspendue à l'entrée en vigueur d'un traité communautaire. Or, le traité établissant une Constitution pour l'Europe (2004) n'est jamais entré en vigueur à cause des refus de ratification exprimés par voie référendaire en France et aux Pays-Bas. La loi constitutionnelle de février 2008 a abrogé en partie celle de 2005, mais ses dispositions ont été suspendues à l'entrée en vigueur du traité de Lisbonne de 2007 (de nouveau, en raison d'un rejet de la ratification du traité par le peuple de l'un des États membres, l'Irlande, en juin 2008). Ce traité est entré en vigueur le 1er décembre 2009.

3) L'épreuve de la transition démocratique : l'exemple sud-africain

Par « transition démocratique » ou « transition constitutionnelle »[2], il faut entendre le passage d'un régime politique autoritaire à un ordre nouveau en quête de légitimité et de respect du pluralisme politique et social. La période de transition ne peut être éphémère car sa finalité est de permettre la construction et l'installation d'un régime démocratique. Or, la démocratie ne se décrète pas ; elle est une œuvre de longue haleine dont la durée est fonction de l'histoire d'un pays, des forces en présence, de la justice. Depuis le début des années 1980, trois grandes régions du monde ont vécu des

---

1. A. Albi, « "Europe Articles" in the Constitutions of Central and Eastern European Countries » 42, *Common Market Law Review*, 2005, p. 399 et s. ; ID., *EU enlargement and the Constitutions of Central and Eastern Europe*, New York, Cambridge University Press, 2005.

2. G. De Vergottini, *Le transizioni costituzionali*, Bologne, Il Mulino, 1998 : l'auteur fait remarquer que les transitions constitutionnelles ne sont pas forcément démocratiques et qu'il ne faut pas oublier le passage d'un gouvernement démocratique à un gouvernement autoritaire tel qu'en Italie (1922-1925).

transitions démocratiques : l'Amérique latine, l'Afrique et les pays de l'Europe centrale et orientale (à partir de la fin des années 80 pour ces derniers, la date repère est la chute du Mur de Berlin en 1989).

Les processus de transition démocratique ne sont ni linéaires, ni rationnels et, par conséquent, ils sont difficiles à conceptualiser et sont tous liés aux spécificités de chaque processus[1]. On peut toutefois tomber d'accord sur trois principales étapes qui sont les pré-conditions essentielles : la libéralisation politique ; la reconnaissance et garantie des libertés fondamentales ; le déroulement des premières élections politiques libres. Dans le cas sud-africain, la particularité était de devoir fabriquer l'unité du corps politique : ce que l'on a ensuite dénommé la nation arc-en-ciel (*Rainbow Nation*). Cette exigence a réclamé un processus lent. Les régimes transitionnels admettent tous que l'établissement de la démocratie et le respect de la règle de droit puissent s'accompagner de dérogations aux nouvelles normes constitutionnelles qui les garantissent. Dans le cas sud-africain, cela s'est traduit par la Commission Vérité et Réconciliation créée par la Constitution intermédiaire de 1993. Ce n'est pas le seul exemple de procédure de pardon (ou de « justice transitionnelle »[2]) : il y en a eu d'autres, notamment en Amérique latine[3]. Mais les Sud-Africains ont réussi à s'inspirer des expériences sud-américaines tout en évitant leurs défauts. Si on fait une brève comparaison avec les expériences latino-américaines où sont nées ces procédures de pardon, deux observations s'imposent. D'une part, le processus sud-africain bénéficie d'un statut constitutionnel et, par conséquent, il a été décidé par les différentes composantes politiques de l'assemblée constituante. D'autre part, il est complet et autonome : c'est un organe indépendant du gouvernement qui a intégré à la fois la recherche de la vérité et le prononcé de l'amnistie. La Commission a contribué à l'avènement d'une démocratie multiraciale en créant les conditions de la réconciliation nationale. Le cas sud-africain est éclairant pour comprendre que le rôle intégrateur joué par la constitution ne peut être que partiel.

Il convient de revenir rapidement sur le passé sud-africain de manière à mieux en saisir les particularités. C'est à la suite de la

---

1. Pour un riche panorama des travaux en langue anglaise, L. Mezzetti, « Teoria e prassi delle transizioni costituzionali e del consolidamento democratico », *in* A. Di Giovine, S. Sicardi (dir.), *Democrazie imperfette*, Turin, Giappichelli, 2005, p. 7 et s.

2. La notion de « justice transitionnelle » renvoie aussi bien aux mécanismes judiciaires que non judiciaires de traitement des exactions d'un régime passé présentant un haut degré de violence sociale et de violations systématiques des droits de l'homme. Cette notion est donc plus large. Peu étudiée en France, elle a fait l'objet de nombreuses études dans le monde anglo-américain : voir l'ouvrage de référence, R. Teitel, *Transitional Justice*, Oxford, Oxford University Press, 2000.

3. J.-M. Blanquer, « Consolidation démocratique ? Pour une approche constitutionnelle », *Pouvoirs*, 2001, n° 98, p. 37 et s.

victoire des Britanniques sur les Hollandais lors de la guerre des Boers (1899-1902), que l'Union sud-africaine est créée et intégrée au *Commonwealth* sous la forme d'un dominion dont les institutions calquent celles de Londres. Dans la seconde partie du XXe siècle, par la loi du 24 avril 1961 approuvée par la Reine d'Angleterre, est instituée la République sud-africaine qui consomme la rupture avec la Grande-Bretagne et le *Commonwealth*. Dans ce pays nouvellement indépendant où l'idéologie raciste était déjà très avancée et le nationalisme afrikaner affirmé, la politique de discrimination raciale va conduire au développement séparé des populations autochtones. La représentation des noirs est abolie en 1960 (initialement, il y avait une représentation limitée, dans la province du Cap, où les Anglais étaient très largement majoritaires), celle des autres « non blancs » en 1970. Cette politique raciale a été menée par le *National Party* (NP) créé en 1914 en opposition à l'ANC (*African National Congress*) créé lui par les Noirs dès 1909. Plus précisément, la séparation raciale est mise en œuvre après les élections de 1948 gagnées par le *Purified National Party*, né en 1934 d'une scission avec le NP. Cette politique pose les fondements de l'apartheid et exclut de l'exercice des droits politiques et de la jouissance des droits économiques et sociaux une partie de la population jusqu'en 1980. À partir de cette période, il y a des tentatives de réforme.

Mais c'est au début des années 1990 qu'ont lieu les premières libérations de prisonniers politiques, puis la légalisation des partis d'opposition. La libéralisation de Nelson Mandela, symbole de la résistance au régime d'apartheid, annoncée par le gouvernement, le 2 février 1990, est considérée comme la fin du régime. Le gouvernement de F. de Klerk (NP) avait compris que rester le parti unique au pouvoir était irréaliste. Il espérait en prenant l'initiative en tirer profit : autrement dit, participer au nouveau pouvoir démocratique. La décision de libérer Mandela a donc été prise sans grande hésitation. La pression internationale et les changements géopolitiques ne laissaient plus vraiment le choix. Le processus de transition n'en a pas été pour le moins aisé et il a été marqué par de nombreux actes de violence : entre 1990 et 1994, il y a eu plus d'attentats que pendant toute la période de l'apartheid. Les anciens dirigeants du régime et les chefs de fil des opposants (ANC) ont su sortir de l'impasse grâce à un travail de négociation constant.

En mai 1990, le NP et l'ANC se sont rencontrés pour déterminer le processus de négociation lequel a conduit le 14 septembre 1991 à la signature du *National Peace Accord*. Pour l'élaboration d'une nouvelle constitution, l'option a été celle d'une convention nationale représentant toutes les tendances de la vie sociale et politique. Toutefois, cet accord a été la marque d'une certaine immaturité politique : comment organiser une convention à laquelle sont appelées à participer toutes les forces sociales et politiques sans préparer initialement le terrain ? Chacun a en effet cherché à défendre ses propres intérêts. Ce fut donc un échec.

La situation exigeait une élection. Cela n'était pas sans poser un problème majeur : les électeurs de race blanche devaient être consultés sur ce processus. Un référendum fut organisé par le gouvernement de Klerk, le 17 mars 1992 : par une large majorité de 65 % le processus est approuvé par les électeurs blancs. À la suite de ce référendum, les négociations sont reprises dans le cadre d'un nouveau forum qui lui aussi se termine par un échec lié en grande partie aux exigences des partis extrémistes qui avaient compris qu'ils pouvaient obtenir beaucoup en contrepartie de leur participation au consensus. Les violences (en particulier le massacre du 17 juin 1992) mettaient en péril le processus. La pression internationale fut extrêmement forte pour que les négociations puissent se poursuivre.

Du coup, est née une troisième conférence constitutionnelle avec ceux qui voulaient porter à son terme le processus : grâce aux rencontres bilatérales entre l'ANC (fort de sa présumée représentativité) et le NP (initiateur du processus), les principaux protagonistes parviennent non sans difficulté à la rédaction d'une constitution provisoire le 28 novembre 1993. Cette troisième conférence a abouti car on s'est mis d'accord sur un objectif commun qui suppose des compromis : une constitution. Elle a aussi abouti parce que les partis obstructionnistes ont été écartés et cette exclusion a été une des conditions de la réussite du processus. La constitution intérimaire est adoptée le 22 décembre 1993.

Cette constitution, qui rend leurs droits à des citoyens qui en avaient été privés jusqu'alors, n'a pas été élaborée par une assemblée constituante. Elle n'a pas non plus été approuvée par un référendum populaire, mais par le Parlement tel que l'a organisé la constitution précédente de 1983. Les partis s'étaient mis d'accord sur une liste de 34 principes fondamentaux correspondant à la fois aux principes démocratiques et aux principes à respecter pour la procédure constituante (affirmés par l'article 74 dont la liste est dressée par l'annexe 4). Il était en particulier prévu que dans un premier temps serait adoptée une constitution provisoire par la conférence multipartite et, ensuite, une constitution dite définitive par une assemblée constituante élue au suffrage universel. La constitution intérimaire contient donc ces principes qui s'imposent à l'Assemblée constituante. À l'issue des élections de 1994, cette assemblée a eu pour tâche d'élaborer dans un délai de deux ans une nouvelle constitution.

Le processus de transition est caractérisé par une démarche progressive, étape par étape. Il était difficile de faire autrement. Les premières élections libres et multiraciales ont eu lieu en avril 1994. Ce premier acte de participation au processus de démocratisation a permis d'approuver l'ensemble du processus et ses anomalies. Les difficultés ont été constantes jusqu'aux élections de 1994 où plusieurs partis ont appelé au boycottage. En définitive, les élections se sont déroulées dans un climat serein et ont été déclarées loyales et libres. La participation fut massive et confirma que la population soutenait largement le processus en cours. L'ANC est devenue le premier parti sud-africain devant le NP et l'IFP (parti à majorité zoulou). Après les élections, N. Mandela est élu Président par le Parlement ainsi que deux vice-présidents, M. M'Kebi et F. de Klerk. La constitution de 1993 prévoyait un système de gouvernement d'unité nationale pour une période de cinq ans.

Le chantier constitutionnel a débuté juste après les élections. L'assemblée constituante est composée des membres de la chambre des députés et du Sénat. Le nouveau processus est caractérisé par la transparence et l'ouverture. La population a la possibilité d'exprimer ses opinions à chaque phase de l'élaboration constitutionnelle. Les travaux de l'assemblée sont largement diffusés dans les médias et accessibles par internet. Le travail des constituants est facilité par la Constitution intérimaire qui constitue le socle de la discussion. La rédaction des avant-projets est confiée à six commissions thématiques composées d'une trentaine de membres représentant proportionnellement les partis siégeant à l'assemblée. Ce sont elles qui recueillent les avis et opinions des organisations sociales et politiques, mais aussi des simples particuliers ou des experts internationaux. Leurs propositions sont ensuite transmises au comité constitutionnel, instance de 46 membres en charge de la version finale du projet constitutionnel. Avant sa discussion par l'assemblée plénière, le projet est présenté au pays afin qu'il puisse être discuté par les citoyens.

Cette implication exceptionnelle de la population dans l'élaboration de la constitution mérite d'être soulignée. Il y a un souci pédagogique évident : faire prendre conscience que la démocratie n'est réelle que si on y participe. C'est aussi un moyen de mobilisation des citoyens au profit de l'ANC. Le NP ne s'y est pas trompé et pour éviter que la constitution ne soit soumise à référendum (ce qui aurait été le cas si adoptée à la majorité absolue et non pas à la majorité qualifiée des deux tiers des membres de l'assemblée constituante), il a préféré l'adopter malgré des désaccords persistants sur la reconnaissance du droit de grève et ses limitations et la reconnaissance du droit de propriété[1].

La constitution est approuvée le 8 mai 1996 mais, avant d'être appliquée, elle est soumise au contrôle de la Cour constitutionnelle laquelle rend sa décision le 6 septembre (de près de 300 pages). Elle considère un certain nombre de dispositions non conformes aux 34

1. F. Dreyfus, « De la Constitution intérimaire à la nouvelle Constitution : la fin du régime de transition », *in* G. Conac *et al.* (dir.), *La République d'Afrique du Sud*, Paris, Economica, 1999, p. 18.

principes constitutionnels qui regardent la réduction des pouvoirs conférés aux provinces par rapport à ceux reconnus par la constitution intérimaire. L'assemblée constituante a donc amendé le texte sans que cela ait suscité le moindre problème. Cette décision affirme la suprématie du droit sur toute considération politique.

C'est une des caractéristiques forte de ce processus dans lequel la Cour a joué un rôle essentiel pour dépasser les traumatismes nationaux. En fait, plusieurs éléments se conjuguent ; la nouvelle constitution, avec son préambule qui reconnaît les injustices du passé mais également les efforts réalisés pour la construction et le développement du pays, n'est qu'une pierre, certes angulaire, dans ce processus. L'idée de créer une cour constitutionnelle s'est rapidement imposée lors des premières négociations constitutionnelles de 1992-1993 : créée par la Constitution intérimaire, elle est confirmée par la Constitution de 1996[1]. Elle est la juridiction suprême en matière constitutionnelle et constitue la plus haute institution judiciaire. Le choix en faveur d'un organe spécialisé chargé du contrôle de constitutionnalité s'est imposé puisque le pouvoir judiciaire dans son ensemble restait composé des mêmes personnes que celles ayant servi durant l'époque de l'apartheid. Autrement dit, la protection des droits et libertés est une tâche trop importante pour être confiée aux juridictions existantes.

Les forces politiques ont incontestablement beaucoup compté sur la Cour constitutionnelle. Lors des négociations constitutionnelles, elles ont été incapables de s'entendre sur la question de l'interdiction de la peine de mort et elles ont donc préféré la laisser sans réponse tout en sachant qu'elle devrait être ainsi résolue par la Cour. La décision sur la peine de mort (*S. v. Makwanyane*), une de ses premières décisions, est sans aucun doute une décision symbolique. Le jugement majoritaire rédigé par le président de la Cour a estimé que la peine de mort était incompatible avec les dispositions de la constitution prohibant les traitements cruels, inhumains et dégradants. La Cour a estimé que l'État n'avait pas démontré que la peine de mort était une limitation nécessaire dans une société démocratique. Dans plusieurs opinions séparées, les autres membres de la Cour trouvèrent que d'autres droits (à la vie, à la dignité humaine et le principe d'égalité) étaient également violés y compris par rapport aux règles de droit coutumier du respect du pardon (*ubuntu*) qui imposaient la considération de la vie humaine d'autrui comme de la sienne. « *Cette décision est révélatrice de l'immédiateté avec laquelle le juge constitutionnel sud-africain s'est positionné comme gardien des droits fondamentaux et comment la Cour a envisagé*

1. X. Philippe, « La Cour constitutionnelle sud-africaine et le règlement des conflits politiques », *R.F.D.C.*, 1996, n° 27, p. 401 et s.

leur protection indépendamment du sentiment populaire […][1]. » On observera que la Cour n'a jamais démenti ce positionnement. Dans un arrêt important de 2016 relatif à la condamnation du président Jacob Zuma pour violation de la constitution, elle s'est inscrite dans l'histoire nationale et a même cherché à renforcer la cohésion nationale. Cette décision est en effet parsemée « *de références à l'histoire de la transition constitutionnelle* » et donne « *à voir une continuité, au moins discursive, de l'œuvre constitutionnelle depuis ce moment fondateur* » par la référence en particulier à un jugement de certification (*i.e.* le jugement par lequel elle a contrôlé le texte constitutionnel adopté par l'Assemblée constituante – issue de la Constitution intérimaire de 1993 – au regard de certains principes fondamentaux)[2].

Enfin, le rôle joué par la Commission Vérité et Réconciliation doit être précisé. Cette commission a créé les pré-conditions constitutionnelles, même si son travail a débuté alors que l'assemblée constituante s'apprêtait à adopter la nouvelle constitution. Dit d'une autre manière, elle a donné au nouveau texte constitutionnel les moyens de remplir sa fonction intégrative. L'idée qui sous-tend sa création est la suivante : l'amnistie juridique (et non pas politique) ne peut être accordée qu'en contrepartie d'une forme de réparation morale (reconnaissance des crimes et infractions sans crainte de représailles). Les constituants ont choisi de reconstruire la démocratie et l'État de droit en établissant préalablement un panorama complet de la vérité. Composée de seize membres, elle a été présidée par l'archevêque anglican, Desmond Tutu, prix Nobel de la paix pour son opposition non violente à l'apartheid. Elle a été chargée de faire la lumière sur la violation des droits de l'homme et les crimes commis pendant 34 années d'apartheid. Sa mission s'étendait aux faits survenus le 1er mars 1960, date symbolique du massacre de 59 noirs à Sharpville par les forces de l'ordre, et le 10 mai 1994 date à laquelle N. Mandela était investi chef de l'État. Elle a débuté ses activités en avril 1996 et, après deux ans et demi de travail, elle a remis au Président un rapport de 3 000 pages : elle a reçu plus de 20 000 dépositions et enquêté sur plus de 9 000 personnes.

La Constitution intérimaire définissait les faits ouvrant droit à amnistie : elle les a limités aux faits, omissions ou infractions associés à des objectifs politiques et commis dans le cadre des conflits de l'époque de l'apartheid. L'amnistie ne pouvait être accordée que si les conditions légales étaient réunies : l'acte devait avoir été commis en relation avec un objectif politique tel qu'il était défini par la

1. X. Philippe, « Présentation de la Cour constitutionnelle sud-africaine », *Les Cahiers du Conseil constitutionnel*, 2000, n° 9, p. 50.

2. M. Altwegg-Boussac, « La condamnation constitutionnelle du Président de la République par la Cour constitutionnelle sud-africaine », *Jus Politicum*, n° 17, 2017 [http://juspoliticum.com/article/La-condamnation-constitutionnelle-du-President-de-la-Republique-par-la-Cour-constitutionnelle-sud-africaine-1145.html].

loi durant la période de référence ; le demandeur devait avoir révélé complètement la vérité. Les demandes d'amnistie regardaient aussi bien les membres de l'appareil d'État de l'ancien régime que les représentants du mouvement de libération. L'amnistie ne pouvait être octroyée que pour un objectif politique[1].

Le processus d'amnistie a été perçu par certaines victimes non comme un processus de réconciliation mais comme une méconnaissance des droits fondamentaux garantis. Se pose alors le problème suivant : la violation des droits et libertés nouvellement reconnus pouvait-elle être rétroactivement sanctionnée[2] ? La violation des droits de l'homme en période troublée prend souvent un caractère si effroyable qu'elle génère une volonté de rendre justice aux victimes par la sanction des tortionnaires devant les tribunaux. Or, cette voie est rarement choisie par les systèmes constitutionnels en transition. D'abord pour des raisons politiques : les constituants doivent souvent faire face à la nécessité de négocier la transition avec les dirigeants de l'ancien régime. Dans le cas sud-africain, la constitution scelle un accord entre l'ancien et le nouveau pouvoir et représente un contrat social incluant le règlement des conflits portant sur ces violations. Ensuite, pour des raisons juridiques : se pose le problème de la rétroactivité des incriminations. Si le principe de la non-rétroactivité (nul crime, nulle peine sans texte) s'oppose à la poursuite d'infractions qui n'existaient pas au moment des faits, en revanche le caractère punissable d'un acte au moment où il a été commis peut permettre une poursuite ultérieure sur un nouveau fondement. L'absence de poursuites n'empêche pas l'illégalité.

La singularité de la procédure a été soulignée par la Cour constitutionnelle dans sa décision du 25 juillet 1996 (*AZAPO v. The President of the Republic of South Africa*) : l'amnistie ne peut être isolée de son contexte, mais doit être appréhendée comme un acte d'une opération complexe « d'unité et de réconciliation ». L'immunité des poursuites ne repose pas sur une autoamnistie des responsables gouvernementaux, mais sur un consensus constitutionnel auquel ont participé toutes les parties, y compris les victimes du précédent régime. Offrir l'amnistie aux auteurs des infractions politiques s'ils acceptent de participer au processus de réconciliation nationale en divulguant la vérité, ne méconnaît pas le droit au recours. C'est un choix des constituants de faire de l'amnistie un élément du processus de réconciliation nationale. De même, ont-ils beaucoup misé sur

---

1. Sur 7 127 demandes d'amnistie au 30 juin 1998, seules 122 demandes avaient été acceptées ; 2 629 avaient été refusées (soit plus d'un quart) pour les actes répréhensibles non associés à des objectifs politiques.

2. X. Philippe, « La justice dans les constitutions de transition : régime dérogatoire ou justice d'exception ? L'exemple de la Commission Vérité et Réconciliation en Afrique du Sud », *Pouvoirs*, 2000, n° 95, p. 163 et s.

la déclaration des droits de manière à dépasser les traumatismes du passé.

La Constitution reconnaît que l'Afrique du Sud est un État de droit fondé sur le respect de l'égalité, des droits fondamentaux, l'absence de racisme et de sexisme. Son deuxième chapitre correspond à la déclaration des droits[1] qui regroupe les droits politiques, civils, économiques et sociaux ainsi que des droits dits de la troisième génération (en particulier, le droit à un environnement sain et un droit à l'information administrative). C'est un catalogue très riche : il contient notamment des droits que l'on retrouve dans les conventions internationales particulières tels que ceux de l'enfant. C'est essentiellement une déclaration de droits individuels. On remarque surtout les droits attachés à la protection de la personne humaine qui ont une résonnance particulière : droit à la vie ; droit à la dignité humaine, l'interdiction de la torture et des traitements dégradants, de la servitude et du travail forcé, droit à l'intimité, droit des prisonniers à bénéficier de conditions décentes. On remarque aussi la place accordée au principe d'égalité devant la loi, premier droit reconnu par le chapitre 2 : toute discrimination directe ou indirecte est interdite en raison de la race, du sexe, de l'origine sociale ou ethnique, de la couleur, de la religion, de la conscience, des croyances, des cultures, de la langue, des tendances sexuelles, de l'âge ou de l'infirmité. Là aussi, ce droit revêt un sens particulièrement fort puisqu'il s'oppose aux pratiques du passé. De plus, les discriminations positives sont possibles dans la mesure où elles promeuvent l'égalité. En revanche, les droits des groupes ne sont pas présents dans la longue liste consacrée par le texte constitutionnel. Toutefois, la protection individuelle de certains droits bénéficie essentiellement aux groupes minoritaires : la diversité linguistique est reconnue puisqu'elle consacre au niveau national douze langues ainsi que le droit d'utiliser la langue de son choix. La reconnaissance de ces droits est accompagnée de la reconnaissance de limites à leur exercice : les constituants ont opté pour une clause générale de limitation des droits fondamentaux (art. 36 de la Constitution de 1996) inspirée de l'article 1er de la Charte canadienne (voir Leçon 6 § 2). Si beaucoup a été fait, il reste toutefois encore beaucoup à faire notamment sur le plan économique puisque la majorité de la population vit toujours dans la pauvreté.

Pour conclure, les propos de Giuseppe De Vergottini sur les transitions constitutionnelles en Europe centrale et orientale peuvent être repris : « La transition transpose donc ses effets dans le temps. *Les dispositions formelles prévoient l'économie de marché, la discipline et*

---

1. M. Chanock, « A Post-Clavinist Catechism or a Post-Communism Manifesto? Intersecting Narratives in South Africa Bill of Rights Debate », *in* P. Alston (ed.), *Promoting Human Rights through Bill of Rights*, Oxford, Oxford University Press, 1999, p. 392 et s.

la protection des droits, la démocratie politique et la formation d'une nouvelle culture politique. Mais, au début, tout ceci n'existe qu'en théorie. Les principes sont presque toujours de simples aspirations [...] et donc tout se transpose dans la phase de mise en œuvre et dans les pratiques qui suivront »[1]. Le temps de la consolidation démocratique n'est jamais défini à l'avance ; la constitution (formelle) n'est qu'un point de départ. Le chemin vers la démocratie consolidée peut s'avérer escarpé : les difficultés rencontrées en Afrique du Sud sont telles que Xavier Philippe parle de « *démocratie contrariée* »[2]. Néanmoins, l'Afrique du Sud reste sans doute un modèle constitutionnel (voir Leçon 7 § 2), en particulier pour ceux qui le regarde de l'extérieur du continent africain. En ce sens, on remarquera que, malgré la proximité de la France et de certains pays africains, les manuels français de droit constitutionnel s'intéressent peu au processus de démocratisation en Afrique[3]. Le cas sud-africain est en revanche jugé emblématique, en particulier à cause de la place accordée à la justice transitionnelle et à la justice constitutionnelle dans le processus de transition. C'est d'ailleurs un processus dans lequel on a beaucoup compté sur les juges et sur leur capacité à inscrire la constitution dans le temps en la faisant vivre par une interprétation dynamique[4]. Les juges ne sont pourtant pas les seuls interprètes de la constitution même si parfois ils sont perçus et présentés comme tels. Déterminer les principes selon lesquels la constitution devrait être interprétée correspond à la mission première de la doctrine qui s'attache à réfléchir aux fonctions de la constitution.

---

1. G. De Vergottini, « Transitions constitutionnelles et consolidation de la démocratie dans les ordonnancements d'Europe centre-orientale », *in Mélanges en l'honneur de Slobodan Milacic*, Bruxelles, Bruylant, 2008, p. 703 (souligné par l'auteur).

2. L'auteur identifie trois types de difficulté liés au monopartisme, aux dysfonctionnements institutionnels et aux conditions socio-économiques : X. Philippe, « La démocratie constitutionnelle sud-africaine : un modèle ? », *Pouvoirs*, 2009, n° 129, p. 165.

3. Une notable exception mérite néanmoins d'être signalée : plusieurs pages sont consacrées au cas béninois et à la Constitution gabonaise dans J. Gicquel, J.-E. Gicquel, *Droit constitutionnel et institutions politiques*, Paris, Montchrestien, 23e éd., 2009, p. 393 et s.

4. Il y a eu en Afrique comme en Amérique du Sud, sans aucun doute, un surinvestissement dans la justice constitutionnelle et le désenchantement est souvent grand. Voir en particulier sur le cas du Niger, P. Massima, « Le juge constitutionnel africain francophone : entre politique et droit », *R.F.D.C.*, 2017 n° 111, p. 656 et s., de manière plus large, M. Ndiaye, « La stabilité constitutionnelle, nouveau défi démocratique du juge africain », *A.I.J.C.*, vol. 33-2017 (2018), p. 667 et s. Il y a toutefois un néo-constitutionnalisme en action par l'émergence d'« *une conscience constitutionnelle* » : H.M. Rafsandjani, « La culture constitutionnelle dans les États d'Afrique : le paradoxe du peuple constituant », *R.F.D.C.*, 2020, n° 123, p. 613 et s.

§ 2. L'interprétation constitutionnelle[1]

Les propositions du constitutionnaliste allemand, Ernst Wolfgang Böckenförde, éclairent le lien entre méthodes d'interprétation et constitution : « *Il existe un lien réciproque permanent entre une méthode d'interprétation de la constitution et la théorie ou le concept de la constitution qui lui sert de base. [...] Ici se confirme une vieille expérience que l'on fait, dans le débat méthodologique, de la mutuelle dépendance entre l'objet et la méthode. [...] La conséquence en est qu'une discussion méthodologique sur l'interprétation de la constitution est toujours en même temps une discussion sur le concept de constitution et sur la théorie de la constitution et qu'elle ne peut en être détachée* »[2].

En ce sens, il faut considérer que la constitution n'est pas un texte juridique comme les autres et c'est pourquoi la spécificité de l'interprétation constitutionnelle peut être envisagée. La constitution ne formule pas les buts que l'interprétation doit poursuivre. Elle peut certes fournir des directives d'interprétation telles que celles l'article 39 (1) de la Constitution sud-africaine déjà évoquée dans le paragraphe précédent, mais ces dernières doivent être elles-mêmes interprétées. En revanche, la constitution trace un cadre institutionnel à l'exercice de la fonction de juger : les buts sont donc implicites et demandent à être reconstruits. L'objectif n'est pas de déterminer selon quelles méthodes la constitution devrait être interprétée, mais de décrire quelles sont les méthodes prônées par la doctrine et utilisées par les juges. Ainsi, on entend montrer les spécificités culturelles de l'interprétation constitutionnelle en s'appuyant sur des exemples significatifs et révélateurs des insuffisances de la doctrine française.

A. La spécificité de l'interprétation constitutionnelle

La question de la spécificité de l'interprétation constitutionnelle est tout à fait classique et la réponse toute aussi controversée. En effet, tout dépend de la théorie de l'interprétation sur laquelle on se fonde. Ceux qui estiment que l'interprétation est un acte de pure volonté ne voient aucune spécificité puisque l'interprète est juridiquement libre de donner n'importe quelle signification à n'importe quel énoncé quelle que soit sa forme linguistique. Ainsi, pour Michel Troper, le texte constitutionnel n'a aucune importance ; c'est la représentation que l'on s'en fait qui compte (et donc la volonté

1. J. Goldsworthy (ed.), *Interpreting Constitutions. A Comparative Study*, Oxford, Oxford University Press, 2006.

2. « Les méthodes d'interprétation de la constitution : un bilan critique », *in* E.-W. Böckenförde, *Le droit, l'État et la Constitution démocratique*, cit., p. 246.

de l'interprète). En développant sa théorie réaliste de l'interprétation[1], Michel Troper a toutefois largement contribué à familiariser la doctrine française, peu préparée à l'herméneutique, à la pensée de Kelsen, en particulier l'idée selon laquelle l'interprétation est à la fois un acte de connaissance et de volonté.

Défendre la spécificité de l'interprétation constitutionnelle suppose donc de prendre au sérieux la constitution. Pour le dire comme Frederick Schauer, « *le texte n'est pas seulement le point de départ, mais aussi d'une certaine manière le point d'arrivée* »[2]. Ce qui signifie que le texte constitutionnel limite l'interprétation, mais ne la commande pas puisqu'il recèle plusieurs interprétations possibles (voir sur l'interprétation en droit, Leçon 3 § 2). Autrement dit, le texte n'est pas tout, mais il compte. Deux arguments peuvent être avancés pour soutenir la spécificité de l'interprétation de la constitution par rapport à la loi ordinaire : elle tient non seulement au langage du texte constitutionnel, mais aussi à son objet[3].

Le langage juridique est en partie différent du langage ordinaire[4]. De même, le langage constitutionnel est en partie différent du langage juridique. La constitution est rédigée dans une langue semi-artificielle : elle utilise, d'une part, des termes techniques et, d'autre part, des formulations vagues et indéterminées. Les textes législatifs peuvent également présenter ces caractéristiques. Dès lors la spécificité de l'interprétation constitutionnelle tient-elle au langage de la constitution ou bien, plus profondément, à l'objet de la constitution ?

On peut sans doute mettre en avant que les textes constitutionnels ont malgré tout un degré d'indétermination supérieur aux lois[5]. La loi ordinaire contient en effet des dispositions dites normatives dans le sens où elles déterminent les conséquences juridiques en fonction des faits prévus. Ce sont des règles de droit qui sont applicables ou qui ne le sont pas. Surtout, chaque disposition législative

---

1. Voir son article pionnier : M. Troper, « Le problème de l'interprétation et de la théorie de la supralégalité constitutionnelle », *Mélanges Eisenmann*, Paris, Cujas, 1975, p. 133 et s. (aujourd'hui dans M. Toper, *Pour une théorie juridique de l'État*, Paris, PUF, 1994, p. 293 et s.). Pour un exposé de sa théorie réaliste de l'interprétation, M. Troper, *Le droit, la théorie du droit, l'État*, Paris, PUF, 2001, p. 69 et s.

2. F. Schauer, « An Essay on Constitutional Language » 29, *UCLA Law Review*, 1982, p. 809.

3. Ces arguments sont ramassés en deux propositions. Le théoricien réaliste italien, Riccardo Guastini, dégage du débat quatre arguments en faveur de la spécificité de l'interprétation constitutionnelle qui en sont, en réalité, trois (puisque deux portent sur l'objet de la constitution, l'un sur le contenu normatif – principes et règles – et l'autre sur la durée de la constitution). Il les réfute tous dans *Leçons de théorie constitutionnelle*, présenté et traduit par V. Champeil-Desplats, Paris, Dalloz, 2010, p. 210 et s.

4. H.L.A. Hart, *The Concept of Law*, 2e éd., Oxford, Oxford University Press, 1994.

5. A. Barak, « Constitutional interpretation », *in* F. Mélin-Soucramanien (dir.), *L'interprétation constitutionnelle*, Actes de la Table Ronde de l'AIDC, Paris, Dalloz, 2005, p. 97.

s'insère dans un ordre juridique existant. En revanche, une constitution crée un ordre juridique nouveau. En ce sens, elle est un acte originaire et suprême (autrement dit, souverain). Elle est donc un acte juridique distinct de tous les autres.

Le texte constitutionnel n'est donc pas un texte juridique comme les autres car il est en quelque sorte à l'origine de tous les autres textes. La constitution fonde non seulement l'ordre juridique nouveau, mais aussi la communauté politique. La constitution est à la fois un texte juridique et politique. Son objectif est de répondre aux attentes de toutes les forces politiques en présence et, en ce sens, elle contient à dessein des notions à texture ouverte[1] qui donnent un cadre général pour l'organisation du pouvoir politique et la garantie des droits fondamentaux. Ses dispositions contiennent souvent des principes qui demandent à être concrétisés. À la différence des règles, les principes peuvent être réalisés à des degrés divers[2]. La constitution est écrite dans la langue d'une époque. C'est donc un document daté, mais il est en général élaboré en regardant le passé et en se projetant dans le futur. Néanmoins, ne pouvant tout prévoir expressément, il est porteur de principes de manière à répondre aux aspirations futures des nouvelles générations (par exemple, on pouvait difficilement imaginer au XVIIIe siècle le développement des médias audiovisuels et leur importance pour le fonctionnement démocratique de nos institutions ; le Conseil constitutionnel n'a pourtant pas hésité à asseoir le pluralisme des opinions sur l'article 11 de la Déclaration des droits de l'homme et du citoyen : décisions 84-181 DC du 10 et 11 octobre 1984 ; 86-217 DC du 18 septembre 1986). C'est aussi un texte de compromis par nature car il doit donner satisfaction au plus grand nombre pour fonder une nouvelle société politique. Là encore, le compromis pousse à choisir des notions indéterminées de sorte que chacun puisse y trouver son compte. Ce ne sont pas forcément des expressions juridiques, mais politiques, voire morales. De manière générale, les rédacteurs d'une constitution laissent aux générations suivantes le soin de régler les détails dans le cadre effectif de la conduite de leurs différents gouvernements.

Pour résumer, on peut reprendre les propos du constitutionnaliste allemand, Ernst Wolfgang Böckenförde, selon lesquels en comparaison avec la loi « *la constitution, du point de vue de son degré d'élaboration conceptuelle-normative, est incomplète et fragmentaire* ». Il ajoute : « *Ses dispositions – à côté des règles relativement détaillées qu'on trouve dans le domaine de la répartition des compétences ou relativement à certaines questions d'organisation – contiennent pour*

1. H.L.A. Hart, *op. cit*, p. 125-129.
2. R. Dworkin, *Taking Rights Seriously*, Cambridge, Harvard University Press, 1977, p. 22 et s.

l'essentiel des principes qui, pour être utilisables en vue de leur application, ont besoin d'être précisés et concrétisés, la définition d'objectifs qui laisse ouverte la question des méthodes, des moyens et de l'intensité de leur réalisation, des formules lapidaires qui – provenant souvent de la tradition constitutionnelle – sont là pour quelque chose dont on ne trouve aucune expression approximative dans leur formulation, des formules de compromis qui sont précisément l'expression du désaccord et qui ajournent la décision »[1]. Il convient de préciser que ces dispositions laconiques, voire contradictoires, regardent souvent les droits fondamentaux.

L'ancienneté d'une constitution rajoute sans doute à son indétermination. On a pu voir que les récentes constitutions ont tendance à s'allonger notamment en introduisant le catalogue des droits fondamentaux dans le corps de la constitution (voir Leçon 1 § 2). Néanmoins, la forme de la constitution n'est pas comparable à celle du code civil. Dit d'une autre manière, la constitution est un texte court et synthétique. Le *Chief Justice* Marshall affirmait ainsi dans l'affaire *McCulloch v. Maryland* (1819) qu'une constitution « *ne participe pas de la prolixité d'une code juridique* ». Pourquoi ? Pour les raisons qui ont été évoquées précédemment, cela tient donc à ce que chacun puisse s'approprier la constitution.

Le raisonnement suivi par le *Chief Justice* Marshall dans l'affaire précitée mérite d'être rappelé car il met en avant la nature spécifique de l'interprétation constitutionnelle admise dans la doctrine américaine. Le problème était de savoir si le gouvernement fédéral était compétent pour créer une banque centrale alors que la Constitution est silencieuse sur cette question. Le principe selon lequel le gouvernement fédéral est un gouvernement de « pouvoirs énumérés » joue un rôle important dans la pensée constitutionnelle américaine. Il signifie que le gouvernement central a un pouvoir législatif limité, qu'il n'a aucun titre à s'occuper de toutes les questions. Cependant, à la fin de la section 8 de l'article 1er, il est prévu que le congrès a le pouvoir de « faire toutes les lois qui seront nécessaires et convenables pour mettre à exécution les pouvoirs précédents énumérés et tous les autres pouvoirs conférés par la constitution du gouvernement des États-Unis ». Dès 1790, se pose la question de savoir si la Constitution permet ou non l'exercice par les autorités fédérales de pouvoirs implicites, *i.e.* des compétences impliquées par les nécessités relatives à l'exercice des pouvoirs qui sont expressément attribués par la Constitution. Concrètement, la Banque centrale créée par le gouvernement fédéral, la Cour Suprême est amenée à se prononcer sur la constitutionnalité de la loi l'établissant. À propos des pouvoirs implicites, le *Chief Justice* Marshall précise : « *Lorsque nous considérons cette question, nous ne devons jamais oublier que c'est*

1. *Op. cit.*, p. 227.

une constitution *que nous interprétons* » (en souligné dans le texte). Tout en reconnaissant que les pouvoirs du gouvernement fédéral sont limités et que ces limites ne sauraient être outrepassées, le juge remarque : « *Une constitution est conçue pour durer dans les âges à venir et qu'elle doit donc être adaptée aux diverses crises des affaires humaines* ». Et il conclut : « *Que l'objectif soit légitime, qu'il se situe dans la portée du texte constitutionnel et tous les moyens qui sont appropriés, qui sont simplement adaptés à cet objectif, et qui ne sont pas interdits, mais qui s'accordent avec la lettre et l'esprit de la constitution, sont constitutionnels* ». Le gouvernement fédéral a donc le pouvoir de créer une banque centrale.

Surtout, au regard de la question qui nous préoccupe ici, il faut admettre que la reconnaissance de la spécificité de l'interprétation constitutionnelle conduit à favoriser une interprétation dynamique de manière à adapter la constitution aux évolutions politiques et sociales. En s'interrogeant sur son aptitude à durer, on questionne la ou les fonctions de la constitution et, donc, sa capacité à ne pas être n'importe quel texte juridique. L'interprétation constitutionnelle, à la différence de l'interprétation de la loi, touche à la question de la légitimité : à quel titre le pouvoir est-il exercé ?

Dans un jugement de 1984, l'une des premières décisions sur l'interprétation de la Charte canadienne des droits et libertés, la Cour Suprême a repris cette idée : « *L'interprétation d'une constitution est tout à fait différente de l'interprétation d'une loi. Une loi définit des droits et des obligations actuels. Elle peut être facilement adoptée et aussi facilement abrogée. Par contre, une constitution est rédigée en prévision de l'avenir. Elle vise à fournir un cadre permanent à l'exercice légitime de l'autorité gouvernementale et, lorsqu'on y joint une Déclaration ou une Charte des droits, à la protection constante des droits et libertés individuels. Une fois adoptées, ses dispositions ne peuvent pas être facilement abrogées ou modifiées. Elle doit par conséquent être susceptible d'évoluer avec le temps de manière à répondre à de nouvelles réalités sociales, politiques et historiques que souvent ses auteurs n'ont pas envisagées. Les tribunaux sont les gardiens de la constitution et ils doivent tenir compte de ces facteurs lorsqu'ils interprètent ses dispositions. Le professeur Paul Freund a bien exprimé cette idée lorsqu'il a averti les tribunaux américains "de ne pas interpréter les dispositions de la Constitution comme un testament de peur qu'elle ne le devienne"* » (*Hunter v. Southan Inc* [1984] 2 *R.C.S.* 145).

Pour toutes ces raisons, la constitution n'est pas exempte de contradictions. Cela n'est pas pour autant un inconvénient majeur. Au contraire, c'est probablement une chance. La constitution n'a pas vocation à régler toutes les questions et laisse donc un espace discrétionnaire au législateur. C'est pourquoi le juge en charge de la faire respecter est appelé à utiliser fréquemment des procédés interprétatifs qui regardent des dispositions constitutionnelles exprimant des principes, procédés tels que la concrétisation ou bien le balancement, chaque fois que les principes se trouvent en conflit. D'ailleurs, Riccardo Guastini qui réfute la spécificité de l'interprétation constitutionnelle reconnaît l'existence de ces procédés qui, « *même s'ils ne sont pas propres à l'interprétation constitutionnelle, reviennent très souvent dans la pratique interprétative des tribunaux constitutionnels et en sont caractéristiques* »[1]. Cette différence d'ordre quantitatif avec l'interprétation de la loi est aussi d'ordre qualitatif. Cela apparaît de manière remarquable dans le débat allemand.

B. Les spécificités culturelles de l'interprétation constitutionnelle

Deux cas significatifs sont retenus afin de souligner les spécificités culturelles de l'interprétation constitutionnelle : l'exemple américain relevant de la tradition de *common law* et l'exemple allemand relevant de la tradition civiliste. Le cas français est examiné de manière à mieux mesurer les différences de chacun de ces cas.

1) Les méthodes d'interprétation proposées par les constitutionnalistes américains

La question de l'interprétation constitutionnelle est énormément discutée aux États-Unis et beaucoup plus qu'ailleurs (comme l'atteste l'immense bibliographie). Les citoyens, outre les juges et les professeurs de droit, sont très avertis en cette matière : « *Ils savent que c'est une controverse juridique abstraite d'interprétation qui peut décider pour les écoles publiques d'accorder des avantages particuliers aux élèves noirs, ou du droit d'envoyer quelqu'un en prison sur la foi d'aveux extorqués de force, ou encore du droit pour les femmes de choisir librement d'avorter* »[2]. Cela tient à la fois à l'ancienneté de la constitution et à la difficulté à la réviser (comme nous l'avons vu précédemment). La Cour suprême est donc sollicitée de manière à adapter la constitution par l'interprétation. Cela pose deux types de questions : quelles méthodes pour interpréter le texte constitutionnel et quels précédents retenir (eu égard à l'âge de la constitution, ils sont nombreux) ?

Aujourd'hui, les constitutionnalistes sont divisés entre « originalistes » et « non-originalistes »[3] alors que, dans les années 1980, ils se séparaient entre les tenants de l'« *interpretativism* » (regroupant ceux favorables aux méthodes ayant pour objet d'interpréter le texte constitutionnel lui-même : méthodes historique, textualiste et structurelle) et les partisans du « *noninterpretativism* » (regroupant

1. *Op. cit*, p. 231.
2. R. Dworkin, « Controverse constitutionnelle », *Pouvoirs*, 1991, n° 59, p. 5.
3. É. Zoller, *op. cit.*, p. 125 et s.

ceux défendant des méthodes allant au-delà de l'interprétation traditionnelle classique : méthodes du précédent, prudentielle et éthique). Cette dernière dichotomie recoupe en partie celle proposée aujourd'hui et elle n'a d'ailleurs pas complètement disparu. Ces divisions renvoient à l'opposition entre « conservateurs » et « libéraux » (lesquels correspondent, selon l'acceptation américaine, aux progressistes).

Les tenants de l'*originalism* prône de suivre l'intention première des Pères Fondateurs (*original intent*) ou de s'en tenir à une interprétation au plus près du texte originel (*original meaning*). Ce courant interprétatif souligne que la constitution est avant tout un document écrit dont les dispositions doivent être interprétées de manière restrictive. Au lieu de promouvoir l'adaptation de la constitution aux évolutions sociopolitiques, la tradition constitue la limite à la transformation de la plate-forme originelle voulue par les *framers*. Cette conception fixiste de la constitution commande de ne rien changer sous peine de dénaturation. En particulier, il s'agit de mettre certains droits à l'abri des atteintes que les générations futures pourraient leur faire subir. Néanmoins, ce courant ne parvient pas à donner une définition univoque de la notion d'« intention première des Pères Fondateurs ». D'ailleurs, le principal représentant de ce courant refuse cette méthode au profit de l'autre directive qui consiste à restituer la signification littérale du texte au moment où il fut rédigé et adopté[1]. La tradition est utilisée pour empêcher l'émergence de nouvelles valeurs et pour conserver les mêmes orientations interprétatives. Dans l'hypothèse où la signification originelle du texte ne peut être clairement identifiée, il appartient aux juges de s'autolimiter et de laisser le législateur trouver la solution.

Ce courant interprétatif s'élève donc contre l'activisme libéral de la Cour suprême dont l'âge d'or s'écoule de la présidence Warren (1953-1969) à la présidence Burger (1969-1986). Cet activisme a débuté avec la célèbre décision *Brown v. Board of Education* (1954)[2] dans laquelle la Cour affirme que l'éducation séparée porte en soi les germes de l'inégalité et donc d'un sentiment d'infériorité dans la communauté noire. Ainsi, la Cour a-t-elle contribué à mettre un terme à la ségrégation raciale. Son activisme l'a amenée en particulier sur la base du Quatorzième amendement[3] à reconnaître des droits nouveaux englobés dans le concept de *privacy*. En

1. A. Scalia, *A Matter of Interpretation. Federal Courts and the Law*, Princeton, Princeton University Press, 1997, p. 40.

2. Pour la traduction des grandes décisions de la Cour suprême, É. Zoller, *Grands arrêts de la Cour suprême des États-Unis*, Paris, PUF, 2000 ; ID., *Les grands arrêts de la Cour suprême des États-Unis*, Paris, Dalloz, 2010.

3. Le Quatorzième amendement (1868) est relatif au *due process of law* et à l'*equal protection*. Cette disposition prévoit qu'aucun État fédéré ne peut s'opposer à l'application régulière des voies de droit ou à l'égale protection de tous devant la loi.

ce sens, deux affaires célèbres méritent d'être rappelées : *Griswold v. Connecticut* (1965) dans laquelle la Cour a annulé une loi ayant pour objet d'interdire la vente et l'usage de contraceptifs entre personnes mariées car contraire au droit à la vie privée (droit rattaché à la relation conjugale) et *Roe v. Wade* (1973) dans laquelle la Cour a déclaré l'illégitimité constitutionnelle des lois pénales criminalisant l'avortement car contraire au droit à la vie privée (ici entendu comme droit de l'individu et en l'espèce comme le droit de la femme de choisir de mettre un terme à sa grossesse).

Le principal représentant de ce courant[1], Antonin Scalia, juge à la Cour suprême (1986-2016) s'opposait à l'utilisation des précédents étrangers pour interpréter la constitution (voir Leçon 6 § 2). En revanche, les « non-originalistes » sont plutôt favorables à cette utilisation puisqu'ils conçoivent la constitution comme un ensemble de principes notamment non écrits qui permettent de transcender les dispositions écrites en vue d'actualiser la constitution en fonction des valeurs contemporaines ou des valeurs personnelles des interprètes (et donc des juges). Cette position est souvent rapprochée des doctrines jusnaturalistes.

Dans une version moins radicale, les « non-originalistes » sont les tenants d'une approche dynamique de la constitution de manière à l'adapter aux changements sociaux et politiques[2]. Ils sont donc généralement peu formalistes, mais peuvent estimer nécessaire de respecter l'intégrité constitutionnelle. « *Cette méthode insiste donc sur le fait que chacun des articles ou principes abstraits doit être interprété et appliqué de façon à former un tout cohérent sur le plan des principes avec les interprétations acceptées pour d'autres parties de la Constitution et avec les principes de morale politique qui apportent la meilleure justification fondamentale possible de l'ensemble de la structure constitutionnelle*[3]. » Les libéraux constituent sans doute un ensemble peu homogène avec des positions nuancées et personnalisées, mais ils sont en général attachés à la notion de « *living constitution* », c'est-à-dire à l'idée que les juges peuvent par leur interprétation actualiser la constitution et ainsi répondre aux besoins actuelles de la société (l'opinion du *Chief Justice* Marshall, dans la décision *McCulloch v. Maryland* (1819), est généralement citée pour étayer cette doctrine). Depuis les années 1970, suite à l'affaire *Roe*, le débat doctrinal est intense sur cette notion et ses conséquences pour

1. Voir aussi R. A. Posner, « The Supreme Court 2004 Term Foreword: A Political Court » 119, *Harvard Law Review*, 2005, p. 31 et s., en part. p. 85-88.

2. R. H. Fallon, *The Dynamic Constitution. An Introduction to American Constitutional Law*, Cambridge, Cambridge University Press, 2004, p. 269 où l'auteur définit la Constitution américaine comme « *un document dynamique dont les significations se dessinent en partie selon les évolutions des valeurs et la pression des événements* ».

3. R. Dworkin, *op. cit.*, p. 9.

la constitution écrite[1]. La notion elle-même est ambigüe puisqu'elle suppose soit que les interprétations données doivent être appliquées à des changements nouveaux et inattendus, soit que les interprétations elles-mêmes doivent être modifiées pour être adaptées aux changements[2].

Cet intense débat a débouché sur une contestation de l'activisme conservateur de la Cour suprême. La Cour présidée par William Rehnquist entre 1986 et 2005 a défait les acquis de la période libérale et, en particulier, elle a considérablement limité les prérogatives du pouvoir fédéral, en interprétant de manière restrictive la clause de commerce (mouvement engagé avec la décision *United States v. Lopez* (1995)). C'est non seulement sa jurisprudence offensive en matière de fédéralisme, mais aussi (et peut-être surtout) la décision *Bush v. Gore* (2000) par laquelle elle donne la victoire du scrutin présidentiel à George Bush[3] qui ont conduit à une réaction doctrinale : le constitutionnalisme populaire[4]. Cette réaction dans ses accents les plus radicaux est favorable à l'abolition pure et simple du pouvoir de *judicial review*[5] tandis que, dans sa version plus modérée, ses tenants réclament l'élimination de la suprématie du pouvoir judiciaire[6]. Ce principe, selon lequel l'interprétation de la constitution donnée par la Cour s'impose aux autres branches du pouvoir, a été posé dès 1962 dans la décision *Cooper v. Aaron* et réaffirmé en 2000 dans la décision *United States v. Morrison*.

1. Sur la dialectique entre constitution écrite et vivante, voir les deux contributions ayant lancé le débat : T. C. Grey, « Do We Have an Unwritten Constitution? » 27, *Stanford Law Review*, 1975, p. 703 et s. et S. R. Munzer, J. W. Nickel, « Does the Constitution Mean What it always Meant? » 77, *Columbia Law Review*, 1977, p. 1029 et s. *Add.* sur ce débat, voir en français A. Vlachogiannis, *Les juges de la Cour suprême des États-Unis et la notion de constitution vivante*, Classique Garnier, 2014.

2. J. Goldsworthy, « Conclusions », *in Interpreting Constitutions. A Comparative Study*, cit., p. 327.

3. Sur cette décision très controversée, M. Rosenfeld, « Bush contre Gore : trois mauvais coups portés à la Constitution, à la Cour et à la démocratie », *Cahiers du Conseil constitutionnel*, 2002, n° 13, p. 81 et s. ; É. Zoller, « Le rôle de la Cour suprême dans le système américain de gouvernement. À propos de l'arrêt *Bush v. Gore* du 12 décembre 2000 », *Mélanges Jean Waline*, Paris, Dalloz, 2002, p. 93 et s.

4. Pour une présentation de ce mouvement doctrinal et son caractère hétérogène, I. Fassassi, « La légitimité de la justice constitutionnelle aux États-Unis à l'épreuve du "constitutionnalisme populaire" », *A.I.J.C.*, XXIII, 2007, p. 67 et s. *Add.* I. Fassassi, *La légitimité du contrôle juridictionnel de la constitutionnalité des lois aux États-Unis – Étude critique de l'argument contre-majoritaire*, Paris, Dalloz, 2017.

5. M. Tushnet, *Taking the Constitution away from the Courts*, Princeton, Princeton University Press, 1999, p. 154 et s.

6. L. Kramer, *The People Themselves: Popular Constitutionalism and Judicial Review*, Oxford, Oxford University Press, 2004. En français, voir L. Kramer, « Au nom du peuple. Qui a le dernier mot en matière constitutionnelle », *R.D.P.*, 2005, p. 1027 et s. B. Friedman, « Mediated Popular Constitutionalism », *Michigan Law Review*, 2003, p. 2596 et s.

Il faut enfin évoquer la doctrine *stare decisis* selon laquelle le précédent judiciaire est reconnu comme source de droit et doit être respecté. Ainsi « *l'obligation de suivre la règle du précédent procède d'un impératif, et elle trouve ses limites dans un autre impératif, contraire du premier. Avec Cardozo, nous admettons qu'aucun système judiciaire ne pourrait assumer son rôle social s'il portait sur chaque question posée un regard nouveau, voir B. Cardozo,* The Nature of the Judicial Process *149 (1921). En vérité, c'est le concept même de règne du droit sous-jacent à notre Constitution qui exige une telle continuité dans le temps [et qui fait] que le respect de la règle du précédent est, par définition, indispensable, voir Powell,* "Stare Decisis and Judicial Restraint", *1991,* Journal of Supreme Court History *13, 16. À l'autre extrémité, un autre impératif d'une nature différente se fait sentir quand la décision judiciaire antérieure vient à être perçue comme une erreur évidente dont l'application serait, pour cette raison même, condamnée* »[1]. Plusieurs raisons peuvent conduire à un renversement de jurisprudence. Cela explique en partie la longueur des décisions de la Cour puisque les juges cherchent à trouver un juste équilibre entre les deux impératifs rappelés par le juge O'Connor. La Cour peut motiver le changement de jurisprudence par le caractère erroné des prémices factuelles sur lesquelles repose le précédent puisque les juges prédécesseurs auraient cherché eux aussi un autre résultat s'ils avaient su. Les circonstances de l'affaire peuvent justifier d'écarter le précédent : une décision « juste » dans une conjoncture donnée peut devenir « injuste » en raison du changement de cette conjoncture. Enfin, le juge peut affirmer qu'antérieurement ses collègues ont mal jugé et ont adopté une mauvaise solution, et qu'il est, par conséquent, préférable d'adopter une nouvelle règle. L'interprétation de la Constitution est, en dernière instance, privilégiée sur la règle *stare decisis* : la Cour peut (et même doit) rejeter le précédent parce qu'il est « injuste » dans le sens où le processus interprétatif de la Constitution est un processus évolutif. Néanmoins, il faut reconnaître que, dans la pratique, les revirements restent peu fréquents. La méthode du précédent (*doctrinal method*) est donc une

---

1. *Planned Parenthood of Southeastern Pennsylvania v. Casey* (1992), Opinion de la Cour présentée par le juge O'Connor dans *Les grands arrêts de la Cour Suprême des États-Unis*, cit., p. 1129. Cette décision a été rendue après la célèbre décision *Roe v. Wade* (1973) consacrant le droit à l'avortement. Le problème qui se pose en particulier est donc de savoir si la décision *Roe* est toujours applicable. Il faut préciser que, très divisée sur la question de l'avortement, la Cour n'a pas rendu « une opinion de la Cour » en tant que telle sur cette question, mais une opinion qui, sur certains points tels que la règle du précédent, est une opinion de la Cour et qui, sur d'autres, n'est qu'un jugement de celle-ci (*i.e.* elle ne rassemble pas une majorité de 5 juges). La décision a donc été rendue, selon la formule consacrée, à « la pluralité des voix » (*plurality opinion*) et donc sans opinion majoritaire de la Cour.

méthode tout à fait courante qui consiste à rechercher l'affaire déjà tranchée dans un cas similaire.

Dans le système américain, l'interprétation constitutionnelle est donc loin d'être une question consensuelle. Deux éléments d'ordre institutionnel en apportent la confirmation et nourrissent les controverses interprétatives. D'une part, les opinions séparées sont apparues et pratiquées aux États-Unis depuis le XIXe siècle[1]. Les opinions des juges jouent un rôle fondamental parce que « ... *le meilleur moyen d'atteindre la vérité est de la rechercher dans le marché des idées* »[2]. C'est aussi le meilleur moyen de responsabiliser les juges qui doivent ainsi rendre compte de leur interprétation constitutionnelle sur les questions importantes, c'est-à-dire « politiques ». D'autre part, la confirmation par le Sénat des nominations présidentielles à la Cour suprême est justement l'occasion de le vérifier et donne lieu à d'intenses batailles politiques. En définitive, les deux grands courants interprétatifs examinés s'attachent plus aux résultats de l'interprétation constitutionnelle (pour les « originalistes », s'en tenir aux interprétations établies et pour les « non-originalistes », promouvoir une interprétation évolutive) qu'aux méthodes pour y parvenir. Au contraire, la doctrine allemande se préoccupe davantage des techniques interprétatives.

2) Les méthodes d'interprétation proposées par les constitutionnalistes allemands

La science constitutionnelle allemande accorde aussi une grande importance à la question de l'interprétation. L'origine de cet intérêt diffère toutefois du cas américain. Elle est moins enracinée dans la constitution elle-même (bien qu'elle ait acquis une force symbolique et soit désormais considérée comme sacrée à l'instar de la Constitution américaine, elle n'est ni aussi ancienne, ni aussi difficilement révisable) que dans le rôle que la doctrine s'est toujours reconnu, c'est-à-dire un travail de systématisation autour d'un ensemble de principes juridiques cohérents, objectifs et organisés. Depuis certains écrits de Savigny (fondateur de l'École historique du droit) et les travaux de l'École du positivisme, la question de la méthodologie juridique occupe une place importante. En particulier, la « jurisprudence des concepts » (*Bregriffsjurisprudenz*) qui présente le droit comme un système de règles rationnelles, se suffisant à lui-même, et donc coupé des réalités politiques et sociales, a marqué la science juridique allemande, tout spécialement l'École du positivisme

1. W. Mastor, *Les opinions séparées des juges constitutionnels*, Paris, Economica-PUAM, 2005.

2. *Justice* W. J. Brennan cité par É. Zoller, « La pratique de l'opinion dissidente aux États-Unis », *in Mélanges Pierre Avril*, Paris, Montchrestien, 2001, p. 616.

et a connu, en contrepartie, une forte réaction avec la « science juridique des intérêts » (*Interessenjurispudenz*).

Les théories élaborées par la doctrine allemande sont donc d'une très grande richesse, ce que l'on ne retrouve pas forcément dans les autres doctrines de la tradition civiliste. Les travaux et les commentaires de la doctrine ont d'ailleurs un poids plus important dans l'interprétation de la Loi fondamentale que les précédents. La Cour constitutionnelle se réfère très souvent aux écrits académiques (il convient aussi de souligner que, en moyenne, plus de la moitié de l'effectif de la Cour provient du corps professoral). Donald Kommers précise que le *Kommentar zum Grundgesetz* rédigé par Theodor Maunz, Günter Dürig et Roman Herzog (auxquels se sont ajoutés dernièrement de nouveaux auteurs) est le plus souvent cité[1]. Les opinions écrites par les juges ont d'ailleurs comme principal objectif de persuader la communauté des juristes (outre les autres lecteurs) du bien-fondé de la décision. Dit d'une autre manière, la question de l'interprétation constitutionnelle est prise au sérieux car la Loi fondamentale est elle-même prise au sérieux et, même si le pouvoir créateur du juge est reconnu et admis, cela ne signifie pas que la doctrine allemande dans son ensemble accepte des transformations notables de la constitution *via* l'interprétation.

L'herméneutique classique considère que la constitution est une norme juridique et que, en tant que telle, elle doit être interprétée selon les méthodes d'interprétation prévues pour la loi ordinaire. Les méthodes élaborées par Savigny sont toujours actuelles : grammaticale, logique, historique et systématique. Néanmoins, il a été souligné dans le précédent paragraphe que la constitution présente des caractéristiques tenant à sa structure et à son contenu qui empêchent une parfaite identité avec la loi. Le texte constitutionnel est d'ailleurs souvent représenté, dans la doctrine allemande, comme un « ordre-cadre » (*Rahmenordnung*). Autrement dit, la constitution « *fixe des conditions générales et des règles de procédures aux processus d'action et de décision politiques et adopte des décisions fondamentales (de principe) s'agissant du rapport entre l'individu, la société et l'État mais elle ne contient pas de règles détaillées qui soit par elles-mêmes déjà prêtes à être appliquées au sens judiciaire ou exécutées au sens administratif* »[2]. Pour ces raisons structurelles, la thèse herméneutique classique est rejetée par certains dont Böckenförde. De manière plus large, la doctrine allemande estime nécessaire de compléter les méthodes proposées par Savigny qui sont jugées insuffisantes pour interpréter la constitution et, plus précisément, pour pallier l'imperfection de la structure normative matérielle des dispositions constitutionnelles.

1. D. P. Kommers, « Germany: Balancing Rights and Duties », *in Interpreting Constitutions*, cit., p. 193.
2. E.-W. Böckenförde, *op. cit.*, p. 227.

Parmi les méthodes prônées par Savigny, on notera l'importance accordée à la méthode systématique qui consiste à ne pas isoler les dispositions constitutionnelles, mais au contraire à les interpréter les unes par rapport aux autres de manière à rendre cohérent l'ordre constitutionnel et à en préserver l'unité. Il y a plus : cette unité, irréductible aux dispositions du texte constitutionnel, renvoie à un ensemble de principes qui donne sens au système constitutionnel. La Cour constitutionnelle a exprimé son attachement à cette méthode dans l'une de ses premières décisions majeures du 23 octobre 1951 : « *Une disposition particulière de la constitution ne peut pas être considérée isolément, ni être interprétée uniquement à partir d'elle-même. Elle forme un contexte de sens, avec les autres dispositions de la constitution, qui représente une unité interne. Il résulte du contenu d'ensemble de la constitution certains principes et décisions fondamentales auxquels sont subordonnées chacune des dispositions constitutionnelles... Il s'ensuit que toute disposition constitutionnelle doit être interprétée de telle sorte qu'elle soit compatible avec ces principes constitutionnels élémentaires et décisions fondamentales du constituant* » (*BVerfGE*, 1, 14, 32). Donald Kommers[1] et Mary Ann Glendon[2] comparent l'attachement des juristes allemands à cette méthode à celui des juristes américains en faveur de la *doctrinal method*.

On remarquera que cette méthode repose sur la recherche de la cohérence de l'ordre constitutionnel. Or les nouvelles méthodes proposées par les constitutionnalistes allemands dans le prolongement de Savigny sont toutes ou presque à la recherche d'une rationalité contrôlable. L'exception notable est toutefois constituée par la « méthode topique-problématisante »[3], approche ouverte de l'interprétation visant à la résolution de problèmes juridiques concrets, dont Peter Häberle défend une version radicale. Il reproche à la théorie de l'interprétation constitutionnelle de s'être focalisée, d'une part, sur l'objet, le but de l'interprétation ainsi que sur les méthodes d'interprétation et, d'autre part, sur « *la 'société fermée' des interprètes juridiques de la Constitution* »[4]. Sa théorie repose en revanche sur l'absence d'un « numerus clausus *des interprètes de la Constitution* ». Du coup, l'interprétation « *est en fait beaucoup plus l'affaire d'une société ouverte, c'est-à-dire de tous ceux qui participent matériellement et sont dès lors des acteurs publics parce que l'interprétation constitutionnelle concourt à la constitution de cette société ouverte et est constituée par elle. Ses critères sont aussi ouverts que la société est*

1. *Op. cit.*, p. 199.
2. M. A. Glendon, « Comment », *in* A. Scalia, *A Matter of Interpretation*, cit., p. 106-107.
3. E.-W. Böckenförde, *op. cit.*, p. 229 et s.
4. Dans *L'État constitutionnel* (trad. revue par C. Grewe), Paris, Economica, 2004, p. 126.

pluraliste ». Il précise le concept d'interprétation sur lequel il s'appuie : « *celui qui 'vit' la norme, concourt aussi à son interprétation* ». Il opte donc pour un concept d'interprétation large intégrant une pluralité d'interprètes, « le dernier mot » revenant à la juridiction constitutionnelle. À ce stade, il recherche pour sa théorie de l'interprétation constitutionnelle un appui dans la théorie démocratique. Dès lors, l'interprétation est un processus à la fois ouvert et public. Ce processus fait de la constitution elle-même un discours ouvert, public, continu et non-structuré au sein de la société ouverte de ses interprètes. N'acquièrent toutefois « *une pertinence théorique* » que ceux qui exercent de fait une influence sur l'interprétation constitutionnelle[1]. Autrement dit, ils la légitiment. P. Häberle précise : « *[...] la constitution est le miroir du public et de la réalité. Elle n'en est pourtant pas seulement le miroir, elle en est aussi, pour ainsi dire, la source de lumière. Elle a une fonction d'orientation* »[2]. Cette dernière précision semble témoigner de la volonté de contenir la dérive de sens. Cependant, elle doit être nuancée par l'affirmation faite par l'auteur un peu plus loin dans son raisonnement : « *Les doctrines de l'interprétation surévaluent constamment l'importance du texte* »[3].

Sa théorie de la constitution est largement dépendante des juges constitutionnels qui réceptionnent en dernier lieu le processus interprétatif et sont donc des acteurs essentiels de « l'État constitutionnel coopératif ». La constitution fonde et limite l'ordre juridique de la communauté étatique et c'est donc dans les transformations – certains diraient dans le dépérissement – de l'État que Häberle cherche à enraciner sa théorie. Sa conception de « l'État constitutionnel coopératif », tout en étant un objectif à atteindre, repose sur une analyse historique du processus d'intégration européenne et de l'internationalisation des droits de l'homme. Dans ce contexte, la comparaison des droits mérite une place significative parmi les méthodes d'interprétation proposées par Savigny (voir pour un approfondissement sur la diffusion de cette méthode au sein de la justice constitutionnelle, Leçon 6 § 2).

En revanche, l'interprétation institutionnelle ou « l'interprétation herméneutique-concrétisante »[4] a pour objectif de reconstruire un lien normatif et une rationalité contrôlable dans le processus interprétatif. On parle de *Konkretisierung* (« concrétisation » *i.e.* le processus d'application du droit au cas particulier), concept proposé aussi bien par Konrad Hesse que par Friedrich Müller. C'est la méthodologie juridique concrétisante de ce dernier qui sera exposée puisque nous disposons de la traduction française de son principal

1. *Op. cit.*, p. 131.
2. *Op. cit.*, p. 132.
3. *Op. cit.*, p. 134.
4. E.-W. Böckenförde, *op. cit.*, p. 240.

ouvrage sur la théorie structurante du droit[1], ce qui permet un accès direct à sa pensée, ici, exposée partiellement, notre objectif principal étant de montrer la distance entre ce filon herméneutique et celui de P. Häberle.

La concrétisation a pour principale visée méthodologique une description cohérente du passage du texte de la constitution à ce que F. Müller nomme la « norme-décision », c'est-à-dire la manifestation finale du processus de normativité qui prend en compte des éléments extérieurs au texte dans le cas d'espèce. L'auteur insiste en effet sur les faits qui structurent eux aussi la norme. L'interprétation est un compromis pratique dont F. Müller propose une clarification rationnelle « *afin que l'interprète soit placé dans cette situation où il peut trouver les critères nécessaires aux opérations de valorisation et de concrétisation dans les directives de la Constitution* »[2]. Le schéma du raisonnement juridique est ainsi découpé en quatre étapes. L'interprète sélectionne d'abord, en fonction du cas concret, le ou les texte(s) jugé(s) pertinent(s). Ensuite, c'est du rapprochement entre le texte et les données réelles que naît le « champ factuel » de la norme. Puis, l'interprétation du texte par les méthodes proposées par Savigny dégage un autre ensemble, le « programme normatif ». Enfin, à partir de la confrontation entre le champ factuel et le programme normatif, se dessine le « champ normatif » qui constitue la norme juridique générale (individualisée, elle devient norme-décision). Ce choix en faveur d'une méthodologie pratique se fonde sur la reconnaissance du rôle essentiel joué par les organes d'application du droit dans la création du droit sans nier l'importance du législateur. Bien que la constitution ne donne pas une signification *a priori* qui s'imposerait au juge constitutionnel, elle trace, selon Friedrich Müller, « *[...] les limites extrêmes des différents sens possibles qui peuvent être fonctionnellement soutenus et constitutionnellement autorisés* »[3]. Ces limites sont déterminées par le travail qui est fait sur le « programme normatif » par « *l'interprétation de l'ensemble des données linguistiques, c'est-à-dire l'explication des textes au moyen de toutes les méthodes reconnues* »[4] *i.e* les canons d'interprétation de Savigny.

La question de l'interprétation constitutionnelle est donc aussi très discutée en Allemagne et elle est liée en grande partie aux décisions rendues par la Cour constitutionnelle. Le problème concerne d'ailleurs, au-delà de l'expérience allemande, tous les pays où un juge assure un contrôle de constitutionnalité des lois. En particulier, deux questions ont été et sont toujours débattues : jusqu'où le juge

1. F. Müller, *Discours sur la méthode juridique*, présenté et traduit par O. Jouanjan, Paris, PUF, 1996.

2. *Ibid.*, p. 113.

3. *Ibid.*, p. 240.

4. *Ibid.*, p. 45.

peut-il aller dans la création des normes de référence nécessaires à son contrôle et jusqu'où peut-il aller dans le contrôle exercé sur le texte de loi ? Cette dernière question dépasse celle de l'interprétation constitutionnelle, mais il faut bien admettre une forte imbrication de ces problèmes dans le cadre du contrôle *a posteriori*[1]. L'interprétation soulève toujours des controverses car on est encore à la recherche de la « *bonne méthode d'interprétation de la constitution* »[2].

3) Les méthodes d'interprétation proposées par les constitutionnalistes français

La question a peu retenu l'attention de la doctrine française. On peut s'en étonner, mais cette nette différence avec les constitutionnalistes américains et allemands n'est pas sans explication. Cette dernière tient à la conception instrumentalisée de la constitution (évoquée lors de l'étude de la fonction symbolique de la constitution). Cette conception est prédominante depuis la Révolution française et le grand nombre de constitutions en est la preuve. La constitution « *n'est pas une loi supérieure à la loi ordinaire, elle est une loi spéciale, loi qui porte sur la question du pouvoir politique* »[3]. Et, dès lors qu'il n'y a plus d'accord sur cette question, on change de constitution : « *[...] étant l'expression d'un dogme, l'application d'un système philosophique, elles* [les constitutions] *appelaient, au-delà de la simple conformité à leurs dispositions pratiques, une adhésion quasi religieuse à leur inspiration. Pour ceux qui n'adhéraient pas à leur vérité, une seule position possible : le refus pur et simple. Pas question donc d'accepter la constitution sous condition, comme un compromis passé entre points de vue différents [...]* »[4]. Les titulaires du pouvoir politique ont pensé – et pensent encore aujourd'hui – la constitution comme un instrument de leur pouvoir au lieu de la concevoir comme un instrument du gouvernement limité.

La doctrine constitutionnelle contemporaine n'a pas su enrayer cette longue tradition par une réflexion appropriée sur les finalités de la constitution. Les travaux de Michel Troper viennent certes rompre le silence doctrinal, mais l'on sait (tel que souligné dans le paragraphe précédent sur la spécificité de l'interprétation constitutionnelle) que sa conception radicale de la théorie pure du droit de Kelsen – l'interprétation comme un pur moment volitif – a pour conséquence de considérer les méthodes d'interprétation comme des

---

1. M.-C. Ponthoreau, « Réflexions sur le pouvoir normatif du juge constitutionnel en Europe continentale sur la base des cas allemand et italien », *Les Cahiers du Conseil constitutionnel*, 2008, n° 24, p. 98.

2. *Ibid.*, p. 224.

3. F. Saint-Bonnet, « La Nation et le droit constitutionnel substantiel », *in Que reste-t-il de la Nation dans la Constitution ?*, Institut catholique d'études supérieures, Paris, éditions Cujas, 2007, p. 45.

4. R. Rémond, *op. cit.*, p. 26.

préférences idéologiques[1]. Les directives d'interprétation sont donc sans intérêt puisque, parmi les possibilités ouvertes par l'interprétation comme acte de connaissance, « ... *le choix de la décision n'est pas justiciable d'une méthode juridique* »[2]. Elles servent à masquer le raisonnement décisoire et constituent en ce sens un paravent qui s'exprime dans la motivation de la décision de justice. La doctrine constitutionnelle française actuelle semble donc prise dans un étau : d'un côté, elle a renoncé pour des raisons d'ordre théorique et, de l'autre, elle a évacué tout projet de réflexion sur les finalités de la constitution, abandonnée aux interprètes politiques.

Dans la tradition française, il faut sans doute remonter aux travaux de François Gény et, en particulier, à son ouvrage, *Méthode d'interprétation et sources en droit privé positif* (1899) dans lequel il critique l'École de l'exégèse, pour trouver une esquisse de théorie politique de l'interprétation. Il donne en effet pour mission à la doctrine de dégager méthodes et principes de justice. La « libre recherche scientifique » qu'il défend repose sur le postulat que les juristes sont capables de créer des règles de droit dans les espaces laissés vacants par les sources formelles et positives, au-delà des textes de loi. Il avance ainsi que l'interprétation juridique est « *maîtresse de ses décisions* » et qu'elle doit « *puiser ses inspirations dans le grand fonds de justice et d'utilité sociale, qui alimente la vie organique du droit* »[3]. Bien que favorable au pouvoir créateur du juge, il est hostile à l'activisme judiciaire et, surtout, il entend donner la première place à la doctrine. Est-ce à cause de sa croyance revendiquée dans le droit naturel qu'il n'a pas été suivi dans l'élaboration d'une méthodologie juridique (de manière générale et plus spécifiquement par les privatistes eux-mêmes[4]) ?

La doctrine n'a pas cherché à approfondir la démarche de Gény et s'est contentée de constater le hiatus entre la pratique et le texte constitutionnel. Ainsi, Georges Burdeau souligne-t-il en 1956 : « *Le vrai, c'est que les constitutions n'encadrent pas les manifestations*

1. Dans un article relatif à la controverse sur l'interprétation de l'article 13 de la Constitution de 1958, Michel Troper démontre que les membres de la doctrine ne s'en tiennent pas toujours à exposer toutes les interprétations possibles, mais défendent leur interprétation, présentée comme le sens véritable du texte. Puisque les méthodes d'interprétation ne peuvent conduire à un résultat unique, il en conclut que les méthodes confirment la liberté de l'interprète : « La signature des ordonnances », *in Pour une théorie juridique de l'État*, cit., p. 274 et s. (initialement publié dans la revue *Pouvoirs*, 1987, n° 41). Son point de vue est celui de la science du droit : il se veut descriptif. En revanche, la doctrine prend parti sans toujours le reconnaître, mais surtout sans se pencher, à quelques exceptions près, sur les fonctions de la constitution.

2. O. Jouanjan, « Présentation », *Discours sur la méthode juridique*, cit., p. 7.

3. F. Gény, *Méthodes d'interprétation et sources du droit privé positif*, T. 1, Paris, 1919, 2e éd., p. 207.

4. Voir néanmoins J.-L. Bergel, *Méthodologie juridique*, Paris, PUF, coll. Thémis, 2001. Christian Atias voit dans le désintérêt pour la méthode juridique un « *indice de crise* » : dans *Épistémologie juridique*, Paris, PUF, 1985, p. 185.

de la vie politique. Celle-ci se déroule en marge de leurs dispositions. Et c'est ce qui explique la faveur dont jouissent présentement les études de science politique »[1]. Les constitutionnalistes n'ont donc pas entendu donner aux citoyens, grâce à leur travail critique, la possibilité d'un contrôle sur la production du droit constitutionnel[2] et ainsi leur permettre de s'intéresser aux accords politiques dont la constitution peut faire l'objet entre les acteurs politiques[3]. Ce n'est qu'avec le développement de la justice constitutionnelle que l'interprétation constitutionnelle est devenue une question plus attrayante : davantage pour dénoncer le pouvoir d'interprétation du Conseil constitutionnel que pour définir des méthodes d'interprétation spécifiques (ce qui est en soi surprenant puisque les méthodes peuvent être pensées comme un moyen contraignant pour l'interprète). En ce sens, la doctrine a renoncé à sa fonction première qui est de dire selon quels principes la constitution doit être interprétée.

Les rares publications sur les méthodes de l'interprétation constitutionnelle sont en effet marquées par une conception qui assigne au texte constitutionnel une force de limitation donnée d'avance. Toute réponse se trouve dans le texte qui est considéré comme un tout cohérent, complet, logique et sans lacune. La plénitude de sens reconnu à la constitution se fonde sur une logique formelle qui favorise les méthodes développées par les civilistes. On croit que l'interprétation n'est nécessaire qu'en cas d'obscurité du texte[4] et on réfute que l'interprétation soit créatrice du droit[5]. Il s'agit donc d'une doctrine qui reste très largement imprégnée par les préceptes de l'École de l'exégèse[6].

1. G. Burdeau, « Une survivance : la notion de constitution », *in Études offertes à Achille Mestre*, Paris, Sirey, 1956, p. 55.

2. Sauf exception notable, les travaux de René Capitant et notamment sa doctrine selon laquelle le président de la République est responsable devant le peuple : voir travaux cités *supra* note. n° 3 p. 309.

3. En réaction à la conception normative de la constitution et, donc, à contre-courant, les travaux de Pierre Avril ont toutefois ouvert la voie à l'étude de la « constitution réelle » dans le prolongement de ceux de Capitant : sur la pratique constitutionnelle, voir Leçon 1 § 2. Voir aussi les remarques conclusives développées par O. Beaud, « Pour une autre interprétation de l'article 68 de la Constitution », *R.F.D.A.*, 2001, p. 1203.

4. Yann Aguila, maître des requêtes au Conseil d'État, débute sa présentation des méthodes de l'interprétation constitutionnelle en reprenant une distinction traditionnelle, toutefois dépassée grâce aux acquis de l'herméneutique, entre la clarté et l'obscurité du texte à interpréter : « Cinq questions sur l'interprétation constitutionnelle », *R.F.D.C.*, 1995, n° 21, p. 24 et s.

5. F. Luchaire, professeur et ancien membre du Conseil constitutionnel, débute son article en cherchant à nuancer le propos de Gény selon lequel la méthode est un « *instrument d'élaboration du droit* » pour la réduire à « *un instrument de recherche de la norme* » : « De la méthode en droit constitutionnel », *R.D.P.*, 1981, p. 276.

6. O. Beaud, « Pour une autre interprétation de l'article 68 de la Constitution », cit., p. 1188.

Le contexte doctrinal n'est certes pas unifié[1], tout du moins, a-t-il connu des évolutions liées à l'étude notamment comparée du pouvoir d'interprétation du juge constitutionnel[2] (ce qui a déplacé en partie la discussion sur la question de l'applicabilité de la constitution car si le débat est clos sur la valeur constitutionnelle des dispositions les plus imprécises, cela ne signifie pas qu'elles soient toutes d'applicabilité directe pour les juges[3]). C'est pourquoi, à la différence d'Olivier Beaud, la faiblesse de la doctrine française semble moins tenir à sa croyance que tout problème constitutionnel trouverait sa réponse nécessairement dans une disposition de la constitution écrite qu'à son absence ou presque de réflexion sur les fonctions de la constitution. D'ailleurs, Olivier Beaud montre lui-même le chemin à suivre en recherchant la réponse dans la structure de la constitution, c'est-à-dire les principes essentiels dégagés à partir des postulats de la constitution. La controverse peut dès lors se déplacer sur les principes directeurs qui ne sont pas forcément les mêmes d'un auteur à l'autre ou qui ne sont pas interprétés de la même manière : par exemple sur l'interprétation de l'article 68 de la Constitution, les principes constitutionnels en jeu sont, d'une part, le principe démocratique et le principe de la continuité de l'État[4] et, d'autre part, le principe de l'égalité devant la loi[5]. Derrière l'importance accordée à chacun de ces principes, se profilent des conceptions différentes du droit constitutionnel : l'une reposant avant tout sur le sens des institutions et l'autre sur l'État de droit.

---

1. Déjà Henry Nézard prônait de se détacher des méthodes de droit civil pour l'étude du droit constitutionnel : « De la méthode d'enseignement du droit constitutionnel », *in Mélanges Raymond Carré de Malberg*, Liechtenstein-Paris, Topos Verlag AG-Duchemin, 1933, p. 383 et s.

2. M.-C. Ponthoreau, *La reconnaissance des droits non-écrits par les cours constitutionnelles italienne et française. Essai sur le pouvoir créateur du juge constitutionnel*, Paris, Economica, 1994 ; T. Di Manno, *Le juge constitutionnel et la technique des décisions « interprétatives » en France et en Italie,* Paris-Aix, Economica-PUAM, 1997 ; A. Viala, *Les réserves d'interprétation dans la jurisprudence du Conseil constitutionnel*, Paris, LGDJ, 2000 ; C. Behrendt, *Le juge constitutionnel, un législateur-cadre positif*, Bruxelles-Paris, Bruylant-LGDJ, 2006.

3. Pour un éclairage avant la réforme constitutionnelle du 23 août 2008 et l'introduction de la question prioritaire de constitutionnalité (QPC), G. Drago (dir.), *L'application de la constitution par les cours suprêmes,* Paris, Dalloz, 2007. Voir aussi le débat organisé sur la QPC dans le 1er numéro de la nouvelle revue de droit constitutionnel appliqué : *Constitutions*, 2010.

4. O. Beaud, « Pour une autre interprétation de l'article 68 de la Constitution », cit., p. 1203.

5. O. Jouanjan, P. Wachsmann, « La Cour de cassation, le Conseil constitutionnel et le statut pénal du chef de l'État. À propos de l'arrêt rendu par l'Assemblée plénière de la Cour de cassation le 10 octobre 2001 », *R.F.DA.*, 2001, p. 1180 et s.

§ 3. Les différentes formes du constitutionnalisme

Une vue d'ensemble du constitutionnalisme et de ses catégories contemporaines fait sans doute défaut. Elle semble encore bien partielle[1]. Une chose est certaine : le constitutionnalisme change à l'ère globale, mais la direction du changement est oscillante et reste ouverte[2]. Des contours apparaissent cependant de manière suffisamment claire pour avancer que le constitutionnalisme de type occidental et libéral n'est pas celui qui correspond à toutes les expériences constitutionnelles déployées à travers le monde. Une vision différenciée du constitutionnalisme semble plus appropriée et plus à même de rendre compte des pratiques sans oublier la logique de limitation du pouvoir qui fonde la doctrine du constitutionnalisme, sous peine de tomber dans un relativisme sans fond. On observera que, selon la discipline d'où l'on parle (droit international, droit européen ou droit constitutionnel), les discours et terminologies ne sont pas identiques. Ici, seuls les discours produits par les constitutionnalistes font l'objet d'un examen (malgré l'enchevêtrement avec le constitutionnalisme international). Les discours formulés dans le cadre régional européen seront exposés dans les développements successifs qui mettent en tension la congruence entre État et constitution (Leçon 11 § 3). Plusieurs formes sont examinées en partant du constitutionnalisme libéral.

A. Le constitutionnalisme libéral

La constitution organise et limite les pouvoirs publics de l'État. Les différentes formes d'État rendent compte de la diversité des structures politiques à laquelle la constitution peut être associée. La limitation du pouvoir politique peut donc être pensée à la fois de manière horizontale (forme de gouvernement) et de manière verticale (forme d'État). Ces manières de limiter le pouvoir sont mises à mal par des organisations supra-étatiques telles que l'Union européenne. Pour penser une « constitution globale », la définition traditionnelle du constitutionnalisme (dans sa vision stato-centrée) qui présuppose notamment une communauté politique et un pouvoir constituant, éléments absents dans l'ordre international, est dépassée pour promouvoir un constitutionnalisme dit le plus souvent « global » ou encore « post-étatique » ou « post-westphalien ».

---

1. On partage l'idée émise par Mark Tushnet selon laquelle « *une taxonomie plus riche des différentes formes de constitutionnalisme pourrait être utile* » : M. Tushnet, « Varieties of Constitutionalism », *I-CON*, vol. 14, 1/2016, p. 2.

2. P. Dobner, M. Loughlin, « Introduction », dans P. Dobner, M. Loughlin (dir.), *The Twilight of Constitutionalism?*, Oxford, Oxford University Press, 2010, p. XVI.

1) Retour sur les piliers du constitutionnalisme moderne

Si le concept de constitutionnalisme n'est pas moins polysémique que celui de constitution, la question centrale que le constitutionnalisme pose est plutôt claire. Le cœur de la doctrine du constitutionnalisme s'intéresse non pas à qui doit gouverner, mais à comment doit-on gouverner. C'est en effet une doctrine porteuse d'une idée essentielle et ancienne de la philosophie politique : la promotion du gouvernement limité. Dans son acceptation la plus large, cette doctrine décrit « *la technique consistant à établir et à maintenir des freins effectifs à l'action politique et étatique* »[1]. Constitutionnalisme et libéralisme sont donc étroitement liés. Le constitutionnalisme moderne est né des révolutions américaine et française et s'est développé avec l'essor du libéralisme politique. Cette doctrine libérale apparaît en revanche comme un frein pour la théorie démocratique car elle limite la souveraineté populaire susceptible de se tromper. La confusion avec la constitution vient du fait que le constitutionnalisme vise plus précisément et plus strictement à protéger la liberté individuelle au moyen de la constitution. Parmi les techniques constitutionnelles prévues dans le texte fondamental, le *judicial review* (origine américaine) et la justice constitutionnelle (version européenne) sont sans aucun doute ceux qui ont connu le plus grand succès en assurant le respect de la constitution par un juge (voir Leçon 10 § 1). Ce pilier du constitutionnalisme moderne a été examiné en étudiant la fonction normative de la constitution. Il est en effet fondamental puisqu'il a permis de donner corps au constitutionnalisme notamment en marginalisant le filon anglais avec sa forme coutumière[2]. D'autres techniques méritent d'être rappelées comme éléments d'une ingénierie constitutionnelle poursuivant l'objectif de limiter toutes formes de concentration du pouvoir et de protéger la constitution nationale : la procédure de révision constitutionnelle (voir aussi Leçon 10 § 1) et la division du pouvoir politique (voir sur la forme d'État, Leçon 11 § 2).

L'objectif des révolutionnaires américains et français du XVIIIe siècle a été d'encadrer l'exercice du pouvoir politique par une constitution dont la forme écrite est accessible à tous. Cet objectif était sans doute plus ambitieux mais la trace s'est perdue. L'article 16 de la Déclaration des droits de l'homme et du citoyen de 1789 en témoigne toutefois : « *Toute société dans laquelle la garantie des droits n'est pas assurée, ni la séparation des pouvoirs déterminée, n'a point de constitution* ». Rappelons qu'il pose les conditions d'une bonne organisation de la société et non pas uniquement l'agencement des institutions politiques et la fixation de leurs compétences. Autrement dit, la version

1. C.J. Friedrich, cité par O. Beaud, « Constitution et constitutionnalisme », *in Dictionnaire de philosophie politique*, S. Rials et P. Raynaud (dir.), Paris, PUF, 1996, p. 118.

2. À propos des différentes traditions, notamment anglaise du constitutionnalisme moderne, O. Beaud, « Constitution et constitutionnalisme », cit., p. 117 et s.

moderne du constitutionnalisme visait aussi à organiser les rapports sociaux. Originellement, écrire la constitution ne signifiait pas exclusivement encadrer le pouvoir politique, mais aussi « *renouveler* » ou « *prolonger le contrat social* »[1]. Ainsi, « *aux yeux des premiers promoteurs du constitutionnalisme, l'existence politique est moins l'expression de l'autonomie des individus que l'œuvre de la société elle-même [...]. L'effacement de l'individu devant l'intérêt général est la condition nécessaire de la jouissance des bienfaits de la société* »[2]. La logique contractuelle s'est toutefois effacée au bénéfice de la logique démocratique portée par la Révolution américaine qui se traduit par la fondation du pouvoir de gouvernement et la fixation de ses conditions d'exercice. Il est important de garder à l'esprit que des premières expériences constitutionnelles résultent l'idée que tout ne dépend pas de la technique d'organisation et limitation du pouvoir. Hayek le résume parfaitement : « [L]*e constitutionnalisme signifie que tout pouvoir repose sur la certitude qu'il sera exercé selon les principes communément admis et que les personnes auxquelles le pouvoir sera conféré seront choisies parce qu'on pensera qu'elles sont vraisemblablement les plus aptes à faire ce qu'il faut et non pas parce qu'on pensera que tout ce qu'elles feront sera bien. Il repose en dernier ressort sur l'idée que le pouvoir n'est finalement pas un fait physique mais un état de l'opinion qui fait que les gens obéissent* »[3]. Le constitutionnalisme n'est donc pas uniquement un ensemble de techniques mais aussi l'expression d'une adhésion à des principes stables porteuse d'une culture constitutionnelle. Karl Loewenstein y voit un « *attachement émotionnel* » à la constitution[4]. Cet attachement puise d'ailleurs dans certaines dispositions spécifiques de la constitution telles que les articles relatifs aux symboles ou encore le préambule[5] (voir *supra*, sur les fonctions de la constitution).

Cette préoccupation d'encadrement du pouvoir au profit d'une préservation des libertés est au cœur du constitutionnalisme. Après la seconde guerre mondiale, le modèle américain de constitution normative (ou juridique) s'est très largement diffusé avec le développement de la justice constitutionnelle et la promotion de l'idéologie des droits de l'homme. Cette forte progression a cependant mis de côté la dimension collective de l'entreprise constitutionnelle : les constitutions exprimant plutôt un catalogue de droits subjectifs individuels qu'une promesse sociale fondatrice. C'est toutefois cette promesse

1. J. Hummel, *Essai sur la destinée de l'art constitutionnel*, Paris, Michel Houdiard Éditeur, 2010, p. 52.
2. *Ibid.*, p. 53.
3. F. Hayek, *La constitution de la liberté*, (trad. Chicago, 1960), Paris, Litec, 1994, p. 180.
4. K. Loewenstein, « Réflexions sur la valeur des Constitutions dans une époque révolutionnaire. Esquisse d'une ontologie des Constitutions », *Revue française de science politique*, 1952, n° 1, p. 15.
5. P. Häberle, *L'État constitutionnel*, cit., p. 101.

que le constitutionnalisme de transformation tente de réaliser (voir ci-dessous). Au cours du XIXe siècle, la dimension sociale de la constitution formelle a déjà été fortement discutée par les auteurs socialistes ou marxistes tels que Proudhon ou Saint-Simon. La distinction entre constitution sociale et constitution politique défendue par Hauriou a été évoquée précédemment (voir Leçon 10 § 1). Néanmoins, on peut penser avec J. Freund l'impossibilité d'opposer société et politique et donc que la dualité entre la dimension sociale et la dimension politique de la constitution est « *artificielle, car la société n'est ni neutre ni une entité pour soi : elle est ce que les hommes en font* »[1]. Le constitutionnalisme porteur d'une vision de la constitution comme instrument de transformation de la société réconcilie constitution politique et constitution sociale : des institutions politiques au service de certaines fins sociales. Ce constitutionalisme est une vision alternative au constitutionnalisme global qui s'est déployé depuis la chute du Mur de Berlin.

2) Le constitutionnalisme global[2]

La perspective globale correspond avant tout à un discours doctrinal ou, plus exactement, à des discours. Autrement dit, la doctrine cherche par son travail de conceptualisation à rendre compte et à comprendre des nouveautés liées au phénomène global. Sans doute existe-t-il « quelque chose » qu'il convient de nommer. La représentation de cette chose n'épuise toutefois pas la réalité. Ce phénomène renvoie à des processus qui interdisent toute réponse définitive car, comme souligné précédemment (Leçon 5 § 1), il est à la fois envahissant et pluriel. Les juristes (au-delà des constitutionnalistes) sont sans doute mal outillés, peut-être aussi insuffisamment imaginatifs[3], pour l'appréhender et pour l'expliquer en raison du prisme du nationalisme méthodologique. Les catégories de l'État national ont en effet structuré et, indéniablement, structurent encore en grande partie notre compréhension sociale et spatiale du monde[4]. Il est (presque) inévitable que se produise dans les différents discours qui cherchent à en donner une représentation une oscillation entre les caractères prescriptif et descriptif. Lorsque l'on aborde le constitutionnalisme dans une perspective globale, la difficulté est de surcroît amplifiée, puisque le constitutionnalisme, lui aussi, se présente comme un concept aux différentes

1. Cité par J. Hummel, *op. cit.*, p. 87.
2. M.-C. Ponthoreau, « *Global Constitutionalism*, un discours doctrinal homogénéisant. L'apport du comparatisme critique », *Jus Politicum* n° 19, 2018 : http://juspoliticum.com/article/Global-Constitutionalism-un-discours-doctrinal-homogeneisant-L-apport-du-comparatisme-critique-1199.html
3. N. Krisch, *Beyond Constitutionalism. The Pluralist Structure of Postnational Law*, Oxford, Oxford University Press, 2010, p. 27.
4. M.-C. Ponthoreau, « La métaphore géographique. Les frontières du droit constitutionnel dans un monde globalisé », *R.I.D.C.*, 3, 2016, p. 611.

couches, un concentré de significations lié à plusieurs traditions (Grande-Bretagne, États-Unis et France).

Certains constitutionnalistes, consciemment ou inconsciemment, ont ainsi forcé le trait. Aussi Mark Tushnet[1] présente-t-il la globalisation du droit constitutionnel comme « inévitable ». Pour lui, la globalisation du droit constitutionnel correspond à la convergence des systèmes constitutionnels en raison de leurs structures institutionnelles et de la garantie des droits et libertés. Elle reposerait principalement sur une série d'éléments liés aux processus formels (traités ou conventions relatifs aux droits de l'homme, institutions internationales ou/et européennes telles que la Commission de Venise ou l'Institut international pour la démocratie et l'assistance électorale) et informels (les échanges entre juges constitutionnels, les réseaux d'ONG) de l'internationalisation du droit et de la globalisation économique. Les constitutionnalistes comparatistes ont repris à leur compte l'expression de « constitutionnalisme global » pour souligner en particulier la convergence des droits reconnus dans les catalogues constitutionnels[2]. Vers la fin des années 1990, déjà, Bruce Ackerman[3], tandis qu'il s'inscrivait jusqu'alors dans une approche traditionnelle du droit américain repliée sur elle-même, avait prôné une démarche différente pour penser l'expérience nationale et privilégier une étude comparative puisque aussi bien la constitution écrite que le *judicial review* s'étaient largement diffusés. Finalement, les droits constitutionnels s'alignaient sur le modèle américain : après la seconde guerre mondiale, le contrôle de constitutionnalité est devenu une donnée fondamentale consolidée au cours des décennies suivantes au sein des systèmes constitutionnels européens, notamment allemand et italien et au-delà de l'Europe (Canada, Inde, Israël). Des pratiques en cours de consolidation comme en France et en Espagne sont également visées par Bruce Ackerman. Au même moment, s'est ouvert au sein de la Cour suprême des États-Unis un échange sur le recours au droit étranger ou, plus précisément, à des solutions constitutionnelles étrangères pour interpréter la Constitution. Il s'agit de l'arrêt *Printz v. United States* (1997) dans lequel les *Justices* Breyer et Scalia opposèrent leur point de vue sur cette méthode. Cette controverse déjà évoquée (Leçon 6 § 2) au sein de la pensée constitutionnelle américaine nourrit l'importante querelle méthodologique sur l'interprétation constitutionnelle. Avec une procédure d'amendement constitutionnel difficile à mettre en œuvre, la Cour suprême est régulièrement sollicitée pour adapter par son interprétation la Constitution. Dans son écrit, Bruce

1. M. Tushnet, « The Inevitable Globalization of Constitutional Law », *Harvard Law School Public Law & Legal Theory Working Paper Series*, n° 09-06, 2009, consultable en ligne : http://ssrn.com/abstract=1317766.

2. D.S. Law, M. Versteeg, « The Evolution and Ideology of Global Constitutionalism », *California Law Review*, n° 99, 2011, p. 1162.

3. B. Ackerman, « The Rise of World Constitutionalism » 83, *Virginia Law Review*, 1997, p. 771.

Ackerman évoquait le manque d'intérêt des juges américains pour le droit étranger. Cet article peut être qualifié de séminal : si le grand constitutionnaliste constatait que la globalisation n'avait pas encore eu « *le moindre impact sur la pensée constitutionnelle américaine* », depuis lors la controverse au sein de la Cour suprême des États-Unis a servi de caisse de résonnance[1] et les travaux académiques se sont multipliés, tout particulièrement dans une perspective comparée (voir Leçon 2 § 3).

Les textes internationaux consacrés aux droits de l'homme (en particulier, la Déclaration universelle des droits de l'homme de 1948 et les conventions interaméricaines sur les droits de l'homme 1969-1978) et la production intensive de constitutions écrites à travers le monde à partir de la fin des années 1980 sont autant d'éléments qui ont contribué, chacun à leur manière, à ce renouveau. Au sein des constitutions nationales, la référence aux textes internationaux relatifs aux droits de l'homme a même été quantifiée : sur un échantillon de 283 constitutions écrites depuis 1945, quatre-vingt s'y réfèrent[2]. En particulier, les exigences relatives aux droits de l'homme et à la démocratie pluraliste formulées par certaines organisations internationales telles que la Banque mondiale sont interprétées comme le développement d'un constitutionnalisme global et les travaux de certains internationalistes américains ont servi le comparatisme au-delà d'une utilisation interne par le juge[3]. Dans ce contexte mondialisé, l'observateur académique constate la migration des idées constitutionnelles[4]. Si l'idée d'un effacement des frontières s'impose dans le discours global, y contribuent beaucoup la diffusion des droits de l'homme et surtout les dispositifs visant à les rendre effectifs. Depuis la création de la Cour européenne des droits de l'homme, c'est un phénomène qui s'est intensifié de manière à lutter contre les crimes les plus odieux commis contre l'humanité.

Anne-Marie Slaughter est précisément celle qui a saisi le plus rapidement la nouveauté des interactions entre les systèmes juridiques nationaux et internationaux. Elle est sortie de la vision traditionnelle.

---

1. Après l'affaire *Printz* (1997), il convient de rappeler un autre arrêt : dans l'affaire *Lawrence* v. *Texas*, 539 US 558 (2003), la Cour suprême des États-Unis a eu recours pour la première fois à un précédent étranger (soit une décision de la Cour européenne des droits de l'homme) pour justifier un revirement jurisprudentiel relativement à l'interprétation d'une disposition constitutionnelle. La controverse entre Scalia et Breyer n'a pas été éteinte : voir aussi *Roper v. Simons*, 543 US 551 (2005). *Justice* Scalia est désormais décédé (2016). *Justice* Breyer continue à promouvoir sa vision universaliste et américaine du droit constitutionnel : S. Breyer, *La Cour suprême, le droit américain et le monde*, (trad.) Paris, O. Jacob, 2015.

2. T. Ginsburg *et al.*, « Commitment and Diffusion: How and Why National Constitutions Incorporate International Law », *U. Ill. L. Rev.*, 2008, p. 207-208.

3. Voir en particulier les travaux menés par A.-M. Slaughter, notamment son ouvrage de synthèse, *A New World Order*, Princeton, Princeton University Press, 2004.

4. S. Choudhry (dir.), *The Migration of Constitutional Ideas*, Cambridge, Cambridge University Press, 2006.

En appréhendant le phénomène en partant de l'ordre interne ou bien de l'ordre juridique international, le thème de l'internationalisation est un problème de hiérarchie des normes. En revanche, en envisageant la perméabilité des systèmes juridiques non seulement aux règles de droit international, mais aussi de droit étranger, la représentation proposée va au-delà des conceptions moniste ou dualiste des rapports entre droit international et droit national et permet d'imposer comme clé de lecture un nouveau modèle, celui de la « *globalisation juridictionnelle*[1] ». Le phénomène de la citation des solutions jurisprudentielles étrangères et internationales (souvent indifférenciées dans le discours doctrinal) est, dès lors, généralement, analysé comme la marque d'un rapprochement, voire d'un dépassement des frontières juridiques nationales par la constitution d'une communauté de juges à travers le monde[2]. Le discours sur le constitutionnalisme global est aussi ancré dans le discours de la convergence des droits européens qui s'appuie sur la diffusion des droits de l'homme et l'intégration européenne. Pour les trois ténors du constitutionnalisme global, l'expérience européenne est exemplaire et mérite d'être traitée comme première expression de la globalisation. L'article « Judicial Globalization » précité et rédigé par Anne-Marie Slaughter est, à ce titre, topique du rôle reconnu aux cours européennes. La démarche matérielle repose sur la « *langue des droits*[3] » qui s'identifie, avant tout, à celle pratiquée par les juges et les cours : le discours de la convergence trouve précisément appui dans cette pratique souvent représentée comme un « dialogue des juges » (voir Leçon 6 § 2).

L'analyse proposée laisse le volet institutionnel dans l'ombre excepté, tout de même, l'aspect juridictionnel, en raison de la place majeure des juges et de ses conséquences sur le principe de la séparation des pouvoirs. Ce volet est plus exactement traité par les internationalistes[4] en termes de « gouvernance » dont la promotion est assurée par la Banque mondiale et les institutions onusiennes depuis la fin des années 1980. Si la question donne l'impression d'être évacuée, c'est sans doute parce qu'elle est susceptible de soulever des difficultés auxquelles la théorie constitutionnelle n'apporte que difficilement des réponses. En effet, comment ne pas voir que le pouvoir a migré en dehors des constitutions nationales lorsque la décision politique est prise en dehors de l'État et

---

1. A.-M. Slaughter, « Judicial Globalization », *Va. J. Int'l L.*, vol. 40, 2000, p. 1103. Voir aussi son article pionnier, A.-M. Slaughter, « A Typology of Transjudicial Communication », *University of Richmond Law Review*, vol. 29, 1994, p. 99.

2. A.-M. Slaughter, « A Global Community of Courts », *Harv. Int'l L. J.*, vol. 44, 2003, p. 191.

3. E. Garcia De Enterria, *La lengua de los derechos*, Madrid, Alianza, 1994.

4. P. Alston, « The Myopia of the Handmaidens: International Lawyers and Globalization », *E.J.I.L.*, 1997, p. 135 qui appelle à y réfléchir sans perdre de temps, en particulier, sur le rôle accru des acteurs privés, le besoin d'État et de nouveaux principes (transparence, participation et *accountability*).

de ses institutions (en particulier en matière financière et même monétaire dans le cadre de l'Union européenne[1]) ? Observée de l'intérieur des démocraties, la reformulation de cette question devient la suivante : les constitutions nationales sont-elles encore en mesure d'exercer leur fonction de limitation alors que le pouvoir a migré ? Les juges cherchent à y répondre en particulier dans le cadre européen où les constitutions européennes ont vu s'accumuler au-dessus d'elles un ensemble de règles et de principes du droit de l'Union et leur fonction normative s'effriter (voir Leçon 11 § 2). Les juges sont des acteurs centraux du constitutionnalisme dans ses formes contemporaines. La forme alternative du constitutionnalisme dit le plus souvent en langue française « transformateur », voire « transformatif »[2], le confirme.

B. Le constitutionnalisme de transformation

Plusieurs dénominations ont été employées pour nommer ce constitutionnalisme en provenance du Sud. Les indéterminations prennent en grande partie leur source dans l'imbrication du descriptif et du prescriptif[3] qui caractérise, sans surprise, ce concept et ses formes concurrentes : le « *nouveau constitutionnalisme* »[4], le « *néo-constitutionnalisme* »[5]. Les constitutions transformatrices du Sud

1. Voir G. Grasso, *Il costituzionalismo della crisi. Un studio sui limite del potere e sua legitimazione al tempo della globalizzazione*, Editoriale Scientifica, Naples, 2012, p. 20-23.

2. Nous avons choisi de le qualifier « de transformation » pour transcender les appellations françaises qui sont plutôt des traductions de l'anglais ou de l'espagnol et de manière à insister sur le projet que représente le choix ou mieux l'idéal poursuivi par les rédacteurs de la constitution.

3. J. Fowkes le définit comme un « *aspirational concept* » : autrement dit un concept à la fois ambitieux et politique. Voir J. Fowkes, « Transformative Constitutionalism and the Global South: The View From South Africa », in *Transformative Constitutionalism in Latine America, op. cit.* Disponible en ligne à l'adresse : https://papers.ssrn.com/sol3/papers.cfm?abstract_id=2847579

4. Le nouveau constitutionnalisme est utilisé par de nombreux auteurs (au passage, comment évaluer la nouveauté ?) aussi bien dans le contexte latino-américain qu'au-delà : il repose principalement sur la place centrale occupée par les juges dans les systèmes constitutionnels et les rapports de systèmes (nationaux et supranationaux). Voir notamment T. Gyorfi, Against the New Constitutionalism, Cheltenham, E. Elgar, 2016.

5. On peut ici offrir une riche bibliographie en langue espagnole et italienne qui est le signe de la prise en compte des expériences latino-américaines. Le néo-constitutionnalisme renvoie non seulement à un renouveau du droit constitutionnel par l'action des cours constitutionnelles, mais aussi à une théorie du droit. On signalera en particulier les travaux suivants : M. Barberis, *Stato costituzionale. Sul nuovo costituzionalismo*, Modène, Mucchi, 2012 ; M. Barberis, « El neoconstitucionalismo. Third Theory of Law », *in* S. Pozzolo (dir.), *Neoconstitucionalismo. Derecho y derechos*, Lima, Palestra, 2011, p. 250. En français, voir E. Millard, « Sur le caractère pré-moderne du néo-constitutionnalisme latino-américain », *in* O. Cayla, J.-L. Halpérin (dir.), *Néo ou rétro constitutionnalismes ? Mises en perspective de la démocratie constitutionnelle contemporaine*, Paris, Mare & Martin, 2018, p. 211 et s.

telles que la Constitution indienne de 1949 ou celle du Brésil de 1988 ou encore celle de 1996 en Afrique du Sud tentent de combler dans un contexte post-colonial le décalage entre un projet constitutionnel volontaire (voire imaginaire) et une réalité qui placent les constitutions dans une impasse en ne parvenant pas à limiter les effets de la globalisation et de l'idéologie néo-libérale qui l'accompagnent.

Les fluctuations, d'abord, viennent des expériences constitutionnelles à prendre en compte. Faut-il regarder au-delà de l'Afrique du Sud et de l'Amérique du Sud, notamment l'Inde[1] ? Quels pays de l'Amérique latine ? Quels liens entre les expériences sud-africaine et latino-américaine ? Si le « *transformative constitutionalism* » évoque principalement les expériences de l'Afrique du Sud et de plusieurs pays d'Amérique latine[2], le terme a été introduit pour la première fois en 1997 par un universitaire américain à propos de la seule expérience sud-africaine[3]. Ce n'est qu'à partir des années 2010 que les cas latino-américain et sud-africain ont été en particulier rapprochés[4].

À l'ère globale, le regard se détourne du Nord où est né le constitutionnalisme pour scruter le Sud afin d'y voir comment il s'y acclimate et interroger les interactions entre les différents Sud(s). Dès lors, ne faudrait-il pas plutôt débattre d'un « constitutionnalisme du Sud » à opposer à un « constitutionnalisme du Nord » ? Ainsi se profilerait moins une catégorie épistémique que géographique. Même si la

1. La question mérite d'être posée car le « *transformative constitutionalism* » semble plus le résultat de la jurisprudence de la Cour suprême indienne. Par son activisme jurisprudentiel, la Cour a en effet mis en œuvre les principes directeurs des politiques étatiques qui sont des objectifs à valeur constitutionnelle donnant au législateur les moyens de transformer la société dans un but de justice économique et sociale. Voir A. Vergnes, *Les droits économiques et sociaux dans le système constitutionnel indien*, Mémoire de Master 2 Droit public approfondi, Université de Bordeaux, 2019-2020. Sur les principes directeurs, T. Khaitan, « Directive principles and the expressive accommodations of ideological dissenters », 16 *I-CON*, 2018, p. 389 et s.

2. G. Bercovici offre une vision plus large : « *Le mouvement des constitutions transformatrices commence au début du XXe siècle avec la Constitution de l'Inde de 1949 et s'étend sur des pays de différentes cultures, comme l'Afrique du Sud, le Brésil, le Portugal et l'Espagne, mais qui possèdent un caractère commun : la position périphérique dans l'économie mondiale* », dans « La Constitution brésilienne de 1988. Les constitutions transformatrices et le nouveau constitutionnalisme latino-américain », *in Le constitutionnalisme latino-américain aujourd'hui – Entre renouveau juridique et essor démocratique*, *op. cit.*, p. 117.

3. K.E. Klare, « Legal Culture and Transformative Constitutionalism », *South African Journal on Human Rights*, vol. 14, 1998, p. 146.

4. D. Bonilla Maldonado (dir.), *Constitutionalism of Global South: The Activist Tribunals of India, South Africa band Colombia*, Cambridge, Cambridge University Press, 2013 ; O. Vilhena, U. Baxi, F. Viljoen (dir.), *Transformative Constitutionalism: Comparing the Apex Courts of Brazil, India and South Africa*, Pretoria, Pretoria University Law Press, 2013 ; A. Von Bogdandy *et al.*, « Ius Constitutionale Commune en America Latina: A Regional Approach to Transformative Constitutionalism », in *Transformative Constitutionalism in Latine America: The Emergence of a New Ius Commune*, Oxford, Oxford University Press, 2017 ; R. Albert *et al.* (dir.), *Constitutional Change and Transformation in Latin America*, Oxford, Hart, 2019.

géographie sert à agglomérer des expériences partageant une réalité politique et sociale, les fluctuations proviennent aussi des traits saillants à reconnaître (volet prescriptif) au constitutionnalisme de transformation. La catégorie s'affirme épistémique dès lors que l'on cherche à mettre à nu les critères d'identification sans prendre en compte la pratique constitutionnelle spécifique de ces pays (bien qu'elle ait le plus souvent influencé ladite catégorie) : d'un côté, la volonté d'un changement socio-politique par l'élaboration d'un riche catalogue constitutionnel de droits y compris économiques, sociaux, culturels de manière à réaliser la justice sociale et, de l'autre, la promotion de nouveaux acteurs de la démocratie, principalement le pouvoir juridictionnel, et des mécanismes de participation directe pour remettre le peuple au cœur des nouvelles institutions. Le promoteur de la nouvelle formule, K. Klare, propose la définition suivante : « *Par* transformative constitutionalism, *j'entends un projet à long terme de promulgation, d'interprétation et d'application de la constitution visant [...] à transformer les institutions politiques et sociales et les relations de pouvoir d'un pays dans une direction démocratique, participative et égalitaire* »[1].

Depuis la fin de l'apartheid, le débat en Afrique du Sud a été riche. De nombreux universitaires ont tenté de donner la définition de cette forme de constitutionnalisme même si selon le défunt *Chief Justice* de la Cour constitutionnelle sud-africaine, Pius Langa, « *il n'existe pas de définition unique, acceptée et stable du* transformative constitutionalism, *car le mot "transformation" a en soi des caractéristiques changeantes* »[2]. Cependant, il ressort du débat que le constitutionnalisme de transformation a pour but de surmonter les discriminations et les désavantages passés subis par les Sud-Africains sur la base de la race, du sexe, de la couleur, etc. et qui, en même temps, offre des droits et une protection égaux à tous[3]. Cette caractéristique du constitutionnalisme de transformation est explicitement exprimée dans l'épilogue de la Constitution intérimaire de 1993 et le préambule de la Constitution de 1996 (sur le processus de transition en Afrique du Sud et les deux constitutions, voir Leçon 10 § 1). L'objectif affiché est la transformation de la société, en évoluant d'une société où la discrimination et l'inégalité sont profondément ancrées à une nouvelle société fondée sur l'égalité, la démocratie, la justice sociale, la dignité et la liberté. Pour créer la nouvelle société fondée sur l'égalité réelle, il faut donc un changement radical de l'État et de la société. Cela suppose la redistribution du pouvoir et des ressources

1. *Op. cit.*, p. 150.
2. P. Langa, « Transformative Constitutionalism » 17, *Stellenbosch Law Review*, 2006, p. 351.
3. M. Pieterse, « What do we mean when we talk about transformative constitutionalism? » 20, *Southern African Public Law*, 2005, p. 155.

ainsi que le démantèlement en particulier de l'inégalité économique. Cela suppose également l'autonomisation des personnes vulnérables et défavorisées qui ont souffert de discriminations dans le passé. L'égalité matérielle ne peut être atteinte sans améliorer la condition socio-économique des groupes socialement vulnérables. C'est pourquoi l'égalité d'accès aux droits sociaux et économiques devait être facilitée par des mesures correctives visant à améliorer la situation des personnes défavorisées au cours de la période de l'apartheid. Ainsi, la réalisation de l'égalité matérielle n'est pas seulement spécifiée dans la Constitution comme un droit, mais aussi comme une valeur que la République démocratique d'Afrique du Sud a fondée. La section 9 de la Constitution indique que l'établissement de l'égalité matérielle est un objectif essentiel de la transformation. La section 9(2) reconnaît les droits de l'égalité à la lumière de l'égalité matérielle plutôt que de l'égalité formelle. Elle garantit l'égalité des droits et des libertés pour tous et comprend des mesures d'action positive et d'autres types de réparation matérielle pour les personnes qui ont souffert de discriminations et de désavantages. Le préambule de la Constitution de 1996 proclame la protection des droits socio-économiques pour tous les Sud-Africains ainsi que des droits civils et politiques. En outre, la Constitution impose à l'État l'obligation de protéger les droits socio-économiques tels que le droit à l'éducation pour tous, le droit de ne pas se voir refuser un traitement médical d'urgence et le droit des enfants à une alimentation de base, à un logement, à un service de soins de santé de base et à un service social. Enfin, il convient de souligner que traditionnellement, les relations entre les personnes privées ne sont pas régies par le droit constitutionnel. Mais comme la plupart des discriminations et des inégalités émanaient de relations privées, comme les relations entre travailleurs et employeurs, la Constitution sud-africaine prévoit que les « sphères privées » soient régies par le droit constitutionnel et soumises à la conformité avec les normes et valeurs des droits et libertés prévus par la Constitution. La section 9(4) de la Constitution interdit explicitement aux parties privées de se livrer à la discrimination et le gouvernement est également tenu de promulguer une législation qui interdit de tels actes. L'interférence du droit constitutionnel dans la sphère privée est affirmée par la section 8(2) et (3) de la Constitution. La transformation envisagée est bien sur le « *long terme* »[1], voire même « *permanente* » car il s'agit, selon Pius Langa, d'un monde nouveau dans lequel « *un espace de dialogue et de contestation est réellement possible* »[2].

Cette forme de constitutionnalisme vise à reconnecter constitution politique et constitution sociale. De manière spécifique, la

1. K.E. Klare, *op. cit.*, p. 146.
2. *Op. cit.*, p. 354.

version latino-américaine a développé un populisme constitutionnel qui a contribué à « *l'émergence d'un État social autrefois inexistant, produisant de nouveaux équilibres sociaux* »[1]. À l'intérieur du constitutionnalisme du XXe siècle, cette doctrine exprime en effet une spécificité dans sa façon de reconnaître les droits sociaux et d'institutionnaliser des politiques sociales en habilitant par la constitution une intervention économique de l'État. Carlos M. Herrera précise que l'on peut « *parler d'un populisme constitutionnel comme modalité historique de l'adoption des normes à contenu social dans les Constitutions latino-américaines à partir des années 1930* » et qu'il produit « *des ébranlements plus important* [que le constitutionnalisme social] *dans les structures sociales, surtout dans la redistribution des biens* »[2]. Le populisme constitutionnel partage avec le constitutionnalisme social « *l'idée que la constitution est un instrument de changement plutôt que de garantie des droits "préexistants"* »[3]. Cette idée s'est propagée dans une autre version à partir des années 1990 avec les nouvelles constitutions d'Amérique latine. La notion d'« État de droit social » déjà présente dans la Constitution espagnole de 1978 empruntée à la tradition et à la jurisprudence constitutionnelle allemande a migré vers les Amériques[4]. Par la migration, a été intégré l'apport de la garantie assurée par le juge constitutionnel. Surtout, ce processus de migration s'est réapproprié l'emprunt : une cour constitutionnelle, en particulier la Cour colombienne, a ainsi développé une jurisprudence favorable à l'effectivité des droits sociaux (alors que la Cour de Karlsruhe laisse le législateur concrétiser le principe d'État social). De nouveaux concepts (notamment en reconnaissant des droits à la nature, la notion de « bien vivre » qui vise à réconcilier les individus, les communautés et la nature désignée comme la *Pachamama*[5]) et innovations constitutionnelles (liées à la démocratie

1. C. M. Herrera, « Constitutionnalisme social et populisme constitutionnel », *in Le constitutionnalisme latino-américain aujourd'hui – Entre renouveau juridique et essor démocratique ?*, Paris, éditions Kimé, 2015, p. 83 et s.

2. *Ibid.*, p. 98.

3. *Idem.*

4. Elle a aussi migré vers l'Afrique du Sud : voir Leçon 6 § 2 sur les emprunts constitutionnels. Cela explique désormais l'intérêt des constitutionnalistes allemands pour le constitutionnalisme de transformation. Certains n'y voient aucune spécificité, mais un démembrement du constitutionnalisme libéral, implanté au Sud : voir M. Hailbronner, « Transformative Constitutionalism: Not Only in the Global South » 65, *American Journal of Comparative Law*, 2017, p. 541 et s.

5. La notion de « *vivir bien* » ou « *buen vivir* » est présente dans la Constitution bolivienne de 2009 (droits du *buen vivir* énoncés des articles 12 à 34 notamment le droit à l'eau et à l'alimentation, le droit à la santé, droit à l'éducation...) et celle de l'Équateur de 2008 (article 10 reconnaissant des droits à la nature et l'article 71 spécifiant ces droits au respect à la restauration pour la *Pachamama*). Sur cette notion dans le contexte latino-américain, V. Audubert, « La notion de *Vivir Bien* en Bolivie et en Équateur », *Cahier des Amériques Latines*, 2017, p. 91 et s. Disponible en ligne : https://journals.openedition.org/cal/8287

participative) sont apparus dans une structure sociale peu changée et marquée par des pratiques de corruption et de fortes inégalités sociales dans un contexte postcolonial.

Exception faite de la jurisprudence ambitieuse de la Cour constitutionnelle colombienne, un certain scepticisme peut être formulé et on peut craindre que « *les énoncés constitutionnels peinent à dépasser le statut de modèles (hétérogènes) pour se réaliser dans les faits et offrir une raison de croire en leur viabilité et leur modernité* »[1]. Tout laisse à penser que le processus constituant prévu au Chili et consécutif au référendum du 25 octobre 2020 par lequel une large partie des votants s'est exprimée en faveur d'une nouvelle constitution (78,27 %) et pour l'élection d'une assemblée constituante au suffrage universel direct (78,99 %), sera l'occasion de raviver ce débat (les élections de la constituante ont été repoussées à cause de l'épidémie du coronavirus en mai 2021). Né en octobre 2019 d'un mouvement populaire, suite à la décision du gouvernement chilien d'augmenter le prix du ticket de métro, l'écriture d'une nouvelle constitution est présentée par de nombreux commentateurs comme un changement de paradigme dans la manière dont le pouvoir politique a été jusqu'à présent exercé sur le continent latino-américain (notamment la récurrente question de la non-limitation des mandats présidentiels) et, dans le contexte spécifiquement chilien, il s'agit aussi de consacrer des droits sociaux absents de la Constitution de 1980, héritée de la période Pinochet, et de rompre avec l'ordre économique et social ultralibéral. On observera que, pour la première fois dans l'histoire du constitutionnalisme, l'assemblée constituante sera composée à parité de femmes et d'hommes, en écho à d'autres innovations constitutionnelles présentes dans les constitutions de la Bolivie (2009) et de l'Équateur (2008), notamment dans cette dernière, la révocation des mandats ainsi que les conseils de participation citoyenne et contrôle social. Les peuples autochtones très sensibles notamment aux droits liés à la nature sont représentés au sein de la constituante puisque des sièges (17 sur 155) leur sont réservés. Il ne faut toutefois pas oublier que le contexte social et économique risque d'être fortement dégradé après la crise liée à la pandémie du Covid-19 : en Amérique du Sud, celle-ci a sans doute gommé en grande partie les efforts déployés par les populations en faveur de leur développement démocratique au cours des deux décennies passées.

Sur la base de ces nouvelles constitutions, a néanmoins été théorisé ce constitutionnalisme d'un nouveau genre : la constitution étant perçue comme un instrument de la transformation de la société[2]. Le

---

1. E. Millard, *op. cit.*, p. 214.

2. On en trouve même un approfondissement dans la jurisprudence récente de la Cour suprême de l'Inde : arrêt *Navtej Johar v. Union of India* (SC 6 sept. 2018) § 95-110 ; arrêt *Gujarat Mazdoor Sabha v. The State of Gujarat* (SC 1er oct. 2020). Pour une comparaison entre le constitutionnalisme allemand et celui indien, M. Hailbronner, *ibid.*, p. 555 et s.

populisme constitutionnel d'origine latino-américaine a toutefois échoué sur un autre aspect du constitutionalisme. La pierre angulaire de cette doctrine est depuis toujours la limitation du pouvoir. Or le populisme constitutionnel ne parvient pas à limiter le pouvoir exécutif, mais le peut-il dès lors que le populisme s'incarne dans un leader qui repousse les limites constitutionnelles[1] ? Bien que cette doctrine se heurte à une limite bien identifiée[2], elle n'en permet pas moins une lecture qui offre une autre perspective sur les difficultés rencontrées en Europe. C'est de cette manière que le constitutionnalisme du Sud éclaire le constitutionnalisme du Nord. D'abord, le vrai changement vient du décentrement du Nord vers le Sud. Le constitutionnalisme global n'apparaît plus comme un modèle dominant organisé autour de la trilogie « démocratie – État de droit – droits de l'homme » imposée par les ex-puissances coloniales aux pays décolonisés. Peut-on qualifier le constitutionnalisme de transformation de contre-modèle au constitutionnalisme libéral ? La question reste sans doute ouverte, d'où tout l'intérêt à suivre le cas chilien. La pratique peut donner consistance à une version alternative en insistant sur la lutte contre l'injustice économique et sociale[3]. Les constituants chiliens auront intérêt à regarder les expériences latino-américaines voisines, mais aussi le cas allemand. Cette expérience constitutionnelle montre en effet que la prospérité économique de l'après-guerre a en partie contribué à la stabilité des institutions et à garantir la fonction d'intégration de la constitution : la constitution seule, même si porteuse d'un « ordre nouveau », ne peut y parvenir ; tout dépend de l'acceptation sociale de sa pratique. L'exemple tunisien et sa nouvelle Constitution de 2014 peuvent aussi être convoqués en tant que variante au sein du constitutionnalisme de transformation avec une forte dimension identitaire : l'Islam comme composante de l'identité constitutionnelle se veut (mais là aussi la question reste ouverte) compatible avec les composantes traditionnelles du constitutionnalisme de type occidental. La constitution est porteuse d'un idéal : la constitution comme reconstruction de manière à renaître par la

1. Il suffit de penser à l'exemple de l'ex-président de la Bolivie Evo Morales : non content d'en être à son troisième mandat présidentiel, il a cherché à obtenir en 2016 de briguer un quatrième mandat en modifiant par référendum la constitution qui n'autorise que deux mandats présidentiels. Bien que la consultation référendaire fût défavorable à la suppression de cette limite constitutionnelle, il l'a obtenue du Tribunal constitutionnel. Mais sa réélection en octobre 2019 étant fortement contestée par des manifestations, il a fini par démissionner ne bénéficiant plus du soutien de l'armée.

2. C. M. Herrera, « Le populisme constitutionnel », *A.I.J.C.*, vol. 34-2018 (2019), p. 711.

3. U. Baxi, « Preliminary Notes on Transformative Constitutionalism », *in* O. Vilhena *et al.* (dir.), *Transformative Constitutionalism: Comparing the Apex Courts of Brazil, India and South Africa*, cit., p. 22 et s. ; M. Correa Henao, « Transformative Constitutionnalism and Extreme Inequality: A Problematic Relationship », *in* R. Albert *et al.* (dir.), *Constitutional Change and Transformation in Latin America*, cit., p. 311 et s.

réalisation d'une idée commune venant consolider une communauté nationale. Le caractère idéologique du constitutionnalisme s'estompe dans un contexte d'échanges qui ne sont plus perçus comme unidimensionnels. Ensuite, on peut avancer que ces expériences et cette catégorie ont quelque chose à nous apprendre quand on voit le constitutionnalisme en Europe miné de l'intérieur.

C. Le constitutionnalisme abusif

Au début des années 1960, Raymond Aron (philosophe, 1905-1983) le rappelait avec force : « *[...] les démocraties sont perpétuellement menacées par la décadence qu'entraînent l'anonymat des pouvoirs, la médiocrité des dirigeants, la passivité des foules sans âme* »[1]. Aujourd'hui, on serait fortement tenté d'ajouter à cette liste l'utilisation incontrôlée des réseaux sociaux, y compris par les gouvernants. Et même, encore plus, par ces derniers : qui aurait pu imaginer le Capitole pris d'assaut, en janvier 2021, par une foule galvanisée par les tweets de Donald Trump, président des États-Unis ?

Les menaces sont réelles dans le contexte du populisme[2]. C'est en particulier le cas dans l'espace européen depuis que le constitutionnalisme d'essence libérale est contesté de l'intérieur des démocraties. Au cours de la dernière décennie du XXe siècle, s'est dessinée une nouvelle étape articulée autour du triptyque « droits de l'homme – démocratie pluraliste – État de droit » devenu hégémonique par le jeu de l'élimination des versions concurrentes. Le constitutionnalisme semblait se diffuser sans limite[3].

Vingt ans après la chute du Mur de Berlin, on a pourtant assisté à un glissement du triptyque libéral vers celui de « démocratie illibérale – tyrannie de la majorité – identité nationale ». Sans doute, le nouveau triptyque peut être présenté comme la marque du reflux du constitutionnalisme global en Europe. Les populistes sont hostiles à la démocratie pluraliste (par la suppression graduelle des contre-pouvoirs et l'élimination de la compétition politique) et à la constitution normative. La mise en place d'un régime illibéral se fait de manière progressive par la voie normative de telle manière que, prises séparément, les interventions normatives ne semblent même

1. R. Aron, Préface à M. Weber, *Le savant et le politique*, Paris, 10/18 Plon, 1963, p. 38.

2. Les travaux sur le populisme par les politologues et les sociologues sont désormais nombreux alors qu'ils le sont sans doute beaucoup moins en droit constitutionnel. Toutefois, voir L. Corrias, « Populism in a Constitutional Key: Constituent Power, Popular Sovereignty and Constitutional Identity », *European Constitutional Law Review*, 2016, p. 6 et s.

3. En particulier, en Europe les États ont multiplié les instruments conventionnels pour se rapprocher : sur la multiplication des organisations et des instruments internationaux, voir S. Cassese, *Au-delà de l'État* (trad. *Oltre lo Stato*, Laterza, 2006), Bruxelles, Bruylant, 2011.

pas dangereuses. « Constitutionnalisme abusif »[1] et « démocraties illibérales »[2] vont de pair et expriment le même problème constitutionnel présent aussi bien dans que hors l'Union européenne[3]. Au sein de l'Union européenne[4], les exemples hongrois et polonais le montrent : ils sont à l'origine d'un conflit constitutionnel qui a pour objet la captation des moyens constitutionnels de limitation du pouvoir par la majorité politique qui gouverne.

La captation des mécanismes constitutionnels de protection (révision, cour constitutionnelle) par une majorité politique arbitraire s'accomplit selon un mode opératoire subtil et progressif. Il en résulte que la constitution est prise dans un étau, le constitutionnalisme et le populisme partageant l'idée que la volonté populaire est la base légitime de l'ordre politique et juridique. Dans un contexte où de nombreuses formes de populismes[5] s'expriment, il ressort quand même une définition minimale. Les populistes invoquent « un peuple réel et uni » contre une élite forcément corrompue. C'est probablement ce peuple comme « entité existante » qui est source de confusion (le peuple « réel » est une abstraction) puisque la théorie constitutionnelle, elle aussi, le met en action avec le pouvoir constituant pour fonder l'ordre constitutionnel. L'appel répété au peuple par le leader populiste comme forme de légitimation vient remplir l'espace occupé dans la théorie constitutionnelle par le pouvoir constituant et pose le problème de « la souveraineté effective du peuple »[6]. En invoquant systématiquement le peuple, le leader populiste vise à mettre en pratique la volonté de la majorité électorale et à la placer au-dessus de la constitution. La logique libérale de la constitution est ainsi contournée, le droit n'étant plus perçu comme la limite nécessaire à la puissance du peuple. « *Toutefois, le conflit entre la volonté du*

1. D. Landau, « Abusive Constitutionalism », *U.C. Davis Law Review*, vol. 47, 2013, p. 189.

2. Ce néologisme est né sous la plume de Farid Zakaria comme titre d'un article prophétique paru en 1997. La force de l'apposition des deux termes en a assuré la large diffusion : F. Zakaria, « The Rise of Illiberal Democracy », *Foreign Affairs*, vol. 76, 1997, p. 22 et s. En langue française, F. Zakaria, *L'avenir de la liberté. La démocratie illibérale aux États-Unis et dans le monde*, Paris, Odile Jacob, 2003.

3. L.-A. Thio, « Constitutionalism in Illiberal Polities », *in* M. Rosenfeld, A. Sajó (dir.), *Oxford Handbook of Comparative Constitutional Law*, Oxford, Oxford University Press, 2012, p. 133.

4. Le risque pour l'Union elle-même est de voir se propager le non-respect des valeurs de l'article 2 du traité de l'Union européenne qui constituent son fondement : sur les réponses possibles des institutions européennes face à la régression démocratique, voir L. Pech, K.L. Scheppele, « Illiberalism Within: Rule of Law Backsliding in the European Union », *Cambridge Yearbook of European Legal Studies*, 2018, disponible en ligne : https://papers.ssrn.com/sol3/papers.cfm?abstract_id=3009280

5. M. Tushnet, « Varieties of Populism », *German Law Journal*, 20 (3), 2019, p. 382 et s.

6. O. Beaud, « Constitution et constitutionnalisme », *op. cit.*, p.124 (souligné par l'auteur).

peuple et la constitution dépasse le problème de l'exercice occasionnel du pouvoir constituant, il concerne surtout la vie politique quotidienne[1]. » Précisément, un des principes fondamentaux du constitutionnalisme est le respect du pluralisme des partis politiques. C'est la raison pour laquelle la participation et la représentation politiques doivent être respectées pour éviter une dénaturation de la constitution, ce qui advient dans un régime illibéral puisque le respect des droits de la minorité politique est bafoué, notamment l'accès à la justice constitutionnelle. Cette dernière est précisément l'une des principales cibles d'un tel régime qui vise à museler les contre-pouvoirs.

L'observation des démocraties illibérales a conduit à dégager cinq critères pour les identifier[2] : le détournement de la procédure de révision de manière à introduire un régime contraire à l'État de droit, la suppression progressive des contre-pouvoirs, la concentration du pouvoir exécutif, un espace public dégradé et, enfin, l'élimination de la compétition politique. Autant le souligner d'emblée, le premier critère proposé par Tom Ginsburg et Aziz Z. Huq n'est pas particulièrement subtil. Quand l'objet de la révision est de modifier la clause de limitation du nombre de mandat présidentiel et ainsi offre au président en place la possibilité de renouveler encore une fois son mandat, l'issue de la révision laisse présager sans ambiguïté que le régime a perdu son essence libérale ou renforce l'autoritarisme déjà en action (tel est le cas en Russie post-soviétique ou encore en Chine). L'exemple hongrois montre néanmoins une utilisation abusive de la procédure de révision en 2010 pour introduire une nouvelle constitution qui formellement se conforme aux standards de l'État de droit[3]. La brièveté du processus et le caractère peu transparent de la procédure ont été contestés. Surtout, en élaborant une nouvelle constitution grâce à la procédure de la révision constitutionnelle de la précédente constitution, il y a une ambiguïté peu favorable à la formation d'un consensus fondamental initial (lequel est ensuite susceptible d'être renouvelé à travers les procédures que le texte établit). Il est d'autant plus légitime de s'interroger que le peuple a été complètement évincé du processus en l'absence de

1. *Ibid.* L'inventivité constitutionnelle latino-américaine repose justement sur la participation du peuple à l'exercice du pouvoir politique et de contrôle de la mise en œuvre du processus constituant.

2. A.Z. Huq, T. Ginsburg, « How to lose a Constitutional Democracy », *UCLA Law Review*, vol. 65, 2018, disponible en ligne: https://papers.ssrn.com/sol3/papers.cfm?abstract_id=2901776

3. Bien que le parti polonais conservateur et majoritaire, le PiS (Droit et Justice), copie depuis 2015 la démarche hongroise, il ne bénéficie pas de la maîtrise de la procédure de révision. Le parlement est bicaméral et quoique ayant une majorité absolue à la Diète, il n'a pas une telle majorité au Sénat. La mise sous tutelle du Tribunal constitutionnel et de la magistrature ne passe donc pas par la constitution elle-même mais par la loi ordinaire.

référendum constituant. À ce titre, la comparaison avec l'élaboration de la Constitution française du 4 octobre 1958 ne paraît pas pertinente[1]. Certes, le texte constitutionnel français n'a pas été élaboré par une assemblée constituante, mais par un comité d'experts et de membres du gouvernement. Cependant, il a été soumis à référendum pour lui conférer autorité et légitimité. Le référendum constituant permet en d'autres termes de vérifier s'il y a une « *constitution réelle* »[2]. En outre, la Loi fondamentale de la Hongrie a été révisée à quatre reprises en un an[3] : entre son entrée en vigueur le 1er janvier 2012 et 2013[4]. Cela renforce l'idée selon laquelle la majorité politique abuse de sa position dominante. Elle dispose en effet de la majorité requise pour la réviser (une majorité des deux tiers) à elle seule. Une constitution démocratique n'est pas seulement une constitution qui institue un gouvernement démocratique, c'est aussi une constitution élaborée selon une procédure démocratique.

En un an et demi, c'est aussi le recours répété aux lois organiques qui doit être souligné. Le Parlement hongrois a en effet adopté, depuis l'adoption de la Loi fondamentale, 49 lois organiques (lois « cardinales » pour les Hongrois). Ces lois adoptées par une majorité des deux tiers des voix des députés présents (art. T al. 4) concernent pour certaines d'entre elles des domaines qui relèvent habituellement du pouvoir décisionnel ordinaire du Parlement (tels que le droit de la famille, le système des retraites et la fiscalité). C'est donc un moyen qui permet de figer certains choix politiques ou du moins de rendre plus difficile leur modification par une nouvelle majorité qui n'aura pas nécessairement la majorité qualifiée exigée. Le moyen mis en œuvre est ici beaucoup plus adroit. Il est toutefois devenu grossier avec l'adoption de la loi cardinale sur « l'état de danger extrême » du 30 mars

1. Proposée par L. Trocsanyi, « L'adoption de la Loi fondamentale de Hongrie : discussions sur quelques dispositions de la Loi fondamentale », *Constitutions*, 2011, n° 4, p. 446.

2. C.J. Friedrich, *La démocratie constitutionnelle*, cit., p. 88.

3. Après les élections législatives de 1990, la précédente constitution a été révisée à 22 reprises jusqu'en 2010. Les forces politiques, trop fragmentées, savaient impossible l'élaboration d'une nouvelle constitution. Le nouveau régime a souffert de ce manque de fondation et de légitimation de la transition issue de la chute du Mur de Berlin. La Hongrie a été un des rares pays d'Europe centrale et orientale à ne pas établir une nouvelle constitution après 1989. Dans le contexte post-communiste, une institution a joué un rôle essentiel, la Cour constitutionnelle pour amarrer le nouveau régime sur les droits et libertés.

4. Le premier amendement est adopté par le Parlement le 4 juin 2012 et établit que les dispositions transitoires font partie de la Loi fondamentale ; le deuxième adopté le 29 octobre 2012 introduit l'obligation d'inscription des électeurs ; le troisième adopté le 21 décembre 2012 établit les limites et les conditions d'acquisitions de terres agricoles et enfin le quatrième adopté le 11 mars 2013 réduisant les pouvoirs de la Cour constitutionnelle. Le dernier amendement adopté date du 20 juin 2018 : il est le huitième et concerne notamment l'interdiction de résidence habituelle dans l'espace public. En 2012, la Cour avait confirmé l'inconstitutionnalité de la pénalisation des sans-abris résidant dans l'espace public.

2020 : l'Assemblée nationale avait ainsi donné au Premier ministre les pleins pouvoirs, sans contrainte de temps, pour lutter contre l'urgence du Covid-19. En ne posant pas de délai et en laissant le seul exécutif décider de son terme, cette loi était un premier pas dans la formalisation des pleins pouvoirs au profit du Premier ministre Orban. Le gouvernement était autorisé à prolonger la durée en vigueur des décrets sans fixer de délai et à prendre des mesures réglementaires sans lien direct avec la lutte contre le coronavirus (par exemple, l'interdiction du changement de sexe pour les transsexuels…). Le risque que l'exception devienne la règle a été écarté à la mi-juin 2020 avec la levée de l'exception et a permis au pouvoir de qualifier les critiques d'excessives sans toutefois tromper personne sur les intentions de réaffirmer une raison d'État sans les garanties juridiques.

Le second critère met en relief le maintien des principales libertés et du catalogue des droits alors que le pouvoir en place s'attaque à l'indépendance de la magistrature et à l'équilibre des pouvoirs. En Hongrie, la Cour constitutionnelle a vu ses pouvoirs grignotés par les révisions successives. La Loi fondamentale donne elle-même une directive d'interprétation en prévoyant à l'article R.3 : « Les dispositions de la Loi fondamentale doivent être interprétées conformément à la Profession de foi nationale qui y est incorporée, ainsi qu'aux acquis de notre Constitution historique ». Cette directive d'interprétation a fait l'objet d'une interprétation large par la doctrine hongroise : puisque l'on ne sait à quoi correspond exactement la Constitution historique, le mot « acquis » constitue un filtre pour intégrer les idées modernes de l'ordre constitutionnel, voire pour intégrer la jurisprudence libérale des vingt dernières années[1]. Cette interprétation a toutefois été contredite par la révision de mars 2013 qui notamment constitutionnalise des dispositions déclarées inconstitutionnelles par la Cour constitutionnelle et réduit à nouveau ses pouvoirs : en particulier, elle vise à limiter son interprétation en lui interdisant de se référer à sa jurisprudence protectrice des droits établie dans le cadre de la Constitution de 1989. Cet article a été formellement modifié en juin 2018 pour y ajouter : « La protection de l'identité constitutionnelle et de la culture chrétienne de la Hongrie est l'obligation de tous les organes de l'État ». Ce huitième amendement (2018) n'est que le prolongement de la jurisprudence de la Cour qui avait dès novembre 2016 consacré « *l'existence de l'identité constitutionnelle comme une limite indépassable par les actes législatifs de l'Union européenne* »[2]. La Cour n'apparaît plus tant comme la victime que comme complice d'un

1. A. Jakab, P. Sonnevend, « Une continuité imparfaite : la nouvelle Constitution hongroise », *Jus Politicum*, n° 8, 2012 : http://www.juspoliticum.com/article/Une-continuite-imparfaite-la-nouvelle-Constitution-hongroise-558.html

2. L. Allezard, « Juridictions constitutionnelles et populisme : vers un “autre” constitutionnalisme en Europe centrale ? », *A.I.J.C.*, vol. 34-2018, 2019, p. 736.

discours populiste qui l'a dévoyée. De même, en Pologne, après s'être attaqué au Tribunal constitutionnel et l'avoir soumis, le gouvernement s'en est pris à l'indépendance de la magistrature en créant en 2018 une « chambre disciplinaire » au sein de la Cour suprême de manière à intimider les juges indépendants[1], notamment ceux qui tentent d'appliquer le droit de l'Union européenne[2].

Ce second critère participe à la concentration des pouvoirs et à un espace public dégradé. Les médias favorisent les formes les plus plébiscitaires de la démocratie et s'associent à la primauté de la démocratie exécutive. Dans une démocratie libérale, la liberté d'expression suppose que l'opposition puisse librement critiquer le gouvernement. Cette liberté est difficile à exercer quand les médias sont contrôlés ou/et quand la liberté académique est bâillonnée[3]. Enfin, l'ensemble de ces actions aboutissent à éliminer la compétition politique et, si cela n'est pas suffisant, la loi électorale est manipulée. Ainsi, en Hongrie, depuis 2010 le parti de Viktor Orban a remporté systématiquement les élections législatives : en 2018, avec 48,5 % des voix en faveur du Fidesz, le parti a gagné pour la troisième fois consécutive les élections, une première depuis la transition démocratique. L'opposition n'est pas absente mais fragmentée entre une forte extrême-droite, les socialistes, les verts et une formation de gauche dissidente. Elle a obtenu une représentation symbolique au sein du Parlement et est notamment l'expression d'un électorat libéral et

1. De manière inédite, par l'ordonnance de la vice-présidente de la Cour de justice de l'Union européenne du 19 octobre 2018 (C-619/18 R, Commission / Pologne) et confirmée par l'ordonnance de la Grande chambre du 17 décembre 2018 (C-619/18 R, Commission/Pologne), la Cour a enjoint aux autorités polonaises de suspendre immédiatement l'application des dispositions nationales relatives à l'abaissement de l'âge de la retraite des juges de la Cour suprême. De nouveau et cette fois-ci à propos de la « chambre disciplinaire », par l'ordonnance du 8 avril 2020 (Commission/Pologne, C-791/19 R, ECLI:EU:C:2020:277), la Cour a enjoint à la Pologne de suspendre immédiatement l'application des dispositions nationales relatives aux pouvoirs de la « chambre disciplinaire » de la Cour suprême (sans succès).

2. Un exemple de juge poursuivi pour « excès judiciaire » car ayant demandé à la CJCE de vérifier si la loi du 20 décembre 2019 dite « muselière » (car visant à punir les juges critiquant les réformes de la justice) est conforme au droit de l'Union : https://www.rts.ch/info/monde/11089736-beaucoup-de-lois-votees-demantelent-letat-de-droit-en-pologne.html

3. Le professeur de droit constitutionnel, W. Sadurski, est ainsi poursuivi en Pologne par le parti au pouvoir (PiS) pour diffamation (au pénal et au civil). Voir la pétition en faveur de la défense de sa liberté d'expression académique : https://verfassungsblog.de/stand-with-wojciech-sadurski-his-freedom-of-expression-is-yours/En Hongrie, l'université d'Europe centrale (CEU) financée par le milliardaire américain d'origine hongroise, George Soros, a dû fermer en raison du changement de législation voulu par le gouvernement. Elle s'est transférée à Vienne fin 2018. L'arrêt rendu par la CJUE le 6 octobre 2020 (C-66-18) reconnaît (tardivement) que les conditions introduites par la Hongrie pour permettre aux établissements d'enseignement supérieur étrangers d'exercer leurs activités sur son territoire sont incompatibles avec le droit de l'Union.

progressiste concentré en particulier à Budapest, les campagnes restant acquises aux partisans du repli national.

Il apparaît d'emblée que ces critères sont insuffisants pour tracer des séparations étanches entre démocratie illibérale et démocratie majoritaire, d'une part, et régime autoritaire et démocratie illibérale, d'autre part. Le populisme se nourrit des faiblesses des régimes libéraux-démocrates et c'est pourquoi le débat est controversé, faute de pouvoir dessiner nettement des lignes de démarcation[1] – le peuple n'est jamais trop loin et toujours invoqué au nom de la démocratie. La notion récente de « démocratie illibérale » renvoie tout de même à une autre catégorie, plus ancienne, celle de « régime autoritaire ». Cette catégorie n'a pas été employée dans le débat européen car le régime autoritaire suppose le plus souvent un coup d'État et une prise du pouvoir par les militaires alors que, dans une démocratie illibérale, le leader est élu démocratiquement. C'est donc une différence essentielle dont l'apposition des termes « démocratie » et « illibérale » cherche justement à rendre compte. Par une formule concise, on peut ainsi opposer : le bruit des bottes du coup d'État militaire aux pas feutrés du « coup d'État constitutionnel ». Le régime autoritaire peut apparaître comme une forme faible du régime totalitaire (violence, forte idéologie, violation des libertés, parti unique, militarisme)[2] tandis que la démocratie illibérale serait la forme faible du régime autoritaire.

Dans une démocratie illibérale, le constitutionnalisme est dit « abusif » car les gouvernants se cachent derrière une façade juridique : ils utilisent les moyens constitutionnels pour dévoyer la démocratie sans employer la violence. Ce débat sur les formes contemporaines du constitutionnalisme renvoie en partie à des catégories anciennes proposées par le comparatiste allemand Karl Loewenstein qui s'est interrogé sur « *la distinction entre* validité formelle *et* valeur réelle *des Constitutions* »[3] après la vague de constitutions adoptées au lendemain de la seconde guerre mondiale. Bien que la différence entre les différents types de constitution ne soit pas hermétique, il en a dégagé trois types selon le degré de coïncidence entre le texte constitutionnel et la réalité du processus du pouvoir dans un pays donné : normative, nominale et sémantique. La constitution normative, observée et suivie, correspond à une constitution qui limite effectivement le pouvoir en place. Les deux catégories suivantes se distinguent de la première

1. Dans le débat français, est apparu le terme de « démocrature » pour souligner l'appartenance de cette forme de régime aux régimes mixtes : T. Hochmann, « Cinquante nuances de démocratures », *Pouvoirs* n° 169, 2019, p. 19 et s.

2. Où situer la Russie post-soviétique de Poutine quand son principal opposant, Navalny, fait l'objet d'une tentative d'assassinat par empoisonnement en août 2020 ? Les lignes ne sont pas étanches non plus entre ces deux types de régime.

3. Souligné par l'auteur : K. Loewenstein, « Réflexions sur la valeur des Constitutions dans une époque révolutionnaire », cit., p. 8. Voir aussi Id., *Political Power and the Governmental Process*, Chicago, University of Chicago Press, 1957.

mais peuvent se confondre. La constitution sémantique est une constitution sans consistance juridique puisqu'elle ne cherche pas à limiter le pouvoir. Elle se borne à retranscrire la réalité politique. La constitution est pleinement appliquée « *mais à la seule fin de traduire les structures politiques existantes. [...] C'est un déguisement ou un simple masque* ». Enfin, la constitution nominale, bien que juridiquement valide, n'a pas de réalité pour des raisons structurelles (une classe moyenne peu étendue, un degré d'éducation faible...) et donc il y a un décalage entre les normes et la pratique. La constitution n'exerce aucune action profonde sur l'exercice du pouvoir. Quelques années plus tard, le comparatiste et politiste italien, Giovanni Sartori, a proposé lui aussi une classification des constitutions assez semblable, mais avec une terminologie différente : les constitutions de garantie, nominale et de façade[1]. Cette dernière terminologie a rencontré un certain succès en identifiant la constitution qui semble être une « vraie constitution ». Cette apparence (un verni de constitutionnalisme) correspond toutefois à un affichage intentionnel : la constitution de façade vise à tirer profit de la doctrine du constitutionnalisme[2]. La constitution nominale de Sartori correspond à la constitution sémantique proposée par Loewenstein : elle porte le nom de constitution mais sans limiter le pouvoir politique. En ce sens, elle ne prétend pas être une « réelle constitution » car elle prévoit un système sans limite à la différence de la constitution de garantie. La force symbolique de la constitution est subvertie.

La constitution, dans le contexte illibéral, est un texte qui s'éloigne profondément de l'idée première de la constitution comme expression de l'idée fondatrice de la société. Les classifications de constitution proposées dans l'après-seconde guerre mondiale montre justement que les comparatistes constitutionnalistes, instruits par la réalité constitutionnelle, ne peuvent échapper à l'approche différenciée des formes de constitutionnalisme, y compris les formes abusives. Il est vrai que la période post-1989 a nourri un riche lot d'expressions (par exemple, il est désormais débattu, en Europe, d'un « constitutionnalisme populiste »[3] à ne pas confondre avec le « constitutionnalisme populaire » déjà évoqué pour les États-Unis et ayant reçu un écho en Amérique

1. G. Sartori, « Constitutionalism: A Preliminary Discussion », *American Political Science Review*, vol. 56, 1962, p. 861.

2. Cette idée a en effet été largement reprise pour décrire l'échec du constitutionalisme en Afrique en identifiant des « constitutions sans constitutionnalisme » : en tout premier lieu, voir H.W.O. Okoth-Ogendo, « Constitutions without Constitutionalism: Reflection on an African Political Paradox », *in* D. Greenberg *et al.* (eds.) *Constitutionalism and Democracy: Transitions in the Contemporary World*, New York, Oxford University Press, 1993, p. 65 et s.

3. Voir le numéro consacré au « Populist constitutionalism » introduit par P. Blokker, B. Bugaric et G. Halmai, in German Law Journal, vol. 20 (3), avril 2019. Cette nouvelle appellation se présente comme une variante du « constitutionnalisme abusif » et comme une contre-doctrine propre au discours académique développé dans le contexte européen sur le pluralisme constitutionnel : voir Leçon 11 § 2.

latine[1]). La forme illibérale ou abusive ne va pas de soi : cette « nouvelle catégorie » a-t-elle encore quelque chose à voir avec le concept de constitutionnalisme ? Le risque est que chacun adosse à ce concept l'adjectif qui lui convient et qu'il devienne, dès lors, le réceptacle de significations trop éloignées de ses fondements que sont la limitation du pouvoir légitime et la garantie de l'autonomie des individus. Le concept de constitutionnalisme a une histoire qui n'est pas linéaire ou, plutôt, qui repose sur plusieurs traditions. Mais il a aussi un avenir qui permet, dans le cadre de la perspective globale, de lui donner une cohérence en articulant les analyses au carrefour des idéaux universalistes et de la réalité constitutionnelle. L'effet heuristique d'une telle démarche est de rendre visible les contours du constitutionnalisme en distinguant ses différentes formes.

Il est donc important de nommer même avec des concepts flous : le constitutionnaliste a besoin de notions nouvelles pour penser les limites de la démocratie libérale ou, plus précisément, ses penchants illibéraux. Nommer ne signifie pas valider la pratique des démocraties dites illibérales[2]. Certes, les catégories déjà proposées par Loewenstein et Sartori mériteraient sans doute d'être plus amplement mobilisées. En outre, les expériences visées montrent aussi que la généralité des concepts constitutionnels est mise à l'épreuve, notamment ceux de « peuple », « État de droit » et « souveraineté ». Les gouvernants des démocraties illibérales n'hésitent pas à faire non seulement un usage erroné des notions constitutionnelles, mais aussi volontairement faux du comparatisme pour défendre leur conception abusive du constitutionnalisme[3].

Les cas polonais et hongrois prouvent que ni la constitution, ni les cours constitutionnelles ne sont suffisamment puissantes pour prévenir de réels dangers politiques. Sans une culture de la constitution (*i.e.* le respect institutionnel et politique du texte fondamental et la croyance dans son respect), le constitutionnalisme est un idéal dévoyé. Ce dévoiement populiste de la constitution et de

1. Voir C. Cerda-Guzman, « La confiance dans la justice constitutionnelle face aux pratiques populistes en Amérique latine », *A.I.J.C.*, vol. 35-2019 (2020), p. 21 et s.

2. Certaines précautions sont en effet nécessaires car les concepts ont un usage habituel et donc mieux vaut ne pas tout faire avec les concepts si l'on veut voir les discours réceptionnés par la communauté des juristes : voir M. Altwegg-Boussac, « Le constitutionnalisme global, quels espaces pour la discussion ? », *Jus Politicum*, n° 19, 2018 : http://juspoliticum.com/article/Le-constitutionnalisme-global-quels-espaces-pour-la-discussion-1211.html

3. Les gouvernants des démocraties illibérales façonnent aussi un « *fake comparativism* » en utilisant les exemples étrangers pour légitimer leurs réformes. Ainsi en est-il encore de l'utilisation du droit constitutionnel français pour légitimer une énième réforme sur les tribunaux et la Cour suprême, en particulier la responsabilité disciplinaire des magistrats : voir l'appel de juristes français contre l'instrumentalisation du droit français par le gouvernement polonais publié le 12 janvier 2020 sur Verfassungsblog : https://verfassungsblog.de/french-law-is-not-a-model-for-the-polish-bill-on-disciplining-judges/

son symbolisme représente un péril, celui de saper de l'intérieur de l'Union européenne les pays porteurs du libéralisme politique. L'Union semble bien désemparée en raison de la nature politique du conflit[1]. Celui-ci porte sur l'interprétation de la constitution nationale : l'identité de l'ordre constitutionnel est en jeu et, partant, le principe de légitimité politique qui fonde la constitution. Pendant longtemps, les institutions politiques européennes ont été impuissantes à actionner le mécanisme de sanction prévu à l'article 7 du TUE face à la Hongrie et à la Pologne. Elles y ont certes remédié[2] sans que cela ait amélioré l'État de droit dans ces pays[3]. Force est de constater que l'européanisation (au même titre, la globalisation) abime l'articulation entre identité politique et identité constitutionnelle. Elle ne préserve pas une culture de la constitution là où elle existe et encore moins ne peut faire vivre une telle culture là où elle n'a même pas pu éclore. Le péril ne peut être vaincu que de l'intérieur par la voie politique en réactivant le sens de la constitution ou, en d'autres termes, en mettant en acte la constitution comme reconstruction.

---

1. Sur la nature politique du conflit constitutionnel, voir J. Hummel (dir.), *Les conflits constitutionnels. Le droit constitutionnel à l'épreuve de l'histoire et du politique*, Rennes, PUR, 2010.

2. Après avoir engagé, à partir de l'été 2016, un dialogue sur l'État de droit en Pologne et adopté plusieurs recommandations dans lesquelles la Commission a exprimé ses inquiétudes relatives à la réforme du système judiciaire et demandant aux autorités polonaises de ne pas mettre à la retraite un tiers des juges de la Cour suprême, elle a adopté le 27 décembre 2017 une quatrième recommandation déclenchant pour la première fois l'article 7 du TUE (COM/2017/0835 final – 2017/0360 NLE). La seconde fois, cet article a été actionné par le Parlement européen : il a demandé au Conseil le 12 septembre 2018 de constater qu'il existe, cette fois-ci, en Hongrie, « un risque clair de violation grave » concernant non seulement l'indépendance de la justice mais aussi la liberté d'expression, le droit des minorités et la situation des migrants.

3. Voir la résolution adoptée par le Parlement européen, le 16 janvier 2020, qui s'inquiète de la détérioration de la situation depuis le déclenchement de l'article 7 TUE :
https://www.europarl.europa.eu/doceo/document/TA-9-2020-0014_EN.htmlLe Parlement a adopté une autre résolution le 17 septembre 2020 (COM(2017)0835 – 2017/0360R(NLE)) correspondant à la dixième votée sur la situation de l'état de droit et des droits fondamentaux en Pologne : https://www.europarl.europa.eu/doceo/document/TA-9-2020-0225_FR.html

Bibliographie générale essentielle

Baranger D., « Un chantier qui ne prend jamais fin. Le juge, les révisions, et les autres formes de changement constitutionnel dans la France contemporaine », *Jus Politicum*, n° 18, 2017, p. 45 et s.

De Visser M., *Constitutional Review in Europe*, Oxford, Hart, 2014.

Dobner P., Loughlin M. (dir.), *The Twilight of Constitutionalism?*, Oxford, Oxford University Press, 2010.

Graber M. A., Levinson S., Tushnet M. (eds.), *Constitutional Democracy in Crisis?*, Oxford, Oxford University Press, 2018.

Grimm D., *Constitutionalism: Past, Present and Future*, Oxford, Oxford University Press, 2016.

Loughlin M., « The Constitutional Imagination » 78, *Modern Law Review*, 2015, p. 1 et s.

Jus politicum, n° 19, janvier 2018, *Constitutionnalisme global* : http://juspoliticum.com/numero/Constitutionnalisme-global-72.html

Philippe X., Danelciuc-Colodrovschi N. (dir.), *Transitions constitutionnelles et Constitutions transitionnelles. Quelles solutions pour une meilleure gestion des fins de conflit ?*, Paris, Institut Universitaire Varenne, LGDJ-Lextenso, 2014.

Ponthoreau M.-C., « De la constitution invisible à la constitution évanescente. La Loi fondamentale de la Hongrie à la lumière des expériences européennes », in *Mélanges en l'honneur de Pierre Bon*, Paris, Dalloz, 2014, p. 525 et s.

Revue Française de Droit Constitutionnel n° 116, 2018, « Les dix ans de la révision constitutionnelle de 2008 ».

Roznai Y., *Unconstitutional Constitutional Amendments. The Limits of Amendment Powers*, Oxford, Oxford University Press, 2017.

Ruiz Fabri H., Rosenfeld M., (dir.), *Repenser le constitutionnalisme à l'âge de la mondialisation et de la privatisation*, Paris, Société de législation comparée, « coll. de l'UMR de droit comparé de Paris (Université de Paris 1 / CNRS – UMR 8103) », vol. 23, 2010.

Sadurski W., *Poland's Constitutional Breakdown*, Oxford, Oxford University Press, 2019.

Tusseau G., « Un chaos conceptuel qui fait sens : le constitutionnalisme global », *in* J.-Y. Chérot, B. Frydman (dir.), *La science du droit dans la globalisation*, Bruxelles, Bruylant, 2012, p. 182 et s.

LEÇON 11

L'ÉTAT

Derrière le mot « État », le concept juridique ne présente pas nécessairement la même consistance d'un ordre juridique à l'autre. Certains l'ignorent presque. Aux États-Unis, on préfère ainsi parler de « gouvernement fédéral » plutôt que d'« État fédéral » : « *L'État [...], c'est d'abord, et très concrètement, un gouvernement, c'est-à-dire un groupe d'hommes qui ont du pouvoir [...]* »[1]. Malgré Hobbes (1588-1679), le mot « État » était déjà peu utilisé à partir du XVIe siècle, en Grande-Bretagne, à cause de son lien avec l'absolutisme. Cela a marqué durablement le droit anglais. S'il n'existe pas d'État, au sens continental du terme, il existe néanmoins un concept d'unité autour de la notion de « *crown* »[2]. Outre ces difficultés à reconnaître la désignation de la « chose », la notion d'État est susceptible d'une quadruple approche : sociologique, historique, juridique et philosophique. « *Y aurait-il,* comme le demande Oliver Beaud, *autant d'États qu'il y a de manières de l'observer ? Comment peut-on concilier cette diversité du savoir avec l'unité du phénomène*[3] *?* » L'État n'est pas seulement une notion juridique fondamentale, il renvoie aussi à une réalité sociale. La compréhension de l'État comme phénomène historique est le moyen le plus approprié pour éviter l'idéalisme juridique et comprendre la force de résistance que cette idée exerce face à la construction européenne. En effet, seule une démarche envisagée sur le long terme peut donner la profondeur nécessaire et expliquer l'émergence de la notion d'« identité constitutionnelle » dans le débat contemporain.

---

1. É. Zoller, *Introduction au droit public*, Paris, Dalloz, 2e éd., 2013, p. 131.
2. M. Loughlin, « The State, the Crown and the Law », *in* M. Sunkin, S. Payne (ed.), *The Nature of the Crown*, 1999, Oxford, Oxford University Press, p. 33 et s.
3. O. Beaud, « La notion d'État », *A.P.D.*, 1990, T. 35, p. 123.

§ 1. L'identité de l'État

La constitution peut être comprise comme l'expression de l'identité politique de l'État et assure sa légitimation démocratique. Le lien est tel que l'on peut parler d'une identification de la constitution et de l'État (entendu comme l'État concret en tant qu'unité politique). La construction et la définition de l'identité de l'État sont le fruit d'une interaction avec la constitution autant que les effets d'une production discursive. La réalité de l'État (territoire, population, institutions…) n'est ici envisagée qu'à travers l'idée que l'on s'en fait dans le temps. L'autre critère d'identification est celui de la souveraineté, concept avec lequel l'État entretient aussi des relations étroites à partir du moment où, au XVIe siècle, s'engage le processus de centralisation et de monopolisation du pouvoir politique. En abordant l'État sous l'angle de ses caractéristiques fondamentales, on ne saurait être exhaustif sur un sujet impossible à épuiser mais, en revanche, on devrait être en mesure d'en appréhender les mutations à travers le temps.

A. *État et constitution*

Le lien entre État et constitution, bien que logique juridiquement, n'est pas confirmé par l'histoire. Autrement dit, la constitution ne crée pas toujours l'État, loin s'en faut. L'État est encore, en Europe, une entité de référence immuable, mais il n'est plus le cadre unique de développement de relations entre les citoyens et la constitution. C'est la raison pour laquelle les relations entre État et constitution seront étudiées sur le long terme en reprenant les catégories paradigmatiques, proposées par l'historien du droit Maurizio Fioravanti, pour rendre compte de l'évolution des relations entre État et constitution, dans le temps, à partir de l'expérience européenne[1]. Par rapport à la réalité des faits, des contradictions et des nuances sont susceptibles d'être négligées par ces catégories paradigmatiques. Mais elles permettent de transcender les expériences historiques : elles affrontent la pluralité des formes historiques concrètes de l'organisation politique et offrent ainsi un tableau synthétique des transformations de l'État et de la constitution (sur le modèle historique, voir Leçon 7 § 2). Cette démarche met en discussion la perspective étatique en particulier l'idée que la notion d'État est un produit historique du XIXe siècle : l'État nation[2]. Elle met ainsi également en discussion la place première de l'administration dans le développement

1. M. Fioravanti, « Stato e costituzione », *in* ID., *Lo Stato moderno in Europe. Istituzione e diritto*, Rome-Bari, Laterza, 2002, p. 3 et s.

2. Pour comprendre l'importance de l'historiographie italienne dans cette mise en discussion, E. Fasano-Guarini, « 'État moderne' et anciens États italiens. Éléments d'histoire comparée », *Revue d'histoire moderne et contemporaine*, 1998, 45-1, p. 15 et s.

de la forme étatique et ce revirement se fait au profit de la fonction juridictionnelle.

1) Les identités de l'État dans le temps

Ces relations ne peuvent être envisagées qu'à partir du XIVe siècle, moment où l'État s'affirme comme un « *gouvernement sur un territoire* »[1]. Ce gouvernement présente trois caractéristiques : d'abord, un seigneur qui exerce son *imperium*, c'est-à-dire le pouvoir de dire la justice, de lever une armée, d'imposer des tributs sur un territoire dénommé « province », « comté » ou bien encore « *Land* » ; ensuite, une assemblée représentative (« *Landtage* », « *Parliaments* », « *Cortes* » ou États généraux) qui assure une double fonction de contrôle et de collaboration avec le seigneur et, enfin, un corpus de règles d'origine coutumière de plus en plus souvent écrites, sorte de contrat entre le seigneur et les forces présentes sur le territoire. Ces caractéristiques sont les fondements de l'État « moderne » car on trouve d'abord un territoire au sens politique, objet de la domination seigneuriale, ensuite une assemblée qui décide des finances du territoire et, enfin, un ensemble de règles qui vise à organiser par écrit le mode de gouvernement. Ce mode de gouvernement s'étend sur l'ensemble du territoire et s'institutionnalise : s'engage ainsi un processus de dépersonnalisation du pouvoir et de permanence des fonctions. L'État comme « gouvernement sur un territoire » est de plus en plus organisé en vue d'associer les forces opérant sur le territoire dans une perspective commune, notamment pour en assurer la défense et le maintien des frontières. Il lui manque néanmoins la souveraineté.

Sur cette base, Maurizio Fioravanti identifie trois catégories d'État et de constitution qui sont des formes historiques successives. La première catégorie est celle de **l'État de justice**[2] qui correspond à la forme dominante jusqu'à la Révolution française de 1789. L'État de justice présente trois caractéristiques : d'abord, un territoire de plus en plus conçu de façon unitaire, mais sur lequel évolue

1. L'historien autrichien Otto Brunner (1898-1982) a mis en évidence que l'unité de mesure du politique au Moyen Âge n'est pas la détention du pouvoir, mais la structuration territoriale du droit : son ouvrage majeur, *Land und Herrschaft* (1939), est traduit en anglais et en italien, mais pas en français. Sur son apport, M. Fioravanti, « Stato (storia) », *Enc. Dir.*, Turin, UTET, 1990, T. XLIII, p. 726 et s. Pour une application concrète sur la longue durée de la catégorie d'« État territorial », voir l'ouvrage collectif codirigé par J. Boutier, S. Landi, O. Rouchon, *Florence et la Toscane XIVe-XIXe siècles. Les dynamiques d'un État italien*, Rennes, PUR, 2004.

2. M. Fioravanti emploie exactement l'expression « *Stato giurisdizionale* » qu'il emprunte aux historiens du droit administratif : L. Mannori, B. Sordi, *Storia del diritto amministrativo*, Rome-Bari, Laterza, 1re éd., 2001, p. 36 et s. La traduction de l'expression correspond à l'intitulé de l'ouvrage de J. Krynen (*L'État de justice. France XIIe-XIXe siècles*, T. 1, *L'idéologie de la magistrature ancienne*, Paris, Gallimard, 2009) qui semble ignorer la bibliographie italienne précitée.

un certain nombre de sujets (compris à la fois comme soumis à une autorité supérieure et titulaires de droits et de privilèges) tels que les communautés rurales, les institutions ecclésiastiques, les confréries, les corporations. C'est ensuite un droit à caractère pluraliste : la vocation de cet État consiste à réguler les différents droits, rarement à les abroger, et pendant longtemps l'existence d'un droit commun n'a pas impliqué celle d'un droit unique. La superposition entre le droit du Prince ou de la ville dominante et les multiples formes de droits statutaires des cités sujettes constitue le cadre habituel dans lequel évoluaient les sujets. Enfin, le gouvernement de ce territoire présente un caractère contractuel : les différents sujets participent au gouvernement selon une logique d'autonomie et de collaboration. Le principal moyen de gouvernement, c'est dire le droit : avant tout, les magistrats sont chargés notamment de régler les conflits locaux, mais le prince y participe lui aussi puisqu'il partage avec les juges la *jurisdictio* (pouvoir entre juridiction et législation au sens moderne). L'idéal du bon gouvernement et du bien commun est de trouver le juste équilibre entre le respect des privilèges personnels et collectifs, d'une part, et la tendance à la centralisation du pouvoir, d'autre part.

Que cette catégorie soit considérée par M. Fioravanti comme la forme dominante jusqu'à la Révolution française a de quoi surprendre : « l'État absolu » n'est-il pas habituellement présenté comme la première forme de l'État moderne ? Cela est particulièrement vrai en France où les fonctions d'*imperium* sont étatisées à partir de la fin du XVIe siècle. La concentration des pouvoirs entre les mains du Roi lui permet d'affirmer sa puissance sur l'ensemble des seigneurs féodaux et de construire l'unité du territoire sur lequel il pourra déployer ses prérogatives royales. Le règne de Louis XIV (1661-1715) est l'exemple même de la monarchie absolue. Jean Bodin (1529-1596) a déjà systématisé le concept d'État dans *Les Six livres de la République* (1576) : il attribue au pouvoir d'État un caractère inconditionné en posant que « *la souveraineté est la puissance perpétuelle et absolue d'une République* » (chap. 8 du Livre I). On peut aussi penser à l'expérience anglaise à partir de la moitié du XVIIe siècle. Mais si M. Fioravanti voit bien dans les expériences française et anglaise des formes de gouvernement absolu, il récuse la forme d'État absolu car il leur manque la volonté du monopole des pouvoirs et de l'abrogation des droits particuliers. L'historien du droit prend pour exemple l'ordonnance civile de Louis XIV : cette ordonnance en vigueur à partir de 1667 s'attaquait au monopole d'interprétation exercé par les parlements, mais les gens de justice feront tout pour en annihiler les effets. Lorsque l'ordonnance ne réglait pas une question, rien n'interdisait aux juges de faire revivre dans leurs décisions les droits particuliers[1].

1. Pour un approfondissement de la question de l'interprétation, J. Krynen, *op. cit.*, p. 155 et s.

L'État absolu n'est donc pas la forme successive de l'État de justice, bien qu'il ait pu atténuer le caractère pluraliste de ce dernier. L'État de justice n'est de toute manière pas statique et il a connu des évolutions entre le XIVe et le XVIIe siècle qui préparent à la nouvelle forme d'État d'après la Révolution française : l'État légal.

L'État légal présente également trois caractéristiques. La première regarde les moyens de gouvernement : la fonction législative supplante la fonction juridictionnelle. La fonction législative devient première car « la loi est l'expression de la volonté générale » (art. 6 de la Déclaration des droits de l'homme et du citoyen). La Constituante a tout mis en œuvre pour empêcher que ne se reconstitue une magistrature professionnelle et que par-là puisse s'établir le règne absolu de la loi. Plus précisément, si la loi devient l'acte majeur, c'est parce qu'il exprime la volonté de la nation souveraine. Aux termes de l'article 3 de la Déclaration de 1789, « le principe de toute souveraineté réside essentiellement dans la nation. Nul corps, nul individu ne peut exercer d'autorité qui n'en émane ». Cette disposition fondamentale rend compte du passage des pouvoirs d'*imperium* exercés par différentes autorités à un exercice monopolistique des pouvoirs régaliens. Il y a une véritable césure : unité et exclusivité de l'autorité s'expriment par le principe de souveraineté. Cela légitime cet exercice exclusif, c'est la mise en œuvre de la volonté du peuple souverain. La représentation politique comme représentation de la Nation en est l'artifice. La loi n'est pas conçue comme la somme d'intérêts particuliers, mieux elle supprime les statuts particuliers. Elle doit garantir à tous les citoyens d'être traités de manière égale et uniforme sur le territoire national. Précisément, la deuxième caractéristique est l'avènement d'un nouvel acteur essentiel de l'État, l'administration publique qui applique la loi. L'État s'identifie à son administration (en particulier dans le cas français) à partir de la Révolution et plus encore au cours du XIXe siècle. Enfin, le droit ne fait plus la différence entre les individus ; il est au contraire l'instrument de l'égalité pour tous.

Au XXe siècle s'affirme **l'État constitutionnel**[1] à partir de l'après-seconde guerre mondiale avec les nouvelles constitutions garanties par le juge (constitutionnel). Bien que la loi ait toujours une fonction essentielle, comme expression du principe démocratique, elle n'a plus la même centralité puisqu'elle doit être conforme à la constitution. La loi a perdu les caractéristiques qui étaient les siennes : généralité, immutabilité, rationalité et permanence. Seuls

1. Cette dernière catégorie proposée par M. Fioravanti repose principalement sur les travaux du constitutionnaliste allemand Peter Häberle largement diffusés en Italie (nous disposons désormais d'une traduction française : *L'État constitutionnel*, Paris, Economica, 2004) où le modèle de l'État constitutionnel a été approfondi par Gustavo Zagrebelsky (*Le droit en douceur*, trad. *Il diritto mite*, 1992, Paris, Economica, 2000).

les principes inscrits dans la constitution peuvent répondre aux exigences de la justice. La certitude du droit n'est plus. L'incertitude du droit est à rattacher à la pluralité des systèmes de valeurs et à la difficulté à trouver un accord sur les valeurs communes. La force de l'État constitutionnel repose précisément sur la faiblesse relative des sujets constitutionnels et la dynamique pluraliste portée par la constitution. Cette incertitude est aussi à rattacher à la pluralité des sources du droit en Europe (droit de la Convention européenne des droits de l'homme et droit de l'Union européenne). Les juges (constitutionnels) sont donc en première ligne en assurant un rôle actif qui va au-delà de l'application de la loi. Ce qui ne signifie pas que la loi ne jouerait plus aucun rôle, mais qu'elle ne peut plus prétendre répondre à toutes les attentes de la société. Elle n'est plus le tout, mais une part du droit.

2) L'identification de l'État à la constitution

L'identité de l'État a été appréciée dans la diachronie, les identités ne restant pas identiques à elles-mêmes au cours du temps. L'affirmation des différentes formes d'État depuis le XIVe siècle exprime les mutations du droit public. L'évolution de l'identité de l'État implique en effet un changement concomitant du sens de la constitution. Aux trois catégories paradigmatiques d'État correspondent trois modèles de constitution. Le premier est sans doute le plus difficile à identifier puisque la constitution est l'expression de l'équilibre des rapports politiques et sociaux dans une société d'ordres sans que cet équilibre soit inscrit nécessairement dans un document écrit. L'État de justice a donc une véritable constitution mais qui n'est pas écrite[1] : « **la constitution d'ordres** » est une constitution mixte qui organise une forme de gouvernement modéré et équilibré. L'exemple anglais est le socle de ce modèle qui est néanmoins revisité par l'ajout d'une forme intermédiaire : « la constitution absolutiste des ordres ». Le lien étroit entre justice et action gouvernementale n'est pas remis en cause au XVIe siècle, même si les définitions de l'une et de l'autre évoluent. Les cadres institutionnels ne sont pas bouleversés bien que l'absolutisme s'affirme. Ce dernier n'a pas débouché sur l'autoritarisme en raison du rôle central de la justice. Comme le fait remarquer Luca Mannori en référence au juriste français Charles Loyseau (1566-1627), « *les juristes, encore au*

---

1. Pour reprendre l'intitulé d'un article de F. Saint-Bonnet (*Droits*, 32-2000, p. 7 et s.), « Un droit constitutionnel avant le droit constitutionnel » dont l'enseignement est d'abord celui du *ius publicum*. Cet enseignement se développe avant tout en Allemagne, dans le Saint-Empire, avant même 1600 : M. Stolleis, *Histoire du droit public en Allemagne (1600-1800)* (trad., *Geschite des öffentlichen Rechts in Deutschland*, Bd. 1, 1600-1800, 1988), PUF, Paris, 1998, p. 606 et s. Pour un panorama plus large, R. C. van Caenegem, *An Historical Introduction to Western Constitutional Law*, Cambridge, Cambridge University Press, 1995.

beau milieu de l'époque absolutiste, trouvaient une difficulté presque insurmontable à séparer complètement le pouvoir de commander du pouvoir de juger »[1]. Cette forme de constitution est qualifiée d'absolutiste à cause de la monarchie absolue et du principe de souveraineté mais, dans la pratique, la forme du gouvernement tient compte de l'organisation corporative de la société. Les ordres et les privilèges qui y sont associés seront remis en question non pas tant en raison de l'avènement du principe de souveraineté, que du développement du jusnaturalisme moderne et des droits individuels naturels.

Avec la Révolution française, la constitution écrite ne s'occupe plus de la société, mais de l'État. Elle définit les fonctions de l'État, son organisation et ses limites. La **constitution libérale** reconnaît les droits individuels qui sont conçus comme des limites au pouvoir de l'État. Ce dernier est soumis au droit et la loi est le principal instrument pour protéger les individus contre l'arbitraire étatique. En Allemagne, c'est le succès du « *Rechtsstaat* » comme théorie de l'autolimitation de l'État qui est surtout développée, à la fin du XIXe siècle, par les administrativistes tels que Mohl, Gneist et Mayer de manière à légitimer la justice administrative. En Grande-Bretagne, de la lutte entre la royauté et le parlement est né un espace pour la liberté individuelle, mais la « *Rule of law* » ne connaîtra un véritable succès que grâce à la conceptualisation proposée par celui qui donnera sa centralité à ce terme en droit constitutionnel : Dicey définit la « *Rule of law* » comme « *la sécurité donnée aux droits individuels par la constitution anglaise* »[2]. La diffusion de ces doctrines atteint la France : les juristes de la Troisième République construisent une théorie de l'État de droit contre « l'État légal » qui se manifeste, lors de cette période, par la prépondérance du Parlement puisque la souveraineté de la loi s'est transformée en souveraineté parlementaire. L'État de droit comme doctrine a donc pour objet de soumettre la loi au droit et, plus particulièrement, de défendre un contrôle juridictionnel de la constitutionnalité des lois[3]. Comme théorie et droit positif, cette idée du règne du droit présente une ossature conceptuelle commune quelles que soient les cultures juridiques et leurs richesses respectives (voir sur le rapprochement du droit britannique du droit

1. Luca Mannori qualifie le souverain de « tuteur » : conscient des bases « contractuelles » de son pouvoir et respectueux des autonomies des communautés, cette image éloignée de celle du souverain absolu a dominé les représentations constitutionnelles jusqu'à la fin de l'Ancien Régime. Voir L. Mannori, *Il Sovrano tutore. Pluralismo istutzionale e accentramento amministrativo nel principato dei Medici (secc. XVI-XVIII)*, Milan, Giuffrè, 1994. Pour une version synthétique en français, L. Mannori, « Histoire de la doctrine en droit administratif », *in La doctrine en droit administratif*, Paris, Litec, 2010, p. 13 et s.

2. A. V. Dicey, *Introduction to Study of the Law of the Constitution*, Londres, Macmillan, 10e éd., 1959, Chap. IV.

3. Sur ces débats doctrinaux, M.-J. Redor, *De l'État légal à l'État de droit*, Paris, Economica, 1992.

continental européen, Leçon 5 § 1). Ces dernières offrent encore des divergences non seulement visibles dans la terminologie, mais surtout dans le contenu des concepts[1].

La **constitution démocratique** va concrétiser la soumission de la loi à un rapport de conformité grâce au contrôle de constitutionnalité. Cette innovation pourrait paraître un simple achèvement des principes de l'État légal, mais elle porte en elle une transformation profonde qui touche à la conception même du droit. Jusqu'alors la loi est porteuse du nouvel ordre politico-juridique et, à partir du moment où le droit de suffrage s'élargit, d'une légitimité démocratique. Elle ne saurait pas conséquent être contestée, ni mise en cause. Le droit réduit à la loi s'exprime parfaitement dans le légicentrisme, c'est-à-dire un ordre juridique organisé autour de la loi et du parlement. La loi soumise à la constitution par le contrôle de constitutionnalité déplace par conséquent le centre de gravité de l'ordre juridique vers le texte fondamental lequel n'est pas démocratique tant en raison de son fondement (*i.e.* son élaboration par une assemblée constituante) que de son résultat : largement dépendante des juges constitutionnels qui réceptionnent en dernier lieu le processus interprétatif, la constitution est elle-même conçue comme un discours ouvert, public, continu et non-structuré au sein de la société ouverte de ses interprètes. Cette conception soutenue en particulier par Peter Häberle (voir Leçon 10 § 2, B) repose sur une analyse historique du processus d'intégration européenne et de l'internationalisation des droits de l'homme, mais elle est aussi un objectif à atteindre. Les différentes composantes du droit, unifiées dans la loi au XIXe siècle, sont désormais séparées (le caractère protéiforme du droit, *i.e.* de ses sources, rappelle ce qu'il était avant 1789[2]) et seule la constitution interprétée par les juges peut donner une unité de l'ordre juridique autour d'un ensemble de principes[3] sur lesquels se réalise malgré tout un consensus social suffisamment large. La constitution identifie en particulier un noyau dur de principes fondamentaux : la clause d'éternité qui les contient et qui fixe les éléments essentiels de l'identité constitutionnelle, doit être respectée par le pouvoir constituant dérivé.

Ce changement de nature du droit public dont les bases sont désormais constitutionnelles a aussi pour effet de modifier le droit constitutionnel devenu avant tout un droit dit par le juge[4]. Ce

---

1. L. Heuschling, *État de droit, Rechsstaat, Rule of Law*, Paris, Dalloz, 2002.
2. P. Grossi, *L'ordine giuridico medievale*, Rome-Bari, Laterza, 1995. Il ne peut s'agir néanmoins que d'une similitude sans convergence puisque l'ordre juridique médiéval est un donné, reflet de l'ordre cosmique créé par la raison divine, alors que l'ordre juridique moderne est construit par la volonté humaine.
3. Sur le « droit par principes », G. Zagrebelsky, *op. cit.*, p. 103 et s.
4. L. Favoreu, « Le droit constitutionnel : droit de la constitution et constitution du droit », *R.F.D.C.*, 1990, p. 72 ; É. Zoller, *Droit constitutionnel*, Paris, PUF, 1998, p. 50. Sur la constitution normative, voir Leçon 10 § 1.

changement n'implique néanmoins pas de s'en tenir à la description des interprétations données par le juge dont l'activité doit être soumise à un examen critique de la part des membres de la doctrine (voir Leçon 10 § 2, B). Cette démarche critique suppose de s'interroger sur les fondements des décisions rendues. C'est pourquoi les interrogations sur les relations entre État et constitution, d'une part, et constitution et société, d'autre part, sont importantes pour les expliquer et comprendre les mutations actuelles du droit constitutionnel liées en particulier aux choix politiques en faveur de l'intégration européenne[1]. L'une des dimensions essentielles de ces interrogations est celle de la souveraineté.

B. État et souveraineté

La notion de « souveraineté » présente elle aussi plusieurs facettes mais deux traits principaux sont ici retenus comme caractéristiques identitaires de l'État ; ce qui n'est envisageable qu'une fois précisées l'origine et les transformations du concept car l'idée de la souveraineté n'a pas évolué de façon similaire dans les principaux États européens.

1) L'archéologie du concept de « souveraineté »

Une brève archéologie du concept doit d'abord mentionner qu'il est apparu en Europe occidentale entre le XVIe et le XVIIe siècles même si les racines du concept sont médiévales, voire romaines[2]. La notion de « souveraineté » reste attachée au nom des principaux penseurs politiques de l'époque moderne (Bodin, Hobbes et Pufendorf) qui ont cherché à trouver un nouveau fondement à l'autorité du monarque qui, à cause de la sécularisation, ne pouvait plus être le droit divin. L'invention de la souveraineté est celle d'un concept radical, produit de la pensée absolutiste : « *conçue comme 'tout ou rien'* », « (...) [*d*]*'après cette doctrine, dans une entité territoriale, il n'existe qu'*un seul *centre de décision suprême et illimité qui*

1. En Allemagne, le décalage entre l'idée et la réalité de l'État explique le succès de la théorie de l'État comme discipline autonome et c'est le besoin d'une réflexion théorique pour le droit constitutionnel qui explique l'intérêt durable pour cette discipline. Néanmoins, sur l'impuissance de l'État à saisir les problématiques actuelles notamment liées à l'internationalisation, voir O. Lepsius, « Faut-il au droit constitutionnel une théorie de l'État ? Point de vue allemand : de la théorie de l'État à la théorie des formes de domination », *R.U.D.H.*, 2003, p. 86 et s. Voir aussi, dans le même numéro, sur l'absence de cette discipline en France, O. Jouanjan, « Faut-il au droit constitutionnel une théorie de l'État ? Point de vue français », p. 99 et s.

2. Voir sur le lien entre « majesté » et « souveraineté », J. Chiffoleau, « Majesté », *in* Claude Gauvard *et al.* (dir.), *Dictionnaire du Moyen Âge*, Paris, PUF, 2002, p. 869 et s. Il cite entièrement la célèbre phrase de Bodin : « *La souveraineté est la puissance perpétuelle et absolue d'une République que les latins appelaient* Majestatem » (chap. 8 du Livre I).

ne peut être remis en question, ni de l'intérieur (aspect interne) ni de l'extérieur (aspect externe) »[1]. L'État est donc conçu comme le centre unique du pouvoir politique et il doit être détaché de toute norme supérieure. L'archéologie de la notion de « souveraineté » est étroitement liée au processus de centralisation et de monopolisation du pouvoir politique. Étant donné le caractère suprême et exclusif attribué au pouvoir souverain, la souveraineté présente deux volets : l'un interne (les rapports de l'État avec ses sujets) et l'autre externe (les rapports entre États). Dans la pensée absolutiste, ces deux faces de la souveraineté coïncidaient et, pour cette raison, « *la souveraineté est un concept réaliste ; il ne se limitait pas à remplir une fonction de justification de la forme du pouvoir politique mais également de description digne de foi de son exercice effectif. Plus encore, dans le contexte absolutiste, la cohérence et le réalisme du concept de souveraineté parvenaient à faire coïncider l'objet auquel prétend le pouvoir politique absolu avec le titulaire de celui-ci : l'État reste personnifié par le monarque et, surtout, la volonté de ce dernier est la plus grande expression de la puissance du premier* »[2]. L'exercice de la volonté du Roi est l'expression de la puissance souveraine qui se traduit par la création du droit à partir de rien. À ce titre, l'œuvre de Bodin est majeure puisqu'elle a bouleversé la conception médiévale du pouvoir et du droit en faisant du pouvoir législatif, le « *premier pouvoir de l'État* »[3]. Ainsi, d'après Bodin, l'auteur de la loi est-il au-dessus de celle-ci et ne rencontre aucune limitation humaine : « [L]*a première marque du prince souverain, c'est la puissance de donner loi à tous en général, et à chacun en particulier [...] sans le consentement de plus grand, ni de pareil, ni de moindre que soi* ».

Une fois le monarque dépossédé de la souveraineté, l'histoire du concept est celle des compromis recherchés par les différents droits constitutionnels européens : trouver un nouveau titulaire de la souveraineté pour entretenir l'idée qu'elle n'a pas perdu son caractère illimité tout en désamorçant son potentiel destructeur. Les compromis trouvés n'ont cependant pas rendu la souveraineté inoffensive et son caractère dangereux s'est manifesté à plusieurs reprises : il suffit de penser pour la France à la période de la Terreur marquée par les jugements expéditifs et les exécutions de masse. Néanmoins, il y a en Europe un pays sans souverain désigné par la constitution[4]. En effet, les Pays-Bas n'ont pas choisi entre les différentes formes de

1. A. Jakab, « La neutralisation de la question de souveraineté. Stratégies de compromis dans l'argumentation constitutionnelle sur le concept de souveraineté pour l'intégration européenne », *Jus Politicum*, 2008, n° 1 : http://www.juspoliticum.com

2. L. M. Diez-Picazo, « Les pièges de la souveraineté », *in* R. Dehousse (dir.), *Une constitution pour l'Europe ?*, Paris, Presses de Sciences Po, 2002, p. 52.

3. É. Zoller, *Introduction au droit public*, cit., p. 23.

4. A. Jakab, *op. cit.* Cet article explore plusieurs compromis, outre ceux exposés ici, les cas autrichien et hongrois, mais pas celui néerlandais.

souveraineté (celle des républicains, la souveraineté populaire, celle des royalistes, la souveraineté monarchique et celle du clergé, la souveraineté divine), pas même en 1983 lorsque la constitution a été modernisée : savoir qui détient la souveraineté ne semble pas être une question importante méritant d'être résolue[1]. À cette solution simple et pragmatique, ont été préférées des constructions théoriques plus ou moins élaborées dans les droits constitutionnels européens.

En Angleterre, se met en place la doctrine « *King in Parliament* » : la Glorieuse révolution (1688) est essentiellement d'ordre juridique. Le nouveau roi ne reçoit pas sa couronne en vertu d'un titre héréditaire, mais du parlement lui-même. Le parlement a conquis la souveraineté en légalisant le changement de dynastie. Le roi a perdu sa qualité de source du pouvoir, devenant le premier représentant de la Couronne en Parlement (*King in Parliament*). La souveraineté habilite le Parlement à faire les lois qui lui paraissent bonnes sans qu'une constitution écrite ou la volonté des électeurs puissent l'entraver en quoi que ce soit[2]. La souveraineté correspond donc au pouvoir législatif suprême placé sous la double autorité du parlement (qui la fait) et du roi (qui y consent). Les Britanniques n'ont néanmoins pas conceptualisé cette doctrine dans une théorie de la souveraineté qui viserait à fonder l'unité du pouvoir souverain alors qu'il n'y a pas d'unité du détenteur de la souveraineté.

En France, la recherche d'un compromis entre la souveraineté monarchique (Bodin) et la souveraineté populaire (Rousseau) conduit à créer, à la Révolution (1789), un sujet abstrait, la Nation, qui possède la souveraineté au lieu de la partager entre le parlement et le roi comme dans le cas anglais. Pour Sieyès, l'inventeur du concept, la Nation est « *un corps d'associés qui vit sous une loi commune et qui est représenté par le même législateur* ». Il est donc essentiel afin que la Nation se constitue comme entité politique, au-delà d'une simple agrégation sociale, qu'elle soit représentée. Dès lors, il ne s'agit plus de définir la Nation, mais la représentation : la qualité de représentant, ses compétences et les modalités pour le/les choisir. La Nation que son inventeur impose dans la Déclaration des droits de l'homme et du citoyen de 1789, puis dans la première constitution écrite de 1791, exprime l'unité et l'exclusivité de l'autorité légitime, *i.e.* la volonté du peuple (notion qui l'emporte en 1793) à travers ses représentants dont l'actuel article 3 de la Constitution française est une synthèse puisque la souveraineté nationale et la souveraineté populaire sont réunies

---

1. B. De Witte, « Do Not Mention the Word: Sovereignty in Two Europhile Countries, Belgium and the Netherlands », *in* N. Walker (ed.), *Sovereignty in Transition*, Oxford, Hart, 2003, p. 351 et s.

2. J. Bell, « Que représente la souveraineté pour un Britannique ? », *Pouvoirs*, 1993, n° 67, p. 111 et s. ; pour la bibliographie en langue anglaise, voir entre autres P. Leyland, *The Constitution of the United Kingdom. A Contextual Analysis*, Oxford, Hart, 2007, p. 37 et s.

(« La souveraineté nationale appartient au peuple... »). Malgré cet ultime compromis, la Nation de 1789 exprime toujours une unité substantielle et compacte (parfois organique), jamais la volonté de la majorité, mais la volonté générale absolue. La Nation se voit reconnaître les attributs d'une divinité : elle est une, indivisible et inaliénable. Ces qualités sont transférées aussi bien à la République qu'à la loi puisque le Parlement a le monopole de la représentation. Or, la conception française de la représentation paraît étroitement liée à l'idée d'unité nationale qui s'exprime dans la loi.

Dans la conception française, la Nation comble le vide entre les citoyens et l'État. À partir de là, le concept de souveraineté a commencé à se détériorer dans sa dimension interne : comment affirmer en même temps le caractère absolu du pouvoir politique et sa sujétion aux normes juridiques. La souveraineté devient en soi limitée. Bien que le constitutionnalisme se soit développé tardivement en France (voir Leçon 10 § 1, A)[1], cette doctrine a pour ambition d'établir des freins effectifs à l'action politique et étatique. La constitution est alors conçue comme une protection du peuple contre toute action arbitraire qu'elle émane du pouvoir législatif ou de tout autre organe du gouvernement. Ainsi la souveraineté a pour objet d'établir quelle est la source suprême de la légitimité au sein d'un État.

En Allemagne, le compromis a conduit à conférer la souveraineté non pas à un nouveau sujet, mais à l'État. Ce qui explique la centralité de l'État dans la pensée de la science juridique allemande et, en particulier, le travail mené par les juristes du XIXe siècle pour donner à l'État la qualité de personne juridique de manière à disposer d'un centre abstrait d'attribution de la souveraineté. La doctrine libérale a ainsi détaché l'État de la personne du prince par la construction de la théorie de la personnalité juridique de l'État. Cette insistance de la part des juristes vise à donner consistance à une idée d'unité n'existant ni politiquement, ni réellement, puisque le peuple allemand ne peut se concevoir dans l'unité qu'à travers la personne du prince : « *Le concept d'État ne correspond pas à l'ordre constitutionnel concret. Avant 1871, l'Allemagne en tant qu'État n'était qu'une idée culturelle, et non une réalité politique. Après 1871, on a parlé d'Empire, et non d'État allemand. [...] le concept d'État ne s'est pas référé à un ordre politique existant mais il a décrit un ordre pensé* »[2]. Mais dès lors que l'article 12 de la Constitution de Weimar (1919) transfert la souveraineté au peuple (« L'autorité de l'État

---

1. On peut d'ailleurs penser que la conception de la souveraineté (populaire) défendue par J.-J. Rousseau en est largement responsable : en excluant tout droit antérieur supérieur à l'expression de la volonté générale, la souveraineté devient fondatrice. Dès lors la souveraineté (populaire) est absolue et sans limites sauf celles que la volonté générale s'impose à elle-même.

2. O. Lepsius, « L'influence du droit public français sur la doctrine juridique allemande de la République fédérale », *Revue d'histoire des facultés de droit*, 2004, p. 215.

dérive du peuple ») – ce qui est réaffirmé dans l'actuelle Loi fondamentale puisque l'article 20 dispose : « Tous les pouvoirs émanent du peuple » –, l'Allemagne rejoint les filons anglais et français même si elle conserve la particularité de ne pas autoriser le référendum, ce qui renforce l'idée que la souveraineté ne correspond plus à l'exercice immédiat du pouvoir politique par son titulaire.

Carl Schmitt, conscient qu'on ne pouvait parler d'un véritable souverain dans l'État constitutionnel, a ainsi affirmé qu'« *est souverain celui qui décide de l'état d'exception* » de manière à soutenir que la stabilité constitutionnelle dépend toujours d'une volonté humaine inconditionnée[1]. Dans son ouvrage, *Théorie de la constitution* (1928), il a d'ailleurs mis en évidence la contradiction des révolutions libérales cherchant à conserver le concept de souveraineté dans l'État constitutionnel. Sa démarche réaliste, bien que porteuse d'une critique réactionnaire, attire l'attention sur le caractère peu opérationnel de la souveraineté en tant que réalité politique, il suffit de penser à l'intérieur comme à l'extérieur de l'État au pluralisme politique et social qui conteste l'idée même de sujétion, aux centres de pouvoir alternatifs (économique, religieux...) ou encore aux organisations internationales et, plus encore, à l'Union européenne. Carl Schmitt avait lui-même prononcé un diagnostic implacable bien avant même qu'il ne soit question de la construction européenne : « *Il n'y a pas longtemps encore, la partie européenne de l'humanité vivait une époque dont les concepts juridiques procédaient tout entiers de l'État et supposaient celui-ci comme modèle de l'unité politique. L'ère de l'État est à son déclin. [...] Et c'est aussi la fin de toute la superstructure de concepts relatifs à l'État édifiée en quatre siècles de labeur intellectuel par une science du droit public et du droit des gens de caractère eurocentrique. L'État, modèle de l'unité politique, est investi d'un monopole étonnant entre tous, celui de la décision politique, l'État, ce chef d'œuvre de la forme européenne et du rationalisme occidental, est détrôné* »[2]. De son côté, Kelsen niant aussi le caractère opératoire du concept de souveraineté a soutenu la primauté du droit international sur le droit interne et la suprématie de la constitution comme garant des droits et libertés[3]. Les deux auteurs divergent sur la conception du pouvoir constituant : pour Kelsen, le pouvoir constituant est toujours actif alors que, pour Schmitt, il est épuisé avec l'approbation de la constitution.

Le problème n'est pas tant de savoir si l'État est encore souverain, mais de comprendre les effets structurants qu'une telle notion

1. C. Schmitt, *Théologie politique* (1922), Paris, Gallimard, 1988.

2. C. Schmitt, *La notion de politique. Théorie du partisan* (1932), Paris, Calmann-Lévy, 1989, p. 44-45.

3. H. Kelsen, *Das Problem der Souveränität und die Theorie des Völkerrechts*, Berlin, Julius Springer, 1920 (trad. it. *Il problema della sovranità*, Giuffrè, Milan, 1989).

exerce encore aujourd'hui sur le droit constitutionnel de la plupart des États européens. Les droits constitutionnels européens ne l'ont jamais abandonnée (exception faite et déjà soulignée des Pays-Bas), à la différence des Américains qui nourrissaient pour ce concept monarchique une forte détestation au point qu'il est impossible de le retrouver dans les grands textes fondateurs du droit public[1].

2) La souveraineté comme trait identitaire de l'État

La souveraineté comme la constitution sont fortement liées à l'État et ces notions sont par conséquent très imbriquées. Envisager la souveraineté comme trait identitaire de l'État signifie mettre l'accent sur l'unité politique d'une communauté nationale. Cette unité est autant un donné social résultant d'éléments culturels que le produit d'un processus dans lequel le droit joue un rôle majeur. C'est la raison pour laquelle la souveraineté est aussi bien un marqueur de l'identité juridique que politique de l'État. On peut ainsi adhérer à la définition simple qu'en donne Denis Baranger : « *La souveraineté est une puissance de droit engendrant l'unité du corps politique* »[2].

Pour assurer le monopole du commandement politique sur un territoire déterminé, l'État s'est affirmé comme souverain. Initialement, la traduction juridique de la souveraineté correspond aux droits régaliens, c'est-à-dire aux droits du Roi (rendre la justice, faire la guerre et la paix, conclure les traités, lever les impôts, battre monnaie) : ils sont tous dépendants du pouvoir de faire la loi. Les théories de la souveraineté développées par Bodin, puis Hobbes prônent une identification entre la souveraineté, le monarque (le titulaire) et l'État (le cadre d'exercice), mieux elles conçoivent le souverain comme l'incarnation de l'État. Même si le titulaire de la souveraineté n'est plus le monarque, le processus d'identification entre souveraineté et État n'a jamais été remis en cause. Alors même que cette identification peut être critiquée, elle n'en semble pas moins bien enracinée : souveraineté et État sont inséparables[3].

C'est la doctrine juridique de la fin du XIXe siècle et du début XXe siècle, en particulier celle de Jellinek et de Carré de Malberg, qui a cherché à tirer toutes les implications de l'affirmation selon laquelle la puissance étatique est souveraine. Ainsi, en faisant le détour par la langue allemande qui dispose de plusieurs termes pour rendre compte des différentes facettes de la souveraineté, Raymond Carré de Malberg distingue-t-il : d'abord, la souveraineté en tant que signe distinctif de l'État (*Souveränität*) ; ensuite, la souveraineté en tant que puissance publique, c'est-à-dire les pouvoirs effectifs, ou la

1. É. Zoller, *Introduction au droit public*, cit., p. 115.

2. D. Baranger, *Le droit constitutionnel*, Paris, PUF, coll. Que-sais-je ?, 1re éd., 2002, p. 34.

3. O. Beaud, *La puissance de l'État*, Paris, PUF, 1994, p. 14.

somme des actions que l'État peut entreprendre du fait de sa qualité de personne souveraine (*Staatsgewalt*) ; enfin, la souveraineté en tant que qualité de l'organe souverain dans l'État (*Herrscher*)[1]. Ce dernier sens renvoie à la souveraineté *dans* l'État alors que les deux premiers expriment la souveraineté *de* l'État.

Le premier sens fait de la souveraineté « *une qualité constitutive de l'étaticité de l'État, lui-même défini par différence avec les organisations infra-étatiques qu'il subjugue, comme avec les organisations supra-étatiques qu'il ignore* »[2]. L'État est distinct à la fois des organisations infra-étatiques (se pose néanmoins un problème récurrent qui est de savoir si l'État fédéré est un véritable État) et des organisations internationales. Les deux facettes de la souveraineté sont indissociables même si leur nature juridique est différente. La dimension externe est sans doute celle qui est la plus enracinée dans le discours juridico-politique. On a pu s'en apercevoir, après la chute du Mur de Berlin, lorsque les États des pays d'Europe centrale et orientale ont, pour la plupart, adopté une nouvelle constitution, visant à réaffirmer leur souveraineté. Cette dernière est alors synonyme d'indépendance nationale. Juridiquement, l'unité du pouvoir étatique doit être reconnue par les autres États.

Ce premier sens est étroitement lié au deuxième relatif aux compétences exercées par l'État. Il élabore les règles de droit et en impose le respect sous peine de sanction. Jellinek, puis Carré de Malberg défendent que l'État est la seule source du droit et donc qu'il est une puissance sans autres limites que celles qu'elle se donne : un pouvoir de droit limité de sa propre volonté. Le positivisme étatique est donc marqué par l'idée de l'autolimitation non par un droit qui précède ou dépasse l'État mais par un droit que la puissance étatique produit elle-même[3]. Dans le prolongement de cette vision libérale, puisqu'il ne peut y avoir de souverain dans un État constitutionnel, certains auteurs ont déplacé la souveraineté dans la constitution. Ainsi Gustavo Zagrebelsky voit la souveraineté de la constitution comme « *une nouveauté pleine de sens, pourvu que l'on n'en attende pas un résultat du même type qu'anciennement, c'est-à-dire la création d'un nouveau centre d'où émanerait une force concrète, cause suffisante de l'unité politique étatique* »[4]. La constitution comme

1. R. Carré de Malberg, *Contribution à la théorie générale de l'État, spécialement d'après les données fournies par le droit constitutionnel français* (1920 et 1922), Paris, rééd. Dalloz, 2004, T. 1, p. 79-88.

2. E. Maulin, « Souveraineté », *in* D. Alland, S. Rials (dir.), *Dictionnaire de la culture juridique*, cit., p. 1437.

3. C. Schönberger, « Penser l'État dans l'Empire et la République – Critique et réception de la conception juridique de l'État de Laband chez Carré de Malberg », *in* O. Beaud, P. Wachsmann (dir.), *La science juridique française et la science juridique allemande de 1870 à 1918*, Strasbourg, PUS, 1997, p. 255 et s.

4. *Op. cit.*, p. 12.

souverain est en revanche contestée par d'autres[1] car, puisque la constitution n'est pas douée de volonté, ce déplacement se fait, concrètement et au quotidien, au profit de ses principaux interprètes, le juge constitutionnel et les gouvernants qui risquent de confisquer la constitution au peuple. Précisément, le souverain est « au-dessus de la constitution » : c'est le détenteur du pouvoir de faire et de défaire les constitutions, autrement dit, c'est le titulaire du pouvoir constituant. Cette vision tout aussi libérale empêche « *d'assimiler le pouvoir absolu de la puissance constituante à un pouvoir d'abrogation de la Constitution* »[2].

Enfin, le troisième sens renvoie à la source du pouvoir au sein de l'État puisqu'il faut l'incarner. Il ne faut pas oublier que l'État est une abstraction. La théorie de la personnalité morale présente l'avantage d'attribuer directement la souveraineté à l'État et ainsi de pouvoir lui imputer des actes. Ce qui permet de résoudre des problèmes juridiques dans la vie interne de l'État, comme sa supériorité sur les collectivités infra-étatiques ou bien « sa responsabilité ». Mais il faut une volonté qui exerce le pouvoir. Or l'État ne peut vouloir puisque la volonté est toujours le fruit d'un exercice humain, d'une personne ou d'un groupe d'individus capable de prendre des décisions. Ce troisième sens cherche donc à résoudre cette nécessité d'incarner l'État qui ne peut être lui-même, de manière concrète, le souverain. Dans une société démocratique, la source du pouvoir est le peuple (censé préexister à l'État) lequel ne peut néanmoins exercer directement le pouvoir politique. Le problème central est donc de savoir qui peut parler au nom de la communauté nationale. Ce problème ne peut être résolu que par la représentation dont l'objet est l'expression de la volonté du peuple ou de la nation comme corps politique[3]. Par la représentation, la communauté nationale exprime son indivisibilité. Ici, la souveraineté comme concept politique sert à désigner le titulaire légitime du pouvoir. L'État moderne résulte de cette distinction fondamentale entre les gouvernés et les gouvernants (les organes de l'État).

Malgré les critiques, la souveraineté reste le critère de l'État et c'est sans doute pourquoi l'identité constitutionnelle a pris aujourd'hui une telle place dans le débat relatif à l'approfondissement de l'intégration européenne : elle est supplétive de la souveraineté. Avant, il faut revenir sur l'ancrage territorial de la constitution pour mieux comprendre les tensions dans le développement de la construction européenne.

---

1. O. Beaud, « Le souverain », *Pouvoirs*, 1993, n° 67, p. 35.
2. *Ibid.*, p. 38.
3. P. Avril, « Note sur les origines de la représentation », *in* F. D'Arcy (dir.), *La représentation*, Paris, Economica, 1985, p. 99 et s.

C. *État et territoire*

L'espace de référence, et donc de légitimité pour le droit constitutionnel, correspond au territoire national. Il y a une sorte d'évidence dont témoigne la constitution nationale puisque le plus souvent cette dernière ne dit rien du territoire : elle ne le définit pas, ni concrètement (sa configuration géographique), ni abstraitement (sa fonction au sein de l'État)[1]. Pourtant, le droit est compris comme constitutionnel parce que la communauté politique est constituée aussi grâce au territoire[2]. Cette vision qui conduit à concevoir le territoire comme fondement de l'identité de l'État est avant tout partagée en Europe continentale. La « constitution territoriale » connaît toutefois de nombreuses tensions en particulier dans les États dits régionaux où le référendum est convoqué comme instrument de sortie de crise.

1) L'ancrage territorial de la constitution comme fondement de l'identité de l'État

La territorialité des constitutions est rarement envisagée en droit constitutionnel. L'ancrage territorial de la constitution est en quelque sorte présupposé au nom de l'identité entre territoire et État. Même dans les manuels de droit constitutionnel en Europe continentale, la question est peu traitée. Dans la littérature anglo-américaine, cela n'a rien d'étonnant : d'abord, parce que le territoire comme élément de l'État est une idée incongrue à cause de l'importance du contractualisme. Selon cette doctrine, le peuple n'est pas un élément de l'État mais utilise l'État à ses propres fins. Les gouvernants sont légitimes car ils protègent la propriété que les concitoyens ont incorporé dans la constitution politique (d'où l'importance du droit de propriété en droit américain). Ensuite, la territorialité des constitutions est peu traitée parce qu'aucune théorie juridique de l'État n'a été élaborée, ni aux États-Unis, ni au Royaume-Uni. De l'autre côté de la Manche, la *Crown* est un équivalent fonctionnel à l'État comme centre d'imputation des droits et pouvoirs (aux États-Unis, le *federal government* est l'équivalent fonctionnel). Dit en d'autres termes, il y a peu d'intérêt pour le territoire puisque « *la société n'est pas constituée de manière étatique* »[3]. Dès lors, il n'est pas surprenant que les *Handbooks* américains et britanniques ignorent la rubrique « territoire ».

---

1. M. Verpeaux, « Territoire et constitution ou les relations ambiguës entre la géographie et le droit », in *En hommage à Francis Delpérée, Itinéraires d'un constitutionnaliste*, Bruxelles-Paris, Bruylant-LGDJ, 2007, p. 1677.

2. M. Luciani, « Dal chaos all'ordine e ritorno », *Rivista di filosofia del diritto*, 2019, n° 2, p. 357.

3. H.F. Dyson, cité par A. Di Martino, « Gli itinerari costituzionali del territorio : una prospettiva comparata », *Rivista dell'Associazione italiana dei costituzionalisti*, 2012, n° 3, p. 2, online : https://www.rivistaaic.it/it/

En revanche, l'évidence du territoire laisse entendre que le territoire est présupposé en Europe continentale. Autrement dit, sans une emprise géographique, l'État est impensable pour les juristes continentaux. L'État moderne comme indiqué précédemment s'est construit de manière concomitante par un double processus de dépersonnalisation et de territorialisation du pouvoir politique. En délimitant le territoire, l'État fait acte d'autorité et en fait un objet juridique. Le territoire semble quand même le grand absent de la constitution : parfois il est constaté comme une donnée historique, plus rarement est formulée une description concrète. Un exemple éclairant est la Constitution irlandaise de 1937 qui définit le territoire à l'article 2 : « Le territoire national comprend toute l'île d'Irlande, les îles et les eaux territoriales en dépendant ». Cette définition physique fait écho à l'article suivant qui évoque le « rétablissement du territoire national » : la question territoriale est évoquée car le territoire est disputé. On trouve d'autres exemples : Taiwan dans le préambule de la Constitution chinoise ou encore le Cachemire implicitement mentionné dans le préambule de la Constitution pakistanaise. C'est le cas le plus fréquent. L'assise territoriale paraît alors comme une composante essentielle de l'identité étatique. Toutefois, il est impossible de généraliser cette analyse. Par exemple, la Constitution des Philippines de 1987 décrit dès l'article 1er le territoire national[1] : c'est sans doute parce qu'il est composé de plus de 7 000 îles et non pas en raison de son importance comme facteur d'unité et donc d'identité étatique et nationale. Les facteurs d'intégration sont plutôt la religion chrétienne et une langue commune (celle des anciens colonisateurs : d'abord l'espagnol, puis l'anglais). On observera que les constitutions contemporaines pallient ce silence par référence aux symboles nationaux. Les symboles constitutionnels représentent l'État en lui offrant des supports figuratifs, en particulier le drapeau. Ce dernier permet de délimiter l'espace et de matérialiser les frontières. L'État devient concret et visible.

Les constitutions des États régionaux ou fédéraux ne sont guère plus explicites alors même que la question territoriale a toute son importance. Ainsi, la Constitution italienne de 1946 fait mention à l'article 131 des vingt régions qui la composent et donne certes une idée géographique de l'Italie. Le cas espagnol est encore plus étonnant. La Constitution de 1978 n'a pas vraiment « constitué » un État espagnol : elle a plutôt dessiné des perspectives, posé des principes et des conditions, esquissé des évolutions, mais elle a laissé vierge une

---

1. Art. 1er : « Le territoire national comprend l'archipel philippin, avec toutes les îles et les eaux qui le composent, et tous les autres territoires sur lesquels les Philippines exercent leur souveraineté ou leur juridiction, à savoir les domaines terrestre, fluvial et aérien, y compris la mer territoriale, les fonds marins, le sous-sol, les plateaux insulaires et les autres zones sous-marines. Les eaux qui entourent, séparent et relient les îles de l'archipel, quelles que soient leur largeur et leurs dimensions, font partie des eaux intérieures des Philippines ».

partie de la trame institutionnelle, celle qui concerne les éléments structurants de l'organisation territoriale que sont les communautés autonomes. La carte définitive de l'État espagnol ne figure pas dans la Constitution : elle résulte d'un processus incertain dans la mesure où les Communautés ont été appelées à s'auto-constituer. On peut dès lors avancer l'idée d'un État en devenir qui n'a pas encore trouvé sa forme définitive en 1978. La Constitution de 1978 reconnaît ainsi le droit à l'autonomie dans son article 2.

Le territoire comme catégorie dogmatique a été particulièrement développé en Allemagne dès la seconde moitié du XIXe siècle au sein de la *Staatsrechtslehre* (la théorie du droit constitutionnel). Ce débat a été reçu en Italie notamment dans un article important de Santi Romano[1] qui porte sur la nature juridique du territoire dans lequel il dégage une distinction sur la base des travaux antérieurs de deux juristes allemands : Georg Jellinek et Paul Laband. Le premier a développé le territoire-sujet comme élément constitutif de l'État : autrement dit, l'État est un territoire. En revanche, le second conçoit en opposition à la proposition précédente le territoire comme objet sur lequel s'exerce la puissance étatique. L'État a donc un territoire. À présent, ces conceptions sont admises comme complémentaires et reflètent les différentes manières de concevoir juridiquement le territoire auxquelles peut être ajouté « le territoire-limite », délimitant la surface d'emprise de l'État[2].

Dans l'évolution connue par la doctrine allemande, la conception classique (dont la définition de l'État par ses trois éléments constitutifs – territoire, peuple et souveraineté – trouve son expression par excellence dans l'œuvre de Jellinek[3]) est également accompagnée d'une autre vision du territoire sur le fondement cette fois-ci d'une théorie de la constitution (déjà évoquée dans la Leçon précédente). Ce filon renvoie à un autre juriste allemand de la période de Weimar tout aussi important que Kelsen ou Schmitt, mais sans doute moins connu en France : Rudolf Smend. Le territoire est compris comme moment d'intégration (matérielle ou concrète) de la communauté politique (il fait mention du Rhin et des implantations historiques) et participe donc du destin politique commun. La théorie de l'intégration comme théorie de la constitution proposée par Smend cherche à saisir « *la réalité de la vie de l'État dans son ensemble* »[4]. Nombreux sont les facteurs d'intégration, notamment les lieux de mémoire

1. S. Romano, « Osservazioni sulla natura giuridica del territorio », *in Scritti minori*, I, Milan, Giuffrè, 1949, p. 167 et s. (initialement publié en 1902 dans *Archivi di diritto pubblico*).

2. J. Chevallier, « Réflexions sur la notion de territoire », *in Mélanges en l'honneur du professeur Gérard Marcou*, Paris, IRIS, 2017, p. 97.

3. G. Jellinek, *Allgemeine Staatslehre*, Berlin, Springer, 1922.

4. R. Smend cité par R. Baumert, « Intégration et démocratie dans la pensée de Rudolf Smend », *in* V. Champeil-Desplats et J.-M. Denquin (dir.), *Démocratie et constitutionnalisme – Retours critiques*, Paris, Mare & Martin, 2018, p. 115.

collective, les symboles (hymnes, drapeaux…), et la constitution elle-même qui assure une fonction symbolique évoquée précédemment (Leçon 10 § 1). Le territoire n'apparaît plus uniquement comme un donné inhérent à l'existence de l'État (en ce sens, la pensée de Smend s'oppose à la vision classique), mais répond à une dynamique qui renvoie à un ensemble de valeurs constitutionnelles (la constitution étant la carte d'identité de l'État). Il peut dès lors être compris comme le fondement de l'identité de l'État et apparaître comme un facteur d'intégration sociale. Cette vision dynamique du territoire permet d'interroger la catégorie juridique. On est donc aussi très éloigné de la vision proposée par Kelsen qui a développé une théorie de la compétence du pouvoir étatique insérée dans une théorie dépersonnalisée de l'État conçu avant tout comme système normatif (sa conception moniste fait d'ailleurs perdre toute son importance au territoire). La vision de Smend rapproche le territoire de la patrie.

Le territoire est donc loin d'être une catégorie juridique univoque[1]. Cela tient sans doute à la double nature du territoire à la fois géographique et politique. Depuis l'antiquité grecque, le territoire est un bien géographique (la *res*, *i.e.* la terre[2]) mais transformé par les institutions politiques en un élément politique. Cela effleure dans la parole commune aux langues germaniques, *Raum* : elle indique une superficie terrestre déboisée et travaillée par l'homme ; ce qui met en évidence le lien étroit entre l'espace géographique et l'action des hommes[3]. Sur le territoire, l'usage de la force et l'imposition de règles correspondent à l'invention de la souveraineté (voir *supra*). Dès lors, le territoire n'apparaît plus comme figé (un donné) mais, au contraire, il s'inscrit dans une dynamique d'évolution permanente. Il répond à une construction qui renvoie à la fois aux fondations de l'État et aux racines de l'identité collective. D'ailleurs, pour Smend « *la vie de l'État est un processus d'intégration continuel* »[4]. La constitution ne peut parvenir que partiellement à encadrer ce processus. Remodeler le territoire de l'État sans toucher à son identité, voire aux identités régionales, ne peut être chose aisée. C'est d'ailleurs dans ce contexte que la notion de « constitution territoriale » se

1. I. Ciolli, « Spazio, territorio, luoghi strani. La conformazione dello spazio politico negli stati illiberali », *Rivista dell'Associazione italiana dei costituzionalisti*, 2018, n° 2, p. 2, online : https://www.rivistaaic.it/it/

2. Ici, la locution latine permet de comprendre l'importance de la *res publica* (la chose publique) objet du droit public. Ce sont les juristes romains qui ont fondé la *res publica*, devenu « État » dans le langage moderne : É. Zoller, *Introduction au droit public*, Paris, Dalloz, 2e éd., 2013, p. 3.

3. Hypothèse formulée par Carl Schmitt in *Raum und roma-Zur Phonetik des Wortes Raum*, cité par I. Ciolli, *ibid.*, p. 3.

4. R. Baumert, *ibid.*, p. 120.

diffuse[1]. Elle peut aider à intégrer la dimension territoriale dans sa pluralité lorsque plusieurs communautés politiques cohabitent.

2) Territoire(s) et référendum

Les transformations du territoire étatique ne sont envisageables que si un autre élément de la définition classique de l'État entre en jeu : le peuple. Là aussi, le lien est ancien et étroit : *res publica, res populi* selon Cicéron. Parmi ce qui relie les hommes entre eux, la chose publique comprend aussi le territoire. Le territoire offre des racines et donc produit une identité, voire des identités.

L'expérience espagnole peut être prise comme exemple pour comprendre les difficultés d'un État où coexistent plusieurs identités territoriales. L'État des autonomies constitue sans conteste la plus grande originalité de la Constitution espagnole de 1978. C'est une réponse originale à une longue histoire dans laquelle les Espagnols semblent tout aussi attachés à leurs nations (basque, catalane, galicienne ou autres) et à leur patrie (deux drapeaux flottent dans les institutions des Communautés autonomes). Ces « nations » n'ont pas réussi à se constituer en État-nations indépendants. L'explication est d'abord d'ordre économique. Les élites économiques n'y avaient pas intérêt : au XIXe siècle, la bourgeoisie capitaliste des régions riches – Pays basque et Catalogne – a préféré éviter la compétition avec d'autres économies sur le marché européen et rester dans le marché protégé de l'Espagne. Un autre élément historique est important à signaler : régionalisme et démocratie ont toujours été liés dans l'histoire espagnole. Autrement dit, ce sont les régimes à connotation démocratique qui depuis le XIXe siècle ont toujours été décentralisateurs. Le régime autoritaire du Général Franco (de 1939 à 1975) a été en revanche centralisateur et anti-régional (notamment, avec l'interdiction de parler la langue régionale).

Il faut rappeler que la Constitution de 1978 n'a pas vraiment constitué « l'État autonomique ». Les Communautés autonomes se sont en effet constituées suite à une initiative volontaire. Ce n'est donc pas une concession de l'État central. Les processus menant à l'autonomie expriment la volonté des constituants de prendre en considération différentes spécificités (géographiques, sociologiques, historiques et linguistiques). Ils correspondent de manière schématique à deux voies : d'une part, une voie d'accès « rapide » à l'autonomie réservée aux communautés dites « historiques » (Pays basque, Catalogne et Galice) et capables d'assumer sans tarder un

---

1. Neil Walker s'y intéresse pour décortiquer la spécificité constitutionnelle écossaise et l'envisage dans une dimension qui dépasse l'autorité constitutionnelle du seul État souverain : N. Walker, « The Territorial Constitution and the Future of Scotland », *in* A. McHard *et al.* (eds.), *The Scottish Independence Referendum: Constitutional and Political Implications*, Oxford, Oxford University Press, 2016.

statut d'autonomie et, d'autre part, une voie d'accès dite « lente » ou « ordinaire » aménageant par étapes le processus d'autonomie. Ces voies ont conduit à dix-sept Communautés autonomes dotées de statuts particuliers. Les statuts d'autonomie déterminent les compétences assumées par chaque Communauté dans le cadre fixé par la constitution (lequel n'impose pas non plus un modèle unique de répartition des compétences, laissant une marge de manœuvre aux Communautés dont les plus revendicatives ont largement usé). Juridiquement, ils prennent la forme de loi organique de l'État adoptée à ce titre par les instances législatives centrales, mais les territoires concernés participent à leur élaboration initiale, voire à leur réforme. Dans ce dernier cas, l'accord des *Cortes generales* et du parlement de la Communauté concernée est nécessaire et, éventuellement, le processus exige un référendum de ratification par la population concernée.

Le processus relatif à la forme territoriale a donc été pensé immédiatement comme évolutif et visait en particulier à répondre aux revendications nationalistes de la Catalogne et du Pays basque et aussi à éviter la violence politique. Il a été accompagné de non-dits pour faciliter le compromis en espérant que la pratique et les garanties prévues (en particulier le Tribunal constitutionnel) combleraient les vides et rendraient plus lisible la complexe répartition des compétences. Au contraire, la forme territoriale n'a cessé de « *générer un niveau élevé de conflits, structurel propre à ce type de modèle, du fait des tensions asymétriques liées aux différents nationalismes internes* »[1].

L'État des autonomies souffre de défauts structurels anciens. Autrement dit, le caractère évolutif du processus n'a pas été compensé et encadré. Concrètement, on ne trouve guère d'organes de liaison entre État et Communautés. Celles-ci semblent le plus souvent s'ignorer et se préoccupent davantage du renforcement de leurs attributions ou de leur moyen d'action plutôt que du bon fonctionnement de l'État espagnol. Le bilatéralisme a favorisé manifestement le « comportement égocentrique » de certaines Communautés. En particulier, le Sénat ne joue pas le rôle d'une seconde chambre territoriale comme lieu de négociation politique et d'élaboration des lois territoriales. *Aux termes de l'article 69 alinéa 1er de la Constitution, le Sénat est défini comme une « chambre de représentation territoriale ». Sa composition n'en fait pas la chambre des Communautés mais de toutes les composantes territoriales :* 208 sénateurs sont élus au suffrage universel direct au niveau provincial et 58 sont élus indirectement : un sénateur est désigné par chacune des 17 communautés autonomes, plus un sénateur supplémentaire par million d'habitants, ce qui donne des

1. J. Garcia Roca, « Le temps des réformes constitutionnelles et l'État des autonomies », *in* H. Alcaraz et O. Lecucq (dir.), *40 ans d'application de la Constitution espagnole*, Paris, Institut francophone pour la justice et la démocratie, 2020, p. 193.

délégations dont l'effectif varie de un à huit (le maximum correspondant à l'Andalousie). Les projets de réformes constitutionnelles n'ont pas manqué, mais la Constitution espagnole s'est avérée impossible à réviser. Les Communautés les plus revendicatives ne se sont jamais intéressées à cette réforme qui leur ferait perdre leur rôle de protagoniste dans les négociations directes avec l'État.

Parmi les communautés, deux ont été et restent revendicatives : le Pays basque et la Catalogne. Dès les travaux préparatoires de la Constitution, il a été question d'un droit à l'autodétermination. Cette question reviendra de manière récurrente à partir des années 1990 après que le gouvernement espagnol s'est associé à la démarche appuyant la réunification des deux Allemagne au nom de « l'autodétermination » de leur peuple respectif[1]. Ici, deux épisodes de la période récente peuvent être rappelés. Du côté basque, le président de la Communauté, Juan José Ibarretxe, a précisément fait une proposition de réforme statuaire en 2003 reposant sur le principe de l'autodétermination du « peuple basque » et sur la reconnaissance de ses droits historiques : une langue propre ayant le rang de langue officielle, un système fiscal particulier reposant sur un accord avec l'État espagnol qui date de plusieurs siècles et un droit civil partiellement différent de celui espagnol. Il s'agit d'un particularisme solidement ancré dans son histoire, mais le « plan Ibarretxe » envisageait d'aller plus loin en revendiquant pour le Pays basque la qualité de « nation sans État ». Au nom de l'autodétermination du peuple basque, il entendait lui laisser le droit de décider de son propre avenir, en passant outre, s'il le fallait, à l'hostilité du pouvoir central. Il y avait donc une stratégie de rupture potentielle en action. Le projet prévoyait que le peuple lui-même déciderait par voie de référendum. Le processus d'adoption de ce texte a été largement contesté par les juristes espagnols. La plupart d'entre eux ont jugé cette procédure inconstitutionnelle puisqu'aucun mécanisme de ce type n'est prévu par la Constitution ou bien par le statut d'autonomie. La difficulté principale regardait la souveraineté. Ce plan ne reconnaissait pas la souveraineté du peuple espagnol en Pays basque et se posait aussi la question de savoir qui se prononcerait à l'occasion du référendum projeté. Les critères d'identification du peuple basque ont été considérés par beaucoup comme une aberration constitutionnelle : la proposition elle-même débordait les frontières géopolitiques du Pays basque espagnol et s'étendait notamment à des provinces situées en territoire français. Le processus n'a pas été mené à son terme dans un contexte où les activités armées de l'ETA ont été définitivement

1. F. Moderne, « L'état des autonomies dans l'État des autonomies », *in* D. G. Lavroff (dir.), *Dix ans de démocratie constitutionnelle en Espagne*, Paris, éditions CNRS, 1991, p. 137.

stoppées en octobre 2011. Les nationalistes modérés ont gagné par les urnes.

Alors que la situation s'est stabilisée au Pays basque, elle s'est tendue en Catalogne. Les raisons sont clairement politiques : les élections régionales de 2003 ont été marquées par le retrait volontaire de Jordi Pujol (nationaliste conservateur) après 23 ans de présence au pouvoir. La nouvelle majorité a formé une coalition de socialistes et de nationalistes de gauche. Le pacte de gouvernement envisageait une réforme statutaire : en cas de rejet par les *Cortes generales* du projet de statut d'autonomie, une consultation populaire (sur le modèle basque) était envisagée pour porter ce projet plus classique que celui des Basques. Cette réforme du statut en 2006 a été approuvée. Néanmoins elle a posé des problèmes constitutionnels et a été à l'origine d'un processus dont l'issue est toujours incertaine.

Le statut a été approuvé par le Parlement catalan et le Parlement espagnol mais il a été contesté par les Communautés voisines et le Parti populaire (parti conservateur). Ce dernier mettait en particulier en avant que la Catalogne était définie comme une nation alors que la Constitution espagnole ne reconnaît qu'une nation, la nation espagnole dans l'article 2. Le Tribunal constitutionnel a été saisi en 2006 et a rendu sa décision en 2010. L'arrêt constitutionnel 10/2010 du 28 juin 2010 a été difficile à prendre : le temps et la longueur de la décision en sont la meilleure preuve (pas loin de mille pages)[1]. Le statut a été jugé partiellement non conforme à la Constitution notamment à cause de la référence à la nation catalane. Bien qu'anticonstitutionnelle, la référence est acceptée dans le préambule pour sa valeur historique et culturelle. En revanche, le catalan comme langue ayant un caractère obligatoire l'emportant sur l'espagnol (castillan) a été jugé constitutionnel dans le cadre de l'enseignement mais non pour d'autres activités. Enfin, la Communauté catalane ne peut plus légiférer librement sur les organisations de crédit, les banques et les caisses d'épargne. Ce dernier point était en particulier contesté par les Communautés voisines : cet aspect financier reflète le « caractère égocentrique » évoqué précédemment.

La situation politique a conduit à une surenchère de la part des nationalistes catalans face à un gouvernement central défendant l'unité espagnole. En décembre 2013, le président de la Communauté, Artus Mas, a annoncé la tenue d'un référendum le 9 novembre 2014. Le 29 septembre 2014, le Tribunal constitutionnel a suspendu le référendum catalan. Le 14 octobre 2014, le président

1. H. Alcaraz et O. Lecucq, « La motivation des arrêts du Tribunal constitutionnel espagnol à l'épreuve de l'État des autonomies, illustrations tirées de l'arrêt 31/2010 du 28 juin 2010 relatif au statut de la Catalogne », *in* F. Hourquebie, M.-C. Ponthoreau (dir.), *La motivation des décisions des cours suprêmes et cours constitutionnelles*, Bruxelles, Bruylant, 2012, p. 209 et s.

de la Communauté catalane a annoncé l'organisation d'un « processus consultatif» lequel a eu lieu le 9 novembre 2014. Le président de la Communauté a été poursuivi pour avoir organisé une consultation jugée illégale sur l'indépendance de la Catalogne. 2,3 millions de Catalans ont participé à la consultation et près de 80 % se sont prononcés en faveur de l'indépendance.

La grande difficulté est l'interférence de la question territoriale avec la vie politique institutionnelle nationale. En effet, après les élections législatives de décembre 2015, un gouvernement n'a pas pu être formé faute de majorité. Les deux grands partis (Parti socialiste et Parti populaire) n'étaient plus en mesure de gouverner seuls. 2015 a donc signé la fin du bipartisme espagnol. Mariano Rajoy (Parti populaire), chef du gouvernement, n'a pas été reconduit. De nouvelles élections ont eu lieu en juin 2016 : après dix mois de crise institutionnelle et politique, a été formé un nouveau gouvernement Rajoy en octobre 2016. Il s'agissait d'un gouvernement minoritaire (soutenu par 137 députés sur 350) opposé au référendum sur l'avenir institutionnel de la Catalogne.

Le référendum a eu lieu le 1er octobre 2017. La loi votée le 6 septembre par le Parlement catalan en vue de l'organisation de cette consultation avait pourtant été contestée immédiatement par le gouvernement devant le Tribunal constitutionnel (art. 161 al. 2), lequel l'avait déclarée non conforme à la Constitution. Ce référendum sans fondement juridique a toutefois eu lieu : plus de 2 millions de Catalans se sont exprimés en faveur de l'indépendance mais avec une faible participation puisque sur 5,3 millions d'électeurs inscrits, seuls 2,29 millions ont voté (soit 43 %). Le 10 octobre, le nouveau président de la Catalogne, Carlos Puigdemont, a proclamé unilatéralement l'indépendance de la Catalogne. Destitué par le gouvernement espagnol, de nouvelles élections régionales ont eu lieu en décembre 2017 dans un contexte marqué par les violences policières consécutives à l'organisation du référendum. Et elles ont été remportées par les partis anti-indépendantistes de centre droit, mais la majorité absolue a été obtenue par les trois partis séparatistes. Finalement, un gouvernement indépendantiste a été formé et il a négocié son soutien au gouvernement socialiste central amené par le socialiste Pedro Sanchez. Mais le prix politique trop élevé a conduit à de nouvelles élections législatives en avril 2019 avec au cœur de la campagne la réponse à apporter à la Catalogne réclamant à nouveau une consultation référendaire. À l'issue de ces élections, la formation d'un gouvernement s'est révélée impossible, ce qui a conduit à des élections répétées en novembre qui ont vu apparaître une nouvelle force politique jusqu'alors ignorée : le Parti populiste Vox devenu en une élection le troisième parti espagnol. De nombreux commentateurs rendent responsables la crise catalane et le verdict prononcé par le Tribunal suprême espagnol du 14 octobre 2019 condamnant à de lourdes peines de prison plusieurs responsables catalans pour sédition et détournement de fonds. À ces élections, les partis catalans indépendantistes ont aussi réalisé un résultat historique en obtenant 23 sièges au Congrès des députés. Après ce scrutin, l'Espagne est ressortie encore plus divisée et fragmentée. Aucun parti, ni aucune coalition de partis n'a obtenu la majorité absolue requise au Congrès des députés (176 sièges). Pedro Sanchez a finalement formé un gouvernement entré en fonction en janvier 2020 avec *Podemos* (parti d'extrême gauche) et les indépendantistes catalans de gauche. C'est la première fois depuis le rétablissement de la démocratie que des ministres de gauche radicale et des communistes entrent au gouvernement.

Cette singulière et incertaine situation appelle plusieurs observations. D'abord, le déplacement du combat de l'indépendance sur le terrain contentieux avec la saisine de la Cour européenne des droits de l'homme, laquelle a rendu une décision du 28 mai 2019 *Forcadell I Lluis et autres c. Espagne*. Soixante-seize députés catalans indépendantistes ont déposé une requête contre la décision constitutionnelle du 5 octobre 2017 suspendant provisoirement l'assemblée parlementaire catalane. La Cour européenne a purement et simplement jugé la requête irrecevable car la démocratie ne saurait exister qu'à l'intérieur d'institutions réellement représentatives. Le problème constitutionnel reste entier et on a peine à croire qu'il puisse trouver une solution au niveau du contentieux européen : comment intégrer dans l'ordre constitutionnel une communauté politique dont une partie des membres ne se reconnaît plus dans la Constitution nationale ?

Le décalage entre la Constitution espagnole et la réalité du pays (politique et sociologique) est marqué. La solution politique, ensuite, est loin d'être évidente. Les urnes ont montré une société catalane profondément divisée en deux blocs quantitativement similaires, bien que l'un soit au pouvoir depuis presque quarante ans. De plus, les partis nationalistes catalans ont conditionné les majorités au Parlement espagnol grâce à leur position stratégique. Cela leur a permis de conclure des accords avec les partis qui ont successivement gouverné l'Espagne, sans prendre toutefois part aux gouvernements à Madrid, jusqu'à la formation du gouvernement Sanchez de 2020. Jusqu'à présent, ils obtenaient en contrepartie de leur soutien gouvernemental un renfort de leur situation « locale ». Cette fois-ci, l'ingouvernabilité de l'Espagne les a obligés à prendre leur responsabilité.

Enfin, chacun des deux blocs continue à camper sur ses positions. Pour aller au-delà des tranchées creusées par les deux blocs, il est difficile de compter sur le référendum qui renforce les lignes sans les faire bouger. Le référendum exacerbe en effet les positions identitaires et conflictuelles, sans permettre la création d'un consensus, ni même offrir de porte de sortie acceptable pour tous. On observera que lors d'une intervention télévisée, quelques jours après le référendum du 1er octobre 2017, le roi Felipe VI est sorti de sa réserve en accusant publiquement les dirigeants catalans de s'être placés en marge « *du droit et de la démocratie* ». Les solutions sont avant tout politiques et cela suppose sans doute d'échapper en premier lieu au piège démocratique posé par le référendum en matière territoriale. Cet instrument n'est utile que si « *une majorité claire* » se dégage de la consultation[1].

À la différence du référendum constituant comme moment constituant et donc constitutif de l'ordre constitutionnel dans ses dimensions normative et politique, plusieurs exemples montrent que le référendum en matière territoriale n'aide pas à trouver une solution partagée et acceptée par tous là où le corps social est profondément divisé (toutefois, rien ne dit que cela ne peut évoluer et rien n'interdit dans la Constitution espagnole qu'un référendum consultatif soit organisé). Par exemple, la répétition des référendums en Nouvelle-Calédonie sur l'avenir de ce territoire montre l'antagonisme de deux blocs, ceux favorables à l'indépendance et ceux souhaitant le maintien dans la République française, et ne laisse pas entrevoir des solutions partagées et communes[2]. Cela apparaît aussi dans le contexte britannique où le référendum, étranger à la tradition en raison du principe de souveraineté parlementaire[3], a été utilisé à plusieurs reprises sur les questions territoriales et la construction européenne depuis les années 1970. Les référendums de la fin des années 1990 ont permis la mise en place d'une forme territoriale asymétrique et décentralisée : les nations écossaise, galloise et nord-irlandaise ont été appelées à se prononcer sur la « dévolution »[4] propre à leur

1. Ici est repris l'avis rendu par la Cour suprême du Canada sur le Renvoi sur la sécession du Québec du 20 août 1998 : la Cour a déclaré que les résultats d'un référendum sur la sécession ne sauraient être considérés comme l'expression d'une volonté démocratique créant l'obligation d'engager des négociations pouvant mener à la sécession qu'en cas de l'expression d'une majorité claire. Elle a précisé notamment que le principe de la démocratie signifie davantage que la simple règle de la majorité, qu'une majorité claire en faveur de la sécession serait nécessaire pour que naisse l'obligation de négocier la sécession et que c'est une majorité claire au sens qualitatif, dans les circonstances, dont il faut déterminer l'existence. Consécutivement, le législateur canadien a voté en 2000 la loi sur la clarté référendaire.

2. J.-Y. Faberon, « Inutile et nocif : le référendum d'autodétermination de la Nouvelle-Calédonie du 4 novembre 2018 », *R.F.D.C.* n° 117, 2019, p. 71.

3. La consultation référendaire est en principe contraire à la souveraineté parlementaire, mais son insertion dans le système constitutionnel britannique est politiquement et périodiquement envisageable et acceptable dès lors que le Parlement contrôle toute la procédure référendaire. La demande référendaire émane du Parlement lui-même qui peut à sa convenance établir les règles qui régissent les modalités d'organisation. Le référendum ne produit pas d'effets juridiques obligatoires et ne se voit reconnaître qu'une valeur politique qui ne saurait lier la volonté du Parlement.

4. La *devolution* correspond à une délégation de pouvoirs à une assemblée représentative sur un territoire bien délimité. Cette délégation peut aller jusqu'au droit de légiférer séparément concernant les matières transférées par le Parlement de Westminster aux parlements régionaux. Initialement, le Parlement écossais a été celui bénéficiant de la plus large dévolution en disposant du plus grand nombre de matières transférées, puis de véritables compétences fiscales à partir de 2012. La dévolution a été progressive pour le Pays de Galles et s'approche désormais du modèle écossais.

territoire[1]. Ils ont permis d'engager des réformes sur lesquelles les partis politiques s'étaient révélés incapables de décider en raison de leurs divisions internes. Dans un premier temps, la réforme territoriale adaptée à chaque composante du Royaume-Uni a répondu aux attentes des populations. Les difficultés sont apparues avec l'interférence d'un référendum national de type consultatif, celui du Brexit organisé en juin 2016[2]. Les résultats de la consultation sont très marqués : d'un côté, l'Écosse et Irlande du Nord sont europhiles et souhaitent le maintien au sein de l'Union européenne (62 % des Écossais et 55,9 % des Irlandais du Nord) alors que, de l'autre, l'Angleterre et le Pays de Galles se sont prononcés pour le *leave* qui l'a emporté. Au total, ce sont 51,9 % des Britanniques qui sont favorables au retrait du Royaume-Uni de l'Union européenne.

Deux principales conséquences sur les territoires sont visibles. D'abord, la pression nationaliste s'est accentuée en Écosse, ce qui a relancé la question de son indépendance. Après avoir largement remporté les élections de mai 2011 avec le Parti national écossais, Alex Salmond, Premier ministre écossais, avait négocié la tenue d'un référendum dans le cadre de l'accord d'Édimbourg signé le 15 octobre 2012 avec le gouvernement britannique. Le référendum a eu lieu le 18 septembre 2014. De type consultatif, il portait sur l'extension des pouvoirs du Parlement écossais afin de réaliser l'indépendance de l'Écosse. Les résultats négatifs (55,3 % des Écossais contre une telle évolution) n'ont pas permis d'engager les négociations avec le gouvernement central. L'Écosse favorable au maintien dans l'Union européenne a en revanche cherché à faire pression sur le gouvernement et le Parlement de Westminster : le 7 février 2017, le Parlement écossais a voté contre le projet de loi du gouvernement britannique autorisant Theresa May à engager le processus de retrait alors même que la Cour suprême du Royaume-Uni avait précisé dans son arrêt *Miller* du 24 janvier 2017 que seul le parlement central était compétent. Aux dernières élections législatives britanniques en 2019, le Parti national écossais a obtenu une majorité écrasante en gagnant onze sièges supplémentaires (désormais, 59 députés écossais à Westminster). Au lendemain de cette victoire, la Première ministre écossaise, Nicola Sturgeon, a demandé à Boris Johnson, en s'appuyant sur le *Scotland Act* de 1998, de transférer au Parlement écossais les compétences lui permettant d'organiser un second référendum sur l'indépendance de l'Écosse. Bien que le *Scotland Act* fasse de l'union une compétence réservée du Parlement britannique, une nouvelle démarche sera très probablement engagée au lendemain

1. Pour plus de détails, voir A. Antoine, *Droit constitutionnel britannique*, Paris, LGDJ, 2e éd., 2018, p. 173 et s.

2. A. Antoine, *Le Brexit. Une histoire anglaise*, Paris, Dalloz, 2020.

des élections législatives de mai 2021 pour forcer Londres à céder sur l'organisation d'un référendum.

De même pour l'Irlande du Nord, le Brexit et ses incertitudes (juridiques et politiques) liées au retrait de l'Union européenne posent à nouveau la question de l'organisation d'un référendum d'autodétermination prévu dans l'accord du Vendredi saint (*Good Friday agreement*) conclu en avril 1998 (ceci fait la différence juridique avec le cas écossais). Cet accord a été le point de départ du processus de la dévolution en mettant en place un nouveau modèle qui associe les deux communautés nord-irlandaises (protestants et catholiques) et les gouvernements du Royaume-Uni et de la République d'Irlande. Cet accord prévoit à terme et sur l'initiative du Royaume-Uni une consultation populaire pour déterminer le statut de l'Irlande du Nord : soit son rattachement à la République irlandaise (Dublin), soit son maintien au sein du Royaume-Uni. Ces dernières années, le Royaume-Uni a été frappé par une crise économique majeure et le Brexit, alors que la République d'Irlande était en voie de banqueroute et mise sous tutelle par la Commission européenne, le Fonds monétaire international (FMI) et la Banque centrale européenne (BCE). Même si l'accord a plutôt bien fonctionné (on notera le désarmement total de l'IRA, puis des groupes paramilitaires loyalistes), les principaux acteurs ont eu jusqu'à présent d'autres priorités. Dans un contexte où il y a un risque de relance de la violence politique, l'organisation d'un référendum reste très incertaine. En revanche, les interrogations sur la forme de l'État britannique devraient continuer à être d'actualité dans les prochaines années[1]. Le Brexit est aussi une des formes d'expression politique des tensions entre l'identité de l'État et la construction européenne.

§ 2. L'identité de l'État et la construction européenne

Les États ne peuvent plus contenir à l'intérieur de leurs frontières l'impact de politiques décidées à l'extérieur. C'est pourquoi ils doivent développer de nouvelles formes de contrôle sur ces processus décisionnels. En même temps, la démocratie est liée à la nation et se développe dans ce cadre national : dans l'esprit de nombreux citoyens, l'État-nation contrôle toujours les processus décisionnels. Or, on ne peut que convenir que le droit constitutionnel est « *essentiellement national, situé dans un cadre territorial donné et axé sur*

1. Par exemple, voir R. Schütze, S. Tierney (eds.), *The United Kingdom and the Federal Idea*, Londres, Ashgate, 2018 et la recension par L. Carrier, *Jus Politicum*, 2021, n° 25 : http://juspoliticum.com/article/R-Schuetze-et-S-Tierney-dir-The-United-Kingdom-and-the-Federal-Idea-2018-1360.html

les normes fondamentales d'un État concret »[1]. Pour cette raison, en même temps que l'approfondissement de l'intégration européenne a émergé la notion d'« identité constitutionnelle » dans la jurisprudence des cours constitutionnelles européennes. Ce qui renvoie aussi aux difficultés de l'Union européenne à déclencher son propre processus d'identification.

A. *L'Union européenne face à l'identité constitutionnelle des États membres*

La clause d'identité nationale que l'on trouve depuis le traité institutif de l'Union européenne (ci-après TUE) de 1992[2] est une clé pour comprendre non seulement la partie visible du système juridique européen, mais aussi la partie immergée de ce système. En tant que tels, les traités disent quelque chose de la manière dont le droit est perçu, interprété et appliqué. Mais ce n'est pas suffisant car la plupart des concepts juridiques, et en particulier ceux qui relèvent du droit constitutionnel, sont culturellement enracinés. Par conséquent, c'est la relation identité nationale / identité constitutionnelle qui mérite d'être interrogée pour mieux comprendre la jurisprudence la plus récente développée par les cours constitutionnelles européennes.

1) La clause d'identité nationale dans le traité de l'Union européenne

De manière classique, deux conceptions de la nation sont proposées sur la base de deux expériences historiques : tandis que l'allemande (c'est aussi celle des États de l'Europe centrale et orientale) est objective, la française (qui est aussi celle des États-Unis) est subjective. Précédemment, il a été souligné que la constitution ne peut à elle seule constituer l'identité collective puisque la nation trouve ses fondements dans des pré-conditions constitutionnelles (sur la fonction intégrative de la constitution, Leçon 10 § 1). Mais la nation est un sujet politique et donc, pour agir comme sujet politique, on peut douter que les éléments subjectifs soient suffisants. L'identité nationale peut être néanmoins présentée comme une synthèse qui repose sur deux types d'éléments : d'une part, des éléments objectifs tels que

1. A. Auer *et al.*, *Droit constitutionnel suisse*, vol. I, L'État, 2e éd., Berne, Stampfi, 2006, p. 10-11.

2. Cette clause reprise dans le projet de traité établissant une constitution pour l'Europe est reproduite pour l'essentiel dans le traité de Lisbonne : « L'Union respecte l'égalité des États membres devant les traités ainsi que leur identité nationale, inhérente à leurs structures fondamentales politiques et constitutionnelles, y compris en ce qui concerne l'autonomie locale et régionale. Elle respecte les fonctions essentielles de l'État, notamment celles qui ont pour objet d'assurer son intégrité territoriale, de maintenir l'ordre public et de sauvegarder la sécurité intérieure ». L'article 4 al. 2 du TUE modifié rajoute *in fine* : « En particulier, la sécurité nationale reste de la seule responsabilité de chaque État membre ».

la langue, la religion, la culture, le groupe ethnique et, d'autre part, des éléments subjectifs et tout particulièrement le sentiment d'appartenance. Pour autant, la nation est une création historico-politique qui, donc, reste liée à une situation historique donnée.

L'identité constitutionnelle qui dépend de la conception de la nation est donc également une création historico-politique. Elle prend forme juridique dans la constitution et elle est, dès lors, au cœur de l'identité nationale. En cherchant à systématiser les identités constitutionnelles, Michel Rosenfeld a identifié plusieurs modèles en précisant, néanmoins, que l'identité constitutionnelle est plus centrale pour l'identité nationale américaine qu'elle ne l'est dans les modèles français et allemand : « *En résumé, la constitution est censée, dans le modèle allemand, fournir l'expression politique à une identité nationale existante ; dans le modèle français, transformer et redimensionner une identité nationale déjà enracinée et développée de manière significative ; et dans le modèle américain, fournir les instruments de manière à fusionner les multiples éléments nationalistes en une seule nation dans un processus en formation* ». Il ajoute un quatrième modèle, l'espagnol, qui se différencie des trois précédents sur deux points importants : « *il offre une structure pour un système de gouvernement prenant en compte les différents groupes ethniques ; et il incorpore des normes transnationales dans la perspective d'un État multination* »[1].

Ces modèles n'épuisent pas la réalité. Mais s'agit-il véritablement de déterminer l'identité constitutionnelle propre d'un État déterminé ? Cela dépend de la perspective choisie. Or celle-ci est double : celle de l'État membre de l'Union européenne et celle de l'Union européenne. Les deux perspectives sont étroitement liées par le fait que, depuis ses premiers arrêts, la Cour européenne de justice a indiqué qu'un État membre ne pouvait exciper de sa constitution pour mettre en cause l'application du droit communautaire (CJCE, 15 juillet 1964 *Costa c. ENEL*, aff. 6/64, CJCE 17 décembre 1970 *Internationale Handelsgesellschaft*, aff. 11/70). Ainsi que mis en évidence, précédemment, ce n'est qu'avec l'adoption et la ratification du traité de Maastricht que la nature potentiellement conflictuelle du rapport entre droit constitutionnel et droit communautaire est véritablement perçue et envisagée. Preuve en est : c'est bien ce traité qui introduit la clause d'identité nationale.

À cette étape de la réflexion, l'objectif est de prendre en considération l'existence de différentes identités constitutionnelles dans l'examen de la question principale qui regarde les interprétations

1. M. Rosenfeld, « The European treaty-constitution and constitutional identity: A view from America » 3, *I-CON*, 2005, p. 323.

possibles de la clause d'identité nationale[1]. Deux interprétations peuvent être proposées qui renvoient à la double dimension de l'identité nationale : politico-institutionnelle et culturelle.

Dans sa dimension politico-institutionnelle, l'identité nationale s'entend comme les structures fondamentales telles qu'elles sont définies par les constitutions nationales. Les structures politiques et constitutionnelles ne sont donc pas précisément identifiées. On peut cependant sans risque d'erreur avancer qu'elles concernent l'organisation du pouvoir, notamment l'organisation territoriale de l'État à laquelle il est fait référence (on n'est pas sans ignorer la pression exercée par les Länder allemands sur les institutions communautaires). La relation entre les constitutions nationales et l'identité est aussi plus claire puisque l'article 4 du TUE vise les relations entre l'Union et les États membres, notamment le principe de coopération loyale. Il s'agit donc d'un principe général d'autonomie constitutionnelle.

Mais s'agit-il uniquement de principes organisationnels ? Il y a aussi une dimension culturelle, volet implicite de la clause d'identité nationale. C'est avec le TUE que la culture fait pour la première fois son entrée dans le champ communautaire par deux dispositions qui consacrent l'une et l'autre le respect de la diversité culturelle et linguistique ainsi que sa promotion par la Communauté[2]. Dans les États membres, on constate une tendance à la constitutionnalisation des facteurs objectifs d'identification : cela répond à la volonté de renforcer le statut juridique de la nation menacée dans la conscience de soi. Ainsi, la loi constitutionnelle française du 25 juin 1992 complétant l'article 2 de la Constitution a introduit : « La langue de la République est le français ».

En opposition aux traditions constitutionnelles communes, la clause d'identité nationale peut donc être interprétée comme source de principes fondamentaux propres à chaque ordre constitutionnel :

---

1. M.-C. Ponthoreau, « Interpretations of the National Identity Clause: The Weight of Constitutional Identities on European Integration », *in* S. Baroncelli *et al.* (eds.), *After Maastricht: the Legacy of the Maastricht Treaty for European Integration*, London, CSP, 2008, p. 59 et s. Pour une version plus courte en français, M.-C. Ponthoreau, « Constitution européenne et identités constitutionnelles nationales », Congrès mondial de l'AIDC, Athènes 11-15 juin 2007 : rubrique publications numériques du site de l'AFDC, www.droitconstitutionnel.org

2. CJCE, 2 juillet 1996, *Commission contre Grand-Duché du Luxembourg*, aff. C-473/93. Surtout, voir CJCE, 5 mars 2009, *UTECA*, aff. C. 222/07 dans laquelle la Cour de justice reconnaît que « la diversité linguistique est un élément fondamental de la diversité culturelle » et, ainsi, donne raison à l'avocat général qui a défendu l'importance de la diversité culturelle comme « expression du respect de l'Union européenne pour l'identité nationale de ses États membres » (concl. Kokott, point 94), cité par J.-D. Mouton, « Réflexions sur la prise en considération de l'identité constitutionnelle des États membres de l'Union européenne », *in Mélanges en l'honneur à Ph. Manin*, Paris, LGDJ, 2010.

ce sont des principes étrangers aux traditions communes car ils sont spécifiques à un ordre juridique national comme le principe de laïcité pour l'ordre juridique français ou bien ils sont en contradiction avec un ordre juridique national comme les droits collectifs reconnus à quelque groupe que ce soit (défini par une communauté d'origine) dans le cas français. Ces logiques intégratrice (*i.e.* les traditions constitutionnelles communes) et différentielle (*i.e.* les principes fondamentaux propres à chaque ordre constitutionnel) sont-elles vraiment contradictoires ou bien ne sont-elles que les deux faces d'une même médaille ? C'est la raison pour laquelle les jurisprudences des cours constitutionnelles et les décisions de la Cour européenne de justice doivent être confrontées.

2) Les jurisprudences des cours constitutionnelles et de la Cour européenne de justice

L'émergence de « l'identité constitutionnelle de la France » dans la jurisprudence du Conseil constitutionnel (décision n° 2006-540 DC du 27 juillet 2006 confirmée par la décision n° 2006-543 DC du 30 novembre 2006)[1] a suivi sa décision relative au traité établissant une constitution pour l'Europe (décision n° 2004-505 DC du 19 novembre 2004) dans laquelle le Conseil ne dit rien sur l'intitulé du traité alors même que les mots sont lourds de sens. Comme si l'aspect symbolique du « traité constitutionnel » relevait de la simple rhétorique. Mais les références symboliques en droit entretiennent, par la force des choses, une ambiguïté des significations (soulignée dans la Leçon 10 § 1). À son tour, la référence à « l'identité constitutionnelle de la France » dit toutefois beaucoup sur la conception nationale (certains diront nationaliste) du droit constitutionnel.

Dans le contexte français, on peut s'étonner que le Conseil constitutionnel ne se soit pas référé à « l'identité républicaine ». En effet, l'attachement aux valeurs de la République est enraciné alors que la culture de la constitution est absente (voir Leçon 10 § 1), même si l'on comprend que le Conseil tente d'y remédier. En l'espèce, il semble s'être inspiré de la Cour constitutionnelle allemande laquelle utilise l'expression de « structure fondamentale de la Constitution qui confère à celle-ci son identité » dans la décision dite « *Solange* I »[2]. On peut dès lors penser que le Conseil a cherché, avec sa décision du 27 juillet 2006, à s'inscrire dans le concert des cours constitutionnelles européennes ayant déjà développé une jurisprudence visant à tempérer le principe de la primauté du droit communautaire. Dans

1. Plusieurs thèses portent sur ce sujet. Parmi celles-ci, M. Quesnel, *La protection de l'identité constitutionnelle de la France*, Dalloz, coll. Bibliothèque parlementaire et constitutionnelle, Dalloz, 2015.

2. *BVerfGE*, 2e Chambre, 29 mai 1974 : décision traduite avec une note de Michel Fromont, *R.T.D.E.*, 1975, p. 316 et s.

cette décision, le Conseil constitutionnel se réfère à « une règle ou à un principe inhérent à l'identité constitutionnelle de la France » comme limite à l'immunité constitutionnelle des lois de transposition de directives communautaires. Cette décision est le résultat d'un long cheminement initié au cours de l'été 2004. Depuis sa décision n° 2004-496 DC du 10 juin 2004[1], le Conseil ne contrôle pas la constitutionnalité des lois de transposition de directives sauf « disposition expresse contraire de la Constitution ». Le Conseil ne se reconnaît pas une compétence générale de contrôle sur les lois de transposition, considérant que dans l'hypothèse où il y a un doute sur la validité d'une directive, il appartient aux juges ordinaires de saisir la Cour européenne de justice (art. 234 TCE). La transposition d'une directive en droit interne résulte d'une « exigence constitutionnelle » *i.e.* de la clause d'intégration européenne (art. 88-1) et non plus de l'article 55 comme par le passé. Ce n'est donc pas le droit communautaire, mais la Constitution française qui donne une base juridique au devoir de transposition des directives.

La Cour constitutionnelle allemande a affirmé sa compétence sur le droit communautaire (y compris le droit communautaire dérivé), mais a limité les possibles conflits en restreignant sa compétence à une question de principe concernant les droits fondamentaux au-delà des cas individuels. Dit en d'autres termes, il ressort des décisions *Solange* I et II qu'il s'agit d'une compétence résiduelle qui ne s'ouvre que dans l'hypothèse d'une insuffisance de principe de la protection des droits fondamentaux au niveau communautaire. La Cour a réaffirmé sa réserve de compétence dans sa décision du 7 juin 2000 après les hésitations nées de sa décision du 12 octobre 1993 (sur le traité de Maastricht). De son côté, la Cour constitutionnelle italienne a décidé dans sa décision 232/1989 qu'elle n'exercera un contrôle que s'il y a violation de l'un des principes fondamentaux de l'ordre constitutionnel national ou d'un droit fondamental. Cet éventuel contrôle pour vérifier la compatibilité du droit communautaire avec les normes constitutionnelles est envisageable au cas par cas. La jurisprudence allemande est beaucoup plus conciliante avec les exigences communautaires que les jurisprudences italienne et française. L'hypothèse d'un contrôle systématique est écartée en posant le principe de l'irrecevabilité des recours tant que le système communautaire assure globalement la protection des droits fondamentaux.

Dans sa décision du 30 juin 2009 sur la loi de ratification du traité de Lisbonne et des lois constitutionnelles qui l'accompagnent[2], la

1. Outre cette décision, il y a trois autres décisions : n° 2004-497 DC du 1er juillet 2004 ; n° 2004-498 DC du 29 juillet 2004 ; n° 2004-499 DC du 29 juillet 2004.

2. *BVerfGE*, II Senat, 30 juin 2009, 2 BvE 2/08, 2 BvE 5/08, 2 BvR 1010/08, 2 BvR 1022/08, 2 BvR 1259/08, 2 BvR 189/09, disponible en allemand et en anglais sur le site de la Cour constitutionnelle : www.bverfg.de/entscheidungen/2009/6/30

Cour constitutionnelle allemande reprend cette idée que la primauté du droit communautaire connaît des limites qui tiennent au respect des principes suprêmes tirés de la constitution. Il n'y a rien de nouveau, mais elle le dit d'une nouvelle manière qui reprend l'expression d'« identité constitutionnelle » employée par le Conseil constitutionnel. Cette fois-ci, l'emprunt a traversé le Rhin dans l'autre direction. Désormais, la formulation est commune, mais la notion l'est-elle ? Jusqu'à présent aucune cour n'avait cherché à identifier précisément ces « contre-limites » pour reprendre l'expression de la doctrine italienne depuis la décision constitutionnelle 232/1989[1]. Les différentes appellations semblaient renvoyer pour chacune des cours à des principes constitutionnels propres relevant, dans tous les cas, de l'ordre constitutionnel national, *i.e.* le noyau dur de la constitution. Or, la Cour constitutionnelle allemande innove en visant un ensemble de « domaines essentiels du choix démocratique » comme (la liste proposée ne semble pas exhaustive : § 249, BvE 2/08) la citoyenneté, le monopole civil et militaire des forces armées, les finances publiques, les droits fondamentaux (notamment les privations de la liberté personnelle par la justice pénale, l'emploi de la langue, les questions familiales et éducatives, la liberté d'expression, la liberté de la presse, la liberté d'association et le traitement des confessions religieuses).

L'identification accomplie par la Cour allemande semble plus viser les fonctions essentielles de l'État[2] que les principes suprêmes constitutionnels (voir § 252, BvE 2/08). Or la clause d'identité nationale renvoie aussi à cette notion puisque l'article 4 alinéa 2 TUE prévoit que l'Union « respecte les fonctions essentielles de l'État, notamment celles qui ont pour objet d'assurer son intégrité territoriale, de maintenir l'ordre public et de sauvegarder la sécurité intérieure. En particulier, la sécurité nationale reste de la seule responsabilité de chaque État membre ». On peut y voir un renvoi à la conception matérielle de la souveraineté qui concerne le contenu des compétences exercées par l'État. Ce qui n'est pas sans surprendre puisque, dans leur majorité, les juristes ont rejeté la thèse selon laquelle l'État moderne puisse se définir par ses buts politiques. Les positivistes voient dans la théorie des fonctions une doctrine purement politique et, plus particulièrement, Kelsen défend « *une indétermination absolue des missions*

1. Les « contre-limites » remontent aux arrêts 183/1973 *Frontini* et 170/1984 *Granital*.

2. On remarquera qu'a été développée, en Allemagne, la doctrine *Staatszwecklehre* : elle vise à expliquer ce qu'est l'État en tant que tel et en quoi il a le droit immanent d'agir au nom du bien commun. À cause de l'émergence de la souveraineté populaire, cette doctrine des buts de l'État est néanmoins dépassée et inutile pour une bonne partie des juristes allemands sans que cela remette en cause la centralité du concept d'État dans la science juridique d'outre-Rhin : C. Möllers, *Staat als Argument*, Munich, Beck, 2000, p. 192 et s.

de l'État »[1]. L'indétermination matérielle du contenu de l'action étatique ne signifie pas en revanche que le droit doive ignorer l'étude des moyens dont dispose l'État pour mettre en œuvre ses missions. Dès lors, la souveraineté comprend nécessairement un minimum de prérogatives élémentaires, celles correspondant aux moyens sans lesquels un État ne saurait exister en tant que puissance publique, sans lesquels il devrait renoncer à sa *Staatlichkeit* (le fait d'être un État). Pour le dire d'une autre manière, l'État « *ne peut librement disposer des prérogatives et des moyens de la puissance publique, sans détruire ce sur quoi sa puissance est fondée. Par exemple, il ne peut pas renoncer à sa force armée, s'il veut préserver sa sécurité extérieure [...]. De même, l'État ne peut pas renoncer à sa force publique qui lui donne les moyens de faire appliquer et exécuter son droit. [...] Ainsi, de même que l'État ne pourrait renoncer à ses moyens de puissance publique sans s'autodétruire, de même et* a fortiori *l'État ne peut pas renoncer à ses trois fonctions juridiques fondamentales que sont la législation, l'exécution des lois et la juridiction* »[2].

Ces « domaines essentiels du choix démocratique » comme fonctions de l'État ne semblent donc pas faire parties de l'identité constitutionnelle de l'Allemagne mais ils sont tout de même fortement liés à celle-ci par le principe démocratique (ce qui élargit le champ de protection de l'identité constitutionnelle)[3]. En revanche, la Cour constitutionnelle ne manque pas de faire le lien entre la clause d'éternité de l'article 79 alinéa 3 de la Loi fondamentale, expression du noyau dur constitutionnel, et l'identité constitutionnelle. Cette clause, précise la Cour, « non seulement présuppose la souveraineté de l'État, mais la garantit » (voir § 216, BvE 2/08). L'article 79 alinéa 3 pose comme principes intangibles la participation des Länder à la Fédération, la dignité humaine (article 1er) et les fondements de l'ordre étatique (en renvoyant à l'article 20 qui définit la République allemande comme un État démocratique, fédéral, social et respectueux de l'État de droit). En revanche, la jurisprudence constitutionnelle française fait preuve d'une incohérence théorique curieuse. D'un côté, le Conseil constitutionnel a décidé dans la décision n° 2003-469 DC du 26 mars 2003 qu'il n'est pas compétent pour assurer un contrôle de constitutionalité sur les lois de révision constitutionnelle. Pour le dire autrement, le pouvoir constituant dérivé peut faire ce qu'il veut puisqu'il dispose d'un pouvoir discrétionnaire de réviser la constitution. De l'autre, le Conseil a affirmé dans sa décision précitée du 27 juillet 2006 que les principes fondamentaux de l'identité constitutionnelle ne sont pas intangibles : c'est en tout cas

---

1. O. Beaud, *La puissance de l'État*, cit., p. 140.
2. *Ibid.*, p. 150.
3. J.-H. Reestman, « The Franco-German Constitutional Divide. Reflections on National and Constitutional Identity » 5, *EuConst*, 2009, p. 386.

ce que l'on en déduit de la formulation du considérant 19 : « la transposition d'une directive ne saurait aller à l'encontre d'une règle ou d'un principe inhérent à l'identité constitutionnelle de la France, sauf à ce que le constituant y ait consenti ». C'est donc une étrange conception de la suprématie de la constitution : d'une part, le pouvoir constituant (dérivé) est supérieur à la constitution et, d'autre part, la constitution (ou plus précisément les principes fondamentaux constitutifs de l'identité constitutionnelle) est supérieure au droit communautaire.

Néanmoins, rien ne dit que le cas allemand échappe à l'impasse dans laquelle l'identité constitutionnelle a jeté les cours constitutionnelles européennes. En d'autres termes, le juge constitutionnel allemand est-il en mesure dans le cadre du contrôle de constitutionnalité de déclarer non conforme à la Loi fondamentale les actes de l'Union européenne car ils sapent les fondements même de l'État ? À cette fin, la décision *Lisbonne* envisage un double contrôle : un « contrôle d'identité », c'est-à-dire du respect par les actes de l'Union européenne des principes intangibles de l'identité constitutionnelle allemande et un contrôle *ultra vires*, c'est-à-dire du respect par les actes de l'Union européenne des compétences transférées par l'Allemagne. La Cour constitutionnelle invite le législateur à prévoir un recours spécifique de manière à renforcer le dispositif actuel (§ 240, BvE 2/08) et reste silencieuse sur les modalités pratiques du « contrôle d'identité » qui constitue une véritable nouveauté.

On remarquera que la décision allemande a suscité de vives critiques[1]. La plus pertinente concerne la volonté de la Cour d'identifier les « matières sensibles » à ne pas transférer à l'Union européenne de façon à ce que l'Allemagne conserve son « étaticité ». Or, dans la liste proposée (§ 249, BvE 2/08), elle ne mentionne pas la compétence de battre monnaie que la plupart des États membres ont déjà transférée. Cette réserve de compétence au profit des États membres reposerait donc sur une analyse politique contingente au regard des avancées du traité de Lisbonne[2]. C'est sans doute la Cour constitutionnelle allemande qui souligne avec le plus de force la volonté de stopper la « désétatisation » qu'engendre le processus d'intégration européenne. Déjà, dans sa décision relative au traité de Maastricht, elle s'inquiétait de « l'extension dynamique » des compétences communautaires sur la base de l'ex-art. 235 TCE et de la jurisprudence de la Cour de justice, même si elle admettait que des efforts avaient été accomplis par le TUE avec la reconnaissance officielle du principe de subsidiarité. Par conséquent, elle rappelait à la Cour de justice

1. Voir le numéro 8 de 2009 consacré à la décision *Lisbonne* par la revue électronique allemande, *German Law Journal* : www.germanlawjournal.com

2. C. Schönberger, « Lisbon in Karlsruhe: Maastricht's Epigones at Sea », 8 *German Law Journal*, 2009, p. 1209.

que les compétences sont limitativement attribuées par les États membres.

Après sa décision Maastricht, la Cour constitutionnelle confirme qu'elle entend s'adresser bien au-delà de la communauté des juristes allemands à l'ensemble des juristes européens. Elle se distingue à n'en pas douter des autres cours constitutionnelles qui n'affichent pas une telle ambition. Notamment la Cour constitutionnelle tchèque reste focalisée, dans sa décision sur le traité de Lisbonne[1], sur la protection des valeurs essentielles de la constitution nationale sans prétendre dessiner le futur droit de l'Union européenne ainsi que semble vouloir le faire la Cour allemande. Les décisions constitutionnelles sur le respect de l'identité constitutionnelle ne sont pas sans présenter un risque pour l'application uniforme du droit de l'Union européenne. Dans le droit-fil de la jurisprudence polonaise[2], on peut aussi avancer que, dans l'hypothèse où la violation de la constitution nationale serait jugée grave, le juge constitutionnel allemand pourrait demander au gouvernement de modifier l'acte européen en cause ou bien d'initier la procédure de retrait de l'Union européenne. C'est pourquoi se pose avec une particulière acuité la question de savoir si la Cour de justice a entendu les avertissements adressés notamment par la Cour constitutionnelle allemande.

La Cour de justice de Luxembourg semble avoir entendu les cours constitutionnelles européennes. La référence à l'identité constitutionnelle des États membres s'est en effet affirmée depuis 2006 « *de manière spectaculaire dans les conclusions de certains avocats généraux devant la haute juridiction communautaire* »[3]. Ainsi, dans l'affaire *Marrosu* (CJCE 7 juillet 2006, aff. C 53/04), l'avocat général admet-il que : « *Sans doute doit-on reconnaître aux autorités nationales, et notamment aux juridictions constitutionnelles, la responsabilité de définir la nature des spécificités nationales pouvant justifier une telle différence de traitement*[4]. *Celles-ci sont, en effet, les mieux placées pour définir l'identité constitutionnelle des États membres que l'Union européenne s'est donnée pour mission de respecter* » (concl. Maduro, point. 40). Dans l'étude précitée de Jean-Denis Mouton, plusieurs affaires sont citées dans lesquelles les avocats

1. Arrêt du 3 novembre 2009, pour une traduction partielle en anglais : J. Komarek, « The Lisbon Treaty II Judgement of the Czech Constitutional Court and the Czech Republic's President Klaus' Reaction », http://adjudicatingeurope.eu/?p=289

2. Arrêt K 18/04 du 11 mai 2005 sur le traité d'adhésion à l'Union européenne et arrêt P1/05 du 27 avril 2005 sur le mandat d'arrêt européen. Voir K. Kowalik-Banczyk, « Should we Polish it up? The Polish Constitutional Tribunal and the Idea of Supremacy of EU Law », 10 *German Law Journal*, 2005, p. 1355 et s.

3. J.-D. Mouton, *op. cit.*

4. Il convient de préciser qu'en l'espèce, le gouvernement italien avait différencié l'administration publique du secteur privé pour l'utilisation des contrats à durée déterminée successifs par souci de préserver l'accès par voie de concours dans l'administration.

généraux font du respect de l'identité constitutionnelle des États membres « *un devoir* » pour l'Union européenne[1]. Ce devoir n'est néanmoins pas reconnu explicitement par la Cour, même si la doctrine cherche des indices de cette reconnaissance dans ses arrêts. Ces derniers prendraient en considération la violation des droits fondamentaux de l'ordre constitutionnel national par un acte communautaire et interpréteraient par voie de conséquence le droit communautaire dans le respect de la constitution nationale de manière à en éviter la violation[2]. Par extension, la Cour de justice pourrait dès lors avoir recours à l'article 4 alinéa 2 du TUE comme *principe d'interprétation* du droit communautaire[3]. L'idée avancée par la doctrine s'inspire des pratiques interprétatives des cours constitutionnelles allemande et italienne : l'interprétation conforme (*verfassungskonforme Auslegung*) ne conduit à déclarer inconstitutionnelle une loi que dans l'hypothèse où il est impossible d'en donner une interprétation constitutionnelle et non pas dans le cas où il est possible d'en donner une interprétation inconstitutionnelle. C'est un procédé qui vise à résoudre les conflits d'interprétation.

Pour cette raison, les juges sont bien en première ligne. La solution procédurale traditionnellement avancée afin d'encourager un échange des interprétations et une influence réciproque repose sur l'article 237 du TFUE (ex-article 234 TCE) : elle constitue certainement une piste valable[4] qui présente toutefois des difficultés. Pendant longtemps, la Cour constitutionnelle italienne a refusé de la pratiquer (ordonnance 536/1995 confirmée par les ordonnances 316/1996 et 109/1998) par la crainte d'être perçue comme « inférieure » à la Cour européenne de justice. En même temps, en refusant un dialogue direct avec la Cour de justice, une bonne partie de la doctrine faisait remarquer qu'elle n'avait aucun moyen

1. Expréssement, M. Poiares Maduro dans l'affaire *Michaniki* (CJCE 16 décembre 2008, aff. C 213/07).

2. L'arrêt le plus souvent cité est l'affaire *Omega* (aff. C-36/02, 2004) : l'arrêt porte sur la compatibilité entre les libertés de prestation de services et de circulation des marchandises et le respect de la dignité humaine d'une mesure d'interdiction prise par la police de la ville de Bonn relative à une activité (jeux de tir au pistolet au laser sur des personnes). Voir J.-D. Mouton, *op. cit.* ; J.-P. Jacqué, « Droit constitutionnel national, droit communautaire, Convention européenne des droits de l'homme, Charte des Nations Unies. L'instabilité des rapports de système entre ordres juridiques », *R.F.D.C.*, 2007, n° 69, p. 18 ; M. Cartabia, « "Unità nella diversità": il rapporto tra Costituzione europea e le Costituzioni nazionali », *in* G. Morbidelli, F. Donati (dir.), *Una costituzione per l'Unione europea*, Turin, Giappichelli, 2006, p. 185.

3. Ce fut proposé par Bruno De Witte avant même l'introduction de la clause d'identité nationale dans le traité de Maastricht : « Droit communautaire et valeurs constitutionnelles nationales », *Droits*, 14-1991, p. 95.

4. Dans ce sens : décision n° 6/97 de la Cour d'arbitrage belge (CJCE, 16 juillet 1998, *Fédération belge des chambres syndicales de médecins*), ordonnance du 10 mars 1999 de la Cour constitutionnelle autrichienne (CJCE 8 novembre 2001, *Adria-Wien pipeline GmbH*).

d'influencer la jurisprudence communautaire. La Cour constitutionnelle a abandonné son ancienne jurisprudence en conservant sa doctrine des contre-limites qui la conduira à ne pas utiliser la procédure du renvoi préjudiciel dès lors que le droit communautaire portera atteinte au noyau dur constitutionnel (arrêt 102/2008 et ordonnance 103/2008)[1]. De son côté, le Conseil constitutionnel a aussi refusé de pratiquer le renvoi préjudiciel car il ne peut pas attendre l'arrêt de la Cour de justice puisqu'il a un mois pour statuer, voire huit jours s'il y a urgence[2]. Ce sont des raisons d'ordre procédural qu'il était difficile pour le Conseil français d'ignorer. Dans sa décision *Lisbonne*, la Cour constitutionnelle allemande se fait en revanche l'interprète de l'identité constitutionnelle de l'Allemagne sans préciser qu'elle est prête à opérer un renvoi préjudiciel à la Cour de justice dans l'hypothèse où elle envisagerait de déclarer un acte de l'Union européenne inapplicable à la République fédérale pour violation de l'identité constitutionnelle[3].

On pouvait se demander quelle était la réalité de ce dialogue entre juges[4]. En 2014, la Cour constitutionnelle allemande a posé sa première question préjudicielle à la Cour de justice de l'Union européenne. Le *Bundesverfassungsgerich* a été saisi notamment par des citoyens car la Banque centrale européenne (ci-après BCE) aurait violé le droit de vote consacré par l'article 38 de la Loi fondamentale : en outrepassant ses pouvoirs, la BCE aurait statué *ultra vires* de telle manière serait remis en cause le consentement donné par le *Bundestag* à l'attribution de compétences par le traité de Maastricht. C'est pourquoi la Cour allemande a saisi la Cour de justice à propos de la validité de la décision dite OMT de la BCE. La coopération loyale entre les juges a été saluée. La Cour allemande a respecté l'arrêt de la Cour de justice du 26 juin 2015, *Gauweiler* (C-62/17) rendu sur le renvoi préjudiciel. Les relations entre les cours se sont toutefois tendues avec l'arrêt constitutionnel allemand du 5 mai 2020. De nouveau, à l'origine se trouvent des actes juridiques de la BCE contestés par des citoyens allemands parce que le *Bundestag* et le

1. M. Dani, « Tracking Judicial Dialogue. The Scope for Preliminary Rulings from the Italian Constitutional Court » 2, *Maastricht Journal of European and Comparative Law*, 2009, p. 149 et s. ; F. Lafaille, « Il y a toujours une première fois. À propos de l'application de l'article 234 TCE par la Cour constitutionnelle italienne », *R.T.D.E*, 2009, p. 459 et s.

2. Son contrôle sur les lois de transposition est donc limité aux dispositions « manifestement incompatible(s) avec la directive » qu'elles ont pour objet de transposer (décision de 2006 précitée). Le dialogue avec la Cour de justice passe par les juges ordinaires : CE Ass. 8 février 2007, *Société Arcelor Atlantique*, CE Sect. 10 avril 2008, *Conseil National des Barreaux et autres*.

3. J. Ziller, « Le dialogue judiciaire et la Cour de Karlsruhe », *R.T.D.E.*, 1-2010, p. 96.

4. Voir Special Issue *German Law Journal*, Vol. 16 n° 6, 2016, C. Fassone *et al.* (eds), « The Primilary Reference to the CJEU by Constitutional Courts ».

gouvernement n'auraient pas pris de mesures appropriées contre la participation de la Banque fédérale d'Allemagne aux décisions de la BCE. De nouveau, la Cour constitutionnelle allemande a saisi par renvoi préjudiciel la Cour de justice sur la compatibilité au droit de l'Union européenne du programme d'achats d'actifs du secteur public sur le marché secondaire (*public sector asset purchase programme* – PSPP) adopté par la BCE en mars 2015. La Cour de justice a jugé ce programme conforme dans un arrêt du 11 décembre 2018 *Weiss* (C-493/17).

Mais, cette fois-ci et pour la première fois, la Cour constitutionnelle a rendu un arrêt dans lequel elle a estimé que, aussi bien la BCE que la Cour de justice de l'Union européenne ont statué *ultra vires*. « *Selon la décision, le Bundestag et le gouvernement allemands ont violé le droit des requérants à l'autodétermination démocratique (en vertu de l'art. 38 § 1, 1re phrase, en liaison avec l'art. 20 § 1 et 20 § 2 en liaison avec l'art. 79 § 3 de la Loi fondamentale). Elle considère en effet que ceux-ci n'ont pas pris de mesures contre les décisions adoptées par la BCE pour l'introduction et la mise en œuvre du PSPP. En ne fournissant pas de raisons compréhensibles pour ses décisions, la BCE a ainsi violé le principe de proportionnalité et a agi ultra vires. Afin de parvenir à ce constat, la Cour de Karlsruhe a également dû déclarer que l'arrêt de la CJUE déclarant l'action de la BCE conforme au droit européen était lui-même ultra vires*[1]. » Bien que fidèle à sa culture de la constitutionnalité, le *Bundesverfassungsgerich a rendu son jugement dans un contexte singulier qui lui a donné un écho particulier*. Pour répondre à la crise du coronavirus, la BCE avait en effet décidé en mars 2020 du programme d'achats d'urgence face à la pandémie (*Pandemic Emergency Purchase Programme*, PEPP). Pour la première fois, la CJUE a publié un communiqué de presse à la suite de l'arrêt du *Bundesverfassungsgerich qui laisse penser que la coopération loyale entre juges est pour le moins mise à mal*[2].

---

1. R. Weber, « L'arrêt BCE : Tension dans la relation de coopération entre la Cour constitutionnelle fédérale et la Cour de justice de l'Union européenne », *JP Blog*, 13 mai 2020.

2. Dans le communiqué, la Cour a rappelé que « *selon une jurisprudence constante de la Cour de justice, un arrêt rendu à titre préjudiciel par cette Cour lie le juge national pour la solution du litige au principal* » cité par F. Martucci qui, par ailleurs, remarque à juste titre que cela pourrait avoir des incidences sur le non-respect des valeurs de l'Union européenne par certains États membres dont la Pologne qui s'est réjouie de l'arrêt rendu par les juges de Karlsruhe. F. Martucci, « La BCE et la Cour constitutionnelle allemande : souligner les paradoxes de l'arrêt du 5 mai de la Cour constitutionnelle allemande », Blog du coronavirus, le Club des juristes, 11 mai 2020 ; voir aussi Special issue German Law Journal, vol. 21 (5), 2020, « The German Federal Constitutional Court's PSPP Judgment ».

Ces jurisprudences[1] invitent à aller au-delà du problème de l'articulation entre les normes constitutionnelles et communautaires et de son traitement par les doctrines nationales. D'ailleurs, la Cour constitutionnelle italienne a reconnu dans un renvoi préjudiciel que la primauté du droit de l'Union n'exprime pas une « *simple articulation technique du système des sources nationales et supranationales* » (ordonnance 24/2017 du 26 janvier 2017)[2]. Les rapports entre les systèmes constitutionnels et européens comportent aussi une dimension culturelle puisque les notions structurantes des ordres juridiques nationaux sont prises en étau entre les différents systèmes normatifs. À la différence du recours aux décisions constitutionnelles étrangères pour interpréter la constitution, signe d'ouverture et d'appartenance à la communauté des démocraties pluralistes, la référence à l'identité constitutionnelle (ou à la tradition juridique comme dans le contentieux italien) semble le signe d'un enracinement pour donner du poids au texte constitutionnel national en l'inscrivant dans une continuité constitutionnelle face au projet européen. Ce renvoi dit aussi beaucoup des carences du projet européen et, tout particulièrement, de son incapacité à déclencher un processus d'identification notamment en créant de la solidarité. La crise du coronavirus est là pour le rappeler. Les politiques budgétaire et monétaire imposées par les institutions européennes sont principalement perçues comme une limitation de la souveraineté, même si elles agissent en faveur de la solidarité et de la justice sociale, ces politiques ne sont

1. Les décisions des cours constitutionnelles et suprêmes refusant d'appliquer les arrêts de la CJUE se sont multipliées. On pense à la Cour suprême du Danemark : Case n° 15/2014, *Dansk Industri [DI] acting for Ajos A/S vs. The estate left* mais aussi entre autres les décisions des cours constitutionnelles tchèque (2012) et belge (62/2016). Voir G. Tusseau, « Le constitutionnalisme européen aux prises avec la "désobéissance institutionnelle" des juges nationaux », *R.F.DA.*, 2013, p. 141 et s. ; K. Kouvacz, « The Rise of an Etnocultural Constitutional Identity in the Jurisprudence of The East Central European Courts », *German Law Journal*, vol. 18 (7), 2017, p. 1703 et s.

2. La doctrine française a fait écho à ce que la doctrine italienne a appelé la « *saga Taricco* » : initiée en 2015 par l'arrêt de la CJUE (8 sept. 2015, aff. C-105/14 : voir N. Perlo, « L'affaire *Taricco* : la voie italienne pour préserver la collaboration des juges dans l'Union européenne », *RTD eur.*, 2017, p. 739 et s.) conduisant à un allongement rétroactif des délais de prescription en contradiction avec la loi pénale italienne, la Cour constitutionnelle a été saisie par les juges du fond (cour d'appel de Milan et Cour de cassation) d'une question visant à contrôler la conformité de la règle *Taricco* avec le principe constitutionnel de légalité en matière pénale, tel que consacré à l'article 25, alinéa 2 de la Constitution italienne. La Cour a alors saisi d'un renvoi préjudiciel la CJUE. Voir aussi J. Arlettaz, « La fin des *Taricco*. Le juge de l'Union face à la tradition romano-germanique », *A.J.D.A.*, 2018, p. 615 et s. ; M. Fichera, O. Pollicino, « The Dialectics Between Constitutional Identity and Constitutional Common Traditions: Which Language for Cooperative Constitutionalism in Europe ? », *German Law Journal,* vol. 20 (8), 2020, p. 1097.

pas perçues ou de manière insuffisante[1]. L'idée d'identité permet de mesurer ce qui nous sépare d'un nouvel ordre politique. Le poids des identités constitutionnelles a donc également un écho dans le débat constitutionnel européen.

B. Les identités constitutionnelles nationales face à l'identité (constitutionnelle) européenne

Face à des identités constitutionnelles nationales qui pourraient être qualifiées d'« identité de résistance », l'Union européenne cherche à fonder une identité qui se présente quant à elle comme une identité de projet. La question de l'identification est double : être identifié et s'identifier. Dans cette construction en cours, les juristes européens jouent-ils un rôle ? Il y a incontestablement des constructions doctrinales qui cherchent à exercer une influence, voire à affirmer une identité constitutionnelle européenne. La proposition de constituer une discipline automne, le droit constitutionnel européen, défendue par le directeur de l'Institut Max-Planck pour le droit public international et le droit comparé de Heidelberg, Armin von Bogdandy, est à n'en pas douter plus volontariste que le pluralisme constitutionnel, doctrine développée en vue de décrire autrement les rapports entre droits constitutionnels nationaux et droit de l'Union européenne.

1) Identité européenne et droit constitutionnel européen : le rôle de la doctrine

En l'absence d'un *demos* européen, les institutions communautaires ont engagé une promotion de l'identité européenne. Cette identité demeure désincarnée et cimentée par un patrimoine commun de droits fondamentaux. Il s'agit là d'une rhétorique autour de valeurs partagées qui néglige la diversité de l'héritage culturel en Europe. Ces valeurs partagées (art. 2 TUE) ne sont pas propres aux peuples européens.

Quelle est la spécificité de l'identité européenne ? Si spécificité il y a, elle est difficile à appréhender. Ce qui tient en particulier à la difficulté de l'Europe à se déterminer en opposition au reste du monde, ce qui est pourtant nécessaire et logique dans un processus d'identification. Un seul exemple est suffisant pour montrer ses faiblesses. Lors de l'élaboration du « traité constitutionnel » (2003), la crise en Irak a révélé la profonde dissension entre les États membres dans le domaine des affaires étrangères : puisque certains ont soutenu les États-Unis alors que les autres étaient opposés à une entrée en guerre. Malgré les efforts accomplis (ainsi la création par le traité

1. S. Sciarra, « How Social Will Social Europe Be in the 2020s? », *German Law Journal,* vol. 21 (1), 2020, p. 85-89.

de Lisbonne d'un ersatz de ministre des Affaires étrangères), il n'y a pas de véritable politique commune en la matière. Plus encore, les difficultés de l'Europe tiennent à ce que la construction européenne est une donnée de fait et non pas un choix, *i.e.* un projet auquel les citoyens européens adhérent. En 2005, les résultats des référendums français et hollandais concernant la ratification du traité établissant une constitution pour l'Europe sont l'expression de peurs. Mais est-il possible de construire l'Europe sans que les citoyens ne s'en rendent compte ? Pendant longtemps ils ont été ignorés ou, en tout cas, éloignés du processus d'intégration. Or, la conscience européenne ne peut être introduite par voie administrative. La source des tensions tient à un manque d'adhésion au projet européen et, donc, d'éléments constitutifs tels que la solidarité. Ces éléments constitutifs sont importants pour concrétiser une « intégration des esprits », c'est-à-dire que l'Europe a besoin d'une conscience de soi.

Aussi peut-on partager l'idée avancée par M. Rosenfeld, à savoir que le succès d'une constitution européenne dépend d'une « *identité constitutionnelle opératoire* »[1]. Cependant, comme l'a démontré Armin von Bogdandy[2], ni les éléments existants de l'identité européenne, ni ceux présents dans le « traité constitutionnel » ne fournissent une base suffisamment solide pour assurer le succès du projet européen. L'article I-8 qui énumérait les symboles de l'Union dans le « traité constitutionnel » (drapeau, hymne, devise, monnaie et journée de l'Europe) a été supprimé dans le traité de Lisbonne, ce qui confirme cette analyse *a posteriori*. Pour le dire en d'autres termes, les identités nationales sont enracinées et nettement plus vivantes que l'idée d'identité européenne. À l'instar des identités nationales qui sont construites, l'identité européenne est avant tout un discours (ou, plus sûrement, des discours) mais qui manque d'éléments constitutifs – à la différence des identités nationales qui bénéficient d'un substrat historique.

Dans quelle mesure la constitution d'une nouvelle discipline – le droit constitutionnel européen – peut-elle contribuer à concrétiser une identité européenne ? C'est l'ambition affichée par Armin von Bogdandy, professeur allemand de droit public : il se propose d'élaborer une telle discipline par la reconstruction des principes qui fondent le droit constitutionnel européen[3]. Cette reconstruction correspond à une systématisation de la matière autour des principes structurants du droit européen primaire et cette remise en ordre vise non seulement à échapper au « chaos constitutionnel » le plus

1. M. Rosenfeld, *op. cit.*, p. 317.

2. A. von Bogdandy, « The European constitution and European identity: Text and subtext of the Treaty establishing a Constitution for Europe » 3, *I-CON*, 2005, p. 295 et s.

3. A. von Bogdandy, « Constitutional principles », *in* A. von Bogdandy, J. Bast (eds.), *Principles of European Constitutional Law*, Oxford, Hart, 2006, p. 7.

souvent mis en avant à propos du droit primaire, mais aussi à promouvoir une doctrine des principes susceptible de favoriser l'adhésion des citoyens européens au projet commun. Même si cette théorisation des principes élaborée par des juristes universitaires[1] ne peut immédiatement créer une identité commune pour une bonne part de la population, elle peut être conçue comme une participation au débat public plus large visant à l'adhésion au projet commun.

Cette démarche peut susciter à la fois des doutes sur le rôle que A. von Bogdandy entend assigner à la doctrine et des critiques sur le fonds du projet. D'abord, cette entreprise met l'accent sur le rôle de la doctrine dans la construction de son objet, ce qui peut paraître étrange aux yeux d'un universitaire anglais[2] alors que, depuis Savigny, la doctrine allemande s'est toujours reconnu un travail de systématisation autour d'un ensemble de principes juridiques cohérents, objectifs et organisés. La démarche proposée repose sur une conception du droit selon laquelle le droit ne peut être défini par la référence exclusive à ses règles, à ses solutions et à ses institutions. C'est une conception qui fait toute sa place à la pensée juridique et donc au rôle des universitaires dans la construction de la discipline[3]. La doctrine est une composante essentielle de la culture juridique laquelle participe du processus d'identification puisqu'elle est ce qui permet de marquer l'identité d'un système juridique et donc sa différence par rapport aux autres. On peut certes convenir qu'une culture juridique propre à l'Europe existe déjà et que sa principale caractéristique est d'être une culture hybride[4]. Elle est exposée de manière permanente aux influences des autres systèmes juridiques. C'est

1. Ce qui signifie l'exclusion d'une « doctrine interne » composée des avocats généraux de la Cour européenne de justice et des conseillers juridiques des institutions communautaires : sur la grande diversité de la communauté des juristes écrivant sur l'Europe, H. Schepel, R. Wesseling, « The Legal Community: Judges, Lawyers, Officials and Clerks in the Writing of Europe » 3, *European Law Journal*, 1997, p. 165 et s.

2. Voir la recension de l'ouvrage précité de Bogdandy par M. Everson, « Is it just me, or is there an Elephant in the Room? » 13, *European Law Journal*, 2007, p. 136 et s. Dans cette recherche des principes généraux du droit européen, Bogdandy cite plus volontiers les Allemands, les Italiens ou les Français, parmi ces derniers, J. Gerkrath, *L'émergence d'un droit constitutionnel pour l'Europe*, éditions de l'Université de Bruxelles, 1997, p. 183 et s.

3. Bodgandy s'inscrit dans une longue tradition allemande. On pense inévitablement à la conférence de Carl Schmitt (« La situation de la science européenne du droit » (1950), *Droits*, 1991, p. 115 et s.) même si ce dernier aurait sans doute du mal à partager l'initiative du directeur de l'Institut Max-Planck puisque, pour lui, la science juridique européenne ne peut avoir d'autres sources que le droit romain.

4. N. Walker, « The migration of constitutional ideas and *the* migration of the constitutional idea: The case of the EU », *in* S. Choudhry (ed.), *The Migration of Constitutional Ideas*, Cambridge, Cambridge University Press, 2006, p. 334.

pourquoi ses traits ne sont « *pas définitivement fixés* » et ne sont « *pas exempts de contradictions* »[1].

En ce sens, le projet proposé a été amendé par une contribution récente du directeur de l'Institut Max-Planck pour le droit public international et le droit comparé de Heidelberg. Le projet ne concerne plus la constitution d'une discipline de droit constitutionnel européen détachée des doctrines constitutionnelles nationales. Au contraire, le projet est devenu plus englobant puisque si les fondations d'un *ius publicum euopaeum* existent déjà sur la base du droit de la Convention européenne des droits de l'homme et de l'Union européenne et des principes du droit public national des États parties au Conseil de l'Europe et à l'Union européenne[2], il manque en revanche, selon Bogdandy, « *une doctrine constitutionnelle* commune »[3]. La résilience des systèmes juridiques nationaux n'est pas sous-estimée, c'est la raison pour laquelle le projet d'une doctrine constitutionnelle transnationale ne peut être, selon son promoteur, que théorique et comparatif.

Cette démarche correspond à un projet intellectuel militant (ou un « *constructivisme juridique* » selon les termes mêmes de son promoteur). Armin von Bogdandy vise à légitimer la construction d'un droit européen commun sur des bases constitutionnelles de manière à dépasser la fragmentation linguistique et disciplinaire en Europe. En ce sens, il définit le droit constitutionnel comme « *la discipline reine* »[4] et, par voie de conséquence, la doctrine constitutionnelle bénéficie de cette supériorité hiérarchique. Ce qui surprend le constitutionnaliste américain[5] surprend aussi plus d'un juriste européen[6]. Principalement parce que la doctrine constitutionnelle n'est pas un tout homogène dans chaque État européen. Force est de constater que Bogdandy ne le nie pas et qu'il propose, en vue de son développement, que deux autres facteurs soient pris en compte : d'une part,

1. F. Snyder, « The unfinished constitution of European Union: Principles, processes and culture », *in* J.H.H. Weiler, M. Wind (eds.), *European Constitutionalism Beyond the State*, Cambridge, Cambridge University Press, 2003, p. 69.

2. A. von Bogdandy est à l'origine de deux volumes sur la doctrine constitutionnelle en Europe : A. von Bodgandy, P. Cruz Villalon, P.M. Huber (dir.), *Handbuch Ius Publicum Europaeum*, Vol. I : *Grundlagen und Grundzüge staatlichen Verfassungsrechts* (2007), Vol. II : *Offene Staatlichkeit – Wissenschaft vom Verfassungsrecht* (2008), Heidelberg, C.F. Müller.

3. A. von Bogdandy, « The past and promise of doctrinal constructivism: A strategy for responding to the challenges facing constitutional scholarship in Europe » 3, *I-CON*, 2009, p. 398 (souligné par l'auteur).

4. *Ibid.*, p. 381 : il fonde précisément cette supériorité sur l'article 4 al. 2 du TUE.

5. R. C. Post, « Constitutional scholarship in the United States » 3, *I-CON*, 2009, p. 416 et s.

6. M. Kumm, « On the past and future of European constitutional scholarship » 3, *I-CON*, 2009, p. 401 et s. ; A. Somek, « The indelible science of law » 3, *I-CON*, 2009, p. 424 et s.

la formation des juristes et, d'autre part, le temps de manière à consolider l'européanisation en marche. De nouveau, la question de l'éducation juridique apparaît comme essentielle (voir sur les enseignements à tirer de l'expérience canadienne, Leçon 8 § 2, A) et elle soulève ici un problème important : y a-t-il aujourd'hui des juristes transeuropéens, c'est-à-dire des juristes formés sans être entravés par une communauté nationale épistémique ? On peut sérieusement en douter (voir les remarques sur le rôle de l'Institut universitaire européen, Leçon 5 § 1, A, et dans les développements suivants sur le pluralisme constitutionnel). Ceci n'enlève rien à l'intérêt que présente le projet soutenu par Bogdandy et, surtout, il a le mérite d'attirer l'attention sur le rôle majeur qui revient à la doctrine dans la construction européenne.

Les critiques sur le fond du projet méritent un examen plus bref. En effet, le questionnement selon lequel la constitution n'est sans doute pas le concept le plus pertinent pour décrire le droit de l'Union européenne n'est pas nouveau. Sur ce point, les communautaristes ont engagé le dialogue avec les constitutionalistes depuis assez longtemps[1]. Les premiers[2] défendent une approche matérielle qui vise à constitutionaliser les traités européens fondateurs (des Communautés européennes, puis de l'Union européenne) de manière à souligner un rapprochement avec la constitution étatique et à s'éloigner de l'organisation internationale. Néanmoins, et on utilisera qu'un seul argument, le concept de constitution est un critère distinctif des différentes catégories d'ordres juridiques ou mieux il est le critère identitaire de l'ordre juridique national : la constitution transforme un groupe en une nation, mais pour qu'une telle transformation s'accomplisse, il faut que les individus de ce groupe se sentent unis et donc qu'ils forment un peuple ; or il n'y a pas de peuple européen. En fait, la constitution solidifie plutôt qu'elle n'invente un peuple. Même si la « constitution européenne » est un idéal plutôt qu'une réalité juridique (et les référendums français et hollandais de 2005 ont stoppé net toute avancée dans cette direction), les critiques peuvent être atténuées si l'on admet que le droit de l'Union européenne traite de questions institutionnelles et politiques que

1. Pour s'en tenir à la bibliographie en français, on peut renvoyer à la thèse précitée de J. Gerkrath publiée en 1997 et à trois colloques : le premier est celui de Strasbourg, « Vers un droit constitutionnel européen. Quel droit constitutionnel européen », *R.U.D.H.*, 1995, vol. 7, n° 11-12 (voir en part., V. Constantinesco, « Vers l'émergence du droit constitutionnel européen », p. 445 et s.) ; H. Gaudin (dir.), *Droit constitutionnel, droit communautaire, vers un respect constitutionnel réciproque ?*, Paris-Marseille, Economica – PUAM, 2001 (voir le rapport de synthèse par le constitutionnaliste, L. Favoreu) ; B. Mathieu, M. Verpeaux, F. Mélin-Soucramanien (dir.), *Constitution et construction européenne,* Paris, Dalloz, 2006 (voir le rapport de synthèse par le communautariste, J.-C. Gautron, p. 159 et s.).

2. Mais aussi certains constitutionnalistes comme, en France, D. Rousseau, « Pour une constitution européenne », *Le Débat*, 2000, n° 108, p. 55 et s.

seul le droit constitutionnel peut sérieusement prendre en compte[1]. C'est précisément ce que font les tenants du pluralisme constitutionnel.

2) Le pluralisme constitutionnel

La doctrine juridique nationale oscille en général entre deux positions : soit elle cherche à interpréter les jurisprudences constitutionnelles et la jurisprudence de la Cour européenne de justice en des termes de concordance, soit elle rappelle qu'aucune constitution n'a poussé jusqu'au bout les conséquences du monisme (conception selon laquelle le droit international et le droit étatique forme un seul et même système juridique) et que la constitution ne peut renoncer à sa suprématie sans perdre son statut de norme suprême de l'État.

La doctrine du pluralisme constitutionnel a un point de départ différent qui réside dans le constat des mutations de l'État (et se rattache à ce titre aux théories du pluralisme juridique : voir Leçon 8 § 1). Qualifié d'« État ouvert » ou bien, de manière plus classique, d'« État post-westphalien », le but affiché n'est pas de prôner le remplacement de l'État, mais son dépassement, les juges y jouant un rôle central. En effet, le pluralisme normatif est la forme la plus courante du pluralisme constitutionnel puisqu'il renvoie à l'existence d'une pluralité de sources constitutionnelles qui aboutit à une situation potentiellement conflictuelle entre les différents ordres juridiques des États membres et l'ordre communautaire (aujourd'hui de l'Union européenne), conflits qui doivent être résolus d'une manière non hiérarchique[2].

La doctrine du pluralisme constitutionnel est conceptuellement plus élaborée car ce n'est pas la seule activité des juges qui est prise en compte mais aussi les transformations de la souveraineté. Il s'agit de penser le phénomène constitutionnel en dehors du cadre étatique. De plus, elle ne correspond pas à une doctrine nationale. En ce sens, on remarquera tout d'abord que cette nouvelle doctrine s'est

1. C. Möllers, « Pouvoir constituant – Constitution – Constitutionalisation », *in* A. von Bogdandy, J. Bast (eds.), *Principles of European Constitutional Law*, cit., p. 183 et s.

2. Le pluralisme normatif a fait une entrée remarquée dans le débat français avec la prise de position du rapporteur public M. Guyomar (concl. sur CE, Sect., 10 avril 2008, *Conseil national des barreaux et autres*, *R.F.D.A.*, 2008 p. 575) : « *La pyramide kelsénienne ne suffit plus à rendre compte des rapports entre les différents ordres juridiques : les droits nationaux, le droit communautaire et celui de la Convention européenne. Le pluralisme juridique est une richesse à la condition d'être ordonné* » en référence aux travaux de Mireille Delmas-Marty et en particulier à son ouvrage : *Les forces imaginantes du droit. Le pluralisme ordonné*, Paris, Seuil, 2006. Comparer : M. Guyomar, D. Simon, « La hiérarchie des normes en Europe », *Gaz. Pal.*, 12 fév. 2009, n° 43, p. 11 et s. ; P. Brunet, « L'articulation des normes. Analyse critique du pluralisme ordonné », *in* J.-B. Auby (dir.), *L'influence du droit européen sur les catégories de droit public*, Paris, Mission Droit et justice, 2009, p. 134 et s.

développée après la décision *Maastricht* de la Cour constitutionnelle allemande (1993) dans le prolongement des travaux du juriste écossais et député européen, Neil MacCormick, qui a vu dans cette décision la confirmation de sa théorie sur les interférences non hiérarchiques entre systèmes juridiques[1]. Son foyer de diffusion peut être, ensuite, présenté comme « dé-nationalisé » puisque c'est principalement à l'Institut universitaire européen (ci-après, IUE) qu'elle s'est développée. Néanmoins ses auteurs sont pour la plupart des *common-law lawyers* (à l'instar de N. Walker) ou bien ils ont été formés à l'Institut (tels que M. Poiares Maduro, aujourd'hui professeur en poste à l'IUE) en particulier à partir des travaux de J.H.H. Weiler[2]. Cette doctrine n'est toutefois pas homogène. Plusieurs versions du pluralisme constitutionnel ont été élaborées. La reconstruction ici proposée s'appuie sur plusieurs travaux et tout particulièrement sur ceux du colloque tenu en 2008 à l'IUE[3]. On s'attachera ici à décrire trois versions à partir des travaux de Neil Walker (le méta-constitutionalisme épistémique), de Miguel Poiares Maduro (le droit contrapuntique) et d'Ingolf Pernice (le constitutionalisme multi-niveaux).

Dans un article fondateur « The Idea of Constitutional Pluralism », fruit de travaux précédents[4], Neil Walker s'efforce de se détacher du modèle étatique pour une compréhension forcément en partie spéculative des défis portés par la construction européenne[5]. Son point de départ est une critique du constitutionalisme moderne. D'abord, le stato-centrisme est de plus en plus incapable d'expliquer le fonctionnement actuel du système politique, social et économique

1. N. MacCormick, « The Maastricht-Urteil: Sovereignty Now », *European Law Journal*, 1995, p. 265. Il avait déjà présenté sa théorie dans « Beyond the Sovereign State », *Modern Law Review*, 1993, p. 1 et s. et il l'a ensuite développée dans *Questioning Sovereignty: Law, State and Nation in European Commonwealth*, Oxford, Oxford University Press, 1999.

2. J.H.H. Weiler, « The Transformation of Europe » 100, *Yale Law Journal*, 1991, p. 2403 et s. ; ID., *The Constitution of Europe*, Cambridge, Cambridge University Press, 1999.

3. M. Avbelj, J. Komarek (eds.), « Four versions of Constitutional Pluralism – Symposium Transcript », 1 *European Journal of Legal Studies*, 2008, p. 235 et s. (à consulter en ligne, http://www.ejls.eu). La quatrième version est en fait une critique du pluralisme constitutionnel défendue par J. Baquero Cruz et déjà présentée dans « The Legacy of the Maastricht-Urteil and the Pluralist Movement », *EUI Working Papers*, RSCAS 2007/13. Il convient aussi de signaler la thèse de Florence Giorgi, première contribution en français qui rend compte de la doctrine du pluralisme constitutionnel, *La contribution du pluralisme constitutionnel à la constitutionnalisation de l'Union européenne. Plaidoyer pour un renouveau théorique*, Thèse, Luxembourg, 2009.

4. Il convient notamment de mentionner : N. Walker, « Flexibility within a Metaconstitutional Frame: Reflections on the Future of Legal Authority in Europe », *in* G. De Burca, J. Scott, *Constitutional Change in the EU: Between Uniformity and Flexibility*, Oxford, Hart, 2000, p. 9 et s.

5. N. Walker, « The Idea of Constitutional Pluralism » 3, *Modern Law Review*, 2002, p. 317 et s.

du pouvoir qui échappe en partie à l'État. En d'autres termes, les catégories auxquelles on a été habitué sont incapables ou du moins rencontrent des limites pour expliquer ce qui est nouveau. En particulier, les catégories du droit constitutionnel (parmi lesquelles figurent en tout premier lieu la constitution, l'État et la souveraineté) manquent de souplesse et sont sans doute handicapantes pour l'auteur qui parle de « *fétichisme constitutionnel* »[1]. Néanmoins, il ne nie pas le caractère prégnant de ces catégories[2] et n'envisage pas de s'en débarrasser mais de les adapter[3]. Il dénonce plutôt les vertus quasi magiques dont l'on pare les discours et les théories constitutionnels de telle sorte que la seule invocation constitutionnelle suffirait à guérir les maux sans s'engager dans une discussion plus profonde. C'est pourquoi il critique également l'exploitation idéologique dont peut faire l'objet le constitutionalisme. Soulignant enfin le caractère protéiforme du constitutionalisme, Neil Walker se confronte à une des nombreuses notions de droit constitutionnel qui est un concentré de significations. D'ailleurs, le pluralisme constitutionnel présente aussi cette même caractéristique.

Le pluralisme constitutionnel qu'il propose est à la fois descriptif (le constat de l'impuissance du constitutionnalisme moderne à expliquer les mutations en cours) et prescriptif puisque cette doctrine est présentée comme le dépassement du « constitutionalisme monisme » qui admet comme seules unités d'autorités constitutionnelles, les États : l'ordre européen inauguré par le traité de Rome (celui institutif des Communautés européennes en 1957) s'est développé au-delà des frontières traditionnelles du « *droit inter*-national *qui présente maintenant ses propres exigences constitutionnelles à côtés de celles des États* »[4]. Neil Walker précise que les relations entre ces ordres sont à présent « *horizontales plutôt que verticales* » *i.e.* non hiérarchiques plutôt que hiérarchiques (on remarquera que l'anglais a un mot pour désigner ces relations non hiérarchiques : « *heterarchical* »). De manière plus approfondie, il distingue trois formes de pluralisme : un « pluralisme explicatif » qui consiste à identifier une multiplicité de « sites constitutionnels » (cette notion renvoie à celle d'ordre politique et juridique ; elle semble préférée à cette dernière car plus

1. *Ibid.*, p. 324.

2. Dans un article centré sur l'activité du maintien de l'ordre, l'auteur souligne la dépendance à la notion d'État, si embryonnaire soit-elle outre-Manche, il relie le monopole de la contrainte légitime à l'idée d'État : N. Walker, « Decoupling Police and State », *in* E. Bort, R. Keat (eds.), *Essays in Honour of Malcom Anderson*, Edinburgh, International Social Sciences Institute, 1999, p. 75 et s.

3. Il se différencie à ce titre du positionnement de Neil MacCormick pour qui il est temps de se débarrasser du concept de souveraineté : pour un approfondissement, N. Walker, « Late Sovereignty in European Union », *in* ID. (ed.), *Sovereignty in Transition*, cit., p. 10 et s.

4. N. Walker, « The Idea of Constitutional Pluralism », cit., p. 337 (souligné par l'auteur).

ouverte et moins stato-centrée), un « pluralisme normatif » qui ne se contente pas de les identifier, mais se prononce en faveur du pluralisme et de son respect réciproque par les sites identifiés et, enfin un « pluralisme épistémique » qui associe à la variété de sites constitutionnels en présence une multiplicité et une incommensurabilité de points de vue et d'autorités. Cette dernière forme est sans doute la plus éclairante de cette doctrine qui refuse de trancher la question du détenteur ultime de l'autorité.

La doctrine développée par Miguel Poiares Maduro en est précisément un prolongement avec la recherche d'une harmonie contrapuntique[1] qui vise à prendre un tout (l'Union européenne) qui à la fois dépasse et respecte les parties (les États membres). Le tout vaut alors plus que ses parties et les parties à leur tour sont valorisées par l'harmonie que dégage leur rapprochement. À l'instar de Glenn Gould capable d'écouter de façon contrapuntique[2], les théoriciens du pluralisme constitutionnel avancent que l'Europe ne se ferme pas à une chose pour en écouter une autre, mais suit simultanément plusieurs pistes (sonores). Le pluralisme constitutionnel en action a été aussi défendu par M. Maduro comme avocat général à la Cour européenne de justice depuis 2003. Ce dernier a en outre précisé, lors d'une conférence prononcée à la Cour de cassation en décembre 2007, le rôle à confier au droit comparé : « *L'approche comparative la plus appropriée dans le contexte du pluralisme constitutionnel ne doit pas seulement concevoir le droit national comme une source d'inspiration, elle doit aussi lui reconnaître une autorité particulière. La base même de la construction et de la légitimité du droit communautaire requiert de la Cour* [européenne de justice] *un respect pour les traditions communes des États membres. Ce respect ne s'accommode pas d'un usage de ces droits qui serait limité à la recherche de la meilleure solution juridique parmi une variété de systèmes juridiques nationaux* »[3]. Rejetant le recours instrumental de la comparaison, l'avocat général a présenté le respect de l'identité constitutionnelle des États membres comme « *un devoir* » pour l'Union européenne (voir la jurisprudence précitée dans le paragraphe précédent sur l'identité constitutionnelle). La Cour européenne de justice a néanmoins jusqu'à

1. M. Poiares Maduro, « Contrapunctual Law: Europe's Constitutional Pluralism in Action », *in* N. Walker (ed.), *Sovereignty in Transition*, cit., p. 501 et s.

2. Cette idée d'une harmonie contrapuntique a été développée par un auteur canadien s'inspirant de son compatriote, le pianiste Glenn Gould : D. Howes, « La constitution de Glenn Gould : le contrepoint et l'État canadien », *in* J.-G. Belley (dir.), *Le droit soluble. Contributions québécoises à l'étude de l'internormativité*, Paris, LGDJ, 1996, p. 95 et s.

3. M. Poiares Maduro, « L'interprétation du droit communautaire : la fonction juridictionnelle dans le contexte du pluralisme constitutionnel », http://www.network-presidents.eu/spip.php?rubrique89&lang=fr.

présent ignoré ce courant de pensée et s'en tient à sa doctrine de la primauté du droit de l'Union.

L'idée du pluralisme constitutionnel avancée par Neil Walker dépasse la seule harmonisation des jurisprudences constitutionnelles et européennes pour embrasser un questionnement plus vaste : comment adapter le discours constitutionnel aux différents « sites constitutionnels » (étatiques, non étatiques tels que l'Organisation mondiale du commerce, et post-étatiques) ? Le développement conceptuel et structurel du pluralisme constitutionnel est au cœur de cette théorie prescriptive. Il dégage une série de critères pour identifier les nouvelles entités d'expression constitutionnelle, *i.e.* les sites post-étatiques qui manquent de tradition et de fondation à la différence des États[1].

Le constitutionnalisme multi-niveaux proposé par le juriste allemand Ingolf Pernice[2] s'inscrit précisément dans une analyse de l'intégration européenne comme *une* « forme constitutionnelle » post-étatique. Sa proposition est bien de ne voir qu'un « *système constitutionnel unique* »[3] composé d'*une* constitution elle-même formée de plusieurs « couches constitutionnelles », celle du droit primaire de l'Union européenne et celle des constitutions des États membres, indépendantes mais partageant des principes communs. Cette unicité pourrait apparaître comme l'antithèse du pluralisme constitutionnel. Mais il n'en est rien puisqu'il s'agit d'un pluralisme interne au système proposé qui n'est pas sans rappeler la structure fédérale. La notion de « constitution composée » a été avancée de manière à promouvoir *la* constitution européenne bien qu'Ingolf Pernice ne l'imagine pas autrement que « composée ». Par sa nature même, la constitution européenne est « *un processus d'établissement progressif d'un pouvoir public supranational par les peuples des États membres qui se définissent ainsi comme citoyens de l'Union, tout en restant des citoyens des États membres. Cette idée de 'multiplicité' se reflète dans le caractère composite de l'ordre constitutionnel de l'Union européenne* »[4]. Ce positionnement prend appui sur la jurisprudence de la Cour européenne de justice (en particulier l'arrêt *Parti écologiste « Les Verts »* de 1986 dans lequel la Cour qualifie les traités de « charte constitutionnelle de base ») et dépasse la lecture traditionnelle de la constitutionnalisation de l'ordre communautaire en mettant l'accent sur la complémentarité des ordres

1. N. Walker, « The Idea of Constitutional Pluralism », cit., p. 340.

2. La notion de « multilevel constitutionalism » a été introduite dans l'article « Multilevel Constitutionalism and the Treaty of Amsterdam : European Constitution – Making Revisited ? » 36, *Common Market Law Review*, 1999, p. 703 et s.

3. I. Pernice, F.C. Mayer, « De la constitution composée de l'Europe », *R.T.D.E.*, 2000, p. 631 ; I. Pernice, « Multilevel Constitutionalism in the European Union », 2 *European Law Review*, 2002, p. 514. Pour un approfondissement, I. Pernice, *Fondements du droit constitutionnel européen*, Paris, Pedone, 2004, p. 21 et s.

4. I. Pernice, F.C. Mayer, *op. cit.*, p. 647.

constitutionnels communautaire et nationaux et sur le caractère dynamique du processus conduisant à une union sans cesse plus étroite des peuples de l'Europe. Les citoyens sont en effet placés au cœur de ce processus et sont porteurs des limites qui s'imposent à chaque niveau. Pour que la complémentarité et la dualité perdurent, il faut s'assurer du respect de l'identité propre de chaque niveau.

La présentation des travaux sur le pluralisme constitutionnel ne fait certainement pas justice à la richesse du débat actuel dont on n'a rendu compte que partiellement[1]. Dans le colloque précité de l'IUE, les principaux tenants de cette doctrine regrettent le peu de diffusion de cette doctrine en Europe et son caractère encore confidentiel. Preuve s'il en est que l'européanisation des études juridiques est loin d'être réelle. On remarquera qu'un effort en vue de prendre avec soi la pluralité des droits a été, à n'en pas douter, accompli par les juristes nationaux grâce, en particulier, aux études européennes (lesquelles commencent d'ailleurs à être pensées comme un tout : droit(s) de l'Union européenne et du Conseil de l'Europe), mais pour penser le pluralisme en droit constitutionnel dans l'Union européenne, il s'agit de franchir une étape qui suppose de lutter contre les habitudes de pensée sclérosantes. Il suffit d'examiner les manuels de droit constitutionnel en Europe pour comprendre que le droit constitutionnel a peu évolué dans sa représentation[2]. Tout au long de cet ouvrage, l'accent a été mis sur *la formation du juriste* et on ne peut que conclure sur le caractère incontournable de cette question. Elle l'est d'autant plus dans un contexte où le populisme et le nationalisme véhiculent des critiques virulentes à l'encontre des valeurs partagées au sein de l'Union européenne.

3) Le constitutionnalisme populiste

Au cours des années 2000, la doctrine dénationalisée du pluralisme constitutionnel a cherché à trouver une cohérence dans le désordre semé par les jurisprudences des cours constitutionnelles sur la primauté du droit de l'Union européenne. Ce récit développé dans le monde académique a rencontré sur le terrain politique un obstacle de taille : l'expansion des démocraties illibérales. Pourquoi le germe du populisme présent dans le socle du constitutionnalisme éclot-il en Europe au cours de cette même période ? Deux frontières constitutives de l'État

1. Pour une étude plus approfondie, M. Avbelj, « Questioning EU constitutionalisms » 1, *German Law Journal*, 2008, p. 1 et s.

2. Voir l'étude fondée sur les cas allemand, britannique et espagnol et proposée par S. De La Sierra et F. Dominguez-Garcia, « The treatment of European law in the study of constitutional Law: Has an Effective europeanisation of constitutional law already take place ? », *in* J. Ziller (dir.), *L'européanisation des droits constitutionnels à la lumière de la constitution pour l'Europe*, Paris, L'Harmattan, 2003, p. 53 et s. Pour la France, un manuel prend pleinement en compte le traitement constitutionnel des avancées de la construction européenne : V. Constantinesco, S. Pierré-Caps, *Droit constitutionnel*, Paris, PUF, 7e éd., 2016.

constitutionnel moderne sont désormais érodées : la frontière territoriale et la séparation public/privé. La construction européenne renforce les processus de transnationalisme et de privatisation qui se nourrissent mutuellement et consolident par là même cette érosion. Faute d'avoir fait appel aux peuples européens notamment au moment de l'élargissement de l'Union européenne en 2004, le peuple comme acteur constitutionnel et surtout comme argument rhétorique est revenu comme un boomerang dans le discours politique. Le populisme se nourrit des faiblesses des régimes libéraux-démocrates. Le débat est controversé, comme déjà vu précédemment (voir Leçon 10 § 3). Le peuple n'est jamais trop loin et toujours invoqué au nom de la démocratie.

Le pluralisme constitutionnel a connu un succès inattendu avec les gouvernants des démocraties illibérales (en particulier, hongroise et polonaise) qui n'ignorent ni l'usage de la comparaison des droits, ni celui de l'identité constitutionnelle. Autrement dit, ces derniers retournent contre les démocraties libérales les arguments utilisés pour non seulement se préserver des avancées du droit de l'Union européenne, mais aussi pour attaquer l'État de droit. La fréquente référence à l'identité constitutionnelle, dans le discours populiste, témoigne de quelque chose de plus qu'un simple problème d'articulation entre normes de droit constitutionnel et droit de l'Union européenne. Face à l'ouverture des frontières, réelle ou imaginaire, et à la globalisation (y compris l'européanisation) perçue comme niant les différences, un leader populiste tel que le hongrois Viktor Orban tient un discours fondé sur un nationalisme à composante identitaire forte. Plus particulièrement, le projet du leader nationaliste est de bâtir le Bassin des Carpates : « *Une fois que nous aurons bâti le Bassin des Carpates […], il nous faudra aussi bâtir l'Europe centrale […], cette région politique et économique, vaste, forte et sûre de l'Europe que l'on appelle l'Europe centrale […]* [Elle] *est une région d'une culture particulière, différente de l'Europe occidentale* »[1]. Précisément, le discours nationaliste et populiste sait répondre au besoin d'appartenance et d'enracinement dans un lieu ; c'est toute l'ambiguïté du discours populiste. Comment dénoncer le nationalisme et le populisme sans porter atteinte aux valeurs collectives et, au premier chef, au patriotisme[2] ? Le problème n'est pas nouveau, ni pour l'Europe, ni pour les États membres. Les constitutions modernes qui s'adressent avant tout au futur, rencontrent elles aussi des difficultés à agréger autour de valeurs communes, n'ayant plus le soutien du « *temps*

1. Dans son discours, V. Orban précise qu'il parle en « pays sicule », faisant une référence historico-ethnique (le groupe des Sicules remonte au moins au XIIe siècle et se trouve apparenté aux Magyars). Discours prononcé lors d'une Université d'été tenue en Transylvanie roumaine, le 28 juillet 2018, cité par L. Jaume, « Démocratie illibérale, une nouvelle notion ? », *Constitutions*, 2019, p. 181.

2. Voir l'avertissement formulé par J.H.H. Weiler, « The European Circumstance and the Politics of Meaning: Not on Bread Alone Doth Man Liveth (Deut. 8:3 ; Mat. 4:4) », *German Law Journal,* vol. 21 (1), 2020, p. 96-99.

mythique »[1]. L'Europe est tout autant démunie. Dans le discours jurisprudentiel[2], la tentative vise à stopper l'érosion de l'autorité des constitutions nationales. Par leurs décisions, les juges constitutionnels ont cherché à redonner une perceptibilité aux frontières identitaires tracées par la constitution nationale (on n'oubliera pas que cette jurisprudence se référant à l'identité constitutionnelle s'est développée après les résultats des référendums français et hollandais en 2005 refusant la ratification du traité établissant une constitution pour l'Europe). On peut douter que ce soit aux juges d'apporter une réponse puisque la construction européenne est un projet politique entre les mains des gouvernements des États membres. La référence à l'identité constitutionnelle par les cours constitutionnelles, indice de la dimension invisible que constitue le substrat constitutionnel national, devient, en outre, dans le contexte populiste une référence qui vise à bloquer toute évolution : l'identité constitutionnelle étant perçue comme immuable et intouchable[3].

Dans les démocraties illibérales, les juges sont disqualifiés et muselés : en particulier, les juges constitutionnels sont cloués au pilori car ils appartiennent à une élite ne comprenant pas les besoins du « vrai peuple ». Au nom du « vrai peuple », ils sont mis « sous tutelle » par divers moyens, mais principalement en remplaçant les juges par des sympathisants avec le pouvoir en place. En Pologne, ce ne sont donc pas les juges mais les gouvernants des démocraties illibérales qui emploient les notions d'« identité constitutionnelle » et même de « pluralisme constitutionnel » pour justifier leurs réformes et pour le dire, comme le gouvernement polonais à propos de la réforme du système judiciaire, à promouvoir « leur solution institutionnelle souveraine »[4]. La Pologne a initié dès la fin 2015 une série de mesures législatives visant à affaiblir la légitimité du Tribunal constitutionnel, puis l'indépendance du système judiciaire. Les lois du 22 décembre 2015 et du 22 juillet 2016 visant le Tribunal constitutionnel ont été déclarées inconstitutionnelles par ce dernier le 9 mars 2016 et le 11 août 2016. De manière tout à fait anormale, ces arrêts n'ont pas été publiés à l'époque ni mis en œuvre par les autorités polonaises. Ce fut ensuite au tour de la Cour suprême d'être exposée à la réforme. De nouveau, une série de mesures législatives ont été prises. Cette fois-ci, la CJUE a été saisie par la Commission européenne et elle a, dans un arrêt du 24 juin 2019, estimé contraire

1. D. Baranger, « Temps et constitution », *Droits*, 30-2000, p. 45.

2. Sur la diffusion de la notion d'« identité constitutionnelle » dans les jurisprudences des cours constitutionnelles européennes, voir L. Burgorgue-Larsen (dir.), *L'identité constitutionnelle saisie par les juges en Europe*, Paris, Pedone, 2011.

3. G. Halmai, « The Abuse of Constitutional Identity. The Hungarian Constitutional Court on the Interpretation of Article E) (2) of the Fundamental Law », *Review of Central and East European Law*, vol. 43, 2018, p. 23 et s.

4. Cité par L. Pech et S. Platon, « Menace systémique envers l'État de droit en Pologne : entre action et procrastination », *Questions Europe*, n° 451, 13 nov. 2017 (Fondation R. Schuman).

au droit de l'Union l'abaissement de l'âge du départ à la retraite des juges de la Cour suprême : cette réforme viole le principe d'inamovibilité des juges et, donc, celui de leur indépendance (l'indépendance des juridictions nationales est essentielle pour le fonctionnement de la coopération judiciaire entre les États membres de l'Union, et en particulier pour le mécanisme de renvoi préjudiciel au titre de l'article 267 du TFUE). Ensuite, au sein de la Cour suprême, a été créée notamment une chambre disciplinaire ayant des pouvoirs disciplinaires à l'encontre d'autres juges de la Cour suprême et des tribunaux ordinaires et dont l'indépendance a été contestée par la Cour suprême elle-même (chambre du travail). À cette longue liste, il convient aussi d'ajouter la réforme de la composition et du fonctionnement du Conseil national de la justice (équivalent de notre Conseil supérieur de la magistrature).

Même si l'Union européenne a fini par mettre en œuvre le mécanisme de sanction prévu à l'article 7 du TUE en cas de « violation grave et persistance » des droits fondamentaux de l'Union européenne, elle semble désemparée en raison de la nature politique du conflit. Celui-ci porte sur l'interprétation de la constitution nationale : l'identité de l'ordre constitutionnel est en jeu et, partant, le principe de légitimité politique qui fonde la constitution. La catégorie générale d'« identité constitutionnelle » est ainsi devenue un argument pour justifier la transgression des valeurs partagées de l'article 2 du TUE.

La solution a été pendant longtemps de se fier aux juges pour défendre les valeurs partagées et trouver une harmonisation qui ne méprise ni les disparités, ni les particularismes. Néanmoins, le cas britannique, bien avant le Brexit, illustre une dissonance voire une résistance avec la thématique de la renationalisation des droits[1]. En même temps, la Cour de justice de l'Union européenne a montré qu'elle est en mesure de développer un rôle substitutif aux institutions politiques européennes impuissantes à actionner l'article 7 du TUE face à la Hongrie et à la Pologne. Elles y ont certes remédié[2] sans que cela ait amélioré l'État de droit dans ces pays. Dans

1. Cette thématique repose sur la contestation de la jurisprudence de la Cour européenne des droits de l'homme, en particulier sa jurisprudence relative aux droits de vote des détenus : *D.H. McHugh c. RU*, 10 février 2015 (1re condamnation du Royaume-Uni avec l'affaire *Hirst* en 2005).

2. Après avoir engagé, à partir de l'été 2016, un dialogue sur l'État de droit en Pologne et adopté plusieurs recommandations dans lesquelles la Commission a exprimé ses inquiétudes relatives à la réforme du système judiciaire et demandant aux autorités polonaises de ne pas mettre à la retraite un tiers des juges de la Cour suprême, elle a adopté le 27 décembre 2017 une quatrième recommandation déclenchant pour la première fois l'article 7 du TUE (COM/2017/0835 final – 2017/0360 NLE). La seconde fois, cet article a été actionné par le Parlement européen : il a demandé au Conseil le 12 septembre 2018 de constater qu'il existe, cette fois-ci, en Hongrie, « un risque clair de violation grave » concernant non seulement l'indépendance de la justice mais aussi la liberté d'expression, le droit des minorités et la situation des migrants.

l'arrêt du 25 juillet 2018, *Minister for Justice and Equality*, intervenu sur un renvoi préjudiciel de la Haute Cour d'Irlande : la Cour reconnaît un « risque réel » pour l'État de droit en Pologne[1]. La coopération de l'ensemble des juridictions étant fondée sur la confiance mutuelle, leur collaboration ne peut fonctionner lorsque des violations sérieuses de l'indépendance de la magistrature sont constatées.

Cette décision est une bonne illustration de la doctrine du pluralisme constitutionel si on la regarde dans la perspective de la Cour européenne de justice. En revanche, si elle est regardée à partir de la Pologne ou de la Hongrie, on peut fortement douter d'une coopération loyale et mutuelle entre systèmes judiciaires. L'indépendance des juges nationaux est essentielle pour le fonctionnement correct du système de coopération juridictionnelle[2]. En Pologne, où la constitutionnalité de l'article 267 du Traité est mise en question[3] (justement à cause du renvoi préjudiciel sur l'inamovibilité des juges par la Cour suprême polonaise), on peut légitimement en douter. En même temps, si la CJUE supplante les autorités politiques européennes, l'effet boomerang contre la doctrine du pluralisme constitutionnel et surtout contre les juges qui actionnent l'article 267 est à craindre (en particulier par des procédures disciplinaires contre les juges polonais ayant actionné le renvoi préjudiciel)[4].

---

1. Dans l'arrêt, il est précisé : « une autorité judiciaire appelée à exécuter un mandat d'arrêt européen doit s'abstenir d'y donner suite si elle estime que la personne concernée risquerait de subir une violation de son droit fondamental à un tribunal indépendant et, partant, du contenu essentiel de son droit fondamental à un procès équitable, en raison de défaillances susceptibles d'affecter l'indépendance du pouvoir judiciaire dans l'État membre d'émission » : *CJUE, 25 juillet 2018 (grande chambre), Minister for Justice and Equality, C-216/18 PPU. Consultable en ligne : https://eur-lex.europa.eu/legal-content/FR/ALL/?uri=CELEX%3A62018CJ0216*

2. La décision de la Cour suprême polonaise du 2 août 2018 marque une étape décisive dans la grave crise constitutionnelle qui sévit depuis plusieurs années. La Cour suprême tente de se défendre contre sa subordination aux pouvoirs législatif et exécutif, en demandant à la CJUE d'exprimer son point de vue sur les normes européennes d'inamovibilité des juges en tant qu'élément de l'indépendance du pouvoir judiciaire. La Commission de Venise a de son côté souligné que la réforme législative en cours compromet davantage l'indépendance de la justice : voir l'avis rendu en urgence le 16 janvier 2020 : https://search.coe.int/directorate_of_communications/Pages/result_details.aspx?ObjectId=0900001680998180

3. S. Biernat, M. Kawczynska, « Though this be Madness, yet there's Method in't: Pitting the Polish Constitutional Tribunal against the Luxembourg Court » (26 octobre 2018) : https://verfassungsblog.de/though-this-be-madness-yet-theres-method-int-the-application-of-the-prosecutor-general-to-the-polish-constitutional-tribunal-to-declare-the-preliminary-ruling-procedure-unconstitut/

4. Pour un bon résumé des rapports entre institutions européennes et autorités polonaises en raison de la violation du droit de l'Union, voir la résolution du Parlement européen adopté le 17 septembre 2020 (COM(2017)0835 – 2017/0360R(NLE)) correspondant à la dixième votée sur la situation de l'état de droit et des droits fondamentaux en Pologne : https://www.europarl.europa.eu/doceo/document/TA-9-2020-0225_FR.html

D'une manière qui peut surprendre, s'est développée une nouvelle doctrine dans ce contexte d'atteinte aux valeurs portées par l'Union européenne : le constitutionnalisme populiste. Deux narrations pour un même objet, les relations entre construction européenne et droit constitutionnel des Etats membres : la doctrine du constitutionnalisme populiste est-elle une contre-doctrine du pluralisme constitutionnel ? La réponse n'est pas simple, mais il est certain que la doctrine du pluralisme constitutionnel est désormais contestée à l'intérieur même de la doctrine européaniste. Malgré leurs bonnes intentions, les tenants du pluralisme constitutionnel sont montrés du doigt pour avoir soutenu une théorie "*destructrice*" de l'ordre juridique de l'Union européenne[1].

La doctrine du « constitutionnalisme populiste » est nettement moins structurée que celle du « pluralisme constitutionnel » et encore marginale par rapport à celle-ci[2] car le populisme a surtout été étudié du point de vue sociologique ou politiste[3]. Cette doctrine ne repose pas sur la pratique juridictionnelle, ni même sur une réappropriation du vocabulaire constitutionnel. En revanche, elle se veut elle aussi descriptive de changements : cette fois-ci d'une pratique gouvernementale et parlementaire. Cette doctrine académique entend prendre au sérieux le discours constitutionnel tenu par les gouvernants populistes, en particulier l'observation selon laquelle la souveraineté est insuffisamment garantie par les régimes constitutionnels libéraux[4]. Elle se présente donc comme une contre-doctrine au pluralisme constitutionnel qui ignore cette question, même si des auteurs comme Paul Blokker la présente plutôt comme une contre-doctrine

1. R.D. Kelemen, L. Pech, « The Uses and Abuses of Constitutional Pluralism: Undermining the Rule of Law in the Name of Constitutional Identity in Hungary and Poland », *Cambridge Yearbook of European Legal Studies*, 21, 2019, p. 59. Dès 2007, J. Baquero Cruz a critiqué le pluralisme constitutionnel et a repris cette critique dans J. Baquero Cruz, *What's Left* of the *Law* of *Integration*? *Decay* and *Resistance* in *European Union Law, Oxford, Oxford University Press, 2018.*

2. Voir le numéro consacré au « Populist constitutionalism » introduit par P. Blokker, B. Bugaric et G. Halmai, in German Law Journal, vol. 20 (3), avril 2019.

3. Ce constat est déjà proposé par G. Martinico, « Fra mimetismo e parassitismo. Brevi considerazioni a proposito del complesso rapporto fra populismo e costituzionalismo », *Questione Giustizia* 1/2019, p. 72. En France, ce sont les travaux proposés par le politiste Yves Mény qui font autorité : avec Y. Surel, *Par le peuple, pour le peuple. Le populisme et les démocraties*, Paris, Fayard, 2000. Pour le monde latino-américain et au-delà, E. Laclau, *La raison populiste*, (trad. de l'anglais), Paris, Seuil, « L'ordre philosophique », 2008 et pour le monde anglo-américain la traduction d'un ouvrage allemand, J. W. Müller, *What is populism?*, Londres, Penguin, 2017. Cet ouvrage est aussi traduit en français : *Qu'est-ce que le populisme ? Définir enfin la menace*, Paris, Éd. Premier parallèle, 2016.

4. P. Blokker, « Populist Constitutionalism », C. de la Torre (ed.), *Routeldge Handbook of Global Populism*, Routelge, 2018, p. 113 et s. ; Id., « Populism as a Constitutional Project », *I-Con*, 17, 2019, p. 536 et s.

au constitutionnalisme libéral tout en soulignant ses faiblesses (éléments plébiscitaires et leader autoritaire).

Le constitutionnalisme populiste et illibéral a été qualifié par Gabor Halmai d'« oxymore »[1]. Pour autant, les expériences populistes européennes ne disent-elles pas « quelque chose » de l'Europe qui semble d'ailleurs échapper à la doctrine du constitutionnalisme populiste ? Cette dernière ne voit que la question de la légitimité et, donc, le (sous) traitement du peuple et de la souveraineté dans le cadre des relations entre Union européenne et États membres. C'est en quelque sorte l'aspect « positif » du populisme retenu par les tenants de cette contre-doctrine au sens où il informe sur les faiblesses du processus d'intégration européenne (son incapacité à rénover les modes d'organisation et d'exercice du pouvoir). Ils ne peuvent voir « autre chose » en raison de la contestation du constitutionnalisme libéral et de ses piliers formulée par les gouvernants populistes (contre-pouvoirs et droits fondamentaux mal menés, en particulier la liberté d'expression par le contrôle des médias et du système universitaire). Les politiques menées par les gouvernements populistes (hongrois et polonais) montrent pourtant autre chose qui en dit beaucoup sur bien des difficultés rencontrées par les institutions européennes. Les politiques budgétaire et monétaire imposées par ces dernières sont principalement perçues comme une limitation de la souveraineté, mais elles ont aussi des conséquences sur le bien-être[2] des populations concernées[3]. Même si les institutions européennes agissent en faveur de la solidarité et de la justice sociale, ces politiques ne sont pas perçues ou de manière insuffisante et, peut-être, trop peu enseignées. Un parallèle avec le populisme constitutionnel d'origine latino-américaine serait sans aucun doute utile pour reconnecter constitution politique et constitution sociale. On soulignera d'abord que le « constitutionnalisme populiste » d'origine européenne manque d'épaisseur historique en ignorant la version

1. G. Halmai, « Is There Such Thing as 'Populist Constitutionalism'? The Case of Hungry », *Fudan Journal of The Humanities and Social Sciences*, 11, 2018, disponible en ligne: https://link.springer.com/article/10.1007%2Fs40647-018-0211-5

2. Le terme de « bien-être » est choisi en référence au principe de « *vivir bien* » ou « *buen vivir* » que l'on trouve dans la Constitution bolivienne (2009) et celle de l'Équateur (2008). En outre, pour la première fois, la Nouvelle-Zélande a voté en 2019 un « *Wellbeing Budget* ».

3. Dans la théorie de l'État socialiste, les droits sociaux jouaient un rôle important. Ils ont été conservés dans les nouvelles constitutions des États d'Europe centrale et orientale : voir le rapport du Parlement européen, *Les droits sociaux fondamentaux en Europe*, Séries affaires sociales, 1999, PE 168.629 ; A. M. Jaron, « Les droits sociaux en Pologne », *R.I.D.C.*, 2-2011, p. 295 et s. Un seul exemple de la politique sociale du PiS actuellement au pouvoir montre le renforcement de l'État providence : un programme d'allocations familiales (« Famille 500 + » : 500 zlotys par enfant reçus chaque mois sans conditions de ressources). Cette politique est aussi payante sur le plan électoral.

latino-américaine alors même que le constitutionnalisme du Sud est en mesure d'éclairer avantageusement le constitutionnalisme du Nord[1] (voir Leçon 10 § 3). Ensuite, la focalisation sur les cas hongrois et polonais ne rend pas compte de l'expansion dans le contexte européen de la pression populiste sur les institutions libérales. Le travail de sape à l'intérieur de l'Union européenne est déjà visible dans de vieilles démocraties libérales. La question ne regarde pas uniquement les constitutions d'Europe centrale et orientale. L'exemple le plus symptomatique est sans hésitation la crise traversée par les institutions britanniques depuis le vote référendaire sur le maintien ou le retrait de l'Union européenne, le 23 juin 2016[2].

Ces narrations ne sont certainement pas exclusives l'une de l'autre (par exemple, on pense au cas du Brésil qui a connu un tournant illibéral avec l'élection de Jair Bolsonaro en 2018 et a ainsi rompu avec la version classique du populisme constitutionnel latino-américain). Elles n'épuisent pas non plus le champ des possibles. Cette mise à mal des valeurs sur lesquelles l'Union européenne se fonde rend visible aussi l'espace public européen et montre une doctrine constitutionnelle transnationale en formation dans la blogosphère : une opinion éclairée qui alerte inlassablement les institutions européennes des transgressions polonaises et hongroises (sur les blogs constitutionnels, voir Leçon 2 § 3). La formation de cette doctrine européenne prouve aussi que le droit n'a pas forcément besoin d'un lieu ou, plus précisément, d'un pays[3], mais de valeurs auxquelles les hommes et les femmes croient. Aujourd'hui, les tensions sont toutes aussi grandes qu'à l'époque médiévale où la souveraineté était divisée. Cela explique le succès de la notion d'« espace » au lieu de celle de « territoire »[4] : « *European legal space* »[5], « *Space of constitutional interdependence* »[6]. Si l'européanisation des esprits[7] est indifférente aux lieux, le droit peut-il se passer définitivement

1. Voir M.-C. Ponthoreau, « The Reterritorialized State. Constitutional Pluralism vs. Constitutional Populism », Atti del VI Convegno SIRD (Firenze 2018), *Il diritto oltre lo Stato*, V. Barsotti, M. Graziadei (eds.), Turin, Giappiacheli, 2021, p. 147-149.

2. A. L. Young, « Populism and the UK Constitution », *Current Legal Problems*, vol. 71, 2018, p. 17 et s. ; N. Walker, « Populism and constitutional tension », *I-CON*, vol. 17, 2019, p. 515 et s. Ce dernier souligne que le populisme « *peut être considéré comme un produit et une réponse à une série de pressions qui sont intrinsèques à la condition constitutionnelle moderne* ».

3. N. Irti, *Norma e luoghi. Problemi di geo-diritto*, Laterza, Rome – Bari, 2001.

4. R. Hirschl, A. Shachar, « Spatial statism » 1, *I-CON*, 2019, p. 387 et s.

5. Voir en part. J.H.H. Weiler, *The Constitution of Europe*, Cambridge, CUP, 1999.

6. Voir en part. M. Cartabia, « Europe as a Space of Constitutional Interdependence: New Questions about the Preliminary Ruling », *German Law Journal,* 2015, vol. 16 (6), p. 1791 et s.

7. Sur ce processus en formation, voir M.-C. Ponthoreau, « L'européanisation des esprits : le rôle du droit (constitutionnel) comparé », *in Studi in onore di Giuseppe De Vergottini*, T. 1, CEDAM – Kluwer, Padova, 2015, p. 203.

d'un territoire (et le droit de l'Union des territoires nationaux) ? On peut légitimement en douter, notamment parce que l'importance du territoire national comme fondement de l'identité de l'État a été soulignée (voir le précédent paragraphe).

Bibliographie générale récente

Burgorgue-Larsen L. (dir.), *L'identité constitutionnelle saisie par les juges en Europe*, Paris, Pedone, 2011.

Jacobsohn G., « The Formation of Constitutional Identities », *in* R. Dixon, T. Ginsburg (eds.), *Comparative Constitutional Law*, Cheltenham, E. Elgar, 2011, p. 129 et s.

Jacobsohn G., *Constitutional Identity*, Harvard University Press, 2010.

Lauvaux P., Le Divellec A., *Les grandes démocraties contemporaines*, Paris, PUF, 4e éd., 2015.

Ponthoreau M.-C., « Les embarras de l'identité de l'État », *in* R. Medhi *et al.* (dir.), *L'identité à la croisée des États et de l'Europe : quels sens ? quelles fonctions ?*, Bruxelles, Bruylant, 2015, p. 127 et s.

Walker N., « Le constitutionnalisme multiniveaux », *in* M. Troper, D. Chagnollaud (dir.), *Traité international de droit constitutionnel*, T. 1 *Théorie de la constitution*, Paris, Dalloz, 2012, p. 441 et s.

LEÇON 12

DROITS ET LIBERTÉS

Il n'y a pas une mais des théories des droits (de l'homme ou fondamentaux). Il s'agit alors de déterminer non seulement ce qu'ils sont, mais aussi ce qu'ils devraient être. Il y a, en revanche, un point d'accord sur la variation des droits dans l'espace et dans le temps. Dans une perspective historique, les droits de l'homme n'apparaissent pas tous au même moment : « *Ils naissent lorsque l'augmentation du pouvoir de l'homme sur l'homme qui suit inévitablement le progrès technique, c'est-à-dire la capacité de l'homme à dominer la nature et les autres hommes, crée soit de nouvelles menaces pour la liberté de l'individu soit consent des solutions nouvelles à son indigence [...]* »[1]. De manière à rendre compte de leur diversité et des différentes étapes de leur reconnaissance juridique, l'approche générationnelle des droits est donc le plus souvent privilégiée. Concernant leur définition, il y a aussi un point de départ commun dans la majorité des démocraties pluralistes, même s'il est insuffisant. Les libertés sont des droits constitutionnellement reconnus aux individus dans leurs rapports avec les autorités publiques et pouvant être applicables aux relations entre particuliers.

Les droits ont pour « *fonction essentielle* » de protéger la minorité[2] et sont donc un contre-pouvoir nécessaire dans une démocratie puisqu'ils permettent à leurs titulaires de se défendre contre les interventions de la puissance publique dans certaines sphères. Outre les droits politiques, certaines libertés telles que la liberté d'expression sont constitutives de la démocratie. Cette défense passe essentiellement par les juges notamment ceux qui tranchent les questions de nature constitutionnelle. Dans un contexte où l'incertitude du

---

1. N. Bobbio, *L'età dei diritti*, Einaudi, Turin, 1992, p. XV.
2. H. Kelsen, *La démocratie. Sa valeur. Sa nature*, trad. C. Eisenmann (1932), rééd., Economica, 1988, p. 57.

droit est à rattacher à la pluralité des systèmes de valeurs et à la difficulté à trouver un accord sur les valeurs communes, les juges sont en première ligne. Ce qui ne signifie pas que la loi ne jouerait plus aucun rôle, mais elle ne peut plus prétendre répondre à toutes les attentes de la société. Ce déplacement n'est pas sans toutefois poser des questions sur la fonction de la constitution et les rôles respectifs du législateur et des juges dans la protection des droits.

§ 1. La reconnaissance des droits

La reconnaissance des droits est le résultat d'un processus historique différencié selon les ordres juridiques. La profondeur de l'analyse ne peut être néanmoins atteinte par la seule prise en compte des données de droit positif. Ce sont aussi les représentations doctrinales de ces données qui permettent de comprendre à la fois la diversité et l'ancrage national des droits.

A. Les différentes notions

Les approches proposées par les travaux académiques sont aussi nombreuses que variées[1]. Cette grande diversité provient aussi bien de présupposés théoriques ou/et idéologiques différents que de la prise en considération des très nombreux instruments de protection présents aux niveaux interne, régional et international[2]. Il ne s'agit pas tant de proposer une typologie des droits que de réfléchir sur les différentes notions en cause de manière à clarifier les enjeux.

1) Libertés publiques, droits fondamentaux et droits de l'homme

En droit des libertés, plusieurs notions sont employées, mais deux d'entre elles sont les plus fréquentes : d'une part, « droits de l'homme » et, d'autre part, « droits fondamentaux ». On remarque toutefois que les Anglo-Américains ignorent cette dernière notion. Les Anglais utilisent « *human rights* » (dimension internationale de la matière) et « *civil liberties* » (équivalent de « libertés publiques »). L'influence du droit communautaire des droits fondamentaux (de la jurisprudence de la Cour européenne de justice à la Charte des droits fondamentaux de l'Union européenne) a toutefois conduit à l'introduction de la notion de « *fondamental rights* » dans le droit et la doctrine d'outre-Manche.

1. F. Moderne, « La notion de droit fondamental dans les traditions constitutionnelles des États membres de l'Union européenne », *in* F. Sudre, H. Labayle (dir.), *Réalité et perspectives du droit communautaire des droits fondamentaux*, Bruxelles, Nemesis-Bruylant, 2000, p. 35 et s. La richesse bibliographique de cet article souligne cette variété en Europe.

2. Sur les différentes qualifications et leurs enjeux, voir V. Champeil-Desplats, *Théorie générale des droits et libertés*, Paris, Dalloz. 2019, p. 27 et s.

Les Américains ajoutent à ces notions celle de « *constitutional rights* » (dimension constitutionnelle). Les notions sont donc en partie liées aux sources textuelles de reconnaissance des droits. En France, la notion la plus prégnante, à côté de celle de « droits de l'homme », a été néanmoins celle de « libertés publiques » et cela jusqu'à l'importation de la notion allemande de « droits fondamentaux »[1].

La notion de « libertés publiques » est en effet traditionnelle en France[2]. Duguit l'employait dans son *Traité de droit constitutionnel*, dont la deuxième édition dans les années 1920 en cinq tomes consacrait entièrement le dernier volume aux libertés publiques. Notre Constitution de 1958 s'y réfère elle-même en son article 34 pour la détermination des compétences législatives. Si les libertés sont qualifiées de « publiques », ce n'est pas pour les opposer à des libertés privées, c'est-à-dire les libertés concernant les rapports entre particuliers (comme la liberté du mariage ou la liberté contractuelle). Il n'existe pas de libertés privées. L'obligation imposée aux particuliers de respecter leurs libertés réciproques suppose nécessairement l'intervention de l'État qui l'impose par sa législation et la sanctionne par ses juridictions. L'adjectif « publiques » introduit justement une précision quant à l'origine de la contrainte sociale : les libertés sont envisagées en tant qu'objet de la réglementation juridique. Or, c'est l'État qui est l'auteur ou coauteur dans le cas des règles de droit international. Ce qui rend publique une liberté quel que soit son objet, c'est l'intervention du pouvoir pour la reconnaître et l'aménager.

En revanche, la notion de « droit fondamental » traduit une évolution importante liée à l'émergence du Conseil constitutionnel. Désormais, la jurisprudence constitutionnelle occupe une place croissante dans la définition du droit des libertés. Néanmoins, il faut souligner que l'expression « droits fondamentaux » a fait son apparition dans les décisions du Conseil constitutionnel (« libertés et droits fondamentaux de valeur constitutionnelle » dans la décision n° 89-269 DC du 22 janvier 1990) alors que la notion de « droit ou liberté fondamental » n'apparaît pas dans la Constitution française (la loi constitutionnelle du 28 juillet 2008 ne l'a d'ailleurs pas introduite expressément à l'occasion de la réforme de la saisine du Conseil). Le terme,

1. P. Wachsmann, « L'importation en France de la notion de "droits fondamentaux" », *R.U.D.H.*, 2004, p. 40 et s.

2. On la retrouve aussi dans la Constitution espagnole de 1978 : l'intitulé de la section première du chapitre 2 consacré aux droits et libertés est « des droits fondamentaux et des libertés publiques ». Toutefois, les termes utilisés sont jugés similaires par la doctrine espagnole qui privilégie la notion de « droit fondamentaux ». Ce qui s'explique par l'influence allemande aussi bien sur le système de garantie mis en place que sur la doctrine. L. M. Diez-Picazo, *Sistema de derechos fundamentales*, Thomson, Civitas, 2e éd., 2005, p. 38.

bien qu'employé par le juge constitutionnel et le législateur[1] sans le souci d'en préciser les contours, n'en a pas moins été défini puisque la doctrine a cherché à combler cette lacune.

Par « droits ou libertés fondamentaux », est désigné un ensemble de droits et de garanties reconnus constitutionnellement aux particuliers dans leurs rapports avec les autorités publiques et pouvant être applicables aux relations interindividuelles. Une double particularité française mérite d'être soulignée. D'une part, la Constitution n'offre pas un statut juridique spécifique aux libertés comme la Loi fondamentale allemande dans ses articles de 1 à 19 et, d'autre part, toutes les libertés ne bénéficient pas d'une garantie constitutionnelle. Les avancées consenties par la dernière réforme constitutionnelle susmentionnée en introduisant une forme de contrôle *a posteriori* des lois viennent certes pallier en partie les faiblesses dans la protection des droits et libertés. Ces remarques soulignent combien le système de protection français des libertés est encore éloigné du modèle allemand et combien la définition des droits est avant tout liée à la consécration par le texte constitutionnel.

Les juristes allemands reconnaissent aux droits fondamentaux une double nature juridique qui irradie l'ordre juridique. Ce sont, d'une part, des droits subjectifs (ou, en d'autres termes, des droits de la personne contre l'État) et, d'autre part, « [d]*es principes de base de l'ordre juridique allemand* [qui] *présentent de ce fait le caractère de règles de droit objectif* »[2]. Ce dernier aspect constitue « *le problème central de la doctrine allemande des droits fondamentaux* »[3].

Parmi les travaux français, on remarquera l'originalité de la proposition faite par Étienne Picard qui vise à appliquer la « fondamentalité » en dehors de la reconnaissance textuelle : aucune norme, y compris constitutionnelle, n'épuise la « fondamentalité » d'un droit. Les droits fondamentaux « *cherchent eux-mêmes en tant que tels, à se constituer en catégorie formelle non écrite spécifique* »[4]. Cette conception assure la jonction avec une autre notion très présente dans le débat doctrinal et dans les textes internationaux, celle de « droits de l'homme ».

La notion de « droits de l'homme » relève de la conception du droit naturel. Selon cette conception, l'homme, parce qu'il est homme,

1. On pense à la loi du 30 juin 2000 relative au référé devant les juridictions administratives qui permet au juge lorsque l'urgence le justifie d'« ordonner toutes mesures nécessaires à la sauvegarde d'une liberté fondamentale à laquelle une autorité administrative aurait porté, dans l'exercice de ses pouvoirs, une atteinte grave et manifestement illégale ».

2. M. Fromont, « Les droits fondamentaux dans l'ordre juridique de la République fédérale d'Allemagne », *Recueil d'études en hommage à Charles Eisenmann*, Paris, Cujas, 1975, p. 50.

3. O. Jouanjan, « La théorie allemande des droits fondamentaux », *A.J.D.A.*, n° spécial, 1998, p. 44.

4. É. Picard, « L'émergence des droits fondamentaux », *A.J.D.A.*, n° spécial, 1998, p. 17.

possède un ensemble de droits, inhérents à sa nature, qu'on ne peut méconnaître sans porter atteinte à celle-ci. Que le droit positif les reconnaissent ou non, peu importe, pour ceux qui en acceptent le principe. La notion transcende donc sa reconnaissance par les textes juridiques. Mais cette reconnaissance est possible. C'est avant tout à la Déclaration des droits de l'homme et du citoyen de 1789 et la Déclaration universelle des droits de l'homme de 1948 auxquelles on pense. Cette dernière, adoptée par une résolution de l'Assemblée générale des Nations Unies, s'inspire de la Déclaration de 1789 et se trouve à l'origine d'un développement considérable sur le plan universel et régional des droits de l'homme dont la Convention européenne des droits de l'homme. Depuis l'après-guerre, cette notion s'identifie donc avant tout à la dimension internationale des droits.

2) Droits classiques et droits sociaux

En Europe, les doctrines constitutionnelles sont assez largement les héritières de la distinction tripartite établie par Georg Jellinek[1]. Cette distinction est le plus souvent réduite à une dichotomie entre le *status negativus* (libertés négatives de la première génération inscrites dans les déclarations du XVIIIe siècle, c'est-à-dire les droits de défense contre le pouvoir étatique) et le *status positivus* (libertés positives de la seconde génération, c'est-à-dire les droits à une action de l'État, le plus souvent, à une prestation sociale). Les droits relevant du *status activus* (les droits de participation ou droits politiques) ont été englobés et rattachés aux deux autres catégories selon que l'on insiste sur leurs effets défensifs ou bien sur leurs effets positifs. Du coup, à la répartition générationnelle correspondrait une protection juridique différenciée. La controverse autour de cette dichotomie est largement commune aux cultures juridiques des différents États européens et elle s'est principalement focalisée sur la définition et la place des droits sociaux[2]. Cette controverse s'est d'ailleurs développée au Royaume-Uni au moment de l'introduction en droit interne de la Convention européenne des droits de l'homme alors que la catégorie doctrinale et jurisprudentielle de « droits sociaux » n'existait pas[3]. Reconnus après

1. Dans *Allgemeine Staatslehre*, 3e éd., Berlin, 1914, p. 418 et s.

2. J. Iliopoulos-Strangas (dir.), *La protection des droits sociaux fondamentaux dans les États membres de l'Union européenne. Étude de droit comparé*, Athènes, Bruxelles, Baden-Baden, 2000 ; C.-M. Herrera, « Sur le statut des droits sociaux – La constitutionnalisation du social », *R.U.D.H.*, 2004, p. 37 et s.

3. Ce qui ne veut pas dire que les droits sociaux soient complètement ignorés par le droit positif puisqu'ils peuvent bénéficier d'une protection ponctuelle par des lois, le *common law*, voire par les traités internationaux ratifiés par le Royaume-Uni (ces derniers n'ont toutefois pas force obligatoire en droit interne). Pour une vue d'ensemble au-delà du cas britannique, G. Scoffoni, « Observations comparatives sur la place des droits sociaux constitutionnels dans les systèmes de *common law* et de droit mixte », *in* L. Gay *et al.* (dir.), *Les droits sociaux fondamentaux – Entre droits nationaux et droit européen*, Bruxelles, Bruylant, 2006, p. 167 et s.

les libertés classiques ou formelles, les droits sociaux ont subi en quelque sorte un désavantage d'ordre logique conduisant à les minimiser. Ainsi, les droits sociaux sont-ils quasiment absents de la Loi fondamentale allemande (même si le principe de l'État social reconnu à l'article 20 conditionne l'interprétation des droits classiques) ou bien placés hors du corps de la Constitution française de 1946.

Le lien entre la classification générationnelle et la protection juridique est désormais dépassé ou, en tout cas, il a été revisité à la fois par les jurisprudences et les doctrines constitutionnelles les plus avancées, à savoir en Allemagne, en Autriche et en Italie. La structure binaire a éclaté au profit de classifications plus complexes et surtout il est désormais largement admis, dans ces pays, qu'un droit peut appartenir à plusieurs catégories. Prenons l'exemple du droit à la santé : ce droit peut être compris à la fois comme le droit à l'intégrité psycho-physique de la personne bénéficiant d'une protection juridique immédiate et comme le droit aux soins médicaux dont la réalisation dépend du législateur. Les disputes doctrinales autour d'une nouvelle génération de droits (dits de « la troisième génération » ou encore « droits nouveaux ») ont certainement contribué à cette remise en cause. En particulier, celle autour d'un droit de ou à l'environnement exprime la diversité des approches juridiques. En cherchant à définir l'objet de ce droit, on peut prendre différentes options : une protection de la santé (alors le droit à l'environnement est un droit dérivé ou complémentaire du droit à la santé), une garantie procédurale permettant aux individus d'obtenir des informations en matière de pollution ou de risque nucléaire ou encore un droit de participation à la formation des politiques environnementales[1].

Mais, pour l'essentiel, l'éclatement de la structure binaire repose sur deux idées. La première : tous les droits, quels que soient leur objet et leurs effets juridiques, exigent de l'État des actions positives, et non pas son abstention, afin de garantir leur exercice et leur effectivité. La seconde : l'impossibilité de définir certains droits dits « sociaux » comme des droits subjectifs ne signifie pas qu'ils soient sans valeur juridique.

La première idée est certainement, aujourd'hui, la plus facilement admise au-delà des pays précités bien que les préjugés idéologiques soient encore lourds et pèsent de tout leur poids. La jurisprudence de la Cour européenne des droits de l'homme (CEDH) a contribué à sa diffusion en faisant peser sur les États parties à la Convention européenne « des obligations positives » pour assurer le respect effectif de droits aussi différents que le droit à la vie privée et familiale, le

1. M.-C. Ponthoreau, « Constitutions, juges constitutionnels et droit à l'environnement », *in* E. Mackaay, H. Trudeau (dir.), *L'environnement : à quel prix ?*, Montréal, éd. Thémis, 1995, p. 315 et s.

droit d'être informé en cas de risques majeurs pour l'environnement, le droit d'être jugé dans un délai raisonnable ou bien le droit à des élections libres[1]. Dans leur ouvrage, *The Cost of Rights. Why Liberty Depends on Taxes*[2], deux grands noms parmi les juristes américains, Stephen Holmes et Cass R. Sunstein, se sont penchés sur le coût des droits : défendant l'idée que tous les droits dépendent des impôts et donc de l'action des pouvoirs publics, ils reviennent sur l'acceptation sans contestation de la dichotomie traditionnelle entre libertés négatives et libertés positives par les hommes politiques, la doctrine, la Cour suprême des États-Unis. Ils l'expliquent par la capacité d'attraction de la dichotomie aussi bien sur les défenseurs de l'État providence que sur ses détracteurs : elle fonde des jugements de valeurs opposés sur les droits en partant d'un même schéma conceptuel et, du coup, elle correspond à « *un langage commun grâce auquel les libéraux défenseurs de l'État social et les conservateurs partisans des libertés classiques réussissent à se comprendre et à se quereller* ».

La seconde idée, en revanche, pose certainement beaucoup plus de difficultés. Dans une étude de droit comparé sur les droits sociaux, A. Weber remarque à propos du droit à l'éducation qu'il n'est pas formulé de la même manière dans les constitutions des Länder allemands : soit il s'agit d'un droit subjectif, soit d'un mandat constitutionnel donné au législateur ou encore d'un principe d'accès égal et libre aux institutions de l'éducation publique. Il en conclut, élargissant son propos sur la base des jurisprudences constitutionnelles italienne, espagnole et portugaise que, malgré une rédaction textuelle différente, la nature juridique des droits sociaux est la même : « *des droits entraînant en général une* interpositio legislatoris *sur la base des moyens budgétaires disponibles* »[3]. Alors pourquoi prendre la peine de formuler distinctement lesdits droits ? Comme le fait justement remarquer David Capitant, « la *question de la justiciabilité* » ne se pose pas dans les mêmes termes[4] et, plus exactement, le degré de justiciabilité ne se pose pas dans les mêmes termes[5].

En ce sens, le soin apporté à la rédaction de la Charte des droits fondamentaux de l'Union européenne (2000) dans laquelle on a cherché à distinguer les droits et les principes sociaux (dont l'expression

1. Pour d'autres exemples et la jurisprudence les concernant, F. Sudre, *Droit international et européen des droits de l'homme*, Paris, PUF, 2008, p. 245 et s.

2. New York, Norton, 1999.

3. A. Weber, « L'État social et les droits sociaux en R.F.A. », *R.F.D.C.*, 1995, n° 24, p. 690.

4. *Les effets juridiques des droits fondamentaux en Allemagne*, Paris, LGDJ, 2001, p. 202.

5. Une large juridicité est reconnue aux droits sociaux dans les pays de l'Union européenne, mais selon une grande variété de régimes de protection : C. Grewe, « Les droits sociaux constitutionnels – Propos comparatifs à l'aube de la Charte des droits fondamentaux de l'Union européenne », *R.U.D.H.*, 2000, p. 92.

n'apparaît pas dans la Charte) répond à cette exigence. Un principe social peut être mis en œuvre sans pour autant être formulé en termes de droit subjectif : le juge constitutionnel peut inviter le législateur à concrétiser un tel principe, voire le sanctionner parce qu'il ne l'a pas fait, mais puisqu'il ne s'agit pas d'un droit directement applicable, un individu ne peut pas s'en prévaloir devant un juge. Les controverses doctrinales sont généralement très riches sur cette question. Par exemple, la doctrine italienne se divise entre ceux qui acceptent la distinction entre « droits sociaux conditionnés » et « droit sociaux inconditionnés »[1] et ceux qui la récusent[2]. Les droits sociaux sont souvent assimilés à des dispositions programmatiques, mais n'est-ce pas le cas de l'ensemble des droits reconnus dans une déclaration ? Holmes et Sunstein rappellent que « *tous les droits sont de simples aspirations* » dès lors qu'ils coûtent et qu'il est donc impossible de les protéger de manière parfaite et complète. C'est bien pourquoi il n'appartient pas au juge de créer *ex nihilo* des droits sociaux. Cette décision appartient au pouvoir politique. Ce qui ne signifie pas que les choix politiques doivent se faire nécessairement ou systématiquement à leur détriment et au bénéfice des libertés classiques.

3) Droits individuels, droits collectifs et droits des groupes

La protection communautaire de la personne pose des problèmes d'intégration à l'intérieur des classifications existantes qui reposent sur l'individu et sur l'idée que chaque individu est capable de se déterminer. L'autonomie individuelle est au cœur de la reconnaissance et de la garantie des droits. Il est donc traditionnel d'opposer les droits individuels aux droits collectifs. Les droits collectifs peuvent être distingués en deux catégories : leur attribution à une collectivité, d'une part, et ceux qui nécessitent une mise en œuvre collective, d'autre part. Un droit peut toutefois appartenir aux deux catégories.

Les droits relevant de la seconde catégorie nécessitent par nature une mise en œuvre collective. Ainsi en est-il du droit syndical, des droits d'association, de réunion ou de manifestation. Ils ne peuvent être exercés qu'en groupe, mais chaque individu exerce de façon concomitante son droit propre. C'est donc surtout la première catégorie qui retiendra notre attention : elle renvoie à ce que l'on appelle aussi les « droits des groupes ». Parmi ces droits, une catégorie a pris une importance particulière : les droits des minorités. « *Un groupe linguistique ne devient minorité, au sens de l'histoire et de la philosophie politique, que s'il acquiert une certaine dimension. Mais en cette*

---

1. A. Baldassarre, « Diritti sociali », *Enc. Giuridica*, T. XI, Rome, Treccani, 1989, p. 28 et s.

2. M. Mazziotti, « Diritti sociali », *Enc. Diritto*, T. XII, Milan, Giuffrè, 1964, p. 806 et s.

matière le nombre n'est pas tout et il faut encore que ce groupe manifeste une cohésion interne, enracinée dans l'histoire ou dans l'idéologie, pour se hisser au niveau d'une minorité, même dans l'acceptation simplement populaire du mot[1]. »

Ainsi les Indiens du Canada constituent une faible proportion de la population. Mais ce sont les premiers occupants. En outre, ils ne se sont pas fondus dans le reste de la population. Malgré l'afflux des immigrants européens, ils ont tenu à garder leurs traditions et leurs modes de vie. Encore aujourd'hui, ils vivent ensemble avec une organisation politique propre, sur des îlots de territoire dont ils forment la quasi-totalité de la population. Cette réalité collective fait d'eux une minorité et cette minorité présente le caractère particulier d'être autochtone (autrement dit, elle bénéficie d'un enracinement historique millénaire). Les peuples autochtones sont donc des groupes d'individus qui résident traditionnellement et de manière permanente sur un même territoire et qui résistent à l'assimilation par le groupe majoritaire de l'État national[2]. Le rattachement à un territoire constitue un critère important pour l'adoption de mesures *ad hoc* en faveur du groupe. On parle généralement de « territorialisation du droit », ce qui souligne le lien indispensable entre les communautés autochtones et leur territoire. La Charte canadienne des droits et libertés de 1982 reconnaît à l'article 25 que ne peuvent être abrogés les traités conclus avec les peuples autochtones ou qu'il ne peut être dérogé aux autres droits ou libertés leur appartenant. Ils sont titulaires de droits indigènes, c'est-à-dire des droits dont ils sont titulaires avant l'installation des colons européens et dont ils disposent sauf s'ils ont été abrogés par un traité ou acte parlementaire. Il s'agit d'une reconnaissance dont les racines historiques sont profondes et consolidées dans le *British Royal Proclamation* de 1763 et le gouvernement canadien les a acceptées par le *British North America Act* de 1867. L'article 35 de la loi constitutionnelle de 1982 (deuxième partie de la loi constitutionnelle après la Charte susmentionnée) précise que les populations aborigènes sont les Indiens, les Inuits et les Métis.

Les droits des groupes sont toutefois une notion plus vaste qui n'implique pas nécessairement une minorité au sens socio-politique du terme lié à l'hétérogénéité d'un pays sur le plan religieux, culturel ou/et linguistique et à laquelle on reconnaît des droits de manière à résister à la logique assimilatrice du groupe dominant. En d'autres termes, le droit des groupes n'inclut pas les seules minorités

1. F. Chevrette, cité par P. Carignan, « De la notion de droit collectif et son application en matière scolaire au Québec », *in La Charte canadienne des droits et libertés – Concepts et impacts*, Montréal, Thémis, 1985, p. 27.

2. N. Rouland, S. Pierré-Caps, J. Poumarède, *Droit des minorités et des peuples autochtones*, Paris, PUF, 1996.

nationales (comme le Québec au Canada). Dans le contexte canadien, s'est développé le concept de « groupe défavorisé ou vulnérable ». Les enfants sont ainsi reconnus par la Cour suprême du Canada comme groupe social vulnérable, ainsi que les femmes et les minorités culturelles (qui englobent les « nouvelles minorités » : elles sont constituées de groupes d'immigrés privés d'un lien territorial stable, mais elles considèrent à l'instar des minorités nationales leur diversité culturelle comme un patrimoine à sauvegarder). Néanmoins, jusqu'à présent ces groupes ne se sont pas vu reconnaître un droit collectif à une identité culturelle distinct et au respect de l'intégrité de cette identité.

Enfin, la notion de « droits collectifs » est plutôt ambigüe. Par exemple, le droit conféré aux membres d'une minorité de communiquer avec l'administration dans leur langue peut être considéré « collectif », parce qu'attribué à des individus en tant que membres d'une minorité. Néanmoins, il est susceptible d'une mise en œuvre individuelle, car le droit de certains membres peut être violé et celui des autres respecté. Dans le monde anglo-américain, deux expressions sont employées « *collective rights* » et « *group rights* », mais entraînent elles aussi la confusion puisque chaque auteur propose sa définition. La distinction défendue par K. Henrard retient comme critère le titulaire du droit : il propose de « *réserver l'appellation* "group rights" *aux droits dont le titulaire est une collectivité, et celle de* "collective rights" *aux droits attribués à des individus en tant que membres d'un groupe particulier* »[1]. Cette dernière définition est rejetée par certains car, selon cette conception, « collectif » ne s'oppose pas à « individuel » mais à « universel ». En d'autres termes, il existerait des droits que possède toute personne quelle qu'elle soit et d'autres droits qui ne sont accordés qu'aux membres de certaines collectivités. Dans les deux cas, ce sont des droits individuels, mais les premiers appartiennent à tous alors que les seconds sont réservés aux membres de certains groupes. On glisse ainsi de l'ambiguïté vers la remise en cause de la reconnaissance de droits en faveur des membres appartenant à des groupes minoritaires. Là encore, la dichotomie paraît plutôt artificielle et sous-tendue par des considérations philosophiques et politiques. En droit positif, la protection des groupes minoritaires présente le plus souvent un caractère

---

1. Cité par J. Ringelheim, « Droits individuels et droits collectifs : avenir d'une équivoque », *in* E. Bribosia, L. Hennebel (dir.), *Classer les droits*, Bruxelles, Bruylant, 2004, p. 234.

ambivalent[1]. Leur protection en partie assurée par les droits linguistiques[2] s'organise sur la base des principes de personnalité et de territorialité, seul le Canada ayant renoncé à une combinaison des critères pour une mise en œuvre purement individuelle[3]. La spécificité des droits des groupes est sans doute liée à leur finalité, c'est-à-dire la perpétuation du groupe et cette finalité peut être réalisée aussi bien individuellement que collectivement[4].

B. L'ancrage national des droits

Bien que les catalogues des droits soient à peu près les mêmes en Europe, on ne peut toutefois parler d'une identité parfaite car les droits et libertés sont l'expression de valeurs auxquelles les sociétés sont attachées. Les différences sont encore plus nettes si on compare par exemple les catalogues européens à la Charte africaine des droits de l'homme et des peuples (1981). Ces différences sont à la fois liées aux valeurs et/ou à l'interprétation donnée de ces valeurs. La démarcation est très mince, elle permettra toutefois de traiter sous plusieurs angles l'ancrage national des droits.

Les droits sont une construction de l'homme, le fruit de sa culture, de son histoire. Le débat sur l'universalité des droits de l'homme a été largement dominé par la question de savoir si les valeurs et la vision du monde sous-jacentes aux droits humains pouvaient ou non transcender les barrières culturelles. Or cette interrogation est aujourd'hui dépassée : le discours des droits humains est, de fait, mondialisé. Ce fait global n'acquiert de sens qu'à travers les utilisations qui en sont faites dans des contextes culturels locaux. Cette approche se distingue d'un certain relativisme culturel selon lequel ce n'est qu'en fonction de la culture considérée, conçue de façon rigide et essentialiste, que l'on pourrait dire s'il existe des droits de l'homme. La contextualisation des concepts ne signifie pas forcément que l'on subordonne l'interprétation des textes qui reconnaissent les

---

1. R. Toniatti, « Minoranze e minoranze protette: modelli costituzionali comparati », *in* T. Bonazzi, M. Dunne (dir.), *Cittadinanza e diritti nella società multiculturali*, Bologne, Il Mulino, 1994, p. 273 et s. (trad. T. Bonazzi, M. Dunne (eds.), *Citizenship and Rights in Multicultural Societies*, Keele Univiersity Press, 1995).

2. V. Bertile, *Langues régionales ou minoritaires et constitution. France, Espagne et Italie*, Bruxelles, Bruylant, 2008, p. 402 et s.

3. Néanmoins, le Québec essaie d'appliquer la solution territoriale avec la Charte de la langue française de 1977 : J. Woehrling, « Politiques et législations linguistiques au Canada : divergences et convergences entre le Québec, les provinces anglophones et les autorités fédérales », *in* A.-M. Le Pourhiet, *Langues(s) et Constitution(s)*, Paris-Marseille, Economica-PUAM, 2004, p. 113 et s.

4. H. Moutouh, « Contribution à l'étude juridique du droit des groupes », *R.D.P.*, 2007, p. 489. Du même auteur, *Recherches sur un droit des groupes en droit public français*, Thèse Bordeaux IV, 1997.

droits aux particularismes nationaux, régionaux ou communautaires et que l'on dévalue les standards de protection.

Les différences régionales dans la conception des droits soulignent la vision individualiste et libérale des droits de l'homme promue par les sociétés occidentales. La démonstration peut être menée à partir de l'exemple africain.

La Charte africaine des droits de l'homme et des peuples a été adoptée le 28 juin 1981 à l'unanimité par l'assemblée des chefs de gouvernement et d'État de l'Organisation de l'Unité Africaine. Cette déclaration a été élaborée dans un contexte de décolonisation et donc en opposition aux valeurs défendues par les anciens colonisateurs. L'intitulé même de la Charte informe d'une vision des droits de l'homme qui ne se veut pas purement individualiste. Au contraire, la primauté semble être accordée à la communauté quelle que soit sa forme (État, famille ou tribu) sur les droits de l'individu. Ainsi, le préambule affirme-t-il : « la jouissance des droits et libertés implique l'accomplissement des devoirs de chacun ». L'examen du texte et de sa structure confirme l'emprise communautaire sur les individus. Le premier chapitre de la première partie est précisément consacré à la dialectique entre droits du peuple et droits de l'individu lesquels ne bénéficient pas d'un chapitre spécifique. Le second chapitre est relatif aux devoirs de l'homme envers la famille, la société et même l'État.

Alors que l'histoire des droits de l'homme s'est faite en Europe en se délivrant des groupes et de l'arbitraire du pouvoir sous toutes ses formes (politique, social, professionnel), l'insistance sur les devoirs dans la Charte africaine semble au contraire conditionner la garantie des droits individuels au respect des droits de la communauté. Autrement dit, la référence aux devoirs est un signe d'éloignement de l'universalisme des droits. C'est aussi la marque des conceptions sociales africaines. La famille est la cellule de base du système communautaire. Il ne s'agit pas de la famille au sens nucléaire du terme, mais de la famille placée sous l'autorité d'un patriarche. L'individu n'est pas isolé : « *En Afrique, l'homme ne se réalise pleinement que dans et par la société ; ses droits n'ont de sens véritable que s'ils s'exercent en communion avec les autres membres de la société, ce qui implique la solidarité et, partant, des devoirs* »[1].

Ainsi peut-on analyser le chapitre 2 consacré aux devoirs comme reposant sur la tradition africaine et comme étant l'expression de la volonté des auteurs de la Charte de consacrer les valeurs de solidarité. Ce qui explique notamment le rappel des devoirs envers les parents. Au moment où l'individualisme produit un individu isolé, replié sur lui-même dans des sociétés fragmentées, peut-on rejeter

1. M. Glélé Ahanhanzo, « Introduction à la Charte africaine des droits de l'homme et des peuples », *Mélanges Claude-Albert Colliard*, Paris, Pedone, 1984, p. 524.

d'un revers de la main le modèle africain des droits de l'homme ? D'un côté, une prise en compte du lien social qui unit les individus peut renforcer la capacité à former des solidarités solides. De l'autre, la soumission à l'État par un devoir général de soumission peut faire craindre les pires dérives. À ce titre, l'article 29 de la Charte mérite d'être cité puisqu'il impose le devoir de préserver l'indépendance nationale et l'intégrité du territoire, de renforcer les valeurs culturelles africaines, de contribuer à la promotion de la santé morale de la société et de contribuer à l'achèvement de l'unité africaine. Cet article peut aisément justifier un régime antidémocratique fondé sur un parti unique au nom de la solidarité nationale. On vient ainsi de glisser vers l'interprétation que l'on peut donner du texte telle qu'elle est pratiquée par certains pays africains.

Mais revenons-en aux différences liées aux valeurs en tant que telles. À titre illustratif, on peut évoquer un intraduisible assez connu : la « laïcité ». C'est un terme français sans équivalent en anglais et en allemand. Le principe de laïcité est propre à la France et donc ignoré par les autres constitutions européennes[1]. Certes, le principe de la séparation entre l'État et l'Église est affirmé dans plusieurs constitutions : Hongrie (art. 60), Lettonie (art. 99), Portugal (art. 41), République tchèque (art. 1 de la charte des droits fondamentaux), Slovaquie (art. 1) et Slovénie (art. 7). D'autres rejettent le principe d'une religion d'État (Allemagne, Espagne, Lituanie et Estonie) tout en prévoyant des relations entre les différentes religions (du moins pour les trois premiers cas). En Allemagne, la Loi fondamentale accorde même un statut de droit public aux religions sous certaines conditions. La laïcité quant à elle n'est pas définie par la Constitution française qui affirme toutefois, dès son article premier, que la République est laïque.

On peut parler d'une conception française de la laïcité qui correspond à un principe de neutralité de l'État à l'égard de la religion et qui connaît des conceptions plus ou moins combatives. Dans la version la plus stricte, la religion relève de la seule vie privée. Dans une version plus nuancée, il est demandé à l'État d'exercer sa vigilance dans l'abstention de toute prise en considération du fait religieux en sanctionnant toute intrusion de la religion dans la vie publique. Cette dernière version est sans doute la plus proche du droit positif. La Cour constitutionnelle italienne a fait appel, dans une de ses décisions, au principe de laïcité, mais dans un sens qui n'a rien à voir avec la conception française : « Le principe de laïcité de l'État [...] implique non pas l'indifférence de l'État à l'égard des religions mais de garantir la sauvegarde de la liberté religieuse en régime de pluralisme confessionnel et culturel » ; les dispositions de l'Accord

1. J. Zylberberg, « Laïcité, connaît pas : Allemagne, Canada, États-Unis, Royaume-Uni », *Pouvoirs,* 1995, n° 75, p. 14 et s.

de révision concordataire de 1985, par lequel il est reconnu que les « principes du catholicisme font partie du patrimoine historique du peuple italien » et font l'objet d'un enseignement dans les écoles publiques, ont été déclarées « cohérentes avec la forme de l'État laïque de la République italienne » (arrêt n° 16 du 19 avril 1989).

On pourrait s'arrêter à constater la divergence d'interprétation du principe de neutralité de l'État. Mais, plus profondément, ce sont des principes de philosophie politique qui sont en jeu. La confrontation avec l'expérience canadienne est plus explicite. C'est dans le contexte d'une discrimination fondée sur la religion que l'accommodement raisonnable a fait son apparition en droit canadien : dans la décision *O'Malley c. Simpsons-Sears* (1985), la Cour suprême a reconnu qu'une norme d'apparence neutre peut indirectement avoir un impact discriminatoire sur une employée s'il est incompatible avec la pratique religieuse de celle-ci. En l'espèce, pour donner un sens à la norme d'égalité énoncée par la loi, la Cour a conclu que l'employeur était tenu de prendre des mesures d'accommodement raisonnable consistant à modifier l'horaire de travail de l'employée dès lors que cela ne représentait pas une contrainte excessive. La Constitution canadienne ignore la laïcité. Le principe de neutralité est interprété comme interdisant à l'État de privilégier ou défavoriser une religion par rapport à une autre et, par conséquent, l'accommodement raisonnable et la neutralité visent le même but : permettre l'exercice des libertés de conscience et de religion, soit en empêchant l'État de mettre son autorité au service d'une conception religieuse particulière, soit en permettant aux individus d'exprimer librement leur appartenance religieuse dans la sphère publique sans être défavorisés. Néanmoins, « [l]*'accommodement repose sur une notion de citoyenneté, non plus uniformisante, mais "multiculturelle" et différenciée selon les particularismes socio-identitaires des individus et des groupes qui composent la société* »[1]. Cette notion d'accommodement raisonnable révèle ainsi les spécificités canadiennes. La Cour suprême a en effet précisé dans l'arrêt *Simpsons-Sears* que l'accommodement raisonnable traduit plutôt « *l'acceptation sociale de l'obligation générale de respecter* [le droit à l'égalité] *et de prendre des mesures raisonnables afin de le protéger* ». Les divergences d'interprétations sont sous-tendues par des principes de philosophie politique différents. D'une part, la reconnaissance de droits différenciés dans la société multiculturelle canadienne où il s'agit d'atténuer les pressions assimilatrices exercées sur les groupes minoritaires et, d'autre part, les droits des minorités ne sont pas garantis dans le modèle républicain où aucune expression identitaire n'est reconnue dans la sphère publique. Cette dernière formule est à n'en pas douter

1. P. Bossuet, P. Eid, « Droit et religion », *Revue Juridique Thémis*, 2007, n° 41, p. 524.

trop affirmative : certes elle correspond à la perception du cas français associé au dogme unitaire, mais le droit positif évolue vers une plus grande prise en compte de la diversité[1] (même si le changement de paradigme n'est pas encore réalisé, le pluralisme, dans le discours politico-juridique, n'a pas remplacé le monisme).

Prenons un autre exemple. L'étude de la catégorie des droits sociaux a déjà montré que ces droits ne sont pas conçus de la même manière. Ce qui ressort de leur formulation et du moment de leur consécration textuelle. Cette explication n'est toutefois que partielle. Plus en profondeur, ces différences sont liées aux fonctions attribuées à l'État. L'existence d'un État social a été rendu difficile aussi bien aux États-Unis qu'au Royaume-Uni en raison de la tradition du libéralisme politique et économique[2]. Au contraire, dans la théorie de l'État socialiste, les droits sociaux jouaient un rôle idéologique important. Les anciens régimes communistes prétendaient satisfaire les besoins sociaux de manière plus efficace et égalitaire que ne le faisaient les pays capitalistes. Les droits sociaux ont été conservés dans les nouvelles constitutions des pays de l'Europe centrale et orientale, mais les généreux catalogues de droits contiennent avant tout des objectifs qui exigent de l'État des mesures législatives. Ces textes expriment cependant une certaine attention aux droits de catégories spécifiques de sujets (mineurs, handicapés, personnes âgées, travailleurs étrangers) qui ne figurent pas, le plus souvent, dans d'autres constitutions européennes. Si ces nouvelles constitutions ne semblent pas si éloignées de la Charte des droits fondamentaux de l'Union européenne (en effet, les articles 24-26, 32 et 34 de la Charte européenne visent ces droits)[3], le décalage naît de la pratique constitutionnelle au sens large, c'est-à-dire la diffusion et l'enracinement des valeurs constitutionnelles dans le système global de protection des droits (probablement le plus important)[4] et de la réalité socio-économique (le moins important

1. Dans le cas spécifique de la prise en compte de la diversité religieuse par les services publics, il est sans doute préférable de parler de pratiques informelles qui obéissent à une rationalité fonctionnelle d'ordre administratif ou encore à des préoccupations d'équité : M. Suhas, *L'accommodement raisonnable et la diversité religieuse à l'école publique. Approche comparative France-Québec*, Mémoire de Master II Droit public fondamental, Université Montesquieu-Bordeaux IV, 2008, p. 31 et s.

2. G. Katrougalos, « European 'Social States' and the USA: An Ocean Apart? » 4, *European Constitutional Law Review*, 2008, p. 236.

3. Cependant, il faut souligner une différence notable concernant la protection des minorités nationales : W. Sadurski, « Charter and Enlargement » 8, *European Law Journal*, 2002, p. 352.

4. La constitution est insuffisante en tant que telle et suppose des pré-conditions pour rendre effective la protection des droits. Ce constat, souvent fait pour l'Afrique, laisse entendre qu'une culture de la liberté ne peut s'acquérir immédiatement du fait de l'adoption d'une déclaration des droits qui peut toutefois renforcer une culture constitutionnelle en vue de la concrétisation des droits : M. Darrow, P. Alston, « Bill of Rights in Comparative Perspective », *in* P. Alston (ed.), *Promoting Human Rights through Bill of Rights*, Oxford, Oxford University Press, 1999, p. 486.

car, en définitive, tous les États membres connaissent de sérieux problèmes financiers). Dans ce sens, la nature profondément politique des droits explique que la concrétisation des droits dépend des choix faits par les majorités politiques. Les droits civils et politiques semblent toutefois bénéficier d'une sorte de prééminence car, sans eux, les autres droits perdent tout sens.

C'est pourquoi le droit international des droits de l'homme a insisté sur le principe de l'indivisibilité des droits en réponse à des tentatives visant à mettre en cause leur universalité. Ce principe de l'indivisibilité et donc l'interdépendance des droits a été formulé dans la Proclamation de Téhéran du 13 mai 1968 et repris en 1993 lors de la seconde conférence des Nations Unies sur les droits de l'homme à Vienne. En regroupant les droits autour de six « valeurs » fondamentales (dont : liberté, égalité, solidarité), la Charte des droits fondamentaux de l'Union européenne insiste sur les liens les unissant et affirme ainsi leur indivisibilité[1]. La Charte des droits fondamentaux n'est pas simplement une liste supplémentaire de droits car non seulement elle contribue, en raison de sa structure, à dépasser les classifications traditionnelles, mais en affirmant le principe de l'indivisibilité, elle offre aussi les bases à une langue commune sans pour autant éliminer les problèmes d'interprétation[2].

Les différences liées aux interprétations se logent aussi bien dans la diversité des formulations constitutionnelles des droits que dans les valeurs dont les catalogues sont porteurs. Le champ d'étude est extrêmement vaste et, probablement, impossible à circonscrire. Ainsi faudrait-il aussi y insérer les divergences des objectifs qu'on attache aux procès (la recherche de la vérité dans la tradition civiliste, en particulier française, et le respect de la loyauté entre les parties au procès dans la tradition de *common law* américaine) et qui aboutissent à des conceptions différentes du premier des droits garantis lors du procès, *i.e.* le droit à une procédure contradictoire[3]. Ce propos ne vise pas à nier la convergence des catalogues constitutionnels et, notamment, la circulation des droits au sein de l'Union européenne et du Conseil de l'Europe, ni même à insister sur les divergences d'interprétation entre les cours européennes entre elles ou bien avec

1. La Déclaration de Vienne du 25 juin 1993 affirme : « Tous les droits de l'homme sont universels, indissociables, interdépendants et intimement liés » (§ 5 A/ Conf. 157/23). Comparer avec le préambule de la Charte : « Consciente de son patrimoine spirituel et moral, l'Union se fonde sur les valeurs indivisibles et universelles de dignité humaine, de liberté, d'égalité et de solidarité [...] ».

2. Pour un approfondissement sur l'apport de la Charte, M.-C. Ponthoreau, « Le principe de l'indivisibilité des droits. L'apport de la Charte des droits fondamentaux de l'Union européenne à la théorie générale des droits fondamentaux », *R.F.D.A.*, 2003, p. 928 et s.

3. A. Garapon, I. Papadopoulos, *Juger en Amérique et en France*, Paris, O. Jacob, 2003 ; A. Maamouri, *Droit au procès équitable et due process of law. Étude comparée : États-Unis, France et Convention européenne des droits de l'homme*, Thèse, Aix, 2010.

les cours constitutionnelles. Ces questions sont souvent traitées (un aperçu en a même été donné dans la Leçon 5 § 1) et le seront encore car loin d'être épuisées. Notre objectif est d'attirer l'attention sur les différences profondément ancrées dans les contextes nationaux car liées à des conceptions philosophiques de la vie en société ainsi qu'aux évolutions sociales. Le juriste croit reconnaître le pareil derrière les mêmes mots alors qu'il appartient au comparatiste de révéler les hiatus implicites. À titre illustratif, on peut rappeler un exemple bien connu : la liberté d'expression n'est pas conçue et protégée de la même manière aux États-Unis et en Europe[1].

§ 2. La garantie des droits et libertés

Fortement ébranlée par les conflits sociaux et révélant de plus en plus dans ses interventions l'expression d'une volonté politique, la loi a perdu ses principales caractéristiques : rationalité, généralité, immutabilité et permanence. Quoique toujours définie juridiquement comme l'expression de la volonté générale, la loi n'est pourtant aujourd'hui que l'expression de la volonté gouvernementale approuvée par une majorité solidaire. Jean Rivero résumait ces mutations en évoquant le passage d'une « *protection de la liberté* par la loi » à une « *protection des libertés* contre la loi »[2]. Bien que largement diffusée, la justice constitutionnelle quelles qu'en soient les modalités se voit concurrencer dans ses formes traditionnelles et c'est un nouveau modèle visant à résoudre les tensions entre le principe démocratique et le droit dit par le juge qui aujourd'hui est le fruit de toutes les attentions.

A. La garantie par les juges contre la loi

La décision *Marbury v. Madison* (1803) est importante à plus d'un titre, comme le souligne justement Michel Troper : non seulement pour l'histoire américaine, mais « *aussi pour l'histoire du monde, puisque jamais un contrôle de constitutionnalité des lois n'avait été établi nulle part et que c'est seulement après un siècle qu'il a pu être institué ailleurs, encore que ce soit sous d'autres formes* »[3]. Depuis

1. G. Haarscher, « Liberté d'expression, blasphème, racisme : essai d'analyse philosophique et comparée », *in* J. Allard *et al.* (dir.), *Juger les droits de l'homme. Europe et États-Unis face à face*, Bruxelles, Bruylant, 2008, p. 139 et s.

2. J. Rivero, « Rapport de synthèse », *in* L. Favoreu (dir.), *Cours constitutionnelles européennes et droits fondamentaux*, Marseille, Economica, 1982, p. 519.

3. M. Troper, « Marshall, Kelsen, Barak et le sophisme constitutionnel », *in* É. Zoller (dir.), *Marbury v. Madison : 1803-2003. Un dialogue franco-américain*, Paris, Dalloz, 2003, p. 215. Antérieurement, la formation d'un droit de la liberté comme contre-pouvoir aux inclinaisons absolutistes du pouvoir royal a été développée, outre-Manche, par les juges de *Common law*, voir C. Roynier, *Le problème de la liberté dans le constitutionnalisme britannique*, Thèse Paris II, 2011, publiée chez Garnier Classique, Paris, 2020.

cette époque, le débat a été ouvert sur la légitimité à donner vie à la suprématie de la constitution (formelle) sur la loi. Aux États-Unis, la controverse se concentre désormais sur la suprématie du pouvoir judiciaire. Autrement dit, la suprématie de la constitution est devenue la suprématie de ceux qui l'interprètent et qui estiment en avoir le monopole.

« *Le judicial review est si important et central à la société américaine* » qu'on s'accorde avec Élisabeth Zoller[1] sur la difficulté à imaginer une remise en cause de son principe, même si des positions doctrinales radicales au sein du courant du constitutionnalisme populaire (traité dans la Leçon 7 § 2) proposent qu'il soit éliminé. C'est plutôt sur l'application du principe que porte le débat. En effet, si le principe est un acquis désormais incontournable dont témoigne l'expansion de la justice constitutionnelle à travers le monde (Leçon 7 § 1, A), cela ne signifie pas que ses modalités ne soient pas objet de discussion. L'une des questions les plus débattues au cours des dernières décennies porte sur le contrôle des lois de révision constitutionnelle.

En France, cette question a connu une forte actualité en 1993 lorsque le gouvernement a proposé un projet de loi constitutionnelle reprenant ce qui venait d'être censuré par la décision du 13 août 1993 concernant un texte de loi sur la maîtrise de l'immigration. Pour la première fois, on en a appelé à une révision constitutionnelle pour contrer une décision du Conseil constitutionnel. Au-delà de la remise en cause de l'autorité du Conseil, le problème théorique posé est le suivant : est-ce que le pouvoir constituant dérivé peut faire ce qu'il veut de la constitution et donc éventuellement constitutionnaliser des dispositions attentatoires aux droits constitutionnels ?

Le débat doctrinal en France a oscillé entre défense du juge constitutionnel et défense de la constitution. L'examen des positions doctrinales peut s'organiser autour de la « théorie de l'aiguilleur » développée par Louis Favoreu dès 1982[2]. Cette théorie, également soutenue et développée par le doyen Vedel, repose sur les travaux de Charles Eisenmann dans la continuité des thèses avancées par Kelsen. Selon cette théorie, toute inconstitutionnalité, même de fond, peut s'analyser en une incompétence du législateur ordinaire, car seul le constituant aurait pu prendre la ou les dispositions censurées par le juge. En d'autres termes, « *l'inconstitutionnalité d'une loi se ramène toujours en dernière analyse à une irrégularité de procédure* »[3]. La sanction constitutionnelle n'est donc jamais une

1. É. Zoller, « Deux siècles de censure judiciaire sur les lois », *in* ID. (dir.), *Marbury v. Madison*, cit., p. 14.

2. Sa pensée est pleinement développée dans L. Favoreu, « Le Conseil constitutionnel et la cohabitation », *Regards sur l'actualité*, 1987, n° 135, p. 3.

3. Ch. Eisenmann, *La justice constitutionnelle d'Autriche*, Paris, Economica, 1986, rééd. (1928), p. 17.

condamnation de fond, mais de procédure : l'inconstitutionnalité de la loi résulte de ce que le législateur ordinaire est intervenu sur une matière qui n'était pas de sa compétence.

Le juge constitutionnel ne fait donc qu'indiquer l'aiguillage à prendre, législatif ou constitutionnel : les pouvoirs constitués n'ont qu'à respecter la volonté du pouvoir constituant. Ainsi, le Conseil n'est jamais le censeur de la volonté générale et des représentants de la nation. En d'autres termes, « *si les juges ne gouvernent pas, c'est parce que, à tout moment, le souverain, à condition de paraître en majesté comme constituant, peut, dans une sorte de lit de justice, briser leurs arrêts* »[1]. Le Conseil constitutionnel ne peut donc être considéré comme institution antidémocratique puisqu'il n'a pas le dernier mot. Avant tout, cette théorie se propose de légitimer le Conseil, mais elle ne résout pas le problème de la tyrannie de la majorité qui s'est déplacé d'un cran, comme souligné précédemment. Ensuite, cette théorie de l'aiguilleur conçue pour un contrôle de constitutionnalité *a priori* des lois perd sa pertinence avec la réforme constitutionnelle de 2008 introduisant une forme de contrôle *a posteriori* (art. 61-1 de la Constitution) qui ne permet pas au juge constitutionnel d'indiquer « le bon aiguillage » car la loi est déjà appliquée. Les individus ne peuvent saisir directement le Conseil, mais il s'agit quand même d'une innovation majeure pour la justice constitutionnelle française qui voit ainsi s'atténuer sa spécificité, même si elle ne disparaît pas complètement. Devant une instance, un justiciable pourra soulever qu'une disposition législative promulguée porte atteinte à ses droits et libertés. Les juges ordinaires ne pourront pas répondre et devront transmettre la question prioritaire de constitutionnalité, non pas directement au Conseil constitutionnel, mais aux cours suprêmes (la Cour de cassation, s'il s'agit d'un procès judiciaire et le Conseil d'État, pour un procès administratif) qui ont pour mission d'assurer un filtrage de manière à éviter des recours abusifs ou dilatoires. La portée de la réforme dépend beaucoup de ce filtrage et il est encore beaucoup trop tôt pour l'apprécier.

La suprématie de la constitution est sans doute moins enracinée dans la doctrine française que dans d'autres doctrines comme aux États-Unis. Michel Troper conteste toutefois cette équation selon laquelle le contrôle de constitutionnalité serait le moyen pour réaliser la suprématie de la constitution. Il n'y voit que le moyen de réaliser « *la suprématie de normes constitutionnelles produites par l'autorité de contrôle* »[2]. Cela est la conséquence logique de sa théorie réaliste de l'interprétation constitutionnelle (exposée dans la

1. G. Vedel, « Schengen et Maastricht », *R.F.D.A.*, 1992, p. 180.

2. M. Troper, « La logique de la justification du contrôle de la constitutionnalité des lois », *Mélanges en l'honneur de Pierre Pactet*, Paris, Dalloz, 2003, p. 921.

Leçon 7 § 2). Le juge constitutionnel a toujours le dernier mot[1]. Il s'appuie sur une décision de la Cour suprême de l'Inde. En 1976, la Cour indienne a posé le principe que le pouvoir de révision ne permet pas de détruire « la structure fondamentale de la constitution ». Le pouvoir de révision a tenté de contourner cette décision en adoptant un amendement constitutionnel visant à supprimer toutes les limites à l'exercice de son pouvoir. Mais la Cour a annulé cet amendement pour avoir porté atteinte à « la structure fondamentale de la constitution »[2].

Pour se protéger des dangers liberticides de la souveraineté populaire, on peut aller jusqu'à affirmer que le constitutionnalisme (comme théorie et pratique) a procédé à une substitution : les droits fondamentaux remplacent le principe majoritaire comme fondement de la démocratie. Dans une version plus équilibrée, il conviendrait de reconnaître que, d'une part, la constitution n'a pas vocation à régler toutes les questions et doit laisser un espace discrétionnaire au législateur et que, d'autre part, il appartient au juge constitutionnel de poser le cadre des possibles pour le législateur sans l'enfermer dans une interprétation rigide de la constitution. Plus précisément, il lui revient d'assurer le respect et la concrétisation des principes constitutionnels, à savoir d'éviter que, sous couvert de son pouvoir discrétionnaire, le législateur ne fasse rien, et vide ainsi de tout sens la constitution. Les principes ont une structure normative indéterminée. La concrétisation d'un principe constitutionnel n'est donc pas sans poser de réelles difficultés puisque cette opération suppose de dégager du principe une règle implicite révélatrice du pouvoir discrétionnaire du juge.

Dans la pratique, l'équilibre n'est pas toujours atteint ou plutôt ce n'est pas seulement le législateur qui peut se tromper, mais aussi le juge constitutionnel ou les juges ordinaires. Ces derniers sont en effet très impliqués dans le contrôle *a posteriori* des lois puisque l'interprétation de la loi et celle de la constitution sont fortement imbriquées (par exemple, en Italie et en Allemagne). En particulier, le juge *a quo* joue un rôle déterminant[3]. Le juge ordinaire doit accomplir lui-même une interprétation des lois conforme à la constitution,

1. M. Troper, « La notion de principes supra constitutionnels », *R.I.D.C.*, n° spl., journées de la Société de législation comparée, 1993, p. 355.

2. M. Saint-Hubert, « La Cour suprême de l'Inde, garante de la structure fondamentale de la Constitution : la construction d'une nouvelle doctrine visant à limiter le pouvoir constituant dérivé », *R.I.D.C.*, 3-2000, p. 631 et s.

3. Ainsi, en Allemagne, le contrôle de constitutionnalité est avant tout à la charge du *juge a quo* puisqu'il ne peut renvoyer à la Cour constitutionnelle la question d'inconstitutionnalité que s'il a lui-même constaté l'invalidité de la loi en cause (art. 100 al. 1er Loi fondamentale). La Cour constitutionnelle italienne décide sur « la question de légitimité constitutionnelle d'une loi » (art. 1 de la loi constitutionnelle de 1948 n° 1).

c'est-à-dire choisir la signification qui évite toute contradiction entre la loi et la constitution. À peine d'irrecevabilité, le juge *a quo* doit donc démontrer dans son ordonnance de renvoi qu'il a cherché à établir l'interprétation conforme à la constitution mais que cela s'est révélé impossible. Le contrôle est donc diffus. Ainsi, toute loi appliquée est censée être constitutionnelle. Néanmoins, l'interprétation conforme fait l'objet de critiques car elle tend à être utilisée comme un instrument d'interprétation plutôt que comme un moyen de contrôle de la conformité de la loi : « *la fonction de contrôle de la constitution (*Kontrollfunktion*) est substituée par une fonction d'ouverture (*Erschliessungsfunktion*) qui fausse le sens de la loi et conserve des dispositions à la légitimité constitutionnelle douteuse au nom du principe de la conservation des normes (*normerhaltendes Prinzip*)* »[1]. L'interprétation conforme des lois pose de nouveaux problèmes ignorés jusque-là par la justice constitutionnelle en France[2].

Après avoir connu une longue phase d'expansion, une alternative au modèle américain autre que la justice constitutionnelle telle qu'elle s'est développée et répandue en Europe est apparue et repose sur une double légitimité : démocratique et juridictionnelle.

B. La garantie par l'action conjointe des juges et du législateur

Au cours des dernières décennies, plusieurs pays de *common law* ont opté pour un *Bill of Rights* : Canada (1982), Nouvelle-Zélande (1990), Australie (où, pour l'instant, seule une déclaration du territoire de la capitale australienne a été adoptée, mais le débat est intense de manière à l'introduire dans la constitution)[3] et, en dernier lieu, l'introduction de la Convention européenne des droits de l'homme par le *Human Rights Act* (1998) au Royaume-Uni. Ces pays sont passés de la souveraineté parlementaire à une nouvelle forme de garantie des droits qui ne copient pas les modèles de justice constitutionnelle existants. Ils ont ainsi trouvé une solution originale pour tenter de résoudre le traditionnel conflit entre le principe démocratique et le droit dit par le juge.

Cette solution est présentée comme constituant un bon compromis entre la suprématie de la constitution et le principe de souveraineté parlementaire[4]. Elle permet d'éviter les écueils de chacune

1. D. Schefold, « L'interpretazione conforme alla Costituzione », Colloque de l'Association italienne des constitutionnalistes 2006 : http://www.associazionedeicostituzionalisti.it/materiali/convegni/aic200610/schefolf

2. M.-C. Ponthoreau, « Réflexions sur le pouvoir normatif du juge constitutionnel en Europe continentale sur la base des cas allemand et italien », *Les Cahiers du Conseil constitutionnel*, 2008, n° 24, p. 98 et s.

3. M. Detmold, G. Scoffoni, « Justice constitutionnelle et protection des droits fondamentaux en Australie », *R.F.D.C.*, 1997, n° 29, p. 3 et s.

4. J. Goldsworthy, « Homogenizing Constitutions » 23, *Oxford Journal of Legal Studies*, 2003, p. 484 et s.

des branches de l'alternative : pour faire court, le gouvernement des juges et, de l'autre côté, les dérives potentielles liées à un pouvoir majoritaire sans limites juridiques[1]. Selon Aurélie Duffy, auteur d'une thèse sur les transformations du constitutionnalisme d'outre-Manche, deux caractéristiques dessinent ce nouveau modèle de garantie des droits. « *La première est normative car les droits bénéficient d'un statut intermédiaire puisqu'ils n'ont ni une valeur législative ordinaire, ni une valeur constitutionnelle*[2]. »

En Nouvelle-Zélande, les juges n'ont pas un pouvoir d'invalidation des lois en contrariété avec le *Bill of rights*. Selon l'article 6 de la Déclaration, il appartient aux juges de choisir entre plusieurs interprétations d'un texte de loi, celle compatible avec les droits reconnus et protégés, chaque fois que cela est possible. Aussi, le devoir d'interprétation qui s'impose aux juges, élève les droits reconnus par la Déclaration à un statut un peu plus élevé que les lois ordinaires[3].

Au Royaume-Uni, les pouvoirs reconnus aux juges depuis l'entrée en vigueur du dispositif prévu par le *Human Rights Act* (déjà examiné dans la Leçon 5 § 1 à propos de la convergence des droits en Europe) donnent une plus grande portée aux droits ainsi consacrés. Pour l'essentiel, la loi, une fois promulguée, doit être comprise et appliquée dans la mesure du possible dans un sens compatible avec les droits de la CEDH. S'il n'est pas possible d'agir ainsi, la législation reste valide mais le juge peut faire une déclaration d'incompatibilité. Il y a une différence de degré avec le modèle néo-zélandais. Il appartient alors au législateur d'amender le droit du Royaume-Uni pour se mettre en conformité avec la CEDH ou bien de s'exposer à un recours devant la Cour de Strasbourg et, donc, à une éventuelle condamnation.

Au Canada, si les droits, qui sont consacrés dans la Charte canadienne des droits et libertés, prévalent sur les lois, leur protection au rang constitutionnel est affectée par la clause dérogatoire prévue à l'article 33 (clause « nonobstant » ou *notwithstanding clause*). Cette clause prévoit qu'une loi provinciale ou fédérale peut maintenir en vigueur une disposition législative que la Cour suprême a déclarée contraire aux droits protégés par la Charte. Le champ d'application

1. S. Gardbaum, « The New Commonwealth Model of Constitutionalism » 49, *American Journal of Comparative Law*, 2001, p. 739. *Add.* S. Gardbaum, *The New Commonwealth Model of Constitutionalism: Theory and Practice,* Cambridge, Cambridge University Press, 2013 ; en langue française, voir A. Bachret, *Les rapports entre cours suprêmes et législateurs dans les systèmes de Common law – Recherches comparées sur la troisième voie du constitutionnalisme et la protection renouvelée des droits et libertés (États-Unis, Canada, Royaume-Uni),* Paris, LGDJ, 2019.

2. A. Duffy, *La protection des droits et libertés au Royaume-Uni*, Clermont-Ferrand, Fondation Varenne – LGDJ, 2007, p. 494.

3. A. Butler, G. Scoffoni, « Le système constitutionnel néo-zélandais et la protection des libertés (Sur la difficile conciliation entre constitutionnalisme et *common law* britannique) », *R.F.D.C.*, 1999, n° 37, p. 49 et s.

de cette clause est toutefois restreint aux libertés fondamentales de l'article 2 (liberté de conscience et de religion, liberté d'opinion et d'expression, liberté de la presse, liberté de réunion et liberté d'association), aux garanties juridiques prévues par les articles 7 à 14 (en particulier, le droit à la vie, le droit à la sûreté et les droits judiciaires) et aux droits à l'égalité (article 15). Cette dérogation est valable pour une période de cinq ans et peut être renouvelée. En ce sens, le principe de souveraineté parlementaire est théoriquement sauvegardé. Néanmoins, ce pouvoir est en pratique peu utilisé et, désormais, son emploi est vu par une bonne partie des Canadiens comme un « *acte de défiance à l'encontre de la philosophie de la Charte* »[1].

La seconde caractéristique étroitement liée à la première est d'ordre institutionnel : il s'agit de ne pas confier aux juges l'ultime pouvoir d'invalider les lois contraires aux droits fondamentaux. Le principe de souveraineté parlementaire est alors sauvegardé selon des modalités différentes : en adoptant des lois expressément contraires aux droits protégés par la Déclaration de droits néo-zélandaise ou bien en refusant de modifier une loi après une déclaration d'incompatibilité avec les droits reconnus et garantis par le *Human Rights Act* au Royaume-Uni. En donnant au législateur la possibilité de corriger lui-même les incompatibilités, ce dernier modèle offre « *une garantie aléatoire notamment car la réparation proposée à la suite de la déclaration d'incompatibilité n'est pas instantanée* »[2] et dépend de la volonté politique. Le dispositif néo-zélandais semble encore plus aléatoire, comme le confirme l'un des aspects du mécanisme de prévention des incompatibilités : après le dépôt de toute proposition de loi, l'*Attorney general* adresse un rapport au parlement attirant l'attention sur l'incompatibilité éventuelle de cette proposition avec les droits protégés par le *Bill of Rights*. Ces dispositifs reposent sur une culture constitutionnelle qui confie avant tout la protection des droits et libertés au législateur. La décision de la Chambre des Lords du 16 décembre 2004, relevant la contrariété entre la législation anti-terroriste adoptée à la fin 2001 et le *Human Rights Act*, prouve toutefois que ce contrôle qualifié de « faible » ou « soft »[3] est porteur d'une véritable potentialité en faveur du pouvoir des juges.

C'est ce qui ressort de l'expérience canadienne. Il est vrai que le système canadien est le plus proche du constitutionalisme européen

1. J.L. Hiebert, « Parliamentary Bill of Rights: An Alternative Model? » 69, *Modern Law Review*, 2006, p. 20.
2. A. Duffy, *op. cit.*, p. 498.
3. A. Harel, « Rights-Based Judicial Review: A Democratic Justification » 22, *Law and Philosophy*, 2003, p. 253. On peut d'ailleurs penser que ce qualificatif est plus adapté à la Cour suprême japonaise qui a prononcé depuis l'après-guerre seulement six invalidations de textes de loi.

et américain car il offre aux juges la possibilité d'annuler une loi. La majorité des mesures législatives invalidées le sont au motif qu'elles ne satisfont pas au critère de l'atteinte minimale développé dans le grand arrêt *Oakes* (1986). La Cour suprême a inventé un test de proportionnalité dont les principales étapes sont les suivantes. Dans un premier temps, la partie qui défend la mesure attentatoire doit démontrer qu'il s'agit d'une règle de droit qui poursuit un objectif suffisamment important pour justifier une violation du droit en litige. Ensuite, elle doit établir que le moyen employé par le législateur est proportionnel à l'objectif visé. Trois conditions doivent être satisfaites pour que soit établi ce lien de proportionnalité. Il doit exister un lien rationnel entre le moyen employé et l'objectif visé, l'atteinte au droit touché doit être minimale et, enfin, il doit exister un équilibre entre les effets de la mesure contestée et l'objectif visé. Cette technique est perçue comme étant favorable à la préservation du pouvoir discrétionnaire du législateur.

Cette technique ainsi que le mécanisme de la clause dérogatoire sont les piliers de l'approche dialogique entre les juges et le législateur qui laisse à ce dernier une latitude pour adopter de nouvelles lois poursuivant des objectifs analogues à ceux que visaient les lois invalidées. L'approche dialogique défendue par l'une des figures du droit constitutionnel canadien, Peter Hogg, de manière à décrire la capacité de réaction des assemblées législatives[1] a été reprise par la Cour afin d'asseoir la légitimité de son contrôle. Dans l'arrêt *Vriend c. Alberta* (1998), la Cour présente les rapports entre le législateur et les juges de la manière suivante : « *[...] la Charte a suscité une interaction plus dynamique entre les organes du gouvernent, que d'aucuns ont qualifiée, à juste titre, de "dialogue" (voir par exemple Hogg et Bushell [...]). En examinant la validité constitutionnelle de textes de loi ou de décisions de l'exécutif, les tribunaux parlent au législatif et à l'exécutif. Comme il en a été fait mention, la plupart des dispositions législatives qui n'ont pas résisté à un examen constitutionnel ont été suivies de nouvelles dispositions visant des objectifs similaires [...]. Le législateur, de cette façon, répond aux tribunaux, d'où l'analogie du dialogue entre les différents organes du gouvernement. La révision judiciaire et ce dialogue sont précieux parce qu'ils obligent en quelque sorte les divers organes du gouvernement à se rendre mutuellement des comptes* ». Le débat sur la légitimité du pouvoir du juge n'en est pas moins vif parmi les constitutionnalistes canadiens, notamment à cause des ajouts interprétatifs pratiqués par la Cour[2].

1. P. Hogg, A. Bushell, « The charter Dialogue between courts and Legislative » 35, *Osgoode Hall Law Journal*, 1997, p. 75 et s.

2. Pour une analyse des techniques consacrées dans l'arrêt *Schachter* (1992), D. Pinard, « Les sanctions d'une règle de droit législative incompatible avec la Charte canadienne des droits et libertés : le *reading in*, le *reading down*, l'interprétation large, l'interprétation atténuée, etc. ! », *Revue du Barreau*, 2003, n° spl., p. 423 et s.

Ces controverses ne sont pas sans rappeler celles connues en Europe et, en particulier, en France sur les réserves d'interprétation.

La lecture dialogique apparaît désormais comme le nouveau paradigme pour comprendre les rapports entre les juges et les autres pouvoirs. Elle s'est imposée dans le débat européen[1]. En revanche, le dialogue des juges reste encore à démontrer pour les échanges jurisprudentiels entre juges constitutionnels (voir nos appréciations critiques, Leçon 6 § 2). Le mérite de ce modèle alternatif est toutefois d'attirer l'attention sur le rôle de la loi dans la protection des droits car il faut bien reconnaître qu'il est dévalorisé car, d'une part, concurrencé depuis l'après-guerre par les instruments internationaux ou/ et régionaux dont la Convention européenne des droits de l'homme et, d'autre part, contesté à cause de la mauvaise qualité du travail législatif[2]. Comme le souligne avec justesse Denys de Béchillon, « [l]*a théorie moderne des droits fondamentaux postule une certaine aversion pour la loi ordinaire, et une dilection symétrique pour la forme constitutionnelle* »[3]. Il ne faut cependant pas oublier de mettre en perspective cette interrogation. Ainsi, dans le contexte canadien, elle prend la forme suivante : que représente la loi dans un contexte multiculturel dans lequel toutes les minorités ne sont pas représentées au sein du parlement fédéral ? Le multiculturalisme s'exprime dans la sphère sociale sans traduction ou bien, selon une traduction partielle, dans la sphère politique. Ce sont donc les juges qui se retrouvent en première ligne pour régler au cas par cas les conflits de nature socio-culturelle car la loi risque d'être perçue comme la victoire d'un groupe et la défaite d'un autre (ou de plusieurs autres). Dans une société où le pluralisme des intérêts n'est aussi prégnant, la loi peut encore garder des vertus si le parlement est bien le lieu où l'on prend le temps de délibérer et donc de produire du consentement[4].

---

1. L. Potvin-Solis, « Le concept de dialogue entre les juges en Europe », *in* F. Lichère *et al.* (dir.), *Le dialogue entre les juges européens et nationaux – Incantation ou réalité ?*, Bruxelles, Bruylant, 2004, p. 19 et s.

2. Sur la mauvaise qualité de la loi en France, voir le Rapport du Conseil d'État, 1991, n° 43, *De la sécurité juridique*. La Section du Rapport et des Études du Conseil d'État a repris cette question sous l'angle de la complexité du droit : Rapport 2006, n° 57, *Sécurité juridique et complexité du droit*. De manière plus générale, R. Drago (dir.), *La confection de la loi*, Paris, PUF, 2005.

3. D. de Béchillon, « Renouveler les libertés ? », *Pouvoirs*, 2009, n° 130, p. 147.

4. Voir sur le rôle de la discussion chez les fondateurs du gouvernement représentatif, B. Manin, *Principes du gouvernement représentatif*, Paris, Calmann-Lévy, 1995, p. 241.

Bibliographie générale récente

Cerda-Guzman C., Savonitto F. (dir.), *Les 10 ans de la Charte de l'environnement*, Paris, Institut Universitaire Varenne, 2016.

Champeil-Desplats V., *Théorie générale des droits et libertés*, Paris, Dalloz, 2019.

Hennette-Vauchez S., Roman D., *Droits de l'homme et libertés fondamentales*, Paris, Dalloz, 4e éd., 2020.

Roman D. (dir.), *La justiciabilité des droits sociaux, vecteurs et résistances*, Paris, Pedone, 2012.

Wachsmann P., « Techniques de protection », M. Troper, D. Chagnollaud (dir.), *Traité international de droit constitutionnel*, T. 3 *Suprématie de la constitution*, Paris, Dalloz, 2012, p. 300 et s.

Site Internet utile

Bibliothèque électronique de Washburn University (USA) : catalogue de liens en droit constitutionnel (par pays) et en droit européen (Conseil de l'Europe et l'Union européenne)
http://www.washlaw.edu/

INDEX ONOMASTIQUE

C

D

H

I-J

K-L

M

N-O

P

Q-R

S

T

V

W-X

Y-Z

INDEX DES MATIÈRES

E

T

U

TABLE DES MATIÈRES

CHAPITRE II
POURQUOI COMPARER ? LES FINALITÉS DE LA COMPARAISON

CHAPITRE III
COMMENT COMPARER ? LES INSTRUMENTS DE LA COMPARAISON

CHAPITRE IV
QUE COMPARER ? LES OBJETS DE LA COMPARAISON CONSTITUTIONNELLE

Cet ouvrage a été achevé d'imprimer en août 2021
dans les ateliers de Normandie Roto Impression s.a.s.
61250 Lonrai
N° d'impression : 2103737
Dépôt légal : septembre 2021

Imprimé en France